Horizonte 11

Geschichte Gymnasium Bayern

Herausgegeben von
Dr. Ulrich Baumgärtner
Dr. Herbert Rogger
Dr. Wolf Weigand

Erarbeitet von
Dr. Thomas Hertfelder
Dr. Wolfgang Piereth
Dr. Dieter Pohl
Prof. Dr. Edgar Wolfrum
Dr. Stefan Wolle
Prof. Dr. Helmut Zedelmaier

westermann

Prof. Dr. Helmut Zedelmaier,
Arbeitsgemeinschaft historischer Forschungseinrichtungen e. V., München:
Leben in der Ständegesellschaft des 15. bis 18. Jahrhunderts

Dr. Wolfgang Piereth, Ludwig-Maximilians-Universität München, Historisches Seminar:
Leben in der entstehenden Industriegesellschaft des 19. Jahrhunderts

Dr. Thomas Hertfelder, Stiftung Bundespräsident-Theodor-Heuss-Haus, Stuttgart:
Die Weimarer Republik – Demokratie ohne Demokraten?

PD Dr. Dieter Pohl, Institut für Zeitgeschichte, München:
Hitlers willige Volksgenossen? – Die Deutschen und der Holocaust

Prof. Dr. Edgar Wolfrum, Historisches Seminar der Ruprecht-Karls-Universität Heidelberg:
Die Bundesrepublik 1949 bis 1965 – Erfolg der Demokratie
durch „Wohlstand für alle"?

Dr. Stefan Wolle, Freie Universität Berlin, Forschungsverbund SED-Staat:
Die DDR – Eine deutsche Alternative?

Westermann Schroedel Diesterweg Schöningh Winklers GmbH, Braunschweig
www.westermann.de

Druck A[1] / Jahr 2009
Alle Drucke der Serie A sind im Unterricht parallel verwendbar.

Redaktion: Christoph Meyer, Dorle Bennöhr, Lisa Mros
Herstellung: Udo Sauter
Typografie: Thomas Schröder
Satz: PixelParc GmbH, München
Druck und Bindung: westermann druck GmbH, Braunschweig

ISBN 978-3-14-**111032**-6

A. Gesellschaft im Wandel – 15. bis 19. Jahrhundert

B. Demokratie und Diktatur – Probleme der deutschen Geschichte im 20. Jahrhundert

M 1 **Bauern beim Frondienst**
Monatsbild August von Hans Wertinger, um 1525/26

I. Leben in der Ständegesellschaft des 15. bis 18. Jahrhunderts

M 2

„Es ist eine lange Reise in einen Bereich jenseits unserer heutigen Lebensgewohnheiten mit all ihren vielen Annehmlichkeiten, eine Reise, die uns gewissermaßen auf einen anderen Planeten, in eine andere Welt führt. Angenommen, wir besuchten Voltaire in Ferney und ließen uns in eine längere Unterhaltung ein, so würden uns seine Gedanken wohl kaum überraschen. Denn in ihren Ideen und Vorstellungen sind die Menschen des 18. Jahrhunderts unsere Zeitgenossen; wir stehen ihnen in unserem Denken, unseren Leidenschaften noch nah genug, um uns in ihrer Welt zu Hause zu fühlen. Blieben wir indessen auf Einladung des Hausherrn ein paar Tage in Ferney, würden uns alle Vorgänge des Alltags einschließlich der Körperpflege des Gastgebers verblüffen und befremden. Zwischen ihm und uns würde sich eine ungeheure Kluft auftun. Abendbeleuchtung, Heizung, Transportmittel, Ernährung, Krankheiten, ärztliche Behandlung, alles wäre für uns ungewohnt. Um aber herauszufinden, warum die Welt so unbegreiflich lang unverrückbar an einer Ordnung festhielt, die sich von der nachfolgenden Umwälzung her kaum mehr fassen lässt, müssen wir uns von unseren eigenen Umweltgegebenheiten radikal lossagen und uns gegen den Strom der Zeit in die Vergangenheit versetzen."

Fernand Braudel, Sozialgeschichte des 15.–18. Jahrhunderts, 3 Bde., München 1985–1986, Bd. 1: Der Alltag, München 1985, S. 12.

Mit diesen Worten beschrieb der große französische Historiker Fernand Braudel den Abstand zwischen seiner Gegenwart und der Welt des 15. bis 18. Jahrhunderts. Historiker bezeichnen diese Epoche als „Frühe Neuzeit", als eine Zeit, die vor der eigentlichen Neuzeit liegt, die mit der Industrialisierung eine beschleunigte, dynamische Entwicklung in Gang setzt. Schauen wir auf die Lebens- und Arbeitsbedingungen dieser Welt zwischen Mittelalter und Neuzeit, zeigen sich deutlich die Unterschiede zwischen damals und heute. Die durchschnittliche Lebenserwartung betrug damals nicht einmal 30 Jahre. Heute beträgt sie weit über 70 Jahre. Bevölkerten Europa um das Jahr 1600 schätzungsweise 100 Millionen Menschen, so sind es heute annährend 700 Millionen. Die meisten Menschen, in manchen Regionen bis zu 90 Prozent, lebten und arbeiteten damals auf dem Land. Heute leben und arbeiten die meisten Menschen in der Stadt. Damit sind nur einige wenige allgemeine Unterschiede bezeichnet. Doch erst wenn wir genauer hinschauen und sehen, wie die Menschen damals lebten und arbeiteten, können wir jenen Abstand zwischen damals und heute historisch genauer ermessen und verstehen.

1. Ständeordnung

Zugehörigkeit durch Geburt

Die Gesellschaft, die sich in Europa im Mittelalter ausprägte und noch die frühe Neuzeit bestimmte, bezeichnen Historiker als Ständegesellschaft. Was ist darunter zu verstehen? In den gegenwärtigen, den so genannten modernen Gesellschaften Europas sind alle Mitglieder rechtlich gleichgestellt. Alle, ohne Rücksicht auf Geburt und Herkunft, haben im Prinzip die Möglichkeit politischer, ökonomischer und sozialer Teilhabe an der Gesellschaft. Dagegen war in der ständischen Gesellschaft der Zugang zu den materiellen und immateriellen Gütern (Besitz, Recht, Herrschaft) davon abhängig, welchem Stand man angehörte. Darüber und damit über Lebenschancen und Lebensrisiken des Einzelnen entschied in erster Linie die Geburt. Adelig ist man noch heute durch Geburt, wenngleich damit heute keine der Vorrechte mehr verbunden sind, die der Adel in der frühen Neuzeit für sich beanspruchen konnte. Geburt entschied damals aber auch darüber, ob man dem Stand eines Bürgers, d.h. dem Stand der Kaufleute und Zunftbürger, oder dem Stand eines Bauern angehörte. Nur der Klerus, der Stand der Priester, war kein Stand durch Geburt. Kleriker wurde man durch Weihe und Berufung in ein kirchliches Amt. In sozialer Hinsicht gehörte der Klerus teils dem Adel, teils dem Bürgerstand an.

Stände als soziale Gruppen

Stände lassen sich als soziale Gruppen verstehen, die einen jeweils eigenen sozialen und kulturellen Lebenskreis bildeten, jedoch vielfältig aufeinander bezogen und voneinander abhängig waren. Die ständische Gesellschaft verlangte etwa dem Bauern ein entbehrungsreiches Arbeiten ab, dessen Erträge es dem adeligen Grundherrn ermöglichten, weitgehend ohne eigene Arbeit zu leben. Auch die Fähigkeit, Herrschaft ausüben zu können, war abhängig vom Stand. Die Grenzen der ständischen Gesellschaft befestigten eine Heiratspraxis, die es gewöhnlich ausschloss, dass Mitglieder aus verschiedenen Ständen untereinander heirateten. Stände unterschieden sich nicht nur in wirtschaftlicher und rechtlicher Hinsicht. Mit ihnen verbunden waren eigene, festgeschriebene soziale und kulturelle Normen der Lebensführung, die für das Selbstverständnis der Stände und ihre Identität eine wichtige Rolle spielten. Adelige führten ein anderes Leben als Bürger oder Bauern, was sich etwa in der Kleidung, beim Essen oder im sozialen Umgang untereinander zeigte. Die Standeszugehörigkeit war kein ehernes Gesetz. Es gab auch in der Frühen Neuzeit eine gewisse soziale Mobilität.

Sieht man auf die frühneuzeitliche politische Verfassung, versteht man unter Stände die im Land ansässigen Adelsfamilien, Städte und geistlichen Korporationen (u.a. Klöster). Als Reichs- oder Landstände konnten diese Gruppen politische Mitwirkungsrechte gegenüber den Landesherren beanspruchen. Die bäuerlichen Landgemeinden allerdings besaßen in diesem politischen Sinn nur in ganz wenigen Kleinterritorien (wie etwa in Tirol) eine landständische Qualität.

Ungleichheiten

Soziale Ungleichheit ist das allgemeine Kennzeichen der vormodernen Ständegesellschaft, deren Mitglieder keine gleichen Rechte hatten. Die Ständegesellschaft kannte nicht das Prinzip staatsbürgerlicher Gleichheit, vielmehr besondere, vom jeweiligen Stand abhängige Rechte, so genannte Privilegien. Als Angehöriger des Adels war man etwa von Steuern befreit und konnte für sich einen besonderen Gerichtsstand beanspruchen. Auch besaß der Adel Monopole beim Zugang zu

M 3 Kleidertrachten aus Kirchberg, Zeichnung aus der ersten Hälfte des 18. Jahrhunderts

bestimmten Ämtern. Der Zugang zu Rechten und materiellen Gütern war unterschiedlich verteilt und hierarchisch geordnet. Jede Person hatte, abhängig von ihrem Stand, einen festgeschriebenen Platz in der gesellschaftlichen Hierarchie. Die soziale Rangordnung wurde als gottgewollte Ordnung hinsichtlich unterschiedlicher Funktionen – der Klerus als Lehrstand, der Adel als Wehrstand, die Bauern als Nährstand – legitimiert. Ständelehren schrieben jedem Stand bestimmte Aufgaben, Pflichten und Tugenden vor. Welchem Stand eine Person angehörte, musste öffentlich sichtbar werden, etwa über die Kleidung, die jemand trug oder anhand der Sitzreihe, in der man etwa in der Kirche saß.

Bedeutung der Ehre

Der soziale Rang war in der Ständegesellschaft keine Äußerlichkeit, sondern Ausdruck und Teil ständischer Identität. Vor diesem Hintergrund erklärt sich die besondere Rolle, welche die Ehre, verstanden als soziale Zugehörigkeit und Wertschätzung, in der frühen Neuzeit spielte. Der Streit um die Ehre zählte in der frühneuzeitlichen Gesellschaft zu den häufigsten Delikten. Besonders empfindlich reagierten städtische Handwerker, aber auch Bauern oder Dienstboten stritten zur Verteidigung ihres Standes um ihre Ehre. Ehrenhändel konnten nur Gleiche austragen. Handwerker durften nicht Angehörige der städtischen Oberschicht oder Dienstboten, Bauern weder ihre Grundherrn noch Knechte herausfordern. Auf Herausforderungen Untergebener zu reagieren, wäre mit seiner Ehre nicht zu vereinbaren gewesen. Deshalb stellten die zahlreichen Ehrenhändel die Ständegesellschaft keineswegs infrage. Im Gegenteil: Sie stabilisierten die ständische Hierarchie, da der Ehrenhandel die Grenze des eigenen Standes zum Ausdruck brachte und diese Grenze dadurch verfestigte.

„Unehrliche" Berufe

Die Macht der Ehre als Merkmal sozialer Unterscheidung zeigte sich schließlich auch darin, dass bestimmten Berufen der Makel der „Unehrlichkeit" anhaftete. Menschen, die solche Tätigkeiten ausübten, wurden als „unehrliche Leute" ausgegrenzt. Als unehrliche Leute galten u.a. so genannte „fahrende Leute" wie Bettler, Vaganten oder Schausteller. Aber auch Müller, Nachtwächter oder Henker zählten zur Gruppe der Unehrlichen. Unehrlichkeit bezeichnete primär einen rechtlich-sozialen Status und nicht, wie es das heutige Verständnis

M 4 **Gaukler**
Holzschnitt vom Petrarcameister, 1532

nahelegt, eine moralische Bewertung. Unehrliche Leute waren u.a. vom Bürgerrecht und von öffentlichen Ehrenämtern ausgeschlossen. Die Abgrenzung gegenüber Unehrlichen übte vor allem das Zunfthandwerk, zu dessen Ehre u.a. die Vermeidung von Kontakten mit solchen unehrlichen Personen gehörte. Unehrliche Berufe konnten von der Obrigkeit legitimiert, d.h. ehrlich gesprochen werden. Das geschah im Verlauf der frühen Neuzeit immer öfter. Bereits die Reichspolizeiordnung von 1548 forderte den gleichberechtigten Zugang von Angehörigen einiger unehrlicher Berufe (Leineweber, Bader, Schäfer, Müller, Pfeifer und Trompeter) zusammen mit ihren Kindern zu den Zünften. 1731 wurden im Rahmen der Reichshandwerksordnung die Kinder von Stadt- und Gerichtsdienern gleichgestellt, 1772 die Unehrlichkeit von Henkern und Abdeckern aufgehoben.

Juden

Auch Juden unterlagen wie alle sozialen Gruppen in der frühen Neuzeit besonderen Rechten. Doch war ihr Status in den von der christlichen Religion geprägten Gesellschaften Europas, die abweichende Religionen als gotteslästerlich diffamierten, stets prekär. Ob Juden überhaupt das Recht zugebilligt wurde, in einer Gemeinschaft zu leben und zu arbeiten, hing vom Wohlwollen der Obrigkeiten ab, unter deren Schutz sie standen. Bis ins 16. Jahrhundert standen die Juden des Deutschen Reiches in einem Abhängigkeitsverhältnis zum Kaiser. Danach überließ der Kaiser sein Schutzrecht, das so genannte „Judenregal“, häufig gegen Geldzahlung den aufstrebenden Territorialherrn, die sich den Schutz vor Übergriffen, Ausweisungen und Vertreibungen wiederum durch finanziellen Leistungen der Juden bezahlen ließen. In der Regel wurde diese Verpflichtung zusammen mit den Rechten und Pflichten der Juden in einem Schutzbrief schriftlich fixiert, der für jeden Einzelnen ausgefertigt wurde. Später entstanden allgemeine Judenordnungen, die für alle Juden eines Territoriums oder einer Stadt deren Pflichten, Aufgaben und Rechte genau festschrieben, u.a. die Einschränkung der Präsenz jüdischer Religion und Lebensformen zum Schutz der christlichen Religion. Daneben standen Bestimmungen zum jüdischen Handel, insbesondere zur Pfandleihe und Zinshöhe.

Regal
Königsrecht

2. Grundherrschaft

Besonderes Herrschaftsverhältnis

Nur etwa 3 % der Menschen leben heute in Deutschland ausschließlich oder überwiegend von der Bewirtschaftung von Grund und Boden. In der frühen Neuzeit waren es bis zu 80 %. Kennzeichnend für die frühneuzeitliche Agrargesellschaft war die Abschöpfung der landwirtschaftlichen Produktion durch Grundherrn, die den Bauern Arbeitsleistungen, Naturalabgaben und zunehmend auch Geld abverlangten. Die meisten Bauern waren nicht Eigentümer der Höfe, in denen sie wohnten, und des Grund und Bodens, den sie bewirtschafteten. Nur in einigen wenigen Regionen, etwa im Schwarzwald und an der Nordseeküste, gab es freie Bauern, die ihre Höfe in Eigenbesitz bearbeiteten. Die große Mehrheit der Bauern war abhängig von einem Grundherrn. Grundherr war gewöhnlich ein Adeliger. Auch Institutionen wie Kirchen und Klöster oder der Landesherr sowie Städte konnten Grundherrn sein. Der Grundherr war meist nicht nur Grundeigentümer, der den Bauern Hofland zur Bearbeitung verpachtete und dafür verschiedene Abgaben und Dienste verlangte. Er übte auch Verwaltungs- und Gerichtsfunktionen für seine Untertanen aus. Umgekehrt hatte der Grundherr die Pflicht, ihnen „Schutz und Schirm" zu gewähren, etwa bei Krieg, Streit oder Missernten. Die Grundherrschaft war also nicht nur ein reines Besitzverhältnis. Sie war auch ein Herrschaftsverhältnis. Als Leibeigenschaft war die Grundherrschaft über die Abgaben und Dienste hinaus mit Einschränkungen der persönlichen Freiheit verbunden. Der Bauer war gebunden an seine Scholle und durfte ohne Erlaubnis des Grundherrn nicht abwandern. Auch Heiraten bedurften der Zustimmung des Grundherrn. Die persönliche Abhängigkeit vom Grundherrn und die damit verbundene Erbuntertänigkeit des Bauern begründete dessen Status als Leibeigener.

Hinter diesen allgemeinen Kennzeichen der Grundherrschaft verbirgt sich eine Vielfalt besonderer Herrschaftsbeziehungen und Abgabenverpflichtungen, welche sich regional teilweise stark unterschieden und im Verlauf der frühen Neuzeit Veränderungen unterworfen waren. Auch waren die Rechte auf Grund und Boden oft nicht auf nur eine Herrschaft konzentriert, sondern verteilt auf mehrere Herrschaften. So konnte sich die Grundherrschaft in einem einzigen Dorf aus Leibeigenen des Landesherren, Leibeigenen verschiedener Adeliger, Leibeigenen von Städten und Leibeigenen der Kirche zusammensetzen.

Gutsherrschaft

Geografisch gesehen lassen sich im Deutschland der frühen Neuzeit zwei Formen der Agrarverfassung unterscheiden, die unterschiedliche Herrschaftsverhältnisse begründeten: die Gutsherrschaft, die vor allem östlich von Elbe und Saale anzutreffen war, und die Grundherrschaft, die westlich dieser Linie in allerdings sehr unterschiedlichen Varianten auftrat. Gutsherrschaft und Grundherrschaft bezeichnen unterschiedliche Herrschaftsverhältnisse der Agrarverfassung im Blick auf ihre regionale Ausprägung. Das darf jedoch nicht darüber hinwegtäuschen, dass auch die Gutsherrschaft als besondere Form der Grundherrschaft, als Besitzrecht an und Herrschaftsrecht über Grund und Boden, zu verstehen ist.

Agrarverfassung

Gesamtheit aller rechtlichen Bestimmungen und sozialen Verhältnisse, die die Beziehungen der ländlichen Bevölkerung untereinander und zum Boden regeln.

Die Ausbildung der Gutsherrschaft ist eine Folge der Agrarkrisen des 14. und 15. Jahrhunderts, von denen die ostelbischen Gebiete auf besondere Weise betroffen waren. Viele Bauernstellen verfielen und wurden aufgegeben. Historiker nennen solche Gebiete Wüstungen. Der

Adel konnte so das grundherrliche Hofland leicht erweitern. Verstärkt wurde dieser Prozess im 17. Jahrhundert durch den Dreißigjährigen Krieg und die damit einhergehenden Bevölkerungsverluste. Hinzu kam die besondere Machtstellung der adeligen Landstände gegenüber der Landesherrschaft in den Gebieten östlich der Elbe, die zu einer Verschlechterung der landrechtlichen Stellung der Bauern führte. Es entstanden große Gutshöfe, die von den Gutsherren zunehmend in Eigenwirtschaft betrieben wurden. Der Zugriff mächtiger Gutsherren auf noch bestehende Bauernstellen, das so genannte Bauernlegen, verfestigte die Gutsherrschaft im 18. Jahrhundert.

Hervorstechendes Merkmal der Gutsherrschaft ist die Konzentration und zugleich Erweiterung der Herrschaftsrechte an Grund und Boden in den Händen des Gutsherren. Der Gutsherr übte die niedere Gerichtsbarkeit und Polizeigewalt aus. Er besaß die Leibherrschaft, mit der u. a. ein Züchtigungsrecht verbunden war. Die Gutsherrschaft kann als Staat im Staate beschrieben werden, da die unfreien Bauern fast vollständig unter der Herrschaft des Gutsherren standen. Allerdings wurden die Gutshöfe zunächst nur in beschränktem Umfang in Eigenbetrieb bewirtschaftet. Auch die Gutsherrschaft gründete auf bäuerlichen Hofstellen. Das Besitzrecht der Bauern war aber stark eingeschränkt. Vorherrschend war ein jederzeit vom Grundherrn kündbares Nutzungsrecht (Lassrecht). Die von den Bauern für die Gutshöfe zu leistenden Dienste (Fronen) beliefen sich gewöhnlich auf zwei bis vier, teilweise sogar bis zu sechs Tage in der Woche. Dazu wurde häufig ein von den Bauern eigens angestelltes Gesinde abgestellt, um die Bewirtschaftung der eigenen bäuerlichen Hofstelle gewährleisten zu können. Der Unterhalt dieser zusätzlichen Kräfte war nur Dank der relativ großen Hofstellen der Bauern in den ostelbischen Gebieten möglich, die im Durchschnitt 20–70 ha betrugen.

Verschiedene Formen der Grundherrschaft

Westlich von Elbe und Saale gab es regional sehr unterschiedliche Formen der Grundherrschaft. Ihr gemeinsames Kennzeichen war die Beschränkung der Abgaben auf Produkt- und Geldrenten. Im Unterschied zur Gutsherrschaft betrieben die Grundherren selten Eigenwirtschaft. Auch übten sie vergleichsweise selten die Gerichtsbarkeit aus, die meist in Händen der Landesherren lag. Die Herrschaftsrechte lagen überhaupt oft in unterschiedlichen Händen. Das erschwerte die Kontrolle der bäuerlichen Leistungen. Die Bauern waren gewöhnlich persönlich frei oder sie unterlagen abgeschwächten Formen der Leibeigenschaft. Auch war das Eigentumsrecht der Bauern an ihren Hofstellen günstiger als bei der Gutsherrschaft. Meist konnten die Höfe vererbt werden. Deren durchschnittliche Größe war jedoch deutlich geringer als im Gebiet östlich der Elbe. Waren neben den Abgaben Dienste zu leisten, so beschränkten sie sich auf maximal zehn Tage im Jahr. Die Hauptbelastung der Bauern stellten die Abgaben in Form von Produkten und zunehmend in Geld (Zehnte, Steuern, Zinsen, Pacht) dar. Im 18. Jahrhundert war die Umstellung auf reine Geldzahlungen weitgehend abgeschlossen. Aus der traditionellen Herrschaftsbeziehung war weitgehend eine Wirtschafts- und Pachtbeziehung geworden.

Historiker haben errechnet, dass die zu entrichtenden Abgaben, die so genannte Feudalquote, insgesamt etwa 20 % bis 40 % des bäuerlichen Realertrages betrugen. Doch konnte bei kleinen Hofstellen bereits eine niedrige Abgabenquote die Eigenversorgung gefährden.

3. Dorf und Stadt

Der Gegensatz zwischen Land und Stadt als zwei unterschiedliche Lebenszusammenhänge hat eine lange Geschichte. In der Epoche der frühen Neuzeit zeigen sich die Unterschiede deutlicher als in der Gegenwart, da das Leben in Dorf und Stadt in rechtlicher, politischer, wirtschaftlicher und sozialer Hinsicht einen jeweils eigenen Zusammenhang begründete. Zugleich aber war die frühneuzeitliche Stadt allein aus Gründen der Versorgung mit Lebensmitteln stärker als heute auf das sie umgebende Land angewiesen. Das Hinterland der Stadt mit dem Dorf als seinem Mittelpunkt soll uns zunächst interessieren.

Das Dorf in der frühen Neuzeit

Ein Dorf war in der frühen Neuzeit ein eigener Friedens- und Rechtsbereich, der durch Begrenzungen (Mauern, Hecken) markiert wurde. In der Mitte des Dorfes stand wie meist noch heute eine Kirche mit Kirchturm und Pfarrhaus. Wichtige Gebäude waren Wirtshaus, Amtshaus, Brunnen, Waschhaus und Backhaus. Dagegen lagen Brauhaus und Mühle, die gewöhnlich dem Grundherrn gehörten, meist außerhalb des Dorfes. Schauen wir auf die übergreifenden Herrschaftsverhältnisse, so ist das Dorf bestimmt durch Grund- und Landesherrschaft. Deren herrschaftliche Zugriffsmöglichkeiten waren aber in der frühen Neuzeit regional sehr unterschiedlich. Es gab relativ freie Gemeinden, etwa in Oberdeutschland, in denen die Grundherrschaft eine eher geringe Rolle spielte. Wichtig ist ein übergreifender Prozess. Die Einflussmöglichkeiten der Landesherrschaft auf ländliche Gemeinden verstärkten sich vom 16. bis zum 18. Jahrhundert. Der Landesherr griff über die Normierung der Rechts- und Sozialordnungen, etwa über die Vereinheitlichung des Erbrechts, zunehmend in die Ordnung der ländlichen Gesellschaft ein und beschränkte die bestehende gemeindliche Selbstverwaltung. Frühere Historiker haben im Blick auf die ländliche Gesellschaft die Herrschaft von Grund- und Landesherren stark betont. In den letzten Jahren rückte dagegen die ländliche Gemeinde als relativ selbstständiger Rechts-, Wirtschafts- und Sozialverband in das Zentrum des historischen Interesses. Welche Funktionen hatte die ländliche Gemeinde in der frühen Neuzeit?

M 5 **Dorf bei Nürnberg**
um 1600

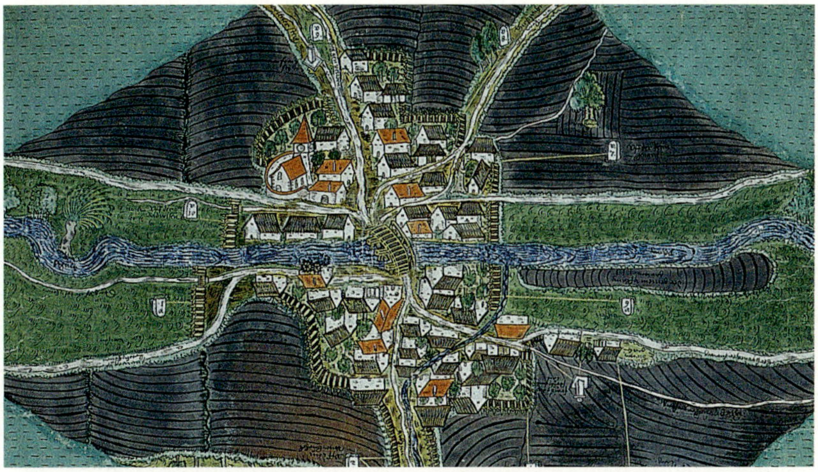

Zusammenwirken in der Gemeinde

Seit dem Spätmittelalter wurde die grundherrschaftliche Bindung der einzelnen bäuerlichen Höfe durch Formen gemeindlichen Zusammenwirkens überlagert. In Gebieten mit geschlossener Dorfsiedlung und Felderwirtschaft etablierten sich gemeindliche Institutionen zur Regelung wirtschaftlicher und politischer Belange nach außen (Grundherrschaft, Landesherrschaft). Regelungsbedarf nach innen entstand etwa im Fall gemeinsam genutzter Bezirke des Wirtschaftens, der so genannten Allmende. Allmende hieß das allen zustehende Land. Es konnte aus Weiden (so meist in Gebirgsgegenden), Ackerland, Wald (wichtig wegen des Brenn- und Bauholzes), aus Gewässern, Steinbrüchen und Sand- und Lehmgruben bestehen. Die Nutzungsrechte und -zeiten der Dorfbewohner an der Allmende mussten festgelegt werden. Auch die Reparatur von Straßen und Wegen oder das Hüten der Tiere wurde gemeinschaftlich durchgeführt. Bei Verstößen gegen gemeindliche Vereinbarungen verhängten die Gemeinden Bußen und Sanktionen. Die wirtschaftliche Teilhabe am Gemeindegut förderte das Bewusstsein der Zusammengehörigkeit unter den Dorfbewohnern. Das trug entscheidend zum bäuerlichen Widerstand gegen herrschaftlichen Druck bei. Die Landgemeinde war eine wichtige Grundlage für die in der frühen Neuzeit verbreiteten Widerstandsaktionen von Bauern gegen die Grund- und Territorialherrschaft.

Selbstständigkeit des Dorfes

Die ländliche Gemeinde war also keineswegs nur Befehlsempfängerin von Landes- und Grundherren. Viele der sie unmittelbar betreffenden Dinge des politischen und sozialen Lebens regelte sie selbstständig und autonom. Die Landgemeinde als politisch-rechtlicher Verband zeigte sich in Institutionen wie der Gemeindeversammlung und in Ämtern wie dem Ortsvorsteher. Dorfgerichte regelten auf der Grundlage von Dorfordnungen und Weistümern, d.h. schriftlich fixierten Gewohnheitsrechten, das dörfliche Zusammenleben rechtlich.

Die Stadt in der frühen Neuzeit

Was machte in der frühen Neuzeit eine Stadt zur Stadt? Ob ein Ort ein Dorf oder eine Stadt war, darüber entschied nicht in erster Linie die Zahl seiner Einwohner. Es gab damals in Deutschland sehr kleine Städte. Viele hatten nicht einmal 400 Einwohner und waren damit kaum größer als manche Dörfer. Als frühzeitliche Großstädt bezeichnen Historiker Städte mit mehr als 10000 Einwohnern. Um 1500 war Köln mit etwa 30000 bis 40000 Einwohnern die größte deutsche Stadt. Auch wenn wir auf das äußere Erscheinungsbild schauen, sind die Übergänge vom Dorf zur Stadt fließend. Auch Dörfer konnten gewerblich geprägt sein und Städte einen ländlichen Charakter aufweisen. Charakteristische Unterschiede zeigen sich vor allem im Blick auf die innere Struktur und die besonderen Lebens- und Arbeitsverhältnisse in der Stadt. Der Historiker Richard van Dülmen nennt folgende allgemeine Punkte:

Merkmale

- Die Stadt war ein Häuserkonglomerat, in dem die Menschen relativ eng zusammenwohnten und sehr unterschiedlichen Beschäftigungen nachgingen.
- Städte bildeten eine relativ autonome politisch-soziale Einheit mit einer differenzierten Selbstverwaltung, die sich deutlich abhob von der Grundherrschaftsverfassung der Zeit.

M 6 **Marktszene**
Gemälde von Jean Michelin (1623–1696)

- Die Stadt war ein Handels- und Gewerbezentrum. Nur die Stadt hatte ein breit gefächertes organisiertes Handwerk. Der Handel knüpfte von hier aus überregionale Kontakte und akkumulierte größeres Kapital.
- Ein Stadtbürger konnte über sein Leben mehr bestimmen als ein Bauer.
- Den Städter kennzeichnete ein eigenes ständisches Bewusstsein, das sich deutlich von der ländlichen Bevölkerung, aber auch vom Adel abhob. Überhaupt bot die Stadt erweiterte, neue Lebenschancen, die das Land nicht kannte.

Größe der Städte

Die meisten Städte im Alten Reich entstanden bereits im Mittelalter. Auch in ihrer Größe haben sie sich während der frühen Neuzeit kaum verändert. Insgesamt gab es im Deutschen Reich damals etwa 3500 bis 5000 Städte. Als frühneuzeitliche Großstädte bezeichnen Historiker Städte mit mehr als 10 000 Einwohnern. Davon gab es im Deutschen Reich höchstens 70, Mittelstädte (über 4000 Einwohner) höchstens 450.

Lage der Städte

Jede Stadt entfaltete sich an einem ganz bestimmten Ort, mit dem sie aufs Engste verwachsen war. Die günstige Lage bildete die unabdingbare Voraussetzung für das Gedeihen einer Stadt. In der Regel lagen Städte an Flüssen, die in der frühen Neuzeit die bevorzugten Verkehrswege waren. So lag Köln im Schnittpunkt der Schifffahrtslinien rheinauf- und abwärts, während etwa Regensburg Umschlagplatz für Schiffe aus Ulm, Augsburg, Österreich und Ungarn war. Die Vielzahl der Kleinstädte schon im 15. Jahrhundert erklärt sich auch aus der Langsamkeit des damaligen Transportwesens. Denn Städte dienten auch als Relaisstationen, die im Süden und Westen des Alten Reichs ungefähr vier bis fünf, im Norden und Osten sieben bis acht Wegstunden voneinander entfernt lagen.

Relaisstation
Umspannstation mit Zwischenhalt (meist 15–30 km Entfernung)

M 7 **Hamburger Straßenleben am Meßberg,** Gemälde von Elias Galli, 1663

Stadtmauer

Sichtbarer Ausdruck des städtischen Strebens nach Unabhängigkeit und Freiheit war die Stadtmauer, über die beinahe alle Städte vom 15. bis zum 18. Jahrhundert verfügten. Wie wichtig man die schützende Grenzziehung zur Außenwelt nahm, zeigt der große Kostenaufwand, der für deren Sicherung, Ausbesserung und Neubau betrieben wurde. Denn mit dem Aufkommen der Artillerie seit dem 15. Jahrhundert mussten regelrechte Festungswerke mit Bastionen aufgebaut werden, um Schutz und Sicherheit zu gewährleisten. Mit der Ausbildung großer Flächenstaaten büßten die Städte im Verlauf der frühen Neuzeit zunehmend an Autonomie und Freiheiten ein. Die Abgrenzung zum offenen Land mit Mauerringen und Befestigungsanlagen wurde dadurch funktionslos.

„Stadtluft macht frei"

Die Wendung „Stadtluft macht frei" verweist auf den besonderen Rechtsstatus und die Privilegien, die Stadtbürger beanspruchen konnten. Sie verweist aber auch auf die Lebenschancen, die sich Menschen von der Stadt erhofften. Doch wer das Bürgerrecht einer Stadt erlangen wollte, in damaligen Worten ausgedrückt, wer zum Schwören des Bürgereides zugelassen werden wollte, musste bestimmte Voraussetzungen und Bedingungen erfüllen. Mitglied der städtischen Korporation konnte zum Beispiel nur werden, wer eine eheliche Geburt nachweisen konnte. Auch musste der Neubürger ein Einzugsgeld aufbringen. Das mit diesen und weiteren Auflagen erworbene Bürgerrecht ermöglichte die Teilhabe an der städtischen Regierung und eröffnete Privilegien wie das Recht, Grundbesitz zu erwerben.

Korporation (lat.)

Körperschaft; mit Rechten ausgestattete Gemeinschaft

Diesen besonderen Rechten standen allerdings auch besondere Pflichten gegenüber, so die Unterwerfung unter die städtische Gerichtsbarkeit oder die Ausübung bestimmter Dienste wie etwa das Mitwirken beim Brandschutz. Den Status privilegierter Vollbürger besaß meist nur eine Minderheit der Stadtbewohner.

Einen rechtlichen Sonderstatus beanspruchten die so genannten Eximierten. Das waren Geistliche, Adlige mit Sitz in der Stadt oder auch Militärangehörige. Einen minderen Rechtsstatus besaßen so genannte Schutzverwandte oder Beisassen. Dazu gehörten u. a. Gesellen, Dienstpersonal oder Juden.

Rat der Stadt

Die wichtigste politische Institution der Stadt war der Rat. Er vertrat die Stadt nach außen und wirkte obrigkeitlich nach innen. In der Verantwortung des Rats lag u. a. die Gerichtsbarkeit und der Erlass von Verordnungen. Im 15. und 16. Jahrhundert stritten in vielen Städten die Zunftbürger erfolgreich um die Partizipation am Rat. Ergebnis war meist die Abstufung in einen großen und kleinen Rat. Während der kleine Rat sich gewöhnlich aus einer schmalen Schicht wohlhabender Bürger zusammensetzte und den Bürgermeister stellte, saßen im großen Rat meist die Zünfte, denen die Kontrolle der Finanzen oblag.

Die Besetzung der Ratsgremien war in den einzelnen Städten sehr unterschiedlich geregelt. Teils ergänzte der Rat sich selbst (Kooptation), teils wurde er durch den Stadtherrn bestimmt oder durch die Bürgerschaft gewählt. Oft erfolgte die Besetzung auch in Kombinationen dieser Verfahren.

Bedeutung der Städte

Die relativ freie Entwicklung ist ein Charakteristikum der abendländischen Städte. Ihre Eigenständigkeit trug wesentlich zur Herausbildung der modernen westlichen Gesellschaft bei. Mit der in der europäischen Stadt entstehenden Mentalität „halten Regeldenken, nüchterne Abschätzung der Möglichkeiten, Rechentüchtigkeit, die Kunst, Reichtum anzusammeln, ohne die Lebenskunst hintanzusetzen, aber auch Einsatz- und Risikofreude Einzug", schrieb der Historiker Fernand Braudel.

Großstädte

Großstädte im modernen Sinn gab es in der frühen Neuzeit vor dem 18. Jahrhundert nur im Orient und im Fernen Osten. So hatte Istanbul bereits im 16. Jahrhundert 700 000 Einwohner, Peking war schon in der frühen Neuzeit eine Millionenstadt. Ihre Größe verdankten diese Städte aber nicht der damals schon höheren Bevölkerungsdichte: Europa war in der frühen Neuzeit dichter besiedelt. Diese Größe war Ergebnis einer starken politischen Machtkonzentration. Dagegen waren die europäischen Städte zwar kleiner, besaßen dafür aber eine größeren Unabhängigkeit gegenüber den politischen Zentralen.

Elemente der Sozial-, Kranken- und Armenfürsorge

Soziale Sicherung blieb in der Vormoderne begrenzt und beschränkte sich zumeist auf die Hausgemeinschaft oder Zünfte und Bruderschaften. In der Stadt als Ort relativen Reichtums entwickelten sich allerdings bereits im Mittelalter Einrichtungen der Armen- und Krankenhilfe. Seit dem 13. Jahrhundert nahm die Zahl karitativer Einrichtungen in den Städten durch Stiftungen reicher Bürger zu. In Nürnberg etwa wurde 1339 das Heilig-Geist-Spital gegründet. Im Übergang zur frühen Neuzeit veränderte sich jedoch die Einstellung gegenüber der Armut. In Verbindung mit der Entwicklung einer neuen Arbeits- und Erwerbsethik seit der Reformation verlor Armut ihre Bedeutung als Ziel christlicher Mildtätigkeit. Armut wurde verstärkt als Untugend aufgefasst, Bettelei zum Objekt obrigkeitlicher Sozialpolitik. Darauf verweist etwa die Ausgabe von besonderen Lizenzen für Bettelei. Im 16. und 17. Jahrhundert wurden vielfach Bettelverbote erlassen und Hilfeleistungen auf Gemeindemitglieder beschränkt. Zucht- und Arbeitshäuser sollten Arme zu Arbeitsamkeit erziehen. Andererseits entstanden fromme Stiftungen wie die so genannte Fuggerei in Augsburg, eine Wohnanlage für Arme, die auf den Kaufmann Jakob Fugger (1459–1525) zurückgeht.

4. Staatsbildung und Konfession

Vor allem drei Kriterien bestimmen den modernen Staat: ein umgrenztes Staatsgebiet, ein Staatsvolk mit gleichen Rechten und Pflichten sowie das Gewaltmonopol (d.h. nur der Staat kann legitime Gewalt ausüben). Nimmt man diese Kriterien zum Maßstab, gab es im frühneuzeitlichen Europa keinen Staat.

Wie wir gesehen haben, lagen zum Beispiel Herrschaft und Recht häufig in unterschiedlichen Händen. Überhaupt organisierten soziale Gruppen und Kooperationen ihr Leben und ihre Interessen bis in das 16. Jahrhundert hinein oft weitgehend selbstständig. Der Staat formierte sich erst allmählich, doch wuchsen seine Ansprüche und tatsächlichen Möglichkeiten, das gesellschaftliche Leben herrschaftlich zu durchdringen, im Verlauf der frühen Neuzeit. Vier Kennzeichen des komplexen frühneuzeitlichen Staatsbildungsprozesses heben Historiker besonders hervor:

1. Zurückdrängen intermediärer Herrschaftskonkurrenten (wie Adel, Städte, Kirchen)
2. Aufbau zentraler Behörden (vor allem für Finanzen und Justiz) und staatlicher („stehender“) Heere
3. Ausbau der Höfe zu institutionalisierten Mittelpunkten landesweiter Herrschaftssysteme
4. Wandel der Legitimation von Herrschaft von traditional-sakralen zu rational-säkularen Begründungen.

intermediär

zwischen einzelnen verfassungs- und verwaltungsrechtlichen Organen stehend

traditional-sakral

überlieferte Einstellung, die als gottgegeben betrachtet wurde

rational-säkular

durch Vernunft begründete, weltliche Interpretation aller Lebensbestimmungen

Der Staatsbildungsprozess vollzog sich im Alten Deutschen Reich nicht auf der Ebene des Reichsverbandes, sondern auf der einzelner großer Reichsterritorien, vor allem Österreichs, Brandenburg-Preußens und Bayerns. Zwar besaß das Reich mit dem Kaiser als Oberhaupt übergrei-

M 8

M 9 Karl IV. und die sieben Kurfürsten

Die Schedelsche Weltchronik von 1493 veranschaulicht die durch die Goldene Bulle von 1356 getroffene Regelung. Wir sehen Karl IV., römisch-deutscher König von 1346 bis 1378 (Kaiser seit 1355), der Krone, Reichsapfel und Zepter trägt, mit den Erzbischöfen von Mainz, Köln und Trier zur Rechten und dem König von Böhmen, dem Pfalzgrafen bei Rhein, dem Herzog von Sachsen-Wittenberg und dem Markgrafen von Brandenburg zur Linken. Die Goldene Bulle regelte zwar die kaiserliche Thronfolge, bezeichnete aber auch den Niedergang der herrschaftlichen Autorität des Kaisers.

fende Organisationsformen von Herrschaft wie Reichstage, Reichsgerichte oder Reichskreise; als Mittel der Herrschaftsverdichtung waren sie jedoch den Instrumenten unterlegen, auf die sich die aufstrebende Landesherrschaft stützen konnte. Die zunehmenden staatlichen Reglementierungsversuche in Territorialstaaten wie Brandenburg-Preußen oder Bayern lassen sich in unterschiedlichen Bereichen historisch nachvollziehen. Wir beschränken uns auf zwei wichtige Gesichtspunkte: „gute Polizey“ und Strafgewalt.

„Gute Polizey“

„Polizey“ hieß in der frühen Neuzeit nicht wie heute eine spezielle Institution, die für innere Sicherheit zuständig ist. Der Begriff „Polizey“ stand für den gesamten Komplex von Verwaltung, Ökonomie und Herrschaftsordnung. Zahlreiche Polizeiordnungen, die seit dem 16. Jahrhundert von Landesherren erlassen wurden, dokumentieren den Willen des frühmodernen Staates, möglichst umfassend die sozialen, ökonomischen und sittlichen Verhältnisse zu reglementieren und dadurch zu vereinheitlichen. Das betraf Eigentumsverhältnisse, Handel, Gewerbe und Verkehr, die Arbeits- und Berufswelt, aber auch Ehe und Familie oder die Sittlichkeit und Frömmigkeit der Untertanen. Dies waren Bereiche, für die früher andere Institutionen wie Dorfgemeinde, Zünfte oder Kirchen zuständig gewesen waren und in vielen Regionen tatsächlich bis zum 18. Jahrhundert zuständig blieben.

Strafgewalt

Die Monopolisierung der Strafgewalt für schwere Vergehen war ein weiteres Instrument von Landesherren zur Durchsetzung einer einheitlichen staatlichen Ordnung. Dabei unterschied sich der damalige Maßstab für schwere Verbrechen deutlich vom heutigen. Ketzerei, Hexerei oder Homosexualität gelten heute nicht mehr als Strafdelikte. Bis zum 18. Jahrhundert wurden sie nicht selten ebenso hart bestraft wie Diebstahl oder Mord.

Das Strafrecht bildete sich seit dem Spätmittelalter als eigener Bereich mit spezifischem Verfahren heraus. Die „Leib und Leben“ betreffende Hochgerichtsbarkeit lag bereits im Mittelalter bei der Zentralgewalt. Dagegen war die Niedergerichtsbarkeit noch lange bei intermediären Herrschaftsträgern und autonomen Korporationen angesiedelt. Verstärkt geriet auch sie in der frühen Neuzeit in landesherrliche Kompetenz.

Inquisition

Als gewöhnliches Strafrechtsverfahren setzte sich das Inquisitionsverfahren durch, das auch dem modernen Strafrechtsverfahren zugrunde liegt. Dabei erhob ein obrigkeitlicher Ankläger die Klage ausdrücklich im öffentlichen Interesse. Die – im Zusammenhang mit der kirchlichen Ketzerbekämpfung im 13. Jahrhundert als Sonderverfahren entstandene – Inquisition löste das ältere Prinzip des so genannten „Akkusationsverfahrens" ab, bei dem nicht Obrigkeiten, sondern private Ankläger, die Konfliktparteien, Klage erheben mussten.

Die Ermittlungen staatlicher Behörden erfolgten auf Denunziation, Gerücht oder Indizien hin. Amtsträger verfolgten und verhafteten die Delinquenten. Ziel des Strafverfahrens war die Ermittlung der materiellen Wahrheit, möglichst durch das Geständnis des Angeklagten, aber auch durch Zeugen und die Einbeziehung von Sachverständigen. Zur Erzwingung von Geständnissen wurde die Folter, die so genannte „peinliche Frage", eingesetzt. Die Kritik der frühneuzeitlichen Strafpraktiken wie der Folter war eines der zentralen Anliegen der Aufklärungsbewegung im 18. Jahrhundert.

Religion und Konfessionalisierung

Religion war in der frühen Neuzeit kein Privatinteresse des Einzelnen. Religion war immer auch eine öffentliche Angelegenheit, der sich keiner entziehen konnte. Einen religionsfreien Raum gab es in der frühen Neuzeit nicht. Davon erzählen Polizeyordnungen, die den Kirchenbesuch vorschrieben, ebenso wie die Regelung des Augsburger Religionsfriedens von 1555, die festlegte, dass sich Untertanen in ihrem Glauben dem des Landesherrn anzuschließen hatten oder, waren sie

M 10

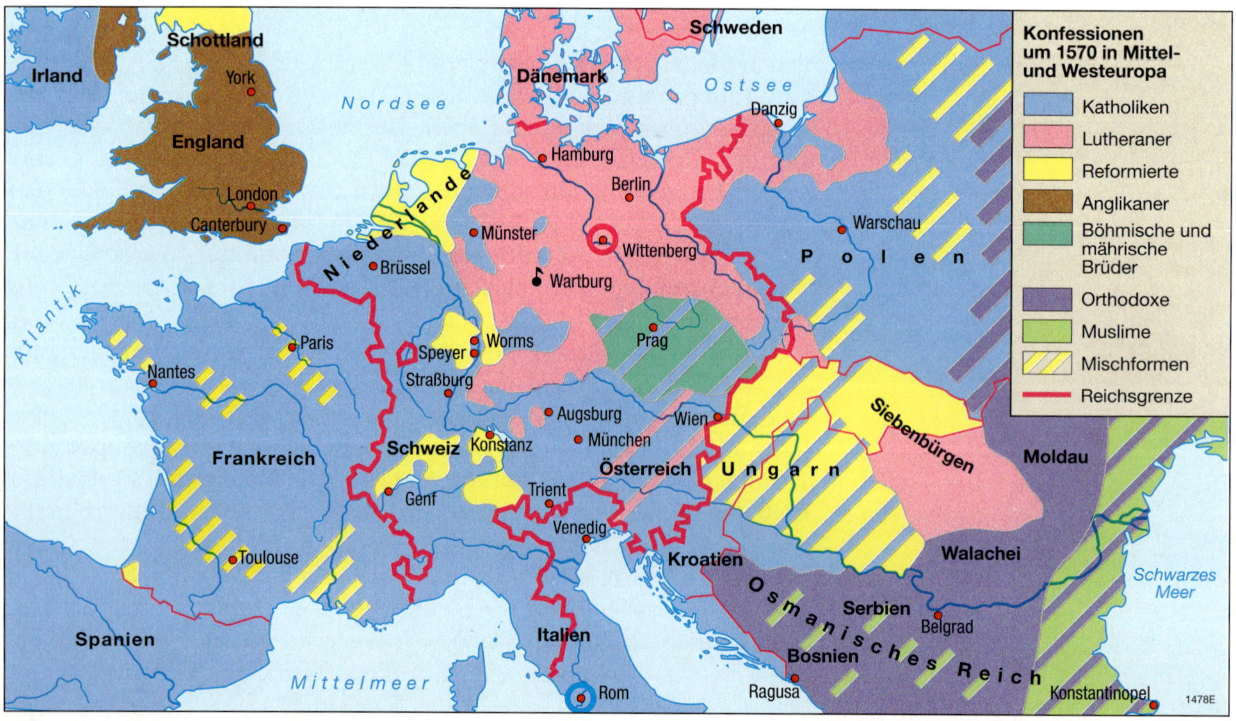

dazu nicht bereit, das Land verlassen mussten. Dafür bürgerte sich die Formel „cuius regio eius religio" ein.

Konfessionalisierung

Christliche Religion und Frömmigkeit unterlagen seit der Reformation einem fundamentalen Wandel, den heutige Historiker im Zusammenhang eines übergreifenden gesellschaftlichen Transformationsprozesses untersuchen. Der dafür geprägte Begriff lautet „Konfessionalisierung". Lutheraner, Reformierte, Katholiken, also die drei großen Konfessionskirchen, die sich im Laufe des 16. Jahrhunderts in Abgrenzung voneinander bildeten, werden im Modell der Konfessionalisierung weniger hinsichtlich ihrer Unterschiede in der Lehre, den so genannten Dogmen, sondern als parallele kirchliche Organisationsformen mit gleichen oder zumindest ähnlichen gesellschaftlichen Effekten untersucht. Konfessionalisierung bezeichnet deshalb nicht so sehr einen kirchengeschichtlichen, vielmehr einen sozialgeschichtlichen Prozess. Aus der Perspektive des Konfessionalisierungsmodells bedeuten „Konfessionen" nicht individuelle Glaubensüberzeugungen, sondern umfassen die religiöse Organisation und den Glauben der politischen Gemeinwesen.

Auch die katholische Kirche wurde durch die von der Reformation erzwungenen Fixierung und Abgrenzung ihrer Glaubenslehren zur Konfessionskirche. Als Schaltstelle diente dabei das Konzil von Trient (1545–1563), das die Inhalte und Ziele katholischer Reformen festlegte.

Die Konfessionsbildung lässt sich ganz generell als Einschränkung der Vielfalt überlieferter Glaubensinhalte und Glaubenspraktiken verstehen, auch als Disziplinierung traditioneller volkstümlich-magischer Glaubensformen. Als Instrument katholischer Konfessionalisierung entstanden neue religiöse Orden, unter ihnen der 1540 von dem Spanier Ignatius von Loyola gegründete Jesuitenorden, der zum Organisationszentrum der katholischen Reform aufstieg. Sein Kennzeichen war die unmittelbare Unterordnung unter den Papst in Rom, eine streng hierarchische Ordensverfassung und die akademische Bildung der Ordensangehörigen. Die von den Jesuiten aufgebauten Bildungseinrichtungen beanspruchten im höheren (gymnasialen und universitären) Bildungswesen des katholischen Europa ein weitgehendes Monopol.

Kirchenorganisationen

Alle drei Konfessionen brachten Kirchenorganisationen hervor, die bei allen Unterschieden im Einzelnen funktional durchaus vergleichbar waren. Zu den gemeinsamen Merkmalen gehörten u. a. staatliche Behörden für kirchliche Angelegenheiten, Kirchenordnungen, in denen die Lehrgrundlagen festgelegt waren, Kontrollen durch Kirchenvisitationen und die Durchsetzung der konfessionellen Rechtgläubigkeit, etwa durch den Katechismus-Unterricht.

Ausbildung der Geistlichen

Visitation

persönliche und regelmäßige Besichtigung kirchlicher Einrichtungen durch den zuständigen Oberen

Auch die Ausbildung der Pfarrgeistlichkeit wurde reformiert. Die geistliche Tätigkeit wandelte sich von einer häufig als Nebengewerbe betriebenen Aufgabe zu einem Amt mit Residenzpflicht, das mittels Visitationen kontrolliert und durch Geldeinkommen (statt Naturalien) abgesichert wurde. Es gab jedoch auch wesentliche Unterschiede zwischen den Konfessionen wie den Unterschied zwischen protestantischen, gewöhnlich im Familienverband lebenden Pfarrern und zölibatären katholischen Klerikern.

5. Demografie

Historische Demografie

Wie viele Menschen auf der Erde leben und welche Lebensspanne dem einzelnen Menschen durchschnittlich zugemessen ist, sind Grundtatsachen menschlichen Lebens. Auch sie sind dem historischen Wandel unterworfen. Mit der zahlenmäßigen Entwicklung der Bevölkerung im Laufe der Geschichte beschäftigt sich die Historische Demografie. Sie hat sich in den vergangenen Jahren zu einem eigenständigen historischen Fach entwickelt.

Die außergewöhnliche Bevölkerungszunahme seit dem 19. Jahrhundert war und ist bis heute Anstoß für vielfältige historische Untersuchungen. Denn hinter den bloßen Zahlen und ihrer Veränderung stecken sehr unterschiedliche Entwicklungen, die Einfluss auf die Bevölkerungsgeschichte hatten und noch heute haben: Lebenserwartung, Heiratsverhalten, Geburtenzahl, Klimaentwicklung, Nahrungsmittelproduktion, Hungersnöte, Seuchen und Krankheiten, Migrationen und Kriege. Die rasante Bevölkerungszunahme unterscheidet die moderne Welt nicht nur in Europa grundlegend von der Welt vor 1800. Hatte sich die Erdbevölkerung zwischen dem 15. und 18. Jahrhundert, in einem Zeitraum von etwa vierhundert Jahren, verdoppelt, so wiederholte sich dieser Vorgang seit dem 19. Jahrhundert in immer kürzeren Zeitabschnitten, in jüngster Zeit alle dreißig bis vierzig Jahre.

„Fluktuationen der Gezeitenfolge“

Was sich in der Moderne grundlegend geändert hat, ist der Rhythmus der Bevölkerungszunahme. Während die Bevölkerung seit dem 18. Jahrhundert kontinuierlich wächst, glich die Entwicklung früher den „Fluktuationen der Gezeitenfolge“, wie das der Historiker Fernand Braudel nannte. Einem Aufschwung der Bevölkerungszahlen folgte ein Abschwung. Im Europa zwischen dem 12. und 18. Jahrhundert lassen sich vier Konjunkturen unterscheiden: Einem langfristigen Anstieg zwischen 1100 und 1350 folgte zwischen 1350 und 1450 ein einschneidender Rückgang, dem zwischen 1450 und 1650 wiederum ein Anstieg und zwischen 1650 und 1750 ein erneuter, allerdings schwächerer Rückgang folgte. Danach beginnt die kontinuierliche Bevölkerungszunahme, wie sie die Moderne kennzeichnet.

M 11 Mariensäule in München
An den vier Ecken der 1638 eingeweihten Säule befinden sich vier allegorische Szenen: Kampf gegen Krieg, Pest, Unglaube und Hunger.

Wie sind die vormodernen Konjunkturen der Bevölkerungsentwicklung zu erklären? Die Zahl der Geburten und Sterbefälle war in der frühen Zeit zwar unablässigen Schwankungen unterworfen, doch herrschte bis zum 18. Jahrhundert im Großen und Ganzen ein Gleichgewicht. Von daher hätte es die längerfristigen Phasen starker Zunahmen und Abnahmen der Bevölkerungszahlen eigentlich nicht geben dürfen. Sie erklären sich über äußere Faktoren. Für den Fall des Aufschwungs spielen Veränderungen in der Nahrungsmittelproduktion und das Erschließen neuer Siedlungsräume eine entscheidende Rolle. Für den Fall des Abschwungs Hungersnöte, Kriege und Seuchen wie die Pestepidemien. Eine große Pestwelle erreichte im Jahr 1346 von Asien aus Europa. Sie forderte im 14. Jahrhundert 25 bis 35 Millionen Todesopfer. Die Pest trat erneut während des Dreißigjährigen Krieges (1618–48) auf. Als Folge des Krieges, der Pest und weiterer Seuchen verlor Europa damals rund ein Drittel seiner Bevölkerung.

Das Beispiel Bayern im Zeitraum von 1621 bis 1635 verdeutlicht die starke Zunahme der Sterbefälle bei Pestepidemien. Starben in einem Normaljahr durchschnittlich 100 Menschen, so waren es in einem Pestjahr in München 155, in Augsburg 195, in Bayreuth 487, in Landsberg 556 und in Straubing 702.

Die große Pest

Der Ausbruch der Pest veränderte das Leben in den frühneuzeitlichen Städte auf radikale Weise. Die Reichen brachen Hals über Kopf auf ihre Landgüter auf, das öffentliche Leben kam weitgehend zum Erliegen. Als Gegenmaßnahmen wurden Quarantäne, Überwachungen, Räuchern und Desinfizieren, Straßensperren, Hausarrest, Passierscheine und Gesundheitspässe verordnet. Doch war die Wirksamkeit solcher Maßnahmen beschränkt, Verzweiflungstaten, soziale Diskriminierungen und kollektive Tragödien waren an der Tagesordnung. Wir können das in zeitgenössischen Berichten erfahren. „Diese Krankheit macht uns grausamer gegeneinander als Hunde", notierte 1665 der Engländer Samuel Pepys unter dem Eindruck einer Pestwelle in England in sein Tagebuch.

Lebenserwartung

Wie lange Menschen durchschnittlich leben, also die Lebenserwartung, gehört zu den wichtigen Größen, die Einfluss auf die demografische Entwicklung haben. Aus heutiger Sicht erscheint die Zeitspanne von 30 Jahren, die ein Europäer in der frühen Neuzeit als Lebenszeit erwarten konnte, erschreckend gering. Man muss dabei aber in Betracht ziehen, dass dies einen Durchschnittswert darstellt. Abhängig von Region oder sozialer Herkunft zeigen sich hier in der

M 12 **„Totentanz in Basel"**
Darstellungen wie Menschen jeden Alters und Standes vom Tod gepackt und weggerafft wurden, 1440

frühen Neuzeit große Unterschiede, weit größere jedenfalls als in der Moderne.

Entscheidend aber ist eine andere Relativierung. Der niedrige Durchschnittswert für die Lebenserwartung in der Vormoderne ist vor allem ein Effekt der extrem hohen Kindersterblichkeit, die ganz generell kennzeichnend für die Vormoderne war. Von zwei Neugeborenen erreichte gewöhnlich nur eines das Erwachsenenalter. Die Friedhöfe legten davon Zeugnis ab: Kinder- und Erwachsenengräber beanspruchten auf den damaligen Kirchhöfen gleich große Anteile. Wer dagegen in der frühen Neuzeit das Säuglings- und Kleinkinderalter überlebte, der konnte auch damals ein hohes Alter erreichen, wie zahlreiche Lebensschicksale nicht nur der frühen Neuzeit belegen.

Der Zusammenhang von Lebenserwartung und Kindersterblichkeit lässt sich anhand der altersspezifischen Lebenserwartung eindrucksvoll belegen. Ein Beispiel für den Zeitraum 1570 bis 1599 in Deutschland illustriert dies: Bei der Geburt konnte man etwa mit 25 bis 30 Lebensjahren rechnen. Wer das Säuglingsalter überlebt hatte und ein Jahr alt geworden war, der hatte bereits eine durchschnittliche Lebenserwartung von 35 Jahren. Wer schließlich ein Alter von 15 Jahren erreicht hatte, für den betrug die Lebenserwartung immerhin 55 bis 60 Jahre.

„Gewonnene Jahre"

Die in der Moderne „gewonnenen Jahre", wie der Schweizer Bevölkerungshistoriker Arthur E. Imhof die Zunahme unserer Lebensspanne seit dem 18. Jahrhundert genannt hat, waren ganz wesentlich Ergebnis des Rückgangs der Säuglings- und Kindersterblichkeit. Die Ursachen dafür waren vielfältig. Fortschritte in der Medizin, besonders in der Prophylaxe, etwa durch die überall in Europa Anfang des 19. Jahrhunderts eingeführte Pockenschutzimpfung, spielten eine Rolle, aber auch eine veränderte Einstellung gegenüber Kindern. Sie hatte zur Folge, dass Eltern zunehmend eine Mitverantwortung für das Überleben der Kinder auf sich nahmen und entsprechende fürsorgliche Maßnahmen ergriffen.

6. Das Haus als Lebensform

Bedeutung des „Hauses"

„Haus" bezeichnet heute ein spezielles Wohngebäude, „Familie" eine gewöhnlich aus Eltern und ihren Kindern bestehende Lebensgemeinschaft. Die Familie, wie wir sie im westlichen Kulturkreis kennen, formierte sich erst im Verlauf des 18. Jahrhunderts. In der frühen Neuzeit dagegen bildete das Haus die grundlegende Lebensform. „Haus" hatte damals eine weit umfassendere Bedeutung als heute.

Das Haus war zunächst Schutzraum. Hausfriedensbruch galt als schweres Vergehen, das strengere Strafen nach sich zog als etwa ein Straßenraub. Den Hausfrieden hatte der Hausherr, der so genannte Hausvater, zu garantieren. Ob er seinen damit verbundenen Aufgaben und Pflichten nachkam, wurde von Nachbarn und Obrigkeit streng überwacht.

Das Haus war weiterhin eine Lebensgemeinschaft, die sich nicht auf den Hausherrn mit seiner Frau und ihre leiblichen Kinder beschränkte. Zur Hausgemeinschaft gehörten gewöhnlich auch Verwandte, Gesinde, Inleute und Altenteiler. Unter Gesinde versteht man Knechte und

M 13 Bauernhof um 1600
Gemälde von Jan Siberechts (1627–1703)

Mägde. Sie waren meist unverheiratet und verdingten sich im Haus auf Zeit. Inleute waren Menschen, die ebenfalls der Gewalt des Hausherrn unterstanden. Sie konnten verheiratet sein, waren aber nur selten mit dem Hausherrn oder seiner Frau verwandt. Altenteiler waren ältere Personen, oft die Großeltern, die ebenfalls im Haus lebten, aber nicht mehr der häuslichen Produktionsgemeinschaft angehörten. Das Haus war nämlich auch, dritter Aspekt, ein Wirtschaftsverband, der für die Selbstversorgung der Hausgemeinschaft produzierte. Wohnen und Arbeiten waren gewöhnlich im Haus vereint.

„Ganzes Haus"

Nicht Verwandtschaft allein begründete damit das Haus als sozialen Lebensraum, vielmehr das Haus selbst als Rechtseinheit und Produktionsgemeinschaft. Verwandtschaft spielte zwar eine wichtige Rolle, denn erben konnten nur die legitimen Kinder. Doch als häusliche Rechtsgemeinschaft betrachtet, gab es im Haus kaum einen Unterschied zwischen Kindern und Gesinde. Das Haus lässt sich als Einheit von sozialen Aufgaben und Funktionen verstehen, die sich seit dem 18. Jahrhundert voneinander trennten und heute vor allem von Institutionen des Staates und der Wirtschaft wahrgenommen werden.

Historiker bezeichnen diese Einheit von wirtschaftlichen, sozialen, rechtlichen und herrschaftlichen Funktionen, wie sie das alteuropäische Haus charakterisierten, als „ganzes Haus", ein Begriff, den der österreichische Historiker Otto Brunner (1898–1982) prägte. Brunner rekonstruierte das Modell des „ganzen Hauses" anhand der so genannten Hausväterliteratur, einer Literaturgattung, die im 17. und 18. Jahrhundert insbesondere der Instruktion landadeliger und großbäuerlicher Ökonomie und Lebensführung diente.

Heute stellen manche Historiker Brunners Auffassung, das „ganze Haus" sei das Grundmodell frühneuzeitlichen Lebens und Arbeitens überhaupt gewesen, infrage. Die Haushalte städtischer Handwerker kannten zwar auch die Einheit von Wohnung und Arbeitswelt, doch wie auch Kaufmannshäuser, Heimarbeiterfamilien und Beamtenhaushalte lassen sie sich nicht in gleicher Weise funktional als autarke, weitgehend auf Selbstversorgung beschränkte Einheiten verstehen. Gewiss werden im Modell von Brunners „ganzem Haus“ viele Besonderheiten des vormodernen Hauses deutlich, doch die Generalisierung stilisiert die vormoderne „ganze“ Familie als romantisches Gegenbild moderner „fragmentierter“ Familienverhältnisse.

Verhältnis der Geschlechter

Das frühneuzeitliche Haus hatte wie alle damaligen Lebensverbände eine patriarchalische Struktur. Der Mann war Herr des Hauses. Ihm unterstanden alle Haushaltsmitglieder. Nur vorübergehend, zum Beispiel im Todesfall, konnte eine Frau Herrin des Hauses sein. Frauen unterlagen in der frühen Neuzeit ganz generell der Gewalt der Männer. Als Hausherr beanspruchte der Mann eine Züchtigungsgewalt gegenüber seiner Frau, die ihm zu Gehorsam verpflichtet war. Begründet wurde die Unterordnung mit der den Frauen unterstellten physischen und psychischen Schwäche. Dabei wurden theologische, aber auch medizinische Argumente angeführt. In der theologischen Beweisführung spielten Stellen aus der Bibel eine wichtige Rolle, aus denen u. a. abgeleitet wurde, dass die Frau dem Einfluss des Teufels stärker als der Mann ausgeliefert sei.

Die medizinischen Argumente stützten sich vor allem auf antike Autoritäten wie den griechischen Arzt und Anatomen Galenos von Pergamon, der die Frau als einen „unvollkommenen Mann“ betrachtet hatte. Im 18. Jahrhundert verstärkte sich in Verbindung mit der Etablierung neuer wissenschaftlicher Fächer wie der Anthropologie und Biologie die Naturalisierung der Unterschiede von Mann und Frau. Die Polarität der Geschlechter – der Mann vernunftbegabt und aktiv, die Frau einfühlsam und passiv – wurde als „Geschlechtscharakter“ fixiert, was entscheidende Auswirkungen auf das zeitgenössische Verständnis von Sexualität hatte.

Rechtsstatus von Frauen

Der Rechtsstatus von Frauen war in der frühen Neuzeit je nach Hausstand (Jungfrau, Ehefrau, Witwe) durchaus unterschiedlich. Jedoch waren Frauen juristisch nur beschränkt handlungsfähig, d. h. prozess- und geschäftsfähig. Im Vergleich zum Mittelalter war die wirtschaftliche Selbstständigkeit von Frauen in der frühen Neuzeit überhaupt einge-

M 14 Die Lebensalter der Frau
Kupferstich, 1650

schränkter, wie etwa das Verbot einer selbstständigen Mitgliedschaft von Frauen in Zünften zeigt. Frauen mussten sich in Prozessen und Geschäften in der Regel durch einen männlichen Vormund vertreten lassen. Auch waren sie zwar eigentums- und testierfähig, doch unterlag ihr Eigentum gewöhnlich der Verfügungsgewalt des Mannes, der allerdings für einen standesgemäßen Unterhalt zu sorgen hatte.

Aus der minderen rechtlichen Position der Frau und der anderen Hausangehörigen darf allerdings nicht abgeleitet werden, dass der Hausherr eine unumschränkte Herrschaft besaß und nur er, wie dann gewöhnlich im 19. Jahrhundert, die eigentlich produktive Arbeit leistete. Das frühneuzeitliche Haus, so der Historiker van Dülmen, bildete eine Arbeits- und Lebensgemeinschaft, die ohne produktive Teilnahme aller Hausmitglieder nicht denkbar war. Bei aller Arbeitsteilung wirkten gleichwohl alle auf allen Gebieten zusammen.

M 15 Holländische Bauernfamilie vor der Mahlzeit
Stich von A. van Ostade, 1653

7. Essen und Trinken

In der frühen Neuzeit ernährte sich der Mensch hauptsächlich von Pflanzenkost. Das galt damals nicht nur für Europa, sondern auch für andere Weltteile. Überhaupt ermöglichte erst die Einschränkung der Fleischnahrung ein stärkeres Wachstum der Bevölkerung, denn geht man von der Rechnung nach Kalorien aus, konstatierte der Historiker Braudel, „ist der Ackerbau bei gleicher verfügbarer Nutzfläche der Viehzucht weit überlegen, da er zehn- bis zwanzigmal mehr Menschen ernähren kann."

Im Europa des Mittelalters war Fleischverzehr noch weit verbreitet, denn Europa war damals bis auf seine Mittelmeerküsten ein eher dünn besiedeltes Land mit ausgedehnten Viehweiden. Steigende Bevölkerungszahlen machten die Umstellung auf Pflanzenkost erforderlich, die bis in das 19. Jahrhunderts hinein in Kraft blieb. Erst danach wird Europa durch wissenschaftlich betriebene Viehmast und Fleischimporte zu einer Kultur von Fleischessern.

Getreide als Grundnahrungsmittel

Getreide, vor allem Weizen, war in der frühen Neuzeit die wesentliche Ernährungsgrundlage. Getreide kostete deutlich weniger als Frischfleisch oder Fisch. Aber auch Getreide war ein knappes Gut. Bei den häufigen Ernteausfällen und Teuerungen der frühen Neuzeit brachen schnell Hungersnöte mit oft katastrophalen Folgen aus.

Hauptnahrungsmittel des einfachen Volkes war nicht das aus gemahlenem Mehl gebackene Brot, das sich bis zum 18. Jahrhundert gewöhnlich nur höhere Stände leisten konnten, vielmehr der aus Hirse und Getreide gekochte Brei. Verbreitet war auch der Fladen, ein flach gebackenes oder geröstetes Getreidegericht, das wegen seiner Härte zwar nur schwer zu kauen, dafür aber haltbar war und jederzeit mit Wasser aufgeweicht werden konnte. Nahrungsmittel des Alltags waren außerdem schon damals Milchprodukte, Fette und Eier, Obst, Kraut und Gemüse. Als Würzmittel diente das Salz.

Im 18. Jahrhundert änderten sich die Ernährungsgewohnheiten. Die Entdeckung Amerikas hatte einen Austausch von Kulturpflanzen zur Folge. Weizen wanderte in die Neue Welt, umgekehrt gelangten Mais, Kartoffel, Bohne, Tomate und Tabak nach Europa. Doch die Ausbreitung der neuen Nutzpflanzen dauerte langsam. Erst zweihundert Jahre

M 16 Vornehme Schweizer Familie beim Essen
Gemälde, 17. Jahrhundert

nach der Entdeckung der Neuen Welt eroberten zuerst der Mais und dann vor allem die Kartoffel größere Anbauflächen. Einer der Vorteile der Kartoffel war es, dass sie im Ver-gleich zum Weizen mehr Menschen ernähren konnte. Auch war der Kartoffelanbau weniger den Verheerungen durch Kriege ausgesetzt. In manchen Gegenden blieb er außerdem vom Zehnt der Grundherrschaft ausgenommen.

Essen der priviligierten Stände

Deutlicher als in der Moderne unterschied sich in der Vormoderne das Essen der Mehrheit vom Essen der privilegierten Stände, des Adels, der wohlhabenden Bürger und reichen Bauern. Reichhaltiges Essen galt als Zeichen des sozialen Ranges. Luxus markierte bis zum 16. Jahrhundert etwa Zucker, bis zum 17. Jahrhundert der Pfeffer, und seit dem 16. Jahrhundert zunehmend der Fleischgenuss. Charakteristisch bis zum 16. Jahrhundert war der Unterschied zwischen der Eintönigkeit alltäglichen Essens und dem Überfluss des Festtagsessens, das sich stundenlang hinzog und bei dem oft ungeheure Mengen vor allem an Fleisch verspeist wurden.

Eine verfeinerte Esskultur entwickelte sich in Europa, ausgehend von den reichen Städten Italiens, erst allmählich seit dem 16. Jahrhundert. Noch Anfang des 16. Jahrhunderts aßen auch Adelige bei Tisch mit der Hand, oft aus der gleichen Schale, und zerkleinerten Fleisch mit dem eigenen Messer. Löffel verbreiteten sich erst im 16. Jahrhundert, die Gabel bürgerte sich allgemein erst im 17. Jahrhundert ein. Gepflogenheiten wie Tischdecken zu verwenden, Teller mit Messer, Löffel und Gabel aufzulegen und Servietten zu benutzen, setzten sich nur zögerlich durch. Zusammen mit der Ausbildung besonderer Tischmanieren wie dem Verbot des „Schmatzens, Rülpsens und Furzens" gehörten sie zunächst zu den Kennzeichen adeliger Kultur, wurden aber zunehmend auch von der breiteren Bevölkerung übernommen und praktiziert.

Getränke

Auch bei den frühneuzeitlichen Getränken ist zwischen gewohnten und neu eingeführten, zwischen alltäglichen und ausgefallenen zu unterscheiden. Das alltägliche Getränk der einfachen Leute war vor allem das Bier, erst in zweiter Linie Wasser und Milch. Bier wurde unter Verwendung verschiedener Getreidearten gebraut und in ganz Europa hergestellt. Wein hingegen wurde nur in bestimmten, vor allem südlichen Regionen produziert. Nur dort war der Wein alltägliches Getränk, in Nordeuropa dagegen eher Luxus. Branntwein und Kornbrand gab es erst seit dem 16. Jahrhundert. Im 17. Jahrhundert begannen die Spirituosen – eingesetzt u. a. als Mittel zur Ermutigung von Soldaten vor dem Kampf – ihren unaufhaltsamen Vormarsch, im 18. Jahrhundert waren sie in ganz Europa populär.

Etwa gleichzeitig mit den Spirituosen entdeckte Europa drei neue Getränke aus anderen Kulturkreisen: den Kaffee aus Arabien, den Tee aus China und die Schokolade aus Mexiko. Diese anregenden und stärkenden Getränke verbreiteten sich aber nur sehr langsam. Erst ab der zweiten Hälfte des 17. Jahrhunderts eröffneten in einigen europäischen Großstädten vereinzelt Kaffeehäuser. In Paris verhalf der türkische Botschafter Soliman Mustapha Raca, der 1669 zahlreiche Kaffee-Empfänge gab, dem Kaffee zum Durchbruch. Im 18. Jahrhundert war der Kaffee zu einem Modegetränk geworden, dessen Genuss nicht mehr nur auf Wohlhabende beschränkt blieb. Kaffeehäuser wurden zu Zentren einer neuen, öffentlichen Debattenkultur, die wesentlich zum Siegeszug der Aufklärungsbewegung beitrug.

8. Wohnen und Kleidung

Das Wohnen

Im Grundbestand sind heute Gestalt, Aufteilung und Ausstattung von Wohnungen und Häusern, bei allen Unterschieden der Größe und Qualität, relativ gleich. Im Europa der frühen Neuzeit gab es hier, neben vielen regionalen Besonderheiten und Traditionen, große Unterschiede, die der ständischen Hierarchie entsprachen. Zwischen dem einfachen Bauernhaus und dem adeligen Prunkschloss lagen Welten.

Das Äußere des Hauses

Betrachten wir jedoch das frühneuzeitliche Wohnhaus zunächst ganz allgemein und von außen. Das Erscheinungsbild von Dörfern und Städten im 15. Jahrhundert prägte noch der Holzbau. Die Einbürgerung der Steinbauweise zog sich über Jahrhunderte hin. Erst im 18. Jahrhundert gab es in den Städten fast nur noch Steinbauten. Auch Dachziegel bürgerten sich erst allmählich ein. Noch im 17. Jahrhundert wurden viele Häuser mit Holzschindeln und Stroh gedeckt, was die häufigen Brände mit oft katastrophalen Folgen erklärt. Türen waren bis zum 17. Jahrhundert schmal, öffneten sich nach innen und gewährten nur einer Person Durchlass. Fenster aus Klarglas kamen im 16. Jahrhundert auf. Zuvor und bei manchen Bauernhäusern noch bis ins 18. Jahrhundert verschloss die Fensteröffnung ein einfacher Holzladen. Der Fußboden im Erdgeschoß vieler Häuser war gestampft, Parkett, Steinplatten oder Fliesen galten lange als Ausweis besonderen Wohlstands. Noch im 16. Jahrhundert wurde gewöhnlich der Fußboden des Erdgeschosses und der darüberliegenden Räume im Winter mit Stroh und im Sommer mit frischem Grün bestreut.

Das Innere des Hauses

Schauen wir auf die innere Struktur frühneuzeitlicher Wohnhäuser und auf das Zusammenleben ihrer Bewohner, so ist ein Merkmal besonders wichtig. Im gewöhnlichen Wohnhaus waren Wohnen und Arbeiten keine klar voneinander unterschiedenen Lebensbereiche. Im Bauernhaus wurden zwar zunehmend separate Stallungen üblich, die das Vieh von den Bewohnern trennten, und auch im Handwerkerhaus gab es immer weniger die früher übliche Raumidentität von Küche und Werkstatt. Dennoch lebte man in der arbeitsfreien Zeit gewöhnlich gemeinsam in einem Raum, in Stube oder Küche, in dem sich die einzige wärmende Herdstelle befand. Separate Schlafzimmer waren nicht die Regel, ebenso wenig ein Bett für nur eine Person. Nur Häuser wohlhabender Bauern besaßen einen ersten Stock, wo das Gesinde schlief und Vorräte gespeichert wurden. Separate Kammern für das Dienstpersonal gab es auch in Handwerkerhäusern.

Wohlhabende Stadtbürger besaßen zwar oft geräumige, mehrstöckige Häuser. Doch zumeist hielt man sich auch hier in der großen Stube auf. Eigene Räume für Kinder und Eltern gab es nicht, obwohl die Häuser meist über zahlreiche Zimmer verfügten. Das adelige Haus konnte aber geräumig und luxuriös ausgestattet sein. Es gab in der Regel viele Zimmer. Jedoch nur zwei Zimmer traten hervor, das Schlafzimmer des Hausherrn und der Saal, in dem gegessen, repräsentiert und gefeiert wurde. Trotz ihrer Weitläufigkeit ermöglichten selbst Schlösser, in denen immer auch das Personal und oft auch die Beamten wohnten, kaum Rückzugsmöglichkeiten. Überhaupt hatte das Schloss nicht primär die Funktion einer Wohnung für die adelige Familie, sondern diente vor allem der Repräsentation und der Formung der Hofgesellschaft.

M 17 Interieur eines Bürgerhauses im 17. Jahrhundert
„Beim Leinenschrank", Gemälde von Pieter de Hooch, 1663

Fehlende Privatsphäre

M 18 Heinrich III.
König von Frankreich (1574–1589) in der für das 16. Jahrhundert typischen spanischen Tracht, Gemälde, 1580

M 19 Kinderehe im 17. Jahrhundert
Im 17. Jahrhundert bürgerte sich die durch bunte Stoffe und freieren Schnitt gekennzeichnete „französische Tracht" ein, Gemälde von Anton van Dyck (1599–1641)

Diese und weitere Besonderheiten frühneuzeitlicher Wohnverhältnisse verdeutlichen, dass es eine Privatsphäre im modernen Sinn damals nicht gab. Man lebte gleichsam vor aller Augen. Vorhandene Kammern waren dunkel und unbeheizt. Sie waren bloße Schlafräume und keine Aufenthaltsräume, die Rückzugsmöglichkeiten boten. In den weitläufigen Häusern der Reichen und des Adels reihten sich sämtliche Zimmer in einer einzigen Flucht aneinander, sodass sie jeder, einschließlich der Dienstboten, durchmessen musste, wollte er ein bestimmtes Zimmer besuchen. Selbst Ludwig XIV. musste in Versailles, wollte er seine neue Mätresse Madame de Montespan besuchen, zwangsläufig das Gemach von Mademoiselle de La Vallière, seiner früheren Favoritin, durchqueren.

Die Privatsphäre entwickelte erst allmählich ihre heute gültigen Ausdrucksformen. Das 18. Jahrhundert war hier eine wichtige Formierungsphase. Viele große und kleine Veränderungen dokumentieren dies, etwa die jetzt in Wohnhäusern entstehenden Verbindungsräume, durch die man ein Zimmer betreten oder verlassen konnte, ohne ein anderes passieren zu müssen. Auch die Familie wandelte sich zu einem intimen, nach außen abgeschlossenen Lebensbereich, der neue räumliche Strukturen und soziale Beziehungsgeflechte hervorbrachte. Die Familie wurde zu einem Refugium, wo man sich vor den Blicken der anderen verbarg. Damit zusammenhängend entstanden neue emotionale Bindungen zwischen den Eheleuten sowie den Eltern und ihren Kindern.

Die Kleidung

Auf Gemälden aus dem 16. oder 17. Jahrhundert mit Darstellungen des Treibens auf Marktplätzen lassen sich Berufe und Stände an ihrer Kleidung schnell unterscheiden. Zugleich zeigt sich im Vergleich zweier Gemälde mit gleichem Motiv, aber unterschiedlicher Entstehungszeiten, dass sich die Bürgertrachten stark verändert haben, während die Kleidung der einfachen Leute weitgehend gleich geblieben ist.

Die beiden Beobachtungen verweisen auf zwei wesentliche Aspekte des Themas Kleidung in der frühen Neuzeit. Kleidung diente damals vor allem dem Zweck, die Zugehörigkeit zu einem Beruf oder Stand zu kennzeichnen. Sie war Mittel ständischer Distinktion. Die Kleidung der Privilegierten unterlag aber auch, der zweite Aspekt, starken Veränderungen.

Bereits in der frühen Neuzeit spielte Mode eine wichtige Rolle. Den Trend bestimmte vor allem der Adel. Im 16. Jahrhundert war, auch in Bayern, die spanische Hoftracht vorherrschend. Mit dem Aufstieg der Niederlande und Frankreichs im 17. Jahrhundert gaben diese Länder in West- und Nordeuropa den Ton an. In der Mode drückten sich damals also auch Verschiebungen der politischen Machtverhältnisse aus, wenngleich nicht unmittelbar und meist mit zeitlicher Verzögerung.

Der mit der Mode wesentlich zusammenhängende kulturelle Austausch, bemerkte der Historiker Braudel, verdeutlicht aber auch, wie Europa trotz oder gerade wegen seiner Streitigkeiten eine einzige Familie darstellte, in der der Meistbewunderte den Ton angab. Überhaupt war das Phänomen der Mode typisch europäisch. Eine vergleichbare Neugierde für Neues in Verbindung mit dem Abstoßen von überholten Ausdrucksformen gab es an anderen Kulturen in der frühen Neuzeit nicht.

9. Ackerbau und Viehzucht

Bäuerliche Arbeit

Arbeit wechselt heute mit Freizeit. Die frühe Neuzeit kannte eine solche Abfolge ebenso wenig wie Urlaubszeiten. Für die damaligen Menschen wechselte die alltägliche, körperlich meist schwere Arbeit mit Sonn- und Feiertag. Nur für den Adel galten andere Gesetze. Arbeit war damals zudem ungleich stärker als heute von der Natur abhängig. Der Einsatz von Energie und Technik, mit denen in modernen, kapitalistischen Ökonomien die Produktivität der Arbeit gesteigert wird, befand sich in der vormodernen Ökonomie auf einem niedrigen Niveau. Das galt besonders für die Landwirtschaft, in der die überwiegende Zahl der Menschen arbeitete. Die bäuerliche Arbeitswelt war dem Klima und Witterungsschwankungen ausgesetzt. Auch ihre natürliche Grundlage, die Qualität des Bodens, konnte nur wenig beeinflusst werden. Es gab nur beschränkte Möglichkeiten zu düngen, zu bewässern und Unkraut zu bekämpfen.

Die über Jahrhunderte weitgehend unveränderten, einfachen Arbeitsgeräte, der Pflug und die Egge, die Sichel oder die Sense, erforderten einen hohen Einsatz und Aufwand an menschlicher Kraft. Eine bedeutendere Ausdehnung der vorhandenen Ackerflächen fand in der frühen Neuzeit im 16. Jahrhundert statt, als die Bevölkerung wuchs und die Getreidepreise stiegen. Damals wurden die im Spätmittelalter entstandenen Wüstungen wieder genutzt und Wald- und Moorflächen neu erschlossen.

Wüstung

meist Verschwinden einer Siedlung und Brachliegen der Felder, bzw. deren Bewirtschaftung von einer benachbarten Siedlung aus

M 20 Ernte mit der Sense
in den Niederlanden, Gemälde von Brueghel d. J. (um 1565–1637)

Keine Ausdehnung gab es jedoch bei den Weideflächen. Die Viehhaltung nahm deshalb verhältnismäßig ab, was wiederum den damals chronischen Düngermangel verschärfte. Ackerbau und Viehzucht waren in der frühneuzeitlichen Landwirtschaft allein deshalb verbunden, weil der Ackerbau Vieh als Düngemittellieferant, Pferde, Ochsen und Kühe als Zugtiere erforderte. Zwar waren in der frühen Neuzeit auch in der Landwirtschaft die regionalen Unterschiede in Europa erheblich, kontrastierten viehreiche und getreidearme mit vieharmen und getreidereichen Regionen. Doch Monokulturen gab es nicht. Sie sind eine Erscheinung der modernen, auf Intensivierung und Ertragssteigerung konzentrierten Landwirtschaft. Auch in der frühen Neuzeit versuchte man, die Landwirtschaft zu intensivieren. Die Erfolge waren aber insgesamt vor dem 18. Jahrhundert gering. Auch die Produktivität, also das Verhältnis zwischen dem Produzierten und dem hierzu getriebenen Aufwand, verbesserte sich bis zum 18. Jahrhundert nur ganz allmählich. In der Regel erntete ein Bauer nur das vier- bis sechsfache der Aussaat. Dennoch lässt sich seit dem 15. Jahrhundert in Europa langfristig eine langsame Steigerung der Ernteerträge erkennen, die allerdings länger anhaltende Rückschläge im 15. und 17. Jahrhundert und teilweise starke Schwankungen von Jahr zu Jahr einschließt.

Wir wollen die landwirtschaftliche Arbeitswelt in der frühen Neuzeit unter drei Fragestellungen näher in den Blick nehmen: Welche Produkte wurden wie bearbeitet? Wie war die Arbeit organisiert? Welche Wirtschaftsform herrschte vor?

Welche Produkte wurden wie bearbeitet?

Angebaut wurden auf den Feldern Gerste, Hafer, Weizen, Buchweizen, Hirse und Roggen, der in Deutschland überwog, seit dem 18. Jahrhundert verstärkt auch Mais und die Kartoffel, in den Gärten u.a. Kohl, Salate, Rüben, Bohnen, Erbsen und Linsen. Die in Deutschland vorherrschende Form des Getreidebaus war die Dreifelderwirtschaft, nach der alle drei Jahre für jeden Acker ein Brachjahr erfolgte. Die Brache wurde dann intensiv gedüngt und gepflügt. Nur so konnten dem Boden wieder die erforderlichen Nährstoffe zugeführt werden. Viehhaltung war als Düngemöglichkeit und wegen des Bedarfs an Zugtieren für die bäuerliche Produktion unentbehrlich. Sie war aber ein hoher Kostenfaktor. Pferde waren wegen ihres hohen Futterverbrauchs teuer und wurden in der Regel nur gehalten, wenn Gespanndienste für den Grundherren zu leisten waren. Ansonsten setzte man meist Rinder als Zugtiere ein, die auch als Milchlieferanten dienten. Fleisch und Eier lieferte das Federvieh, hinzu kamen Schweine, Ziegen und manchmal auch Bienenstöcke, die Wachs und Honig einbrachten. Die Ausweitung der Rinderzucht scheiterte in der frühen Neuzeit vor allem am Futtermangel. Im Sommer fehlten ausreichende Weidemöglichkeiten, im Winter Futtermittel. Eine Lösung bot hier die Fruchtwechselwirtschaft, die in einer Wechselkultur von Getreide und Futtermittel bestand. Lange Fruchtwechselfolgen schafften die Brache ab oder schränkten sie zumindest beträchtlich ein, was den doppelten Vorteil bot, Futter für das Großvieh zu beschaffen und den Boden besser mit Nährstoffen anreichern und damit die Erträge steigern zu können. Obwohl die als „Agrarrevolution“ bezeichnete Fruchtwechselwirtschaft vereinzelt bereits im 16. Jahrhundert, u.a. in Deutschland, praktiziert wurde, setzte sie sich erst im 18. Jahrhundert durch.

Wie war die Arbeit organisiert?

Pflug, Haken, Egge, Walze, Sichel, Sense und Dreschflegel waren in der frühen Neuzeit die wichtigsten Ackergeräte. Mit dem Haken konnte der Boden nur aufgerissen, mit dem Pflug die Scholle auch gewendet werden. Mit der Egge wurde der Boden nach dem Pflügen geglättet und aufgelockert, nach der Aussaat diente die Egge dazu, die Körner mit Erde zu bedecken. Ackerwalzen verwendete man seit dem 15. Jahrhundert zum Zerkleinern der Schollen und der Bodenverdichtung, um schnelles Austrocknen zu verhindern. Geerntet wurde im Süden Deutschlands gewöhnlich mit der Sichel, während sich in Nord- und Ostdeutschland die Sense durchsetzte. Als einen der Gründe für die Ausbreitung der Sense führen Historiker den großflächigen Getreideanbau der ostdeutschen Gutsherrschaften an. Das Dreschen des Getreides erfolgte im Herbst und Winter mit dem Dreschflegel. Die bäuerliche Arbeit vollzog sich weitgehend unabhängig vom Anspruch des Grundherrn, der weder bestimmte, was angebaut wurde, noch wie die Arbeit ausgeführt wurde. Doch war der Bauer eingebunden in die genossenschaftlichen Regeln der Dorfgemeinde, die zum Beispiel die Nutzung der Allmende festlegte. Die Bestellung des Feldes führte zwar jeder Bauer selbst durch. Doch er musste dabei, da die Felder sich gewöhnlich in Gemengelage befanden, gemeinsame Termine des Pflügens, der Aussaat und der Ernte einhalten und Überfahrrechte gewähren. Die schwere Pflugarbeit galt als Männerarbeit und wurde vom Bauern oder seinem Großknecht durchgeführt. Während der Erntezeit mussten aber alle Haushaltsmitglieder, also auch die Frauen, mitarbeiten.

Welche Wirtschaftsform herrschte vor?

Der Eigenverbrauch stand bei der frühneuzeitlichen Landwirtschaft stets im Vordergrund. Historiker nennen diese Wirtschaftsform Subsistenzwirtschaft. Gewiss gab es Austauschbeziehungen mit den naheliegenden Städten, die auf Zulieferung vom Land angewiesen waren. Auch produzierten einzelne Höfe bereits früh überwiegend für den Markt, so in den ostelbischen Gutsherrschaften, aber auch in nordalpinen Regionen, die sich seit dem Spätmittelalter auf die Produktion von Vieh und Butter, ab dem 16. Jahrhundert auch von Hartkäse für den Export spezialisiert hatten. Zudem stellten Bauern immer auch so genannte „Handels- und Manufakturpflanzen“ her, die zunächst für den Eigenbedarf, aber zunehmend, vor allem in Gebieten mit günstiger Verkehrsanbindung, auch für den Markt hergestellt wurden. Zu den Handels- und Manufakturpflanzen gehörten Flachs für die Produktion von Leinen und Raps zur Gewinnung von Öl, das zur Beleuchtung verwendet wurde und armen Leuten als Speiseöl diente.

„Subsistenzwirtschaft“

Für die Mehrzahl der Höfe stand aber bei der Produktion die Sicherung des Eigenbedarfs im Vordergrund. Da die Grundherrschaft stets einen Teil der Produktion abschöpfte, blieb meist nur ein geringer Teil an Getreide und Vieh, der ausgetauscht werden konnte – oft gegen Waren, die nicht selbst hergestellt wurden. In der Subsistenzwirtschaft orientierte sich also das Wirtschaften nicht an der Gewinnmaximierung, sondern an der Sicherung des Eigenbedarfes. Subsistenzwirtschaft markiert überhaupt einen wesentlichen Gegensatz zur kapitalistischen Marktwirtschaft der Industriegesellschaften, in der Güter und Dienstleistungen über den Markt verteilt werden. Sie ist deshalb eines der typisches Kennzeichen vorindustrieller Gesellschaften.

10. Handwerk und Handel

Energie, Technik und Transport sind Bedingungen und zugleich Triebkräfte industrieller Gesellschaften. Sie ermöglichen Mobilität und Wirtschaftswachstum.

Im Vergleich zur Dynamik der wirtschaftlichen Entwicklung in der Moderne erscheint die Wirtschaft im alten Europa unbeweglich und statisch. Einer der hauptsächlichen Gründe war der Energiemangel. Zwischen dem 15. und 18. Jahrhundert verfügte der Mensch nur über vergleichsweise bescheidene Energiequellen. Er nutzte vor allem seine Körperkraft und die seiner Haustiere, daneben Wind- und Wasserkraft sowie die Energie von Brennholz und Holzkohle. Steinkohle wurde zwar ebenfalls bereits abgebaut, doch wurde sie vor allem als Brennstoff genutzt und nicht, wie ab Beginn der Industrialisierung, als Mittel zur Eisenverhüttung.

M 21 „Die überschwemmte Landstraße"
Gemälde von Jan Brueghel d. Ä., 1614

Neue Techniken fanden in der frühen Neuzeit nur schwer Anerkennung. Auch die großen technischen Neuerungen der Epoche – Artillerie, Buchdruck und Hochseeschifffahrt – setzten sich nur allmählich durch. Zwar schuf die Hochseeschifffahrt ein Netz weltweiter Verbindungen, doch die Haupthandelswege blieben dennoch lange unverändert. Noch im 16. Jahrhundert spielte sich der Weltverkehr vor allem auf dem Mittelmeer ab. Erst danach verlagerte sich der Weltmarkt von Mitteleuropa nach Nordwesteuropa. Das Wirtschaftsleben wurde zudem durch die Langsamkeit des Transportwesens behindert. Die Transportmittel änderten sich kaum, ebenso wenig deren Geschwindigkeit. „Napoleon kommt ebenso langsam voran wie Julius Cäsar", meinte schon der französische Schriftsteller Paul Valéry. Erst seit dem 18. Jahrhundert stieg die Geschwindigkeit des Transports, u. a. als Folge des Ausbaus und der Befestigung der Landstraßen.

Handel und Gewerbe

All das trug dazu bei, dass sich die Grundstrukturen von Gewerbe und Handel vor dem 18. Jahrhundert nicht einschneidend veränderten.

Auch die Geldwirtschaft war noch wenig entwickelt. In weiten Bereichen blieb zwischen dem 15. und 18. Jahrhundert der Tauschhandel die Regel, konstatierte Braudel, behauptete sich die Selbstversorgung in Verbindung mit primitive Zahlungsmitteln. Auch waren in Gewerbe und Handel in der frühen Neuzeit deutlich weniger Menschen als in der Landwirtschaft tätig. Ihr Anteil und ihre Bedeutung für die Gesamtwirtschaft nahmen jedoch bis zum 18. Jahrhundert allmählich zu. Gewerbe und Handel konzentrierten sich weitgehend in den Städten. Die Gruppe der Gewerbetreibenden überwog bei weitem. Doch gab es regional und abhängig vom Typ der jeweiligen Stadt sowie über die Jahrhunderte hinweg große Unterschiede. So waren 1569 in Erfurt 85 % im Gewerbe, nur 4 % in Handel und Verkehr, 1692 in Salzburg annähernd 74 % im Gewerbe, immerhin aber auch 19 % im Handel und Verkehr tätig.

Handwerk

Das Handwerk war in den Städten meist in einem breiten Spektrum verschiedener Gewerbe vertreten, das vom Nahrungsmittelgewerbe (u. a. Bäcker, Metzger, Brauer) über metall- und holzverarbeitende Betriebe (u. a. Schmiede, Tischler), das Bekleidungshandwerk und deren Zulieferer (u. a. Schneider, Schuhmacher, Gerber, Leineweber) bis zum Luxusgüterhandwerk reichte. Frühneuzeitliche Handwerksbetriebe waren klein und bestanden meist nur aus dem Meister, ein oder zwei Gesellen und einem Lehrling. Im Spätmittelalter gab es noch Betriebe, in denen Frauen, auch als Meisterin, tätig waren, vom 16. bis zum 18. Jahrhundert war das Handwerk allerdings weitgehend eine Männerdomäne. Der Arbeitstag dauerte regelmäßig 12 bis 14 Stunden. Für Gesellen wurde er in eigenen Gesellenordnungen festgelegt. Bezahlt wurde in der Regel wöchentlich. Wie viel Gesellen und Meister verdienten, war abhängig von der Region, der Stadt, aber auch von der Art des Handwerks. Der Handwerkerstand war deshalb keine homogene soziale Gruppe. Zu den oberen Handwerkerständen gehörten die Goldschmiede. Bei öffentlichen Aufzügen beanspruchten sie eine exponierte Stellung, während Schneider oder Schuster in der Hierarchie eher unten standen. Maßgeblich für die soziale Stellung eines Handwerks waren neben dem Alter der Zunft und dem Vermögen vor allem die Qualität der Arbeit. Je billiger die Arbeitsmaterialien und je schmutziger die Arbeitsprozesse waren, desto geringeres Ansehen hatte das jeweilige Handwerk. An der Grenze zur „Unehrlichkeit“ standen u. a. Gerber und Töpfer, die zum Teil deswegen auch nicht zunftfähig waren.

M 22 Schuhmacherwerkstatt
Holzschnitt, Ende 16. Jahrhundert

Die Zünfte

Ob nämlich jemand ein bestimmtes Handwerk ausüben durfte, auch wie er es praktizierte und was er dabei herstellen konnte, war in der frühen Neuzeit streng reglementiert. Über die Regeln entschieden die Zünfte, die wiederum ihre Satzungen von den städtischen Obrigkeiten bestätigen lassen mussten. Zunft bezeichnete seit dem Mittelalter die Organisations- und Rechtsform genossenschaftlicher, korporativer Zusammenschlüsse. Handwerker, aber beispielsweise auch Studenten an Universitäten, hatten sich zu solchen Korporationen zusammengeschlossen. Nur wer Mitglied einer Zunft war, durfte das von dieser vertretene Handwerk ausüben. Die Bezeichnung dafür lautet „Zunftzwang".

Als Korporationen waren die Zünfte rechtlich privilegiert und darüber hinaus auch Lebensgemeinschaften, die ihren Mitgliedern Normen der Lebensführung und des richtigen Verhaltens vorschrieben. Der Zugang zur Zunft war an Auflagen gebunden, so an den Nachweis der ehelichen Geburt, im Deutschen Reich zudem oft an den Nachweis der deutschen Abstammung. Die Zünfte besaßen auch das Ausbildungsmonopol für das Handwerk. Kennzeichnend für die Lehrlingsausbildung war die enge personale Bindung des Lehrlings an seinen Meister. Der Lehrling lebte im Haus des Meisters, wo sich gewöhnlich auch die Werkstatt befand. Entscheidend für das Zustandekommen des Lehrverhältnisses waren nicht Kenntnisse oder formale Voraussetzungen wie ein vorausgegangener Schulbesuch. Als ausschlaggebend galten moralische und soziale Qualitäten wie eben die eheliche Geburt. Es gab auch keine Abschlussprüfungen. Die Lehre endete mit einer „Freisprechung" und der Ausfertigung des Lehrbriefes. Ein Nachweis über erworbene Fertigkeiten war damit nicht verbunden. Die Freisprechung bestätigte das Wohlverhalten des Lehrlings. Handwerkswürdiges Verhalten, nicht individuelle Befähigung regierte damit die Ausbildung im Rahmen der Zunft. Sozialisation stand vor Qualifikation und individueller Leistung.

Vielzahl von Regelungen

Jedes Handwerk durfte nur seine spezielle „Kunst" ausüben, d.h. anderen nicht „ins Handwerk pfuschen". Konkurrenz sollte dadurch beschränkt und jedem Zunftmitglied eine ausreichende Existenzgrundlage gesichert werden. Über die Frage, welche Produkte ein Handwerk herstellen durfte, kam es häufig zu Streitigkeiten. In Lindau etwa entschied man 1593, dass Zimmerleute nur Fenstersimse, Stiegen, Krautgartenzäune, gefälzte Böden und Lattenverschläge fertigen durften, Schreiner hingegen sich auf das beschränken sollten, was Leim erforderlich machte. Auch innerhalb der Handwerke gab es Regelungen, die Spezialisierungen der Tätigkeiten erzwangen. In Nürnberg etwa existierten 1621 elf verschiedene Schmiedebetriebe, die u.a. für Ketten, Klingen, Löffel, Nägel, Pfannen und Zirkel zuständig waren.

Die Zünfte beanspruchten das Monopol für die von ihnen vertretenen Handwerke. Sie sorgten für eine gerechte Verteilung von Rohstoffen, kontrollierten Fertigungsverfahren, die Qualität der Waren und auch deren Preis. Die Produktions- und Absatzbedingungen sollten dadurch möglichst im Gleichgewicht gehalten werden. Gegen Eingriffe in ihre Rechte reagierten die Zünfte mit Klageschriften. Es waren aber nicht alle Gewerbetreibenden in Zünften organisiert. Solche nichtzünftigen und „unehrlichen" Handwerker wurden von den Zünften als so genannte „Bönhasen", „Pfuscher" oder „Störer" beschimpft und bekämpft, etwa durch Beschlagnahmung ihrer Waren.

Zünfte beschränkten sich jedoch nicht auf die Vertretung wirtschaftlicher Interessen. Ihre Aktivitäten und Vorschriften betrafen das ganze soziale, politische und religiöse Leben der Handwerker. Zünfte waren karitative Einrichtungen, die Witwen und Arbeitsunfähige unterstützten. Verstorbene Mitglieder wurden gemeinsam beerdigt. Die Zunfthäuser in den Städten bildeten den Mittelpunkt des gesellschaftlichen Lebens der Handwerker. In ihnen fanden die Zunftversammlungen statt, auf denen neue Meister aufgenommen, Zunftvorsteher gewählt und die jährlichen Rechnungen abgelegt wurden, aber auch gefeiert und der soziale Zusammenhalt der Mitglieder gestärkt wurde. Neben der Sicherung der Existenzgrundlage der Handwerker ging es den Zünften vor allem um die Ehre des Handwerks, die an die Einhaltung ständischer Normen moralischen Verhaltens gebunden war.

Niedergang der Zünfte

Im Verlauf der frühen Neuzeit gerieten die Zünfte unter Druck. Im 18. Jahrhundert mehrten sich Stimmen, die die ständisch verankerte Zunftverfassung kritisierten. Zünfte galten als überlebt und unvereinbar mit der sich zunehmend nicht mehr über Stände, sondern Funktionen und damit verbundene individuelle Fähigkeiten differenzierenden Gesellschaft. Die aufstrebenden Territorialstaaten initiierten Maßnahmen zur Stärkung der produktiven wirtschaftlichen Kräfte, die sich vor allem gegen die Traditionen ständischer Selbstverwaltung richteten. So wurde etwa versucht, die Aufnahme in die Zunft obrigkeitlich zu regeln, um den freien Zugang zum Markt für mehr Handwerker zu ermöglichen. Dadurch sollte der Wohlstand der Territorien vermehrt werden.

Territorialstaat

Landesherrlicher Staat, z. T. auch durch ständische Rechte eingeschränkt

Manufaktur

Seit dem 16. Jahrhundert arbeiteten vom Fürsten angestellte Hofhandwerker, die nicht mehr in das ständische Gefüge passten. Der Übergang zur Manufaktur war fließend. In den Manufakturen wurden Produkte wie etwa Tuche und Porzellan arbeitsteilig mit Lohnarbeitern in Massenfertigung hergestellt. Die Manufaktur lässt sich als Frühform des kapitalistischen industriellen Betriebs verstehen, obwohl die Handwerkstechnik im Wesentlichen erhalten blieb. Im Vergleich zum Handwerk ermöglichte die Manufaktur eine stärkere Spezialisierung und Arbeitsteilung, aber auch eine effektivere Kontrolle der Arbeiter. Manufakturen wurden oft von den Territorialfürsten durch Privilegien unterstützt, um den Güterexport des Landes zu steigern.

Handeltreibende

Die Handeltreibenden der frühneuzeitlichen Städte setzten sich aus unterschiedlichen sozialen Gruppen zusammen. Das Spektrum reichte hier vom Hausierer, der seine Waren vor allem auf dem flachen Land vertrieb, über den Krämer, der in einer Zunft organisiert sein konnte, bis zum vermögenden Fern- und Großhandelskaufmann, der in großen Handelsmetropolen wie Hamburg, Frankfurt a. M., Nürnberg oder Augsburg lebte und wirkte. Wie bei Handwerksbetrieben verband sich auch bei Kaufmannshäusern Arbeit mit Wohnen. Kontor und Warenlager waren gewöhnlich Teil des Wohnhauses. Neben dem Kaufmann, seiner Ehefrau und ihren erwachsenen Kindern waren in größeren Handelshäusern Handlungsdiener beschäftigt. Sie mussten rechnen und schreiben können, da zu ihren Aufgaben die Kontoführung gehörte.

Den Transport der Waren übernahmen seit dem 16. Jahrhundert eigene Transportunternehmen. Verkauft wurde in den eigenen Häusern oder in so genannten Kaufhöfen, die die Kaufmannschaft einer Stadt unterhielt, um Kosten und Risiken zu teilen. Großhandelskaufleute handelten auf den großen Messen und Märkten, zu denen im

M 23 **Überfall auf Kaufleute**
Holzschnitt vom Petrarcameister, um 1531

M 24 **Jakob Fugger mit seinem Buchhalter Matthäus Schwarz,**
Miniatur, 1520

Verlagssystem

Verleger liefert Rohstoffe und nimmt die daraus in Heimarbeit entstandenen Fertigprodukte ab.

Deutschen Reich u. a. Frankfurt a. M. und Leipzig gehörten. Sie besaßen oft weit verstreute Zweigstellen, so genannte „Faktoreien", über die sie ihren internationalen Handel abwickelten. Zusammenschlüsse von Großkaufleuten untereinander, so genannte „Gilden", dienten der Minderung des Risikos. Man sprach Geschäfte miteinander ab und versuchte dadurch, Außenstehende von den eigenen Handelsaktionen fernzuhalten. Gewinne und Verluste wurden in den Gilden entsprechend dem Einsatz gleichmäßig verteilt. Überhaupt ermöglichte es die im 16. Jahrhundert aufkommende doppelte Buchführung, Gewinne und Verluste genau zu berechnen und Risiken besser einzuschätzen. Bereits Großkaufleute im 16. Jahrhundert handelten nicht nur mit Waren wie Tuchen, Metallen, Lebens- und Genussmitteln, sondern auch mit Geld. Seit dem 16. Jahrhundert verbreitete sich zudem das Bankenwesen. Der bargeldlose Verkehr war schon allein deshalb wichtig, da Geld- und Warentransporte in der frühen Neuzeit vielen Gefahren ausgesetzt waren. Im 17. Jahrhundert kam es schließlich zur Gründung der ersten Aktiengesellschaften.

Der individuelle Handel war in der frühen Neuzeit weit weniger reglementiert als die Tätigkeit und das Leben der Handwerker. Auch beschränkten sich vor allem Großkaufleute keineswegs auf die Sicherung der Existenzgrundlage. Schon bei ihnen stand der möglichst hohe Gewinn im Zentrum, was Zeitgenossen scharf kritisierten. Tatsächlich erwarben einzelne frühneuzeitliche Kaufleute, besonders im 16. Jahrhundert, beträchtliche Vermögen. Nicht alle waren so vermögend wie die Augsburger Handelshäuser Fugger und Welser, die nicht zuletzt über ihre Geschäfte im Überseehandel ungeheuren Reichtum erwarben. Die vornehmen Kaufmannsfamilien der Städte waren aber auch sonst nicht selten reicher als der Adel. Großkaufleute investierten ihre Gewinne im 16. Jahrhundert auch im Bergbau. Im 17. Jahrhundert trugen sie wesentlich zur Entwicklung des Verlagssystems und zum Aufbau von Manufakturen bei. Vermögende Kaufleute erwarben nicht selten einen ausgedehnten Landbesitz und führten ein dem Adel angeglichenes Leben. Manche erhielten den Adelstitel verliehen. Die repräsentative Ausstattung ihrer Häuser und der aufwändige Lebensstil waren ein Ausdruck sozialen Prestiges.

Zusammenfassung

Literatur

Richard van Dülmen, Kultur und Alltag in der Frühen Neuzeit, Erster Band: Das Haus und seine Menschen, 16.–18. Jahrhundert, München 1990

Richard van Dülmen, Kultur und Alltag in der Frühen Neuzeit, Zweiter Band: Dorf und Stadt, 16.–18. Jahrhundert, München 1992

Richard von van Dülmen, Kultur und Alltag in der Frühen Neuzeit, Dritter Band: Religion, Magie, Aufklärung, 16.–18. Jahrhundert, München 1994

Fernand Braudel, Sozialgeschichte des 15.–18. Jahrhunderts, Bd. 1: Der Alltag, München 1985, Bd. 2: Der Handel, München 1986, Bd. 3: Aufbruch zur Weltwirtschaft, München 1986

Peter Blickle, Das Alte Europa, München 2008

Internetressource

http://www.historicum.net/themen

http://www.uni-muenster.de/FNZ-Online

http://www.europa.clio-online.de/site/lang__de/40208212/default.aspx

Das Leben in der europäischen Ständegesellschaft der frühen Neuzeit unterschied sich wesentlich von gegenwärtigen Lebensverhältnissen und Lebensformen. Anders als heute waren damals nicht nur die politische Verfassung und die vielfältigen und uneinheitlichen Herrschaftsstrukturen und Herrschaftsverhältnisse in Stadt und Land. Auch den Alltag und das Zusammenleben der Menschen, ihr Arbeiten, Wirtschaften, Wohnen und Essen, ja ihre Vorstellungen von Ehe, Familie, Moral und Religion bestimmten andere Muster.

Welchen Spielraum der Einzelne in der frühneuzeitlichen Gesellschaft hatte, war sicherlich auch schon damals von individuellen Fähigkeiten und Bildungsanstrengungen abhängig, viel mehr aber von Herkunft und Stand, dem jemand angehörte.

Ebenso wie der moderne Staat bildeten sich auch die sozialen Lebensformen und Lebensweisen, welche die Moderne kennzeichnen, in der frühen Neuzeit erst allmählich in einem langgestreckten Prozess heraus. Der deutsche Soziologe Niklas Luhmann charakterisierte die gesellschaftliche Veränderung, die sich im Übergang zur Moderne vollzog, mit der Formel „von der ständisch gegliederten zur funktional differenzierten Gesellschaft“.

Das 18. Jahrhundert, das Zeitalter der Aufklärung, ist eine wichtige Phase in diesem Übergangsprozess. Damals wurden eingespielte Formen politischer und gesellschaftlicher Ordnung vielfach infrage gestellt und am Ende des Jahrhunderts, in Frankreich, radikal umgestürzt.

So wichtig die Französische Revolution als Zeichen einer neuen Zeit in ganz Europa wirkte und die europäische politische Ordnung tatsächlich veränderte. Viele der im vorstehenden Abschnitt dargestellten Lebensformen wurden von der Revolution jedoch kaum berührt und wirkten bis in das 19. Jahrhundert fort.

Erst die industrielle Revolution mit ihren sozialen Konsequenzen führte endgültig zur Erosion der Ständegesellschaft und der mit ihr verbundenen Lebensformen.

Eine kommentierte Linkliste finden Sie unter: www.westermann.de/geschichte-linkliste

Zeittafel

14. Jahrhundert:
Beginn des Ausbaus der Territorialstaaten
Haus als Bereich gesteigerten Friedens (bis ca. 18. Jahrhundert)
1356 „Goldene Bulle" Karls IV.

15. Jahrhundert:
Ausbau des Rechts und der Gerichte
Um 1450 Erfindung des Buchdrucks mit beweglichen Lettern durch Johannes Gutenberg
Ausbreitung der Druckkunst
1492 „Entdeckung" Amerikas
„Verlagswesen" als Wirtschaftsform (besonders im Textilbereich)

16. Jahrhundert
1517 Thesenanschlag Martin Luthers
Kaffee findet in Europa Verbreitung
Bauernkriege in Schwaben, Franken und Thüringen
1545–1563 Konzil zu Trient
1555 Augsburger Religionsfrieden
1576 Bodin: Theorie der souveränen Monarchie

17. Jahrhundert
1618-1648 Dreißigjähriger Krieg
1648 Westfälischer Friede
Europäisches Gleichgewicht als außenpolitische Zielsetzung
Politische und wirtschaftliche Schwächung und Zersplitterung Deutschlands
Ausprägung des Manufakturwesens
Aufstieg des Absolutismus in Frankreich
1638 Abschaffung der Folter in England
1651 Hobbes: „Leviathan" (Verteidigung der absoluten Monarchie als „vernünftig")
1683 Belagerung Wiens durch die Türken
1685 Aufhebung des Edikts von Nantes (in dem 1598 den Protestanten in Frankreich Religionsfreiheit zugesichert wurde)
1689 Einschränkung der monarchischen Macht in England (Bill Of Rights)
1690 Locke: „Gesellschaftsvertrag"

18. Jahrhundert
Beginn der Industrialisierung in England
Kartoffel als menschliches Nahrungsmittel
1751 „Enzyklopädie" in Frankreich
1789 Französische Revolution

1. Ständeordnung

M 25 „Stand"

Zeitgenössische Definition von „Stand" nach Zedlers Universallexikon von 1744:

Stand, Zustand, Stand der Menschen oder Personen, Lat. Status, Ordo, Status hominum, Status personarum, und Ordo politicus, Franz. Etat oder Ordre, Ital. Stato, ist eigentlich nichts anders, als die Beschaffenheit eines Menschen, wodurch er von andern unterschieden wird, und also auch, in Ansehung dieses Unterschiedes nicht alle und jede durchgängig einerley Rechte, sondern einer vielmehr immer andere, als ein anderer, zu genüssen haben. Die Stände, in welchen sich die Menschen befinden sind unterschiedlich [...].

Johann Heinrich Zedler, Großes vollständiges Universallexikon, Bd. 39, Leipzig/Halle 1744, Sp. 1093–1103.

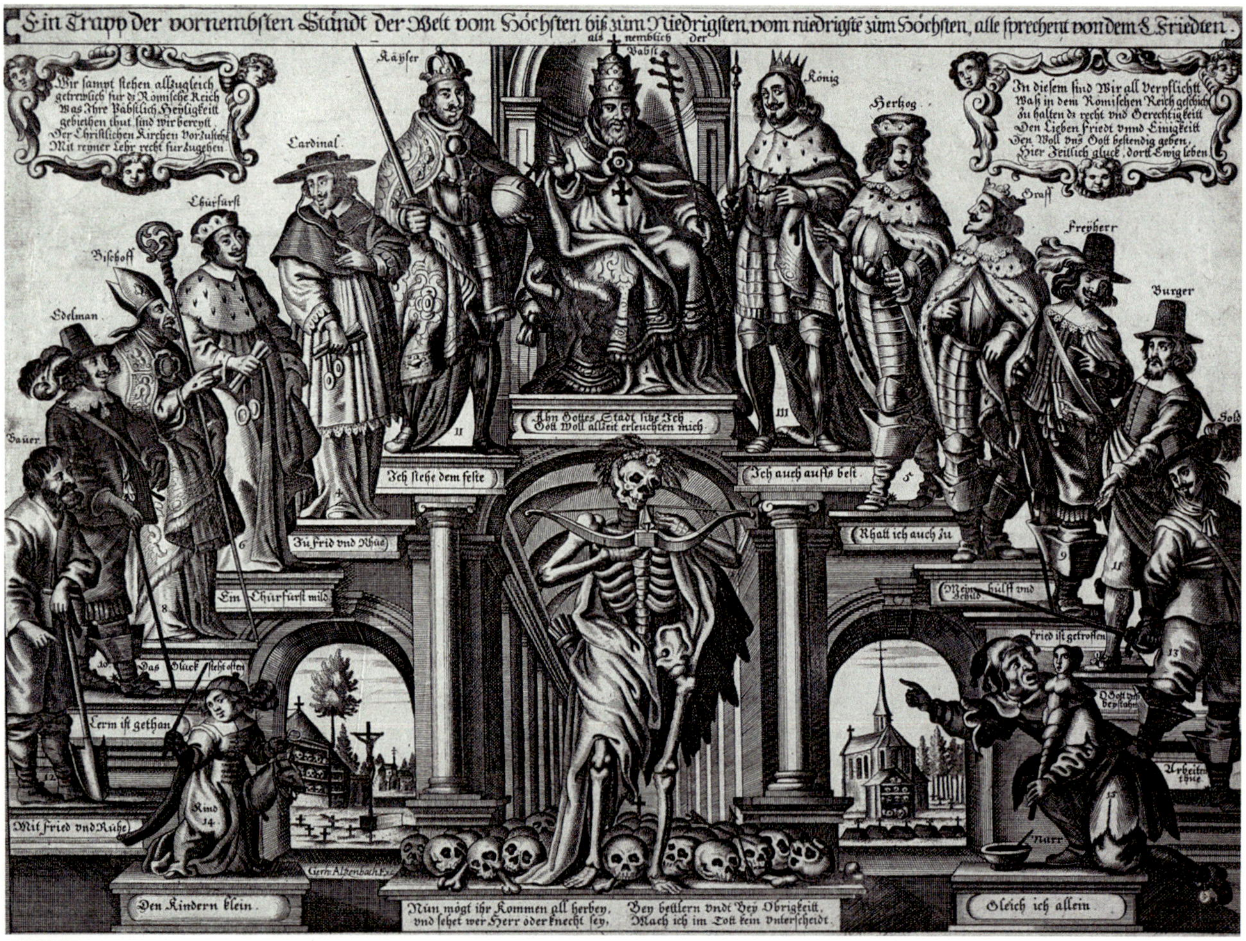

M 26 Ständetreppe, Augsburger Radierung, 1616

M 27 Stände

a) Aus einem historischen Nachschlagewerk (1976):

Stand, Stände (mlat. Status). Rechtl. und sozial abgeschlossene Schicht von gleicher Herkunft (Geburtsstand, Ebenbürtigkeit), gleichem Beruf (Berufsstand) und gleicher Bildung (z. B. Geistlichkeit, Offizierskorps). Daneben taucht der Begriff Stand auf in der Unterscheidung von Lehr-, Wehr-, Nährstand, in der Vorstellung des Standesgemäßen usw. Für das frühe und hohe MA wurde die geburtsständische Schichtung in Adel, Freie und Unfreie wichtig. Im SpätMA kennt man 3 Stände: Adel, Bürger, Bauern mit Untergruppen innerhalb eines jeden Standes. Verfassungsrechtl. Bedeutung erlangte die stand. Ordnung im Ständestaat (Landstände). Auf den Landtagen, bei der Steuerbewilligung (Steuer) insbes., machten die Stände des Adels, der Prälaten, der Bürger (Städte), in wenigen Territorien auch die Bauern ihr Mitspracherecht geltend. Die Kämpfe des absolutist. Staates mit den Ständen machen das verfassungsgeschichtl. wichtigste Problem des 17. Jh. aus (Ständestaat).

Konrad Fuchs, Herbert Raab, dtv-Wörterbuch zur Geschichte, Bd. 2: Konz – Z, 4. Aufl. München 1980, S. 764 f.

b) Andreas Kraus schreibt in seiner Publikation „Geschichte Bayerns" (1983):

Der empfindlichste Einbruch in die fürstliche Machtstellung erfolgte dabei von Seiten einer Institution, die gerade während der Regierungszeit Albrechts IV. in ihrem Einfluss systematisch beschnitten worden war: der Landstände oder der Landschaft; das ist die genossenschaftlich zusammengeschlossene, ständisch gegliederte Schicht der Inhaber von Herrschaft im Land, die dem Fürsten gegenübersteht und die auf den vom Fürsten einberufenen Landtagen ihre Rechte wahrnahm, nämlich Mitwirkungsrechte in der Gesetzgebung und das Steuerbewilligungsrecht.

Vereinigt waren in ihr die drei Stände, der Adel, die Prälaten, d.h. die Vorstände der Klöster der Benediktiner, Augustinerchorherrn, Prämonstratenser und Zisterzienser, und die Vertreter der Bürger. Voraussetzung für das Recht, in der Landschaft vertreten zu sein, war für Adel und Prälaten die Herrschaft über Land und Leute.

Das Steuerbewilligungsrecht der Stände beruhte also auf ihrem Herrschaftsrecht, weitergehende Rechte, wie das Recht, in wichtigen Landesangelegenheiten gehört zu werden, also im Rat des Fürsten zugegen zu sein, wie das Recht zum Erlass von Landesgesetzen waren ihnen zu Zeiten zugestanden, dann wieder verweigert worden, sie waren in den Herrschafts- und Gerichtsrechten nicht ohne Weiteres eingeschlossen.

Andreas Kraus, Geschichte Bayerns. Von den Anfängen bis zur Gegenwart, München 1983, S. 195.

c) Peter Blickle schreibt in seinem Buch „Das Alte Europa" (2008):

In eine neue Epoche seiner Geschichte trat der Kontinent, als er das Konzept der Stände im Hochmittelalter ausbildete und ideologisch, funktional und rechtlich fest verankerte. Kleriker, Krieger und Bauern wurden der Kern einer Dreiteilung der Gesellschaft, in die sich schließlich alle Menschen eingeordnet sahen. Oratores, bellatores, laboratores – Betstand, Wehrstand, Nährstand – erster Stand, zweiter Stand, dritter Stand lautete die Nomenklatur für die gesellschaftlichen Großgruppen. Rasch wurde daraus eine von Gott geschaffene Ordnung, „Gott hat drei Leben geschaffen, Bauern, Ritter und Pfaffen", folglich war diese Ordnung auch nicht anfechtbar. Funktionale Zuschreibungen an jeden Stand befestigten die Theorie: Der Adel schützt durch seine Waffenfähigkeit die Geistlichkeit und die Bauern, die Geistlichkeit vermittelt das Heil an Adel und Bauern, und die Bauern ernähren mittels ihrer Arbeit Geistlichkeit und Adel.

Aus der Aufgabe, Schutz zu gewähren, wuchs dem Adel Herrschaft gegenüber Bauern (und Bürgern) und dem von ihnen bewirtschafteten Boden zu. Aus dem Umgang mit dem Numinosen [dem Göttlichen] und der Verwaltung der göttlichen Gnaden bezog die Geistlichkeit vom Pfarrklerus bis zum Bischof ihr Charisma; ihre führenden Vertreter, die oft aus dem Adel stammten, bauten ihrerseits Herrschaften in Form von Hochstiften und Klosterterritorien auf. Das sicherte Adel und Geistlichkeit den Namen Herrenstände. Der Rest firmierte als der „gemeine Mann" – als die commons, der commun peuple, der popolo, alles Surrogate [Ersatz] für die laboratores der lateinischen Quellen, unter denen sich alle Handarbeiter fassen ließen, zunächst Bauern, dann auch die Handwerker in den Städten. Vom Überschuss ihrer Arbeit lebten die Herrenstände.

Rechtlich waren die drei Gruppen scharf getrennt, jede einem eigenen Rechtskreis und einer eigenen Gerichtsbarkeit unterstehend; die zwei herausgehobenen unter ihnen genossen Sonderrechte – die Beratung des Königs (Indigenat) und die Steuerfreiheit gehörten dazu. So blieb es bis 1789.

Peter Blickle, Das Alte Europa. Vom Hochmittelalter bis zur Moderne, München 2008, S. 160 f.

historicum.net
Geschichtswissenschaften im Internet

Direktzugang Por

ÜBER UNS BEITRAGEN NEWSLETTER PRESSE PARTNER KONTAKT IMPRESSUM

HOME | THEMEN | LÄNDER | RECHERCHE | LEHREN & LERNEN | Google™ Benutzerdefinierte Suche | Suche | Spezialsuche

/ historicum.net / Themen / Jüdische Geschichte

- › Hexenforschung
- › Jüdische Geschichte
  - › Themen
  - › Zeitleiste
  - › Materialien
  - › Wissenschaft
  - › Redaktion
- › Schwabenkrieg
- › Reformation
- › Bauernkrieg
- › Achtzigjähriger Krieg
- › Erster Rheinbund (1658)
- › Friedensverträge der Vormoderne
- › Medien und Kommunikation
- › Pompadour und ihre Zeit
- › Französische Revolution
- › Napoleon Bonaparte
- › Risorgimento
- › Zwangsarbeit Rhein-Erft-Rur
- › Bombenkrieg
- › Internationale Geschichte
- › Klassiker der Geschichtswissenschaft

Juden in der Geschichte der Frühen Neuzeit

Titelblatt der Pessach-Haggadah des Jakob ben Michael May Segal, 1731. Jüdisches Museum Frankfurt

Deutsch-jüdische Geschichte in der Frühen Neuzeit ist als Themenschwerpunkt und erst recht als Epochengeschichte eigenen Zuschnitts ein junges Forschungsfeld. Denn die Zeit zwischen Mittelalter und Moderne, zwischen den spätmittelalterlichen Vertreibungen und der Emanzipation wurde lange unterschätzt; und die spezifischen Bedingungen, unter denen die Forschungen zur deutsch-jüdischen Geschichte in Deutschland nach der Shoa entstanden, gingen lange an der frühneuzeitlichen Epoche vorbei. Die Geschichte der Juden im deutschen Sprachraum insgesamt scheint mittlerweile in den „gültigen" Themenkanon integriert, es gibt eine Vielzahl von Publikationen; gleichwohl bleibt sie in der Wahrnehmung das eher abseitige Forschungsfeld weniger Spezialisten: Als historiographisches Thema zugleich marginal und zu groß, provinziell und exotisch, nicht in die eigene Perspektive integrierbar (David Myers).

Das Portal zur Geschichte der Juden in der Frühen Neuzeit stellt ein Angebot dar, dem Thema mit mehr Selbstverständlichkeit zu begegnen. Es bietet Informationen über das Forschungsfeld und seine Strukturen, über Themen und Methoden und stellt weiterführende Hilfsmittel zur Verfügung. Im Zentrum der Präsentation steht eine nach den wichtigsten Themen gruppierte, bei Bedarf kommentierte Auswahlbibliographie. Der geographische Schwerpunkt der Präsentation liegt auf dem Alten Reich; Ausblicke auf das übrige Europa werden jedoch sowohl in der Einführung als auch in der Bibliographie geboten.

M 28 „Juden in der Geschichte der Frühen Neuzeit"
http://www.historicum.net/themen/juedische-geschichte/

Aufgaben

1. Fassen Sie die Definition von „Stand" aus dem Lexikon von 1744 zusammen. → M25
2. a) Beschreiben Sie die Augsburger Radierung von 1616.
   b) Zeigen Sie, welches Bild der Gesellschaft damit vermittelt wird.
   c) Erörtern Sie, ob die Darstellung propagandistische Absichten verfolgt. → M26
3. a) Fassen Sie die einzelnen Ausführungen zum Begriff „Stand" zusammen.
   b) Vergleichen Sie mit der Darstellung im Schulbuch und erklären Sie die Unterschiede.
   → Text, M27
4. a) Charakterisieren Sie die hier vorgestellte Internetressource (Urheber, Aufbau, usw.).
   b) Stellen Sie wichtige Informationen zum jüdischen Leben in der frühen Neuzeit zusammen.
   c) Erörtern Sie mögliche Ursachen für die relativ späte Beschäftigung der historischen Forschung mit diesem Aspekt der Geschichte.
   → M28

2. Die Grundherrschaft

M 29 **Bäuerliche Herbstarbeiten**
Monatsbild September oder Oktober, Hans Wertinger, vermutlich Landshut, um 1525/30, Öl auf Holz

M 30 **„Der gemain man"**

Johannes Aventinus, der bayerische Geschichtsschreiber des 16. Jahrhunderts, schrieb in seiner Bayerischen Chronik 1533 über die Bauern:

Der gemain man, so auf dem gä und land sitzt, gibt sich auf den ackerpau und das viech, ligt demselbigen allain ob, darf sich nichts on geschaft der öbrigkait understen, wird auch in kainen rat genommen oder landschaft ervodert;
doch ist er sunst frei, mag auch frei ledig aigen guet haben, dient seinem herren, der sunst kain gwalt über ihn hat, jerliche güld zins und scharwerk, tuet sunst was er wil, sitzt tag und nacht bei dem wein, schreit singt tanzt kart spilt; mag wer tragen, schweinspieß und lange messer.
Grosse und überflüssige hochzeit, totenmal und kirchtag haben, ist erlich und unsträflich, raicht kainem zu Nachtail, kumpt kainem zu übel.

Dörfliche Gesellschaft im alten Bayern, 1500 bis 1800, Hefte zur bayerischen Geschichte und Kultur, Bd. 14, München 1992, S. 6.

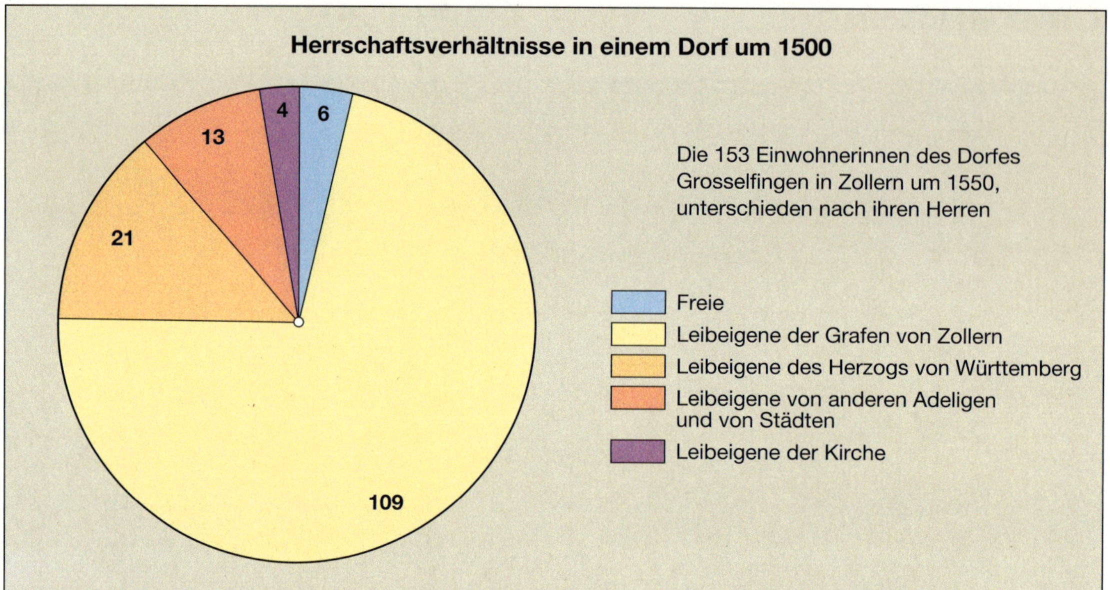

nach: K.V. Eisele, Studien zur Geschichte der Grafschaft Zollern und ihrer Nachbarn, in: Arbeit zum Historischen Atlas von Süddeutschland. Stuttgart 1956

M 31

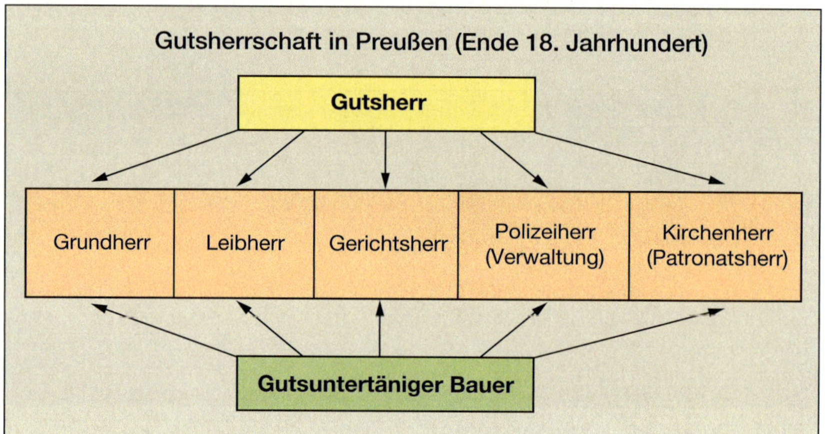

nach: Barbara Sollberg-Rilinger, Universität Münster (2003).

M 32

Aufgaben

1. Definieren Sie die Begriffe „Grundherrschaft" und „Gutsherrschaft".
   → Text
2. a) Stellen Sie anhand des Monatsbildes zusammen, welche Arbeiten die Bauern zu erledigen hatten.
   b) Zeigen Sie auf, welche Einstellung gegenüber der bäuerlichen Lebenswelt sich im Monatsbild widerspiegelt.
   c) Vergleichen Sie diese mit der Sichtweise von Aventinus.
   → M29, M30
3. a) Stellen Sie die Verteilung der Leibeigenen auf die einzelnen Grundherren dar und leiten Sie daraus deren jeweilige Machtstellung ab.
   b) Überlegen Sie, welche Aspekte der Grundherrschaft im Schaubild thematisiert werden.
   → M31
4. Erläutern Sie die Stellung der gutsuntertänigen Bauern in Preußen.
   → Text, M32

3. Dorf und Stadt

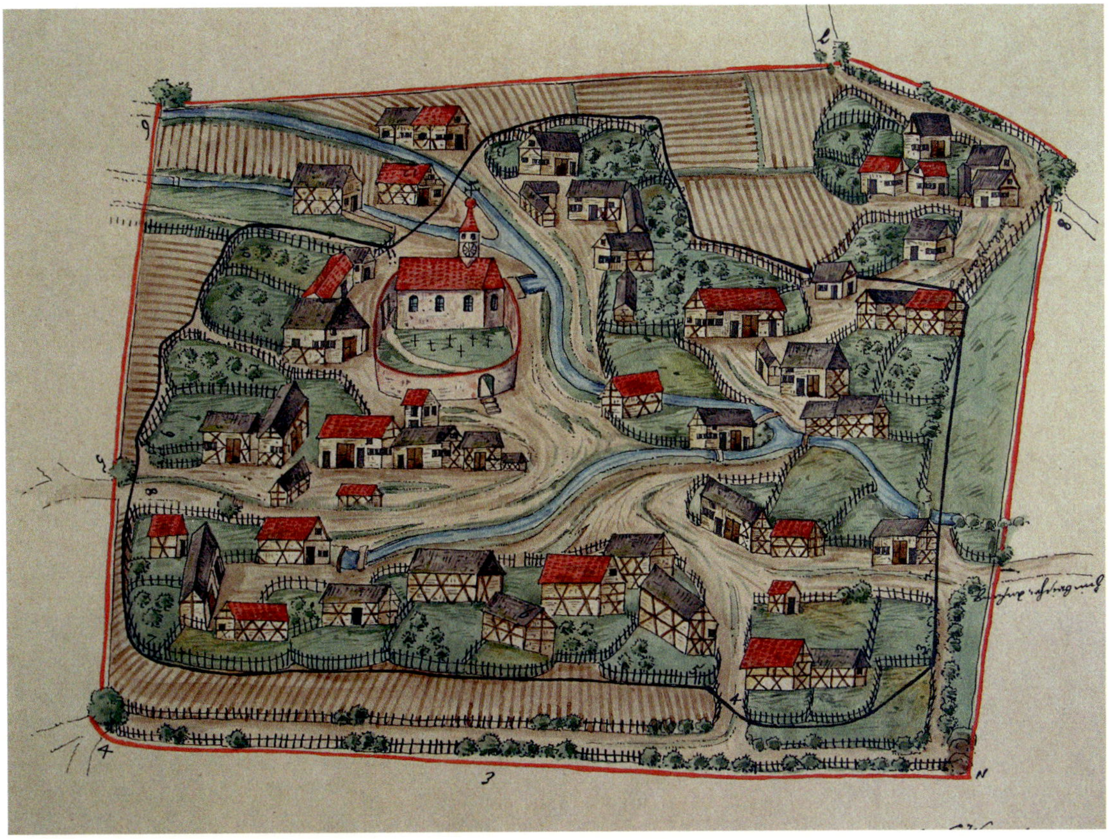

M 33 **Dorfansicht,** 16. Jahrhundert

M 34 **Stadtansicht,** 16. Jahrhundert
„Wahrhafftige Contrafactur der alten herrlichen Stat Rostock“,
Holzschnitt von Hans Weigel, um 1550/60

M 35 **Ansicht eines Spitalinnenraumes**
Wilhelm Ziegler, 1514. Das Altarbild hängt in der Kirche St. Wolfgang in Rothenburg o. d. Tauber und stellt den Besuch des hl. Rochus in einem Spital dar.

M 36 Bürgertum

Der Kulturhistoriker Richard van Dülmen schreibt in seinem Standardwerk über „Kultur und Alltag in der Frühen Neuzeit" (1991):

Die heutigen Vorstellungen von der Bürgerlichkeit waren der frühneuzeitlichen Gesellschaft unbekannt. Was unter Bürgertum verstanden wurde, war weitgehend identisch mit dem Stadtbürgertum, das freilich nicht synonym mit dem Stadteinwohner war. In scharfer Abgrenzung gegenüber der Landbevölkerung und den nichtbürgerlichen Gruppen der Städte konstituierte sich die Stadtbürgerschaft als eigener Stand mit eigenen unverwechselbaren Merkmalen. Konstitutiv für das Bürgersein war das Bürgerrecht, das man entweder durch die Geburt bzw. Familie oder durch Verleihung, bei ausreichendem Vermögen und tadelloser Lebensführung erhalten konnte.

Daneben implizierte das Bürgersein eine Reihe von Rechten und Pflichten. Voraussetzung war der zunächst selbstständige Erwerb des Lebensunterhalts, womit Abhängige wie Vermögenslose ausgeschlossen waren. Die Bürger partizipierten an der politischen Selbstverwaltung und mussten die Interessen der Stadt nach innen und außen vertreten. Sie hatten politisches Mitspracherecht, mussten aber auch für die Politik der Stadt geradestehen. Schon deshalb mussten sie ökonomisch unabhängig sein. Außerdem wurden die meisten Ämter als Ehrenämter, also ohne Entgelt verwaltet. Die Stadtbürger unterstanden einer eigenen Gerichtsbarkeit als Zeichen ihrer Eigenständigkeit. Das war allerdings für Reichsstädte anders geregelt als für die Bürger einer Landstadt. Vor allem schloss das Bürgerrecht eine bürgerliche Lebensweise und Lebensführung ein, die der Familie, dem Stand und der Stadt zur Ehre gereichen musste. Fehlverhalten wurde strengstens bestraft: es konnte sogar zur Aufhebung des Bürgerrechts, d.h. zum Ausschluss aus der Bürgerschaft führen. Wer beispielsweise aus eigener Schuld sein Geschäft in den Bankrott führte, eine nicht angesehene Frau gegen den Einspruch des Rats heiratete oder ein uneheliches Kind zeugte, konnte sein Bürgerrecht verlieren.

Bürger zu sein war also nicht nur ein politischer Begriff, es war auch ein moralischer Anspruch, der eine bestimmte Lebensweise verlangte und der nach außen als solcher erkennbar sein musste.

Nach zwei Seiten hin erfuhr der alte ständische Bürgerbegriff bereits vor der Auflösung der ständischen Ordnung eine Ausweitung bzw. einen besonderen Akzent. Da vor allem die Kaufmannschaft und das Handwerk den Inbegriff der Stadtgemeinde ausmachten, sie einerseits als Gruppe selbstständiger Hausväter die Bürgerschaft darstellten, andererseits ihr Handel und Gewerbe Grundlage und Monopol der Städte waren, galten sowohl Kaufmann wie Handwerker im Unterschied zu Adligen und Bauern als die Prototypen des Stadtbürgers. Diesen Bedeutungsinhalt der Bezeichnung „Bürger" gab es stets neben dem rechtlichen und kulturellen Begriff. Für die innerstädtische Auseinandersetzung und das Selbstverständnis der Handwerker und Kaufleute war dies nicht ohne Belang.

Die andere Ausweitung des Begriffs entwickelte sich aus dem traditionellen Gegensatz von Land und Stadt. Im Unterschied zur Landgesellschaft wurden gelegentlich alle Einwohner einer Stadt auch als Bürger bezeichnet, d.h. auch diejenigen, die über keine Bürgerrechte verfügten und weder Kaufmann noch Handwerker waren. Vor allem in Reichsstädten hatte sich aufgrund der Besteuerung, des Einsatzes für städtische Institutionen und der „emotionalen" Zugehörigkeit ein Bewusstsein entwickelt, demzufolge die Einwohner als Bürger bezeichnet werden konnten, auch wenn sie nicht zur privilegierten Gruppe zählten.

Richard van Dülmen, Kultur und Alltag in der Frühen Neuzeit, Bd. 2: Dorf und Stadt, München 1991, S. 81f.

Aufgaben

1. a) Bestimmen Sie die Unterschiede zwischen Dorf und Stadt. → Text
   b) Stellen Sie fest, welche Unterschiede zwischen dörflicher und städtischer Siedlungsweise aus den Bilddarstellungen zu entnehmen sind. → M33, M34
2. a) Beschreiben Sie die einzelnen Elemente des Altarbildes.
   b) Erläutern Sie, warum die Darstellung eines Spitals als Altarbild verwendet wurde. → M35
2. Fassen Sie zusammen, was Richard von Dülmen als charakteristisch für das Bürgertum darstellt. → M36
3. Informieren Sie sich über die heutige Definition von „bürgerlich". Vergleichen Sie diese mit dem Text von Dülmens und dem Darstellungstext in diesem Schulbuch. → Text, M36, Internet, Bibliothek

4. Staatsbildung und Konfession

Wappen obere Reihe links:
drei geistliche Kurfürsten: Erzbischöfe zu Trier, Köln, Mainz und der Papst

Wappen in den Flügeln:
Eigenständigkeit der einzelnen Herrschaften

Adler:
offizielles Wappen des Reiches

Kruzifix:
sakrale Überhöhung des Reiches

Adlerflügel:
Integration der einzelnen Herrschaften ins Reich

Wappen obere Reihe rechts:
vier weltliche Kurfürsten: König von Böhmen, Pfalzgraf bei Rhein, Herzog von Sachsen, Markgraf von Brandenburg

M 37 Die Ordnung der Reichsstände
Das „Heilige Römische Reich mit seinen Gliedern", Holzschnitt von Hans Burgkmair d. Ä. (1511).

M 38 **Strafen- und Hinrichtungsarten** aus „Neu Layenspiegel" von Ulrich Tengler, 1509

M 39 „Peinliche Gerichtsordnung"

Karls V. führt in seiner Strafprozessordnung von 1532 Folgendes aus:

Annemen der angegeben übelthetter von der oberkeyt unnd ampts wegen (= Inquisition)

§ 6. Item so jemandt eyner übelthat durch gemeynen leumut, berüchtiget, oder andere glaubwirdige anzeygung verdacht und argwenisch und deshalb durch die obrigkeit Ampts halben angenommen wirdt, der soll doch mit peinlicher frag nit angegriffen werdenn, Es sey dan zuvor Redlich unnd derhalb genugsame anznzeigung und vermuttunge von wegen derselben missethat uff jnen glaubwirdig gemacht. Darzu soll auch ein jeder richter, inn disen grossen sachen vor peinlichen frag, souil müglich und nach gestalt und gelegenheyt eyner jeden sachen, beschehen kann, sich erkundigen, und fleissig nachfragens haben, ob die missthat darumb der angenommen berüchtiget und verdacht, auch beschehen sei oder nit, wie hernach, inn dieser unser ordnung ferner erfunden wirdet.

Auszug, zitiert nach: http://www.uni-muenster.de/FNZ-Online/recht/konflikt/quellen/carolina.htm

M 40 „Von den Verbrechen und den Strafen"

Kritik der frühneuzeitlichen Strafpraxis durch den italienischen Aufklärer Cesare Beccaria (1738–1794) in seinem Werk „Dei delitti e delle pene" (Erstdruck 1764; deutsch: „Von den Verbrechen und von den Strafen", Erstdruck 1778):

§ 15 Milde der Strafen.

Aus der einfachen Betrachtung der bisher auseinandergesetzten Wahrheiten geht deutlich hervor, dass die Strafe weder den Zweck hat, ein empfindendes Wesen zu quälen und zu betrüben, noch ein bereits begangenes Verbrechen ungeschehen zu machen. Kann einer politischen Körperschaft, die, weit entfernt, aus Leidenschaft zu handeln, vielmehr die ruhige Leiterin der Leidenschaften der einzelnen ist, jene unnütze Grausamkeit, das Werkzeug der Wut, des Fanatismus oder schwacher Tyrannen innewohnen?

Können die Klagerufe eines Unglücklichen von der nimmer zurückkehrenden Zeit die vollbrachten Taten zurückfordern?

Der Zweck ist also kein anderer, als den Verbrecher daran zu hindern, seinen Mitbürgern neuen Schaden zuzufügen und die anderen von gleichen Handlungen abzuhalten. Es verdienen also die Strafen und die Art ihrer Auferlegung den Vorzug, die unter Wahrung der Angemessenheit den lebhaftesten und nachhaltigsten Eindruck auf die Gemüter der Menschen machen und dabei dem Schuldigen möglichst geringes körperliches Leid zufügen.

Auszug verfügbar unter: http://www.uni-muenster.de/FNZ-Online/recht/konflikt/quellen/beccaria.htm

M 41 Augsburger Religionsfrieden

Zum Verbot des Konfessionszwangs und zum Recht zur Emigration:

Es sol auch kein Stand den andern, noch desselben Undertonen zu seiner Religion tringen, abpracticieren oder wider ire Oberkeit in Schutz und Schirm nemen, noch verteidingen in keinen Weg. Und sol hiemit denjenigen, so hievor von alters Schutz- und Schirmherrn anzunemen gehabt, hierdurch nichts benommen und dieselbigen nit gemeint sein [...]. Wo aber unsere, auch der Churfürsten, Fürsten und Stende Undertonen, der alten Religion oder Augspurgischen Confession anhengig, von sölcher irer Religion wegen aus unsern, auch der Churfürsten, Fürsten und Stende des heil. Reichs Landen, Fürstentumben, Stetten oder Flecken mit iren Weib und Kindern an andere Orte ziehen und sich nider tun wölten, denen sol solcher Ab- und Zuzug, auch verkaufung irer Haab und Güter gegen zimblichen billichen Abtrag der Leibaigenschaft und nachsteuer, wie es jedes Orts von alters anhero ublichen, herpracht, und gehalten worden ist, unverhindert meniglichs zugelassen und bewilligt, auch an iren Ehrn und Pflichten allerding unentgolten sein, doch sol den Obrigkeiten an iren Gerechtigkeiten und Herkommen der Leibeigenen halben, dieselbigen ledig zu zelen oder nit, hirdurch nichts abgesprochen oder benomen sein.

Abgedruckt in: Ruth Kastner (Hg.), Quellen zur Reformation 1517–1555 (= Ausgewählte Quellen zur Deutschen Geschichte der Neuzeit, Band XVI), Darmstadt 1994, S. 528.

M 42 Trienter Konzil

Beschlüsse des Trienter Konzils zum Eherecht:

DE SACRAMENTO MATRIMONII [Von dem Sakramente der Ehe]
Canon 1: Wenn Jemand sagt, die Ehe sei nicht wahrhaft und eigentlich eines aus den sieben Sakramenten des evangelischen Gesetzes, von Christus eingesetzet, sondern von den Menschen in der Kirche erfunden, und ertheile keine Gnade: der sei im Banne. [...]
Canon 5: Wenn Jemand sagt, wegen Irrlehre, oder beschwerlichen Beisammenwohnens oder geflissentlich gewollter Abwesenheit von dem einen Ehegatten, könne das Band der Ehe aufgelöset werden: der sei im Banne. [...]
Canon 9: Wenn Jemand sagt, die in den heiligen Weihen stehenden Geistlichen, oder Ordensmitglieder, die feierlich die Keuschheit angelobet haben, können die Ehe eingehen, und die eingegangene sei gültig, ohne dass das Kirchengesetz oder das Gelübde dagegen sein könne, und das Entgegengesetzte sei nichts anderes, als die Ehe verdammen, und es können Alle die Ehe eingehen, welche nicht fühlen, dass sie die Gabe der Keuschheit haben, wenn sie gleich dieselbe angelobet haben: der sei im Banne; denn Gott verweigert sie Denjenigen nicht, welche recht darum bitten, und er lässt uns nicht über unsere Kräfte versucht werden.

Auszug verfügbar unter: http://www.uni-muenster.de/FNZ-Online/politstrukturen/konfessza/quellen/ehe.htm

Aufgaben

1. a) Benennen Sie die wichtigsten Teile des Bildes.
   b) Erschließen Sie mithilfe eines Lexikons oder des Internets die Bedeutung der einzelnen Teile.
   → M37, Lexikon oder Internet
2. a) Beschreiben Sie die mittelalterliche Form der Rechtsfindung. Informieren Sie sich über die Bezeichnung „Peinliche Gerichtsordnung".
   → M39
   b) Beschreiben Sie die Straf- und Hinrichtungsarten und bestimmen Sie deren Sinn.
   → M38, M39
3. Vergleichen Sie die von Beccaria dargestellte Auffassung vom Sinn der Strafe mit der Gerichtsordnung von 1532. Suchen Sie nach möglichen Ursachen für die veränderte Sichtweise.
   → M39, M40
4. Diskutieren Sie mögliche Ursachen für die Formulierung der im Augsburger Religionsfrieden genannten Punkte. Untersuchen Sie, inwiefern die Rechte des Individuums berücksichtigt werden.
   → M41
5. a) Untersuchen Sie die Beschlüsse des Trienter Konzils zum Eherecht im Hinblick auf die Entscheidungsfreiheit des Einzelnen.
   → M42
   b) Informieren Sie sich über Anlass und Hintergrund der Einberufung des Trienter Konzils.
   → Internet, Bibliothek

5. Demografie

M 43 Ein Sterberegister

Sterbefälle wurden in so genannten Sterberegistern eingetragen, die von den Kirchengemeinden geführt wurden. Die nachfolgende Aufstellung aus der Evangelischen Kirchengemeinde Dorotheenstadt zu Berlin stammt aus dem Jahr 1719. Die Angaben zur Todesursachen lassen sich nicht eindeutig klären. Die statistische Auswertung solcher Sterberegister erlaubt Rückschlüsse auf demografische Entwicklungen:

Laufende Jahres-Nr.	Name des Verstorbenen	Alter	Todesursache
127	Eva Zimmermann	40 Jahre	Rote Ruhr
128	Peter Kuno, ein Gens des Armes	24 ½ Jahre	Rote Ruhr
129	Johann Christian Schlüter, ein Candidatus Theologie	30 Jahre	Schwindsucht
130	Christian Hilling, ein Barbier	32 Jahre	Hitziges Fieber
131	Christian Haffenberger, ein unechtes Kind	5 Jahre	Durchfall
132	Sophia Charlotte Linstorff, ein unehlich Kind	7 Vierteljahre	Rote Ruhr
133	Maria Paffen, des Küsters Frau allhier	53 Jahre	Durchfall
134	Wilhelm Bagandt, ein Bombadier Kind	1 Jahr	an den Zähnen
135	Johann Christoph Riese, ein gewesener Kaufmann	65 Jahre	Durchfall
136	Dorothea Loyse Teflacker, ein Canonier Kind	4 ½ Jahre	Rote Ruhr

Arthur E. Imhof: Die gewonnenen Jahre. Von der Zunahme unserer Lebensspanne seit dreihundert Jahren oder von der Notwendigkeit einer neuen Einstellung zu Leben und Sterben. Ein historischer Essay, München, 1981, S. 76-78.

M 44 Bayerisch Klaglied

(Komponiert 1648, anonym)

O Bayrn, du liebes vatterlandt,
du machst mir tausent schmerzen,
dein ellendt und betriebter standt,
der geht mir tief zu Herzen.

Die hand des herren liegt hart auf dir,
die noth hat dich umbfangen,
das Urtheil nach des feindts begehr,
ist wider dich ergangen.

Von allen lieben freinden drein
Bist maistenthailß verlassen,
und mueßt ein raub und wohnung sein
derjennen, die dich hassen.

Ach, wie vil arm unschuldtig leith,
viel wittiben und waisen,
die mießen in der bitterkheit,
um ellendt umher raisen.

In hunger und khumer bis in tod,
es ist nit auszusprechen,
wer wissen hat umb diese noth,
dem soll das herz zerbrechen.
Wie manich schene plätz und orth
haben schon ihren rest empfangen
und seyen da durch prandt und mord
unschuldig untergangen.

Das liebe traidt und täglich prodt
thuet nach der sichel schreyen,
wolt gern der armen hungersnoth
ergegnen und erfreyen.

Der schnitter aber in der flucht
darf sich mit drumb bewerben,
entzwischen mueß die edle frucht
dort auf dem veldt verderben.

Das wird man erst aufs jar hinan,
wan sich der sam soll sparen,
wann man nit wider bauen khan,
ellendtiglich erfahren.

Herr Jesu Christ sieh du darein,
und thue unß baldt erlösen,
biß dahin würdt khein mittel sein,
daß wür khünden genesen.

Denn die unß sollten defendirn
und ihre waffen brauchen,
die thuen villmehrers milinirn,
uns selbsten außzurauchen.

Verschon, o Herr, und hilf zur stundt,
laß unß nit gar verderben,
wilst dan, daß alles geh zu grundt,
so laß uns seelig sterben.

Und gib uns für das zeitlich gueth,
darauf nit vill zu zihlen,
was dorthen ewig freyen thuet,
alles nach deinem willen.

Diß gsang zu seiner zeit erdacht
mit thrauren und mit schmerzen
hat manich nasses aug gemacht
und vill betriebte herzen.
Dem componisten diser vers
ist hauß und hof verbrunen,
darumb mit schmerz hat ers
ohn ursach nit ersunnen.

Gott will ihm geben glickh und gnadt,
zu dem er sein verthrauen,
daß er mit dessen hilf und rhat
ein anders khündte bauen.

Zit. nach: München. Die Geschichte der Stadt, hrsg. von Joachim Käppner, Wolfgang Görl und Christian Mayer, München 2008, S. 96f.

M 45

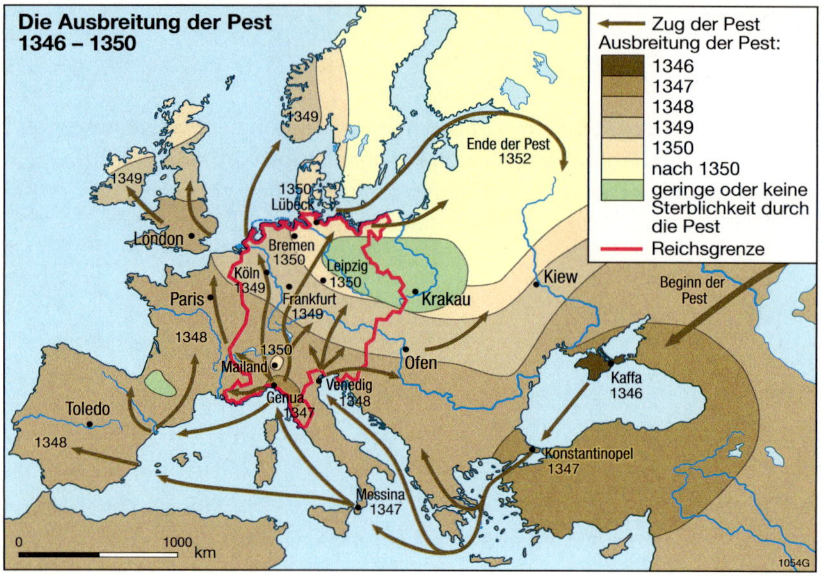

M 46 Bericht über die Pest

Der französische Kulturhistoriker Fernand Braudel schreibt in seinem Standardwerk zur „Sozialgeschichte des 15.–18. Jahrhunderts" über die Pest:

Begeben wir uns in Begleitung eines Memoirenschreibers, der die Pest von 1637, das große Abenteuer seines Lebens, überstand, nach Florenz. Bei der Lektüre seiner minutiösen Aufzeichnungen sieht man die verrammelten Häuser vor sich, die gesperrte Straße, auf der nur noch die Wagen der Lebensmittelversorgung verkehren, bisweilen einen Priester und am häufigsten die unerbittliche Wache oder ausnahmsweise die Kutsche eines Privilegierten, für den das behördlich verhängte Ausgangsverbot kurzfristig aufgehoben wurde. Florenz ist wie ausgestorben: Die Geschäfte ruhen, kein Gottesdienst findet mehr statt; nur gelegentlich zelebriert ein Geistlicher an einer Straßenecke eine Messe, der die Eingeschlossenen hinter den Fenstern verstohlen beiwohnen.

In „Le capucin charitable" von Pater Maurice de Tolon über die Pest von Genua 1656 werden die gängigen Vorbeugungsmaßnahmen aufgezählt: Nicht gegen den Wind mit einem Pestverdächtigen sprechen; zur Desinfektion Räucherwerk anzünden; Lumpen und Wäsche von Pestverdächtigen waschen oder noch besser verbrennen; vor allem beten und zu guter Letzt die Polizei verstärken. Im Hintergrund müssen wir uns das unermesslich reiche Genua vorstellen, das insgeheim geplündert wird, weil die Paläste der Reichen leer stehen, während sich auf den Straßen die Leichenberge türmen; um diese Kadaver loszuwerden, gibt es kein anderes Mittel, als sie auf Kähne zu verladen, die man aufs Meer hinaustreiben lässt, um sie auf hoher See zu verbrennen.

Fernand Braudel, Sozialgeschichte des 15.–18. Jahrhunderts, Bd. 1: Der Alltag, München 1985, S. 85.

Aufgaben

1. Errechnen Sie aus den Angaben des Sterberegisters die durchschnittliche Lebenserwartung. Beurteilen Sie die Verlässlichkeit der Angaben.
   → M43
2. a) Übersetzen Sie den Text ins heutige Hochdeutsch.
   b) Stellen Sie die Klagen zusammen und erläutern Sie den historischen Hintergrund.
   → M44
3. a) Beschreiben Sie die Auswirkungen der Pestepidemie von 1637 und diskutieren Sie mögliche gesellschaftliche Folgen.
   b) Stellen Sie mithilfe von Internet und Fachliteratur Ursachen und Verbreitungswege der Pest dar.
   → M45, M46, Internet, Bibliothek

6. Das Haus als Lebensform

M 47 Pater familias und Mater familias

a) Auszug aus dem Gesetzbuch Codex Maximilianeus Bavaricus Civilis (1759):

Die Familie ist eine Versammlung derer unter einem Gemeinschaftlichen Haus-Vatter beysammen lebenden Personen, bedeutet aber auch öfters eine Verwandtschaft, und begreift mithin nicht nur Eheleute, Kinder und Eltern, sondern auch Dienstboten, Anverwandte und Verschwägerte in sich [...].
Der Jenige, welcher der Familie vorsteht, wird der Haus-Vatter (Pater familias) oder wenn es eine Weibs-Person ist, die Haus-Mutter (Mater familias) genannt. Sowol eins als das andere, vorzüglich aber Jener, hat denen bey ihm lebenden Haus-Genossen (Domesticis) in Haus-Sachen zu gebieten, wohingegen diesen theils besondere, theils der Haus-Genossenschaft überhaupt anklebende gemeine Rechten und Pflichten zukommen.

Zit. nach: Richard van Dülmen, Kultur und Alltag in der Frühen Neuzeit, Bd. 1: Das Haus und seine Menschen 16.–18. Jahrhundert, München 1990, S. 13.

b) Bibelzitate zur Stellung von Mann und Frau:

Gen. 3,16: Und zum Weibe sprach er: Ich will dir viel Mühsal schaffen, wenn du schwanger wirst; unter Mühen sollst du Kinder gebären. Und dein Verlangen soll nach deinem Manne sein, aber er soll dein Herr sein.
Eph. 5, 22–24: Ihr Frauen, ordnet euch euren Männern unter wie dem Herrn. Denn der Mann ist das Haupt der Frau, wie auch Christus das Haupt der Gemeinde ist, die er als seinen Leib erlöst hat. Aber wie nun die Gemeinde sich Christus unterordnet, so sollen sich auch die Frauen ihren Männern unterordnen in allen Dingen.
Kor. 7, 3–5: Der Mann leiste der Frau, was er ihr schuldig ist, desgleichen die Frau dem Mann. Die Frau verfügt nicht über ihren Leib, sondern der Mann. Ebenso verfügt der Mann nicht über seinen Leib, sondern die Frau. Entziehe sich nicht eins dem andern, es sei denn eine Zeitlang, wenn beide es wollen, damit ihr zum Beten Ruhe habt.
Kor. 11, 9: Und der Mann ist nicht geschaffen um der Frau willen, sondern die Frau um des Mannes willen.

http://www.uni-muenster.de/FNZ-Online/sozialeOrdnung/haus_familie/quellen/bibel.htm

c) Zeitgenössische Definition von „Haus-Vater" nach Zedlers Universallexikon von 1735:

Die Haupt-Person aber eines Hauses wird Haus-Herr oder Haus-Vater genannt, weil er allen, die in der Familie sich befinden, mit väterlicher Treue vorstehen soll, und wird Gott deswegen auch in heil. Schrift öffften einem Haus-Vater verglichen. Die ihm ehelich beygefügte Mit-Person aber wird Haus-Frau genannt, und da jenem eine Potestaet über die Kinder und Dienstboten zugeschrieben wird, so hat dieser nur eine Reverentz und Befehl sich anzumessen. Das Recht aber, der Familie oder dem Hauswesen vorzustehen, kommt dem Haus-Vater principaliter und hauptsächlich zu, als welcher gleichsam ein König und Fürst in seinem Hause ist; Secundario aber, und weil die Frau, als Haus-Mutter, dem Hauswesen gleichfalls mit vorstehen, und selbiges verwalten helffen soll, kann ihr einiges Recht zugeschrieben werden.

Johann Heinrich Zedler, Großes vollständiges Universallexikon, Bd. 12, Leipzig/Halle 1735, Sp. 912

d) Erläuterung des Historikers van Dülmen (1990):

Aus dieser rechtlichen Position eines Hausherrn darf allerdings nicht abgeleitet werden, dass er in gewisser Hinsicht Arbeitgeber war und alle anderen Hausangehörigen unmittelbar in seinen Diensten standen. Moderne ökonomische Vorstellungen der Betriebsführung greifen hier zu kurz. Das Haus bildete eine Arbeits- und Lebensgemeinschaft, die ohne eine „produktive" Teilnahme aller Hausmitglieder nicht denkbar war. Die Aufgabenverteilung im Hause lässt nicht den Schluss zu, dass der Hausherr die eigentlich produktive Arbeit leistet, wohingegen der Frau die Hausarbeit übertragen ist. Im „ganzen Haus" partizipiert vielmehr jeder an der „produktiven" Arbeit. Bei aller Arbeitsteilung wirkten gleichwohl alle auf allen Gebieten zusammen. Dementsprechend gab es auch keine rigide Trennung von „weiblicher" und „männlicher" Arbeit in der Weise, dass ein Mann nie im Haus wirkte und eine Frau nie außerhalb des Haushaltes arbeitete, so sehr die Frau vor allem bei komplexen Haushalten eindeutig mehr auf das Innen, und der Mann mehr auf das Außen ausgerichtet war.

Richard van Dülmen, Kultur und Alltag in der Frühen Neuzeit, Bd. 1, München 1990, S. 39.

M 48 **„Vater – Mutter"**
Nürnberger Holzschnitt aus dem 16. Jahrhundert

Aufgaben

1. Erläutern Sie die Bedeutung des „Hauses" für das soziale Leben in der frühen Neuzeit.
   → Text
2. a) Suchen Sie eine passende Definition für die Familie heute.
   b) Analysieren Sie die Unterschiede zwischen früherer und heutiger Definition von „Familie".
   → M47a), c)
3. Erklären Sie die Unterschiede zwischen Mann und Frau. Informieren Sie sich dazu über die wirtschaftliche Situation in der frühen Neuzeit.
   → M48c), d)
4. a) Entziffern Sie den Text auf dem Holzstich.
   b) Erläutern Sie, wie die Rolle von Mann und Frau dargestellt werden.
   c) Bestimmen Sie die Absicht der grafischen Darstellung.
   → M48

7. Essen und Trinken

M 49 „Der Mensch ist, was er isst."

Der Historiker Fernand Braudel schreibt über die Ernährung:

Zwischen dem 15. und dem 18. Jahrhundert ernährte sich der Mensch in der Hauptsache von Pflanzenkost. Dies gilt für das präkolumbianische Amerika, für Schwarzafrika [...], für die asiatischen Reiskulturen bis zum heutigen Tag: Nur die Einschränkung der Fleischnahrung ermöglichte die frühe Entstehung und das spätere atemberaubende Anwachsen der Menschenmassen des Fernen Ostens, und zwar aus einem einfachen Grund: Nach der reinen Kalorienrechnung ist der Ackerbau bei gleicher verfügbarer Nutzfläche der Viehzucht weit überlegen, da er zehn- bis zwanzigmal mehr Menschen ernähren kann [...].
Überall und zu allen Zeiten setzt ein Anwachsen der Bevölkerung über einen bestimmten Stand hinaus den verstärkten Rückgriff auf Pflanzenkost voraus. Die Alternative Getreide oder Fleisch hängt von der Zahl der Menschen ab. Sie ist eines der Hauptkriterien für den Lebensstandard: „Sag mir, was du isst, und ich sage dir, wer du bist", heißt es in Frankreich. Auch das deutsche Sprichwort bestätigt: „Der Mensch ist, was er isst." Wie sich der Mensch ernährt, zeigt, welchen sozialen Rang er bekleidet und in welcher Zivilisation und Kultur er lebt.

Fernand Braudel, Sozialgeschichte des 15.–18. Jahrhunderts, Bd. 1: Der Alltag, München 1985, S. 103.

M 50 Die Kirchweih von Mögeldorf

Ausschnitt aus einem mehr als 50 Figuren zeigenden, aus sechs Teilen zusammensetzbaren Holzschnitt von knapp zweieinhalb Metern Länge, der Bartel Beham bzw. Erhard Schön zugeschrieben wird.

M 51 Speiseplan

Wochenspeiseplan der Dienerschaft von Gut Schleißheim bei München 1618:

Sonntag:	Mittag Hirschprein (Hirsebrei) oder Grießmues, Spöckh Knödl, und Khraut. Nachts Khraut, dickhe Schnicz, Sieße Mülch.
Montag:	Morgens Waizen Mues, Saure Milch Suppen. Mittags Khraut, Neue Gersten (Rollgerste), Khersch Röczl (Brei aus zerkochten Kirschen). Nachts Khraut, Arbes (Erbsen), Milch.
Erchtag:	Morgens mues und Wasser Suppen. Mittag Khraut, prende Suppen (Brennsuppe), Dampf Nudl. Nachts Khraut, Rueben, Milch.
Mittwoch:	Morgens Weizen Mues, Saure Milch Suppen. Mittags Khraut, digge Schnicz, Gsodthaabern (abgebrühte Weizen- und Roggenkörner gedörrt). Nachts Khraut, Gersten, Milch.
Pfinztag:	Morgens Waizenmues und Wasser Suppen. Mittag Khraut, Arbes, Küechl und Striczl. Nachts Khraut, Rueben, Milch.
Freytag:	Morgens Waizen mues, saure Milch Suppen. Mittags Khraut, dickhe Schnicze, Zelter Röczl (Obstbrei mit Gebackenem). Nachts Khraut, Gersten, Milch.
Sambstag:	Morgens Weizenmues und Wasser Suppen. Mittags Khraut, Arbes, Rueben. Nachts Khraut, aufgangene oder Dampfnudl.

Zit. nach: Richard van Dülmen, Kultur und Alltag in der Frühen Neuzeit, Bd. 1: Das Haus und seine Menschen 16.–18. Jahrhundert, München 1990, S. 69f.

M 52 Ein Kaiser isst

Ein Bericht vom Essen Karls V. von 1547:

Wenn die Speisen von jungen Fürsten und Grafen aufgetragen wurden, setzte man jedes Mal vier Trachten, in einer jeden sechs Gerichte, vor ihm auf den Tisch und nahm die Oberschüsseln nacheinander ab; gegen die, welche er nicht begehrte, schüttelte er den Kopf, wenn er von etwas essen wollte, winkte er mit dem Kopf und zog die Schüssel vor sich hin [...] er behielt ein Bratferkel, einen Kalbskopf und dgl., ließ sich nichts vorschneiden, brauchte auch das Messer nicht viel, sondern schnitt so viele Stücklein Brot, so groß, wie er sie zu jedem Bissen in den Mund stecken konnte.
Das Gericht, von dem er essen wollte, löste er an der Ecke, wo es ihm am besten gefiel, mit dem Messer, sein Stück brach er mit den Fingern auseinander, zog die Schüssel unter das Kinn und aß so natürlich, jedoch reinlich und sauber, dass man seine Lust daran sah.

Zit. nach: Richard van Dülmen, Kultur und Alltag in der Frühen Neuzeit, Bd. 1: Das Haus und seine Menschen 16.–18. Jahrhundert, München 1990, S. 72.

M 53 Tischordnung

Titelkupfer aus „Trincirbuch", 1652

Aufgaben

1. Schildern Sie die Ernährungsgewohnheiten der Menschen vom 15.–18. Jahrhundert.
   → Text, M49
2. a) Beschreiben Sie die Essgewohnheiten der Zeit.
   b) Informieren Sie sich über Bartel Beham und Erhard Schön und diskutieren Sie, ob die Darstellung der Realität entspricht.
   → M50, Internet, Bibliothek
3. Untersuchen Sie den Speiseplan von 1618 im Hinblick auf typische agrarische Produkte des 17. Jahrhunderts. → M51
4. a) Untersuchen Sie die Essgewohnheiten der oberen Schichten unter Berücksichtigung bevorzugter Nahrungsmittel.
   b) Vergleichen Sie mit der Situation in den Unterschichten.
   → M52
5. Erläutern Sie, welchem Zweck die Veröffentlichung eines Buches über Tischsitten dienen sollte.
   → M53

8. Wohnen und Kleidung

M 54 Eine Kleiderordnung

„Römischer Kayserlicher Majestät Ordnung und Reformation guter Policen, im Heiligen Römischen Reich, zu Augburg Anno 1530 auffgericht“:

[...] IX. Von unordentlicher und köstlicher Kleidung. Nachdem ehrlich, ziemlich und billich, daß sich ein jeder, weß Würden oder Herkommen der sey, nach seinem Stand, Ehren und Vermögen trage, damit in jeglichem Stand unterschiedlich Erkänntüß seyn mög, so haben Wir Uns mit Churfürsten, Fürsten und Ständen nachfolgender Ordnung der Kleidung vereiniget und verglichen, die Wir auch bey Straff und Pön, darauff gesetzt, gänzlich gehalten haben wöllen.

X. Von Bauers-Leuten auf dem Land.

§.1. Und erstlich setzen, ordnen und wollen Wir, daß der gemein Bauersmann, und Arbeitsleut, oder Taglöhner auf dem Land, kein ander Tücher, dann innländisch, so in Teutscher Nation gemacht, doch Stammet, Lündisch, Mechlisch, Lyrisch, und dergleichen gemeine Tücher ausgescheiden, tragen und anmachen mögen. Und die Röck nicht anders, dann zum halben Waden, auch daran nicht über sechs Falten machen lassen sollen. Doch mögen sie Hosen von einem Lündischen, Lyrischen und Mechlischen Tuch, nach dem dasselbig, seiner Art nach, zu Hosen wührich, und ein Barchet Wammes, ohn große weite Ermel machen lassen, aber in alle Weg unzertheilt, unzerschnitten und unzerstückelt. [...]

§. 3. Deßgleichen ihren Weibern und Kindern darüber nicht zu tragen gestatten, welchen auch alle Krägen, Ubermüder, Schleyer mit gülden Leisten, gülden, silbern und seyden Gürteln, Corallen, Paternoster, alle Gold, Silber, Perlin und Seyden Gewand auzutragen verbotten seyn soll, allein mögen ihre Töchter und Jungfrauen ein Haarbändlein von Seyden tragen. [...]

XI. Von Bürgern und Inwohnern in Städten

§. 1. Item: Nachdem in Städten gemeiniglich dreyerley Bürger und Inwohner sind, als gemeine Bürger und Handwercker, Kauff- und Gewerbs-Leut, und andere, so im Rath von Geschlechten, oder sonst ehrlichs Herkommens, und ihrer Zinß und Renthen sich ernehren. Darauff so setzen, ordnen und wöllen Wir, daß die gemeine Bürger, Handwerker, und gemeine Krämer, kein Gold, Silber, Perlin, Sammet oder Seyden, noch gestickelt, zerschnitten, oder verbremte Kleider, deßgleichen kein Biret, auch kein Marder, oder dergleichen köstlich Futter tragen, sonder sich mit ziemlicher gebührlicher Tracht, auch von rauhen Futtern, mit geringen Möschen, Füchsen, Iltes, Lämmern, und dergleichen, begnügen lassen sollen.

§. 2. Deßgleichen sollen sich ihre Haußfrauen und Kinder in ihrer Kleidung auch halten. Doch mögen ihre Haußfrauen ein gülden Ring, nicht über fünff oder sechs Gülden werth, ohn Edelgestein, ein Kragen mit Seyden verneht, ein Schleyer mit einem gülden Leistlein, nicht über zween Finger breit, ein Damasten oder Atlaß Roller, ein Gürtel nicht über zehen Gülden werth, den sie mit Silber, doch unvergüldt beschlagen, deßgleichen die Jungfrauen ein Sammet Haarbändlein mit Silber, unvergüldten Beschlägs, tragen mögen. [...]

XIV. Vom Adel

§. 1. Ferner sollen die vom Adel kein Sammet oder Carmesin Atlaß antragen, und ihnen zum höchsten Damasten, oder dergleichen Seyde zugelassen seyn, den sie mit sechs Elen Sammet, und nicht darüber verbremen mögen. Deßgleichen mögen sie Gülden Ring mit Haarhauben, auch eine Ketten, die nicht über zweyhundert Gülden werth sey tragen [...] §. 5. Item: Deren vom Adel Haußfrauen mögen vier Seyden Röck ihnen anmachen lassen, und dieselbigen öffentlich tragen und haben: Nemlich ein Sammet, und die übrigen drey von Damast, oder dergleichen Seyden Röck, und nicht über vier, doch ohn Perlin, Silber oder Gold. Und ob sie dieselbigen verbremen lassen wölten, mögen sie solches thun, von Perlin oder Silber, allein oben herum, und nicht über ein halb Viertheil einer Elen breit. Aber eines Ritters Weib mag solche Verbremung mit Gold, doch oben herum, und nicht höher, dann eines halben Viertheils einer Elen breit thun. [...]

XXII. Von der Jüden Kleidung

§. 1. Deßgleichen, daß die Jüden einen gelben Ring an dem Rock oder Kappen allenthalben unverborgen, zu ihrer Erkäntnüß, öffentlich tragen.

§. 2. Und damit diese Unsere Satzung und Ordnung der übermäßigen unordentlichen Kleidung und Kleinoder, desto festiglicher gehalten und vollzogen werde, so gebieten Wir allen und jeden Churfürsten, Fürsten, Prälaten, Graffen, Freyen, Herrn, Rittern, Knechten, Schuldheissen, Bürgermeistern, Richtern und Räthen, hiemit ernstlich, und wöllen, daß sie für sich selber diese Unser Ordnung strenglich halten, auch gegen ihren Unterthanen festiglich vollziehen [...].

http://www.uni-muenster.de/FNZ-Online/sozialeOrdnung/staendische/quellen/kleider.htm.

M 55 Puppenhaus der Nürnberger Patrizierfamilie Stromer, 1639

Es diente weniger dem Spielen als vielmehr der Unterweisung der Kinder in den Aufgaben eines rechten Hausvaters bzw. einer pflichtbewussten Hausmutter. Das Puppenhaus besitzt eine Höhe von über zwei Meter.

Aufgaben

1. a) Stellen Sie tabellarisch zusammen, welche sozialen Gruppen sich auf welche Weise kleiden sollten.
   b) Erläutern Sie die Gründe für den Erlass einer Kleiderordnung.
   → M54
   c) Welche Vorstellung von der Struktur der Gesellschaft liegt der Kleiderordnung zugrunde?
   → Text, M54

2. a) Bestimmen Sie den Zweck der einzelnen Räume und beschreiben Sie den Aufbau des Hauses insgesamt.
   b) Überlegen Sie, welche Informationen über das Wohnen in der frühen Neuzeit aus dem Puppenhaus entnommen werden können.
   c) Diskutieren Sie die Funktion des Puppenhauses. Inwieweit wurden damit Geschlechterrollen eingeübt?
   → M55

9. Ackerbau und Viehzucht

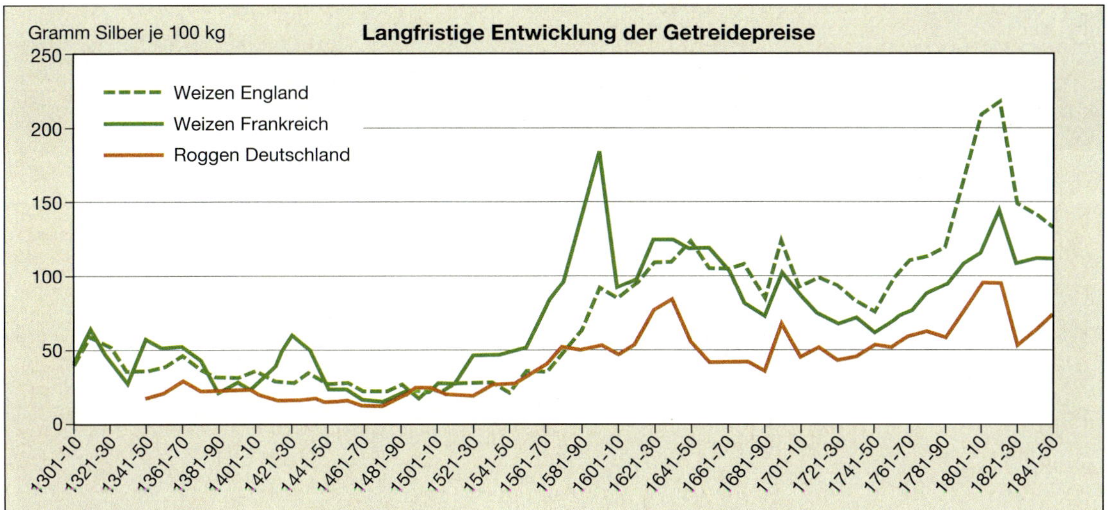

nach: Barbara Stollberg-Rilinger, Universität Münster (2003)

M 56

M 57 Aufschwung

Das Internetportal der Universität Münster gibt folgende Erläuterung zum Aufschwung des „langen 16. Jahrhunderts":

Vielerorts stiegen Preise und Bevölkerung seit dem Ende des 15. Jahrhunderts an, sodass anders als im Spätmittelalter nicht Absatzkrisen, sondern Versorgungskrisen das Bild bestimmten. Diese zeichneten sich dadurch aus, dass in den Teuerungsjahren eine Preisschere zwischen dem für das Grundnahrungsmittel Brot benötigten Getreide und den „besonderen" Nahrungsmitteln wie Fleisch, Butter und Schmalz zu beobachten war. Während die Preise für die „Luxusgüter" genauso wie die Preise für Holz, Kohlen, textile Rohstoffe und Fertigwaren wenn überhaupt nur wenig zulegten, kam es bei den Getreidepreisen zu dramatischen Anstiegen (gemessen in Silbergewicht stieg der Getreidepreis in Deutschland von 1500 bis 1600 um das Zweieinhalbfache, in England um das Vierfache und in Frankreich um das Fünffache). Dies hatte zur Folge, dass der größte Teil des Lohnes für den Grundbedarf aufgewendet werden musste, was wiederum einen sinkenden Absatz der anderen Waren nach sich zog, wodurch letztlich eine höhere Arbeitslosigkeit gefördert wurde. Der Verknappung des Warenangebots folgte während des Dreißigjährigen Krieges eine Reihe von Hungersnöten in Deutschland.

http://www.uni-muenster.de/FNZ-Online/sozialeOrdnung/laendliche_gesellschaft/quellen/getreide.htm

M 58 Ernteerträge pro ausgesätem Korn

(nach dem Vielfachen der Aussaat)

Jahr	Weizen	Roggen	Gerste	Hafer
1631/33	4,3	4,7	3,8	3,9
1642/47	3,4	5,8	5,4	3,3
1680	9,0	5,0	3,7	3,2
1777/79	4,5	4,2	3,1	2,4
1789	1,9	3,2	3,3	3,9
1820	5,3	6,4	9,7	6,5
1839	8,0	4,6	7,8	5,0
1850	11,3	10,0	10,0	9,4

Nach: Richard von Dülmen, Kultur und Alltag in der Frühen Neuzeit, Bd. 2, München 1992, S. 35.

M 59 Getreideerträge in Europa (1200–1820)

(in Korn je Saatkorn)

A	Vor 1200–1249. Ertrag 3–3,7:1 I. England 1200-1249 II. Frankreich vor 1200	 3,7 3,0
B	1250–1820, Ertrag 4,1–4,7:1 I. England 1250-1499 II. Frankreich 1300-1499 III. Deutschland, Skandinavien 1500-1699 IV. Osteuropa 1550-1820	 4,7 4,3 4,2 4,1
C	1500-1820, Ertrag 6,3–7,0:1 I. England, Holland 1500–1700 II. Frankreich, Spanien, Italien 1500–1820 III. Deutschland, Skandinavien 1700–1820	 7,0 6,3 6,4
D	1750–1820. Ertrag über 10:1 I. England, Irland, Holland 1750–1820	 10,6

Nach: Fernand Braudel, Sozialgeschichte des 15.–18. Jahrhunderts, Bd. 1: Der Alltag, München 1985, S. 125.

M 60 Rückschläge der Getreideerzeugung (1250–1750)

		Ernteertrag je Saatkron	Abnahme (in %)
England	1250–1299 1300–1349 1350–1399 1400–1449 1550–1599	4,7 4,1 5,2 4,6 7,3	 16 14
Holland	1600–1649	6,5	13
Deutschland	1550–1599	4,4	
Skandinavien	1700–1749	3,8	18
Osteuropa	1550–1599 1650–1699	4,5 3,9	17

Nach: Fernand Braudel, Sozialgeschichte des 15.–18. Jahrhunderts, Bd. 1: Der Alltag, München 1985, S. 125.

M 61 Viehbestand bäuerlicher Wirtschaften im 18. Jahrhundert

(Anzahl der Tiere je Hof)

Gebiet	Betriebsgröße in ha Acker	Zugvieh			Nutzvieh		
		Pferde	Ochsen	Kühe	Rinder	Schweine	Schafe
Ostdeutschland	24,0	6,5	1,9	3,2	3,9	6,9	8,7
Nordwestdeutschland	15,5	3,1	0,1	3,0	2,4	2,6	18,0
Hessen	9,0	0,9	1,1	2,2	0,6	0,5	11,4

Nach: Richard van Dülmen, Kultur und Alltag in der Frühen Neuzeit, Bd. 2: Dorf und Stadt 16.–18. Jahrhundert, München 1992, S. 38.

Aufgaben

1. a) Beschreiben Sie die Entwicklung der Getreidepreise.
   b) Beschreiben Sie, wie sich der Ernteertrag veränderte. Beachten Sie dabei die regionale Verteilung.
   c) Suchen Sie mögliche Ursachen für Preis- und Produktionsschwankungen im agrarischen Bereich.
   d) Erörtern Sie die Auswirkungen dieser Schwankungen auf die Lebensverhältnisse der Bevölkerung.

   → M56, M57, M59, M60

2. a) Erläutern Sie die Angaben in der Tabelle über den Viehbestand.
   b) Stellen Sie Gründe für die unterschiedlichen Viehbestände in den dargestellten Gebieten zusammen.

   → M61, Atlas

10. Handwerk und Handel

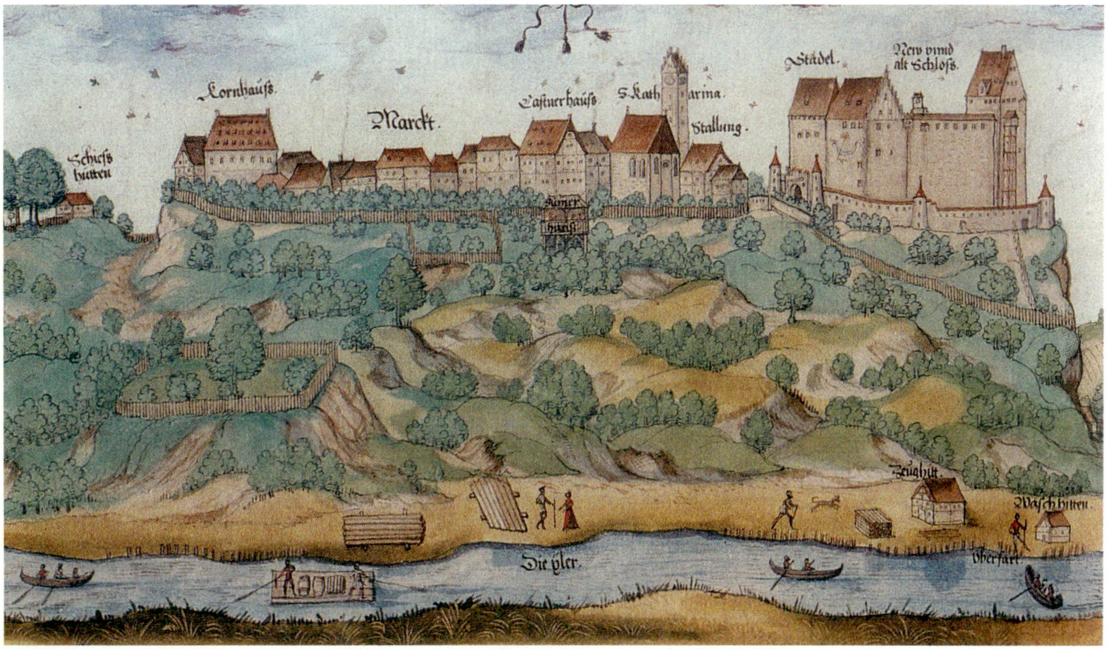

M 62 Floßfahrt auf der Iller vor dem Schloss und Markt Oberkirchberg
Das Bild entstammt der Prachthandschrift „Ehrenspiegel des Hauses Österreich“, die auf Anregung Hans Jakob Fuggers, des Besitzers von Oberkirchberg, 1555 entstanden ist.

M 63 Zunftordnung

Auszug aus einer Zunftordnung für Leineweber in Ulm von 1346:

1. Zum ersten haben sie festgesetzt, dass sie alle Zeit einen vereidigten Leinwandmesser haben sollen: Dieser soll jährlich vor den Meistern einen festgelegten Eid bei den Heiligen schwören, Reichen und Armen, Bürgerkindern, Fremden und einem jeden die Leinwand richtig zu messen.
3. Auch sollen sie allzeit zwölf Geschworene haben, die das Handwerk in allen Stücken besorgen und ausrichten sollen nach dem Recht und der Gewohnheit des Handwerks.
4. Und die vereidigten zwei Beschauer sollen mit dem vereidigten Leinwandmesser alle Leinwand überall in der Stadt, in den Häusern und auf dem Markt deutlich und ausdrücklich wöchentlich besehen und beschauen.
5. Wenn sie in den Häusern oder auf dem Markt eine Leinwand finden, die zu dünn ist […], so soll ein Meister dem Handwerk einen Schilling Heller geben; stammt aber die Leinwand von einem Handwerksgesellen, der soll und muss sechs Heller geben. […]
6. Wo auch die vereidigten zwei Beschauer und der vereidigte Messer hier in Ulm in unserer Stadt auf ungebleichte Leinwand stoßen, […] die besonders das Handwerk betrifft, so sollen sie sie in drei Stücke schneiden, wenn sie zu dünn ist, und niemand soll sie deswegen missgünstig ansehen noch hassen.
9. Und wenn ein Fremder, es seinen Frauen oder Männer, der das Handwerkerrecht vorher nicht besaß, das Handwerk treiben und ihr gemeinsames Recht haben will, der soll das haben und erwerben und gewinnen, wie das früher durch Gewohnheit geregelt worden ist.
11. Diejenigen Auswärtigen oder Gäste, die ihre Leinwand und ihre Stücke ungebleichter Leinwand mit den Handwerksgenossen hier in Ulm anbieten wollen und sich zu ihnen auf den offenen Markt setzen, die sollen auch das vorgeschriebene Geld mit dem Handwerk leiden und tragen. Wem das nicht passt, der soll seine Leinwand anderswo feilhalten, wo er will in der Stadt, aber nicht bei ihnen (auf dem Markt).

Nach: F. Keutgen, Urkunden zur städtischen Verfassungsgeschichte, Berlin 1901, Nr. 286.

M 64 Manufaktur

Der Schriftsteller und Buchhändler Friedrich Nicolai beschreibt die Schülesche Manufaktur in Augsburg (1787):

Die Kattundruckerey des Hrn. Joachim Heinrich von Schüle ist in Deutschland sehr berühmt. Dieser fleißige und geschickte Unternehmer ist ein Wohltäter vieler tausend Menschen geworden, welche durch ihn Arbeit und Verdienst fanden. [...]

In dem Jahre 1761 fing er sein großes Manufakturgebäude vor dem rothen Thore an, welches aus einem sehr breiten modern gebauten Hauptgebäude mit zwey sehr langen Flügeln bestehet, und beynahe das Ansehen eines fürstlichen Palastes hat. Erst nach 12 Jahren 1773 war es ganz fertig. In demselben werden theils zu Augsburg gewebte, theils ostindische Kattune appretirt, gedruckt, gemalt und gepreßt; alles auf eine so vorzügliche Weise, daß die Schüleschen Kattune sich von vielen andern sehr vorteilhaft unterscheiden. Wenig Anstalten dieser Art habe ich mit so großem Vergnügen gesehen, wie diese. Alles zeugte von Ordnung, vorteilhafter zweckmäßiger Einrichtung, Reinlichkeit und Bequemlichkeit. Es arbeiteten damals daselbst ohngefähr 350 Personen, und unter denselben viel Weiber und Kinder. Die Arbeiter kommen im Sommer täglich früh um 6 Uhr und arbeiten bis Abends um 8 Uhr, doch werden sie nicht nach der Zeit, sondern nach den Stücken bezahlt. Man zeigte uns kleine Mädchen, die täglich nur 8 Kr. verdienen konnten; und dagegen einen Drucker in gedeckten Mustern, von welchen man sagt, daß er wöchentlich bis 2 Louis d'or verdienen könnte, welches letztere aber fast unglaublich scheint. Die einfärbigen Muster werden mit großen Kupferplatten abgedruckt, wozu zwey besondere Kupferstecher gehalten werden. Die vielfarbigen Muster aber hat man noch nicht in Platten versucht, sondern man bedient sich hölzerner Formen, wozu eine besondere Innung von Modellschneidern ist, die zum Theile recht gut arbeiten. Es war mit Vergnügen anzusehen, mit welcher Fertig- und Genauigkeit die Drucker bey den verschiedenen auf einander folgenden Formen die rechte Stelle wieder trafen, oder wie es etwa in der Buchdruckerey heißen würde, Register hielten, ohne das etwas einer Punktur ähnliches zu bemerken war. Die Kupferplatten werden auf einer Presse abgedruckt, welche durch ein Schwungrad in Bewegung gesetzt wird, das 2 Stirnräder treibt, welche in einen Trilling greifen. Es ist noch eine besondere Vorrichtung da, vermittelst welcher das ganze Stück, so wie der Abdruck fortgehet, sanft in die Höhe bis an die Decke des Zimmers gezogen, und unten wieder auf eine Rolle gewickelt wird. Es scheint mir, als ob die gewöhnlichen Kupferdruckerpressen, große Platten, z. B. Landkarten und dergl. durch ein Schwungrad viel gleicher und kräftiger abdrucken und die Kräfte der Menschen viel weniger erschöpften würden. Die große Mange oder Rolle, in welcher 3 hölzerne Walzen über einander gingen, wird von einem Pferde getrieben, wie es auch in andern dergl. Manufakturen gewöhnlich ist. So ist es auch mit dem Glätten, wobey ein besonderer Vortheil seyn soll, der aber wenigstens in der äußerlichen Vorrichtung nicht liegen kann; denn es geschieht auf die gewöhnliche Weise durch einen Stein an einem hölzernen Stiele befestigt, der bis an die Decke des Zimmers gehet, und daselbst beweglich ist. Man zeigte uns auch ein Stück feinen Zitz mit Gold und Silber herrlich gemalt, eine Kunst, die dieser Manufaktur eigen ist. Es kostete 7 Karolinen. Es ist aber zu bemerken, daß solcher Zitz nicht gewaschen werden kann, weil das Gold und das Silber entweder ausgeht, oder schwarz wird; daher ist derselbe auch mehr zum Ansehen, und wird sehr wenig gebraucht.

Friedrich Nicolai, Beschreibung einer Reise durch Deutschland und die Schweiz im Jahre 1781; 12 Bde., Berlin u. Stettin 1783–1796, Bd. 8, S. 23 ff.

M 65 Nymphenburger Porzellan

In der Nymphenburger Porzellanmanufaktur hergestellte Figuren (Capitano und Leda aus der Commedia dell'Arte), um 1759/60

M 66 Der Kaufmann

a) Zeitgenössische Darstellung über den „Kaufmann" nach Zedlers Universallexikon von 1737:

Es wird aber erfordert, dass er im Rechnen und Schreiben geübt sey, die unter denen Kauffleuten übliche Kunst-Wörter und Redens-Arten wohl inne habe und verstehe, in denen nöthigsten ausländischen Sprachen erfahren sey, die unterschiedlichen einheimischen und ausländischen Müntzen wie nicht weniger die unterschiedliche Beschaffenheit des Maßes und Gewichtes wohl unterschiede und sich eine gute Wirtschaft im Buchhalten erworben habe.

Johann Heinrich Zedler, Großes vollständiges Universallexikon, Bd. 15, Leipzig/Halle 1737, Sp. 261 (vgl. http://mdz.bib-bvb.de/digbib/lexika/zedler)

b) Der Humanist Erasmus von Rotterdam (1465–1536) kritisierte die Kaufleute:

Die Kaufleute sind die thörichteste und schmutzigste Menschenklasse: Sie treiben das verächtlichste aller Gewerbe und noch dazu auf die niederträchtigste Weise von der Welt: Ob sie schon lügen, falsch schwören, stehlen, betrügen und beständig Andere zu beluchsen suchen, so wollen sie doch überall die Ersten sein, was ihnen durch ihr Geld gelingt.

Zit. nach: Richard van Dülmen, Kultur und Alltag in der Frühen Neuzeit, Bd. 2: Dorf und Stadt 16.–18. Jahrhundert, München 1992, S. 89.

c) Der Historiker Richard van Dülmen schreibt 1992:

Gewiss erstrebten reiche Kaufleute ein dem Adel angeglichenes patrizisches Leben und sogar den Adelstitel, sie gaben viel Geld aus für die repräsentative Ausstattung ihrer Häuser, feierten und kleideten sich kostspielig, aber dies war weniger ein Akt der Verschwendung als Ausdruck sozialen Prestiges.
Auch nicht das Vermögen als solches, der bloße Besitz materieller Güter, machte das soziale Ansehen eines Kaufmanns aus, sondern wie er sein kaufmännisches Leben führte, wie er es zur Steigerung seiner sozialen Ehre einsetzte. Seine Kreditwürdigkeit gründete nicht nur auf seinem kaufmännischen Geschick und seinem Geldkonto, sondern ebenso darin, wie er seinen Stand und seine Solidität nach außen repräsentierte: ein prächtiges Haus, die gute Versorgung der Kinder, eventuell auch öffentliche Stiftungen.
So kapitalistisch manches Geschäftsgebaren in der frühen Neuzeit aussah – einen „kapitalistischen" Lebensstil gab es kaum. Überall trat der Kaufmann mit einem hohen ständischen Selbstbewusstsein auf.

Richard van Dülmen, Kultur und Alltag in der Frühen Neuzeit, Bd. 2: Dorf und Stadt 16.–18. Jahrhundert, München 1992, S. 88f.

Aufgaben

1. a) Untersuchen Sie das Bild im Hinblick auf die transportierten Waren.
   b) Erläutern Sie Probleme des Warentransports im Hinblick auf Risiken und Chancen des Kaufmanns.
   → M62
2. a) Fassen Sie die Bestimmungen der Zunftordnung stichpunktartig zusammen.
   b) Diskutieren Sie Vor- und Nachteile der Zunftverfassung in Hinblick auf wirtschaftliche und soziale Aspekte.
   → M63
3. a) Definieren Sie den Begriff Manufaktur.
   b) Erarbeiten Sie aus dem Reisebericht, wie in der Schüleschen Manufaktur produziert wurde.
   c) Erläutern Sie, warum in Manufakturen oft Luxusartikel hergestellt wurden.
   → M64
4. Stellen Sie grundlegende Informationen zur Entwicklung der Nymphenburger Porzellanmanufaktur im 18. jahrhundert zusammen.
→ M65
5. Erörtern Sie die unterschiedliche Bewertung des Kaufmanns. Informieren Sie sich zu diesem Zweck über Erasmus von Rotterdam.
   → M66
6. Vergleichen Sie damit die heutige Definition und Einschätzung des Kaufmanns.
   → Internet

M 1 Das Bauernfest
Daniel Hopfer (um 1470–1536), Augsburg um 1533 oder 1536, zwei Radierungen, 24,6 x 24,8 und 25,8 x 24,9 cm

Umgang mit bildlichen Quellen

Im 16. Jahrhundert waren Abbildungen von Bauern zu einem eigenen Gegenstand der künstlerischen Darstellung geworden. Die Bilder zeichnen sich durch eine Vielzahl genau beobachteter Einzelheiten aus. Die Bilder sind jedoch kein genaues Abbild der bäuerlichen Lebenswelt.

Aufgrund von Unterschriften weiß man, dass die Bilder vor allem belehren sollten. Für die Radierungen Hopfers ist die Unterschrift verloren gegangen. Bei einem Bild mit ähnlichem Motiv heißt es: „Schaut den dollen Bauern-Hauffen/ lustig hier beysammen sauffen/ wan ist Sontag in der Schenk … an Zäunen da sicht man die Früchte des Saufen". Das lasterhafte und verwerfliche Tun der Bauern wird kritisiert, um auf das Bessere hinzuweisen.

Doch nicht nur der Text, auch verschiedene Bildelemente verweisen auf die Kritik. Hierbei ist zum einen die Handlungen der dargestellten Personen zu beachten. Andererseits besitzen Pflanzen oder Tiere einen für das damalige Publikum leicht erkennbaren Symbolgehalt. Auf dem Bild Hopfers kommen z. B. Hunde, eine Katze und ein Hahn mit seinen Hühnern vor. Was diese Bildmotive aussagen sollen, lässt sich mit Hilfe von Nachschlagewerken klären. Allerdings sind solche Symbole nie eindeutig. Es kommt bei der Deutung darauf an, welche anderen Bildelemente daneben abgebildet sind.

Fragen an bildliche Quellen

1. Entstehung des Bildes

a) Stellen Sie mithilfe des Autorentextes dar, welche gesellschaftlichen Bedingungen für Bauern im 16. Jahrhundert herrschten.
b) Informieren Sie sich, indem Sie auf biografische Lexika bzw. auf kunstgeschichtliche Darstellungen zurückgreifen über den Künstler und seine Produktions- und Absatzbedingungen.

2. Beschreibung des Bildes

a) Beschreiben Sie den Aufbau der Bilder genau.
b) Betrachten Sie die dargestellten Häuser: Was erfahren Sie über den Hausbau?
c) Wie sind die Zäune konstruiert? Welche Funktion hatten sie? Beachten Sie die Vielzahl der Zäune.
d) Welche Personen sind abgebildet? Wie sind die Personen gekleidet? Wie wirken Sie auf den Betrachter?
e) Was wird gegessen und getrunken? Versuchen Sie anhand des Autorentextes bzw. mit kulturgeschichtlichen Darstellungen Speisen, Getränke und Geschirr zu identifizieren.
f) Welche Tischsitten herrschen?

3. Bedeutung des Bildes

a) Erschließen Sie mithilfe von Lexikon-Artikeln die Bedeutung einzelner Elemente: Wo kommen Hunde auf dem Bild vor? Welche Personen sind in ihrer Nähe abgebildet? Wie würden Sie die Hunde im konkreten Fall als Symbol deuten? Deuten Sie auch den Symbolgehalt der Katze und des Hahns.
b) Überlegen Sie, welche Einstellung gegenüber dem bäuerlichen Leben in den Bildern zum Ausdruck kommt.
c) Bestimmen Sie die Aussageabsicht der Bilder.
d) Diskutieren Sie kritisch, welche Aussagen Sie den Bildern als historische Quelle entnehmen können und welche nicht.

M 1 **Zeppelin „Viktoria Luise" vor der Landung auf dem Oberwiesenfeld in München,** Oktober 1912

M 2 **Heimarbeiter-Familie beim Herstellen von Tierfiguren in Seiffen,** 1906

II. Leben in der entstehenden Industriegesellschaft des 19. Jahrhunderts

„Die Industrielle Revolution ist die gründlichste Umwälzung menschlicher Existenz in der Weltgeschichte, die jemals in schriftlichen Dokumenten festgehalten wurde“, schrieb der britische Historiker Eric Hobsbawm. Tatsächlich gilt die Industrialisierung als „Fundamentalzäsur“ und „welthistorisches Ereignis“. Manche halten sie gar für so bedeutsam wie die sogenannte neolithische Revolution, in der aus Jägern und Sammlern sesshafte Bauern wurden.

Aber während die Menschheit dafür rund 5000 Jahre benötigte, wälzte die Industrialisierung alle Lebensbereiche in rasender Geschwindigkeit um. In West- und Mitteleuropa, wo die Industrielle Revolution begann, prägte sie die Phase vom späten 18. bis zum frühen 20. Jahrhundert. Niemals zuvor und niemals danach hatten die Menschen für so viel Veränderung so wenig Zeit. Dieser grundlegende Wandel innerhalb weniger Generationen macht die Phase der Industrialisierung zu einer der spannendsten und abwechslungsreichsten Epochen der Weltgeschichte. Und diese Zeit wirkt bis heute nach, denn das so genannte „lange 19. Jahrhundert“ (1789–1918) war eine Art Labor, in dem sich unsere moderne Lebenswelt auszuformen begann.

Das „Jahrhundert des Dampfes“, das „Jahrhundert des Lichts“ und das „Jahrhundert der Erfindungen“ nannten es die Zeitgenossen und spielten damit auf revolutionäre technische Neuerungen wie Dampfmaschine und Glühlampe an. Es war zugleich das Jahrhundert, in dem moderne Verkehrs- und Kommunikationsmittel das Leben ungeheuer beschleunigten und Zeit und Raum scheinbar schrumpfen ließen. Es war das Jahrhundert, das immer weniger von Landwirtschaft und Handwerk und immer mehr von Fabriken und industrieller Massenproduktion geprägt war und das Jahrhundert, in dem ein freier Markt für Boden, Güter, Kapital und Arbeitskraft entstand. Es war die Zeit der Bevölkerungsexplosion, der Landflucht und der wachsenden Großstädte, der steigenden Lebenserwartung, aber auch die Ära, in der Massenarmut und Soziale Frage nach neuen staatlichen und gesellschaftlichen Antworten verlangten. Und es war das Jahrhundert, in dem die traditionelle ständische Ordnung des Mittelalters und der Frühen Neuzeit unterging und eine neue Gesellschaftsordnung entstand: Wer nach 1800 geboren wurde, hatte ein weniger vorhersehbares Leben vor sich als seine Eltern und Großeltern. Manche erlebten dies als Verlust an Sicherheit und Gewissheit, andere als Gewinn an Handlungsspielräumen und Lebenschancen.

1. Industrielle Revolution und Industriegesellschaft – Ein Überblick

Die Kennzeichen der Industriellen Revolution

In der Industriellen Revolution verdrängte die moderne Industriewirtschaft die jahrhundertealte, traditionelle Wirtschaftsform, die von Landwirtschaft, Handwerk und Gewerbe geprägt gewesen war. Herausragendes Kennzeichen dieser neuen Wirtschaftsordnung ist ein alle bisherigen Vorstellungen sprengendes Wachstum, das sich zudem dauerhaft selbst trägt: Das Sozialprodukt, also die Summe der Güter und Dienstleistungen, die Unternehmer, Bauern, Arbeiter, Handwerker, Konsumenten und staatliche Einrichtungen erzeugten und nachfragten, wächst beständig und schneller als die Bevölkerungszahl. Ein gutes Beispiel für die ungeheuere Dynamik, die damit verbunden war und die schon die Zeitgenossen spürten, sind die zahlreichen Erfindungen jener Zeit. Sie reichen von der berühmten Spinnmaschine „Spinning Jenny“ (1768) über die Dampfmaschine (1769), die Lokomotive (1804), den Kunstdünger (1841), das Dynamit (1867) und die Röntgenstrahlen (1895) bis zum Diesel-Motor (1897). Historiker schätzen, dass in den Jahren zwischen 1700 und 1900 rund sechs Mal mehr Erfindungen gemacht und auch tatsächlich eingesetzt wurden als in den 1700 Jahren der abendländischen Geschichte zuvor.

Ein zweites eindrückliches Beispiel ist die Entwicklung des Volkseinkommens pro Kopf, das sich in Deutschland zwischen 1780 und 1914 verdreifachte. Vor allem seit den 1880er-Jahren taten sich Spielräume auf, um den Lebensstandard aller Schichten, auch der Unterschicht, nachhaltig zu erhöhen – das war für die Menschen eine vollkommen neue Erfahrung.

M 3 Modell der Dampfmaschine von James Watt

M 4 Dieselmotor
Historisches Modell des von Rudolf Diesel (1858–1913) erfundenen Motors, um 1900

Beobachtungen von Zeitgenossen

Die Geschichte der arbeitenden Klasse in England beginnt mit der letzten Hälfte des vorigen Jahrhunderts, mit der Erfindung der Dampfmaschine und der Maschine zur Verarbeitung der Baumwolle. Diese Erfindungen gaben bekanntlich den Anstoß zu einer industriellen Revolution, einer Revolution, die zugleich die ganze bürgerliche Gesellschaft umwandelte und deren weltgeschichtliche Bedeutung erst jetzt anfängt erkannt zu werden.

Friedrich Engels, Die Lage der arbeitenden Klasse in England. Nach eigner Anschauung und authentischen Quellen. Leipzig 1845, S. 11.

Kaum kennt die Weltgeschichte ein Ereignis, welches, in dem kurzen Zeitraum weniger Menschenalter, so außerordentliche Veränderungen hervorgebracht, so gewaltsam in die Schicksale der gebildeten Völker eingegriffen hat und noch eingreifen wird, als die industrielle Revolution, worin unsere Zeit begriffen ist.

Karl Georg Winkelblech, Untersuchungen über die Organisation der Arbeit, oder, System der Weltökonomie. Band 1. Kassel 1850, S. 47.

Die wichtigsten Kennzeichen der Industriellen Revolution sind
- zahlreiche technische Neuerungen und dabei insbesondere die Einführung von Kraft- und Arbeitsmaschinen;
- der Betrieb dieser Maschinen mit neuartigen Energiequellen (Kohle, später auch Erdöl, Erdgas und Elektrizität);

- Fabriken als zentralisierte Produktionsstätten, in denen Güter massenhaft und arbeitsteilig hergestellt werden;
- neue Verkehrswege, Verkehrsmittel und Medien, die eine nie dagewesene überregionale, nationale und internationale Verflechtung ermöglichen;
- die Entfaltung des modernen kapitalistischen Wirtschafts- und Gesellschaftssystems, in dem es einen Markt für Güter, Boden, Kapital und Arbeitskraft gibt.

Industrialisierung oder Industrielle Revolution?

Ob man die Entstehung der modernen Industriewirtschaft als Industrialisierung oder als Industrielle Revolution bezeichnen soll, ist umstritten und hängt unter anderem von der Deutung dieses Vorganges ab. Viele Historiker ziehen den Begriff Industrialisierung vor, weil er ihrer Meinung nach besser verdeutlichen kann, dass es sich um einen längerfristigen, etappenweisen Prozess gehandelt hat, dessen Wurzeln bis in die Frühe Neuzeit zurückreichen. Andere Historiker verweisen hingegen unter anderem darauf, dass dieser Vorgang ein grundlegender und rapider Umbruch gewesen sei, den schon die Zeitgenossen als Revolution wahrgenommen haben. Dieses Buch nutzt beide Begriffe und verwendet sie dem jeweiligen Zusammenhang entsprechend.

Regionen der Industrialisierung

Die Industrialisierung Europas vollzog sich nicht gleichzeitig und auch nicht gleichförmig. Sie entfaltete sich vielmehr, von Großbritannien ausgehend, in Form einer West-Ost- und Nord-Süd-Bewegung über den Kontinent. Es ist festzustellen, dass sich dieser Prozess nicht auf der Ebene des (National-)Staates abspielte. Vielmehr entstanden innerhalb der einzelnen Staaten regionale Wachstumszonen. Wo genau sich diese Fortschrittskerne ausbildeten, war von vielen Faktoren abhängig. Dazu zählten insbesondere die Bevölkerungsdichte, die Verfügbarkeit von Arbeitskräften, Kapital und Rohstoffen, die Verkehrslage der jeweiligen Region und ihre bisherige Wirtschaftsstruktur. Auf dieser Grundlage lassen sich für den Industrialisierungsverlauf in der deutschen Staatenwelt drei regionale Typen unterscheiden:

Typus

Mit der Bildung von Typen können Historiker die Vielfalt von Einzelfällen bündeln, begrifflich ordnen und analysieren.

1. Den ersten Typus bilden die so genannten Pionierregionen, die sehr früh der englischen Entwicklung folgten. Darunter fallen das Königreich Sachsen, die preußischen Provinzen Rheinland und Westfalen sowie Teile Schlesiens.

2. Der zweite Typus besteht aus Regionen, die schon früh industrielle Grundlagen schufen, aber wegen ihrer schlechten Rohstoffbasis oder anderer Hemmnisse hinter dem Entwicklungstempo der Pionierregionen zunächst zurückblieben. Sie begannen jedoch in der zweiten Hälfte des 19. Jahrhunderts allmählich aufzuholen. Dazu gehören beispielsweise das Königreich Württemberg sowie die Großherzogtümer Baden und Hessen. Auch bayerische Gebiete zählen dazu: An erster Stelle sind das die rheinische Pfalz sowie die großstädtischen Räume um Nürnberg-Fürth und Augsburg; auffällig ist, dass es sich hier ausnahmslos um Regionen handelt, die erst Anfang des 19. Jahrhunderts an das neu begründete Königreich Bayern gefallen waren.

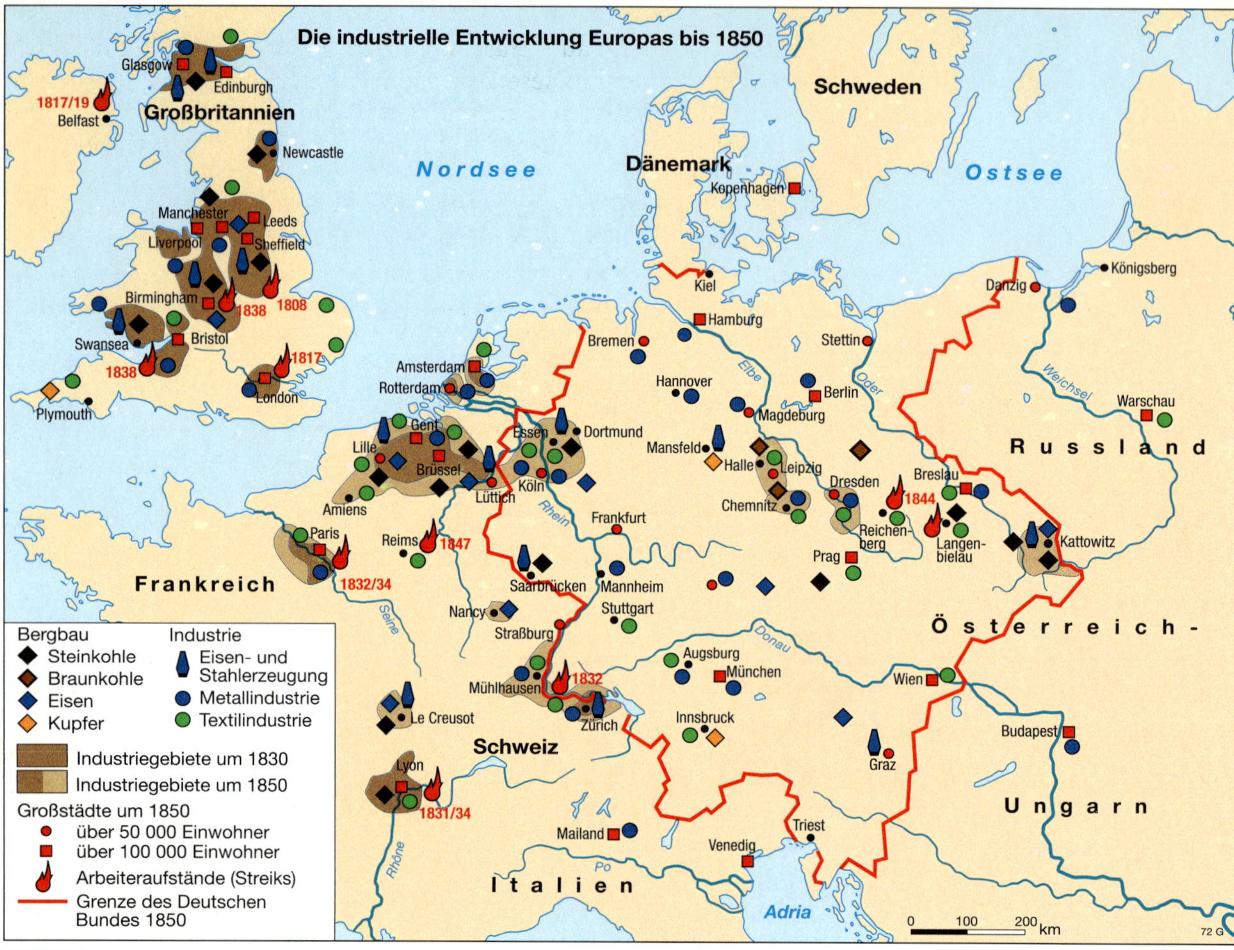

M 5

3. Der dritte Typus muss zweigeteilt werden. Dazu gehören zum einen Regionen, die in der Frühen Neuzeit noch bedeutende Gewerbe beheimatet hatten, nun aber unter anderem wegen ihres ungünstigen Standorts zurückfielen. Diesen Niedergang bezeichnet man als Deindustrialisierung. Er betraf beispielsweise die Eifel, den Harz oder das Erzgebirge. Zum andern zählen dazu Gebiete, die landwirtschaftlich geprägt blieben und nun die wachsenden Industrieregionen mit Nahrungsmitteln versorgten. Dazu gehören zum Beispiel Schleswig-Holstein, Ostpreußen und Mecklenburg sowie weite Teile Oberbayerns.

Etappen der Industrialisierung

Die Industrielle Revolution vollzog sich in Europa in drei Etappen, in denen sich jeweils neue so genannte Führungssektoren herausbildeten:

1. In der so genannten leichtindustriellen Phase dominierte die Baumwolle verarbeitende Textilindustrie. Sie setzte in den 1760er-Jahren in Großbritannien ein und bildete den weltweiten Auftakt der Industrialisierung. Die deutsche Staatenwelt erreichte diese Entwicklung erst allmählich ab etwa 1800.
2. Ihr folgte die schwerindustrielle Phase, in deren Zentrum der Eisenbahnbau und die mit ihm verbundenen Industriezweige standen.

Steinkohlebergbau, Maschinenbau, Eisen- und Stahlindustrie dominierten nun. Diese Zeitspanne reichte von den 1830er- bis in die 1880er-Jahre, in den deutschen Regionen begann sie Mitte der 1840er-Jahre und leitete dort die Industrielle Revolution im engeren Sinn ein.

3. Die sich anschließende Zeit bis zum Ausbruch des I. Weltkriegs gilt als Phase der so genannten „neuen Industrien": Die entscheidenden Innovations- und Wachstumsimpulse lieferten nun die elektrotechnische, die chemische und die optische Industrie sowie der Fahrzeugbau.

Von der Ständeordnung zur Industriegesellschaft

Unter dem Einfluss der Industriellen Revolution löste sich im Deutschland des 19. Jahrhunderts die alte, vorindustrielle Gesellschaft auf. Man kann das Neue, das sich nun entfaltete, nur ermessen und bewerten, wenn man sich wichtige Kennzeichen der alten Ordnung kurz in Erinnerung ruft.

Die vorindustrielle Gesellschaft war relativ statisch: Lebenskreis und Erfahrungsradius der allermeisten Menschen waren eng begrenzt. Das lag am geltenden Recht, das viele an Ort und Stelle hielt, und es lag an fehlenden Transport- und Kommunikationsmitteln. Die Stellung des Einzelnen hing entscheidend davon ab, in welche soziale Schicht – in welchen Stand – er hineingeboren war. Ein Wechsel in eine andere Schicht war kaum möglich, und er war nicht vom persönlichen Entschluss, der Leistung oder der Ausbildung abhängig. Daher bezeichnen Historiker diese Ordnung als Abstammungsgesellschaft (im Gegensatz zur Leistungsgesellschaft). Die Gesellschaft hatte darüber hinaus einen agrarisch-handwerklichen Charakter. Die meisten Menschen lebten auf dem Land und von der Landwirtschaft, auch in vielen kleineren Städten wurden Ackerbau und Viehzucht betrieben. Natur und Jahreszeiten, althergebrachte Traditionen und religiöse Normen bestimmten in starkem Maße das Dasein.

Diese Lebensformen verschwanden selbstverständlich nicht schlagartig, nicht gleichzeitig und auch nicht gleichförmig. Altes und Neues überschnitt sich teilweise, bestand neben- und in Spannung zueinander. Der Wandel erfasste die einzelnen Regionen Deutschlands, auch Stadt und Land sowie die verschiedenen sozialen Gruppen mit unterschiedlicher Dynamik. Wie und mit welchen Folgen sich die moderne Industriegesellschaft im 19. Jahrhundert Schritt für Schritt herausbildete, soll auf den folgenden Seiten in sechs Etappen dargestellt werden. Dabei werden insbesondere folgende Leitfragen beantwortet:

- Welche Rolle spielte der Staat beim Entstehen der Industriegesellschaft? (Kapitel 2)
- Welche Ursachen und Folgen hatte das gewaltige Bevölkerungswachstum? (Kapitel 3)
- Wieso kam es zu einer „Landflucht" und welche Folgen hatte die „Verstädterung"? (Kapitel 4)
- Wie veränderten sich die Arbeitsverhältnisse in Stadt und Land? (Kapitel 5)
- Wie wandelten sich die Lebensverhältnisse insbesondere von Bürgern und Arbeitern, den beiden wichtigsten gesellschaftlichen Klassen? (Kapitel 6)
- Was war die „Soziale Frage" und welche Versuche zu ihrer Lösung gab es? (Kapitel 7)

2. Liberalisierung durch staatliche Reformen

Die Rolle des Staates und die „institutionelle Revolution“

Lange Zeit betonten deutsche Wirtschaftshistoriker, dass der Staat, insbesondere der preußische Staat, für das Entstehen der modernen Industriegesellschaft außerordentlich wichtig gewesen sei. Aus ihrem Blickwinkel war die fortschrittliche Wirtschaftspolitik, die Preußen seit dem frühen 19. Jahrhundert verfolgte, ein wesentlicher Schrittmacher für die preußisch geführte nationalstaatliche Einigung Deutschlands, die schließlich 1866/71 verwirklicht wurde. Genau umgekehrt argumentierten seit den 1980er-Jahren vor allem amerikanische und englische Historiker: Die Industrielle Revolution habe sich durchsetzen können, weil der Staat weitestgehend passiv, also untätig, geblieben sei, denn nur so habe die „unsichtbare Hand“ des Marktes wirken können.

M 6 **Adam Smith (1723–1790)**

Adam Smith und die „unsichtbare Hand“ des Marktes

Der Schotte Adam Smith (1723–1790) veröffentlichte 1776 sein Buch „An Inquiry into the Nature and Causes of the Wealth of Nations“ (Der Wohlstand der Nationen: eine Untersuchung seiner Natur und seiner Ursachen). Darin äußerte er die Überzeugung, dass in einer freien, von keinerlei Markteingriffen des Staates gehemmten Wirtschaft und Gesellschaft das eigennützige Streben der Menschen zum Wohl der gesamten Gesellschaft beitrage. Obwohl jeder Akteur nur seinen individuellen Vorteil im Auge habe, werde er „von einer unsichtbaren Hand geleitet, um einen Zweck zu fördern, den zu erfüllen er in keiner Weise beabsichtigt hat“: den gesamtwirtschaftlichen Nutzen.

Mittlerweile hat sich die Auffassung durchgesetzt, dass der Staat die Industrialisierung in Deutschland weder angestoßen noch zielgerichtet gesteuert hat. Freilich hingen das Tempo und das Ausmaß der Industrialisierung in den einzelnen Regionen auch von staatlichen Entscheidungen ab. Damit die „unsichtbare Hand“ des Marktes überhaupt wirken konnte, mussten entsprechende Rahmenbedingungen geschaffen werden, und das konnten nur Regierungen und Verwaltungen leisten.

Abbau von Beschränkungen

Dabei ging es erstens darum, Beschränkungen des wirtschaftlichen Wettbewerbs abzubauen: Gewerbefreiheit statt Zunftzwang, Handelsfreiheit statt Zollgrenzen, lautete die Devise, die sich im Laufe des 19. Jahrhunderts in allen deutschen Staaten durchsetzte. Zweitens ging es darum, die Verfügungsrechte über Sachen (Boden, Kapital) und Personen (Arbeitskraft) so zu gestalten, dass sich funktionierende Märkte herausbilden konnten: Jeder sollte Grund und Boden, Werkzeuge und Maschinen als privates Eigentum besitzen können, jeder sollte seine Arbeitskraft frei anbieten oder umgekehrt Arbeitskräfte nachfragen können. Dazu musste die traditionelle grund- oder gutsherrschaftlichen Ordnung aufgebrochen werden.

„Institutionelle Reform“

Alle diese Reformen zählen zur so genannten „institutionellen Revolution“ (institutionell = Einrichtungen betreffend). Sie erstreckte sich über das gesamte 19. Jahrhundert und bereitete der Industriellen Revolution den Boden.

Unterschiedliche Wirtschaftspolitik in den deutschen Staaten

Da Deutschland bis zur Reichsgründung 1871 staatenbündisch organisiert war, waren für diese „institutionelle Revolution" zunächst weitestgehend die Einzelstaaten zuständig, die sie in unterschiedlicher Geschwindigkeit und mit jeweils eigenen Akzenten umsetzten. Die einzelnen deutschen Regierungen mussten immer wieder aufs Neue abwägen, ob ihre Politik die sich entfaltende Wettbewerbswirtschaft tendenziell beschleunigen oder eher bremsen sollte. Dabei standen die Verantwortlichen vor einem Zielkonflikt: Einerseits konnte eine verbesserte Wirtschaftskraft die Macht und den Einfluss ihres Staates erhöhen und langfristig auch den Wohlstand steigern. Andererseits zeigte insbesondere das englische Beispiel, dass eine dynamische Industrialisierung soziale Verwerfungen und politische Spannungen auslöste. Zudem waren gerade die alten Eliten darum bemüht, den Status quo zu erhalten. Die Reformen mussten also gegen einflussreiche Interessengruppen wie Junker, Standesherren, Zunftmeister und Patrizier durchgesetzt werden. Unter den deutschen Staaten war es insbesondere Preußen, das seit dem frühen 19. Jahrhundert rascher und entschiedener als andere einen wirtschaftsliberalen Kurs verfolgte. Die anderen deutschen Staaten folgten diesem von Preußen vorgegebenen Trend, agierten jedoch oft zögerlicher und zurückhaltender.

Zielkonflikt

Die preußischen Reformen

Wichtigster Anstoß zur Reformpolitik Preußens war die vernichtende Niederlage, die der Hohenzollernstaat 1806/07 gegen das napoleonische Frankreich erlitten hatte. Eine Gruppe von reformwilligen Staatsmännern und Beamten um Karl Freiherr vom und zum Stein sowie Karl August Freiherr von Hardenberg wollte Staat und Gesellschaft umfassend erneuern, zum einen, um die riesigen Kontributionszahlungen an Frankreich aufbringen zu können, zum andern, um auf längere Sicht Preußens Stärke und Unabhängigkeit wiederherzustellen.

Kontribution

Zwangsauflage (z. B. Steuern) während des Krieges

Wirklich zuverlässige Informationen zu historischen Persönlichkeiten findet man nicht über Google & Co., sondern in biografischen Nachschlagewerken.
Zu den wichtigsten deutschen Werken gehören die Neue Deutsche Biographie sowie die Deutsche Biographische Enzyklopädie. Eine weltweite biografische Datenbank mit mehreren Millionen Kurzbiografien ist das World Biographical Information System (WBIS), das nach Anmeldung kostenlos online genutzt werden kann: http://www.nationallizenzen.de.

M 7 Heinrich Friedrich Karl Reichsfreiherr vom und zum Stein
(1757–1831) war 1804 bis 1808 preußischer Minister und ein Gegner Napoleons. Seine Reformen zielten darauf ab, Preußen zu erneuern, indem alle Bürger das Staatsleben mitgestalten.

M 8 Karl August Freiherr von Hardenberg
(1750–1822) war seit 1810 preußischer Staatskanzler und setzte die Reformen Steins fort.

Vorbild: Französische Revolution

Die Reformer orientierten sich an den Errungenschaften der Französischen Revolution, denn diese hatten nach ihrer Einschätzung den französischen Staat entscheidend gestärkt. Aber auch die Entwicklung in England und die Überlegungen Adam Smiths spielten eine wichtige Rolle in ihrem Konzept. Vor allem die Freiheit der Person und des Eigentums sollten gewährleistet werden, und zwar, im Gegensatz zu Frankreich, auf nicht-revolutionärem Weg. Damit hoffte man, die Leistungskraft und den eigennützigen Leistungswillen jedes Einzelnen wecken und für den Gesamtstaat fruchtbar machen zu können.

Die „Bauernbefreiung"

„Bauernbefreiung"

Der Begriff „Bauernbefreiung" wurde erst Ende des 19. Jahrhunderts geprägt. Historiker verwenden ihn heutzutage nur noch eingeschränkt, weil er die für die Bauern nachteiligen oder belastenden Elemente der Reform überdeckt. Vorzuziehen ist der Begriff Agrarreformen.

Einen Meilenstein des Reformwerks bildete das so genannte Oktoberedikt vom 9. Oktober 1807. Es befreite die Bauern aus Leibeigenschaft und Erbuntertänigkeit. Darüber hinaus ermöglichte es den Preußen, ihren Beruf frei zu wählen: Die ehemals gutsherrlichen Bauern konnten also beispielsweise als Landarbeiter tätig sein, aber auch in die Stadt ziehen und dort ein Gewerbe betreiben. Grund und Boden wurden zu privatrechtlichem Eigentum, das man erwerben, verkaufen und nach Belieben nutzen konnte. Das war freilich zunächst einmal nur die grundsätzliche Vorgabe. Viel schwieriger war die konkrete Umsetzung („Regulierung"), die sich bis über die Mitte des 19. Jahrhunderts hinzog.

Bislang hatte der Bauer Grund und Boden bewirtschaftet und dafür dem Herrn Dienste geleistet und Abgaben bezahlt. Wenn der Bauer dieses Land nun als Eigentum nutzen wollte, musste er es ablösen, indem er Geld bezahlte oder Teile des Landes dem Herrn überließ. Viele Bauern konnten sich diese Entschädigung jedoch nicht leisten, andere schloss die Regierung von der Regelung aus, weil sie wirtschaftlich zu schwach waren. Das Land dieser Bauern konnten die Gutsbesitzer einziehen („Bauern legen"). Häufig stellten sie dann die früheren Inhaber der Bauernstellen als Tagelöhner an. Auch von einem anderen Teil der Agrarreformen profitierten vor allem die Gutsbesitzer und die leistungsfähigeren Bauern: der Aufteilung („Separation") des bislang gemeinschaftlich genutzten Dorfeigentums, der so genannten Allmende.

Folgen der Agrarreform

Zwei Folgen der Agrarreformen sind besonders wichtig: Erstens schufen sie die Voraussetzungen dafür, dass die Produktivität in der Landwirtschaft sehr stark anstieg. Die Eigentümer waren interessiert und motiviert, ihren Grund und Boden ertragreich zu bewirtschaften. Beispielsweise verdoppelte sich zwischen 1816 und 1865 die Getreideproduktion in Preußen, die Kartoffelerzeugung verzehnfachte sich. Zweitens beschleunigten die Reformen einen enormen Bevölkerungsanstieg, der auf mittlere Sicht die Industrialisierung förderte. Die wachsende Bevölkerung fand nämlich auf dem Land nur in begrenztem Maße Auskommen. Viele Menschen zogen daher in die sich ausdehnenden Industriegebiete und Städte, wo sie Arbeit in Fabriken und Betrieben fanden. Man schätzt, dass um 1900 mehr als ein Drittel der in Gewerbe und Industrie Tätigen direkt aus der Landwirtschaft stammten oder aus Familien, die im Laufe des 19. Jahrhunderts vom Land in die Stadt gewandert waren.

Gewerbefreiheit

Das Oktoberedikt leitete nicht nur die Agrarreformen ein, sondern deklarierte auch die Gewerbefreiheit in Preußen. Schon im folgenden Jahr (1808) erhielten die Regierungen der einzelnen Provinzen die Weisung, „die Gewerbe jedesmal ihrem natürlichen Gange zu überlassen", da dies „dem Staate und seinen einzelnen Gliedern immer am zuträglichsten" sei. Diese Maßnahme brach die Macht der Zünfte, die bislang den Zugang zum Handwerk beschränkt hatten. Eine Folge war, dass die Zahl der selbstständigen Handwerksbetriebe anstieg. Viele Handwerker konnten daraufhin wegen der wachsenden Konkurrenz ihr Auskommen nicht mehr sichern und verarmten. Historiker sprechen von einer „Überbesetzung" des Handwerks vor allem in den 1830er- und 1840er-Jahren. Als die Industrialisierung einsetzte, waren diese Handwerker für die Fabrikbesitzer jedoch gesuchte Arbeitskräfte.

Ungleichzeitigkeit der Reformen

Die meisten deutsche Regierungen zögerten aber wegen der drohenden sozialen Verwerfungen, die Gewerbefreiheit einzuführen. Sachsen (1861), Württemberg (1862), Baden (1862) und Bayern (1868) folgten dem preußischen Beispiel in gebührendem Abstand. Sie setzten stattdessen auf ein Konzessionssystem, bei dem staatliche oder kommunale Behörden entschieden, wer unter welchen Bedingungen einen Gewerbebetrieb eröffnen durfte.

Konzession (lat.)
Zulassung

Genau dieses Verfahren galt von Anfang an für Fabriken, Manufakturen, Handelsbetriebe und ähnliche Unternehmen, denn diese waren schon bisher nicht von Zünften reguliert worden. Über die Frage, wie die Zulassungspolitik zu gestalten sei, gab es immer wieder heftigen Streit. Überzeugte Wirtschaftsliberale wollten die Gewerbe fördern, einen „gesunden Wettbewerb" ermöglichen und deshalb möglichst viele Konzessionen vergeben. Wer schon einen Betrieb hatte, sah dagegen Neuzulassungen und -gründungen oftmals skeptisch, weil er ruinöse Konkurrenz und „Überbesetzung" fürchtete.

Ausgesprochen wechselhaft war dieses Ringen um die Konzessionspolitik in Bayern. Insbesondere nach der Revolution von 1848/49, also

M 9 „Die Harkort'sche Fabrik auf Burg Wetter an der Ruhr"
Hier baute Harkort den ersten Hochofen ohne Rauchgemäuer: 16 m hoch, nur umgeben von Eisenreifen, Gemälde von Alfred Rethel, um 1834.

gerade am Beginn der schwerindustriellen Phase, zögerten die Behörden, Genehmigungen zu erteilen. So wies ein bayerischer Gemeindebeamter Mitte der 1850er-Jahre mit einigem Stolz darauf hin, dass er im Laufe der zurückliegenden 15 Monate 900 von etwa 1100 Anträgen auf Eröffnung eines Gewerbes abgelehnt habe.

Zollverein

Auch ein dritter bedeutsamer wirtschaftlicher Impuls ging maßgeblich von Preußen aus: Am 1.1.1834 schlossen sich unter der Führung Preußens 18 deutsche Staaten zum „Deutschen Zollverein" zusammen; darunter waren auch Bayern, Württemberg und Sachsen. Das einheitliche Zoll- und Handelsgebiet wurde ein voller Erfolg: für die Unternehmer, weil es ausgedehnten zollfreien Binnenhandel ermöglichte; für die Regierungen, weil die bisher sehr hohen Zollverwaltungskosten sanken und gleichzeitig die Einnahmen stiegen. In den folgenden Jahrzehnten schlossen sich nach und nach alle deutschen Staaten dem Zollverein an – nur Österreich blieb außen vor, was nicht nur wirtschafts-, sondern auch machtpolitisch eine wichtige Weichenstellung war.

M 10

Der Deutsche Zollverein (bis 1842)

- Preußischer Zollverband mit Anschlüssen 1828
- Mitteldeutscher Handelsverein 1828 – 1831
- Bayerisch-Württembergischer Zollverein 1828 – 1833
- Deutscher Zollverein 1834
- Beitritte bis 1842
- Grenze des Deutschen Bundes 1839
- Eisenbahnen bis 1855

L. = Lippe,
S.-L. = Schaumburg-Lippe
W. = Waldeck

0 50 100 km

3. Bevölkerungsentwicklung

Hohe Wachstumsraten

Bevölkerungswachstum

Die Industrielle Revolution hat die deutsche Bevölkerung grundlegend umgestaltet. Das beginnt schon mit der Anzahl der Menschen, die in Deutschland lebten. Auf dem Gebiet des späteren Deutschen Reiches lebten im Jahr 1800 rund 23 Millionen Menschen, 43 pro Quadratkilometer. 1914, am Vorabend des Ersten Weltkrieges, waren es fast 68 Millionen Menschen, 123 pro Quadratkilometer. Die Bevölkerungszahl hat sich also innerhalb eines Jahrhunderts annähernd verdreifacht. Im europäischen Vergleich lag Deutschland damit an der Spitze, nur in den von Russland verwalteten Gebieten Polens wuchs die Bevölkerung noch schneller. Innerhalb Deutschlands bestanden aber deutliche regionale Unterschiede. Hohe Wachstumsraten durch Geburten und durch Zuwanderung verzeichneten insbesondere die Großstädte sowie die industriellen Pioniergebiete: Sachsen (302 % Wachstum zwischen 1816 und 1910), Westfalen (287 %) das Rheinland (273 %) und Schlesien (169 %) standen mit an der Spitze. Länder wie Bayern (91 %) und Württemberg (73 %) fielen demgegenüber deutlich ab.

Hohe Geburtenraten und hohe Kindersterblichkeit

„Vorindustrielle Bevölkerungsweise"

Die Historiker unterscheiden zwei Phasen der Bevölkerungsentwicklung im „langen 19. Jahrhundert": Bis etwa 1870 herrschte die so genannte „vorindustrielle Bevölkerungsweise" vor. Ihre Kennzeichen waren hohe Geburtenraten (30 bis 45 auf 1000 Einwohner pro Jahr) und eine ebenfalls hohe Sterblichkeit (20 bis 35 auf 1000 Einwohner pro Jahr). Seuchen und Epidemien, Ernteerträge und Nahrungsmittelpreise beeinflussten diese Werte und ließen sie immer wieder stark schwanken. Die hohen Geburtenraten wurden vor allem dort möglich, wo – wie in Preußen – keine behördliche, kommunale oder gutsherrliche Genehmigung, kein „Nahrungsnachweis" mehr nötig war, um zu heiraten und eine Familie zu gründen. Da Kinder im 19. Jahrhundert oftmals zum Familienunterhalt beitrugen und als soziale Absicherung für das Alter dienen sollten, waren fünf bis sieben Kinder pro Familie die Regel. Die hohen Sterbeziffern waren vor allem auf die extrem hohe Säuglings- und Kindersterblichkeit zurückzuführen. Je nach sozialer Situation der Mutter und äußeren Umständen starben in der ersten Hälfte des 19. Jahrhunderts 30 % bis 50 % der Kinder bei der Geburt oder in ihren ersten Lebensjahren. Die Kleinkindersterblichkeit war besonders hoch bei Unehelichen, Pflegekindern und in der Unterschicht. Bei der Geburt hatten Jungen eine durchschnittliche Lebenserwartung von 27, Mädchen von 29 Jahren. Sie stieg aber rasch, sobald die ersten, gefährlichen Jahre überstanden waren: Fünfjährige hatten schon eine Lebenserwartung von 47 Jahren.

Pauperismus

Die Reformen am Beginn des Jahrhunderts hatten den Anstieg der Bevölkerungszahl befördert. Landwirtschaft, Handel und Handwerk waren jedoch nicht in der Lage, die rasch anwachsende Bevölkerung zu ernähren, und industrielle Arbeitsplätze gab es noch kaum. Man schätzt, dass in Preußen das Angebot an Arbeitskräften in den 1840er-Jahren um ein Prozent pro Jahr anstieg, die Zahl der verfügbaren

Arbeitsplätze jedoch nur halb so stark. Das Massenelend jener Zeit war also keine Folge der Frühindustrialisierung, wie noch sozialistische Gesellschaftskritiker (z. B. Friedrich Engels) glaubten, sondern es ging der Industriellen Revolution voraus. Da die alten genossenschaftlichen, korporativen, grund- und gutsherrlichen Bindungen abgerissen waren, existierte kein soziales Netz, das die Not abfedern konnte, die sich seit den späten 1820er-Jahren mehr und mehr zuspitzte.

Schon die Zeitgenossen sprachen von „Pauperismus", wenn sie die grauenhafte Not zu beschreiben und zu analysieren versuchten. Hungerunruhen, sozialer Protest und gewaltsame Tumulte der land- und brotlosen unterbäuerlichen und unterbürgerlichen Schichten prägten die beiden Jahrzehnte bis zur Revolution von 1848/49.

Hungersnöte

Nach den Missernten der Jahre 1845/47 stiegen in einigen Regionen die Getreide- und Kartoffelpreise dramatisch an; die letzte vorindustrielle Hungersnot überzog Deutschland und Europa. In ihrer äußersten Not lebten Mittellose von Schlachtabfällen, Moos, Sägespänen und Hundefleisch. In Oberschlesien starben 1847 etwa 16 000 Menschen an Hungertyphus. Dass ein vergleichsweise gut ausgebautes Verkehrssystem die schlimmste Teuerung zumindest abfederte, weil die Eisenbahn Güter in die Region brachte und so der Markt funktionsfähig blieb, zeigten die preußischen Rheinlande, wo die Notzeit etwas glimpflicher verlief.

Das Empfinden, in einer krisenhaften Zeit zu leben, wurde verschärft durch die Popularität des „Bevölkerungsgesetzes", das der

M 11 In der Pass- und Polizeistube vor der Emigration
Ölgemälde von Felix Schlesinger, 1858, Sammlung Deutsches Auswandererhaus, Bremerhaven

Prognose von Malthus

schottische Pastor und Ökonom Thomas Robert Malthus 1798 niedergeschrieben hatte. Malthus sagte gewaltige Hungersnöte und soziale Katastrophen voraus, wenn es nicht gelinge, das Bevölkerungswachstum zu stoppen. Anknüpfend daran schlug beispielsweise der Wittenberger Medizinprofessor Carl August Weinhold 1827 vor, dass nur solche Menschen ein Kind zeugen dürften, die nachweisen könnten, dass sie in der Lage seien, es auch dauerhaft zu ernähren. Während Weinhold dies mit skurrilen medizinischen Eingriffen erreichen wollte, erließen oder verschärften die Regierungen der süddeutschen Staaten gesetzliche Ehebeschränkungen, mit denen sie „Besitzlose" von Ehe- und Familiengründung auszuschließen versuchten. Das relativ geringe Bevölkerungswachstum im deutschen Süden rührt auch von diesen Einschränkungen her – wie übrigens auch die überdurchschnittlich hohe Zahl an unehelichen Geburten.

Technische Entwicklung

Die Katastrophe, die Malthus prognostiziert hatte, trat nicht ein. Das lag daran, dass er drei Faktoren nicht voraussehen konnte: Die Steigerung der Nahrungsmittelproduktion durch Einsatz von Dünger und effizientere Bewirtschaftung; den breiten Durchbruch der Industrialisierung, die jene Arbeitsplätze schuf, die in der ersten Hälfte des 19. Jahrhunderts noch fehlten; und schließlich die Auswanderung: Zwischen 1820 und 1913 wanderten 5,42 Millionen Menschen aus Deutschland aus, das entspricht fast 10 % der Einwohnerzahl um 1900. Die Massenauswanderung verlief in drei großen Wellen (1846–1857, 1864–1873, 1880–1893) und konzentrierte sich fast ausschließlich auf die USA. Über die Motive und das Leben der Ausgewanderten informieren uns heute zahlreiche Briefe, die diese an die Daheimgebliebenen sandten.

„Demografischer Übergang"

In der zweiten Hälfte des 19. Jahrhunderts, insbesondere seit den 1870er-Jahren, begann sich in Deutschland eine Bevölkerungsentwicklung durchzusetzen, die Historiker als „demografischen Übergang" bezeichnen. In dieser Phase sanken die Sterblichkeitsziffern deutlich ab, während die Geburtsziffern zunächst hoch blieben. Auf der grafischen Darstellung verdeutlicht eine sich öffnende „Schere" das noch einmal beschleunigte Tempo des Bevölkerungswachstums. Um 1900 begann auch die Geburtenrate zu sinken, und zwar bald schneller als die Zahl der pro Jahr Gestorbenen. Die „Schere" begann sich zu schließen, der demografische „Umsatz" aus Geburten- und Sterbeziffern sank, die Geschwindigkeit des Bevölkerungswachstums nahm ab. Dieser Trend setzte sich im 20. Jahrhundert fort, nach 1970 sanken die Geburtenziffern sogar unter die Sterblichkeitsziffern.

Ursachen

Was waren die Ursachen dieser Entwicklung? Die Sterbeziffern sanken vor allem, weil die Säuglings- und Kindersterblichkeit deutlich zurückging. 1914 hatten Jungen bei der Geburt über 47 Jahre Lebenserwartung, Mädchen über 50 Jahre (heute liegt sie übrigens bei 84,9 bzw. 90,4 Jahren), das waren rund 20 Jahre mehr als noch in der ersten Hälfte des 19. Jahrhunderts. Dieser Zuwachs hatte vor allem zwei Gründe: Erstens verbesserte sich die Ernährungslage. Kennzeichen dafür sind der stetig steigende Fleisch- und Zuckerverbrauch pro Kopf. Man darf dabei freilich nicht übersehen, dass sich die Lebens- und Konsumbedingungen zwar allgemein verbesserten, die Einkommens- und Ernährungssituation der Arbeiterfamilien jedoch bis weit

M 12 **Demografischer Übergang**

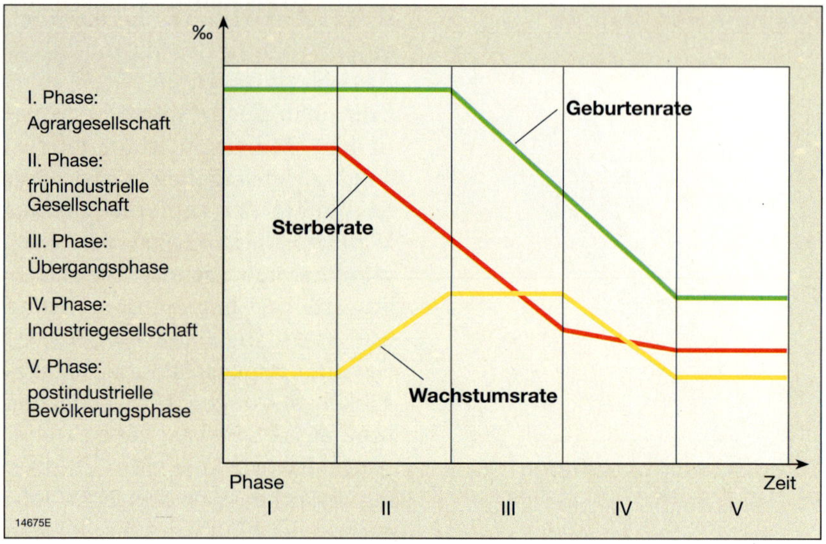

Bevölkerung ausgewählter europäischer Länder (in Mio.)

Land	1800	1850	1900	1910
Großbritannien	10,9	20,9	36,9	40,8
Deutschland	24,5	31,7	50,6	58,5
Frankreich	26,9	36,5	40,7	41,5
Schweden	2,3	3,5	5,1	5,5
Irland	5,0	6,6	4,5	4,4
Italien	18,1	23,9	33,9	36,2
Europa	*187,0*	*266,0*	*401,0*	*468,0*

ins Kaiserreich hinein oft angespannt und schwierig war; sie mussten den allergrößten Teil des Einkommens für Nahrungsmittel ausgeben, Verdienstausfall oder Lohnrückgang wirkten sich daher schnell verheerend aus.

Medizinische Fortschritte

Einen zweiten wichtigen Grund für den Anstieg der Lebenserwartung bildeten die Fortschritte bei der Hygiene und bei der medizinischen Versorgung. Die Zahl der Ärzte und der Krankenhäuser stieg insbesondere in den Städten stark an, die Ärzte begannen sich zu spezialisieren. Wichtige Entdeckungen gab es beispielsweise im Bereich der Bakteriologie und Mikrobiologie: Die Beobachtungen von Ignaz Semmelweis zu den Ursachen des Kindbettfiebers (1844) leiteten diese Entwicklung ein, seit den 1870er-Jahren schufen die Erkenntnisse von Wissenschaftlern wie Louis Pasteur, Paul Ehrlich und Robert Koch die Grundlagen für eine erfolgreiche Bekämpfung von Krankheiten wie Cholera, Milzbrand, Diphtherie und Tuberkulose. Die Geburtenziffern wiederum sanken vor allem, weil Kinder nun immer weniger als wirtschaftliche und soziale Absicherung gebraucht wurden. Insbesondere in der Ober- und Mittelschicht setzten Geburtenkontrolle und Familienplanung ein, der Trend ging mehr und mehr zur Zweikindfamilie. An die Stelle der „Aufzucht" einer großen Kinderschar trat zunehmend die intensive, von Liebe und Zuneigung begleitete Erziehung weniger Kinder.

4. Landflucht, Mobilität und Urbanisierung

Landflucht

Während die Erfolge der Industrialisierung die Massenauswanderung in die USA beendeten, setzten sie umgekehrt eine gewaltige Binnenwanderung in Gang. Der Strom dieser Binnenwanderung führte vom Land in die Stadt. In den Städten gab es – zumindest bei guter Konjunktur – für Handwerksgesellen und Landarbeiter gute Verdienstmöglichkeiten in Industriebetrieben, Werkstätten und Bergwerken, junge Frauen verdingten sich häufig als Dienstmädchen in den Haushalten gehobener Schichten. Die Städte erschienen vielen Landbewohnern als ein Hort des Reichtums, des Glücks sowie unbegrenzter Lebens- und Berufschancen. Die Folge war eine Landflucht, die spektakuläre Ausmaße annahm. Man schätzt, dass in dem halben Jahrhundert vor 1914 fast jeder zweite Deutsche, rund 32 Millionen Menschen, an dieser Binnenwanderung teilgenommen hat. Der Historiker Wolfgang Köllmann hat von der „größten Massenbewegung der deutschen Geschichte“ gesprochen.

Mobilität

Diese Wanderungsbewegungen waren nur möglich, weil sich die Menschen schnell und problemlos wie nie zuvor auf Straßen, Flüssen und Schienen fortbewegen konnten. Vor allem Preußen begann schon bald nach 1815, systematisch befestigte Straßen (Chausseen) anzulegen. Zwischen 1835 und 1873 wuchs das deutsche Straßennetz von 25 000 km auf 115 000 km. Seit den 1820er-Jahren begannen Dampfschiffe auf den deutschen Flüssen zu verkehren. 1848 brauchte man beispielsweise für die Donaustrecke Regensburg-Wien per Dampfschiff zwei Tage. Zum bedeutendsten Fortbewegungsmittel des 19. Jahrhunderts wurde die Eisenbahn, die sich ab 1835 rasch durchsetzte.

M 13 Die österreichische Südbahn von Wien nach Baden
Aquarell von Leander Russ, 1847

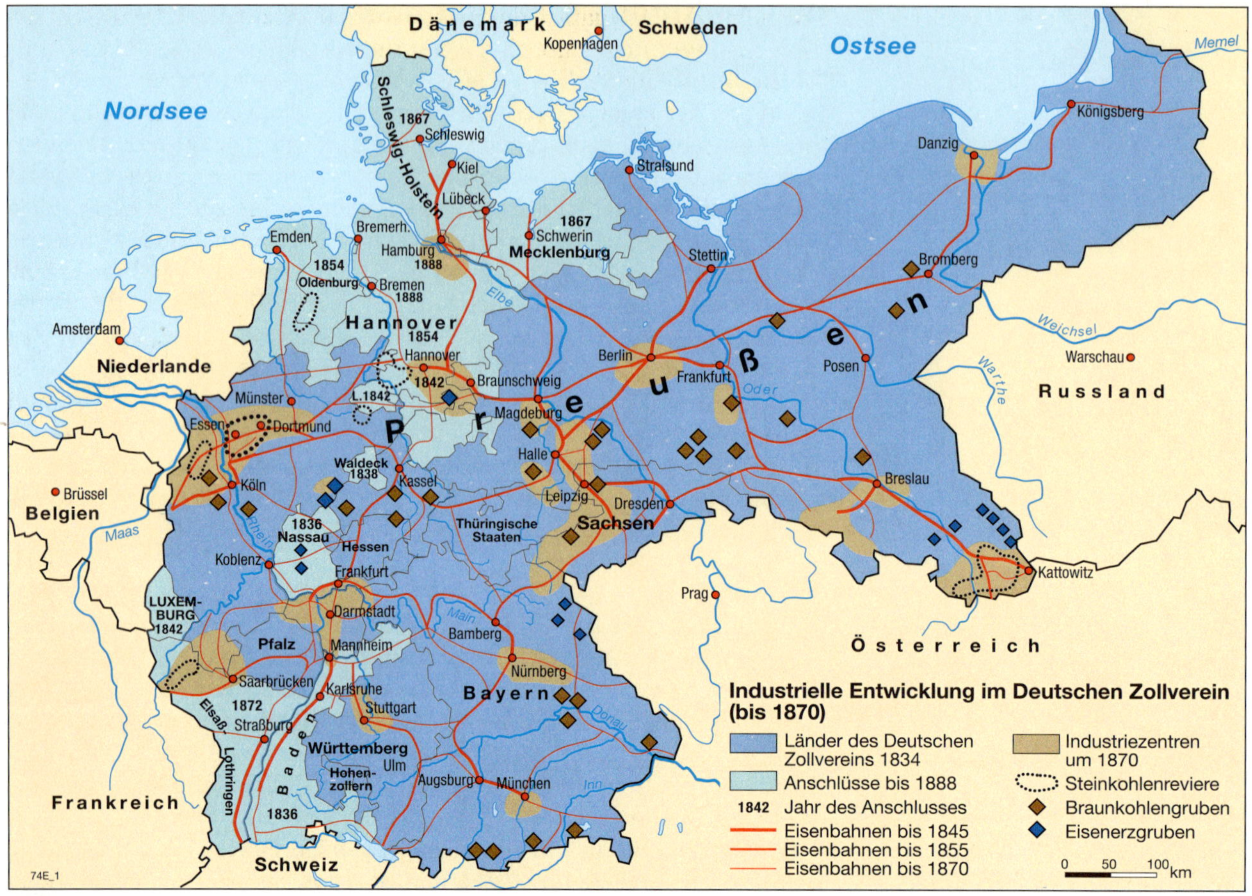

M 14

Der Wirtschaftshistoriker Werner Sombart unterscheidet vier Stufen des Eisenbahnbaus in Deutschland:

- Eine bis 1845 reichende Vorstufe, in der relativ dicht beieinanderliegende Orte miteinander verbunden wurden (zum Beispiel Nürnberg-Fürth oder Berlin-Potsdam).
- Darauf folgte bis etwa 1860 die Errichtung des so genannten Skelettbaues, wobei durchgehende Verbindungen zwischen den wichtigsten Städten eines Landes oder einer Region hergestellt wurden.
- Der Ausbau des großmaschigen Netzes dauerte bis etwa 1880.
- Verästelt wurde dieses System schließlich bis 1913. Die Streckenlänge wuchs von 2130 km im Jahr 1845 über 11600 km im Jahr 1860 bis 63400 km im Jahr 1913.

Animierte Karten des deutschen Eisenbahnnetzes und der Schifffahrtsstraßen stellt das Institut für Europäische Geschichte Mainz zur Verfügung.
http://www.ieg-maps.uni-mainz.de

Noch Mitte der 1840er-Jahre, also am Beginn des so genannten Skelettbaues, war es bei längeren Strecken nötig, die Transportmittel öfter zu wechseln. Alexa Geisthövel schildert die Reise der schleswig-holsteinischen Delegation zum Würzburger Sängerfest 1845: Die Gruppe schiffte sich am 30. Juli in Altona nach Harburg ein. Zuvor bestellte Großraumkutschen brachten sie dann in 21 Stunden nach Braunschweig. In vier Eisenbahn-Etappen fuhr man in den folgenden 30 Stunden, inklusive Übernachtung und Besichtigungsrunden, über Magdeburg, Köthen, Leipzig und Altenburg nach Crimmitschau, dem damaligen Endpunkt der Sächsisch-Bayerischen Bahn. Von dort aus erreichte die Delegation die wenige Meilen entfernten Eilpoststationen Zwickau und Reichenbach. Nach weiteren eineinhalb Tagen trafen die Reisenden schließlich am 3. August nachmittags in Würzburg ein.

Die Eisenbahn hat indes nicht nur die Fortbewegung an sich revolutioniert, sondern auch die alltäglichen Erfahrungsräume der Menschen nachhaltig verschoben. Wolfgang Schivelbusch hat in seiner berühmten „Geschichte der Eisenbahnreise" beschrieben, wie die Bahn die sinnliche Wahrnehmung der Menschen von Raum und Zeit veränderte. Obgleich die Reisegeschwindigkeit in den 1840er-Jahren nur etwa 40 km/h betrug (um die Jahrhundertwende waren es dann 85 km/h), fühlten sich die Passagiere, als würden sie wie „Projektile" durch die Landschaft geschossen.

Urbanisierung

Bis in die 1870er-Jahre zogen die Menschen überwiegend in Städte in der näheren Umgebung. Diese „Nahwanderung" reichte aber bald nicht mehr aus, um den Bedarf zu decken, sodass zusätzlich eine „Fernwanderung" einsetzte, die vor allem aus dem agrarisch geprägten Osten in die westdeutschen Industrieregionen, aber auch nach Sachsen und in einige Großstädte führte.

Diesen Prozess der Verstädterung bezeichnet man als Urbanisierung. Wie alle historischen Prozesse hat auch die Urbanisierung sowohl eine quantitative als auch eine qualitative Dimension: Die Zahl der in Städten lebenden Menschen wuchs (quantitaive Dimension) und dieser Anstieg wiederum veränderte das Leben und Zusammenleben in den Städten einschneidend (qualitative Dimension). Hohe Wachstumsraten verzeichnete Berlin, das seine Einwohnerzahl zwischen 1875 und 1910 mehr als verdoppelte und vor dem Ersten Weltkrieg mit über zwei Millionen Einwohnern die mit Abstand größte deutsche Stadt war.

M 15 Bau der Grenadierstraße in Berlin, Gemälde von Friedrich Kaiser, um 1875

Eine besonders starke Zunahme gab es auch in der bayerischen Haupt- und Residenzstadt München. Dort wuchs die Bevölkerung seit den 1830er-Jahren nach Beobachtung des sichtlich um Worte ringenden Polizeidirektors „wie durch einen elektrischen Schlag“. 1792 hatten in München noch rund 38 000 Menschen gelebt. 1841 waren es bereits etwas über 90 000, 1890 zählte man rund 350 000, beim Ausbruch des Ersten Weltkriegs 1914 waren es annähernd 600 000.

Situation in Essen

Den Zusammenhang zwischen Industrialisierung und Städtewachstum verdeutlicht die Stadt Essen: 1830 zählte Essen rund 5400 Einwohner, und die dort ansässige Firma Krupp hatte eine Belegschaft von acht Personen. 1915 war Essen auf etwa 360 000 Einwohner angewachsen, und bei Krupp arbeiteten nun fast 70 000 Menschen.

Wohnungsnot und hygienische Probleme

Eine Folge der Bevölkerungsverdichtung in den Großstädten war die teilweise katastrophale Wohnungsnot. In Berlin, Hamburg und Frankfurt (Main) entstanden in den 1870er-Jahren Barackenlager, in denen Obdachlose notdürftig hausten. Die steigende Nachfrage nach billigen Wohnungen und eine vom Staat zunächst nicht regulierte Bodenspekulation förderten den Bau von mehrstöckigen so genannten Mietskasernen, in denen häufig Einraumwohnungen vermietet wurden.

Steigende Mieten

Zwischen 1840 und 1870 verdoppelten sich in Berlin die Mietpreise. Um die Miete aufbringen zu können, mussten viele Familien auch noch an „Schlafgänger“ untervermieten, also an Menschen, denen der Aufenthalt im Zimmer nur zur Schlafenszeit eingeräumt wurde und die das Bett häufig zu mehreren und im Schichtbetrieb nutzten. Die Ausstattung der Wohnungen war dürftig, häufig war die Küche der einzige beheizte Raum, oft fiel kaum Tageslicht in die feuchten Räume. Fließendes Wasser in den Wohnungen gab es erst nach den 1880er-Jahren, die Toiletten waren meistens im Hof oder im Treppenhaus. In Hamburg besaßen 1910 nur 21 % aller Wohnungen ein Badezimmer, in München 22,8 %.

M 16 Arbeiterwohnung
Diese Wohnung hatte 29 m²; in ihr lebten zwölf Personen, Fotografie, um 1910.

Auch außerhalb der Häuser führte der wachsende Bevölkerungsdruck zu erheblichen Problemen, insbesondere die hygienischen Bedingungen in den überfüllten Arbeitervierteln spotteten jeder Beschreibung. Da die Kanalisation vollkommen unzureichend war, liefen Senkgruben über, verpesteten Fäulnisstoffe die Luft, standen Straßen, Wege und Höfe ständig unter Schmutzwasser. Das war der Morast, in dem Seuchen wie Cholera und Typhus gedeihen konnten. Die erste Choleraepidemie in Berlin 1830/31 forderte 40 000 Tote, und noch 1892, beim letzten großen Ausbruch, starben in Hamburg 10 000 Menschen.

M 17 **„Trambahnschienenritzenreinigerinnen" in München,** um 1910

Kommunale „Daseinsvorsorge" als neues Aufgabenfeld

Das Wachstum der Bevölkerung stellte die Städte daher vor ganze neue Herausforderungen der modernen „Daseinsvorsorge". Dem spekulativen Bauboom der Gründerzeit traten die Stadtverwaltungen entgegen, indem sie Bebauungsvorschriften erließen; bekannt ist die Münchner „Staffelbauordnung" Theodor Fischers, die für zentrumsfernere Häuser eine offenere und niedrigere Bauweise vorschrieb. Industriegebiete wurden nun häufig im Osten der Städte angesiedelt, damit der in Deutschland meistens vorherrschende Westwind Rauch und Gestank nicht mehr über die Wohngebiete blies.

Hygiene und Gesundheit standen lange Zeit im Zentrum städtischen Handelns, wobei der Kampf gegen die Cholera ein wichtiger Antrieb war. Wasserwerke, unterirdische Kanalisation und Kläranlagen, Straßenreinigung und Müllabfuhr, Krankenhäuser, Schlacht- und Viehhöfe wurden typische städtische Zuständigkeitsfelder, aber auch Volksbäder, Naherholungsparks und Speiseanstalten gehörten dazu.

Energie

Städtische Holz- und Kohlemagazine sowie Gaswerke versorgten die Menschen mit Energie. Schon in den 1820er-Jahren hatten die größeren deutschen Städte damit begonnen, die Straßen mit Gaslicht zu beleuchten. Berlin, Hannover, Dresden und Leipzig machten den Anfang. Dieser Trend setzte sich rasch durch und hat die Lebensweise nachdrücklich geprägt: Während auf dem Land ab dem Abend

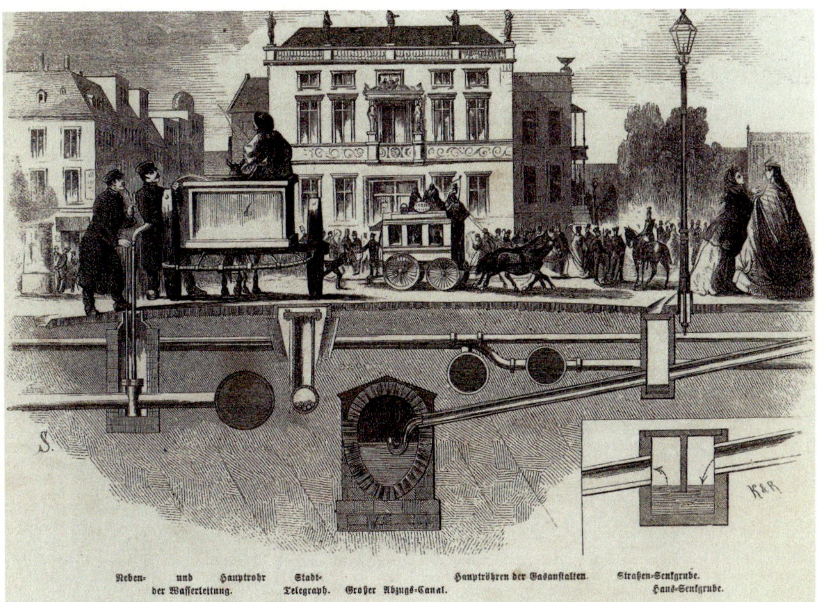

M 18 **„Ein unterirdisches Städtebild",** Lithografie von Otto Glagau, 1866

Finsternis herrschte, leuchtete die Stadt auch in der Nacht. Um die Jahrhundertwende errichteten die größeren und mittleren Städte Elektrizitätswerke. Das Straßennetz und der öffentliche Nahverkehr wurden ausgebaut. Die elektrische Straßenbahn und die nun elektrische Beleuchtung waren um 1900 die Symbole großstädtischen Lebens.

„Atemlose Hetze", Umweltschäden und Naturbewusstsein

Zum Bild der Städte gehörten bald eine andauernde Mobilität und Betriebsamkeit. Tausende und Abertausende waren ständig unterwegs, vom Wohnort zum Arbeitsort und zurück, auf der Suche nach Zerstreuung, Obdach oder Arbeit. In Berlin wechselte ein Drittel aller Haushalte jährlich den Wohnort, etwa die Hälfte der rund drei Millionen Einwohner Groß-Berlins nutzte 1903 täglich Omnibusse, Straßenbahnen, Stadt- und Ringbahn. Diese urbane, großstädtische Lebensform, die sich um 1900 herauszubilden begann, faszinierte viele Menschen und zog sie in die Ballungszentren, andere schreckte sie ab. Sie beklagten die „atemlose Hetze" (Gustav Schmoller), die Hektik und den Lärm der Großstadt.

M 19 „High life" – Der Adel betätigt sich in der Sommerfrische
Holzstich nach einer Zeichnung von Adolf Oberländer, 1896

Auch die ökologischen Folgen der Industrialisierung waren in den Städten am stärksten sicht- und fühlbar. Die stinkenden und giftigen Schmutzwasser der Zechen, Kokereien und Chemiefabriken lösten Fischsterben und Typhuserkrankungen aus, der massenhafte Einsatz von Kohle als Brennstoff verpestete die Luft.

Sehnsucht nach einer „heilen Welt"

Wegen dieser Belastungen wuchs das Bedürfnis nach dem „Anderen", nach vermeintlich unberührter Natur und dem scheinbar unverdorbenen Landleben; wer es sich leisten konnte, lebte diese Sehnsucht nun in Sonntagsausflügen, „Sommerfrischen" und Urlaubsreisen aus. Die Umweltgeschichtsforschung hat zudem herausgearbeitet, dass die Anfänge des Naturschutzgedankens nicht zufällig genau in diese Zeit fallen. In diesen Zusammenhang gehören die Pläne, Naturdenkmäler und Staatsparks nach dem Vorbild der USA (Yosemite 1864, Yellowstone 1872) zu errichten, aber auch die Gründung zahlreicher Vereine und Gruppierungen: der „Bund für Vogelschutz" (1899), der Münchner „Isartalverein" (1902), der „Bund Heimatschutz" (1904) oder der „Verein Naturschutzpark" (1909) waren nur einige von ihnen.

5. Wandel der Arbeitswelt

Die Fabrik

Die Fabrik entwickelte sich im Laufe des 19. Jahrhunderts zum bedeutendsten Ort der industriellen Produktion. Kennzeichen der Fabrik sind zentrale Organisation, Arbeitsteilung, Massenproduktion und insbesondere der Einsatz von Maschinen. Frühe Fabriken entstanden im späten 18. Jahrhundert in der Baumwollindustrie, weil sich dieser Bereich besonders gut mechanisieren und arbeitsteilig organisieren ließ. Auch die erste große Fabrik in Bayern produzierte auf diesem Gebiet: 1837 wurde die Mechanische Baumwoll-Spinnerei und Weberei Augsburg (SWA) gegründet, in der 750 Menschen an über 1100 Maschinen arbeiteten. Derartige Betriebsgrößen waren in der ersten Hälfte des 19. Jahrhunderts freilich noch selten. Erst im Kaiserreich wuchsen die Fabriken stetig und deutlich an. 1882 waren 22,8 % der im Deutschen Reich in Industrie und Handwerk Tätigen in Betrieben mit über 50 Mitarbeitern beschäftigt (insgesamt 1,6 Millionen Menschen), 1907 waren es schon 42,4 % (insgesamt 5,6 Millionen Menschen).

M 20 **„Zeit-Controllapparate"**
Holzstich aus „Illustrirte Zeitung", 18. Mai 1889

Der neue Umgang mit der Zeit

Die Fabrik veränderte jedoch nicht nur die Art und Weise, in der Güter hergestellt wurden. Sie formte darüber hinaus entscheidend die Lebenswelt der Industriegesellschaft: Insbesondere hat sie (zusammen mit der Eisenbahn) das Verhältnis des Menschen zur Zeit geradezu revolutionär verändert.

In der vorindustriellen Ära hatten noch die natürlichen Jahres- und Tageszeiten, das Wetter und die jeweils gerade anstehenden Aufgaben den Lebensrhythmus der Menschen bestimmt. Der Umgang mit der Zeit war oft noch sehr elastisch gewesen, gerade in Landwirtschaft und Handwerk hatte man häufig zwischen verschiedenen Arbeiten sowie zwischen Arbeit und Müßiggang wechseln können. Die Fabrikmaschinen erzwangen nun einen neuen Umgang mit der Zeit. Sie liefen regelmäßig, die von ihnen ausgehenden Arbeitsabläufe waren genau aufeinander abgestimmt und mussten reibungslos funktionieren. Das verlangte Pünktlichkeit, konstantes Arbeiten, das Einhalten der Vorschriften für Arbeitsbeginn, Arbeitsende und Pausen. Die Arbeitszeit wurde nun gemessen und kontrolliert, denn sie wurde ja bezahlt – Zeit wurde Geld. Diese neuartige Zeitdisziplin erstreckte sich bald auf alle Lebensbereiche, begann den Alltag der Menschen zu durchdringen und ist bis heute ein Kennzeichen moderner Industriegesellschaften.

Und noch eine andere Entwicklung hat die Fabrik beschleunigt: die Trennung von Arbeitsplatz und privatem Lebensraum. Berufs- und Erwerbsarbeit fanden nun verstärkt außer Haus statt, umgekehrt wurde die Familie, zunächst vor allem die bürgerliche Familie, zu einer Konsum-, Erziehungs- und Freizeitgemeinschaft.

Arbeitsbedingungen in den Fabriken

Formal gesehen beruhte das Arbeitsverhältnis zwischen Unternehmer und Arbeiter auf einem freien, jederzeit kündbaren Vertrag. Der Unternehmer – der Fabrikant – war in dieser Beziehung jedoch der bei weitem stärkere Partner. Vielerorts erließen die Unternehmer Fabrikordnungen, die schon für kleinere Verstöße drakonische Geldstrafen oder gar Entlassung vorsahen. Für die erste Generation von Fabrikarbeitern waren diese Normen neu und nur schwer erträglich. Immer wieder verließen Arbeiter die Fabriken, sobald sie auch nur die kleinste Gelegenheit sahen, ein anderes Auskommen zu finden. Manche frühen Fabriken verloren so innerhalb eines Jahres über die Hälfte ihrer Belegschaft. Verantwortlich dafür waren freilich nicht nur die den Arbeitern auferlegten Regeln, sondern auch die außerordentlich belastenden Arbeitsbedingungen. Lärm und Schmutz, Licht- und Luftmangel, Hitze, Unfall- und Krankheitsrisiken bestimmten bis weit ins Kaiserreich hinein die Situation an den industriellen Arbeitsplätzen.

Arbeitsschutz

Schutzvorschriften, beispielsweise gegen Gesundheitsgefährdung, wurden erst um 1900 erlassen. Trotz aller Maschinen war die körperliche Belastung der Arbeiter extrem hoch. Bekanntestes Beispiel sind die so genannten „Puddler", die eine Schlüsselstellung bei der Stahlherstellung hatten und daher entsprechend gut bezahlt wurden. Ihr Werkzeug wog 20 Kilogramm, die glühenden Metallstücke, die sie bewegen mussten, waren über 50 Kilogramm schwer. Die ungeheuere körperliche Beanspruchung in den 12-Stunden-Schichten ließ kaum einen „Puddler" älter als 40 Jahre werden.

„Puddler"

„Umrührer" im Stahlwerk

Arbeitszeiten

Die Arbeitszeiten sind für uns heute nur noch schwer vorstellbar. Der Arbeitstag dauerte bis in die 1860er-Jahre hinein durchschnittlich 12 bis 14 Stunden (einschließlich der bis zu zweistündigen Pausen). Gearbeitet wurde an sechs Tagen in der Woche, manchmal auch an allen sieben. Urlaub gab es zunächst gar nicht, Ansätze dazu finden sich erst nach 1900. Zusätzliche Überstunden, Nacht- und Sonntagsarbeit konnte der Fabrikant vielerorts jederzeit anordnen, auch hier gab es erst in den 1890er-Jahren gesetzliche Einschränkungen (zum Beispiel 1891 das Verbot der Sonntagsarbeit in Industrie und Handwerk).

Wenig Freizeit

Hinzu kamen noch die bisweilen stundenlangen Fußmärsche zum Arbeitsplatz und nach Hause. Das Leben eines Fabrikarbeiters bestand in dieser Zeit praktisch nur aus extrem anstrengender Arbeit und viel zu kurzem Schlaf. Die Zustände außerhalb der Fabriken, etwa im Heimgewerbe, waren freilich nicht besser. Erst im Kaiserreich begannen die Arbeitszeiten allmählich zurückzugehen. Vor dem I. Weltkrieg lag die durchschnittliche tägliche Arbeitszeit bei zehn Stunden, in einigen Branchen war nun der Samstagnachmittag frei.

Kinderarbeit

Kinderarbeit gab es zwar schon lange vor der Industrialisierung, sie erreichte im 19. Jahrhundert jedoch eine neue Dimension und gehört zweifellos zu den schwärzesten Kapiteln der deutschen Industrialisierung. Der Einsatz von Maschinen und die damit verbundene Arbeitsteilung machten es möglich, einzelne Arbeitsschritte gezielt auf Kinder zuzuschneiden. Aus Unternehmersicht waren Kinder billige Arbeitskräfte, denn sie erhielten nur einen Bruchteil des Erwachsenenlohns. Außerdem war die Vorstellung verbreitet, frühe Arbeit erziehe Kinder, die ansonsten von „Verwahrlosung" bedroht wären, zu Ausdauer und Fleiß und trage dazu bei, ihre Familien vor Armut zu bewahren. Die Folge war, dass sich Fabrikarbeit von Kindern aus der Unterschicht im frühen 19. Jahrhundert erheblich ausdehnte. So sahen beispielsweise

M 21 **Kinderarbeit in der größten deutschen Buntpapierfabrik**
Aschaffenburg, 1858

die Gründungspläne der schon erwähnten Mechanischen Baumwoll-Spinnerei und Weberei Augsburg (SWA) geradezu selbstverständlich den Einsatz von über 400 Kindern vor. Die Arbeitszeit in den Augsburger Fabriken betrug für Kinder elf bis zwölf Stunden täglich. In einer Tabakfabrik in Mittelfranken lag sie sogar bei 16 Stunden.

Schulpflicht

Um die 1802 eingeführte staatliche Schulpflicht formal zu erfüllen, erhielten die Kinder dort nach ihrem Arbeitstag, also in den späten Abendstunden, noch zwei Stunden Unterricht in der dafür gegründeten Fabrikschule – wie sinnvoll das nach 16 Stunden Fabrikarbeit war, lässt sich leicht ausmalen.

Kinderschutzverordnung

Erst staatliche Vorgaben schränkten diese Ausbeutung langsam ein. Nachdem Preußen 1839 eine erste Kinderschutzverordnung erlassen hatte, zog Bayern 1840 als zweiter deutscher Staat nach. Die regelmäßige Fabrikarbeit von Kindern unter neun Jahren war nun verboten; aber für Kinder bis zum 12. Lebensjahr galt immer noch eine maximale Arbeitszeit von zehn Stunden täglich, vorgeschrieben waren daneben zwei Stunden Unterricht pro Tag, die nicht vor sechs Uhr früh und nicht nach sechs Uhr abends angesetzt werden durften. Eine weitere Verordnung erging 1854, sie verbot unter anderem die Nachtarbeit in Fabriken für schulpflichtige Kinder. Entscheidend zurückgedrängt wurde die Kinderarbeit aber erst nach der Jahrhundertwende, als auch der Arbeitseinsatz von Kindern außerhalb von Fabriken (zum Beispiel Heimarbeit) ins Blickfeld von Behörden und Öffentlichkeit geriet.

Ländliche Arbeitswelt

Auch wenn die industrielle Massenproduktion zum herausragenden Kennzeichen der neuen Zeit wurde: Fabriken beherrschten die Arbeitswelt des 19. Jahrhunderts nicht allein. Deutschland war vielmehr um 1870 ein von der Landwirtschaft bestimmtes Land, und obgleich sich die Gewichte bis 1914 mehr und mehr zugunsten der Industrie verschoben, war die Landwirtschaft immer noch ein bedeutender Wirtschafts- und Lebensbereich.

Regionale Unterschiede

Die Unterschiede innerhalb der Landwirtschaft waren freilich groß. Zu ihr zählten ostdeutsche Rittergüter genauso wie große Bauernhöfe beispielsweise in Oberbayern, Kleinbetriebe im Rheinland oder in Franken und kleinste Waldbauernhöfe etwa im Hunsrück. Es ist daher nicht leicht, allgemein gültige Aussagen zu treffen. Gleichwohl lassen sich einige Beobachtungen festhalten. Dazu gehört, dass sich der traditionell, nach alter Gewohnheit arbeitende Bauer mehr und mehr zum rationell operierenden Landwirt entwickelte. Er baute nun nicht mehr überwiegend für den Eigenbedarf an, sondern orientierte sich am Bedarf des Marktes, der stetig wuchs, da sich wegen des wachsenden Wohlstandes viele Menschen nun besser ernähren konnten. Der Landwirt betrieb Viehzucht und -fütterung, Pflanzenzucht und -anbau nicht länger nach Herkommen und Gewohnheit, sondern mit modernen wissenschaftlichen Erkenntnissen und Techniken. Ziel war, die Produktion und den Absatz zu steigern.

Viele deutsche Staaten bauten für ihre Landwirte eigene Schulen auf, um dieses neue Wissen zu vermitteln. Schon in den 1840er-Jahren hatte der Chemiker Justus Liebig formuliert: „Als Prinzip des Ackerbaues muss angesehen werden, dass der Boden in vollem Maße wieder erhalten muss, was ihm genommen wird." Der sächsische Landwirtschaftswissenschaftler Adolph Stöckhardt verbreitete die Theorien Liebigs, indem er zu den Bauern aufs Land ging und ihnen – wie er es nannte – „chemische Feldpredigten" hielt; seit 1855 veröffentlichte er zudem die Zeitschrift „Der chemische Ackersmann". Unter dem Einfluss dieser Lehren und wissenschaftlicher Entwicklungen kam seit den 1860er-Jahren in rasch wachsendem Maße Kunstdünger zum Einsatz, der half, die Erträge deutlich zu erhöhen.

M 22 **„Der chemische Ackersmann"**
Titelblatt des ersten Jahrganges, 1855

Die Getreideerträge pro Hektar wuchsen im Laufe des 19. Jahrhunderts teilweise um fast das Dreifache. Diese Steigerung der Produktivität machte auch vor den Tieren nicht Halt. Eine Kuh gab Mitte des 19. Jahrhunderts noch rund 1300 Liter Milch pro Jahr, vor dem Ersten Weltkrieg waren es wegen der veränderten Fütterung und Haltung schon 2200 Liter (heute sind es übrigens mehr als 10 000 Liter). Um ein Ar (100 Quadratmeter) Weizen zu mähen, hatte der Bauer mit einer Sichel noch rund eine Stunde gebraucht, mit dem 1872 erfundenen Mähbinder dauerte es nurmehr zwei Minuten. Die Landwirtschaft wurde mehr und mehr mechanisiert. Dresch- und Erntemaschinen ersetzten Sichel, Sense und Flegel – und in zunehmendem Maße auch Arbeitskräfte. Wer als Magd oder Knecht keine Arbeit mehr fand, zog – zumindest zeitweilig – in die Stadt, um sich dort als Hilfsarbeiter oder Dienstmädchen zu verdingen.

Stadt-Land-Gefälle

Trotz dieses Vordringens der Moderne unterschied sich das Landleben deutlich vom Stadtleben. Mehr noch: Wegen des hohen Entwicklungstempos in den Städten wurde das wirtschaftliche, soziale und politische Gefälle zwischen Stadt und Land im Laufe des 19. Jahrhunderts nicht flacher, sondern steiler. Das Landleben war „altmodischer" und beständiger, stark von Traditionen geprägt, mit tief verankerten religiösen Gebräuchen und einer fest gefügten sozialen Hierarchie im Dorf – ein treffendes Beispiel ist die feste Sitzordnung in der Kirche. Arbeit und Familie waren viel stärker ineinander verwoben als in der Stadt. Unter dem Dach des Bauernhofs lebten mehrere Generationen zusammen, er war familiäre Hausgemeinschaft und Arbeitsstätte zugleich, oftmals sogar in doppelter Hinsicht, wenn das familiäre Einkommen durch kleingewerbliche Heimarbeit aufgebessert werden musste.

6. Bürgertum und Arbeiterschaft

Unter dem Einfluss der Industrialisierung brach die alte Ständeordnung auf und geriet in Bewegung. Die Historiker sprechen von einem „Weg in die Klassengesellschaft“. Dahinter steht die Beobachtung, dass allmählich neue gesellschaftliche Großgruppen entstanden, die

- insbesondere durch ihre wirtschaftliche Lage miteinander verbunden waren („Klassenlage“),
- gemeinsame Erfahrungen, eine ähnliche Lebensführung und vergleichbare Werte teilten und sich dessen auch bewusst waren („Klassenidentität“),
- auf dieser Grundlage zeitweilig gemeinsam handelten, um ihre Interessen gegen andere Klassen durchzusetzen („Klassenhandeln“).

Verschiedene Lebenswelten

Die beiden Klassen, welche die Gesellschaftsgeschichte des „langen 19. Jahrhunderts“ stärker geprägt haben als alle anderen, waren das Besitz- und Bildungsbürgertum sowie die Arbeiter. Ihre Lebenswelten sollen daher in diesem Abschnitt einander gegenübergestellt werden. Eine wichtige Einschränkung ist dabei vorauszuschicken: Die deutsche Gesellschaft war nie eine reine Klassengesellschaft. Es existierten Konfliktlinien, die sich mit dem Klassengegensatz nicht einfangen lassen, beispielsweise zwischen Männern und Frauen, zwischen den Konfessionen oder zwischen Stadt und Land.

Und es gab soziale Gruppen, deren Selbstverständnis weiterhin mit ständischen Elementen durchsetzt war, vor allem beim Adel ist dies augenfällig. Ihm gelang es, trotz der Reformwellen des frühen 19. Jahrhunderts und der Revolution von 1848/49 seine wirtschaftliche Macht, seinen sozialen Einfluss, seine politische Bedeutung und wesentliche Bereiche seiner Lebensführung zu behaupten und auch als soziale Gruppe inneren Zusammenhalt zu wahren. Vor allem am Hof, in der Armee, in den höchsten Regierungsstellen und in der Diplomatie blieb der Adel in einer beherrschenden Position.

M 23 „Bärtiger Arbeiterkopf im Profil“
von Adolph Menzel, Öl auf Papier, 1844

Die Arbeiterklasse

Aus den Unterschichten des frühen 19. Jahrhunderts formte sich die Arbeiterklasse, das „Proletariat“. Ihr gehörten Landarbeiter, Tagelöhner, Gesinde, Dienstboten, Heimarbeiter und Handwerksgesellen an; die absolut prägende Gruppe waren jedoch die Fabrik- und Industriearbeiter, deren Zahl gegen Ende des Jahrhunderts stark anstieg.

Auch innerhalb der Arbeiterschaft gab es zahlreiche Unterschiede: die Arbeitssituation, die Betriebsgröße oder die Herkunft, um nur einige zu nennen. Der entscheidende Unterschied war der zwischen ausgebildeten Facharbeitern und ungelernten Hilfsarbeitern. Facharbeiter hatten meistens in einem städtischen Handwerksbetrieb eine Lehre abgeschlossen, sie verdienten besser, ihre Arbeitsplätze waren sicherer, ihr Ansehen höher. Ungelernte Arbeiter kamen häufig vom Land, wo sie kein Auskommen mehr gefunden hatten, sie erhielten oft nur die Hälfte des Facharbeiterlohns.

Gleichwohl einte die Arbeiter mehr als sie trennte: die Position gegenüber den Unternehmern als abhängig Beschäftigte, die deswegen im Prinzip unsichere Existenz, die ähnliche Lebenslage, die meist ärmliche Wohnsituation, das knappe Einkommen. Und ganz wichtig für das Bewusstsein der Zusammengehörigkeit waren ein Gefühl der Trennung, des Ausgeschlossenseins von der bürgerlichen Gesellschaft und die ablehnende Haltung gegenüber staatlichen Einrichtungen (Armee, Polizei, Verwaltung, Gerichte), die nicht erst seit dem Sozialistengesetz (1878–1890) als autoritär und unterdrückend wahrgenommen wurden.

Bürgertum und „Bürgerlichkeit"

Mit keiner sozialen Gruppierung haben sich die Historiker in den letzten Jahren so intensiv beschäftigt wie mit dem Bürgertum. Eine Kardinalfrage war dabei stets, wer eigentlich zu dieser gesellschaftlichen Großgruppe zu zählen ist. Was hatten beispielsweise Kaufleute, Fabrikanten, Bankdirektoren, Rechtsanwälte, Professoren, Gymnasiallehrer, Richter, Diplomingenieure und Betriebswirte gemeinsam? Dieselbe „Klassenlage" ist es nicht, denn die einen waren selbstständig, die anderen verbeamtet, wieder andere Angestellte. Auch Bildungsgrad, Einkommen und soziale Herkunft waren höchst unterschiedlich.

Soziale Abgrenzung

Was sie trotzdem zusammenhielt und als Bürgertum erkennbar macht, war vor allem zweierlei: Erstens die Abgrenzung gegenüber zwei anderen sozialen Gruppen; zunächst vor allem gegen den alten Adel, später dann zunehmend gegen die Unterschichten, insbesondere gegen die anschwellende Arbeiterbewegung. Zweitens teilten die Angehörigen des Bürgertums Formen der Lebensführung, gemeinsame kulturelle Werte, Mentalitäten und Sitten, die sich unter dem Oberbegriff „Bürgerlichkeit" zusammenfassen lassen.

Beispiel: „Reinlichkeit" als klassenbildende Norm

Das bürgerliche Streben nach „Reinlichkeit" war Teil dieser „Bürgerlichkeit". Es veranschaulicht gut, wie ein gemeinsames Leitbild die Klasse formen und die Klassengrenzen schärfen konnte. „Reinlichkeit" erwuchs als Norm im Zusammenhang mit dem Kampf gegen städtische Seuchen, ihre Bedeutung reichte aber bald weit darüber hinaus. Der saubere Körper, der fleckenlose Anzug, das aufgeräumte Zimmer, der gefegte Gehweg – sie alle demonstrierten bürgerlichen Ordnungssinn und Fleiß. „Schmutz" und „Gestank", das Unreine, standen demgegenüber für Faulheit, Versagen und Unmoral. Eine Enzyklopädie bezeichnete 1869 die äußere Reinlichkeit als einen „von den Spiegeln, aus denen etwas von dem Angesichte des inwendigen Menschen hervorblickt".

Mit der bürgerlichen Reinlichkeitsnorm veränderte sich der Status von Hygieneprodukten und damit auch die Form des Konsums: Was früher bestenfalls angenehmer Luxus gewesen war, erschien nun als soziale (und oft auch medizinische) Notwendigkeit: Der „weiße" Hemdkragen, Samstag als „Badetag", häufiger Wäschewechsel, die monatliche „große Wäsche", Seifen, Badewannen, Duschkabinen, Toilettentische und Bidets.

M 24 „Bedürfnishäuschen"
Berlin Neukölln, um 1900,
Foto von 2008

Einerseits grenzten diese Standards das Bürgertum von der Arbeiterklasse ab, andererseits bildeten sie aber auch die Grundlage für verstärkte Bemühungen, die Unterschichten zur Reinlichkeit zu erziehen. Die Vertreter der „Sozialhygiene", die zur medizinischen Leitwissenschaft aufstieg, versuchten bürgerliche Hygienevorstellungen in der gesamten Gesellschaft zu verankern und regten dabei auch ganz praktische Reformen an. So sollten „Volks-Brausebäder", oft gestiftet von wohlhabenden Bürgern, den Arbeitern regelmäßige Körperpflege ermöglichen, das 1901 eröffnete „Müllersche Volksbad" in München ist ein Beispiel dafür. Und auch die neu eingeführten öffentlichen Toiletten entsprangen dem bürgerlichen Bedürfnis nach „Reinlichkeit".

Familie

In der vorindustriellen Welt waren für die meisten Menschen die familiäre Hausgemeinschaft und die Arbeitsstätte noch miteinander verbunden gewesen, etwa im Bauernhof oder in der handwerklichen Werkstatt. Dieser Zusammenhang löste sich unter dem Einfluss der Industrialisierung auf. Die Erwerbstätigen mussten nun die häusliche Gemeinschaft meist verlassen, um den Lebensunterhalt zu verdienen. Dies wiederum veränderte entscheidend die Stellung und die Rolle der Familie.

Privater Bereich

Insbesondere das Bürgertum sah die Familie in wachsendem Maße als streng privaten Bereich an und grenzte diesen scharf gegen die „Außenwelt", gegen Staat, Kirche und Öffentlichkeit, ab. Historiker bezeichnen die Familie als zentralen Ort einer „bürgerlichen Gefühlskultur". Dazu gehörten die wechselseitige Zuneigung und Liebe zwischen den Familienmitgliedern, die sich im täglichen Umgang, aber auch bei Familien- und kirchlichen Festen äußerte. Zeitgenössische Lexika zeigen, dass dies ein einschneidender Wandel war. In den Ausgaben des 18. Jahrhunderts hatte als Hauptzweck der Ehe noch die Fortpflanzung im Dienst an der Menschheit gegolten. Dagegen bezeichnete der Brockhaus in seinen vier zwischen 1817 und 1827 erschienenen Auflagen „Ehe" als „die lebenslängliche Verbindung zweier Personen verschiedenen Geschlechts, [... die] in ihrer Vollkommenheit auf Liebe beruht".

Schon für das Bürgertum war dieses Familienideal keineswegs immer Realität. Noch viel weiter entfernt davon vollzog sich in der Regel das Leben der Arbeiter. Hier war die Familie nur selten emotional verbunden, sondern meist eher eine Zweckgemeinschaft, um das Leben und seine vielfältigen Notlagen zu meistern: Extrem lange

M 25 Bürgerliche Familie
Kinder machen ihre Hausaufgaben, Foto von 1899

Arbeitszeiten, dürftiger Verdienst, Arbeitslosigkeit, Unfall, Krankheit oder den frühen Tod eines der beiden Ehepartner. Schon wegen der miserablen Wohnverhältnisse fehlte der Arbeiterfamilie die Privatheit der bürgerlichen Familie. Die häufige Flucht der Männer in die Wirtshäuser kam auch daher, Alkoholismus und Gewalt waren oft die Folge. Gleichwohl: Das Ideal der bürgerlichen Familie war für viele Arbeiter ein Ziel, an dem sie sich orientierten.

Frauen und Männer

Die Trennung von Familie und Beruf verschärfte die Arbeitsteilung der Geschlechter und prägte entscheidend die bürgerlichen Rollenmodelle von Mann und Frau. Danach war der Mann zuständig für Erwerb und Arbeit, die Frau dagegen für Familie, Kindererziehung, Freizeit und Haushalt (unterstützt vom weit verbreiteten Dienstmädchen, das sich zu einem Statussysmbol des bürgerlichen Haushalts entwickelte). Auch in der Arbeiterfamilie galt diese Rollenverteilung, wobei die Arbeiterfrau aber eine doppelte Last zu tragen hatte, denn neben Haushalt und Kindererziehung musste sie sehr oft auch noch wenigstens im Nebenerwerb arbeiten, um die Existenz der Familie zu sichern.

M 26 Frauenstimmrechtskongress
München, 1912

Ob Bürgertum oder Arbeiterklasse: Die Frau galt in diesem Rollenmuster als schutzbedürftig und unbedarft, auf Harmonie, Frieden und Geborgenheit ausgerichtet. Aber man darf nicht übersehen, dass auch der Mann seine Geschlechterrolle auszufüllen und „männliche" Werte zu verkörpern hatte: Selbstständig und willensstark, mutig und kaltblütig, interessiert an Macht und Politik, bereit zu Konkurrenz und Kampf sollte er sein.

Die Frau unterstand der Autorität des Mannes und war nur eingeschränkt „geschäftsfähig". Der Mann hatte das letzte Wort in Fragen der gemeinsamen Lebensführung (Wohnsitz, Arbeit) und der Kinder (Schule, Beruf). Frauen durften bis 1908 keinen Parteien beitreten und hatten bis 1918 kein Wahlrecht. Auch die Schulausbildung war auf das weibliche Rollenmodell ausgerichtet („Höhere-Töchter-Bildung"). Ein Studium an Universitäten begannen die einzelnen deutschen Staaten erst um 1900 und nach langen, teilweise sehr polemischen Diskussionen zuzulassen. Die meisten „bürgerlichen" Berufe blieben Frauen verschlossen. Das war vor allem für unverheiratet gebliebene bürgerliche Töchter ein großes Problem, weil ihnen fast jedes sinnvolle Betätigungsfeld fehlte.

Frauenbewegung

An dieser Stelle setzte die zunächst überwiegend bürgerlich geprägte Frauenbewegung ein. Sie hatte während der Revolution von 1848/49 einen ersten Aufschwung erlebt. 1865 wurde schließlich der „Allgemeine Deutsche Frauenverein" (ADF) gegründet, 1894 als Dachverband der „Bund Deutscher Frauenvereine" (BDF), mit zunächst 65 Vereinen und rund 50 000 Mitgliedern, darunter „radikale" und „gemäßigte", bürgerliche und proletarische.

Die Frauenbewegung wollte die Bildungs- und Berufschancen der Frauen verbessern, mehr Selbstständigkeit und einen besseren rechtlichen Status für die Frauen erreichen. Ganz wichtig war auch der Kampf gegen die Prostitution. Das Wahlrecht wurde erstaunlicherweise nie zum Hauptthema der Bewegung, erst 1912 kam es in München zu einer ersten, sehr friedlich verlaufenden Demonstration für das Frauenstimmrecht. Verwirklich wurde diese Forderung allerdings erst nach dem Zusammenbruch des Kaiserreichs 1918/19.

M 27 Deutsche Heimarbeit-Ausstellung 1906
Die Ausstellung in Berlin konfrontierte erstmals eine breite Öffentlichkeit mit dem Elend dieser Branche, Plakat von Käthe Kollwitz

7. Die Soziale Frage und Ansätze zu ihrer Lösung

Die „Soziale Frage“

Die Not der Arbeiter, ihre zumeist elenden Arbeits- und Lebensbedingungen, die ihre „Moral“ und überhaupt ein geordnetes Dasein zu zerstören schienen, der drohende Zerfall der ganzen Gesellschaft in zwei gegeneinander stehende Klassen – das war die „Soziale Frage“. Die Zeitgenossen nahmen sie seit den 1860er-Jahren zunehmend als ein ganz zentrales politisches und gesellschaftliches Problem wahr. Im Gegensatz zur „alten“ Armut früherer Jahrhunderte war sie durch karitative Aktivitäten nicht befriedigend zu lösen. Aber wie dann?

Der Durchbruch der Industriewirtschaft hatte den Pauperismus verdrängt – das sprach gegen die lange Zeit von Konservativen empfohlene Rückkehr zur „guten alten“ Wirtschafts- und Gesellschaftsordnung. Gleichzeitig aber hatte der moderne Industriekapitalismus das Elend des Proletariats erst hervorgebracht – das sprach wiederum gegen die Selbstheilungskräfte des freien Marktes, auf welche die Liberalen bauten; und auch die schwere Wirtschaftskrise, die Deutschland seit 1873 belastete („Gründerkrise“), widerlegte die Auffassung, der Markt könne sich selbst überlassen werden. All dies erklärt, weshalb die „Soziale Frage“ nicht leicht zu lösen war. Fünf Ansätze dazu, mit jeweils unterschiedlichen Trägern, ragen heraus.

Genossenschaftliches Prinzip

Eine Antwort auf die „Soziale Frage“ war das Genossenschaftswesen. Schon 1849 gründete der preußische Richter Hermann-Schultze-Delitzsch (1808–1883) eine „Assoziation“ für Schuhmacher und Tischler, in der sie sich zusammenschlossen, um günstiger Rohstoffe einkaufen zu können. Im Jahr darauf rief er einen „Vorschussverein“ ins Leben, der Kredite an seine Mitglieder vergab. Hilfe zur Selbsthilfe, Selbstverwaltung und Selbstverantwortung waren die Ziele der genossenschaftlichen Bewegung, Schulze-Delitzsch verstand sie als ein Korrektiv zum Kapitalismus, der aber erhalten bleiben sollte. Das Prinzip war immer dasselbe: Die Mitglieder der Genossenschaft blieben einerseits selbstständig, etwa als Handwerker, Gewerbetreibende oder auch als Privatpersonen. Andererseits schlossen sie sich zusammen, um sich am Markt besser behaupten zu können, zum Beispiel beim Erwerb von Rohstoffen und Maschinen oder beim Absatz eigener Produkte.

Während Schultze-Delitzsch sich mit seiner Idee insbesondere an kleine Handwerksmeister und Geschäftsleute richtete, begründete Friedrich Wilhelm Raiffeisen (1818–1888) das Genossenschaftswesen auf dem Land. Als Bürgermeister im ärmlichen Westerwald erlebte der christlich geprägte Raiffeisen die Nöte der Bauern. Viele Höfe verschuldeten sich im Laufe des 19. Jahrhunderts. Zum einen mussten die Erben, die den Hof nicht übernahmen, nun ausbezahlt werden; zum andern mussten die Bauern, um sich am entstehenden Agrarmarkt behaupten zu können, auch investieren, also beispielsweise Maschinen und Dünger kaufen. Dieser Zwangslage versuchte Raiffeisen mit Genossenschaften zu begegnen. Die Kleinbauern einer Region schlossen sich zusammen, um beispielsweise Maschinen gemeinsam zu erwerben und zu nutzen, Kredite zu erhalten und Geld anzusparen oder Milch abzusetzen. Diese Idee verbreitete sich in ganz Deutschland: 1883 gab es 1050 landwirtschaftliche Genossenschaften, 1914 schon 28318; das ländliche Genossenschaftswesen besteht bis heute.

M 28 Friedrich Wilhelm Raiffeisen (1818–1888), Porträtaufnahme, um 1880

Kirchliche Lösungsansätze

M 29 **Adolph Kolping** (1813–1865), Porträtaufnahme, um 1863

M 30 **Johann Hinrich Wichern** (1808–1881)

Auch die Kirchen reagierten auf die durch die Industrialisierung ausgelösten gesellschaftlichen Umwälzungen. Die sozialen Nöte der Unterschichten verlangten eine christliche Antwort. Hinzu kam, dass sich durch Wanderungsbewegungen und Urbanisierung die Konfessionsgrenzen in vielen Regionen aufzulösen begannen und vor allem in den Städten die Kirchlichkeit abnahm: Die Menschen besuchten seltener den Gottesdienst und das Abendmahl. Unter den beiden großen Kirchen hat es insbesondere die katholische verstanden, sich auf diese Herausforderung einzustellen. Der so genannte „Sozialkatholizismus“ entfaltete sich in einem sehr breit aufgefächerten Vereinswesen, das den Katholiken ihr ganzes Leben, von der Wiege bis zur Bahre, Geborgenheit und Heimat geben sollte. Es gab Vereine für nahezu jede Lebenslage: für Arbeiter, Arbeiterinnen, Gesellen, Frauen, Jungmänner usw. Insgesamt gingen die Mitgliederzahlen des katholischen Vereinswesens in die Hunderttausende, wobei aber natürlich auch der „Kulturkampf“ eine wichtige Rolle spielte.

Typisch sind die von dem Kölner Pfarrer und ehemaligen Schuhmachergesellen Adolph Kolping (1813–1865) 1849 begründeten Gesellenvereine, die zur Keimzelle des bis heute bestehenden Kolpingwerkes wurden. Kolping reagierte mit seiner Idee auf die „Verwahrlosung“ und „Entwurzelung“ der Handwerkergesellen. Die Gesellenvereine sollten insbesondere in den Städten für die Handwerker „ein Familienhaus sein, in dem sie gewissermaßen ihre Familie, gleichgesinnte und gleichberechtigte Freunde wiederfinden und mit ihnen in inniger freundschaftlicher Weise zusammenleben“. Gemeinsame Gottesdienste und Exerzitien, Geselligkeit, Krankenpflege, Bildung und Belehrung sollten karitativ wirken und zugleich die Handwerker moralisch-sittlich festigen.

Auch aufseiten der evangelischen Kirche gab es Initiativen, wobei diese verstreuter waren und meist später einsetzten. Besonders wichtig ist der Hamburger Theologe Johann Hinrich Wichern (1808–1881), der selbst in ärmlichen Verhältnissen aufgewachsen war. 1833 gründete Wichern in Hamburg das „Rauhe Haus“ („Rauh“ von „Ruge“, einem Vorbesitzer des Gebäudes). In dieser Erziehungsanstalt sammelte er zahlreiche, oft von ihren Eltern verlassene und meist noch schulpflichtige Jugendliche aus den Hamburger Elendsvierteln; angeschlossen war auch eine Ausbildungsstätte für Erzieher. Auch hier wurde die Form des „Familienhauses“ richtungsweisend für die Fürsorgeerziehung. Auf dem Kirchentag in Wittenberg 1848 erwirkte er die Gründung der „Inneren Mission“, die den „Dienst aus Liebe“ als eine Hauptaufgabe der Kirche auffasste und bald zahlreiche karitative Aufgaben übernahm.

Betriebliche Lösungsansätze

Seit den 1870er-Jahren entwickelten sich Formen der „betrieblichen Sozialpolitik“. Vor allem große Unternehmen boten ihren Arbeitern Leistungen, die über den bloßen Lohn hinausgingen. Dazu zählten etwa Pensions- und Krankenkassen, Werksküchen, Wohnungen, Ausflüge, Jubiläumsfeiern und Prämien. Besonders hervorgetan hat sich die Krupp AG in Essen, wo 1885 schon 3 % der Lohnkosten in diesen Bereich flossen. Um die Jahrhundertwende wohnten 12 % der Essener in Krupp-Wohnungen. Aber auch Siemens in München und Zeiss in Jena engagierten sich in diesem Bereich. Zwei Motive waren dabei vor allem maßgeblich: Zum einen sollten die Arbeiter – vor allem natürlich die gut ausgebildeten, „wertvollen“ – an den Betrieb gebunden werden. Zum andern versuchten die Unternehmer so, die Arbeiter gegen die Sozialdemokratie zu immunisieren. Die Hoffnung war, dass ein zufriedener Arbeiter weniger streik- und konfliktbereit sein würde. Alfred Krupp wünschte sich „treue Arbeiter, die dankbar im Herzen und in der Tat dafür sind, dass wir ihnen das Brot bieten. Dafür soll aber niemand wagen gegen ein wohlwollendes Regiment sich zu erheben“. Mit dieser Fürsorge war ein umfangreicher Kontrollanspruch verbunden, der hin und wieder tief ins Privatleben reichte. Carl Ferdinand von Stumm-Halberg, der „König von Saarabien“, erteilte seinen Arbeitern sogar dic Heiratserlaubnis – das erinnert an die Zeiten der Gutsherrschaft.

Selbsthilfe des „Vierten Standes“

Diese patriarchalische Haltung, die Behandlung von oben herab, motivierte viele Arbeiter, ihre Interessen selbst in die Hand zu nehmen. Man muss dabei zwei organisatorische Stränge unterscheiden, die vielfältig miteinander verflochten waren: Zum einen war das die Herausbildung einer sozialdemokratischen Partei. Diese Entwicklung erreichte 1875 ihren Höhepunkt, als sich Ferdinand Lassalles „All-

M 31 „Social Demokratie Menschenrechte“
Ferdinand Lasalle – der Kämpfer gegen die Macht des Kapitals. Das Bild enthält eine Anspielung auf das Alte Testament, auf die Zerstörung des Goldenen Kalbes durch Moses, anonymer Stich, Ende des 19. Jahrhunderts.

gemeiner Deutscher Arbeiterverein“ und die „Sozialdemokratische Arbeiterpartei“ August Bebels und Wilhelm Liebknechts in Gotha zur späteren SPD zusammenschlossen.

Hinter dem Aufbau einer eigenen sozialdemokratischen Partei stand die Erkenntnis, dass die Interessen der Arbeiter im Verbund mit den bürgerlich geprägten liberalen und demokratischen Parteien nicht durchsetzbar waren. Im Umfeld der SPD wuchs ein sozialistisches Milieu aus Vereinen, Sekretariaten, Redaktionen und Genossenschaften, das die Lebenswelt der Arbeiter im Kaiserreich ähnlich intensiv prägte wie das katholische Vereinswesen das Leben der Katholiken.

Gewerkschaften

Ein weiterer wichtiger Teil dieses Arbeitermilieus – und damit der zweite organisatorische Strang – waren die Gewerkschaften. Vor allem die Mitgliedszahlen der „freien“, also sozialistischen Gewerkschaften stiegen ab Mitte der 1890er-Jahre gewaltig an: Von ca. 300 000 im Jahr 1890 auf 2,6 Millionen im Jahr 1913. Die Aktivitäten der Gewerkschaften waren breit gefächert: Dazu gehörten Hilfskassen, Rechtsberatung und -schutz sowie Bildungs- und Freizeitangebote, außerdem wirkten sie an allen Einrichtungen mit, an denen Arbeiter beteiligt waren (z. B. Krankenkassen, Gewerbegerichte). Und natürlich vertraten sie das kollektive Interesse der Arbeiter gegenüber den Unternehmern im Ringen um bessere Arbeitsbedingungen, höhere Löhne und kürzere Arbeitszeiten. Es gab im Kaiserreich eine ganze Reihe erbitterter Arbeitskämpfe, welche die Frontlinien zwischen den Klassen schärften und die Identität der Gewerkschaftsbewegung stärkten. Zu den wichtigsten gehören die großen Bergarbeiterstreiks im Ruhrgebiet 1872, 1889, 1905 und 1912 sowie der Streik der Crimmitschauer Textilarbeiter 1903.

Staatliche Aktivitäten

Wichtig sind schließlich die staatlichen Maßnahmen. Dazu gehören zum einen die Aktivitäten der Städte und Gemeinden im Rahmen der schon erwähnten kommunalen „Daseinsvorsorge“. Zum andern zählt dazu die Sozialversicherungspolitik des Reiches, die insbesondere mit dem Namen des Reichskanzlers Otto von Bismarck verbunden ist. Bismarck wollte die Arbeiter für das preußisch-deutsche Kaiserreich gewinnen und die sozialistische Bewegung schwächen; die negative Seite dieser Politik war das „Sozialistengesetz“, die positive Seite die Begründung einer modernen Sozialpolitik. In rascher Folge wurden 1883 die Krankenversicherung, 1884 die Unfallversicherung und 1889 die Invaliden- und Altersversicherung eingeführt. Sie sicherten drei besonders gewichtige Daseinsrisiken der Arbeiter zumindest ansatzweise ab; das Risiko der Arbeitslosigkeit blieb indes bis 1927 noch ohne staatlichen Schutz.

„Soziales Netz“

Dieses soziale Netz verbesserte zweifellos die Lebensbedingungen der Arbeiter. Die Krankenversicherung ermöglichte freie medizinische Versorgung und Krankheitstagegeld. Auf dieser Grundlage wuchsen das Gesundheitsbewusstsein der Unterschichten und auch die Möglichkeiten, sich auszukurieren. Die ärztliche Versorgung verbesserte sich ebenfalls, denn die Zahl der Ärzte stieg parallel zur Zahl der versicherten Patienten an. All dies hat zur wachsenden Lebenserwartung wesentlich beigetragen. Die Unfallversicherung mussten die Arbeitgeber alleine tragen. Das erhöhte ihre Motivation, den Arbeitsschutz in den Betrieben auszubauen; tatsächlich sank die Zahl der tödlichen Betriebsunfälle von einem Viertel (1886) auf weniger als ein Elftel (1913) aller gemeldeten Unfälle.

Grenzen der Absicherung

Die Invaliden- und Rentenversicherung zeigt besonders deutlich, mit welch breiten Maschen das soziale Netz noch geknüpft war. Altersrente konnte man erst ab 70 Jahren beziehen – das war ein Alter, das nur wenige Arbeiter tatsächlich erreichten. Die durchschnittliche Rente nach 30 Beitragsjahren lag etwas über 120 Mark im Jahr, das war etwa ein Sechstel des Durchschnittslohnes. Diese sehr niedrige Rentenhöhe hing mit der merkwürdigen Idee zusammen, dass Rentner aufs Land (zurück)ziehen sollten, wo es sich billiger leben ließe. Wegen dieser Nachteile und wegen des bürokratischen Verfahrens war die Rentenversicherung bei Arbeitern zunächst eher unbeliebt. Für Rentner, die in einem Familienverband lebten, bedeutete die Zahlung aber immerhin, dass sich ihre Stellung innerhalb der Familie verbesserte.

Der Schutz der Sozialversicherung war also durchaus ausbaufähig, und einige von Verarmung bedrohte Gruppen erreichte sie zunächst gar nicht oder kaum: die Witwen und Waisen (erst ab 1911), Frauen und Kinder von kranken oder invaliden Arbeitern, Dienstboten oder kleine Handwerker. Ein gerechtes historisches Urteil ist nur möglich, wenn man die Sozialversicherung in ihr zeitliches Umfeld stellt; dabei wird schnell deutlich, dass sie das damals modernste Sozialsystem der Welt begründete, das bis heute vielfältig nachwirkt.

M 32 **Werbung für die Sozialversicherung,** 1913

Literatur

H. Kiesewetter, Industrielle Revolution in Deutschland, Frankfurt/Main 1989

R. Porter und M. Teich, Die Industrielle Revolution, Berlin 1998

Karl H. Metz, Geschichte der sozialen Sicherheit, Stuttgart 2008

Eric Hobsbawm, Die Blütezeit des Kapitals, Frankfurt/Main 1980

Zusammenfassung

Im Laufe des „langen 19. Jahrhunderts" (1789–1918) bildete sich in Deutschland die moderne Industriegesellschaft aus, die unser Leben bis heute prägt und bestimmt. Wir haben im zurückliegenden Kapitel diesen Prozess, seine Ursachen und seine Folgen für die Menschen in sechs Etappen untersucht. Gewinnstreben, Wettbewerb und beständiges Wachstum wurden zu Grundprinzipien der Wirtschafts- und Gesellschaftsordnung. Dies veränderte fundamental die Art und Weise, in der die Menschen lebten und arbeiteten.

Die Industrialisierung vollzog sich viel rascher, als sich die Mentalität der Menschen dieser neuen Lebenswelt anpassen konnte. Deshalb begleiteten Spannungen, Verwerfungen, Unsicherheiten und auch Widerstände den gesamten Prozess. Nimmt man in der Rückschau noch einmal das Ganze in den Blick, dann fällt insbesondere der alles umstürzende Wandel auf, den die Industrielle Revolution auslöste. Sie beeinflusste die Ernährung der Menschen, ihr Familienleben, die Zahl ihrer Kinder und das Verhältnis zwischen Männern und Frauen. Sie löste einen tiefgreifenden sozialen Wandel aus und brachte neue gesellschaftliche Großgruppen hervor. Sie führte zu einer in der Geschichte beispiellosen Landflucht und ließ Großstädte entstehen. Sie veränderte die Art zu wohnen, zu reisen, zu kommunizieren, den Umgang mit Tag und Nacht und überhaupt mit Zeit. Auch das Verhältnis des Menschen zu Natur und Umwelt wandelte sich unter ihrem Einfluss einschneidend.

Die Industrialisierung verbesserte insgesamt die Lebensbedingungen der Menschen, aber diese Steigerung des Lebensstandards verlief ungleichgewichtig und ungleichmäßig. Es gab Verlierer und Opfer, Gewinner und Profiteure, Aufsteiger und Zurückbleibende. Die Industrielle Revolution warf daher auch gewaltige politische, soziale und ökologischc Probleme auf, die Staat und Gesellschaft in neuartiger Weise herausforderten.

Eine kommentierte Linkliste finden Sie unter: www.westermann.de/geschichte-linkliste

Zeittafel

1768	Erfindung der „Spinning Jenny"
1776	Adam Smith: „An Inquiry into the Nature and Causes of the Wealth of Nations"
1798	Thomas Robert Malthus: „An Essay on the Principle of Population"
1807	Oktoberedikt in Preußen
1814	Erfindung der Lokomotive
1830er/1840er-Jahre	Pauperismus
1830/31	Choleraepidemie in Berlin
1833	Johann Hinrich Wichern gründet das „Rauhe Haus"
1834	Gründung des Zollvereins
1835	Erste Eisenbahn in Deutschland (Nürnberg – Fürth)
1837	Gründung der Mechanischen Baumwollspinnerei und Weberei Augsburg
1839	Erste Kinderschutzverordnung in Preußen
1840	Erste Kinderschutzverordnung in Bayern
1841	Erfindung des Kunstdüngers
1845	Friedrich Engels: „Die Lage der arbeitenden Klasse in England"
1845/47	Missernten in Europa
1846–57	Erste Welle der Massenauswanderung
1849	Adolph Kolping gründet den Kölner Gesellenverein
1849	Hermann Schulze-Delitzsch beginnt, Genossenschaften zu gründen
1854	Verbot von Nachtarbeit für schulpflichtige Kinder in Bayern
1864–73	Zweite Welle der Massenauswanderung
1865	Allgemeiner Deutscher Frauenverein (ADF)
1867	Erfindung des Dynamits
1868	Gewerbefreiheit in Bayern
1872, 1889, 1905, 1912	Bergarbeiterstreiks im Ruhrgebiet
1875	Gründung der Sozialdemokratischen Arbeiterpartei
1878–1890	Sozialistengesetz
1880–93	Dritte Welle der Massenauswanderung
1883	Krankenversicherung
1884	Unfallversicherung
1889	Invaliden- und Altersversicherung
1892	Choleraepidemie in Hamburg
1894	Bund deutscher Frauenvereine (BDF)
1895	Erfindung der Röntgenstrahlen
1897	Erfindung des Diesel-Motors
1901	Eröffnung des „Müllerschen Volksbades" in München
1903	Streik der Crimmitschauer Textilarbeiter
1927	Arbeitslosenversicherung

1. Industrielle Revolution und Industriegesellschaft – Ein Überblick

M 33 „Industrielle Revolution"

Der Wirtschaftshistoriker Carlo M. Cipolla schreibt in seinem Standardwerk von 1976:

Die Historiker haben das Wort Revolution oft gebraucht und missbraucht, um eine radikale Veränderung zum Ausdruck zu bringen, aber keine Revolution war je so dramatisch revolutionär wie die „Industrielle Revolution" – ausgenommen vielleicht die neolithische.

Beide änderten sie sozusagen den Lauf der Geschichte, denn jede bewirkte einen Bruch im geschichtlichen Ablauf. Die neolithische Revolution formte die Menschheit von einem zersplitterten Haufen wilder Jägertrupps, „garstig, viehisch und gedrungen" (Thomas Hobbes), in mehr oder weniger gegenseitig voneinander abhängige landwirtschaftliche Gesellschaften um. Die Industrielle Revolution verwandelte die Menschen von Bauern und Schafhirten in Betätiger von Maschinen, welche mit lebloser Energie angetrieben wurden.

Vor der Industriellen Revolution lieferte das Tier- und Pflanzenreich den größten Teil der Energie, die der Mensch brauchte, um leben, die Art fortpflanzen und sein Auskommen finden zu können. [...]

Erst die Industrielle Revolution erschloss eine vollkommen andere Welt neuer und unberührter Energiequellen wie Kohle, Erdöl, Elektrizität und das Atom, die mittels verschiedener Mechanismen genutzt werden konnten – eine Welt, in der es dem Menschen möglich war, mit großen Energiemassen umzugehen.

Die Industrielle Revolution in der Weltgeschichte. In: Ders. (Hg.), Die Industrielle Revolution. Stuttgart/New York 1976 (Europäische Wirtschaftsgeschichte in vier Bänden, Band 3), S. 1–10, hier S. 1.

M 34 Die Entwicklung des Nettosozialprodukts von 1780 bis 1914 in Deutschland insgesamt und je Einwohner (in Preisen von 1913)

Jahr	Insgesamt in Mrd. Mark	in Mark je Einwohner
1780	5,0	240
1800	5,7	250
1825	7,3	260
1850	9,4	265
1875	17,7	427
1900	33,2	593
1914	49,0	728

Nach: Friedrich Wilhelm Henning, Handbuch der Wirtschafts- und Sozialgeschichte Deutschlands, Bd. 2, Paderborn 1996, S. 683.

M 35 Faktorenmodell der regionalen Industrialisierung

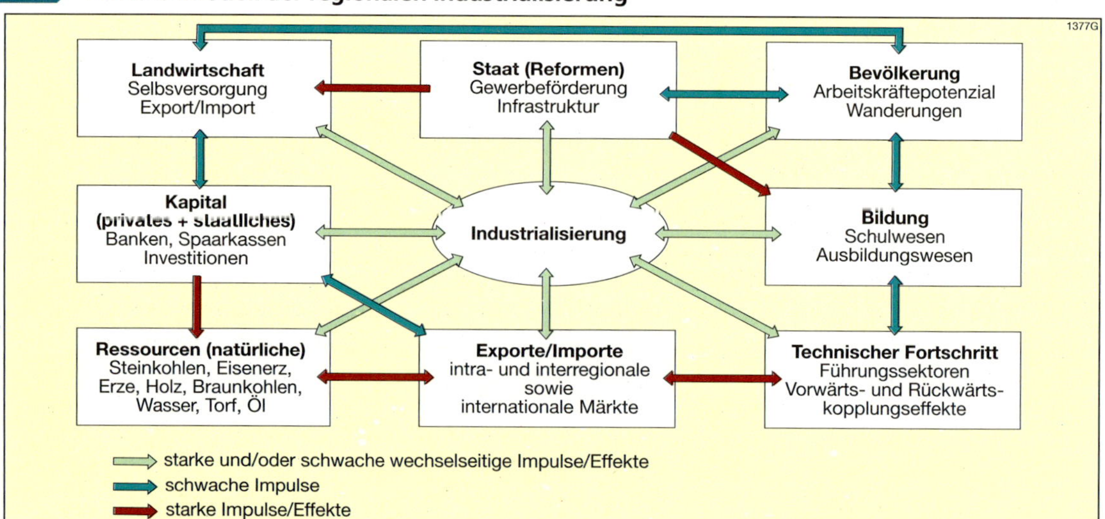

Quelle: Hubert Kiesewetter, Industrialisierung und Landwirtschaft. Sachsens Stellung im regionalen Industrialisierungsprozess Deutschlands im 19. Jahrhundert, Köln, Wien 1988, S. 743.

M 36 Die Industrialisierung in Bayern

Der Historiker Karl Bosl beschreibt die Entwicklungen in Bayern:

Man hört oft sagen, dass die Uhren in Bayern langsamer schlügen als anderswo. Das ist nur zum Teil richtig, wenn man die moderne Entwicklung des Landes seit dem 18./19. Jahrhundert im Auge hat. Tatsächlich haben Modernisierung, Technisierung, Industrialisierung in diesem bis 1918 und 1945 weithin agrarisch gebliebenen Lande vor allem an den großen Brennpunkten seines wirtschaftlichen, urbanen und kulturellen Lebens genauso wie anderswo in Deutschland auch stattgefunden.

Im Ganzen gesehen verlief die Entwicklung auch nach 1870/1 (Gründerzeit) aber nicht so stürmisch, waren ihre Intensität, Expansion, Dynamik, ihre Dimension wesentlich schwächer und verwandelten das Land und seine wirtschaftlichen, gesellschaftlichen, staatlichen Strukturen nicht revolutionär und sprunghaft.

Schuld daran war in erster Linie die Revierferne Bayerns (Fehlen grundlegender Bodenschätze) und auch die Binnenlage, die es von den großen Märkten abschnitt und für sein Hauptprodukt, das Getreide, keine größeren Absatzmöglichkeiten und Ausfuhrhäfen schuf. Man kann auch nicht übersehen, dass der innere organische Aufbau des modernen Staatsbayern mit seinen neuen Regionen doch alle Energien und Kräfte in Anspruch nahm, die die Zentralregierung in München, das nun erst zu einer großen Stadt und einem Brennpunkt des größten deutschen Mittelstaates wurde, an sich zog.

Das politische Klima und die Führungsschichten blieben aristokratisch feudal, wie erst jüngst Arno J. Mayer zu Recht gezeigt hat; das Bürgertum hat niemals die politische Führung in seine Hände gebracht; der König Ludwig I. hatte aus Furcht vor dem Kommunismus (Julirevolution 1830) keine Freude an Industrie und Eisenbahnbau, sondern baute lieber am Ludwig-Donau-Mainkanal, in den das bürgerliche Handelskapital nicht investieren wollte. [...]

Am Anfang des Industrialisierungsprozesses steht deshalb in Deutschland, vor allem in Bayern, der Eisenbahnbau, er eröffnete das moderne Wirtschaftswachstum. So wie der Deutsche Zollverein, dem Bayern beitrat, die Bildung eines einheitlichen Wirtschaftsgebietes vorbereitete, schuf er auch die Voraussetzungen für die Einführung großbetrieblicher kapitalintensiver, technisch fortgeschrittener Produktionsverfahren.

Auch in Bayern fiel zeitlich mit Zollverein und technischen Produktionsverfahren die Kapitalanhäufung und die Umwandlung von Industrie- in Handelskapital, die Ausbildung des Bankwesens (1835 Gründung der Bayerischen Hypothek- und Wechselbank-Vereinsbank in München) zusammen. Sprunghaft wuchsen die Zahlen des Proletariats, das [...] aus dem Lumpenproletariat herauswuchs und sich mit der vom Lande in die Stadt ziehenden Überschussbevölkerung verband.

Karl Bosl, Die „geminderte" Industrialisierung in Bayern, in: Claus Grimm (Hg.), Aufbruch ins Industriezeitalter, Bd. 1: Linien der Entwicklungsgeschichte, München1985, S. 22–39 – die Auszüge: S. 22–24.

Aufgaben

1. a) Fassen Sie die zentralen Thesen von Carlo M. Cipolla zusammen.
   b) Prüfen Sie, ob die Bezeichnung „Industrielle Revolution" gerechtfertigt ist.
   → Text, M33
2. a) Informieren Sie sich über den Begriff „Nettosozialprodukt".
   b) Analysieren Sie die Entwicklung des Nettosozialprodukts im Hinblick auf den Prozess der Industrialisierung.
   → M34
3. Erläutern Sie das Faktorenmodell der regionalen Industrialisierung.
   → M35
4. Zeigen Sie die besondere Entwicklung der Industrialisierung in Bayern auf.
   → M36

2. Liberalisierung durch staatliche Reformen

M 37 „Reorganisation des Preußischen Staats"

Karl August Freiherr von Hardenberg: Über die Reorganisation des Preußischen Staats, verfasst auf höchsten Befehl Seiner Majestät des Königs [Friedrich Wilhelm III.], Riga, 12. September 1807:

Die Französische Revolution, wovon die gegenwärtigen Kriege die Fortsetzung sind, gab den Franzosen unter Blutvergießen und Stürmen einen ganz neuen Schwung. [...] Die Gewalt dieser Grundsätze ist so groß, sie sind so allgemein anerkannt und verbreitet, dass der Staat, der sie nicht annimmt, entweder seinem Untergange oder der erzwungenen Annahme derselben entgegensehen muss. [...] Also eine Revolution im guten Sinn, gerade hinführend zu dem großen Zwecke der Veredelung der Menschheit, durch Weisheit der Regierung und nicht durch gewaltsame Impulsion [Anstoß] von innen oder außen, – das ist unser Ziel, unser leitendes Prinzip.

Aus: Walter Demel/Uwe Puschner (Hg.), Deutsche Geschichte in Quellen und Darstellung. Band 6: Von der Französischen Revolution bis zum Wiener Kongreß 1789–1815. Stuttgart 1995, S. 86–97.

M 38 „Oktoberedikt"

„Edikt den erleichterten Besitz und den freien Gebrauch des Grund-Eigenthums, so wie die persönlichen Verhältnisse der Landbewohner betreffend" vom 9.10.1807:

§ 1 Jeder Einwohner Unsrer Staaten ist, ohne alle Einschränkung in Beziehung auf den Staat, zum eigenthümlichen und Pfandbesitz unbeweglicher Grundstücke aller Art berechtigt; der Edelmann also zum Besitz nicht blos adelicher, sondern auch unadelicher, bürgerlicher und bäuerlicher Güter aller Art, und der Bürger und Bauer zum Besitz nicht blos bürgerlicher, bäuerlicher und anderer unadelicher, sondern auch adelicher Grundstücke [...].
§ 2 Jeder Edelmann ist, ohne allen Nachtheil seines Standes, befugt, bürgerliche Gewerbe zu treiben; und jeder Bürger oder Bauer ist berechtigt, aus dem Bauer- in den Bürger- und aus dem Bürger- in den Bauerstand zu treten. [...]
§ 12 Mit dem Martini-Tage Eintausend Achthundert und Zehn [11.11.1810] hört alle Guts-Unterthänigkeit in Unsern sämmtlichen Staaten auf. Nach dem Martini-Tage 1810 giebt es nur freie Leute [...].

Aus: Walter Demel/Uwe Puschner (Hg.), Deutsche Geschichte in Quellen und Darstellung. Band 6: Von der Französischen Revolution bis zum Wiener Kongreß 1789–1815, Stuttgart 1995, S. 328–332.

M 39 Wirtschaftspolitische Grundsätze

Die preußischen wirtschaftspolitischen Grundsätze in den Geschäftsinstruktionen für die Provinzialregierungen vom 26.12.1808:

Es ist dem Staate und seinen einzelnen Gliedern immer am zuträglichsten, die Gewerbe jedesmal ihrem natürlichen Gange zu überlassen, das heißt: keine derselben vorzugsweise durch besondere Unterstützungen zu begünstigen und zu heben, aber auch keine in ihrem Entstehen, ihrem Betriebe und Ausbreiten zu beschränken, insofern das Rechts-Prinzip dabei nicht verletzt wird, oder sie nicht gegen Religion, gute Sitten und Staats-Verfassung anstoßen.
Neben dieser Unbeschränktheit bei Erzeugung und Verfeinerung der Produkte ist Leichtigkeit des Verkehrs und Freiheit des Handels, sowohl im Innern, als mit dem Auslande, ein notwendiges Erfordernis, wenn Industrie, Gewerbefleiß und Wohlstand gedeihen soll, zugleich aber auch das natürlichste, wirksamste und bleibendste Mittel, ihn zu befördern.

Aus: Walter Steitz (Hg.), Quellen zur deutschen Wirtschafts- und Sozialgeschichte im 19. Jahrhundert bis zur Reichsgründung, Darmstadt 1980, S. 24f.

M 40 Gewerbepolitik in Bayern

Aus dem bayerischen Gewerbegesetz von 1825:

Wir haben einerseits in Erwägung der erheblichen Bedenken, welche der Einführung einer unbeschränkten Freyheit der Gewerbe zur Zeit noch entgegenstehen, andererseits aber in der Absicht, die Hindernisse des Kunstfleißes zu beseitigen, die Ausbildung in den Gewerben zu befördern und die inländische Industrie zu einer höhern Stufe von Vollkommenheit zu erheben – auf Antrag Unsers Staatsministeriums des Innern, [...] nachstehende Grundbestimmungen für das Gewerbewesen in den sieben ältern Kreisen des Königreichs festgesetzt, und verordnen demnach wie folgt: [...]
Art. 1. Zur selbstständigen Ausübung eines jeden Gewerbes ohne Unterschied, nur mit Ausnahme der im dritten Abschnitte § 8 bezeichneten freyen Gewerbe und Erwerbs-Arten, wird eine besondere Concession erfordert. [...]
Art. 2. Die Vorbedingung zur Erlangung einer Gewerbs-Concession ist die persönliche Fähigkeit des Bewerbers. [...]

Art. 7. Bei denjenigen Gewerben, welche sich bisher in einem Innungs-Verbande befunden haben, bestehen die Zünfte als Vereine der Genossen eines oder mehrerer verwandter Gewerbe unter obrigkeitlicher Aufsicht, Leitung und Schutz ausschließend zu den nachstehenden Zwecken, unter Aufhebung aller anderer Befugnisse – fort.
Die erwähnten Zwecke sind:
1) Verbreitung nützlicher Gewerbs-Kenntnisse unter den Vereins-Gliedern,
2) Erleichterung der Ausbildung in den Gewerben,
3) entsprechende Auffsicht auf Lehrlinge, Gesellen und Gehülfen,
4) Geordnete Verwaltung und nützliche Verwendung des gemeinsamen Vereins-Vermögens,
5) Unterstützung dürftiger Gewerbsangehöriger.
Die Staatsregierung bleibt ermächtiget, zur sichern Erreichung obiger Zwecke die Gewerbs-Vereine in geeignete Sprengel einzutheilen, verwandte Gewerbe zu einem Vereine zu verbinden, zum Wohle der Betheiligten eine allgemeine, den gegenwärtigen Zeitverhältnissen angemessene Gewerbs-Ordnung einzuführen, und solche Vereine, welche ihre Bestimmung nicht entsprechend, oder der öffentlichen Ordnung und dem gemeinen Wesen entgegen wirkend erkannt werden, zu jeder Zeit wieder aufzuheben. [...]
Von den Gewerbs-Privilegien:
Art. 9. Für neue oder im Königreiche noch nicht angewandte Entdeckungen, Erfindungen und Verbesserungen im Gebiete der Gewerbe werden auf Anmelden unter den festzusetzenden Bedingungen eigene Privilegien mit ausschließender Wirkung für einen bestimmten Zeitraum von höchstens 15 Jahren ertheilt, nach dessen Ablauf die Entdeckung, Erfindung oder Verbesserung öffentliches Gemeingut wird. [...]

Aus: Gesetzblatt für das Königreich Baiern. XIV Stück. München, 26. September 1825, Sp. 127/28 ff.

M 41 Beschwerde

Gegen das 1825 erlassene Gewerbegesetz gab es viele Einwände, die das bayerische Parlament – die Kammer der Abgeordneten – sammelte und diskutierte:

Alle bisher eingelangten Beschwerden stimmen im Allgemeinen damit überein: daß die neue Gewerbsgesetzgebung in den Städten Übersetzung der Gewerbe, Nahrungslosigkeit, Verarmung und Entsittlichung zur Folge gehabt habe.
Fast in allen Städten seyen seit dem Jahre 1825 so viel neue Concessionen ertheilt worden, daß die Gewerbe dadurch öfters um ein Drittheil, ja um die Hälfte vermehrt worden, obgleich die Bevölkerung nicht in diesem Grade gewachsen sey, ja in manchen Städten sogar abgenommen habe. Gerade da, wo eine Vermehrung der Gewerbe nicht nöthig gewesen, weil eine für das Bedürfniß hinreichende Anzahl schon existirt habe, nämlich bey den Lokalgewerben, habe dieser bedeutende Zugang stattgefunden.
Wäre diese Vermehrung der Gewerbe nur bey den commerciellen Gewerben eingetreten, so würde solche nicht nachtheilig, sondern sogar erfreulich gewesen seyn, weil dieß auf einen vermehrten Absatz in das Ausland und einen aufblühenden Handel hingedeutet haben würde. Allein nun sey gerade das Gegentheil eingetreten, der Handel nach außen habe sich nicht gehoben, vielmehr dränge sich alles vom Lande in die Städte, um dem bereits mit Nahrungssorgen kämpfenden Gewerbsmann den letzten Bissen gar zu rauben. Die hierdurch entstandene Überbesetzung der Lokalgewerbe führe zur Nahrungslosigkeit.

Aus: Verhandlungen der Kammer der Abgeordneten 1831, Beilagenband 7, Beil. 23, S.34 f., in: Konrad v. Zwehl (Hg.), Aufbruch ins Industriezeitalter, Bd. 3: Quellen zur Wirtschafts- und Sozialgeschichte Bayerns vom ausgehenden 18. Jahrhundert zur Mitte des 19. Jahrhunderts, München 1985, S. 188 f.

Aufgaben

1. Erarbeiten Sie aus den vorliegenden Quellen die Beweggründe staatlichen Eingreifens in Preußen.
   → M37–M39
2. a) Fassen Sie die zentralen Regelungen des Gewerbegesetzes zusammen.
   b) Untersuchen Sie, gegen welche Bestimmungen des Gewerbegesetzes Beschwerde erhoben wurde.
   c) Beurteilen Sie den Einfluss des Gewerbegesetzes auf die Industrialisierung.
   → M40, M41

3. Bevölkerungsentwicklung

M 42 Bevölkerungszahl und Bevölkerungsdichte in Deutschland von 1780 bis 1914

Jahr	Einwohner in Mill.	Menschen je km²
1780	21,0	38
1800	23,0	43
1820	26,1	47
1835	30,8	56
1850	35,3	64
1875	42,5	77
1900	56,0	102
1914	67,7	123

Nach: Friedrich Wilhelm Henning, Handbuch der Wirtschafts- und Sozialgeschichte Deutschlands, Bd. 2, Paderborn 1996, S. 772.

M 43 Bevölkerungswachstum ausgewählter deutscher Bundesstaaten und preußischer Provinzen 1816–1910

Staaten	Bevölkerung			Zunahme in %
Jahr	1816	1871	1910	1816–1910
Preußen	13 708 978	24 689 352	40 165 219	193,0
– Schlesien	1 942 063	3 707 167	3 225 962	169,1
– Ostpreußen	886 174	1 822 934	2 064 175	132,9
– Rheinland	1 909 932	3 579 347	7 121 140	272,9
Bayern	3 607 036	4 863 450	6 887 291	90,9
Württemberg	1 410 684	1 818 539	2 437 574	72,8
Baden	1 005 899	1 461 562	2 142 833	113,0
Sachsen	1 194 010	2 556 244	4 806 681	302,6
Mecklenburg-Schwerin	308 166	552 897	639 958	107,7
Deutsches Reich	24 833 396	41 058 792	64 925 993	161,5

Nach: Hubert Kiesewetter, Industrielle Revolution in Deutschland, Stuttgart 2004, S. 126

M 44 Auf je 1000 Einwohner entfielen pro Jahr (Fünfjahresdurchschnitte):

Zeitraum	Lebend-geborene	Gestorbene	Geburten-überschuss pro Jahr
1820–24	39,6	24,9	14,6
1830–34	35,8	28,9	6,9
1840–44	36,2	26,2	10,0
1850–54	35,9	27,8	9,1
1860–64	36,9	25,3	11,6
1870–74	38,5	27,2	10,3
1880–84	37,1	25,8	11,3
1890–94	36,2	23,8	12,5
1900–04	34,8	20,4	14,5
1910–13	28,6	16,0	12,5

Nach: Jürgen Kocka, Das lange 19. Jahrhundert, Stuttgart 2001, S. 63.

M 45 Bevölkerungsstatistik

Woher wissen wir, wieviele Menschen im 19. Jahrhundert gelebt haben? Der Historiker Michel Hubert zur Grundlage und zu Problemen der Bevölkerungsstatistik:

[Die] Ungewissheit bezüglich der Quellen tritt bei der demografischen Entwicklung ganz besonders deutlich zutage. Die fehlende politische Einheit vor 1871 ist ein großes Hindernis für die Erstellung von vollständigen Statistiken über den gesamten hier interessierenden Zeitraum. Ebenso verfälschen die territorialen Verluste im Jahre 1919 die Vergleiche mit den vorausgehenden Perioden.

Vor der Reichsgründung können neben lokalen und regionalen Eckwerten zwei weiterreichende Quellen herangezogen werden. Dies sind zum einen die preußischen Statistiken, die in der Regel bis zum Jahr 1816 zurückreichen.

Zum anderen existiert durch die Gründung des Zollvereins, der am 1. Januar 1834 in Kraft tritt, weiteres Informationsmaterial: Die Volkszählungen, die in den Staaten des Zollvereins alle drei Jahre durchgeführt werden, dienen später den statistischen Ämtern des Deutschen Reichs dazu, nachträglich einige Grunddaten zur Entwicklung der natürlichen Bevölkerungsbewegung und zu den großen Wanderungsbewegungen in Deutschland ab 1841 zusammenzustellen.

Darüber hinaus registrieren in den Staaten und Provinzen, aus denen sich Deutschland bis 1871 zusammensetzt, die kirchlichen Stellen auf lokaler Ebene die demografischen Bewegungen der Protestanten und Katholiken, und zwar sowohl die natürlichen (Eheschließungen, Geburten, Sterbefälle) als auch die geografischen Bewegungen (Fort- und Zuzüge aus dem und in den Pfarrbezirk); diese Funktion obliegt für die Juden den Gerichtsbehörden. Zudem gibt es in den meisten deutschen Staaten oder preußischen Provinzen statistische Ämter, deren Gründung entweder auf die Einführung des Code civil durch die französische Besatzungsmacht oder aber auf die Verwaltungsreformen zu Beginn des 19. Jahrhunderts zurückgeht und welche die Daten der Pfarrregister sammeln und vervollständigen.

Aus: Deutschland im Wandel. Geschichte der deutschen Bevölkerung seit 1815. Stuttgart 1998, S. 22.

M 46 „Pauperismus"

Die „Allgemeine deutsche Real-Encyclopädie für die gebildeten Stände" definiert „Pauperismus" 1846:

Pauperismus ist ein neu erfundener Ausdruck für eine neue, höchst bedeutsame und unheilvolle Erscheinung, den man im Deutschen durch die Worte Massenarmut oder Armentum wiederzugeben gesucht hat. Es handelt sich dabei nicht um die natürliche Armut, wie sie als Ausnahme in Folge physischer, geistiger oder sittiger Gebrechen oder zufälliger Unglücksfälle immerfort Einzelne befallen mag; auch nicht um die vergleichsweise Dürftigkeit, bei der doch eine sichere Grundlage des Unterhalts bleibt. Der Pauperismus ist da vorhanden, wo eine zahlreiche Volksklasse sich durch die angestrengteste Arbeit höchstens das notdürftigste Auskommen verdienen kann, auch dessen nicht sicher ist, in der Regel schon von der Geburt an und auf Lebenszeit solcher Lage geopfert ist, keine Aussichten der Änderung hat, darüber immer tiefer in Stumpfsinn und Rohheit versinkt, den Seuchen, der Branntweinpest und viehischen Lastern aller Art, den Armen-, Arbeits- und Zuchthäusern fortwährend eine immer steigende Zahl von Rekruten liefert und dabei immer noch sich in reißender Schnelligkeit ergänzt und vermehrt.

Allgemeine deutsche Real-Encyclopädie für die gebildeten Stände. Conversations-Lexikon. Bd XI. Leipzig 1846, S. 15f.

M 47 Ursachen des Pauperismus

Der Historiker Wolfram Siemann diskutiert drei Thesen zu den Ursachen des Pauperismus (1995):

Erste These: Der Pauperismus des Vormärz sei das Ergebnis der frühen Industrialisierung. So deuteten ihn sozialistische Gesellschaftskritiker wie Friedrich Engels, für den der Pauperismus zum Synonym für die Lage des frühen Industrieproletariats wurde. [...]

Zweite These: Der Pauperismus sei der Schlusspunkt einer jahrhundertelangen, im Spätmittelalter einsetzenden Verarmung. Er sei noch Ausdruck jener Agrarkrisen alten Typs, die unter dem Druck der Bevölkerungsvermehrung im Vormärz in verhängnisvoller Weise kulminierten. Diese Deutung des Agrarhistorikers Wilhelm Abel mündet in die Schlussfolgerung: Erst die industriewirtschaftliche Entwicklung nach 1848 wies angesichts des Bevölkerungsdrucks einen Weg aus der Not. Die Industrie sei nicht Quelle der Misere, sondern die Rettung – also eine Gegenthese zu Engels.

Dritte These: Der Pauperismus sei die Folge der preußischen Reformen, die das Heiraten und die Freizügigkeit von den gesetzlichen Beschränkungen gelöst und einen Teil der Kleinbauern durch den vordringenden Agrarkapitalismus ins Landarbeiterproletariat herabgedrückt hätten. [...]

Mit diesen Behauptungen wurde den preußischen Reformen allerdings zuviel Verantwortung angelastet; denn es existierte bereits seit dem Ende des 18. Jahrhunderts ein breites, wachsendes Landarbeiterproletariat. [...]

Keine der drei Thesen enthält die volle Wahrheit, denn die neuartige Massenarmut fügt sich nicht einfachen Erklärungen. Die Anfänge der Krise lagen bereits in dem erkennbaren Bevölkerungswachstum der zweiten Hälfte des 18. Jahrhunderts. Der Schlüssel liegt in jenen Entwicklungen, die den Nahrungsspielraum erweiterten und auf diese Weise zu Heirat, Familiengründung und wachsender Nachkommenschaft ermunterten. Die entscheidenden Impulse gingen von dem vordringenden Agrar- und Handelskapitalismus seit Ausgang des 18. Jahrhunderts aus (Hans-Ulrich Wehler). Marktorientierte Prinzipien halfen, die Landwirtschaft zu modernisieren, dehnten die Bodenkultivierung aus, verbesserten die Produktivität und führten zu wachsenden Erträgen, sodass das Land eine größere Zahl an Landarbeitern, aber auch an Kleinstellenbesitzern trug. [...]

Gerade diese frühen Formen des Kapitalismus vor der Industrialisierung haben das Bevölkerungswachstum in Gang gebracht. Wachsende Produktivität in Landwirtschaft und Gewerbe erlaubt es deshalb nicht, von einem kontinuierlichen Verarmungsprozess zu sprechen. Diese Verarmung, der eigentliche Pauperismus der 1830er- und 1840er-Jahre, setzte ein, als durch das beschleunigte Bevölkerungswachstum die Grenze der Produktivität, die „Sättigungsgrenze der Wirtschaft" (Wehler), erreicht worden war. [...] Pauperismus bezeichnet demnach nicht die sozialen Kosten des frühen Industriekapitalismus, wie Engels meinte; Pauperismus markierte nicht die vorindustriellen Umstände im ausklingenden agrarischen Zeitalter der abendländischen Geschichte, wie es bei Abel anklingt; sondern Pauperismus stellte einen Kulminationspunkt dreier Krisen in den 1830er- und 1840er-Jahren dar. Es überschnitten sich das sprunghafte Ansteigen ländlicher Armut, die Überbesetzung des Handwerks und der Zusammenbruch der Heimgewerbes.

Wolfram Siemann, Vom Nationalstaat zum Staatenbund. Deutschland 1806–1871, München 1995, S. 150–152.

M 48 „Essay on the Principle of Population"

Der englische Bevölkerungwissenschaftler Thomas Robert Malthus schreibt 1798:

Es kann also ruhig erklärt werden, dass sich die Bevölkerung, wenn sie nicht gehemmt wird, alle 25 Jahre verdoppelt oder in geometrischer Reihe zunimmt [...]. Man kann [...] ruhig behaupten, dass in Anbetracht des Durchschnittszustandes der Erde die Lebensmittel auch unter den dem menschlichen Fleiße günstigsten Umständen nicht dahin gebracht werden könnten, sich schneller als in arithmetischer Reihe zu vermehren.

Thomas Robert Malthus, Eine Abhandlung über das Bevölkerungsgesetz, Bd. 1, Jena 1905, S. 18 und 21.

M 49 „Von der Übervölkerung"

Der Wissenschaftler Carl August Weinhold schlägt 1827 folgende Maßnahmen vor, um den Bevölkerungsanstieg aufzuhalten:

Erstens, dass allen Bettlern und andern außer der Ehe lebenden verarmtesten Menschen, welche sich kaum selbst, am wenigsten aber noch ein Kind ernähren können, die Menschenerzeugung auf die von mir angegebene Art unmöglich gemacht wird. [...]
Zweitens muss ebenso allen arbeitsunfähigen, an langwierigen Krankheiten leidenden Menschen, welche bereits Almosen von den Kommunen erhalten, die Ehe versagt, und die außereheliche Erzeugung eines menschlichen Wesens, welches ohnehin den Typus ihrer Krankheiten an sich tragen wird, auf angegebene Art verhindert werden. [...]
Drittens, infibuliere man [d. h.: man durchsticht die Vorhaut mit einer Nadel und schiebt einen verzinnten Metalldraht, die Fibulla, hindurch, den man umbiegt und an den Enden verlötet] sämtliche männliche Dienstboten, Gesellen und Lehrlinge in den Städten und auf dem Lande und gestatte ihnen die Ehe nicht eher, als bis sie imstande sind, außer sich auch Frau und Kinder ernähren zu können, halte sie unter strenger medizinal-polizeilicher Aufsicht, durch öftere und unvermutete Visitationen [Kontrollbesuche], wegen heimlicher Eröffnung der metallischen Versiegelung, und wende im Übertretungsfalle die angezeigten Strafen ohne alle Ausnahme ernstlich an.

Carl August Weinhold, Von der Übervölkerung in Mittel-Europa und deren Folgen auf die Staaten und ihre Civilisation, Halle 1827, S. 44–47.

M 50 Fleischverbrauch in Deutschland von 1800 bis 1913 je Person und Jahr, differenziert nach Fleischarten

Jahr	Rind	Kalb	Schwein	Schaf/Ziege	Zusammen
1800	6,3	2,8	5,3	2,2	16,6
1830	6,1	1,9	4,6	2,0	14,6
1860	8,8	2,2	10,9	3,0	24,9
1883	10,5	2,1	14,3	2,7	29,6
1913	13,9	3,0	34,1	1,2	52,5

Nach: Friedrich Wilhelm Henning, Handbuch der Wirtschafts- und Sozialgeschichte Deutschlands, Bd. 2, Paderborn 1996, S. 931.

M 51

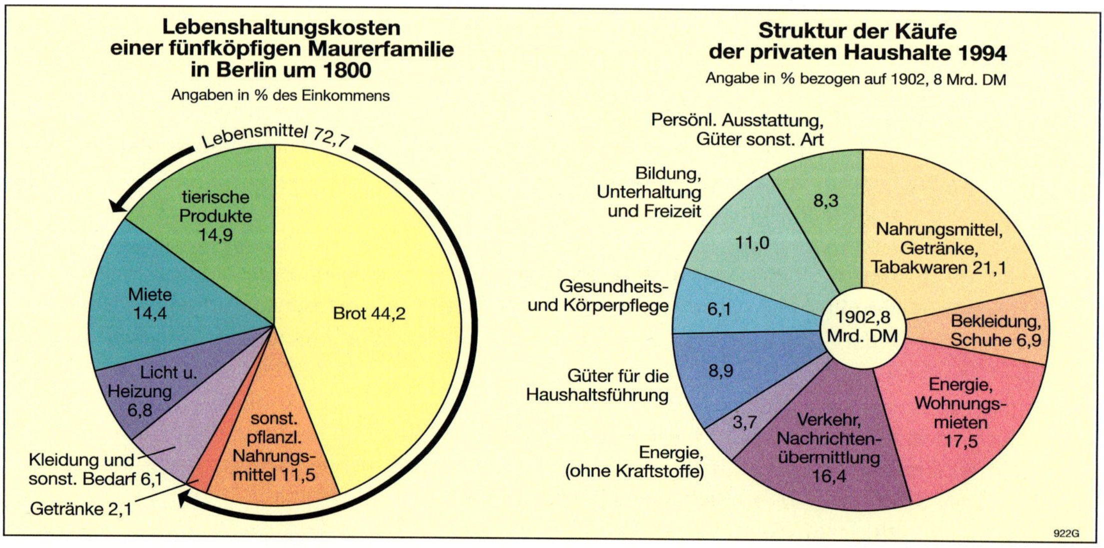

M 52 „Hier sind wir alle kleig"

Auswandererbrief von Peter Klein, Sutter Creek, 14.2.1858. Er war Bergmann und stammte aus dem saarländischen Güchenbach. 1854 wanderte er nach Amerika aus, wo sich seine Spuren im Herbst 1863 verlieren:

Lieber Vatter und Liebe Muter, Liebste Schwester und Brüter, Verwande und bekande,
Ich erkreife die fether um an diesem Thage mit euch zu konversieren aus fernem Lande [...]. Liebste Ältern es erfreuet mich sehr das ich inen noch eine woltat thun kan es ist zwar ein kleine gabe aber Leite unseres Standes können keine großen sagen wirken,
Liebe Ältern ich sende inen ein hunderd Thaler und hoffe das ier zufrieden sein werten mit dieser kleine gabe biß ich mehr thun kan Vater ier wolen wissen ob ich fier mich arbeiten oter für eine heerschaft ich arbeite auf meinem eigentum Vater in Americka gibt es keine heerschaft hier ist ein jeter ein freier agend wen es mir an einem platz nicht gefallen thut so gehet mann zu einem andern dan hier sind wir alle kleig.
Ich kaufte mir ein stik Land in dem Stätjen Sutte Creek und baute mir ein kleines hauß und beköstige mich selbst, dan die kost ist sehr theuer hir wan mann in die kost geen wil so ist sie 8 Thaler die woge.
Liebe Ältern ich habe jetzt eine aussicht das ich im stand bin inen zu hälfen wen sie es haben wollen nur mießen sie mir schreiben. Auf dem ob besachten stick Land das ich gekauft habe grabe ich golt darauf und habe ungefär 3 jahre arbeit darauf.

Abgedruckt in: Briefe aus Amerika. Deutsche Auswanderer schreiben aus der Neuen Welt 1830–1930. Herausgegeben von Wolfgang Helbich u. a. München 1988, S. 372 f.

M 53 Deutsche überseeische Auswanderung 1820–1914 (in 1000)

Periode	Insgesamt	Nach den USA	Nach anderen Ländern	In % der Bevölkerung
1820–1824	9,8	–	–	0,38
1825–1829	12,7	–	–	0,46
1830–1834	51,1	34,9	3,5	1,79
1835–1839	94,0	85,4	8,6	3,13
1840–1844	110,5	100,5	10,0	3,47
1845–1849	308,3	285,0	23,3	9,22
1850–1854	728,2	654,2	74,0	21,26
1855–1859	372,0	321,8	50,2	10,63
1860–1864	225,8	204,2	21,6	6,17
1865–1869	542,5	519,5	23,0	14,10
1870–1874	484,7	450,9	33,8	11,85
1875–1879	146,4	120,0	26,4	3,37
1880–1884	864,3	797,9	66,4	19,01
1885–1889	498,2	455,6	42,6	10,41
1890–1894	462,2	428,8	33,4	9,20
1895–1899	142,5	120,2	22,3	2,65
1900–1904	140,8	128,6	12,2	2,44
1905–1909	135,7	123,5	12,2	2,19
1910–1914	104,4	84,1	20,3	1,58

Nach: Hubert Kiesewetter, Industrielle Revolution in Deutschland, Frankfurt/Main 1984, S. 140.

Aufgaben

1. Erläutern Sie die drei Phasen der Bevölkerungsentwicklung im 19. Jahrhundert. → Text
2. a) Beschreiben Sie anhand der Tabellen die demografische Entwicklung im 19. Jahrhundert.
   b) Fassen Sie die Probleme zusammen, die die Bevölkerungsstatistik für das 19. Jahrhundert aufweist.
   → M42–M45
3. a) Definieren Sie den Begriff „Pauperismus".
   b) Erläutern Sie die Ursachen des Pauperismus.
   → M46, M47
4. a) Informieren Sie sich über die Personen Malthus und Weinhold.
   b) Untersuchen Sie die den Vorschlägen von Malthus und Weinhold zugrunde liegenden Überlegungen. Versuchen Sie diese aus damaliger und heutiger Sicht zu rechtfertigen.
   → M48, M49
5. Kontrastieren Sie die Prognosen von Malthus mit den Statistiken. → M48, M50, M51
6. a) Setzen Sie die Tabelle in eine Grafik um. Beschreiben Sie den Verlauf der Auswanderung aus Deutschland zwischen 1820 und 1914.
   b) Recherchieren Sie Ursachen für die Auswanderung.
   → M52, M53

4. Landflucht, Mobilität und Urbanisierung

M 54 „Projektil Eisenbahn"

Der Historiker Wolfgang Schivelbusch schreibt über die Wahrnehmungen von Eisenbahnen:

Die Eisenbahn, die als Raum und Zeit vernichtende Kraft auftritt, wird immer wieder als Projektil beschrieben. Die Projektilmetapher wird zum einen verwendet, um die Geschwindigkeit zu verdeutlichen, so bei Lardner: Ein Zug, der 75 Meilen schnell fahre, „hat eine nur viermal geringere Geschwindigkeit als eine Kanonenkugel." [...] So wie die Eisenbahn als Projektil wird die Reise in ihr als Geschossenwerden durch die Landschaft erlebt, bei dem Sehen und Hören vergeht. „Beim Reisen in der Eisenbahn", heißt es in einem anonymen Text von 1844, „gehen in den meisten Fällen der Anblick der Natur, die schönen Ausblicke auf Berg und Tal verloren oder werden entstellt. Das Auf und Ab im Gelände, die gesunde Luft und all die anderen aufmunternden Assoziationen, die man mit ‚der Straße' verbindet, verschwinden oder werden zu tristen Einschnitten, düsteren Tunnels und dem ungesunden Auswurf der dröhnenden Lokomotive." Schienenstrang, Einschnitte, Tunnels erscheinen so als der Lauf, in dem das Projektil Eisenbahn dahinschießt. Der Reisende, der in diesem Projektil sitzt, hört auf, Reisender zu sein, und wird, wie ein Topos des Jahrhunderts besagt, zum Paket. [...]
Die Reisenden, die im Unterschied zum Lokführer nur sehr eingeschränkt die Möglichkeit haben, vorwärts zu schauen, sehen nur mehr eine verflüchtigte Landschaft. Die Schwierigkeit, überhaupt noch etwas in der durchreisten Landschaft zu erkennen außer den gröbsten Umrissen, spricht aus allen frühen Beschreibungen von Bahnreisen. Jacob Burckhardt 1840: „Die nächsten Gegenstände, Bäume, Hütten und dergleichen kann man gar nicht recht unterscheiden; so wie man sich danach umsehen will, sind sie schon lange vorbei." In einem Text von 1838 heißt es, daß es bei der „größte(n) Schnelligkeit" unmöglich möglich sei, „einen am Weg stehenden Menschen, während man vorbeifährt, zu erkennen", woraus die Empfehlung abgeleitet wird: „Wer ein gutes Auge hat..., gewöhne sich gleich daran, alles, was sich ihm während der Fahrt darbietet, aus einiger Entfernung zu beobachten, und es wird ihm selbst während [...] der allergrößten Schnelligkeit, bei einiger Beobachtungsgabe, nicht das Geringste verloren gehen."

Wolfgang Schivelbusch, Geschichte der Eisenbahnreise. Zur Industrialisierung von Raum und Zeit im 19. Jahrhundert, München 1977, S. 52–54.

M 55 Wachstum der deutschen Großstädte 1800–1910

Stadt	1800	1850	1875	1890	1910	Wachstumsraten 1850–1910 (in %)
Berlin	172 000	419 000	966 859	1 587 794	2 071 257	394,3
Bremen	40 000	55 000	102 532	125 684	217 437	295,3
Breslau	60 000	114 000	239 050	335 186	512 105	349,2
Charlottenburg	–	–	25 847	76 859	305 978	1 083,82
Chemnitz	14 000	32 000	78 209	138 954	287 807	799,4
Dortmund	–	–	57 742	89 663	214 226	271,02
Dresden	60 000	97 000	197 295	276 522	548 308	465,3
Düsseldorf	10 000	27 000	80 695	144 642	358 728	1 228,6
Duisburg	–	–	37 380	59 285	229 438	513,82
Essen	4 000	9 000	54 790	78 706	294 653	3 173,9
Frankfurt a. M.	48 000	65 000	103 136	179 985	414 576	537,8
Hamburg	130 000	132 000	264 675	323 923	931 035	605,3
Hannover	18 000	29 000	106 677	163 593	302 375	942,7
Kiel	7 000	15 000	37 246	69 172	211 627	1 310,9
Köln	50 000	97 000	135 371	281 681	516 527	432,5
Königsberg	60 000	76 000	122 636	161 666	245 994	223,7
Leipzig	30 000	63 000	127 387	295 025	589 850	836,3
Magdeburg	36 000	72 000	87 925	202 234	279 629	288,4
München	40 000	110 000	193 024	349 024	596 467	442,2
Nürnberg	30 000	54 000	91 018	142 590	333 142	516,9
Stettin	24 000	49 000	80 972	116 228	236 113	381,9
Stuttgart	18 000	48 000	107 273	139 817	286 218	496,3
22 Städte	851 000	1 563 000	3 297 739	5 338 233	9 983 490	490,8

Nach: Hubert Kiesewetter, Industrielle Revolution in Deutschland, Stuttgart 2004, S. 135.

Jahr	Essen		Krupp	
	Fläche in km²	Einwohner	Belegschaft	Fläche in km²
1830		5457	8	
1840		6325	60	
1850		8734	241	0,11
1860		18435	1785	0,18
1870	9,2	43528	7172	
1875		55045	9997	3,06
1880		56957	9092	
1885		64917	11007	
1890		78706	15936	
1895		96128	17673	
1900	18,8	119862	27355	
1905	24,5	231360	31880	
1910	27,9	294653	37002	
1915	29,0	ca. 360000	69447	4,82

Nach: Bilder von Krupp, hrsg. von Klaus Tenfelde, München 1994

M 56 Wachstum der Stadt Essen und der Firma Krupp 1813–1915

M 57 „Sich aus dem Fenster stürzen"

Aufzeichnungen des SPD-Reichstagsabgeordneten Albert Südekum (Mitte der 1890er-Jahre) von einem Gespräch mit einer erkrankten Frau in einer Berliner Mietskaserne:

Die Kranke wusste nicht mehr alle Straßen zusammenzufinden, in denen sie gehaust hatten, tatsächlich nicht einmal anzugeben, in welchen Wohnungen ihre letzten beiden lebenden Kinder geboren waren; sie konnte nur schätzungsweise sagen, dass sie durchschnittlich alle sechs Monate das Domizil gewechselt, also wohl damals schon 15 verschiedene Wohnungen innegehabt hatten. Meistens hatten sie nur einen Raum ermieten können, seit sie in Berlin selbst wohnten; nur etwa zwei Jahre lang im Ganzen, bei etwas höherem Verdienste und regelmäßiger Arbeit des Mannes, konnten sie in besser ausgestatteten Zweizimmerwohnungen weilen. Jedesmal, wenn es schien, als ob es ihnen dauernd etwas besser gehe, waren sie durch eine Krankheit oder durch ein, manchmal verfrühtes, Wochenbett – die Frau hatte im Ganzen deren sechs durchgemacht – oder einen Todesfall wieder zurückgeworfen worden. Armenunterstützung hatten sie noch nicht in Anspruch genommen [...]. In der jetzigen Wohnung hausten sie schon über sechs Monate; das sog. „Zimmer" war abvermietet worden; die Küche kostete ihnen danach noch ungefähr 8–9 Mark im Monat.

Wie die Familie schlief? Mann und Frau in dem einzigen Bett. Die Kinder wurden auf ausgebreiteten Kleidungsstücken untergebracht und durften erst dann ins Bett kriechen, wenn Vater und Mutter – gewöhnlich vor 5 Uhr morgens – aufgestanden waren. Die kleinsten Kinder waren jeweils in einem Korbe, gelegentlich auch, wenn die Frau zu irgend einem Gange das Zimmer verlassen musste, in einem halbaufgezogenen Schub der Kommode gebettet gewesen. Als die Frau uns dies erzählt hatte, fiel die ganze Wucht des Jammers wieder auf sie. Ihr Mann war schon seit einigen Tagen abends immer nur auf kurze Zeit in der Wohnung erschienen; er zog es vor, in diesen heißen Augustnächten irgendwo auf dem Rasen zu schlafen, statt sich in der heillosen Hitze der Küche ruhelos herumzuwälzen. Den ganzen Hausstand musste das 14-jährige Mädchen besorgen, das stundenweise als Ausläuferin [Kurierin] beschäftigt war. Die Frau flehte den Arzt an, sie in ein Krankenhaus schaffen zu lassen und die Kinder in das Waisenhaus zu bringen; als er ihr die Unmöglichkeit der Erfüllung dieses Wunsches klar machte und auch darauf hinwies, dass dies doch gar nicht zu ihren sonstigen Äußerungen der Furcht vor dem „Spital" stimme, erklärte sie ihm, dass sie es in dem fürchterlichen Massenmietshaus kaum noch aushalten könne: der entsetzliche Lärm, die Hitze, das Geschiebe und Gedränge der Menschen, das Poltern und Schimpfen über ihr und neben ihr und unter ihr und doch auch wieder das Gefühl der vollständigen Vereinsamung in dieser Karawanserei sei in den letzten Tagen so übermächtig in ihr geworden, dass sie fürchte den Verstand zu verlieren und sich aus dem Fenster zu stürzen. Wenn nicht ihr Blick auf die spielenden Kinder gefallen wäre, hätte sie das vielleicht schon getan [...].

Aus: Quellen zur Alltagsgeschichte der Deutschen 1871–1914, hrsg. von Jens Flemming u. a., Darmstadt 1997, S. 239f.

M 58 Sensation Großstadtleben

In seinem 1864 veröffentlichten Roman „Der Hungerpastor" hat Wilhelm Raabe den Eindruck eingefangen, den Großstadtleben auf die Zeitgenossen machte. Er lässt darin den Kleinstädter Hans Unwirrsch in Begleitung eines preußischen Leutnants auf dem Fußweg nach Berlin ziehen:

Die Menschen und die Laternen auf ihrem Wege hatten sich von Minute zu Minute vermehrt; jetzt standen die zwei Reisenden vor einem der Tore des Teiles der Stadt, der wie der Leutnant sich ausdrückte, fertig war. Soldaten auf Wache! Laternenreihen, die ebenfalls auf Wache zu stehen schienen! Menschen im Überfluss – ungeheuer viel Menschen! [...] Hans Unwirrsch [...] stand und gaffte über den Platz, der sich vor ihm ausbreitete, er starrte auf die lichterhellten vier Straßen, die auf diesen Platz ausmündeten und deren Anfang in unendlicher Ferne zu liegen schien. Ungeheuer viele Menschen! Neustadt war doch auch ein ziemlich bevölkerter Ort, aber dies ging noch über Neustadt hinaus; das ging über alles hinaus, was der Herr von Malthus jemals geschrieben hatte.

Wilhelm Raabe, Der Hungerpastor, aus: Sämtliche Werke, Braunschweiger Ausgabe, Bd. 6, Freiburg 1953, S. 101–103.

M 59 Methodik der Umweltgeschichte

Der Wissenschaftler Nils Freytag beleuchtet methodische Ansätze der Umweltgeschichte:

Dynamisches Bevölkerungswachstum, Massenmobilität, neue Techniken und Hochindustrialisierung veränderten die natürliche Umwelt der Menschen nach 1890 vielerorts drastisch. Es ist offenkundig, dass mehr Menschen mehr Nahrungsmittel und Ressourcen verbrauchen und zugleich mehr Flächen, etwa für die Landwirtschaft, das Wohnen und den Verkehr. Die Umweltgeschichte stellt einer positiven Sicht auf den industriellen Siegeszug eine skeptischere Bewertung zur Seite, welche dessen gesundheitliche und ökologische Folgenkosten, die widersprüchlichen Erfahrungen der Zeitgenossen und den sozialen Sprengstoff von Umweltbelastungen offenlegt. Freilich nimmt sie nicht nur die Schattenseiten der Modernisierung in den Blick, sondern zugleich auch den Aufstieg der Natur zum schutzwürdigen und -bedürftigen Objekt sowie die Bandbreite naturschützerischer Argumente, die im wilhelminischen Kaiserreich wurzeln und teils bis heute aktuell sind.
Die globalen Belastungen, die Verknappung natürlicher Ressourcen und die Einsicht in die „Grenzen des Wachstums" (D. Meadows) haben maßgeblich dazu beigetragen, dass Historiker sich der Umwelt als Thema zugewandt haben. Obgleich die Definitionen von Umweltgeschichte erheblich voneinander abweichen, stehen v.a. die Wechselwirkungen zwischen Mensch und Natur im Vordergrund und damit gerade auch die unbeabsichtigten und langfristigen Folgen menschlichen Handelns für Klima, Fauna und Flora. Nicht zuletzt deshalb setzt die Umweltgeschichte andere Zäsuren als etwa die politische und soziale Geschichte. Ihre vorrangigen Forschungsgegenstände sind die so genannten elementaren Umweltmedien Boden, Wasser, Luft und Wald sowie auch die Energieträger wie Holz, Kohle oder Erdöl. Gefragt wird nach den sozialen, politischen, wirtschaftlichen und kulturellen Konsequenzen von Klimaverhältnissen, Umweltbelastungen und Umweltwahrnehmungen oder Naturkatastrophen.

Nils Freytag, Methodische Ansätze der Umweltgeschichte, in: Das Wilhelminische Kaiserreich 1890–1914, Paderborn 2009.

Aufgaben

1. Stellen Sie die Grundlinien der Landflucht, Mobilität und Urbanisierung dar.
   → Text
2. Diskutieren Sie Chancen und Probleme der Entwicklungen im Verkehrswesen.
   → M54–M56
3. Untersuchen Sie Vorteile und Risiken des Lebens in einer Großstadt.
   → M57, M58
4. a) Erläutern Sie die Folgen des Industrialisierungsprozesses auf die Lebensverhältnisse des Menschen.
   b) Charakterisieren Sie die Forschungsrichtung „Umweltgeschichte".
   → M59

5. Wandel der Arbeitswelt

M 60 Eine Fabrikordnung

Fabrikordnung der Mechanischen Baumwoll-Spinnerei und Weberei Augsburg (1840):

§ 1. Jeder Arbeiter, welcher in der Fabrik aufgenommen wird, ist nach einer Probezeit von 14 Tagen, binnen welcher ihm der Austritt freisteht, verpflichtet, sechs Monate, vom Tage seiner Ankunft an gerechnet, in der Fabrik zu arbeiten. Diese Verpflichtung erneuert sich von selbst auf weitere sechs Monate, wenn der Arbeiter nicht einen Monat vorher auf der Schreibstube bei dem Geranten [Geschäftsführer] aufgekündet hat. Dagegen bleibt es dem Fabrikherrn unbenommen, den Arbeiter wegen schlechter Aufführung oder wegen jeder sonstigen Ursache jederzeit zu verabschieden. Beim Austritt ohne vorhergegangener vorschriftsmäßiger Aufkündigung verliert der Arbeiter den Lohn, welchen er ebenfalls gut hat.

§ 2. Außer an den Sonntagen und hohen Festtagen wird alle Tage gearbeitet. Jede Abwesenheit an einem anderen Tage, sogar unter dem Vorwande der Unpäßlichkeit, wenn solche nicht erwiesen werden kann, wird mit einer Geldbuße bestraft, welche das Doppelte des Lohnes beträgt, der während der Zeit der Abwesenheit verdient worden wäre.

§ 3. Die Arbeitsstunden werden durch einen Anschlagzettel bestimmt. Sollte aber Störung am Getrieb [Antrieb] oder jede andere Ursache es nöthig machen, die Nacht durch zu arbeiten, so unterwirft sich diesem jeder Arbeiter mit der Bedingung, daß er ohne seine Einwilligung nicht mehr als eine Nacht in der Woche zur Arbeit genöthiget werden kann.

§ 4. Eine Glocke wird des Morgens eine halbe Stunde vor dem Anfange der Arbeit die Öffnung der Fabrik ankündigen; das zweite eine halbe Stunde später erfolgende Läuten der Glocke verkündet das Beginnen der Geschäfte. Eine Viertelstunde später wird der Pförtner das Thor verschließen. Von diesem Augenblicke an sollen alle Arbeiter sich an ihrer Arbeit befinden. Diejenigen, welche später kommen, werden nicht mehr eingelassen, und die Geldstrafe der Abwesenheit, welche in § 2 festgesetzt ist, wird ihnen auferlegt. [...]

§ 11. Wenn in einem Arbeitssaale ein Gegenstand beschädigt wird und der Thäter nicht auszumitteln ist, so sind die Arbeiter des ganzen Saales bis zur Nachweisung des Thäters haftend.

§ 12. Der Arbeiter, welcher schlechte Arbeit liefert, verfällt in eine dem Fehler angemessene Strafe.

§ 13. Jede Woche wird eine allgemeine Reinigung vorgenommen, nach welcher eine Untersuchung gemacht und denjenigen, deren Maschinen nicht rein befunden worden, ein oder mehrere Taglöhne Strafe auferlegt werden wird. [...]

§ 21. Die Werkmeister und der Pförtner sind befugt, alle Arbeiter beim Ausgange aus der Fabrik zu untersuchen, und zwar so oft sie es für gut finden; jeder muß sich diesem unterwerfen, sowohl im Interesse der Herren als auch in dem der ehrlichen Arbeiter, auf die man falschen Verdacht haben könnte.

§ 22. Derjenige Arbeiter, welcher ertappt wird, Baumwolle oder Abgang in den Abtritt oder sonst irgendwohin geworfen zu haben, verfällt in eine Strafe von zwei Taglöhnen zu Gunsten dessen, der ihn auf der Schreibstube angiebt. Überhaupt erhält derjenige, welcher eine durch einen anderen begangene Untreue entdeckt und auf der Schreibstube angiebt, wenn der Thäter überführt wird, eine der Wichtigkeit des Falls angemessene Belohnung, und sein Name solle verschwiegen bleiben.

§ 23. Es ist bei drei Gulden Strafe verboten, im Umfange der Fabrik durch einen anderen Weg als die Thüre aus- und einzugehen.

[...]

§ 25. Jeder Ungehorsam vonseiten der Arbeiter gegen ihre Vorgesetzten oder gegen die von Letzteren dazu verordneten Personen soll nach Verhätnis des Fehlers mit einer Strafe von einem bis fünf Taglöhnen belegt werden.

§ 26. Für den Schutz und die väterliche Sorgfalt, welche alle Arbeiter von ihren Vorgesetzten zu erwarten haben, versprechen sie ihnen Anhänglichkeit und Treue, so wie auch Anzeige dessen, was sie dem Nutzen ihrer Herren Schädliches entdecken können.

§ 27. Gegenwärtige Verordnung soll in allen Werkstätten angeschlagen werden, damit sich keiner mit dessen Unwissenheit entschuldigen kann. Wer diese Verordnung beschmutzt oder zerreißt, wird sogleich entlassen und der ihm schuldige Lohn ihm zurückgehalten.

Genehmigt den 10. Juli 1840. Magistrat der Stadt Augsburg als Polizeibehörde.

Aus: Aufbruch ins Industriezeitalter, Band 3: Quellen zur Wirtschafts- und Sozialgeschichte Bayerns vom ausgehenden 18. Jahrhundert bis zur Mitte des 19. Jahrhunderts, hrsg. von Konrad v. Zwehl unter Mitarbeit von Susan Boenke, München 1985, S. 200–202.

M 61 **Adolph Menzel, Das Eisenwalzwerk,** 1875

M 62 Minuten- und Sekundentakt

Der Historiker Karl Lamprecht über Veränderungen des Raum- und Zeitgefühls (1912):

Die Zeit wurde früher als ein in längeren Phasen seines Verlaufes indifferenter Vorgang erfasst, der nur gelegentlich von einschneidenden Ereignissen durchbrochen wurde. Diese Vorstellung war die Voraussetzung für eine Zeiteinteilung, der der Einzelverlauf in seinen kleinen und kleinsten Teilen und in der Regelmäßigkeit der Aufeinanderfolge dieser Teile ziemlich gleichgültig war. Es waren Zeitalter, welche sich mit einer Turmuhr begnügten, die die Viertelstunden leidlich richtig angab, – Zeitalter, die dennoch schon weit über das Mittelalter hinaus waren, dem der Regel nach jede Einteilung unter der Stunde als überflüssig erschien. Heute dagegen will jedermann, schon der Schüler und die Schülerin, seine genau gehende Taschenuhr haben, womöglich mit Sekundenzeiger, denn es bedarf der Übersicht wenigstens über die Minuten zu genügender Einteilung des Tages. Könnte da noch das Wort „minutiös" geprägt werden in dem Sinne, in dem es frühere Geschlechter als etwa gleichbedeutend mit „kleinlich" und „allzu eingehend" gebraucht haben? Während des letzten Jahrzehnts des 19. Jahrhunderts sind in Deutschland, abgesehen von der eigenen Erzeugung, etwa 12 Millionen Taschenuhren eingeführt worden: auf eine Bevölkerung von etwa 52 Millionen Seelen, einschließlich der Frauen und Kinder.
Was also den modernen Zeitbegriff zunächst kennzeichnet, das ist die genaue praktische Beachtung des kleinen Zeitabschnittes: Fünfminutenaudienzen, Minutengespräche am Telephon, Sekundenproduktion der Rotationsdruckmaschine, Fünftelsekundenmessung beim Fahrrad: moralisch ausgedrückt Pünktlichkeit. Kein Zweifel, dass diese Beachtung der Sekunde zunächst und zum großen Teile den modernen Verkehrseinrichtungen verdankt wird. Darum ist sie, der Allgegenwart dieser Einrichtungen entsprechend, vom Zeitbegriff auf andere, verwandte Vorstellungen übertragen worden, ist Präzision, Genauigkeit geworden. [...] Stärker aber noch als der Sinn für die Zeit ist die Raumanschauung im Verlaufe der jüngsten Entwicklung umgebildet worden; und man kann die – sei es unbewusste, sei es bewusst durchgeführte – Erziehung zu einer neuen Raumanschauung geradezu als einen der wesentlichsten Vorgänge des geistigen Bildungsprozesses der jüngsten Vergangenheit bezeichnen. Das, was hier durch den neuen Verkehr zunächst geweckt wurde, war das Gefühl gleichsam der Allgegenwart auf der Erde. Dampfschiff, Eisenbahn, Telegraf sind gleichsam heimatlos; sie sind allen Klimaten und sonstigen geografischen Bedingungen zugänglich. Darum machen sie auch heimatlos, lösen vom Boden, geben innerhalb der Erdverhältnisse unendlichen Horizont.

Aus: Quellen zur Alltagsgeschichte der Deutschen 1871–1914, hrsg. von Jens Flemming u. a., Darmstadt 1997, S. 42 f.

M 63 Verkürzung auf 13 Stunden am Tag

Eingabe Augsburger Fabrikarbeiter an den König wegen Verkürzung der Arbeitszeit auf 13 Stunden pro Tag (6 Uhr morgens bis 7 Uhr abends) vom 24.10.1865:

In den hiesigen Baumwollspinnereien, Webereien, Kattundruckereien ist zwar von jeher die Arbeitszeit von 5 Uhr Morgens bis Abends 7 Uhr festgesetzt; also täglich eine dreizehnstündige Arbeitszeit. Dazu kommt aber noch, dass in den meisten Fabriken keine Frühstücksstunde, Mittagsstunde, keine Abendbrotzeit stattfindet, weil die Werke in diesen Fabriken fortlaufen.
An diese Arbeitszeit sind sämtliche Arbeiter, Erwachsene wie Kinder gebunden. Nun sind aber hauptsächlich in den Spinn- und Webereien ein Drittheil Kinder beschäftigt. Diese Kinder kommen schon gleich nach Beendigung der Schulzeit, also nach vollendetem 13. Lebensjahr in die Fabrik. Auch sind schon viele Kinder unter diesem Alter in Fabriken dahier aufgenommen worden, obwohl hierüber gesetzliche Bestimmungen erlassen worden sind.
In diesem Alter nun müssen diese Kinder morgens 5 Uhr in der Arbeit sein, da jede Versäumnis mit Geld bestraft wird. Sie sind daher genöthigt, morgens 4 Uhr aufzustehen und kommen nach der Arbeit erst gegen 8 Uhr abends wieder nach Hause. Dieses ist aber bei den Kindern wie bei den erwachsenen Arbeitern nur bei jenen der Fall, welche in der Stadt selbst leben. Ein noch größeres ungünstiges Verhältnis tritt bei jenen Kindern [...] ein, welche ihr Domizil in den umliegenden Orthschaften haben. [...] Diese Orthschaften sind von den Fabriken eine halbe bis ein und eine halbe Stunde entfernt.
Um nun rechtzeitig an ihre Arbeit einzutreffen, sind diese Arbeiter genöthigt, morgens schon um 3 Uhr aufzustehen. Um 5 Uhr morgens beginnt diese Arbeit und dauert bis abends 7 Uhr. Bis die Arbeiter nach Hause kommen, wird es 9 Uhr und bis sie zu Nacht gegessen und ihre Ruhestätte auf-

suchen können, wird es 10 Uhr. So bleiben diesen Arbeitern, wovon die Hälfte Kinder und Weibspersonen sind, nur fünf Stunden zur nöthigen Ruhe. Hinzu kömmt aber noch, dass die Arbeitszeit in diesen Fabriken, welche wochenweise oft bis 8 Uhr abends, an Samstagen sogar bis 11 Uhr nachts arbeiten lassen. Hier tritt nun ein noch traurigeres Verhältnis für die Erholung und nöthige Ruhe der Arbeiter ein. [...]

Allein noch andere Umstände sind hierbei in Betracht zu ziehen. In den Sälen dieser Fabriken athmet der Arbeiter ungesunde, mit schädlichen Dünsten geschwängerte Luft ein. Die große Anzahl Arbeiter, welche in einem solchen Saale zu arbeiten haben, erzeugt natürlich ungesunde Ausdünstungen, dazu kommt noch der Staub der Wolle, den die Arbeiter einzuathmen haben, der scharfe Geruch der Oele und Fette, welche in den Fabriken verwendet werden. Diese ungesunde, mit Dünsten geschwängerte Luft aller Art hat nun der Arbeiter 13 volle, oft auch 14 und noch mehr Stunden einzuathmen. Frische reine Luft dringt nicht in diese Säle, weil die Fenster im Sommer nur kurze Zeit, im Winter aber gar nicht geöffnet werden. [...]

Durch die immer mehr und mehr überhandnehmende Entkräftung des Arbeiterstandes [...] wird aber dem Nationalwohlstande eine tiefe Wunde geschlagen, denn nur ein Volk, das geistig und körperlich kräftig dasteht, vermag denselben zu haben. Hauptsächlich leiden dadurch die Kinder in den Fabriken und es ist leicht vorauszusehen, daß in kurzer Zeit wir eine ganz entkräftigte, verkommene Arbeiterbevölkerung zu erwarten haben. Diejenigen Kinder, welche genöthiget sind, ihr Brod in den Fabriken zu suchen, sind, wenn sie das 21. Lebensjahr erreicht haben, bereits ausgearbeitet und körperlich zugrunde gerichtet. Der beste Beweis hiefür kann bei den Militärconscriptionen ersehen werden, denn wie viele Conscriptionspflichtige sind auch dienstuntauglich unter den Fabrikarbeitern.

Aus: Aufbruch ins Industriezeitalter, Band 3: Quellen zur Wirtschafts- und Sozialgeschichte Bayerns vom ausgehenden 18. Jahrhundert bis zur Mitte des 19. Jahrhunderts, hrsg. von Konrad v. Zwehl unter Mitarbeit von Susan Boenke, München 1985, S. 207–209.

Aufgaben

1. a) Fassen Sie die einzelnen Regelungen der Fabrikordnung stichpunktartig zusammen.
   b) Überlegen Sie, weshalb Fabrikordnungen erlassen wurden.
   → M60
2. Das Bild Adolf Menzels wird unterschiedlich interpretiert. Teils wird eine selbstbewusste Haltung der Arbeiterschafft unterstellt, teils auf eine Reduzierung der Persönlichkeit innerhalb der Fabrik verwiesen.
   a) Informieren Sie sich über die Entstehung und Geschichte des Bildes.
   b) Erläutern Sie, wie Sie die Bildaussage beurteilen.
   c) Diskutieren Sie, was zu unterschiedlichen Interpretationen führen kann.
   → M61, Bibliothek oder Internet
3. a) Beschreiben Sie die Veränderung der Zeitwahrnehmung und des Zeitbegriffs.
   b) Analysieren Sie die Folgen des neuen Zeittaktes für die Beschäftigten.
   → M62, M63

6. Bürgertum und Arbeiterschaft

M 64 „Bürgerlichkeit"

Der Historiker Jürgen Kocka zur „Bürgerlichkeit":

Aus kulturgeschichtliche[r] Perspektive teilten die Wirtschaftsbürger und die Bildungsbürger eine besondere Hochachtung vor individueller Leistung und begründeten damit ihre Ansprüche auf wirtschaftliche Belohnung, soziales Ansehen und politischen Einfluss. Damit verknüpfte sich eine positive Grundhaltung gegenüber regelmäßiger Arbeit, eine typische Neigung zu rationaler und methodischer Lebensführung. Als ausgesprochen bürgerlich gilt in dieser Perspektive das Streben nach selbstständiger Gestaltung individueller und gemeinsamer Aufgaben, auch in Form von Vereinen und Assoziationen, Genossenschaften und Selbstverwaltung (statt durch Obrigkeit). Die Betonung von Bildung (statt von Religion) kennzeichnete das Welt- und Selbstverständnis der Bürger. Bildung gehörte zugleich zur Grundlage ihres Umgangs miteinander und zur Abgrenzung von anderen (etwa durch Klassiker-Zitate und Konversationsfähigkeit). Ein ästhetisches Verhältnis zur Hochkultur (Kunst, Literatur, Musik) war für das Bürgertum ebenso kennzeichnend wie der Respekt vor der Wissenschaft. Sicherlich war bürgerliche Lebensführung zentral durch ein besonderes Familienideal gekennzeichnet: die Familie [...] als eine durch emotionale Beziehungen statt durch Zweckhaftigkeit und Konkurrenz geprägte Sphäre in Absetzung zu Wirtschaft und Politik, die Familie als rechtlich geschützter und durch „dienstbare Geister" freigesetzter Innenraum der Privatheit im Unterschied zur Öffentlichkeit. Bürgerliche Kultur verwirklichte sich nur in der Stadt. Vielleicht gehörte auch ein Minimum an liberalen Tugenden wie Toleranz, Konflikt- und Kompromissfähigkeit, Autoritätsskepsis und Freiheitsliebe zur bürgerlichen Kultur [...]. Wenn man so den Zusammenhalt der Bürger und ihre Unterscheidung von anderen durch Normen, Einstellungen und Lebensweisen definiert, wird man die große Wichtigkeit symbolischer Formen für die Identität des Bürgertums würdigen können: Tischsitten und Konventionen, Titel und feine Lebensart, Sauberkeit und Körperpflege, die Kleidung, den Hut.

Jürgen Kocka, Obrigkeitsstaat und Bürgerlichkeit. Zur Geschichte des deutschen Bürgertums im 19. Jahrhundert. In: Wolfgang Hardtwig und Harm-Hinrich Brandt (Hg.), Deutschlands Weg in die Moderne. Politik, Gesellschaft und Kultur im 19. Jahrhundert, München 1993, S. 107–121, hier S. 110 f.

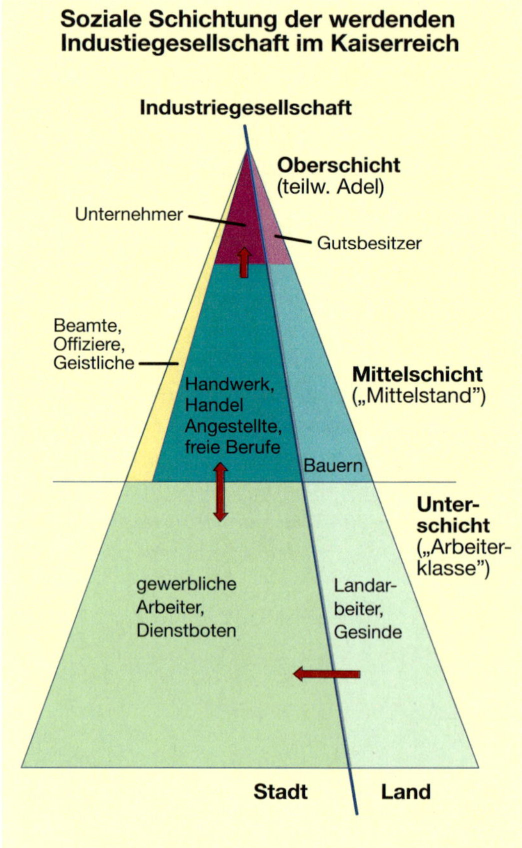

Quelle: Gerhard A. Ritter, Klaus Teufelde, Arbeiter im deutschen Keiserreich 1871 bis 1914, Bonn 1992, S. 130. 1376G

M 65

M 66 Wilhelm Busch: Die Liebe

Die Liebe war nicht geringe.
Sie wurden ordentlich blass;
Sie sagten sich tausend Dinge
Und wußten noch immer was.

Sie mussten sich lange quälen.
Doch schließlich kam' dazu,
Dass sie sich konnten vermählen.
Jetzt haben die Seelen Ruh.

Bei eines Strumpfes Bereitung
Sitzt sie im Morgenhabit;
Er liest in der Kölnischen Zeitung
Und teilt ihr das Nötige mit.

M 67 **Bürgerliches Wohnzimmer,** Lithografie aus Esslingen, um 1840

M 68 **Schuhmacherfamilie,** Federlithografie von Theodor Hosemann, um 1845

M 69 Öffentliche Toiletten in Bayern

Der Historiker Manuel Frey schreibt über die Einführung öffentlicher Toiletten in Bayern:

Mit der verbindlichen Akzeptierung in allen Schichten der Stadtgesellschaft war die Voraussetzung gegeben, Reinlichkeit als aktives Verhalten nicht nur wie bisher im häuslichen Bereich, sondern auch in der Öffentlichkeit zu praktizieren. Sogenannte „natürliche" Verhaltensweisen galten seither als unanständig und fielen dem gesellschaftlichen Verdikt anheim. Besonders deutlich lässt sich dieser Entwicklungsschritt an der öffentlichen Befriedigung geheimer Bedürfnisse ablesen. In allen größeren deutschen Städten war es zumindest unter Männern seit jeher üblich gewesen, die Notdurft im Schutz der Dunkelheit alleine oder gemeinsam mit anderen auf der Straße zu verrichten. Auch bei Tage scheute man zumindest in Seitenstraßen vor dieser Praxis nicht zurück. Das wurde im Zuge des Übergangs zum hygienischen Lebensstil nicht länger hingenommen. Die Rücksicht auf die Sittlichkeit wurde nun als wichtiger angesehen als die durch Harnverhaltung drohenden Gesundheitsgefahren. [...]

Dem gewandelten Reinlichkeitsgefühl der Bürgerschaft und der Forderung nach einem generellen Verbot des nächtlichen öffentlichen Urinierens entgegnete der Nürnberger Magistrat zunächst mit dem entwaffnenden Hinweis, dass es schwer sei, nächtens Verbotstafeln zu lesen, und es außerdem in keiner Stadt, selbst in München nicht, verboten sei, „sich zur Nachtzeit zu entledigen". Dieser lockeren Auffassung der Stadtbehörden mochte sich die Ansbacher Bezirksregierung nicht anschließen und forderte die Polizeibehörden auf, darauf zu achten, dass innerhalb der Wirtschaften entsprechende Sanitäreinrichtungen geschaffen würden. [...]

Noch 1870 beklagte man sich im Nürnberger Magistrat über Theatergäste, die durch ihre kontinuierlichen und schamlosen Verrichtungen den Steinsockel des Gebäudes derart beschädigt hätten, dass Renovierungsmaßnahmen notwendig wurden. [...]

Die allgemeinen Bedürfnisanstalten zeigten die soziale Ächtung einer bisher als selbstverständlich geübten Verhaltensweise an und förderten dadurch die Selbstbeherrschung des Bürgers, aber auch der anderen Bevölkerungsschichten.

Aus: Manuel Frey, Der reinliche Bürger. Entstehung und Verbreitung bürgerlicher Tugenden in Deutschland, 1760–1860, Göttingen 1997, S. 296–299.

M 70 „Männlichkeit und Weiblichkeit"

Die Historikerin Ute Frevert schreibt über das Verhältnis der Geschlechter im Kaiserreich (1991):

Ebenso wie ein Gerichtsassessor, Arzt oder Offizier nicht von einem Schneider- oder Metzgergesellen in seiner persönlichen Ehre und Männlichkeit gekränkt werden konnte, zeigte er sich auch für Beleidigungen, die Frauen gegen ihn aussprachen, prinzipiell unempfänglich. „Keine Gesellschaft", meinte 1898 ein Duell-Autor, „wird die Ehre eines Mannes durch den Schimpf eines Weibes, und sei er noch so arg, für verletzt halten." Niemals – außer in Romanen – wäre ein Mann auf den Gedanken verfallen, eine Frau, die ihn beleidigt hatte, zum Duell zu fordern; allenfalls konnte er überlegen, sie gerichtlich zu verklagen. Eine Frau durfte, so der Verfasser eines Duellkodexes, „für eine Beleidigung, die sie begangen hat, nicht verantwortlich gemacht werden. Genugtuung kann in diesem Falle von ihrem Beschützer verlangt werden." Diesem Grundsatz folgte 1876 der Referendar und Reserveoffizier Zacher, der auf einem Fest mit der Gattin des Kreisgerichtsrats Maeckelburg in Streit geriet und von ihr als „gemeiner Mensch" tituliert wurde. Anstatt sie dafür direkt und persönlich zur Rechenschaft zu ziehen, wandte sich Zacher an ihren Mann und forderte von ihm „eine Aufklärung dieses Benehmens". Von nun an war der Konflikt Männersache: Maeckelburg hielt mit seiner Frau Rücksprache, kehrte dann zu Zacher zurück und beleidigte ihn seinerseits mit Ausdrücken wie „dummer Junge" und „gemeiner Lümmel". Als er ihm außerdem noch Ohrfeigen androhte, revanchierte sich Zacher mit einer Pistolenforderung. Untätig mussten Frauen auch dann bleiben, wenn sie selber beleidigt worden waren. Laut übereinstimmender Auffassung der Duellhandbücher war es die Aufgabe ihrer „natürlichen Beschützer", von dem Beleidiger, sofern er männlichen Geschlechts war, für seine Verfehlung Genugtuung zu verlangen. Die Beleidigung ging gleichsam über die Frau hinweg auf ihren Gatten über oder, falls sie unverheiratet war, auf ihren Vater, „der hierdurch in direkter Weise getroffen wird, als wenn sich die Frau nicht zwischen dem Angreifer und ihrem Beschützer befinden würde". Die Frau als ursprünglich Angegriffene verschwand gänzlich aus dem Blickfeld und räumte den Kampfplatz, um ihn Männern zu überlassen.

Ute Frevert, Ehrenmänner. Das Duell in der bürgerlichen Gesellschaft, München 1991, S. 223.

M 71 Dürfen Frauen Medizin studieren?

a) Theodor L. W. von Bischoff (1807–1882), Anatom und Physiologe, hat mit seinem Buch „Das Studium und die Ausübung der Medicin durch Frauen" von 1872 die zeitgenössische Diskussion nachhaltig beeinflusst:

Es fehlt dem weiblichen Geschlechte nach göttlicher und natürlicher Anordnung die Befähigung zur Pflege und Ausübung der Wissenschaften und vor allem der Naturwissenschaften und der Medicin. Die Beschäftigung mit dem Studium und der Ausübung der Medicin, widerstreitet und verletzt die besten und edelsten Seiten der weiblichen Natur, die Sittsamkeit, die Schamhaftigkeit, Mitgefühl und Barmherzigkeit, durch welche sich dieselbe vor der männlichen auszeichnet.
Die Bildung weiblicher Ärzte lässt sich mit unseren staatlichen Einrichtungen auf Schulen und Universitäten nicht vereinigen. Ihre Teilnahme an dem an denselben erteilten Unterricht stört und hindert denselben in unerträglicher Weise und gefährdet das sittliche Wohl der männlichen Teilnehmer auf das Allerschlimmste.
Die Überladung des ärzlichen Standes mit unbefähigten, halbgebildeten weiblichen Handwerkern, wie sie allein von dem weiblichen Geschlechte zu erziehen sind, hemmt und stört die Fortbildung der ärztlichen Wissenschaft und Kunst auf das Schädlichste.
Diese Überladung mit weiblichen ärztlichen Handwerkern, unter gleichzeitiger unausbleiblicher Verdrängung männlicher Ärzte, gefährdet das sanitätliche Wohl des Staates im Frieden und Kriege auf die bedenklichste Art.

b) Hedwig Dohm (1833–1919), Schriftstellerin, Theoretikerin des Feminismus, entgegnet in ihrem Buch „Die wissenschaftliche Emancipation der Frau":

Sie, Herr v. Bischoff, sind gewiss ein eminenter Anatom. Nun stellen Sie sich vor, Sie wären in einer Schule, dem Abbild einer gewöhnlichen Mädchenschule, erzogen worden. Mit kaum sechzehn Jahren hätte man Sie dieser Bildungsanstalt enthoben, an den Nähtisch gesetzt, hinter das Plättbrett gestellt und in die Küche geschoben. Wie und wann, Herr v. Bischoff, glauben Sie nun wohl, wäre Ihr anatomischer Genius zum Durchbruch gekommen? Ob mit dem Bereiten eines Puddings der Verdauungsprozess des Puddings in Ihrem Körper sich Ihrem ahnungsvollen Geiste physiologisch und anatomisch dargestellt hätte? [...]
Ich möchte es bezweifeln; ich möchte eher glauben, dass Sie eine ebenso tüchtige Nähmamsell geworden wären, als Sie jetzt ein hervorragender Anatom sind.

Zit. nach: Hadumod Bußmann (Hg), Stieftöchter der Alma Mater? 90 Jahre Frauenstudium in Bayern am Beispiel der Universität München, München 1993, S. 22 f.

Aufgaben

1. Fassen Sie die zentralen gesellschaftlichen Veränderungen zusammen.
   → Text
2. a) Versuchen Sie, den Begriff „Bürgerlichkeit" zu definieren.
   b) Überlegen Sie, wo das Bürgertum in der Gesellschaftspyramide seinen Platz haben könnte.
   c) Untersuchen Sie, wie Wilhelm Busch das bürgerliche Leben darstellt.
   → M64–M66
3. a) Vergleichen Sie die beiden Darstellungen des Familienlebens. Nennen Sie Gemeinsamkeiten und Unterschiede.
   b) Überlegen Sie, mit welcher Absicht die jeweilige Darstellung angefertigt wurde.
   → M67, M68
4. Erläutern Sie, welche Bedeutung der Vorstellung von „Reinlichkeit" zugemessen wurde.
   → M69
5. Erläutern und diskutieren Sie das Frauenbild der Zeit.
   → M70, M71

7. Die Soziale Frage und Ansätze zu ihrer Lösung

M 72 Pensionskasse

Werner Siemens in einem vertraulichen Brief an den englischen Zweig der Firma vom 1. Dezember 1872:

Unsere Absicht war, durch die Stiftung in der Lösung des berechtigten Teiles der sozialen Frage einen entscheidenden Schritt vorwärts zu machen und dieselbe in ihrem unvermeidlichen Fortgange dadurch wenigstens für uns ungefährlich zu machen. Für diesen berechtigten Teil halten wir die den Arbeitern, die nur selten in der Lage sind, sich Kapital zu ersparen, zu gebende Sicherheit einer sorgenfreien Existenz im Alter und der Existenz ihrer Familie bei ihrem frühzeitigen Tode. Es wird in immer weiteren Kreisen als eine Pflicht der Arbeitgeber aufgefasst, in diesem Sinne für ihre Arbeiter, deren Kräfte sie ausnutzen, Sorge zu tragen, und wahrscheinlich wird hier die Gesetzgebung diese Verpflichtung allgemeingültig auferlegen – wie sie es speziell für den Tod oder Arbeitsunfähigkeit infolge von Unglücksfällen höchstwahrscheinlich schon in der nächsten Reichstagssitzung tun wird. In Erwartung dieser Gesetzgebung werden jetzt schon vorbereitende Schritte überall getan. Es bilden sich große Versicherungsanstalten, in welche die Fabriken pp. ihre Arbeiter durch jährliche Beiträge, ungefähr in der Höhe, wie wir sie festsetzten, einzukaufen haben, und die ihnen dann im Unterstützungsfalle Pensionen auszuzahlen haben. Diese Anstalten werden nun zwar den eigentlichen sozialen Zweck im Allgemeinen erfüllen, sie bringen aber den einzelnen Fabriken keinen wesentlichen Vorteil. Da sich bald kein Fabrikant in Deutschland dem Anschluss an diese Kassen wird entziehen können, selbst wenn es ihm gesetzlich gestattet bleibt, so werden die Arbeiter dies als eine Wohltat des Staates und als einen Erfolg ihrer Agitation ansehen, die Kassen werden daher nicht ein neues Band zwischen Arbeitgeber und Arbeitnehmer bilden, und die Arbeiter werden wie bisher von einer Fabrik zur andern ziehen. Es ist aber – abgesehen selbst von Streiks und anderen Arbeitsstörungen – von höchster Wichtigkeit, einen festen Arbeiterstamm zu schaffen, und zwar umso mehr, je weiter die Arbeitsteilung und die Maschinenarbeit entwickelt wird. Dies soll nun wesentlich durch unsere Pensionskasse bewirkt werden. Es ist zu dem Zwecke aber notwendig, dass die Arbeiter volles Vertrauen zur Kasse und deren Verwaltung haben. Um dies zu erzeugen, haben wir das Kapital der Kasse geschenkt und uns zu bestimmten Beiträgen für die konstanten Arbeiter verpflichtet und bestimmt, dass die Verwaltung mit einer gewählten Kommission geführt werden soll. Die Arbeiter rechnen sich infolgedessen schon jetzt aus, dass für jeden ca. 100 Taler Kapital vorhanden sind, die derjenige aufgibt, welcher fortgeht. Steht bei ihnen erst die Überzeugung unwandelbar fest, dass denen, die bei uns bleiben, die Sorge für ihr Alter und ihre Familie genommen ist, so werden sie dadurch fest an das Geschäft geknüpft, sie werden den Umsturztheorien der Sozialisten abhold, werden sich Streiks widersetzen und haben eigenes Interesse am Gedeihen des Geschäftes.

Aus: Dirk Hoffmann u. a. (Hg.), Industrialisierung – Sozialer Wandel – Soziale Frage. Quellen- und Arbeitsbuch für den Sekundarbereich II, München 1988, S. 117.

M 73 Arbeitskampf in Crimmitschau

Die Sozialdemokratin Ottilie Baader berichtet über den Streik in Sachsen, 1903/04:

Ungleich bedeutender und weltgreifender war der Kampf der Crimmitschauer Textilarbeiter um die Einführung des Zehnstundentages. Jahrelang war auf gütlichem Wege versucht worden, zu diesem Ziel zu kommen, immer aber vergebens. Selbst die durch eine Verordnung festgelegte Mittagszeit von 11/2 Stunden für die Frauen, die nebenher auch noch einen Haushalt zu besorgen hatten, wurde nicht gewährt. Fiel es den Frauen ein, dieses Recht zu fordern, so wurden sie glatt entlassen. Die einstündige Mittagszeit reichte nur für sehr wenige, um zum Essen nach Hause zu gehen. Einrichtungen zum Kochen oder Wärmen waren aber in den Fabriken nicht vorhanden. Die gesundheitlichen Schäden waren nicht nur für die Arbeiterinnen selbst, sondern vor allem auch für die Kinder ganz ungeheuer. Starben doch vor Vollendung des ersten Lebensjahres 27,3 Prozent der Kinder, und von den anderen konnten sich nur wenige zu kräftigen Menschen entwickeln.

Der Streik brachte vielen zum erstenmal in ihrem Leben eine Art Ferien. Mütter konnten mit ihren Kindern einige Stunden frische Luft schöpfen. Die Bänke im Bismarckhain waren mit den typischen Webergestalten, hüstelnden, abgezehrten Frauen und Mädchen, mit Häkel- oder Strickzeug in der Hand, besetzt. 3126 Männer und 3434 Frauen waren ausgesperrt. Der Zehnstundentag bedeutete nicht nur für die Textilarbeiter in Crimmitschau ein Stück Lebensmöglichkeit, Gesundheit, Familienle-

ben, Bildungsmöglichkeit. Er war für die gesamte Arbeiterschaft von ungeheurer Bedeutung. [...]
Die Behörden standen natürlich aufseiten der Fabrikanten. Männer und Frauen wurden als Streikposten verhaftet und empfindlich bestraft. 30 Mann Gendarmerie waren in Crimmitschau eingerückt und sorgten mit übergehängtem Gewehr für verstärkten Schutz der Ordnung. Der Kampf dauerte lange. Anfang August hatte er begonnen, er ging in den Winter hinein und im Dezember war noch kein Ende zu sehen. Aber die Teilnahme der organisierten deutschen Arbeiterschaft an diesem Kampf war sehr stark. Durch Sammlungen wurden die Streikenden vor der bittersten Not geschützt. Ein Weihnachtsfest wurde ihnen von den Arbeitsbrüdern und -schwestern des ganzen Reiches ausgerichtet, das die helfenden Leipziger Genossinnen in einem ergreifenden Bericht festgehalten haben.
Im Januar 1904 kam dann aus dem Streikgebiet die erschütternde Nachricht, dass die Streikleitung zur Verhütung schwerer wirtschaftlicher Schäden, die doch letzten Endes die Arbeiter am empfindlichsten treffen würden, die Ausgesperrten zum Abbrechen des Streiks und zur bedingungslosen Aufnahme der Arbeit auffordern mussten.
Schöne Beispiele von Solidaritätsgefühl gaben bei der Wiederaufnahme der Arbeit die Frauen. Lange nicht alle Arbeiter wurden bei ihrer Nachfrage wieder eingestellt, zum Teil war es wirklich nicht gleich möglich, zum Teil ließ man aber auch diejenigen, deren Führerrolle im Streik bekannt war, die Kapitalistenmacht fühlen und erklärte: „Für Sie habe ich keine Arbeit!" Häufig genug aber traten Frauen zugunsten von Familienvätern zurück. In einem Falle verlangt eine Anzahl Arbeiterinnen die Wiedereinstellung eines Spinners, dem man die Arbeit verweigert hatte. Als man auch ihre Forderung nicht gleich erfüllte, erklärten sie: „Dann bleiben wir auch draußen!" Der Fabrikant, der diese hochwertigen Arbeiterinnen nicht entbehren wollte, rief: „Verfluchtes Weiberpack, holt euren Spinner, damit endlich Ruhe wird!"

Aus: Dirk Hoffmann u. a. (Hg.), Industrialisierung – Sozialer Wandel – Soziale Frage. Quellen- und Arbeitsbuch für den Sekundarbereich II, München 1988, S. 118 f.

M 74 Fabrikinspektion

Aus dem Jahresbericht der Großherzoglich badischen Fabrikinspektion für das Jahr 1892:

Man finde, so berichtete die badische Fabrikinspektion, seit der Sozialgesetzgebung „bei Krankheiten und Unfällen in den Arbeiterfamilien weniger Not mit allen begleitenden Folgezuständen mehr. Den Eindruck einer dumpfen Stimmung und dumpfen Gleichgültigkeit empfindet man jetzt bei dem Besuche von Arbeiterwohnungen in weit geringerem Maße, wenn man in denselben Erkrankte oder Verunglückte antrifft. Die Arbeiter scheinen sich auch in solcher Lage mehr das Gefühl des Zusammenhangs mit ihren gewohnten Lebensverhältnissen zu erhalten.

Aus: Gerhard A. Ritter, Klaus Tenfelde, Arbeiter im deutschen Kaiserreich 1871 bis 1914, Bonn 1992, S. 704.

M 75 Invalidenversicherung

Hermann Althoff erinnert sich an die Anfänge der Invalidenversicherung (1940):

Besonders auf dem Lande zeigte sich, dass die Rente im Lebensunterhalt eine große Rolle spielte. Die Alten und die Invaliden, die höchstens durch kleine Handreichungen und die Aufsicht über die Kinder ihren Angehörigen noch nützlich sein konnten und deshalb für ihre Angehörigen oft eine unerwünschte Last bildeten, gewannen gewaltig an Ansehen und Liebe, wenn sie allmonatlich einen nicht unerheblichen Barbetrag in die Haushaltskasse legen konnten.

Aus: Gerhard A. Ritter, Klaus Tenfelde, Arbeiter im deutschen Kaiserreich 1871 bis 1914. Bonn 1992, S. 706.

Aufgaben

1. Erläutern Sie anhand des Darstellungstextes den Begriff „Soziale Frage".
   → Text
2. Stellen Sie die einzelnen Ansätze zur Lösung der Sozialen Frage tabellarisch zusammen. Vermerken Sie dabei Anlass, Träger, Motiv und Maßnahmen.
   → Text
3. a) Fassen Sie die Materialien knapp zusammen und bestimmen Sie die jeweilige Art der Quelle.
   b) Ordnen Sie die einzelnen Materialien den verschiedenen Ansätzen zur Lösung der Sozialen Frage zu.
   → M72–M75

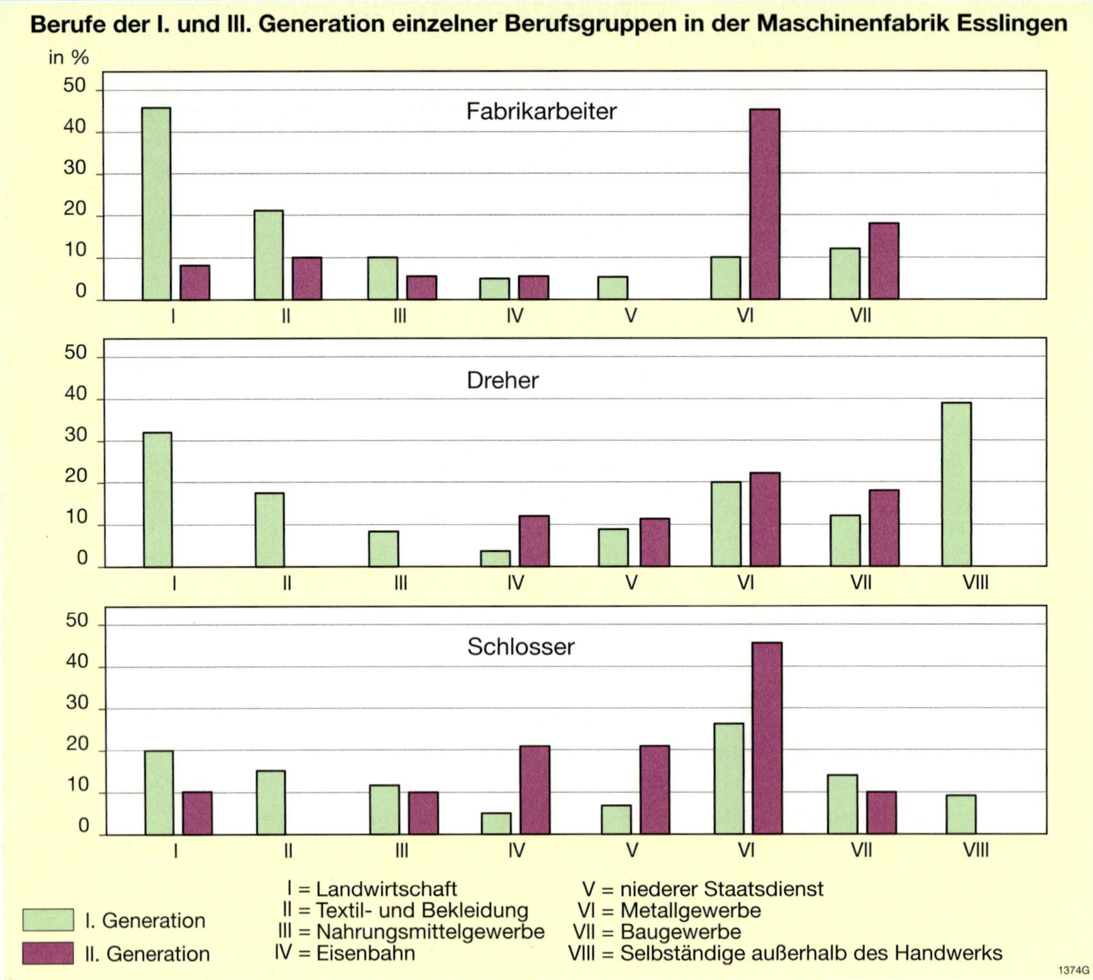
Berufe der I. und III. Generation einzelner Berufsgruppen in der Maschinenfabrik Esslingen
in %
50
40
30
20
10
0
Fabrikarbeiter
I
II
III
IV
V
VI
VII
Dreher
VIII
Schlosser
I. Generation
II. Generation
I = Landwirtschaft
II = Textil- und Bekleidung
III = Nahrungsmittelgewerbe
IV = Eisenbahn
V = niederer Staatsdienst
VI = Metallgewerbe
VII = Baugewerbe
VIII = Selbständige außerhalb des Handwerks
1374G

M 1

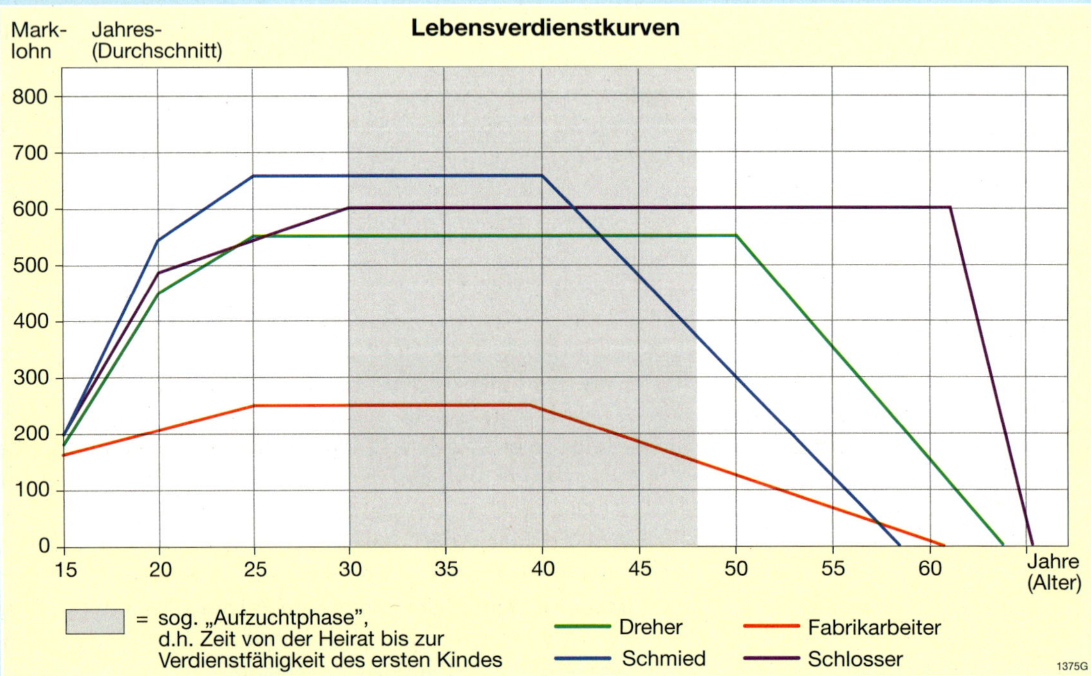
Lebensverdienstkurven
Mark-lohn
Jahres-(Durchschnitt)
800
700
600
500
400
300
200
100
0
15
20
25
30
35
40
45
50
55
60
Jahre (Alter)
= sog. „Aufzuchtphase", d.h. Zeit von der Heirat bis zur Verdienstfähigkeit des ersten Kindes
Dreher
Schmied
Fabrikarbeiter
Schlosser
1375G

M 2

Umgang mit Statistiken

Wie kommt es zu sozialem Aufstieg? Wie lässt sich erklären, warum sich über mehrere Generationen hinweg die soziale Situation innerhalb einer Familie verbessert? Auf diese Frage geben die Betroffenen schnell Antworten: Persönlicher Fleiß, Sparsamkeit, geschickte Lebensplanung, gute allgemeine wirtschaftliche Entwicklung, Glück – all das können stichhaltige Gründe sein. Aber es gibt auch andere Gründe, die den Betroffenen nicht unbedingt bewusst sind, und diese lassen sich durch die genaue Analyse von Statistiken herausfinden.

Die Historikerin Heilwig Schomerus hat die Lage der Arbeiter der Maschinenfabrik in Esslingen im 19. Jahrhundert genau untersucht, indem sie alle verfügbaren Materialien zusammengestellt hat. Statistiken über die Herkunft und die Altersstruktur der Beschäftigten, über die Lohn- und die Preisentwicklung und über vieles andere mehr bilden die Grundlage für die Untersuchung, wie sozialer Wandel zu erklären ist. Besonders interessant ist die Frage, warum bestimmten Berufsgruppen der soziale Aufstieg besser gelingt als anderen.

Fragen an Statistiken

Zu Statistik 1

1. Thema der Statistik

a) Erläutern Sie, welche Informationen die Statistik 1 enthält.

2. Darstellung der Statistik

a) Erklären Sie, was auf der x- und was auf der y-Achse vermerkt wird.
b) Warum wird eine Säulendarstellung gewählt?
c) Warum werden die Werte für die beiden Generationen direkt nebeneinander platziert?
d) Überlegen Sie, warum die drei Berufsgruppen ausgewählt werden.

3. Informationsgehalt der Statistik

a) Ordnen Sie die angegebenen Berufe nach ihrem sozialen Ansehen und der jeweiligen materiellen Situation. Bedenken Sie dabei, dass es sich bei den Berufen I–VII in der Regel um abhängige Beschäftigungen handelt, und berücksichtigen Sie die allgemeine soziale Lage in der 2. Hälfte des 19. Jahrhunderts.
b) Untersuchen Sie, welchen Berufsgruppen der soziale Aufstieg besser und welchen er schlechter gelungen ist. Begründen Sie Ihre Einschätzung mithilfe der Statistik.

Zu Statistik 2

1. Thema der Statistik

a) Erklären Sie den Begriff „Lebensverdienstkurve" anhand der Statistik.
b) Überlegen Sie, warum die „Aufzuchtphase" auf das Alter zwischen 30 und Ende 40 datiert wird.

2. Darstellung der Statistik

a) Warum wird hier eine Kurvendarstellung gewählt?
b) Suchen Sie eine Begründung dafür, dass in der Darstellung „Lebensverdienstkurve" und „Aufzuchtphase" kombiniert werden.

3. Informationsgehalt der Statistik

a) Erschließen Sie aus der Statistik, welche Berufsgruppe den höchsten Lohn erhält und welche den niedrigsten. Suchen Sie Erklärungen dafür.
b) Stellen Sie einen Zusammenhang zwischen „Lebensverdienstkurve" und „Aufzuchtphase" her: Welche Berufsgruppen erhalten während der gesamten „Aufzuchtphase" einen relativ hohen Lohn? Überlegen Sie, inwiefern sich dies auf die Ausbildung der Kinder auswirken kann.
c) Setzen Sie Ihre Erkenntnisse mit den Ergebnissen der Analyse der Statistik 1 (insbesondere Aufgabe 3 b) in Verbindung: Wie lässt sich der Aufstieg bestimmter Berufsgruppen nun erklären?

M 1 **„Sie tragen die Buchstaben der Firma – aber wer trägt den Geist?"**
Karikatur von Th.Th. Heine, in: Simplicissimus vom 21.3.1927, S. 667.

I. Die Weimarer Republik – Demokratie ohne Demokraten?

Wenn wir auf das 20. Jahrhundert in Deutschland zurückblicken, so erscheint die Weimarer Republik wie ein kurzes Zwischenspiel. Die Republik war 1918/19 nach dem Zusammenbruch des Deutschen Kaiserreichs gegründet worden und nach nur 14 Jahren bereits am Ende. Mit der Übergabe der politischen Macht an Adolf Hitler am 30. Januar 1933 begann die Errichtung einer Diktatur, deren menschenverachtende Politik Europa und die Welt in einen totalen Krieg und einen beispiellosen Völkermord führte. Nach 1945 stellten sich in einem zerstörten Deutschland daher zwei Fragen besonders dringlich: Wie konnte es zu dieser geschichtlichen Katastrophe kommen? Und welche Vorkehrungen können wir treffen, um ein erneutes Abgleiten der Demokratie in die Diktatur zu verhindern?

Die Väter und Mütter des Grundgesetzes der Bundesrepublik Deutschland hatten die Weimarer Republik noch in lebhafter persönlicher Erinnerung, als sie 1948/49 bei ihrer Arbeit an der Verfassung ihre „Lehren aus Weimar" zogen. Das Grundgesetz hat sich inzwischen bewährt und die Bundesrepublik Deutschland hat sich als eine stabile Demokratie erwiesen. Ist die Geschichte der Weimarer Republik damit erledigt, weil wir aus ihr die richtigen Lehren gezogen haben?

Keinesfalls. Denn das weltweite Vordringen der Demokratie, wie wir es nach 1945 und nach 1989 in zwei großen Schüben beobachten konnten, ist von Rückschlägen und Gefährdungen begleitet. Politischer und religiöser Fundamentalismus, radikale Heilslehren und Terrorismus fordern die Demokratie heute ebenso heraus wie Massenarbeitslosigkeit, Verunsicherung der Bürger und Politikverdrossenheit. Die Sicherung von Freiheit und Demokratie gegen ihre Gefährdungen und Widersacher bleibt ein aktuelles Thema, und so bleibt auch der Blick auf die Weimarer Republik und ihr Scheitern lehrreich.

Die Weimarer Republik bietet uns aber mehr als ein Lehrstück vom Scheitern eines demokratischen Staates. So beobachten wir in der Weimarer Republik einen rasanten wissenschaftlichen, technischen und wirtschaftlichen Fortschritt, der begleitet wird von Protest, Widerstand und Kampf gegen alles „Moderne". Und wir blicken in das Doppelgesicht der Rationalisierung: Technische Neuerungen ermöglichen die effiziente Produktion von Massengütern, vernichten aber Arbeitsplätze. Der Staat greift steuernd ein, indem er soziale Sicherungen schafft und Konflikte regelt, er verfängt sich dabei aber im Gestrüpp mächtiger Interessenverbände und verliert bei den Bürgern an Glaubwürdigkeit. In der Weimarer Republik wächst eine moderne Mediengesellschaft heran, die neben Information und Unterhaltung auch eine Bühne schafft zur Inszenierung großer Skandale, zur Indoktrination der Massen und zur vernichtenden Diffamierung des politischen Gegners. Die Zweischneidigkeit jeder dieser Entwicklungen ist charakteristisch für die Epoche der Moderne – eine Epoche rasanten Wandels und tiefer Verunsicherung. Die politischen Heilslehren des Nationalsozialismus und des Kommunismus haben mit einfachen Rezepten eine „Erlösung" versprochen: die Erlösung von den Gegensätzen der Moderne, die in der Weimarer Republik besonders hart aufeinandergeprallt sind.

1. Eine Republik mit Geburtsfehlern

Die Revolution 1918/19: Eine verratene Revolution?

Wenn eine Demokratie nach einer so kurzen Zeit von nur 14 Jahren scheitert, dann liegt es nahe, bei der Suche nach den Gründen ganz vorne zu beginnen: Am Anfang der Weimarer Republik stand die Revolution von 1918/19.

Wiederholung: Die Revolution 1918/19 im Überblick

1. Phase

Man kann die Revolution von 1918/19 in drei Phasen unterteilen. Die erste Phase, die Phase des Zusammenbruchs, begann am 28./29. September 1918, als die militärische Führung des Deutschen Kaiserreichs einräumte, dass der Weltkrieg verloren sei. Diese Nachricht wirkte auf die deutsche Öffentlichkeit wie ein Schock – verblendet von der Kriegspropaganda war man noch wenige Wochen zuvor von einem deutschen „Siegfrieden" überzeugt gewesen. Nun schlug die Stimmung um: Seit Anfang November breitete sich innerhalb weniger Tage eine revolutionäre Bewegung aus meuternden Marinematrosen, heimkehrenden Soldaten und streikenden Arbeitern aus. Drei Forderung standen im Mittelpunkt: sofortiger Friede, Demokratisierung und die Abdankung des Kaisers.

Am 9. November 1918 überschlugen sich die Ereignisse: Am Mittag gab Reichskanzler Max von Baden die Abdankung Kaiser Wilhelms II. bekannt, am frühen Nachmittag proklamierte der Sozialdemokrat Philipp Scheidemann von einem Balkon des Reichstags aus die „deutsche Republik", zwei Stunden später rief Karl Liebknecht vom Balkon des Berliner Schlosses die „freie sozialistische Republik" aus. Diese doppelte Ausrufung der Republik spiegelte die 1917 vollzogene politische Spaltung der Arbeiterbewegung wider: Neben der gemäßigten Mehrheitssozialdemokratie (MSPD) stand die

M 2 Novemberrevolution

Auto mit bewaffneten Mitgliedern des Arbeiter- und Soldatenrats am Brandenburger Tor, November 1918 radikalere, pazifistische Unabhängige Sozialdemokratische Partei Deutschlands (USPD), deren linkem Flügel Liebknecht angehörte. In dieser Situation fiel der linken Revolutionsregierung, die unter der Führung des MSPD-Chefs Friedrich Ebert am 10. November die Macht übernommen hatte, die undankbare Rolle des „Konkursverwalters" zu. Schon am 11. November unterzeichnete eine deutsche Delegation in Frankreich den Waffenstillstand – der Erste Weltkrieg und damit die erste Phase der Revolution war beendet.

M 3 „Verraten durch die SPD. Wählt Kommunisten!"
Wahlplakat, 1929

2. Phase

Die zweite Phase der Revolution, die Phase der Entscheidungen, war bestimmt von den sich verschärfenden Gegensätzen innerhalb der Linken. Für Friedrich Ebert und die MSPD hatte nun die Vermeidung eines Bürgerkriegs und die rasche Stabilisierung der Verhältnisse oberste Priorität. Der linke Flügel der USPD und der radikale Spartakusbund hingegen suchten die Revolution auf der Straße weiterzutreiben, die Betriebe in Arbeiterhand zu überführen und eine „Diktatur des Proletariats" zu errichten.
Da die Regierung über keine loyale „Schutzwehr" verfügte, traf Ebert in dieser Lage eine folgenschwere Entscheidung: Um den Ausbruch von Bürgerkrieg und Chaos zu vermeiden, entschloss er sich zur Zusammenarbeit mit der ehemals kaiserlichen Armee. Die Armee stellte sich der neuen Regierung zur Verfügung und erhielt dafür die Zusicherung, dass die bestehenden Befehlsverhältnisse, also die Stellungen der Offiziere, nicht angetastet würden. Hier zeichnete sich eine Entwicklung ab, die Ebert nicht beabsichtigt hatte: In der Weimarer Republik sollte die Reichswehr zum Staat im Staate werden – eine schwere Belastung für die Republik. Ebert sah sich ausgerechnet am 24. Dezember 1918, dem ersten Weihnachtsfest im Frieden, gezwungen, von dieser Abmachung Gebrauch zu machen und ließ Truppen auf revoltierende Arbeiter schießen. Auch den sogenannten „Spartakusaufstand", einen Putschversuch der radikalen Linken im Januar 1919, ließ die sozialdemokratische Regierung mithilfe von Truppen und nationalistischen Freiwilligenverbänden („Freikorps") blutig niedergeschlagen. Von nun an haftete Ebert und seiner Partei in der Sicht der radikalen Linken der Ruf des Verrats an.
Eine wichtige Grundsatzentscheidung traf im Dezember 1918 der in Berlin tagende Kongress der Arbeiter- und Soldatenräte: Mit großer Mehrheit sprach sich der Kongress gegen die Stimmen der radikalen Linken für die Abhaltung allgemeiner Wahlen zu einer Verfassunggebenden Versammlung aus. Die Wahlen fanden bereits am 19. Januar 1919 statt und beendeten die zweite Phase der Revolution.

3. Phase

Radikale Experimente und Verfassungsgebung – so könnte man die dritte Phase der Revolution beschreiben. In den Wahlen zur Nationalversammlung erteilten die Bürgerinnen und Bürger der revolutionären Politik der Linken eine klare Absage: Mit 37,9 % der Stimmen ließ die MSPD ihre linke Konkurrenz, die USPD (7,6 %), weit hinter sich, gefolgt von der linksliberalen Deutschen Demokratischen Partei (DDP, 18,5 %) und der Partei der Katholiken, dem Zentrum (19,7 %). Mit großem Abstand folgten die monarchistische Deutschnationale Volkspartei (DNVP, 10,3 %) sowie die nationalliberale Deutsche Volkspartei (DVP, 4,4 %). MSPD, DDP und Zentrum bildeten in der Weimarer Nationalversammlung die „Weimarer Koalition". Die Weimarer Koalition – das war ein Kompromiss zwischen gemäßigter Arbeiterbewegung, bürgerlichen Demokraten und dem fortschrittlichen Flügel des Katholizismus. Die Abgeordneten der Nationalversammlung arbeiteten in Weimar vom 6. Februar bis 31. Juli eine Verfassung für die deutsche Republik aus. In das beschauliche Städtchen Weimar hatten sie ausweichen müssen, weil linke Bewegungen in der Hauptstadt versuchten, die Revolution weiterzutreiben. Vor allem im Ruhrgebiet, in Berlin und in Mitteldeutschland brachen Unruhen und Massenstreiks aus, die auf eine Kontrolle der Betriebe durch die Arbeiter abzielten. In München endete der zweimalige Versuch von Mitgliedern der USPD, Kommunisten und Anarchisten, im Frühjahr 1919 eine bayerische „Räterepublik" nach russischem Vorbild zu etablieren, in einem Blutbad zwischen revolutionären Kämpfern und einrückenden Soldaten. Das Experiment kostete 600 Menschen das Leben.

Ergebnisse der Revolution

Die Ergebnisse und Folgen dieser Revolution sind für das Verständnis des Scheiterns der Weimarer Republik von einiger Bedeutung. Denn erstens hatten die Abdankung des Kaisers und der Untergang der alten monarchischen Ordnung auf die deutschen Führungsschichten, insbesondere im Militär und im Adel, wie ein Albtraum gewirkt. Für sie schien mit dem Kaiser eine ganze Welt unterzugehen. Bestrebungen nach einer Wiederherstellung („Restauration") der Monarchie sollten die Republik bis zu ihrem Untergang begleiten und belasten.

Zweitens waren weite Kreise des Bürgertums während der Revolution von einer geradezu panischen Angst gepackt worden, dass nun in Deutschland ein bolschewistisches Gewaltregime nach russischem Muster ans Ruder kommen könnte. Von dieser Furcht vor Bolschewismus, Chaos und Bürgerkrieg sollte die radikale Rechte, die der Republik von Anfang an mit Hass und Gewalt entgegentrat, noch über das Ende der Republik hinaus profitieren.

Drittens hatte der Verlauf der Revolution die schon im Weltkrieg aufgebrochene politische Spaltung der Arbeiterbewegung vertieft. Von nun an sah sich die SPD, eine der wichtigsten Stützen der Republik, durch die vor allem in der KPD organisierte radikale Linke bedroht und geschwächt.

Viertens hatten sich Gewerkschaften und Arbeitgeber während der Revolution auf einen bemerkenswerten Kompromiss geeinigt: Die Arbeitgeber erkannten die Gewerkschaften als „berufene Vertretung der Arbeiterschaft" an und erklärten sich mit der Einführung des Achtstundentages einverstanden; im Gegenzug akzeptierten die Gewerkschaften die bestehende Wirtschaftsordnung. An diesen sozialpolitischen Kompromiss knüpften sich, vor allem aufseiten der Gewerkschaften, große Hoffnungen, die in den folgenden Jahren bitter enttäuscht werden sollten.

Doch war mit diesen Ergebnissen der Revolution ein Scheitern der Republik vorprogrammiert? Keineswegs. Denn fünftens stand am Ende der Revolution eine Verfassung, die die demokratisch gewählte Weimarer Nationalversammlung am 31. Juli 1919 verabschiedet hatte und die der Republik die Chance zu einer freiheitlichen, demokratischen Entwicklung eröffnete.

M 4 „Bayern, der Bolschewik geht um!"
Wahlplakat, 1919

„Demokratischste Demokratie der Welt"? Die Verfassung

„Das Deutsche Reich ist eine Republik. Die Staatsgewalt geht vom Volke aus". Bereits diese wenigen Worte des Artikels 1 der Weimarer Verfassung hatten es in sich. Sie signalisierten den Bürgern, dass hier nicht einfach der Staatsaufbau des Kaiserreichs fortgeschrieben, sondern vielmehr etwas Neues gewagt wurde: Eine Republik, die ganz ohne Monarchen auskam, und ein Staat, in dem sich die Macht ausschließlich auf demokratischem Weg vom Volk herleitete. Dabei blieb die politische Macht verteilt zwischen dem Deutschen Reich und den einzelnen Bundesländern, deren Regierungen im Reichsrat an der Gesetzgebung mitwirkten. Ein umfangreicher Katalog von Grundrechten sicherte nicht nur dem einzelnen Bürger die klassischen Freiheitsrechte, sondern stellte bestimmte Gruppen unter den besonderen Schutz der Verfassung, etwa die Jugend, die Beamten und die Arbeiter und Angestellten in den Betrieben, denen die Verfassung das Recht auf Mitbestimmung garantierte.

Die Verfassung stellte die Demokratie gleich auf eine dreifache Grundlage: Im Mittelpunkt des demokratischen Verfahrens stand erstens der Reichstag, der in freier, gleicher, allgemeiner und geheimer Wahl nach dem Verhältniswahlrecht gewählt wurde. Der Reichstag hatte die Gesetze zu beschließen, die Regierung zu kontrollieren und konnte sie gegebenenfalls auf dem Wege eines parlamentarischen Misstrauensvotums auch stürzen: Die Abhängigkeit der Regierung von der Parlamentsmehrheit – dies war ein entscheidender Durchbruch zum parlamentarischen Regierungssystem.

Darüber hinaus eröffnete die Verfassung zweitens die Möglichkeit, Gesetze auf dem Wege des Volksentscheids herbeizuführen. Auch das Staatsoberhaupt, der Reichspräsident, ging aus direkter Wahl hervor und wurde in der Verfassung mit weitreichenden Befugnissen ausge-

Verhältniswahl

Jede Partei erhält Mandate im Verhältnis ihrer Stimmenzahl. Im Gegensatz zur Mehrheits- oder Persönlichkeitswahl gehen die Stimmen für die unterlegenen Parteien nicht verloren.

M 5

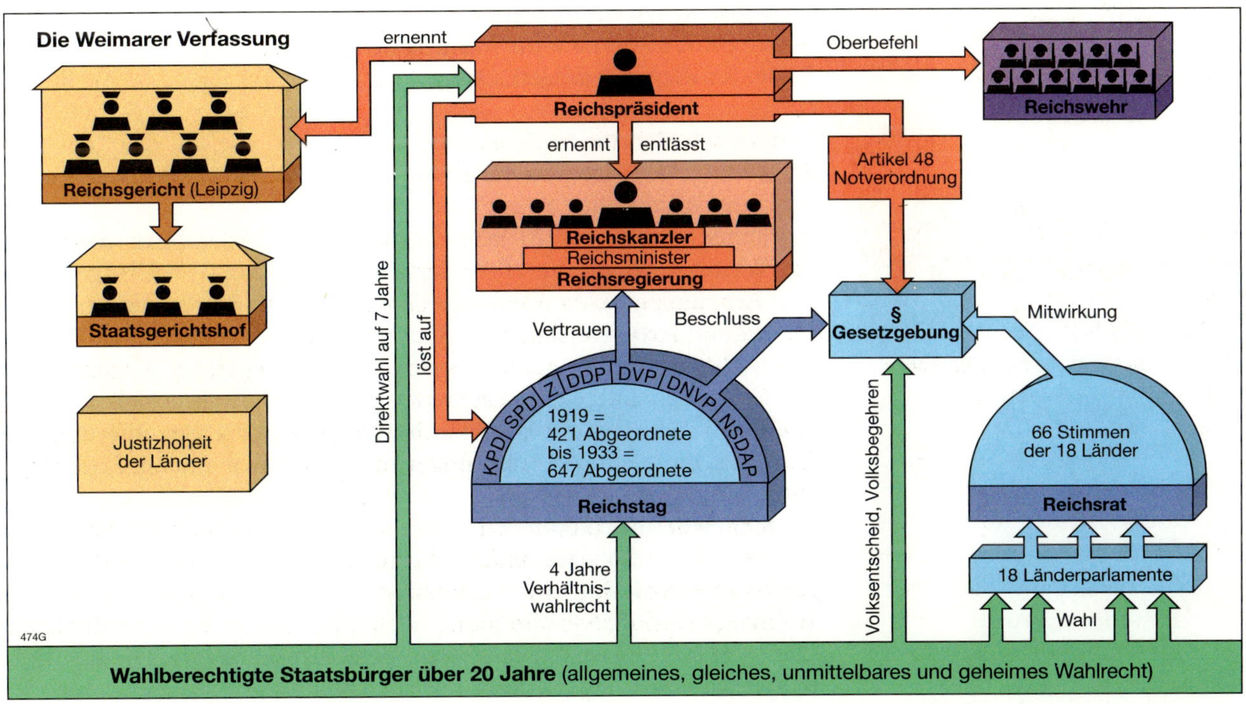

M 6 „Die Verfassung des Deutschen Reiches",
Titelblatt der Ausgabe zur Verteilung an Schulen, 1919

Prinzipien der Weimarer Reichsverfassung: parlamentarisch, plebiszitär, präsidial

M 7 „Frauen denkt daran! Nie wieder Rechtsregierung"
Plakat der DDP zu den Reichstagswahlen am 20. Mai 1928

stattet. Er berief und entließ die Regierung, konnte Volksentscheide veranlassen, den Reichstag auflösen und verfügte darüber hinaus über ein Notstandsrecht: Im Falle einer erheblichen Gefährdung der öffentlichen Sicherheit und Ordnung konnte der Reichspräsident Maßnahmen zu deren Wiederherstellung ergreifen sowie einzelne Grundrechte außer Kraft setzen.

Mit dieser Vielfalt an Kompetenzen bildete der Reichspräsident einen bedeutenden Machtfaktor und gewichtigen Gegenspieler zum Reichstag. So konnte der Reichspräsident aufgrund einer von ihm festgestellten Gefährdungslage nach Artikel 48 so genannte Notverordnungen erlassen, die, obwohl sie nicht vom Parlament verabschiedet wurden, den Charakter von Gesetzen hatten. Allerdings musste der Reichspräsident nach Artikel 48 erlassene Notverordnungen wieder außer Kraft setzen, wenn der Reichstag dies verlangte. Dass der Reichspräsident dann nach Artikel 25 von seinem Recht Gebrauch machen würde, den Reichstag aufzulösen und Neuwahlen auszuschreiben, diesen Fall einer gegenseitigen Blockade der demokratischen Verfassungsorgane hatten die Architekten der Weimarer Verfassung nicht als Gefahr vor Augen. Vielmehr hatten sie das Amt des direkt gewählten Reichspräsidenten bewusst so weit gestärkt, dass dieser „Ersatzkaiser" die Übermacht des Parlaments und der in ihm vertretenen Parteien in die Schranken weisen konnte, und zwar als vermeintlich neutrale Instanz und Verkörperung des Volkswillens. Man sieht: Von der Person des Reichspräsidenten hing einiges ab.

Die Weimarer Verfassung kombinierte also Elemente der parlamentarischen, der plebiszitären und der präsidialen Demokratie. Verfassungsexperten und demokratische Politiker sahen in dieser Kombination einen Vorzug der Weimarer Verfassung. Deutschland sei nun die „demokratischste Demokratie der Welt" meinte voller Stolz der sozialdemokratische Reichsinnenminister Eduard David unmittelbar nach der Verabschiedung der Verfassung. Doch der ausgetüftelte Verfassungskompromiss hatte seine Tücken, wie sich beim dramatischen Ende der Republik zeigen sollte.

Eine Demokratie ohne Demokraten?

Zunächst jedoch sprach vieles für Eduard Davids Lob: Die Verfassung von Weimar hatte das Frauenwahlrecht garantiert und das aktive Wahlalter von 25 auf 20 Jahre herabgesetzt. Das bedeutete, dass in der Weimarer Republik 20 Millionen zusätzlicher Wählerinnen und Wähler an die Wahlurnen gingen, die noch im Kaiserreich von der politischen Mitwirkung ausgeschlossen waren. Entsprechend intensiv haben die Parteien die Frauen und vor allem die Jugend umworben.

Die Wahlbeteiligung bei den Reichstagswahlen lag 1919 bis 1932 zwischen 75 % und 84 % und zeigte, wie sehr die Bevölkerung der Republik politisiert war. Aus der hohen Wahlbeteiligung dürfen wir jedoch nicht schließen, dass die Demokratie in der Bevölkerung breite Wurzeln geschlagen hätte. Ein Blick auf die Wahlergebnisse im Einzelnen führt uns nämlich zu ganz anderen Ergebnissen: Nur drei der zahlreichen im Reichstag vertretenen Parteien bekannten sich ausdrücklich zur demokratischen Republik: Die seit 1922 wieder vereinigte SPD, die DDP und das Zentrum. Diese drei republikanischen Parteien der „Weimarer Koalition" hatten bei den Wahlen zur Nationalversammlung im

M 8 Frauenwahlrecht
Frauen vor einem Wahllokal in Berlin während der Reichstagswahl vom 6. Juni 1920

Januar 1919 noch eine klare Mehrheit errungen. In den Wirren der Revolution hatten die meisten Wähler eine Stabilisierung der Verhältnisse gewünscht und daher auf die „Mitte“ gesetzt.

Verluste der „Weimarer Koalition“

Doch bereits bei den Wahlen zum ersten Reichstag 1920 hatte die „Weimarer Koalition“ ihre Mehrheit verloren. Enttäuschung über den „abgebremsten“ Verlauf der Revolution bescherte der linkssozialistischen USPD einen gewaltigen Stimmenzuwachs auf Kosten der SPD, während die Rechtsparteien von der Verbitterung über den im Sommer 1919 abgeschlossenen Friedensvertrag von Versailles profitierten. Von nun an verfügten die demokratischen Kräfte im Deutschen Reichstag über keine Mehrheit mehr.

Die Einführung des Verhältniswahlrechts war 1919 als besonders demokratisches Verfahren lebhaft begrüßt worden, denn es eröffnete auch kleinen und kleinsten politischen Gruppierungen die Möglichkeit, sich durch Abgeordnete im Reichstag vertreten zu lassen. Das Verhältniswahlrecht begünstigte die Gründung immer neuer kleiner Parteien, die oftmals nur ein bestimmtes wirtschaftliches Interesse vertraten („Interessenparteien“) und Wähler von den Parteien der Mitte abzogen. Mit der 1919 gegründeten Kommunistischen Partei Deutschlands (KPD) und der kurz darauf ins Leben gerufenen NSDAP traten am linken und rechten Rand des politischen Spektrums zwei radikale Parteien neuen Typs in Erscheinung, die die Republik mit allen Mitteln bekämpften. Nach den Juliwahlen 1932 verfügten NSDAP und KPD zusammen über eine negative Mehrheit. Auf einen knappen Nenner gebracht könnten wir also sagen, dass die Deutschen ihre Republik abgewählt haben.

Friedrich Ebert – der erste Reichspäsident

Monate vor der Verabschiedung der Verfassung, am 11. Februar 1919, wählte die Nationalversammlung den SPD-Vorsitzenden Friedrich Ebert mit großer Mehrheit zum ersten Reichspräsidenten. Die Wahl wurde von den einen als Symbol des revolutionären Wandels begrüßt, von den anderen als Skandal gebrandmarkt: Erstmals nämlich stand ein Mann, der aus einfachsten Verhältnissen stammte, an der Spitze des Staates,

M 9 Friedrich Ebert
an seinem Schreibtisch im Palais des Reichspräsidenten, 1924

und er war Sozialdemokrat. Ebert, 1871 als Sohn eines Schneidermeisters geboren, hatte das Sattlerhandwerk erlernt und sich nach seiner Wanderschaft in Bremen niedergelassen, wo er Gastwirt wurde. Sein engagiertes Eintreten für die Belange der Arbeiterschaft führte ihn in die SPD; dort machte er sich nacheinander als Arbeitersekretär, Zeitungsredakteur und Mitglied des Parteivorstands verdient und wurde 1912 in den Reichstag, im Jahr darauf in den Vorsitz der Partei gewählt.

Am 9. November 1918 übertrug ihm der letzte kaiserliche Reichskanzler Max von Baden unter dem Eindruck der sich zuspitzenden Demonstrationen in Berlin das Amt des Reichskanzlers. Zur Erleichterung des Bürgertums und zum Entsetzen der radikalen Linken war er während der Revolutionsmonate auf die Aufrechterhaltung der Ordnung und die Vermeidung des Bürgerkriegs bedacht. Dass er sich dabei auf Bürokratie und Militär des zusammengebrochenen Kaiserreichs stützte, trug ihm auf der Linken den Ruf des Arbeiterverräters ein, während ihn die Rechte als „Novemberverbrecher" denunzierte. Ebert übte sein Amt als Reichspräsident sachlich und als überzeugter Demokrat im Rahmen der Verfassung aus und gewann damit bei allen republiktreuen Kräften hohes Ansehen. Den Anfeindungen und Schmähungen von rechten wie linken Gegnern suchte er sich in über 170 Beleidigungsprozessen zu erwehren. Gesundheitlich zermürbt und politisch desillusioniert starb der erste Präsident der Weimarer Republik am 28. Februar 1925 im Alter von 54 Jahren.

Paul von Hindenburg – der zweite Reichspräsident

Aus einer völlig anderen Welt als Ebert stammte dessen Nachfolger Paul von Hindenburg, der am 26. April 1925 gemäß der Weimarer Verfassung in direkter Wahl zum Reichspräsidenten gewählt wurde. Damals war Hindenburg, der am 2. Oktober 1847 in Posen als Sohn eines preußischen Offiziers zur Welt gekommen war, bereits ein hochbetagter Mann. In den Fußstapfen des Vaters hatte er eine Offiziersausbildung absolviert; er nahm am deutsch-französischen Krieg 1870/71 teil, war 1871 Augenzeuge der Proklamation des deutschen Kaiserreichs im Spiegelsaal zu Versailles und setzte seine beachtliche

M 10 **Paul von Hindenburg** nach seiner Vereidigung beim Abschreiten des Potsdamer Infanterieregiments Nr. 9, 12. Mai 1925

militärische Karriere im Kaiserreich fort, bis er 1911 als General der Infanterie in den Ruhestand verabschiedet wurde. Beim Ausbruch des Ersten Weltkrieges 1914 trat er wieder in den aktiven Dienst ein und führte an der Front in Ostpreußen den Oberbefehl über die 8. Armee, die in der Schlacht bei Tannenberg die gegnerische russische Armee Ende August 1914 vernichtend schlug. Obwohl dieser Sieg weitgehend dem taktischen Geschick des Generalstabschefs Erich Ludendorff zu verdanken war, stand Hindenburg seitdem im legendären Ruf des „Helden von Tannenberg". Im Sommer 1916 ernannte ihn Kaiser Wilhelm II. unter großer öffentlicher Zustimmung zum Chef der Obersten Heeresleitung, d.h. zum Oberkommandierenden über die gesamte Armee. Nach der Kriegsniederlage trat Hindenburg im Mai 1919 zum zweiten Mal in den Ruhestand, bis er 1925, gedrängt von den Rechtsparteien, im Alter von 77 Jahren für die Wahl zum Reichspräsidenten kandidierte.

Hindenburgs Abkehr vom parlamentarischem System

Hindenburg, der innerlich Monarchist geblieben war, leistete den Eid auf die Verfassung und übte sein Amt formal im Rahmen der Verfassung aus. Blockaden im Parlament und häufige Regierungswechsel bestärkten ihn jedoch in seiner Distanz zur parlamentarischen Demokratie. Unter dem Eindruck der Weltwirtschaftskrise und unter dem Einfluss antirepublikanischer Berater steuerte Hindenburg seit Ende der Zwanzigerjahre auf eine Abkehr vom parlamentarischen System zu, indem er bedenkenlos die Möglichkeiten nutzte, die ihm die Verfassung dazu bot: Die drei letzten Kanzler der Republik, Heinrich Brüning, Franz von Papen und Kurt von Schleicher ließ er am Reichstag vorbei mithilfe von Notverordnungen nach Artikel 48 der Verfassung regieren. Er wurde 1932 wiedergewählt und übertrug nach langem Zögern am 30. Januar 1933 dem „Führer" der Nationalsozialistischen Deutschen Arbeiterpartei (NSDAP), Adolf Hitler, das Amt des Reichskanzlers. Hindenburg lieferte damit die Republik nicht nur an einen skrupellosen Diktator aus, sondern er verhalf mit seiner persönlichen Autorität der nationalsozialistischen Herrschaft zu Ansehen. Nach Hindenburgs Tod am 2. August 1934 vereinigte Hitler in seiner Person die Ämter des Reichskanzlers und Reichspräsidenten.

2. Die Folgen des Ersten Weltkrieges

Empörung über den Versailler Vertrag

„Welche Hand müsste nicht verdorren, die sich und uns in diese Fesseln legt?", rief der sozialdemokratische Regierungschef Philipp Scheidemann am 12. Mai 1919 vor der Nationalversammlung aus, nachdem die Siegermächte des Ersten Weltkrieges die Bedingungen für den Abschluss eines Friedens bekanntgegeben hatten. Doch alle öffentliche Empörung, alle Drohungen und selbst der Rücktritt der Regierung nutzten nichts: Am 28. Juni 1919 setzten die Minister Hermann Müller (SPD) und Johannes Bell (Zentrum) im Spiegelsaal von Versailles widerwillig ihre Unterschriften unter einen Friedensvertrag, der die innere wie die äußere Politik der Weimarer Republik schwer belasten sollte.

Wiederholung: Der Versailler Vertrag

Bedingungen des Versailler Vertrages

Die Bedingungen des Versailler Vertrages waren ohne Zweifel hart: Das Deutsche Reich musste ein Siebtel seines Gebietes und ein Zehntel seiner Bevölkerung abtreten; es verlor damit ein Drittel seiner Kohle- und drei Viertel seiner Erzvorkommen. In manchen Gebieten, etwa in Nordschleswig, im südlichen Ostpreußen und in Oberschlesien sollten Volksabstimmungen über die nationale Zugehörigkeit entscheiden, während das Saargebiet sowie Danzig dem neu gegründeten Völkerbund unterstellt wurden. Hinzu kam der Verlust aller Kolonien sowie das Verbot einer Vereinigung zwischen Österreich und dem Deutschen Reich. Nicht weniger schwer wogen die militärischen Bestimmungen, die das Selbstverständnis der deutschen Nation als europäische Großmacht infrage stellten: Die Stärke des Heeres durfte 100 000 Soldaten nicht überschreiten; Panzer und Gaswaffen, Luftwaffe und Unterseeboote wurden verboten. Einer drohenden Auslieferung der Kriegsflotte kam die Marine durch Selbstversenkung der Schiffe zuvor, die Handelsflotte hingegen wurde zu 90 Prozent ausgeliefert. Das Rheinland wurde „entmilitarisiert" und von Besatzungstruppen besetzt.

Auswirkungen des „Kriegsschuldartikels"

Als besonders folgenreich erwies sich der Artikel 231 des Vertrages, der dem Deutschen Reich und seinen Verbündeten die alleinige Verantwortung für den Ausbruch des Weltkrieges zuschrieb. Auf der Grundlage dieses „Kriegsschuldartikels" sollten die besiegten Mächte für die entstandenen Kriegsschäden und Verluste Wiedergutmachungen („Reparationen") leis-

M 11 „Nieder mit dem Gewaltfrieden"
Demonstration gegen Versailles im Berliner Lustgarten, Mai 1919

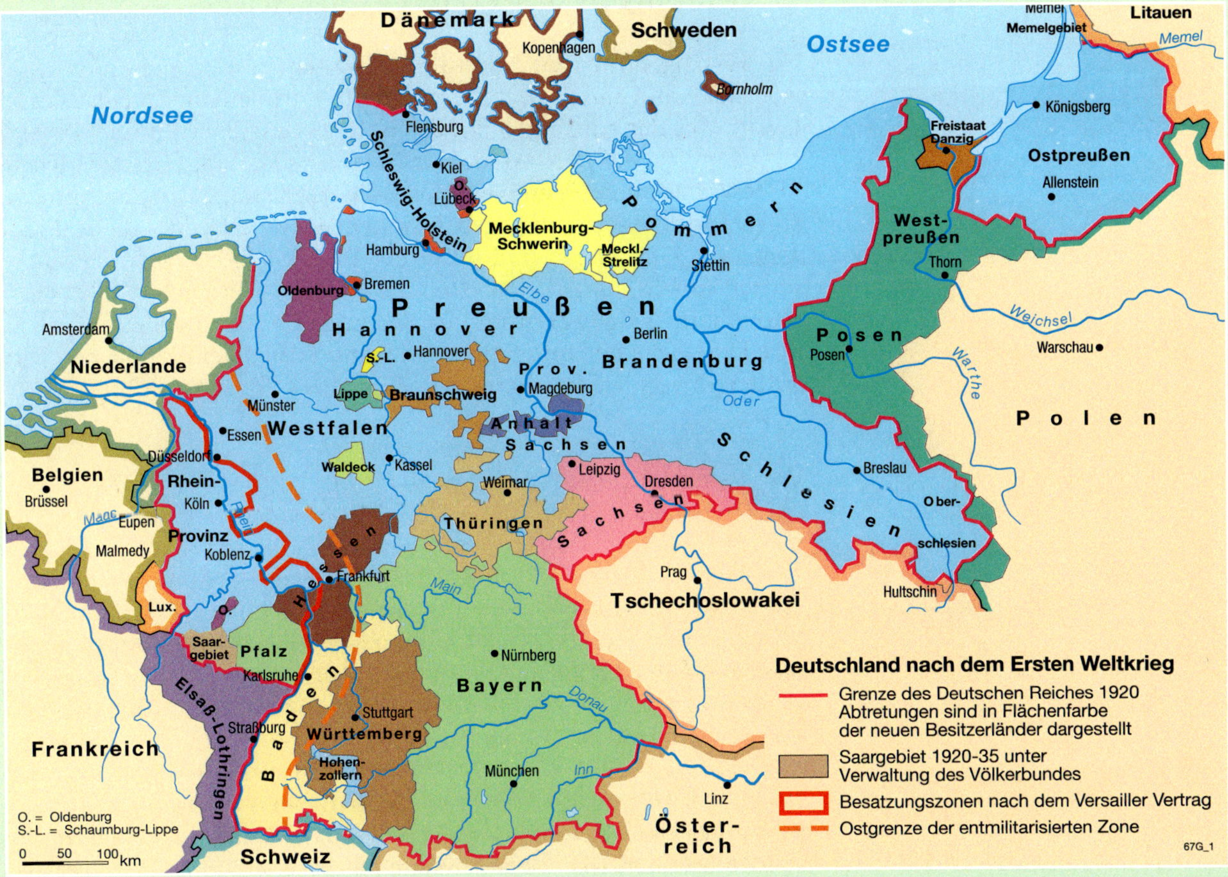

M 12

ten, deren Höhe der Vertrag noch offen ließ. Nachdem das Londoner Protokoll 1921 die Höhe der Reparationen zunächst auf 132 Milliarden Goldmark festgelegt hatte, blieben die Zahlungen während der gesamten Weimarer Republik Gegenstand von Empörung, außenpolitischem Konflikt und Neuverhandlungen – ein Stachel, der stets aufs Neue an den als demütigend empfundenen Friedensvertrag erinnerte.

Revision von Versailles als Ziel der Politik

Zwar waren die Bedingungen des Versailler Vertrags durchaus erfüllbar, doch wurden sie von der deutschen Öffentlichkeit, die auf einen milden Frieden gehofft hatte, als schwere nationale Kränkung empfunden. Alle politischen Kräfte von links bis rechts waren sich darin einig, dass der Vertrag von Versailles zurückgenommen („revidiert") werden müsse, doch blieben die Wege, die zu einer Revision führen sollten, heftig umstritten.

Versailles als Diffamierungsparole

Insbesondere radikal nationalistische Verbände und Parteien haben die „Versklavung des deutschen Volkes" durch das „Schanddiktat von Versailles" angeprangert und die Republik für die Belastungen des Friedens verantwortlich gemacht. Dabei steht es außer Frage, dass die verheerende Niederlage im Ersten Weltkrieg nicht von der Republik, sondern von der politischen und militärischen Führung des Kaiserreichs zu verantworten war und die republikanische Regierung im Sommer 1919 keine andere Wahl hatte, als den Vertrag zu unterzeichnen. In einem aufgeheizten nationalistischen Klima ist es den antirepublikanischen

M 13 **„Was wir verlieren sollen!“**
Propagandaplakat, 1919

Kräften der radikalen Rechten jedoch gelungen, aus „Versailles“ eine griffige Parole zur Diffamierung der Republik zu schmieden. Insofern haben sich die psychologischen Folgen des Versailler Vertrags am Ende als mindestens ebenso belastend erwiesen wie die materiellen.

Vom Krieg an der Front zum Krieg auf der Straße

Auch unabhängig vom Versailler Frieden waren die Folgen des Ersten Weltkrieges allgegenwärtig. 13 Millionen Männer – ein Fünftel der Reichsbevölkerung – hatten zwischen 1914 und 1918 als deutsche Soldaten in Waffen gestanden. Von diesen hatten 2,4 Millionen auf den Schlachtfeldern ihr Leben lassen müssen; entsprechend viele Frauen waren verwitwet oder blieben unverheiratet. Außerdem ließ der Krieg Schätzungen zufolge 2,7 Millionen Kriegsbeschädigte zurück: Der „Kriegskrüppel“ gehörte zum Straßenbild und erinnerte beständig an die gerne verdrängte Kriegsniederlage.

Rolle der Freikorps

Auch die unversehrten unter den Millionen von heimkehrenden Soldaten hatten Schwierigkeiten, sich im zivilen Leben wieder zurechtzufinden. Diejenigen, für die der Krieg zur Lebensform geworden war, schlossen sich in so genannten Freikorps zusammen, die den Krieg gleichsam auf eigene Faust im Osten weiterführten und 1919/20 im Reich gewaltsam gegen die Revolution vorgingen; dabei schreckten sie vor brutalem Mord und Gefangenenerschießungen nicht zurück. Nach dem 1920 erlassenen Verbot der Freikorps lebte der kriegerische Geist in zahllosen Veteranenorganisationen, Kampfbünden und paramilitärischen Verbänden fort. Uniformen und Abzeichen, Befehl und Gehorsam, ein rabiater Nationalismus und ein gewaltbereiter Kult der Männlichkeit prägten diese Szene. „Der Stahlhelm. Bund der Frontsoldaten“ nannte sich der größte Veteranenverein, der 1930 eine halbe Million Mitglieder zählte. Auf den „Reichsfrontsoldatentagen“ organisierte er riesige Kundgebungen und machte aus seiner Abneigung gegen die Republik keinen Hehl: „Wir hassen mit ganzer Seele den gegenwärtigen Staatsaufbau“ gab der „Stahlhelm“ Anfang September 1928 in seiner „Fürstenwalder Hassbotschaft“ kund.

Politische Attentate

Politische Gewalt in unterschiedlicher Form erschütterte die Weimarer Republik vor allem in ihrer Anfangs- und Endphase. In den frühen Jahren der Republik wurden prominente Politiker Opfer terroristischer Attentate von Rechts, so der bayerische Ministerpräsident Kurt Eisner (1919), der Zentrumspolitiker Matthias Erzberger (1921) und der liberale Reichsaußenminister Walther Rathenau (1922). Gegen Ende der 1920er-Jahre erhielten vor allem die paramilitärischen Verbände der extremen Parteien Massenzulauf. So verfügte die 1921 gegründete „Sturmabteilung" (SA) der NSDAP 1932 über fast 400 000 Mitglieder: überwiegend junge Männer, die es sich zur Aufgabe machten, Versammlungen des politischen Gegners zu sprengen, sich mit Kommunisten und der republikanischen Polizei Saal- und Straßenschlachten zu liefern und durch ihr gewaltbereites Auftreten ein Klima der Einschüchterung zu verbreiten. In ihrer weit überwiegenden Mehrheit gehörten die SA-Männer jener Generation der zwischen Jahrhundertwende und Kriegsausbruch Geborenen an, die den Krieg als Kinder und Jugendliche zu Hause erlebt hatte, während der Vater im Kriegseinsatz war. Die von Unruhen und Wirtschaftskrisen geschüttelte Republik schien ihnen weder politische Orientierung noch persönliche Perspektiven zu bieten. Zusammengeschweißt durch eine radikale politische Überzeugung, einfache Feindbilder, Rituale (z. B. den Hitlergruß) und gemeinsam begangene Gewalttaten schien die junge, dynamische und bald auch motorisierte Kampftruppe der SA jenes „männliche" Gemeinschaftserlebnis zu ermöglichen, das die demokratische Republik nicht bieten konnte.

M 14 Auseinandersetzung zwischen SA-Männern und Polizisten
München, um 1930

Ähnlich attraktiv waren die Kampfverbände der KPD, der „Rote Frontkämpferbund" und der „Kampfbund gegen den Faschismus", der 1931 über 100 000 Mitglieder verfügte und sich vor allem aus jungen Arbeitern und Arbeitslosen zusammensetzte. Unzählige Wahlversammlungen und Demonstrationen endeten in blutigen Schlägereien. Die Zahl politischer Gewalttaten stieg ab 1930 steil an und erreichte im Sommer 1932 einen Höhepunkt: Allein während des Reichstagswahlkampfs im Juli 1932 forderte die politische Gewalt 86 Todesopfer, darunter 38 Nationalsozialisten und 30 Kommunisten.

Die republikanischen Behörden reagierten auf die Bedrohung oftmals halbherzig. Zwar riefen die demokratischen Kräfte mit dem „Reichsbanner Schwarz-Rot-Gold" einen republikanischen Kampfver-

M 15 **„Zwanzig Milliarden Mark"**
Reichsbanknote vom 1. Oktober 1923

band ins Leben, der es aber trotz seiner zahlenmäßigen Überlegenheit in der gewaltsamen „Politik der Straße" mit den radikalen Verbänden nicht aufnehmen konnte und zugleich zur allgemeinen Militarisierung der Gesellschaft beitrug. 1929 wurde der Rote Frontkämpferbund verboten, 1932 auch die SA – allerdings nur für zwei Monate.

In ihren letzten Jahren stand die Weimarer Republik am Rand eines Bürgerkriegs, in dem sich die zwei antidemokratischen Extreme des 20. Jahrhunderts, Nationalsozialismus und Kommunismus, gewaltbereit und hasserfüllt gegenüberstanden. Die Angst vor Chaos, vor Bürgerkrieg und vor dem Kommunismus breitete sich ab 1930 in der Bevölkerung rasch aus und trieb neue Wähler in die Arme der NSDAP, deren Parolen und militärisches Auftreten die Herstellung von Ruhe und Ordnung in einem „Dritten Reich" versprachen.

M 16 **Inflation in Deutschland**
Nach Einführung der Rentenmark heizt eine Berlinerin mit wertlosem Papiergeld ihren Herd in der Küche, Berlin 1923

Die „verkehrte Welt" der Inflation

Die wirtschaftlichen Folgen des Ersten Weltkriegs bekamen die Deutschen in den Jahren 1919 bis 1923 vor allem in Form einer Geldentwertung (Inflation) zu spüren, deren Ausmaß alle Vorstellungen sprengte: Im September 1923 kostete ein Pfund Butter 168 Millionen Mark, ein Paar Schuhe 3,5 Billionen Mark. Rund um die Uhr waren über hundert Druckereien damit beauftragt, Unmengen an immer wertloseren Geldscheinen zu drucken. Die Löhne und Gehälter zogen dieser Preisentwicklung nach, allerdings je nach Berufsgruppe in sehr unterschiedlichem Maß. Wie konnte es zu dieser atemberaubenden Geldentwertung kommen?

Das Deutsche Reich hatte die Finanzierung des Ersten Weltkrieges vor allem über Kredite und Anleihen bewerkstelligt und somit bis Kriegsende einen riesigen Schuldenberg von 156 Milliarden Reichsmark aufgehäuft. Die kostspielige Bewältigung der Kriegsfolgen ließ die Staatsschulden weiter explodieren. Der ungeheuren Verschuldung begegnete die Regierung, indem sie die umlaufende Geldmenge stetig vermehrte. Der steil anwachsenden Geldmenge stand aber nach dem Krieg ein stark reduziertes Angebot an Waren gegenüber. Die daraus resultierenden steigenden Preise wiederum lösten bei der Bevölkerung eine „Kaufwut" aus: Jede verdiente Mark musste so schnell wie möglich ausgegeben werden, um der Preissteigerung zuvorzukommen – was die Konjunktur ankurbelte und die Inflation weiter anheizte. Erst ein radi-

M 17 „Modern Times"

Der englische Schauspieler, Regisseur und Produzent Sir (ab 1975) Charles Spencer „Charlie" Chaplin (1889–1977) gehört zu den bekanntesten Akteuren Hollywoods und wurde 1933 während seines Deutschlandbesuchs vom Publikum gefeiert. Am 5. Februar 1936 hatte der Stummfilm „Modern Times" (Moderne Zeiten) Premiere. Stofflich beeinflusst von Berichten über die Arbeit an den Fließbändern Detroiter Fabriken, zeigt Chaplin als Drehbuchautor, Regisseur und Hauptdarsteller die Menschenfeindlichkeit der Technik und das Elend der Zeit, in der der Einzelne sprichwörtlich und bildlich konkret unter die Räder kommt. Seine moralische Verurteilung industrieller Ausbeutungsmethoden, seine Kritik an der Vermassung und sein Hoffnung auf ein kleines individuelles Glück bringen ihm von der politischen Linken wie von Konservativen Kritik ein.

kaler Währungsschnitt am 15. November 1923, der mit der Einführung der „Rentenmark" (= 1 Billion Reichsmark) zugleich die Geldmenge strikt begrenzte, bereitete dem Spuk der Inflation ein Ende.

Folgen der Inflation

Die sozialen Folgen der Inflation waren enorm: Der nominelle Betrag der inneren Kriegsschulden des Deutschen Reichs entsprach im November 1923 nur noch der Kaufkraft von 15,4 Pfennig aus dem Jahr 1913. Gewinner der Inflation waren alle Schuldner, die ihre Schulden mit dem immer wertloser werdenden Geld bald mühelos zurückzahlen konnten – allen voran der Staat. Das Nachsehen hatten dementsprechend die Gläubiger, die sich um ihre Forderungen betrogen sahen. Dies galt auch für die Besitzer von Geldvermögen, die von den Erträgen ihres Kapitals lebten und nun ihre Existenzgrundlage verloren – die Inflation ließ die „Kapitalrentner" verarmt und verbittert zurück. Auf der anderen Seite profitierten die Eigentümer von Sachwerten, etwa Hausbesitzer und Bauern, von der Inflation, vor allem dann, wenn sie Schulden hatten. Noch mehr traf dies auf Spekulanten zu, die über kreditfinanzierte Geschäfte zum Teil riesige Gewinne einfuhren und sich durch luxuriösen Lebenswandel verhasst machten: Der „Wucherer" und der „Inflationsgewinnler" geisterten von nun an als Hassfiguren durch die Vorstellungswelt der Bevölkerung.

Die Inflation hatte tiefgreifende psychologische Auswirkungen. Sie verhinderte zwar eine Massenarbeitslosigkeit, hinterließ aber bei den vielen „Inflationsgeschädigten" das Gefühl, dass nicht nur ihr Geld, sondern auch ihre persönliche Lebensplanung, ihr Rechtsempfinden, ihr Glaube an den Staat und ihre Vorstellungen von Moral und Anstand entwertet wurden. Diesen Menschen mochte die ganze moderne Gesellschaft wie eine verkehrte Welt erscheinen, ein undurchschaubarer, von Geld und Profitgier bestimmter Hexenkessel, in dem nichts von dem, was früher Bestand hatte, noch etwas galt. Historiker sprechen deshalb von einem „Inflationstrauma", das die Deutschen das ganze 20. Jahrhundert hindurch begleitet hat.

3. Die Republik am Abgrund

Schwarzer Freitag: Die Weltwirtschaftskrise und ihre Folgen

Nach der Stabilisierung der Währung Ende 1923 erlebte die Weimarer Republik einen Wirtschaftsaufschwung, der mit kurzer Unterbrechung bis 1929 anhielt. Die Industrieproduktion stieg zwischen 1924 und 1928 um 46 Prozent und kletterte 1927/28 über das Vorkriegsniveau des Jahres 1913; auch das Bruttosozialprodukt insgesamt erholte sich und lag 1929 immerhin um 10 Prozent über dem Vorkriegsstand. Dieses Wachstum bekamen die Arbeitnehmer auf ihren Gehaltszetteln zu spüren: Zwischen 1925 und 1929 stiegen die Reallöhne um rund ein Viertel. Zugleich erlebte der öffentliche Wohnungsbau einen beispiellosen Boom und bot zahlreichen Arbeitern, Angestellten und Beamten Wohnraum zu erschwinglichen Mieten; die Kommunen bauten Schulen, Krankenhäuser, Schwimmbäder und andere öffentliche Einrichtungen. Finanziert wurden die Investitionen, die den Aufschwung ermöglichten, etwa zur Hälfte über die Aufnahme ausländischer, vor allem amerikanischer Kredite, die ab 1924 den deutschen Kapitalbedarf deckten – zu hohen Zinsen und mit überwiegend kurzer Laufzeit. Viele Industriebetriebe nutzten die Investitionen zur Rationalisierung ihrer Produktion, indem sie zum Beispiel neue Maschinen und Formen der Fließbandarbeit einsetzten und die Arbeitsabläufe einer strikteren, auf Effizienz achtenden Kontrolle unterwarfen.

Eigentlich war der „Schwarze Freitag“ ein Donnerstag, und er war auch nicht die Ursache der Weltwirtschaftskrise. Dennoch ist der 24. Oktober 1929 zum Symbol für eine wirtschaftliche Katastrophe größten Ausmaßes geworden. An diesem Tag stürzten die Aktienkurse an der Wall Street innerhalb weniger Stunden um bis zu 90 Prozent ab; mit einem Schlag war die Spekulationsblase, die sich während des vorangegangenen Börsenfiebers in den USA gebildet hatte, geplatzt. In der Folge brach das amerikanische Kreditsystem wie ein Kartenhaus zusammen. Als die amerikanischen Gläubiger daraufhin ihre in Deutschland investierten Kredite kündigten, bedeutete dies dort einen schweren Schlag für die bereits angeschlagene Konjunktur. Der plötzliche Abzug der Kredite verschärfte den ohnehin sich abzeichnenden

M 18 **Arbeitslose 1930 vor dem Arbeitsamt Hannover**

M 19 „Erst Essen, dann Miete"
Foto, um 1930

wirtschaftlichen Abschwung. Die Kommunen fuhren ihre Investitionen, besonders den Wohnungsbau, drastisch zurück, was auf dem arbeitsintensiven Bausektor zu Massenentlassungen führte.

Als im Mai 1931 die größte Geschäftsbank Österreichs zusammenbrach und das Vertrauen in die Solidität der deutschen Banken schlagartig erschüttert wurde, zogen weitere ausländische Gläubiger ihre Kredite ab. Bankkunden gerieten in Panik, kündigten ihre Spareinlagen und trieben damit weitere Banken an den Rand der Zahlungsunfähigkeit. Zugleich gingen die von der Weltwirtschaftskrise gebeutelten Staaten daran, ihre Volkswirtschaften nach außen abzuschotten, indem sie ihre Währungen abwerteten und ihre Einfuhrzölle erhöhten. Damit setzten sie eine verhängnisvolle Spirale in Gang, die die exportabhängige deutsche Wirtschaft besonders hart traf. Erneute Bankrotte und Massenentlassungen waren die Folge.

Zwischen 1929 und 1932 gingen die Industrieproduktion und das Bruttosozialprodukt in Deutschland um über 30 Prozent zurück, die Lohne und Gehälter sanken um 20 bis 30 Prozent – allerdings bei ebenfalls fallenden Preisen (Deflation). Im Jahr 1932, auf dem Tiefpunkt der Krise, stürzte die Arbeitslosigkeit mehr als acht Millionen Menschen – jeden dritten Erwerbstätigen! – ins Elend, viele von ihnen waren jünger als dreißig Jahre. Wer Arbeitslosenunterstützung oder „Krisenhilfe" beantragte, sah sich einem erniedrigendem Kampf mit einem kaum durchschaubaren Dschungel von Vorschriften ausgesetzt, während die Regierung durch Notverordnungen die Unterstützungssätze kürzte. Wut und Verbitterung waren die Folge.

In Österreich wurden die psychischen Folgen der Arbeitslosigkeit bereits damals erforscht: der Wegfall des Zusammenhalts mit den Kollegen am Arbeitsplatz, der Verlust an Zeitbewusstsein, das Gefühl persönlicher Wertlosigkeit, Apathie und Anstieg der Kriminalität. Die Selbstmordquote im Deutschen Reich war 1932 drei Mal so hoch wie in Großbritannien und doppelt so hoch wie in den USA, obwohl auch diese beiden Staaten schwer von der Weltwirtschaftskrise betroffen waren.

Politisch wog der Vertrauensverlust, den die Republik in den Augen ihrer Bürger hinnehmen musste, besonders schwer. Gerade als Sozialstaat hatte die Weimarer Republik hohe Erwartungen geweckt, die sie nun, in den Jahren des Massenelends, angesichts leerer Kassen herb enttäuschen musste. Viele der Enttäuschten, zu denen nicht nur die Arbeitslosen gehörten, schlossen sich ab 1930 einer der beiden radikalen Parteien an. Ihre Kampfbünde boten ihren aktiven Mitgliedern ein Auskommen, eine Aufgabe, ein gewaltsames Ventil für ihre Frustration – und vor allem die politische Botschaft einer ganz anderen und viel besseren Zukunft.

Radikalismus von rechts: Adolf Hitler und die NSDAP

Rund 2000 Menschen füllten am Abend des 13. August 1920 den Festsaal des Münchner Hofbräuhauses. Gegen 20 Uhr schwang sich ein Mann mit blassem Gesicht und dunklem, gestutztem Schnurrbart unter dem Applaus der Menge auf einen quer stehenden Biertisch und begann in bedächtigen Worten über die Rolle der menschlichen Arbeit und der menschlichen Rassen in der Weltgeschichte zu sprechen. Nach etwa einer Viertelstunde wandte er sich dem Thema „Juden" zu, und seine Stimme wurde lebhafter. Er nannte die Juden „Schmarotzer" und „Parasiten am Körper anderer Völker" und steigerte, immer wieder von Beifall unterbrochen, die Lautstärke. Nachdem er sich sichtlich in Wut geredet hatte, rief er gestikulierend und mit sich überschlagender Stimme in den Saal: „Die Tat bleibt uns unverrückbar fest, sie heißt: Entfernung der Juden aus unserem Volke." Das Publikum tobte vor Begeisterung. 77 Mal war die zweistündige Rede von Zustimmung und Jubel unterbrochen worden. Zu diesem Zeitpunkt war der Name des umjubelten Redners nur in München bekannt: Adolf Hitler. Wer war dieser Mann?

M 20 **Hitler bei einer Rede im Wahlkampf**
Propagandafoto, 1932

Hitler war 1889 im österreichischen Braunau als Sohn eines Zollbeamten geboren worden. Nachdem er die Oberrealschule ohne Abschluss verlassen hatte, bewarb er sich zwei Mal vergeblich um die Zulassung zum Studium an der Wiener Akademie der Bildenden Künste. Ohne einer geregelten Beschäftigung nachzugehen, führte er in Wien ein zielloses Leben als Bewohner eines Männerheims und hielt sich mit dem Verkauf von Postkarten und Aquarellen über Wasser. 1913 übersiedelte er nach München, wo er nach Ausbruch des Ersten Weltkrieges im August 1914 in die Armee eintrat. Im Krieg zwei Mal verwundet, erfuhr er von der Niederlage und der Revolution während eines Aufenthalts im Lazarett. 1919 schloss er sich in München der unbedeutenden „Deutschen Arbeiterpartei" an, deren Programm er mit ausarbeitete. In der Partei, die sich ab 1920 „Nationalsozialistische Deutsche Arbeiterpartei" (NSDAP) nannte, fiel er bald als talentierter Redner auf, der es verstand, seine Zuhörer durch eine stark emotionalisierte, beschwörende Vortragsweise in Bann zu schlagen. 1921 übernahm er die unumstrittene Führung der Partei, damals noch eine unbedeutende rechtsradikale Splittergruppe.

Die Gründer der Republik schmähte Hitler als „Novemberverbrecher"; in zahllosen Bierkellerreden attackierte er das Versailler „Schanddiktat", den „Marxismus" sowie das „internationale Judentum", das er für alle Missstände der Nation verantwortlich machte. Obwohl er Hass und Gewalt predigte, sich mit einer prügelnden Leibgarde umgab und zahllose Saalschlachten provozierte, sah die weit rechts stehende bayerische Regierung von einer Strafverfolgung ab. Als Hitler auf dem Höhepunkt der Inflation am 8./9. November 1923 versuchte, die Regierungsmacht in München gewaltsam an sich zu reißen, hatte er jedoch den Bogen überspannt: Im Kugelhagel der Polizei brach der „Hitler-Putsch" am 9. November auf dem Münchner Odeonsplatz zusammen. Hitler wurde zu fünf Jahren Festungshaft verurteilt, seine Partei verboten. Während seiner Haft auf der Festung Landsberg, aus der er bereits im Dezember 1924 vorzeitig entlassen wurde, verfasste er den ersten Band seiner Schrift „Mein Kampf". Weitschweifig legte in diesem Buch seinen bisherigen Werdegang sowie seine nationalsozialistische Weltanschauung dar.

Weltanschauung der NSDAP

Den Kern von Hitlers Weltanschauung bildeten zwei Lehren: Zum einen sah Hitler die Weltgeschichte als ewigen, unerbittlichen Kampf unter den Völkern und Rassen, in dem sich die stärkeren, „höherwertigen" gegen die schwachen, „niedrigen" Rassen durchzusetzen hätten (Rassendoktrin). Eine „Rassenmischung" sei unbedingt zu vermeiden, weil dadurch die „höherwertigen" Rassen, besonders die „arisch-germanische" Rasse, geschwächt und zerstört würden. Eine zutiefst „minderwertige" Rasse sah Hitler in den Juden, die in seinen Augen für die „arisch-germanische" Rasse eine tödliche Gefahr darstellte. Hitler predigte daher einen radikalen Antisemitismus und den rücksichtslosen Kampf gegen das „Judentum". Mit der Rassendoktrin verband sich das zweite Kernelement seiner Weltanschauung, die Raumdoktrin: Deutschland müsse auf Kosten der „minderwertigen" slawischen Rasse „Lebensraum im Osten" gewinnen, und zwar zur Ansiedlung des deutschen Bevölkerungsüberschusses, zur Vergrößerung des deutschen Wirtschaftsraums und als Schutz gegen Angriffe. Durch Raumerwerb im Osten sollte Deutschland Weltmacht werden: „Deutschland wird entweder Weltmacht oder überhaupt nicht sein", formulierte Hitler im zweiten Band von „Mein Kampf". Hitlers politische Ideenwelt war bestimmt von Rassismus, Antisemitismus, radikalem Nationalismus, Antiliberalismus und Antikommunismus. Für den Weltkriegsveteranen Hitler waren Krieg und Gewalt nicht nur Mittel zur Durchsetzung seiner Vorstellungen, sondern von vornherein Bestandteile seiner Weltanschauung. Wie ernst es ihm mit dieser zutiefst inhumanen Ideenwelt war, sollte sich in aller Deutlichkeit zeigen, nachdem er 1933 an die Macht gekommen war.

Hitlers Legalitätskurs

Frisch aus der Haft entlassen gründete Hitler im Februar 1925 die NSDAP neu, musste jedoch ein zweijähriges Redeverbot hinnehmen. Er organisierte während dieser Zeit die Partei nach dem „Führerprinzip", schaltete seine parteiinternen Gegner nacheinander aus und beauftragte seinen Landshuter Parteigenossen Gregor Strasser mit dem Aufbau der Partei in Norddeutschland. Vor allem verfolgte er von nun an einen Kurs der Legalität: Nicht mehr auf dem Weg des gewaltsamen Umsturzes, sondern vor allem durch Propaganda und die Gewinnung einer Massenbasis sollte die Macht im Staat erkämpft werden. Die Wahlerfolge blieben einstweilen bescheiden. Bei den Reichstagswahlen erreichte die Partei bis 1928 im Durchschnitt nur vier Prozent.

In scharfem Kontrast zu diesen Misserfolgen stand Hitlers Auftreten. Siegessicher attackierte er die parlamentarisch-demokratische Republik. Seine Partei ließ er auf den theatralisch inszenierten „Reichsparteitagen" in Nürnberg Geschlossenheit und Stärke demonstrieren: Die Massenaufmärsche geschlossener Formationen in einheitlicher Uniform, der Fahnenschmuck, der nächtliche Fackelzug, das Großfeuerwerk, das Auftreten der Hitler-Jugend, die aufpeitschenden Reden, das Ausstrecken des rechten Arms zum „Hitler-Gruß", die Totenehrung, die feierlichen Fahnenweihen und schließlich die Abnahme der „Parade" durch den „Führer", der im offenen Mercedes mit unbewegt ausgestrecktem Arm den Vorbeimarsch seiner Anhänger inspizierte – schon Zeitgenossen erkannten in diesen Inszenierungen die Elemente einer religiösen Liturgie.

M 21 **„Schluss mit diesem System"**
Plakat der KPD zu den Reichstagswahlen vom 6. November 1932

Radikalismus von links: Die KPD

Als um die Jahreswende 1918/19 in Berlin die Kommunistische Partei Deutschlands (KPD) gegründet wurde, konnten die Delegierten bereits auf ein erfolgreiches Vorbild verweisen: In Russland hatten 1917 die russischen Kommunisten (Bolschewisten) unter der Führung von Wladimir Iljitsch Lenin die Herrschaft des Zaren gestürzt und begonnen, eine „Diktatur des Proletariats" in Gestalt einer Einparteienherrschaft zu errichten. Auch in Deutschland verfolgte die KPD in den ersten Jahren der Weimarer Republik eine Politik des gewaltsamen Umsturzes: Bis 1923 versuchte sie in mehreren Anläufen vergeblich, der Revolution von 1918/19 eine gewaltsame zweite, kommunistische Revolution folgen zu lassen. Als etwa die KPD am 18. März 1921 die Arbeiter zu den Waffen rief, forderte der überstürzte Aufstandsversuch 180 Todesopfer, darunter 35 Polizeibeamte und 145 Zivilisten.

KPD als Partei neuen Typs

Nach einem neuerlichen Fehlschlag im Oktober 1923 gab die KPD ihre Putschtaktik auf und wandelte sich zu einer „Partei neuen Typs“: Zentral gelenkt von einem Funktionärsapparat folgte sie von nun an jedem Kommando der sowjetischen Kommunistischen Partei und konnte zugleich mit rund zehn Prozent der Stimmen bei den Reichstagswahlen 1924 bis 1928 beachtliche Erfolge verbuchen. Unter ihrem Vorsitzenden Ernst Thälmann folgte die KPD ab 1928/29 einer neuen Moskauer Parole: Der von den Kommunisten zu bekämpfende Hauptfeind seien die Sozialdemokraten, die von nun an „Sozialfaschisten“ genannt wurden. Auf diese Weise wurde die Spaltung der Arbeiterbewegung weiter vertieft; ein Bündnis der linken Kräfte gegen den Nationalsozialismus erschien nun aussichtsloser denn je. Während der Weltwirtschaftskrise erhielt die KPD beträchtlichen Zulauf durch Arbeitslose: Auf dem Höhepunkt der Krise, im Frühjahr 1932, waren 85 Prozent ihrer Mitglieder arbeitslos.

Anfang vom Ende: Das Scheitern der Großen Koalition 1930

Die beiden radikalen Parteien blieben trotz ihrer auftrumpfenden Rhetorik einstweilen noch weit von der politischen Macht entfernt. Seit Juni 1928 regierte unter dem sozialdemokratischen Reichskanzler Hermann Müller eine Große Koalition aus SPD, DDP, Zentrum und DVP. Die Große Koalition hatte eine Reihe schwieriger und äußerst umstrittener Probleme zu meistern: Die Neugestaltung der Reparationszahlungen im so genannten Young-Plan, die Entscheidung über den kostspieligen Bau eines neuen Panzerschiffs („Panzerkreuzer A“) und schließlich die Bekämpfung eines rasch ansteigenden Haushaltsdefizits. Fast 21 Monate lang konnte sich die Regierung der Großen Koalition an der Macht halten. Was aus heutiger Sicht kurz erscheint, war in der Weimarer Republik ein Rekord: Alle anderen 18 Regierungen der Weimarer Republik waren wesentlich schneller zerbro-

M 22 **Reichskanzler Hermann Müller (SPD)** am Rednerpult des Reichstags während seiner Regierungserklärung am 3.7.1928

M 23 **„Wer will regieren?"**

„Ich würde Ihnen gerne helfen, aber ich kann doch meinen Standpunkt nicht verlassen."
Die Parteien können sich nicht entschließen, der untergehenden Germania zu helfen, Karikatur von Erich Schilling

chen. Am 27. März 1930 jedoch reichte ein entnervter Reichskanzler Müller seinen Rücktritt ein. Was war geschehen?

Streit um die Arbeitslosenversicherung

Den Auslöser bildete ein Streit um die Finanzierung der Arbeitslosenversicherung, der innerhalb der Regierung mit großer Unerbittlichkeit geführt wurde. 1927 hatte die Vorgängerregierung die Einführung einer Arbeitslosenversicherung durchs Parlament gebracht. Dies war eine der großen sozialpolitischen Leistungen der Weimarer Republik, denn von nun an hatten Arbeitslose unter bestimmten Voraussetzungen ein Anrecht auf Unterstützung. Damit übernahm der Staat einmal mehr die Verantwortung für die sozialen Folgen des Wirtschaftsprozesses. Als infolge der Weltwirtschaftskrise die Arbeitslosenzahlen in die Höhe schnellten, geriet die neue Reichsanstalt für Arbeitsvermittlung und Arbeitssicherung rasch in ein erhebliches Defizit. Die unternehmernahe DVP und die Arbeitgeberverbände drängten auf eine Erhöhung der indirekten Steuern (die insbesondere Einkommensschwache und Arbeitslose belastet hätte) und Abbau der Versicherungsleistungen. Sozialdemokraten und Gewerkschaften plädierten hingegen für eine Erhöhung der Versicherungsbeiträge (die von Arbeitgebern und Arbeitnehmern gemeinsam aufgebracht wurden), eine Erhöhung der direkten Steuern und ein „Notopfer" durch die Bezieher höherer Einkommen. Nach wochenlangem Tauziehen einigten sich die Minister im Reichskabinett Anfang März 1930 auf einen Kompromiss. Doch die Reichstagsfraktion der DVP lehnte ab. Ein neuer Kompromiss wurde gefunden, nun stärker zu Lasten der Arbeitslosen. Doch dieses Mal lehnte die Fraktion der SPD ab. Am selben Tag trat Reichskanzler Müller zurück.

Ende der Großen Koalition

Der Sturz der Regierung Müller gilt als ein entscheidendes Datum auf dem Weg zur Diktatur, denn Müller war der letzte Reichskanzler der Republik, dessen Regierung auf parlamentarische Weise, d. h. durch eine Mehrheit im Reichstag gebildet und gestützt worden war. Die folgenden Kabinette regierten unter weitgehender Ausschaltung des Reichstages, bis der Reichspräsident am 30. Januar 1933 Hitler die Macht übertrug und damit der Republik den endgültigen Todesstoß versetzte.

Kompromissunfähigkeit der Parteien

Warum aber scheiterte die Regierung, wenn die diskutierten Kompromisse doch so nahe beieinander lagen? Diese Frage ist deshalb so wichtig, weil sie uns zu den entscheidenden Gründen für den Untergang der Weimarer Republik führt. Eine erste Antwort lautet: Es ging den Parteien am Ende nicht um ein halbes Prozent Beitragserhöhung hin oder her, sondern ums Prinzip. Für die DVP und die hinter ihr stehende Wirtschaft war die Republik ohnehin bereits viel zu sozial geworden: Zu hohe Sozialleistungen, zu hohe Löhne und zu hohe Steuern würden die Wirtschaft erdrücken – das war die Sicht der Unternehmer und des rechten Flügels der Koalition. Aber auch für die SPD war im März 1930 das Maß voll. Sie hielt am Ziel einer schrittweisen „Verwirklichung des Sozialismus" auf dem Boden der demokratischen Republik fest und forderte zusammen mit den Gewerkschaften eine Demokratisierung der Wirtschaft („Wirtschaftsdemokratie"). Zudem sah sich die Partei getrieben von den Kommunisten, die mit griffigen Parolen um die Gunst der Arbeiter warben. Insofern ging es auch den Sozialdemokraten ums Prinzip, als sie ihren eigenen Kanzler stürzten.

Konflikt um Macht und Einfluss in der Gesellschaft

Eng damit zusammen hängt die zweite Antwort: Hinter dem Konflikt stand ein harter, für die kapitalistische Industriegesellschaft typischer Verteilungskampf, der in den ersten Jahren der Republik noch deutlich zugunsten der Arbeitnehmer ausgegangen war. Nun aber kam es vor allem der Schwerindustrie darauf an, ihre Interessen wieder massiv zur Geltung zu bringen und die sozialdemokratischen Projekte um jeden Preis zu verhindern.

Probleme des Sozialstaates

Der Konflikt um die Arbeitslosenversicherung zeigt drittens das Dilemma des modernen Sozialstaats: Wenn der Staat nicht nur Rahmenbedingungen für das Wirtschaften setzt, sondern soziale Verantwortung übernimmt und Sozialleistungen (z. B. die Unterstützung der Arbeitslosen) garantiert, dann gerät er unweigerlich zwischen die Mühlsteine der harten ökonomischen Interessen in Wirtschaft und Gesellschaft. Fehlt es dort an Kompromissbereitschaft, dann steht das Ansehen des demokratischen Staates auf dem Spiel.

Rolle der Verfassung

Viertens verhielten sich die Parteien im Konflikt vom März 1930 auf eine für die Weimarer Republik charakteristische Weise: Sie konnten es sich leisten, auf „dem Prinzip" zu beharren und ihre eigene Regierungsbeteiligung zu opfern, weil sie sich im Parlament nicht wirklich für die Regierung, deren Minister sie selbst stellten, verantwortlich fühlten. Denn nach der Verfassung wurde der Reichskanzler nicht vom Reichstag gewählt (dieser konnte ihn nur stürzen), sondern vom Reichspräsidenten unter Berücksichtigung der Mehrheitsverhältnisse im Reichstag ernannt. Die Parteien waren also nicht gezwungen, im Parlament aus eigener Kraft eine die Regierung tragende Mehrheit zu suchen, sondern sie konnten die Verantwortung für die Regierungsbildung „nach oben" abgeben – und so leichter auf ihren Programmen und Prinzipien beharren. Dies kam beim Wähler auch besser an als die Übernahme von Regierungsverantwortung. Regieren hieß: Schmerzhafte Kompromisse schließen. Diese standen oft im Widerspruch zu vollmundiger Wahlkampfrhetorik und wurden vom Wähler nicht als Leistung honoriert, sondern eher als Versagen interpretiert. Überhaupt ist es ein Kennzeichen der politischen Kultur der Weimarer Republik, dass die politischen Kräfte der „Reinheit" und „Unbedingtheit" ihres eigenen Standpunktes oftmals gegenüber dem Kompromiss den Vorzug gaben:

M 24 Notverordnungen ersetzen Gesetze

	1930	1931	1932
Vom Reichstag beschlossene Gesetze	98	34	5
Notverordnungen des Reichspräsidenten	5	44	60
Sitzungstage des Reichstages	94	41	13

Nach: Horst Möller, Weimar. Die unvollendete Demokratie, München 1985, S. 192.

Präsidialkabinett Brüning

M 25 „Das sind die Feinde der Demokratie!"
Plakat der SPD zu den Reichstagswahlen vom 14. September 1930

Kompromisse waren nur mühsam zu erringen und galten oft als „faul"; dem Pluralismus der Interessen und politischen Meinungen begegnete auch mancher Demokrat mit Skepsis oder offener Ablehnung.

Die Republik rückt nach rechts

Dem Reichspräsidenten Paul von Hindenburg kam das Zerbrechen der Großen Koalition nicht ungelegen. Auch ihm waren die Sozialdemokraten an der Regierung ein Dorn im Auge gewesen. Mehr noch: In seinem Beraterkreis waren seit längerem Pläne entwickelt worden, die darauf abzielten, den Einfluss des Reichstags auf die Regierung drastisch zurückzuschrauben und stattdessen die Macht des Reichspräsidenten entscheidend zu stärken.

Hindenburg nutzte den Sturz der Regierung Müller zu diesem grundlegenden Kurswechsel. Am Tag nach Müllers Rücktritt beauftragte er den Vorsitzenden der Zentrumsfraktion, den Finanzexperten Heinrich Brüning, mit der Bildung einer Regierung, die nicht mehr auf die Unterstützung des Reichstags angewiesen sein sollte. Zu diesem Zweck gab er dem neuen Kanzler eine ungewöhnliche Zusage mit auf den Weg: Falls Brüning bei seinen Gesetzesvorhaben im Reichstag keine Mehrheiten finden würde, würde er, Hindenburg, seinem Kanzler die Möglichkeit eröffnen, mit so genannten Notverordnungen zu regieren. Die juristische Handhabe dazu bot der Artikel 48 der Verfassung. Mit diesem Blankoscheck in der Hand konnte Brüning innerhalb von nur drei Tagen sein Kabinett präsentieren, ohne zuvor die üblichen langwierigen Koalitionsverhandlungen führen zu müssen.

Wie das neue System funktionierte, wurde am 16. Juli 1930 besonders deutlich: An diesem Tag lehnte der Reichstag einen Gesetzesentwurf zur Deckung des Haushalts, den Brüning vorgelegt hatte, mit großer Mehrheit ab. Der Kanzler erklärte daraufhin, dass er auf die Fortführung der Debatte keinen Wert mehr lege und ließ den Gesetzentwurf nun in Form einer von Hindenburg unterzeichneten Notverordnung in Kraft treten. Die Mehrheit der Abgeordneten wollte so nicht mit sich umspringen lassen und verlangte unter Berufung auf Artikel 48 der Verfassung von Brüning die Rücknahme der Notverordnung. Sofort nach der Bekanntgabe des Abstimmungsergebnisses, das die Notverordnung außer Kraft setzte, ließ der Reichspräsident den Reichstag auflösen und Neuwahlen ansetzen – auch dies war formal nach Artikel 25 der Verfassung möglich. Anstelle der vom Reichstag aufgehobenen Notverordnung setzte Brüning einige Tage später eine neue Notverordnung mit etwas abgeändertem Inhalt in Kraft. Diese konnte der nunmehr aufgelöste Reichstag nun nicht mehr aufheben.

Das gemeinsame Vorgehen Brünings und Hindenburgs zeigt, wie die Exekutive – Reichskanzler und Reichspräsident – durch Kombination einschlägiger Artikel der Verfassung das Parlament in seinem elementaren Recht auf Verabschiedung der Gesetze ausmanövrierte. Hindenburg und die ihn beratenden hohen Militärs hatten eine antiparlamentarische, vorwiegend auf das Notstandsrecht des Reichspräsidenten gestützte Regierungsweise auf den Weg gebracht, bei der der klassische Ort der Gesetzgebung, das Parlament, weitgehend ausgeschaltet war.

Die einzigen Gewinner der von Brüning und Hindenburg erzwungenen Neuwahlen zum Deutschen Reichstag am 14. September 1930 waren die Nationalsozialisten: Sie konnten ihren Stimmenanteil von

M 26 „Die neue Notverordnung"
„Der Reichs-Hund soll nicht verhungern, wir haben ihm noch mal ein Stück vom Schwanz abgeschnitten und füttern ihn damit", Karikatur von Olaf Gulbransson, aus dem „Simplicissimus" 1931.

M 27 „Brüning, der Freiheit und Ordnung letztes Bollwerk"
Plakat des Zentrums zu den Reichstagswahlen vom 31. Juli 1932

2,6 auf 18,3 Prozent erhöhen – ein dramatischer Erdrutsch nach rechts, der die Entwicklung der NSDAP zur Massenpartei mit einem Schlag vor Augen führte und die Verteidiger der demokratischen Republik zutiefst verunsicherte.

Heinrich Brüning – der „Hungerkanzler"

Brünings Regierung stand vor einem Berg von Problemen: Die Weltwirtschaftskrise trieb die Zahl der Arbeitslosen in erschreckende Höhen, der Staatshaushalt geriet in eine immer bedrohlichere Schieflage, die großen landwirtschaftlichen Güter vor allem in Ostpreußen waren überschuldet und der politische Radikalismus nahm weiter zu. Vordringlicher als die Lösung der Wirtschaftskrise erschien Brüning die Konsolodierung des Reichshaushalts und vor allem die Abschüttelung jener drückenden Reparationszahlungen, die Deutschland jährlich an die Siegermächte des Ersten Weltkriegs zu entrichten hatte. Insofern waren ihm die verheerenden Auswirkungen der Wirtschaftskrise nicht unrecht, denn er konnte in den außenpolitischen Verhandlungen um die Reparationen als starkes Argument anführen, dass Deutschland selbst bei äußerster Anstrengung diese Lasten nicht mehr tragen könne. Er verzichtete daher auf die Möglichkeit, die Wirtschaft etwa durch gezielte öffentliche Aufträge anzukurbeln und durch Arbeitsbeschaffungsmaßnahmen wenigstens einen Teil des Millionenheers von Arbeitslosen von der Straße zu holen. Im Gegenteil: Brüning verordnete den Deutschen eine wirtschaftliche Rosskur, indem er die öffentlichen Ausgaben radikal kürzte, die Gehälter im öffentlichen Dienst um bis zu 25 Prozent senkte, die Steuern mehrfach anhob, die Sozialleistungen absenkte und immer neue Abgaben einführte, um die klaffenden Haushaltslöcher zu stopfen.

Durch seine Politik des eisernen Sparens schnürte Brüning der Kaufkraft auf dem deutschen Binnenmarkt die Luft ab. Fachleute bezeichnen Brünings Wirtschaftspolitik als „prozyklisch", weil sie den wirtschaftlichen Abschwung noch weiter verschärfte. Der Kanzler ließ sich in seinem Kurs, den er mithilfe von Notverordnungen des Reichspräsidenten umsetzte, auch dann nicht beirren, als im September 1931 bereits 4,3 Millionen Arbeitslose auf der Straße standen. Bei den Bürgern waren seine Maßnahmen äußerst unpopulär: Sie nannten ihn den „Hungerkanzler". Unter Historikern ist bis heute umstritten, ob es zu Brünings Wirtschaftskurs eine realistische Alternative gab.

Der politische Radikalismus und die Gewalt auf der Straße nahmen unterdessen weiter zu. Im November 1931 wurden der Polizei geheime Dokumente zugespielt, in denen hessische Nationalsozialisten ihre gewaltsamen Pläne für den Fall eines Bürgerkriegs darlegten. Die republikanische Presse zeigte sich alarmiert. Die Justiz wiegelte ab und der Verfasser der „Boxheimer Dokumente" wurde vom Verdacht des Hochverrats freigesprochen – aus Mangel an Beweisen. Ebenfalls im November 1931 verurteilte das Reichsgericht Carl von Ossietzky, den Redakteur der linken Zeitschrift „Die Weltbühne", zu anderthalb Jahren Gefängnis, weil in einem Artikel der „Weltbühne" angeblich militärische Geheimnisse verraten worden waren. Tatsächlich hatte der Artikel nur Dinge „enthüllt", die man in einem Protokoll des Haushaltsausschusses des Reichstages ohnehin nachlesen konnte. Die beiden Vorfälle demonstrieren die „Einäugigkeit" der Justiz in der Weimarer Republik, die bei Vergehen der Linken viel häufiger und härter zugriff als bei Straftaten aus der rechten Szene. Hohe Positionen in der Justiz waren mit Männern besetzt, die vom Kaiserreich geprägt waren und dort ihre politische Überzeugung gewonnen hatten. Viele von ihnen pflegten eine innere Distanz zur Republik. Nicht der Schutz des demokratischen Gemeinwesens war ihnen ein Anliegen, sondern der starke Staat über den Parteien.

SA- und SS-Verbot

Nachdem die preußische Polizei im März 1932 bei einer Razzia auf Material gestoßen war, das Hinweise auf Putschpläne der SA enthielt, ließ Brüning auf Druck der Länder die Kampftruppen der NSDAP, SA und SS, endlich verbieten. Nur widerwillig hatte Hindenburg diese Notverordnung unterschrieben, weil das Verbot nicht auch für linke und republiktreue Verbände galt. Der greise Generalfeldmarschall war soeben im zweiten Wahlgang für eine weitere Amtszeit wieder gewählt worden, und zwar mit Unterstützung der Sozialdemokraten und aller republikanischer Kräfte. Für sie war Hindenburg das geringere Übel. Denn sein gefährlichster Gegenkandidat, der immerhin fast 37 Prozent der abgegebenen Stimmen erhalten hatte, hieß Adolf Hitler. Seines Kanzlers war Hindenburg inzwischen überdrüssig geworden. Als Brüning ihm eine neue Notverordnung vorlegte, mit der die Zwangsversteigerung von überschuldetem ostelbischen Großgrundbesitz ermöglicht werden sollte, verweigerte er die Unterschrift. Kurz darauf entließ er den Kanzler in barschem Ton: „Diese Regierung muss weg, weil sie unpopulär ist."

Gegnerschaft der Großgrundbesitzer

Diese Begründung war bestenfalls die halbe Wahrheit. Denn hinter den Kulissen hatten einflussreiche Kräfte auf den Sturz des Kanzlers hingearbeitet. Maßgebliche Vertreter der Schwerindustrie waren von Brüning enttäuscht, da er nicht den strammen Rechtskurs steuerte, den sie sich von ihm erhofft hatten. Scharfe Gegner hatte Brüning darüber hinaus vor allem in den Kreisen der hochadeligen ostpreußischen Großgrundbesitzer gefunden: Sie erwarteten eine Ausweitung der staatlichen Unterstützung für die Landwirtschaft, da viele ihrer großen Gutshöfe heillos verschuldet waren. Als Brüning jedoch plante, die am meisten verschuldeten Güter durch einen staatlichen Kommissar zwangsversteigern zu lassen, um auf dem frei werdenden Boden Hunderttausende von Arbeitslosen anzusiedeln, war die Entrüstung unter den Landwirten grenzenlos. Da traf es sich gut, dass der Reichspräsident als Besitzer des Gutes Neudeck selbst einer der ihren war und man sich gegenseitig bestens kannte.

Rolle der Reichswehr

Scharfen Gegenwind hatten Brüning und sein Reichswehrminister schließlich aus den Reihen der Reichswehr erfahren müssen. Keiner Regierung war es bisher gelungen, die Armee in den demokratischen Staat zu integrieren. Während viele der älteren Offiziere noch „kaiserlich" eingestellt waren, sympathisierten die jüngeren nicht selten mit dem radikalen Nationalismus der NSDAP. Intern beschäftigte sich die Reichswehrführung mit langfristigen Projekten zu einer massiven Aufrüstung, die einstweilen aufgrund der Auflagen des Versailler Vertrages noch nicht realisierbar schienen. In den Reihen der SA sahen die Militärs wertvollen Nachwuchs für den geplanten Aufbau eines Volksheeres; immerhin arbeitete man beim „Grenzschutz" in Ostpreußen bereits erfolgreich mit Hitlers Privatarmee zusammen. So stieß das von Brüning verhängte Verbot der SA in der Reichswehrführung auf Unverständnis.

Brünings Notverordnungsregiment hatte das parlamentarische System der Weimarer Republik praktisch außer Kraft gesetzt. Maßgeblichen Kräften in der Schwerindustrie, in der ostpreußischen Landwirtschaft und im Militär ging der 1930 vollzogene Rechtsruck jedoch nicht weit genug. Sie suchten die endgültige Abkehr vom Weimarer Staat.

4. Der Weg in die Diktatur

Die demokratischen Kräfte im Reichstag, auch die SPD, hatten Brüning „toleriert", d.h. sie hatten darauf verzichtet, den Kanzler über ein Misstrauensvotum zu stürzen. Denn sie ahnten: Was danach kommen würde, konnte nur schlimmer sein.

In der Tat. Am 1. Juni 1932, auf dem Höhepunkt der Wirtschaftskrise, ernannte Hindenburg den westfälischen Adeligen Franz von Papen zum Reichskanzler, den er persönlich sehr schätzte und „Fränzchen" nannte. Da von vornherein klar war, dass Papen in der erstbesten Reichstagssitzung gestürzt werden würde, löste Hindenburg den Reichstag gleich nach Papens Ernennung vorsorglich auf. Als erster Kanzler gab Papen seine Regierungserklärung daher nicht im Reichstag ab, sondern er verlas sie im Rundfunk. Sein „Kabinett der Barone" bestand fast durchgehend aus sehr weit rechts stehenden Adeligen. Als eine seiner ersten Maßnahmen hob er das Verbot der SA wieder auf. Der Reichstagswahlkampf im Juli 1932 wurde folglich zum blutigsten in der deutschen Geschichte. Um die Staatsmacht möglichst in seiner Hand zu konzentrieren, setzte Papen mitten im Wahlkampf, am 20. Juli 1932, die sozialdemokratisch geführte Regierung in Preußen ab und übernahm als „Reichskommissar" selbst die Macht im größten Bundesstaat. Trotz Berufung auf den „Notstandsartikel" 48 der Verfassung war die Gleichschaltung Preußens ein klarer Verfassungsbruch.

M 28 „Hände weg von Preußen!" Plakat des Zentrums zu den Preußischen Landtagswahlen vom 24. April 1932

Die Reichstagswahlen vom 31. Juli 1932 erbrachten erstmals eine negative Mehrheit der radikalen Parteien: Bei einer hohen Wahlbeteiligung von 84 Prozent hatten 37,3 Prozent der Wähler für Hitler gestimmt, weitere 14,3 Prozent für die Kommunisten. Die Sozialdemokraten kamen nur noch auf 21,6 Prozent, das Zentrum auf 12,5, während die beiden liberalen Parteien zusammen nur etwas über zwei Prozent erzielten. Unmissverständlich hatten die Deutschen damit dokumentiert, dass sie die demokratische Republik mehrheitlich ablehnten.

M 29 „An diesem System stirbt das Volk!" Plakat der SPD zu den Reichstagswahlen am 31. Juli 1932

Doch von einer konstruktiven Mehrheit waren die Verhältnisse im Reichstag nach der Wahl weiter entfernt denn je. Als ob es darum gehe, den Bürgern das Versagen des Parlamentarismus demonstrativ vor Augen zu führen, ließ Papen den soeben neu gewählten Reichstag gleich bei seiner ersten Sitzung am 12. September erneut auflösen, um einem Misstrauensvotum der Kommunisten zuvorzukommen. Obwohl Hindenburg und seine Berater bereits mit dem Gedanken spielten, den „Staatsnotstand" auszurufen und einstweilen keine Wahlen mehr auszuschreiben, wurde am 6. November wieder gewählt. Dieses Mal mussten die Nationalsozialisten mit einem Stimmenrückgang auf 33,1 Prozent erstmals eine Schlappe einstecken. Überhaupt schien Hitler den Höhepunkt seiner Wirksamkeit überschritten zu haben, denn bereits im August hatte ihm Hindenburg zu erkennen gegeben, dass er ihm, obwohl Chef der stärksten Partei, nicht die Regierungsverantwortung übertragen würde. Hindenburgs und Papens Ziel war es vielmehr, Hitler in die Regierungsverantwortung einzubinden, um ihn so zu „zähmen", nicht aber ihm die Macht alleine zu überlassen.

Präsidialregierung v. Schleichers

Unter dem Eindruck einer Intrige des Reichswehrministers Kurt von Schleicher ließ Hindenburg Anfang Dezember 1932 seinen Günstling von Papen fallen und beauftragte von Schleicher mit der Bildung einer Regierung. Von Schleicher suchte eine letzte, durchaus neue Karte auszuspielen: Er knüpfte Kontakte zum linken, sozialen Flügel der NSDAP, stellte dessen Führer Gregor Strasser das Amt des Vizekanzlers in Aussicht und verhandelte zugleich mit den Gewerkschaften. Das Ziel seines „Querfront"-Konzepts bestand darin, die angeschlagene Hitlerbewegung zu spalten, ihren Arbeitnehmerflügel in die Regierungsverantwortung einzubinden und mit Hilfe von staatlichen Arbeitsbeschaffungsmaßnahmen die Wirtschaft anzukurbeln. Das Konzept schien nicht ganz aussichtslos.

Ernennung Hitlers zum Reichskanzler

Doch nun wurde von Schleicher seinerseits das Opfer einer Intrige: Hinter seinem Rücken hatten sich im Januar 1933 von Papen und Hitler zusammen mit dem Chef der DNVP, Alfred Hugenberg, darauf geeinigt, gemeinsam eine „Regierung der nationalen Konzentration" zu bilden. Bedrängt von Papen gab Hindenburg seinen Widerstand gegen eine Ernennung Hitlers zum Reichskanzler auf. Er verweigerte von Schleicher die weitere Unterstützung und beauftragte am 30. Januar 1933 den „Führer" der NSDAP, Adolf Hitler, mit der Bildung einer Regierung. Dabei mochte ihn der Gedanke beruhigen, dass die Nationalsozialisten neben dem Reichskanzler Hitler in der neuen Regierung nur noch den Innenminister stellten, während Papen als Vizekanzler Hitler zur Seite stand. Hitler sollte, so der Plan Papens, von Konservativen eingerahmt, „gezähmt" und für die Zwecke der rechten Gegner der Republik in Landwirtschaft, Industrie und Reichswehr „benutzt" werden.

M 30 **30. Januar 1933**
Propagandafoto mit Adolf Hitler (rechts) und seinem Parteifreund Hermann Göring an einem Fenster der Reichskanzlei

Der greise Reichspräsident Hindenburg wiederum sah in der Regierung Hitler-Papen jene „nationale Einheit" verkörpert, zu der er in den Jahren zuvor immer wieder aufgerufen hatte. Außerdem schien ihm nach den unpopulären Notverordnungsregierungen Brünings, Papens und Schleichers die Regierung des 30. Januar 1933 auf dem besten Weg, endlich wieder eine Mehrheit der Deutschen hinter sich zu bringen.

Zunächst sah allerdings alles danach aus, als sei Hitlers Regierung nur ein weiteres Notverordnungsregiment. Doch Hitler lag es fern, im Stile seiner Vorgänger auf längere Sicht mithilfe von Notverordnungen des Reichspräsidenten zu regieren. Sein Ziel war es vielmehr, sich sowohl vom Reichstag als auch vom Reichspräsidenten unabhängig zu machen. Der Weg in die totale Diktatur führte daher in den kommenden Monaten über einschüchternden Terror, über intensive Propaganda, über erneute Neuwahlen und schließlich über die klägliche Selbstentmachtung des letzten gewählten Reichstags, der dem „Führer" und Reichskanzler am 23. März 1933 im so genannten Ermächtigungsgesetz die gesamte Gesetzgebung und damit die legalen Mittel zur Errichtung seiner Diktatur in die Hand gab. Formal gesehen war Hitler auf überwiegend legale Weise ins Amt gekommen. Allerdings hatten bereits seine Vorgänger die Verfassung missbraucht, das nur mäßig funktionierende parlamentarische System mit den Artikeln 48 und 25 der Verfassung zerstört und die Deutschen an einen autoritären Regierungsstil gewöhnt. Außerdem hatten sich hinter den Kulissen einzelne einflussreiche Männer aus Industrie, Landwirtschaft und Reichswehr wie etwa Krupp von Bohlen und Halbach, Peter Klöckner oder C. F. v. Siemens mit Nachdruck für eine „Hitler-Lösung" eingesetzt. Sie konnten darauf verweisen, dass Hitler zwar nicht die Mehrheit der Deutschen, aber doch eine beeindruckende Massenbasis hinter sich hatte. Und sie waren naiv genug zu glauben, Hitler ließe sich für ihre Zwecke einspannen.

5. Der 30. Januar 1933: Ein Betriebsunfall?

Die Ernennung Adolf Hitlers zum deutschen Reichskanzler am 30. Januar 1933 ist ein Datum von weltgeschichtlicher Bedeutung. Denn die Errichtung der nationalsozialistischen Diktatur im Lauf des Jahres 1933 hatte nicht nur das Ende von Demokratie und Freiheit, von Recht und Verfassung in Deutschland zur Folge. Vielmehr sehen wir heute in der Übergabe der Macht an Hitler vor allem den Auftakt zu einem beispiellosen Menschheitsverbrechen, das in der Entfesselung des Zweiten Weltkrieges und in der planmäßigen Ermordung von Millionen von Menschen gipfelte. Aus dieser Perspektive hat die Frage in den letzten Jahren noch an Gewicht gewonnen: Wie konnte es dazu kommen? Ganze Generationen von Wissenschaftlern haben sich mit diesem Problem beschäftigt. Zu seiner Lösung müssen wir zwei Fragen unterscheiden. Erstens: Warum ist die Weimarer Republik gescheitert?

Die Geschichte der Republik zeigt, dass die Weimarer Republik vor allem an der Vielzahl von Problemen, die sie zugleich zu lösen hatte, gescheitert ist. Das Scheitern der Republik musste aber nicht zwangsläufig in die Hitler-Diktatur führen. Deshalb stellt sich eine

M 31 „Fahrschule Hugenberg"
Anonyme Zeichnung aus dem „Vorwärts", 1. Februar 1933.
Der Pressezar und Vorsitzende der DNVP, Alfred Hugenberg, war in der ersten Regierung Hitlers von Januar bis Juni 1933 Minister für Wirtschaft und Ernährung.

zweite Frage besonders eindringlich: Warum konnte Hitler die Republik beerben? Musste es gerade Hitler sein, der auf die gescheiterte Republik folgte?

Enttäuschung der Bürger

Hitler profitierte am meisten davon, dass sich immer mehr Bürger enttäuscht von der Republik abwandten. Denn er konnte mit seinem radikalen Nationalismus an die in allen Bevölkerungsschichten verwurzelten nationalen Gefühle und Ressentiments appellieren, er hatte für komplizierte Probleme einfache Lösungen parat und er präsentierte Sündenböcke: Die „Juden", die „Marxisten", die „Novemberverbrecher". Wie kein anderer hat er es verstanden, den Menschen diese Parolen mit modernsten Techniken der Massenpropaganda einzuhämmern. Dabei kam seine politische Mythologie von „Führer" und „Gefolgschaft", von „Volksgemeinschaft" und der geschichtlichen Aufgabe der „arisch-germanischen Rasse" einer breiten Sehnsucht tief verunsicherter Menschen entgegen.

Programm der NSDAP

Mit ihrem Rassismus, ihrem radikalen Nationalismus, ihrem Hass auf das bürgerliche „Establishment", ihrem dynamischen, jugendlichen Auftreten und ihren verbrecherischen Plänen verkörperten die Nationalsozialisten sowohl „moderne" wie „antimoderne" Tendenzen des 19. und 20. Jahrhunderts. Durch ihr aggressives Auftreten schürten Hitler und seine Partei die seit 1918/19 umgehende Angst vor dem Bürgerkrieg, und sie präsentierten sich zugleich als Retter vor dem Bürgerkrieg. Dem Arbeiter und dem Industriellen, dem Bauern und dem Angestellten, dem Beamten und dem kleinen Gewerbetreibenden – nahezu jedem hat Hitler die Erlösung von seinen Nöten versprochen, wenn nur das „Dritte Reich" erst errichtet wäre. Seine Wähler kamen folglich auch aus allen Schichten der Gesellschaft.

Rolle der Konservativen

Dennoch waren es nicht die 33 Prozent NSDAP-Wähler vom November 1932, die Hitler zum Kanzler machten. Dazu bedurfte es einer kleinen Gruppe von Männern, die 1932/33 nach dem Scheitern der Kanzler Brüning, von Papen und von Schleicher einen ganz neuen Ausweg vor Augen hatten. Die Ausschaltung des Reichstags für eine längere Zeit, die langfristige Entfernung der Sozialdemokraten von der Macht, die Vernichtung der Kommunisten und stattdessen die Errichtung einer autoritären Regierung der „nationalen Konzentration" – das waren die gemeinsamen Ziele all jener, die Anfang 1933 darauf hinarbeiteten, dass Hitler Kanzler würde. Auch der 85-jährige Reichspräsident Paul von Hindenburg sah nach langem Zögern im Januar 1933 in Hitler die Lösung. Wie manch anderer Konservative glaubte auch er, dass der nationalsozialistische Parteiführer von seinen konservativen Bundesgenossen „gezähmt" würde. Dabei hätte Hindenburg zum Beispiel die Möglichkeit gehabt, Kurt von Schleicher als Kanzler zu halten, nachdem die Wirtschaftskrise Anfang 1933 bereits am Abklingen war und Hitlers Bewegung an Kraft verloren hatte. Das Ergebnis wäre dann sicher keine freiheitliche, parlamentarische Demokratie gewesen, sondern eine autoritäre Regierung, wie sie zu dieser Zeit in vielen Staaten Europas errichtet wurde. Der schlimmste Fall wäre so vielleicht vermieden worden. Aber Geschichte kann man leider nicht im Konjunktiv schreiben.

Zusammenfassung

Literatur

Ursula Büttner, Weimar. Die überforderte Demokratie, Stuttgart 2008

Joachim Fest, Ich nicht. Erinnerungen an eine Kindheit und Jugend, Hamburg 2006

Sebastian Haffner, Geschichte eines Deutschen. Die Erinnerungen 1914–1933, Stuttgart/ München 2000

Michael Stürmer, Das Jahrhundert der Deutschen, München 2002

Heinrich August Winkler, Weimar 1918–1933. Die Geschichte der ersten deutschen Demokratie, München 1993

Warum scheiterte die Demokratie von Weimar? Einige der Ursachen liegen bereits in den Umständen begründet, unter denen die Republik 1918/19 ins Leben getreten ist. So hat die unverarbeitete Kriegsniederlage die junge Demokratie von Anfang an politisch, materiell und psychologisch schwer belastet. Darüber hinaus hinterließ die Revolution von 1918/19, aus der die Republik hervorgegangen war, eine Gesellschaft, die scharf gespalten war in Gegner und Befürworter der neuen demokratischen Ordnung. Nicht zuletzt deshalb konnte die Gesellschaft der Weimarer Republik zu keinem demokratischen Grundkonsens finden, den die Mehrheit der Bürger geteilt und aktiv vertreten hätte.

Die demokratischen Kräfte hatten von Anfang an einen schweren Stand, denn die Republik sah sich innerhalb weniger Jahre mit einer Vielzahl schwieriger Probleme konfrontiert, die weder rasche noch leichte Lösungen zuließen: die Verarbeitung der Kriegsfolgen, die Bewältigung der Inflation, die Überwindung der außenpolitischen Isolation, eine erträgliche Regelung des Problems der Reparationen, der Ausbau des Sozialstaats, die Bekämpfung der Wirtschaftskrise und schließlich die Auseinandersetzung mit den Gegnern der Republik.

Als moderner Sozialstaat, der sich für das Wohl der Bürger verantwortlich fühlt und daher in die Gesellschaft und Wirtschaft eingreift („Interventionsstaat“), hat die Weimarer Republik bei zahlreichen gesellschaftlichen Gruppen hohe Erwartungen geweckt – und zunächst auch Erstaunliches geleistet: mit der Einführung der betrieblichen Mitbestimmung, mit dem Prinzip der „Sozialpartnerschaft“ zwischen Kapital und Arbeit, im sozialen Wohnungsbau, im Ausbau der öffentlichen Infrastruktur und vor allem mit der Einführung der Arbeitslosenversicherung. Unter den schwierigen wirtschaftlichen Umständen der Nachkriegsperiode und der Weltwirtschaftskrise musste die Republik jedoch die hohen Erwartungen, die sie als Sozialstaat geweckt hatte, fast zwangsläufig enttäuschen. Die Wahlstatistik zeigt eindrucksvoll, wie immer mehr Bürger den Gegnern der überforderten Republik ihre Stimme gaben.

Die Weimarer Verfassung von 1919 wiederum machte es möglich, dass aus dem parlamentarischen System ab 1930 praktisch ein autoritäres Regiment des Reichspräsidenten werden konnte und sich zugleich die Parteien immer weniger in der Pflicht sahen, aus eigener Kraft eine stabile Regierung zu bilden. Ab dem Frühjahr 1930 stützten sich die Regierungen nicht mehr auf Mehrheiten im Parlament, sondern auf das Vertrauen des Reichspräsidenten Hindenburg. Dieser höhlte den parlamentarischen Kern der Verfassung aus, indem er mit Notverordnungen nach Artikel 48 regieren ließ und jederzeit mit der Auflösung des Reichstags drohte.

Einflussreiche gesellschaftliche Kräfte, insbesondere aus den Reihen des Militärs, der Schwerindustrie und des Großgrundbesitzes, arbeiteten gegen die neue parlamentarische Demokratie. Sie taten dies, um ihren politischen Einfluss und ihre ökonomischen Interessen zu sichern und weil die Republik, in der die Sozialdemokratie zur stärksten politischen Kraft geworden war, nicht in ihr politisches Weltbild passte. Zu den schärfsten Gegnern der Republik gehörten jedoch die neuen politischen Bewegungen des Kommunismus und Nationalsozialismus – die beiden großen politischen Heilslehren des

Eine kommentierte Linkliste finden Sie unter: www.westermann.de/geschichte-linkliste

20. Jahrhunderts, zwischen denen die Republik gegen Ende zerrieben wurde. Beide Bewegungen profitierten, wenn auch in unterschiedlichem Ausmaß, vom Massenelend und den Existenzängsten, die die Weltwirtschaftskrise ausgelöst hatte. Die Kombination aus Staats- und Wirtschaftskrise verunsicherte die Befürworter der Republik und bot ihren Gegnern die willkommene Gelegenheit, das „System von Weimar" von Grund auf infrage zu stellen. Hier zeigte sich die Weimarer Republik als eine überforderte Demokratie, die längst am Ende war, als Reichspräsident Hindenburg am 30. Januar 1933 Hitler zum Reichskanzler ernannte.

Zeittafel

1918	
9.11.1918	Ausrufung der Republik
1919	
19.1.1919	Wahlen zur Nationalversammlung in Weimar
28.6.1919	Unterzeichnung des Friedensvertrags von Versailles
11. 8.1919	Inkrafttreten der Weimarer Reichsverfassung
1923	
Herbst 1923	Höhepunkt der Inflation
8./9.11.1923	Hitler-Putsch in München scheitert
15.11.1923	Stabilisierung der Währung: Einführung der Rentenmark (eine Rentenmark = 1 Billion Papiermark)
1925	
28.2.1925	Tod des Reichspräsidenten Friedrich Ebert
26.4.1925	Wahl Paul von Hindenburgs zum Reichspräsidenten
1927	
17.7.1927	Einführung der gesetzlichen Arbeitslosenversicherung
1928–1930/32	
28.6.1928–27.3.1930	Große Koalition aus SPD, DDP, Zentrum, Bayerischer Volkspartei (BVP) und DVP unter Reichskanzler Hermann Müller (SPD)
ab 24.10.1929	Zusammenbruch der New Yorker Börse
30.3.1930–30.5.1932	Reichskanzler Heinrich Brüning (Zentrum)
14.9.1930	Reichstagswahlen; NSDAP erhält 18,3% der Stimmen
1932/33	
Februar 1932	6,13 Millionen Arbeitslose
30.5.–17.11.193	Reichskanzler Franz von Papen
20.7.1932	Absetzung der preußischen Regierung durch Reichskanzler von Papen („Preußenschlag") und Einsetzung eines „Reichskommissars" in Preußen
31.7.1932	Reichstagswahlen; NSDAP erhält 37,3 % der Stimmen
13.8.1932	Hindenburg lehnt es ab, Hitler zum Reichskanzler zu ernennen
6.11.1932	Reichstagswahlen; NSDAP erhält 33,1 % der Stimmen
2.12.1932–28.1.1933	Reichskanzler Kurt von Schleicher
30.1.1933	Ernennung Adolf Hitlers zum Reichskanzler durch den Reichspräsidenten Paul von Hindenburg

1. Eine Republik mit Geburtsfehlern?

M 32 „Arbeiter! Arbeiterinnen!"

Streikaufruf der Unabhängigen Sozialdemokratischen Partei Deutschlands vom 16. Januar 1919:

Arbeiter! Arbeiterinnen!
Ungeheuerliches geschieht seit Tagen in Berlin. Das Proletariat hat als unterdrückte Klasse unter der Herrschaft der Bourgeoisie viel erlitten, namentlich unter dem schändlichen Sozialistengesetz. Aber weder unter Wilhelm I. noch unter Wilhelm II. hat so der weiße Schrecken gewütet wie jetzt.
Grausiges hat sich heute ereignet. Mit Entsetzen wendet sich jedes menschlich fühlende Herz von den Gräueltaten dieses Tages ab. Ein grässlicher Meuchelmord ist an Karl Liebknecht und Rosa Luxemburg verübt worden. [...]

Arbeiter! Arbeiterinnen!
Das, was man heute den Spartakisten und den Unabhängigen antut, kann morgen euer Los sein. Auch ihr Arbeiter, die ihr euch zu der Partei der Rechtssozialisten zählt, seid der Reaktion und der Militärkaste verdächtig. Der Hass des Bürgertums und der Reaktion wird sich genauso gegen euch, eure Organisationen wie gegen die Arbeiterschaft im Allgemeinen wenden.
In unglaublicher Verblendung lässt die Regierung Ebert, Scheidemann, Landsberg, Noske, die sich immer noch eine sozialistische zu nennen wagt, ihre Söldner schalten und walten. Sie bewaffnet die Offiziere und die Bürgersöhne gegen die Arbeiterschaft. Erschießungen sind in Massen vorgekommen. Verhaftungen folgen auf Verhaftungen! [...]

Die Militärkaste, das Bürgertum und die Regierung müssen erkennen, dass ihr nicht die Objekte ihrer Willkür, sondern die Träger der Gesellschaft, die Erhalter des Wirtschaftslebens seid.
Darum Arbeiter und Arbeiterinnen!
Legt geschlossen die Arbeit nieder zum Protest gegen die Gewaltherrschaft!
Protestiert gegen das Verbleiben einer Regierung, deren Politik die Arbeiterklasse gespalten und zum Brudermord geführt hat!
Protestiert gegen eine Regierung, die die Arbeiter entwaffnet und unaufgeklärte Truppen, Offiziere und Studenten gegen die Arbeiter bewaffnet.
Protestiert gegen die Herrschaft der Soldaten-Anarchie!
Fordert die Demobilisierung des alten Heeres und die sofortige Entfernung der Truppen aus Berlin.
Fort mit der Regierung Ebert-Scheidemann!
Es lebe die Einigkeit des Proletariats!

Nach: Wolfgang Michalka/Gottfried Niedhart (Hg.), Deutsche Geschichte 1918–1933. Dokumente zur Innen- und Außenpolitik, Frankfurt 1992, S. 47–49.

M 33 „Arbeiter, Bürger, Bauern, Soldaten ... vereinigt euch zur Nationalversammlung", Plakat, 1919

M 34 Eröffnung der Nationalversammlung

Aus der Rede des SPD-Vorsitzenden und Mitglieds der Revolutionsregierung Friedrich Ebert am 6. Februar 1919:

Meine Damen und Herren, die Reichsregierung begrüßt durch mich die Verfassungsgebende Versammlung der deutschen Nationen. Besonders herzlich begrüße ich die Frauen, die zum ersten Mal gleichberechtigt im Reichsparlament erscheinen. Die provisorische Regierung verdankt ihr Mandat der Revolution; sie wird es in die Hände der Nationalversammlung zurücklegen. (Bravo!)

In der Revolution erhob sich das deutsche Volk gegen eine veraltete zusammenbrechende Gewaltherrschaft. (Zustimmung links. – Lebhafter Widerspruch rechts.)

Sobald das Selbstbestimmungsrecht des deutschen Volkes gesichert ist, kehrt es zurück auf den Weg der Gesetzmäßigkeit. Nur auf der breiten Heerstraße der parlamentarischen Beratung und Beschlussfassung lassen sich die unaufschiebbaren Veränderungen auch auf wirtschaftlichem und sozialem Gebiet vorwärts bringen, ohne das Reich und sein Wirtschaftsleben zugrunde zu richten. (Sehr wahr!, links.)

Deshalb begrüßt die Reichsregierung in dieser Nationalversammlung den höchsten und einzigen Souverän in Deutschland. [...]

Wir haben den Krieg verloren. Diese Tatsache ist keine Folge der Revolution. (Sehr wahr!, links. – Lebhafter Widerspruch rechts.)

Meine Damen und Herren, es war die Kaiserliche Regierung des Prinzen Max von Baden, die den Waffenstillstand einleitete, der uns wehrlos machte. (Zurufe.)

Nach dem Zusammenbruch unserer Verbündeten und angesichts der militärischen und wirtschaftlichen Lage konnte sie nicht anders handeln.

(Sehr richtig!, links.)

Die Revolution lehnte die Verantwortung ab für das Elend, in das die verfehlte Politik der alten Gewalten und der leichtfertige Übermut der Militaristen das deutsche Volk gestürzt haben. (Sehr wahr!, links.)

Sie ist auch nicht verantwortlich für unsere schwere Lebensmittelnot.

(Widerspruch rechts.) [...]

Meine Damen und Herren, die provisorische Regierung hat eine sehr üble Herrschaft angetreten. Wir waren im eigentlichen Wortsinne die Konkursverwalter des alten Regimes: (Sehr wahr!, bei den Sozialdemokraten.) Alle Scheuern, alle Lager waren leer, alle Vorräte gingen zur Neige, der Kredit war erschüttert, die Moral tief gesunken. Wir haben, gestützt und gefördert vom Zentralrat der Arbeiter- und Soldatenräte (Lachen rechts.) – gestützt und gefördert vom Zentralrat der Arbeiter- und Soldatenräte (Lebhafte Zustimmung bei den Sozialdemokraten – Unruhe rechts.) unsere beste Kraft eingesetzt, die Gefahren und das Elend der Übergangszeit zu bekämpfen.

Nach: Wolfgang Michalka/Gottfried Niedhart (Hg.), Deutsche Geschichte 1918–1933. Dokumente zur Innen- und Außenpolitik, Frankfurt 1992, S. 49–52.

M 35 Ernst Jünger über die Revolution

Der Schriftsteller Ernst Jünger urteilt 1923 über die Revolution von 1918/19 wie folgt:

Schwerwiegende Fehler waren begangen, vor und während des Krieges, die Abrechnung aber mußte erfolgen nach Friedensschluß. So war die Revolution nichts anderes als eine Meuterei auf einem kämpfenden Schiff. Die Leute, die sich im Augenblick höchster Gefahr des Steuers bemächtigten, übernahmen gleichzeitig eine schwere Verantwortung. Die Geschichte hat gelehrt, daß sie dieser Verantwortung nicht gewachsen waren. Der Grund liegt darin, daß nicht die Idee es war, die sie trieb, sondern die Beutegier, unterstützt von der Feigheit einer ausgehungerten und durch Schlagworte geblendeten Masse.

Inzwischen hat wohl auch der Beschränkteste erkannt, was eigentlich hinter diesen Schlagworten steckte. Die sogenannte Revolution von 1918 war kein Schauspiel der Wiedergeburt, sondern das eines Schwarmes von Schmeißfliegen, der sich auf einen Leichnam stürzte, um von ihm zu zehren. Welche Idee ist denn verwirklicht durch diese Revolution? Die der Freiheit? Der Demokratie? Des parlamentarischen Staates? Diese Frage dürfte wirklich jeden in Verlegenheit setzen.[...]

Die Vertreter des Materialismus in seiner ganzen Gemeinheit, Schieber, Börsianer und Wucherer sind die wirklich Regierenden. Alles Reden und Handeln dreht sich um Ware, Geld und Profit. Alle Äußerungen des Staates, seine Verordnungen, seine Erklärungen, seine Maßnahmen, sein Geld, seine Aufrufe, dünsten den Geruch des Verwesens aus. Wie könnte es auch anders sein, da die Revolution keine Geburt, kein Aufstrahlen neuer Ideen, sondern eine Verwesung war, die von einem sterbenden Körper Besitz ergriffen hat. Zu lange währt dieses Schauspiel schon.

Ernst Jünger, Revolution und Idee, in: Völkischer Beobachter, 23./24. September 1923.

M 36 **„Weimarer Reichsverfassung"**

Aus der Verfassung des Deutschen Reiches („Weimarer Reichsverfassung") vom 11. August 1919:

Artikel 1: Das Deutsche Reich ist eine Republik. Die Staatsgewalt geht vom Volke aus.

Artikel 2: Das Reichsgebiet besteht aus den Gebieten der deutschen Länder. Andere Gebiete können durch Reichsgesetz in das Reich aufgenommen werden, wenn es ihre Bevölkerung kraft des Selbstbestimmungsrechts begehrt.

Artikel 20: Der Reichstag besteht aus den Abgeordneten des deutschen Volkes.

Artikel 21: Die Abgeordneten sind Vertreter des ganzen Volkes. Sie sind nur ihrem Gewissen unterworfen und an Aufträge nicht gebunden.

Artikel 22: Die Abgeordneten werden in allgemeiner, gleicher, unmittelbarer und geheimer Wahl von den über zwanzig Jahre alten Männern und Frauen nach den Grundsätzen der Verhältniswahl gewählt. Der Wahltag muss ein Sonntag oder öffentlicher Feiertag sein. Das Nähere bestimmt das Reichswahlgesetz.

Artikel 25: Der Reichspräsident kann den Reichstag auflösen, jedoch nur einmal aus dem gleichen Anlass.

Die Neuwahl findet spätestens am sechzigsten Tage nach der Auflösung statt.

Artikel 41: Der Reichspräsident wird vom ganzen deutschen Volke gewählt.

Wählbar ist jeder Deutsche, der das fünfundzwanzigste Lebensjahr vollendet hat.

Das Nähere bestimmte ein Reichsgesetz.

Artikel 48: Wenn ein Land die ihm nach der Reichsverfassung oder den Reichsgesetzen obliegenden Pflichten nicht erfüllt, kann der Reichspräsident es dazu mithilfe der bewaffneten Macht anhalten.

Der Reichspräsident kann, wenn im Deutschen Reiche die öffentliche Sicherheit und Darstellung erheblich gestört oder gefährdet wird, die zur Wiederherstellung der öffentlichen Sicherheit und Ordnung nötigen Maßnahmen treffen, erforderlichenfalls mithilfe der bewaffneten Macht einzuschreiten. Zu diesem Zwecke darf er vorübergehend die in den Artikeln 114, 115, 117, 118, 123, 124 und 153[1] festgesetzten Grundrechte ganz oder zum Teil außer Kraft setzen.

Von allen gemäß Abs. 1 oder Abs. 2 dieses Artikels getroffenen Maßnahmen hat der Reichspräsident unverzüglich dem Reichstag Kenntnis zu geben. Die Maßnahmen sind auf Verlangen des Reichstags außer Kraft zu setzen.

Bei Gefahr im Verzuge kann die Bundesregierung für ihr Gebiet einstweilige Maßnahmen der in Abs. 2 bezeichneten Art treffen. Die Maßnahmen sind auf Verlangen des Reichspräsidenten oder des Reichstags außer Kraft zu setzen.

Das Nähere bestimmt ein Reichsgesetz.

Artikel 52: Die Reichsregierung besteht aus dem Reichskanzler und den Reichsministern.

Artikel 53: Der Reichskanzler und auf seinen Vorschlag die Reichsminister werden vom Reichspräsidenten ernannt und entlassen.

Artikel 54: Der Reichskanzler und die Reichsminister bedürfen zu ihrer Amtsführung des Vertrauens des Reichstages. Jeder von ihnen muss zurücktreten, wenn ihm der Reichstag durch ausdrücklichen Beschluss sein Vertrauen entzieht.

Artikel 73: Ein vom Reichstag beschlossenes Gesetz ist vor seiner Verkündigung zum Volksentscheid zu bringen, wenn der Reichspräsident binnen eines Monats es bestimmt.

Ein Gesetz, dessen Verkündung auf Antrag von mindestens einem Drittel des Reichstags ausgesetzt ist, ist dem Volksentscheid zu unterbreiten, wenn ein Zwanzigstel der Stimmberechtigten es beantragt.

Ein Volksentscheid ist ferner herbeizuführen, wenn ein Zehntel der Stimmberechtigten das Begehren nach Vorlegung eines Gesetzentwurfes stellt. Dem Volksbegehren muss ein ausgearbeiteter Gesetzentwurf zugrunde liegen. [...]

Artikel 109: Alle Deutschen sind vor dem Gesetze gleich.

Männer und Frauen haben grundsätzlich dieselben staatsbürgerlichen Rechte und Pflichten. [...]

Artikel 165: Die Arbeiter und Angestellten sind dazu berufen, gleichberechtigt in Gemeinschaft mit den Unternehmern an der Regelung der Lohn- und Arbeitsbedingungen sowie an der gesamten wirtschaftlichen Entwicklung der produktiven Kräfte mitzuwirken. Die beiderseitigen Organisationen und ihre Vereinbarungen werden anerkannt.

Die Arbeiter und Angestellten erhalten zur Wahrnehmung ihrer sozialen und wirtschaftlichen Interessen gesetzliche Vertretungen in Betriebsarbeiterräten sowie in nach Wirtschaftsgebieten gegliederten Bezirksarbeiterräten und in einem Reichsarbeiterrat. [...]

1 Die genannten Artikel betreffen folgende Grundrechte: Freiheit der Person, Unverletzlichkeit der Wohnung, Briefgeheimnis, Meinungshsfreiheit, Versammlungs- und Vereinigungsfreiheit, Eigentumsrecht

Reichsgesetzblatt 1919, Nr. 152, S. 1383 ff.

M 37 Eine Demokratie ohne Demokraten?

a) Der Schriftsteller Carl von Ossietzky aus Anlass des Verfassungsjubiläums 1929:

Wenn die Feiern einen Sinn haben sollen, so kann er nur der sein, in Erinnerung zu rufen, dass die Konstitution von Weimar besser ist als ihre Hüter, die sie dilettantisch handhaben und, wenn es ihnen so passt, in kühner Schwenkung umgehen. [...] Die Geschichte der neuen Verfassung ist nicht eine Geschichte ihrer Erfüllung, sondern ihrer Verletzungen. Man hält das für staatsmännisch, für realpolitisch oder sonstwas. Deutschland fehlt noch immer jener Respekt vor dem Verfassungsbuchstaben, der alle gut funktionierenden Demokratien auszeichnet. Kein englisches oder französisches Kabinett könnte sich einen Tag halten, das so weitherzig mit den konstitutionellen Garantien umgeht, wie es unsere verschiedenen Regierungen getan haben. [...]
Dadurch ist ein Zustand von Unsicherheit geschaffen worden, der den Glauben an die Möglichkeiten der Republik lähmt, um die Bezirke der Politik einer kühlen, etwas verächtlichen Skepsis legt und vor allen Dingen den heute Zwanzigjährigen das triste Bild eines Systems zeigt, das nicht klappen will. Das ist viel schlimmer als die akute Bedrohung, die es gar nicht mehr gibt. Dafür ist die Zukunft eine einzige Drohung geworden, und sowenig sich eine ins Einzelne gehende Prognose stellen lässt, so gewiss fühlt man überall hinter dem selbstgefälligen Kulissenkult dieses Parlamentarismus eine kommende Wirklichkeit voller dunkler und erschütternder Abenteuer. Der Deutsche ist noch immer so bar aller Staatsgefühle wie in der kaiserlichen Zeit. Nur ist der Staat noch viel unbeliebter als damals, denn er ist dem Einzelnen als Polizist oder als Steuereintreiber viel nähergerückt.

Carl von Ossietzky, Geburtstag der Verfassung, in: Die Weltbühne v. 6.8.1929, zit. n.: Bernd Sösemann, Demokratie im Widerstreit. Die Weimarer Republik im Urteil ihrer Zeitgenossen, Stuttgart 1980, S. 42–44.

b) Der Staatsrechtler Hermann Heller über Befürworter und Gegner der Weimarer Verfassung (1929/30):

Wir feiern die Weimarer Verfassung nicht, weil sie uns bereits Erfüllung wäre, sondern weil sie uns unsere Aufgabe ermöglicht. [...]
Wir haben das Recht, von allen deutschen Staatsbürgern aller politischer Richtungen für sie Achtung zu fordern, weil diese Verfassungsform allen Gruppen die gleichen Kampfbedingungen gewährt. Wir geloben, die Weimarer Verfassung gegen alle Angriffe von Gewaltideologen zu verteidigen. Wenn diese Angreifer immer wieder von Wahlzetteldemokratie sprechen, so wollen wir ihnen eines ganz deutlich sagen:
Wir wissen genau, dass man einen Staat nicht allein mit Wahlzetteln sichert und wir werden ihnen dieses Wissen in dem Augenblick praktisch beweisen, wo sie einen Gewaltangriff versuchen sollten. Dann werden wir die Weimarer Verfassung verteidigen, wenn es sein muss mit der Waffe in der Hand!

Hermann Heller, Freiheit und Form in der Reichsverfassung, in: Die Justiz. Monatsschrift für Erneuerung des Deutschen Rechtswesens 5 (1929/30), S. 676 f., zitiert nach Bernd Sösemann, Demokratie im Widerstreit. Die Weimarer Republik im Urteil ihrer Zeitgenossen, Stuttgart 1980, S. 71 f.

Aufgaben

1. Erarbeiten Sie anhand des Streikaufrufes die politische Anschauung der USPD. Vergleichen Sie Ihre Ergebnisse mit der Aussage des Plakats.
   → M32, M33
2. Überprüfen Sie die Aussagen Eberts zur Revolution mithilfe des Autorentexts. An welchen Stellen beschönigt er die bisherige Politik der provisorischen Regierung?
   → M34
3. Vergleichen Sie die Regelungen der Weimarer Verfassung mit dem Grundgesetz, und zwar unter folgenden Gesichtspunkten: Ablösung der Regierung, Stellenwert der Grundrechte und demokratische Beteiligung des Volkes.
   → M36, GG
4. a) Informieren Sie sich mithilfe einer Literaturgeschichte und mithilfe des Internets über Carl von Ossietzky und Ernst Jünger.
   b) Erarbeiten Sie anhand der Aussagen von Ernst Jünger, Carl von Ossietzky und Hermann Heller deren Haltung gegenüber der Weimarer Republik.
   → M35, M37

2. Die Folgen des Ersten Weltkrieges

M 38 Politische Gewalt

Aus einer Denkschrift des Reichsinnenministers Carl Severing vom Dezember 1929:

Seit der Nichterneuerung des Republikschutzgesetzes vergeht kaum ein Tag, an dem nicht irgendwo in Deutschland, zumeist an mehreren Stellen, auf politisch Andersdenkende geschossen, eingeschlagen oder eingestochen wird. Der Zustand staatsbürgerlicher Sicherheit hat einen beklagenswerten Tiefpunkt erreicht und sinkt täglich mehr. Die Ursache dieser betrüblichen Erscheinung ist die hemmungslose Verhetzung durch Wort und Schrift, die von den Gegnern der Republik und auf der äußersten Rechten betrieben wird [...]

Der „Niedersächsiche Beobachter" in Hannover (Folge 30) vom 27.7. und „Das Landvolk" in Itzehoe (Nr. 102) vom gleichen Tage führten in einem Aufsatz „Volksheer oder Garde der Demokratie" Folgendes aus:

„Spuk in Berlin. Spät nachmittags auf dem Kurfürstendamm. Bars, Amüsierkneipen, Kokotten in Seide und Pelz, Negermusik aus drei Dutzend Kaffehäusern ... Die Nacht fällt herein. Hier aber wird es heller. Der Trubel wächst, Licht unzähliger Scheinwerferlampen macht die Augen, die Gesichter grell, maskenhaft, unheimlich. Alle Männer sehen aus, als könnte jeder sein: Minister, Schieber, Taschendieb, Börsianer, Bankier ... Man sieht sich, kneift die Augen zusammen, denkt an den Begriff der ‚weißen Weste' und lächelt süffisant. ‚Na ja'... Das ist das Gesicht des Staates von Weimar, den sich die Arbeiterschaft als Staat der ‚sozialen Demokratie' zu gestalten dachte." [...]

Die im Juli in Pyritz (Pommern) erschienene Folge 30 der Zeitschrift „Die Diktatur" brachte einen Aufsatz „Die Flaggen am Tage von Versailles": „... Auch Schwarz-Rot-Gold, trotz geschmackloser und unheraldischer Zusammenstellung, wird fortleben als die Fahne ehrlicher Idealisten von 1848. Von den betrügerischen November-Verbrechern ist sie aber besudelt und beschmutzt worden, ein kläglicher Eiterfetzen auf den schwärenden Wunden des Volkskörpers, für die man nur durchweg Ekel empfindet, umso größeren Ekel, als sie aufgedrungen wird." [...]

In einer öffentlichen Versammlung im Münchner Bürgerbräukeller im Oktober führte der Nationalsozialist Julius Streicher aus: „Der Jude ist seit urdenklichen Zeiten geborener Verbrecher. Wer in der Republik den Nachweis erbringt, dass er ein Gauner ist, der kann Minister werden, vielleicht später, wenn einmal der Präsidentenstuhl frei ist, auch Reichspräsident. Erzberger und Rathenau [Reichsfinanz- und Reichsaußenminister in der frühen Republik] sind nicht ermordet, sondern getötet worden. Die Täter sind keine Mörder, sondern ganze Kerle" [...]

Die Folge solcher beschimpfenden, verhetzenden Äußerungen, deren Steigerung nicht mehr mit Mitteln der Sprache, sondern nur noch mit denen der Gewalt möglich ist, ist eine Aufwühlung der politischen Leidenschaften, die dann letzten Endes in der Begehung von Gewalttätigkeiten ihre Entladung findet. Eine keineswegs lückenlose Zusammenstellung von Zusammenstößen in der letzten Zeit mag als Beweis dafür folgen:

[...] Am 2.8. kam es in Nürnberg gelegentlich des nationalsozialistischen Parteitags in einer Wirtschaft zwischen mehreren Nationalsozialisten und Andersdenkenden zu Tätlichkeiten, in deren Verlauf die Nationalsozialisten mit Biergläsern und Flaschen warfen. [...]

Am 25.8. wurden in Essen vier von einer Veranstaltung des Reichsbanners Schwarz-Rot-Gold kommende Mitglieder dieses Verbandes auf ihrem Heimwege von Nationalsozialisten überfallen. Die Nationalsozialisten rissen ihnen die Abzeichen des Reichsbanners ab und zerfetzten zum Teil ihre Kleidung. Die mitgeführten Musikinstrumente wurden zertrümmert; ein Reichsbannermitglied erhielt mit einem Schlagring einen Hieb über den Kopf.

Am 1.9. überfielen in Köln einige Kommunisten zwei der Hitlerjugend angehörende junge Leute und verletzen einen durch Messerstiche in die Hand.

Am gleichen Tage veranstaltete der Stahlhelm in Hamburg einen Umzug nach dem Sportplatz in Lokstedt. An der Hamburger Grenze hatten sich etwa 500 Kommunisten angesammelt, die über die Stahlhelmmitglieder mit Stöcken, Totschlägern und Gummischläuchen herfielen. Den ganzen Tag wurden auch in der übrigen Stadt von Kommunisten Gewalttätigkeiten gegen Andersdenkende begangen, die teilweise sehr schwer verletzt wurden. [...]

Am 15.9. wurden in Berlin auf dem Kurfürstendamm jüdisch aussehende Personen von Nationalsozialisten angepöbelt und geschlagen [...]

Nach: Ursachen und Folgen. Band 7: Die Weimarer Republik. Vom Kellogg-Pakt zur Weltwirtschaftskrise 1928–1930, hrsg. v. Herbert Michaelis u. Ernst Schraepler, Berlin 1962, S. 243, 245f.

M 39 Die „verkehrte Welt" der Inflation

Die Entwicklung der Schulden des Deutschen Reichs 1913–1923 in Milliarden Mark (soweit nicht anders angegeben):

Stand am 31.3.	Fundierte Schuld	Schwebende Schuld	
		insgesamt	bei der Reichsbank
1913	4,8	–	–
1914	4,9	–	–
1915	9,5	7,2	6,0
1916	30,2	9,3	7,3
1917	50,3	18,5	13,1
1918	71,9	33,0	15,7
1919	92,4	63,7	29,9
1920	93,0	91,5	42,7
1921	82,2	166,3	64,5
1922	65,7	271,9	146,5
1923	59,6	6.601,1	4.552,0
15. November 1923	–	191,6 Trillionen	189,8 Trillionen

Nach: Fritz Blaich, Schwarzer Freitag. Inflation und Wirtschaftskrise, München 3. Aufl. 1994, S. 164.

Die Entwicklung des Dollarkurses vom Kriegsausbruch 1914 bis zur Hyperinflation 1923:

1 Goldmark = Papiermark	Datum	Dollarkurs in Papiermark	Zeitraum
1	Juli 1914	4,20	
10	Jan. 1920	41,98	5,5 Jahre
100	3. Juli 1922	420,00	2,5 Jahre
1 000	21. Okt. 1922	4.430,00	108 Tage
10 000	31. Jan. 1923	49.000,00	101 Tage
100 000	24. Juli 1923	414.000,00	174 Tage
1 000 000	8. Aug. 1923	4.860.000,00	13 Tage
10 000 000	7. Sept. 1923	53.000.000,00	30 Tage
100 000 000	3. Okt. 1923	440.000.000,00	26 Tage
1 000 000 000	11. Okt. 1923	5.060.000.000,00	8 Tage
10 000 000 000	22. Okt. 1923	40.000.000.000,00	11 Tage
100 000 000 000	3. Nov. 1923	420.000.000.000,00	11 Tage
1 000 000 000 000	20. Nov. 1923	4.200.000.000.000,00	17 Tage

Nach: Fritz Blaich, Schwarzer Freitag. Inflation und Wirtschaftskrise, München 3. Aufl. 994, S. 163.

Aufgaben

1. a) Fassen Sie zusammen, welche Gründe Carl Severing für die Entstehung der politischen Gewalt nennt. Welche Beispiele von Gewaltakten werden vorgetragen?
   b) Werten Sie mithilfe des Autorentextes, inwieweit die Argumentation Severings zutrifft oder zu kurz greift.
   → Text, M38
2. Erklären Sie, inwiefern der Versailler Vertrag als Parole zur Diffamierung der Republik benutzt wurde.
→ Text, M11–M13
3. a) Beschreiben Sie anhand der Tabellen Ausmaß und Entwicklung der Inflation von 1923.
   b) Überprüfen Sie die Gründe, die der Autorentext für die Inflation liefert mithilfe der Tabellen.
   → Text, M39
4. Skizzieren Sie die sozialen und politischen Folgen der Inflation.
   → Text

3. Die Republik am Abgrund

M 40 Die Weltwirtschaftskrise

a) Aus einem Bericht über die Not arbeitsloser Familien 1932:

Wer offenen Auges auf den Hauptwanderstraßen Deutschlands, z. B. zwischen Berlin – der Uckermark – Mecklenburg und Pommern oder dem westdeutschen Industriegebiet – Mecklenburg – Berlin wandernde Familien beobachtet hat, wer sie gesprochen und von ihrem Schicksal gehört hat, der sah in einen Abgrund tiefsten menschlichen Elendes. Vater, Mutter und eine ganze Schar trippelnder Kinder. Der Vater trägt einen schweren Rucksack oder zieht einen kleinen Handwagen. Die Mutter schiebt den Kinderwagen mit dem jüngsten oder den zwei jüngsten Kindern inmitten von allem möglichen Hausrat und Kleidungsstücken. [...] Fragt man die einzelnen Familien nach dem Woher und Wohin, erhält man immer die gleiche Antwort: „Wir suchen Arbeit." [...] So treffen die ehemals städtischen Arbeitslosen mit denen vom Lande zusammen und ziehen in gleicher Not mit der gesamten Familie und allen Habseligkeiten von Ort zu Ort, in der Hoffnung, doch noch einmal Arbeit zu finden.

Aus: Hubert Kiesewetter, Die Not arbeitsloser Familien auf der Landstraße, in: Soziale Berufsarbeit 13 (1933) Nr. 2, S. 13–17, zitiert nach: Heinrich August Winkler, Der Weg in die Katastrophe, Bonn 1990, S. 40.

b) Richard Waskin, A Child in Detroit during the Depression remembers:

Mostly I remember if it hadn't been for my mother who was an excellent seamstress, and she seemed to find jobs here and there with the department stores, I don't know how we would have made it, because my father was a common laborer, a factory worker, and there just wasn't [sic] any jobs at that time.
Sometimes during the winter [...] when the snow fell in Detroit they called for people that they wanted to shovel the snow, and of course everybody didn't get hired – you just had to go out there and the foreman or whoever would be throwing the shovel and if you happened to catch it you're hired. And so my father would go out there and on occasion he would be hired and earn a couple of dollars or so for the day's work there. Otherwise it was kind of catch or catch can there [...]
But another thing as a child that I remember was that you stood in the welfare line somewhere on Michigan Avenue – I don't remember just exactly where – and they were passing out sweaters for children and we were fortunate enough to get me a grey sweater, and I can remember how proud I was of having that sweater and how warm I felt with that thing on.
Shoes, of course, were a problem and many times I remember I wore out the soles down to the pavement, so to speak, and you had to put cardboard in there. But then my father he got hold of some shoe forms – metal ones – and he would buy leather. He would cut out the sole – with nails and a hammer on these shoe forms – he would put new leather on my shoes and probably on my brothers' also [...].

From the Michigan Historical Center, Department of History, Arts and Libraries website – Reminiscences of the Great Depression

http://www.michigan.gov/hal/0,1607,7-160-17451_18670_18793-53511--,00.html [8 March 2008]

M 41 Arbeitslosigkeit in Deutschland 1929–1933 *(in Millionen):*

	Gemeldete Arbeitslose	Gemeldete und geschätzte nicht gemeldete Arbeitslose	Davon nicht oder nicht mehr unterstützte Arbeitslose
1929/4. Quartal	1,9		
1930/4. Quartal	3,699	4,115	1,339
1931/4. Quartal	5,060	5,943	1,989
1932/4. Quartal	5,255	6,704	2,520
1933/1. Quartal	6,001	7,781	2,463

Nach: Hans-Ulrich Wehler, Deutsche Gesellschaftsgeschichte, Band 4, München 2003, S. 318; Heinrich August Winkler, Der Weg in die Katastrophe, Bonn 1990, S. 24.

M 42 Adolf Hitler und die NSDAP

Hitler schrieb in seinem Buch „Mein Kampf" über seine Rassenlehre 1926:

Alles, was wir heute auf dieser Erde bewundern – Wissenschaft und Kunst, Technik und Erfindungen – ist nur das schöpferische Produkt weniger Völker und vielleicht ursprünglich einer Rasse. Von ihnen hängt der Bestand dieser ganzen Kultur ab. [...]
Alle großen Kulturen der Vergangenheit gingen nur zugrunde, weil die ursprünglich schöpferische Rasse an Blutsvergiftung abstarb.
Immer war die letzte Ursache eines solchen Untergangs das Vergessen, dass alle Kultur von Menschen abhängt und nicht umgekehrt; dass also, um eine bestimmte Kultur zu retten, der sie erschaffende Mensch gerettet werden muss. Diese Erhaltung aber ist gebunden an das eherne Gesetz der Notwendigkeit und des Rechtes des Sieges des Besten und Stärkeren auf dieser Welt.
Wer leben will, der kämpfe also, und wer nicht streiten will in dieser Welt des ewigen Ringens, verdient das Leben nicht. [...]
Es ist also kein Zufall, dass die ersten Kulturen dort entstanden, wo der Arier im Zusammentreffen mit niederen Völkern diese unterjochte und seinem Willen untertan machte. Sie waren dann das erste technische Instrument im Dienste einer werdenden Kultur [...]
Er [der Jude] ist und bleibt der typische Parasit, ein Schmarotzer, der wie ein schädlicher Bazillus sich immer mehr ausbreitet, sowie nur ein günstiger Nährboden dazu einlädt. Die Wirkung seines Daseins aber gleicht ebenfalls dem von Schmarotzern: wo er auftritt, stirbt das Wirtsvolk nach kürzerer oder längerer Zeit ab. [...]

Adolf Hitler, Mein Kampf, 2. Auflage München 1926, S. 305, 311, 322.

M 43 „Der Münchner", „Mei' Ruah möcht' i hamm und a Revalution, A Ordnung muaß sei' und a Judenpogrom, A Diktator g'hört hera glei' davo'g'haut: Mir zoagen's Enk scho', wia ma Deutschland aufbaut!", Karikatur von Karl Arnold, 1923

M 44 Die Wähler der NSDAP nach Berufsgruppen

	1928	1930	Juli 1932	November 1932	März 1933
Selbstständige und Mithelfende	2	17	39	33	49
Angestellte und Beamte	2	13	24	21	32
Arbeiter	2	12	27	24	33
Berufslose	2	20	42	35	48
Hausfrauen etc.	2	15	31	26	36
Alle Wahlberechtigte	**2**	**15**	**31**	**26**	**39**

Angaben in Prozent der Wahlberechtigten der jeweiligen Gruppen *Nach: Jürgen W. Falter, Hitlers Wähler, München 1991, S. 283.*

M 45 Die Wähler der NSDAP nach der Konfession

Die Wahl der NSDAP nach der Konfession und der Herkunft der Wahlberechtigten bei den Reichstagswahlen

	1928	1930	Juli 1932	November 1932	März 1933
Katholiken insgesamt	**2**	**9**	**15**	**14**	**28**
Katholiken in der Stadt	3	11	16	14	26
Katholiken auf dem Land	1	7	15	14	31
Andere insgesamt	**2**	**18**	**39**	**33**	**44**
Andere in der Stadt	2	16	32	27	37
Andere auf dem Land	2	19	46	40	53
Alle Wahlberechtigten	**2**	**15**	**31**	**26**	**39**

Angaben in Prozent der jeweils Wahlberechtigten. *Nach: Jürgen W. Falter, Hitlers Wähler, München 1991, S. 184.*

M 46 Radikalismus von links: Die KPD

Aus dem Programm der Kommunistischen Partei Deutschlands vom Oktober 1919, Leitsätze über den Parlamentarismus:

1. Das Parlament ist neben anderem ein Mittel der herrschenden Klassen zur Ausübung und Aufrechterhaltung der politischen Macht. Wie gegen die politische Macht der Bourgeoisie überhaupt, führt das Proletariat auch gegen dieses politische Mittel der Bourgeoisie einen Kampf, der bis zur Vernichtung der politischen Macht der Bourgeoisie und bis zur Eroberung der politischen Macht durch das Proletariat dauert.
2. Wie alle anderen Mittel der Bourgeoisie zur Ausübung und Aufrechterhaltung der politischen Macht mit der Eroberung der politischen Macht zerstört werden müssen – Bürokratie, Gerichtsorganisation, weiße Garden usw. – so wird auch das Parlament mit diesem Zeitpunkt zerstört werden. [...]
3. Im gegenwärtigen Zeitpunkt handelt es sich für das Proletariat nicht darum, wie es seine politische Macht ausübe, sondern darum, wie es zur politischen Macht gelange. [...].
4. In keinem Fall kann durch das Parlament und durch die parlamentarische Aktion, durch parlamentarische Abstimmungen und Mehrheitsbeschlüsse die politische Macht errungen werden. Wie die Bourgeoisie im Falle ungünstiger parlamentarischer Beschlüsse zu anderen Mitteln greifen würde, um die politische Macht sich zu erhalten, so muss auch das Proletariat gewärtig sein, dass es andere Mittel ergreifen muss, um sich die politische Gewalt zu holen. Nur die große Aktion der Massendemonstrationen, Massenstreiks und Aufstände bringen die Entscheidung. Die Teilnahme an parlamentarischer Wahl und Tätigkeit dient allein dem Ziel, jene Aktionen agitatorisch und organisatorisch vorzubereiten.

Nach: Wilhelm Mommsen (Hg.), Deutsche Parteiprogramme, München 1960, S. 442 f.

M 47 Das sozialpolitische Programm des Gewerkschaftsbundes

Aus einer Entschließung, die der Bundestag des Allgemeinen Deutschen Gewerkschaftsbundes (ADGB) im September 1928 in Hamburg verabschiedet hat:

Die Demokratisierung der Wirtschaft bedeutet die schrittweise Beseitigung der Herrschaft, die sich auf dem Kapitalbesitz aufbaut, und die Umwandlung der leitenden Organe der Wirtschaft aus Organen der kapitalistischen Interessen in solche der Allgemeinheit. Die Demokratisierung der Wirtschaft erfolgt schrittweise mit der immer deutlicher sichtbaren Strukturwandlung des Kapitalismus. Deutlich führt die Entwicklung vom kapitalistischen Einzelbetrieb zum organisierten Monopol-Kapitalismus. Damit wurden auch die Gegenkräfte der organisierten Arbeiterschaft und der politisch-demokratisch organisierten Gesellschaft geweckt. Der Gegenstoß gegen die wirtschaftliche Autokratie des Unternehmertums ist bisher schon nicht erfolglos geblieben. Lebenswichtige Zweige der Wirtschaft werden bereits in der kapitalistischen Gegenwart in steigendem Maße von der privaten in die öffentliche Hand übergeführt. Die Arbeitsbedingungen hängen nicht mehr allein von der Freiheit des Marktes ab, die für den Arbeiter die schlimmste Unfreiheit bedeutete. Sie werden gestaltet unter dem zunehmenden Einfluss der Gewerkschaften und mitgeformt von Gesetzen, die der demokratisierte Staat gegen die Freiheit der Ausbeutung erlassen muss. Auch eine Wandlung des Eigentumsrechts ist in ihren Anfängen sichtbar. [...]

Zu diesen Aufgaben und Forderungen [der Gewerkschaften] gehören die Ausgestaltung des kollektiven Arbeitsrechts, des sozialen Arbeitsschutzrechts, der Ausbau und die Selbstverwaltung der Sozialversicherung, die Erweiterung des Mitbestimmungsrechts der Arbeitnehmer im Betrieb, die paritätische Vertretung der Arbeiterschaft in allen wirtschaftspolitischen Körperschaften, die Kontrolle der Monopole und Kartelle unter voller Mitwirkung der Gewerkschaften, die Zusammenfassung von Industrien zu Selbstverwaltungskörpern, die Ausgestaltung der Wirtschaftsbetriebe in öffentlicher Hand, die Produktionsförderung in der Landwirtschaft durch genossenschaftliche Zusammenfassung und Fachschulung, die Förderung der Konsumgenossenschaften, die Durchbrechung des Bildungsmonopols.

Die Durchführung dieser Aufgaben wird nicht nur die geistigen und materiellen Lebensinteressen der Arbeiterklasse verbessern, sie wird gleichzeitig durch die Befreiung der Wirtschaft vom privaten Profitstreben die Lebensbedingungen der Gesamtheit auf eine höhere Stufe heben. [...]

Protokoll der Verhandlungen des 13. Kongresses der Gewerkschaften Deutschlands. Abgehalten in Hamburg vom 3. bis 7. September 1928, Berlin 1928, S. 20–22, zit. nach: Klaus Schönhoven, Reformismus und Radikalismus. Gespaltene Arbeiterbewegung im Weimarer Sozialstaat, München 1989, S. 217 f.

M 48 **„Parlamentarisches"**
Karikatur von Karl Arnold, November 1923

M 49 Heinrich Brüning – der „Hungerkanzler"

a) In der Reichstagsdebatte über die Regierungserklärung des Reichskanzlers Heinrich Brüning führt der sozialdemokratische Abgeordnete Rudolf Breitscheid am 2. April 1930 aus:

Nun komme ich zu dem wohl wichtigsten Punkt der Regierungserklärung. Der Herr Reichskanzler will mit diesem, wie Sie mir zugeben werden, etwas bunt zusammengewürfelten Kabinett sein Programm durchführen. Er sagt, er werde es durchführen oder durchzuführen versuchen „mit allen verfassungsmäßigen Mitteln". Wir geben uns keinem Zweifel darüber hin, was Herr Dr. Brüning unter den „verfassungsmäßigen Mitteln" versteht. Er hat deutlich genug mit dem Artikel 48 der Verfassung gewinkt. Im Artikel 48 heißt es, dass Ausnahmemaßnahmen getroffen werden können, wenn im Deutschen Reich die öffentliche Sicherheit und Ordnung erheblich gestört oder gefährdet ist. Wir werfen die Frage auf, ob in dieser Zeit die öffentliche Sicherheit und Ordnung so erheblich gestört oder gefährdet ist, dass der Ausnahmeparagraph des Artikels 48 angewendet werden muss. Wir beantworten die Frage mit einem glatten Nein. [...]
Herr Brüning – davon bin ich überzeugt – und seine engeren Freunde sind des Glaubens, dass sie aus sachlichen Gründen den Weg des Artikels 48 gehen müssen. Aber ich bin ebenso überzeugt, dass sie mit Leuten zusammensitzen, die andere Absichten verfolgen, mit Leuten, für die die Anwendung des Artikels 48 in diesem Falle nur ein Anfang ist, der Anfang mit dem Beginn einer Entwicklung zur Diktatur hin. [...]
Ich mahne Sie, ich bitte Sie, ja, ich möchte sagen, ich beschwöre Sie: Gehen Sie diesen Weg nicht auf den Sie getrieben werden sollen. [...]
Was wir wollen, das ist, dass keine weitere Kluft sich auftut zwischen den Parteien, die zur Erhaltung dieser Verfassung berufen sind. Was wir wollen, das ist der Staat, den wir verteidigen und den wir schützen.

Verhandlungen des Reichstags, Bd. 427, S. 4736ff., zit. nach: Ursachen und Folgen. Band 8: Die Weimarer Republik. Das Ende des parlamentarischen Systems. Brüning – Papen – Schleicher, hg. v. Herbert Michaelis u. Ernst Schraepler, Berlin 1963, S. 160f.

b) Aus einem Aufruf der Reichsregierung vom 6. Juni 1931:

Schwerste Lasten und Opfer muss die Reichsregierung dem deutschen Volke zumuten, um die Zahlungsfähigkeit des Reiches aufrechtzuerhalten. Diese ist die Voraussetzung für die Fortführung der deutschen Wirtschaft; von ihr hängen Millionen und Abermillionen von Kriegsteilnehmern, Sozialrentnern, Beamten und Angestellten in ihrer Existenz ab.
Im In- und Auslande ist vielfach der Vorwurf erhoben worden, dass wir nicht sparsam genug gewirtschaftet hätten. Dieser Vorwurf trifft jedenfalls auf Deutschland in der Gegenwart nicht zu. Auf der ganzen Linie sind die stärksten Anstrengungen gemacht worden, die Ausgaben auf das tragbare Maß zurückzuschrauben. Nach dem Vollzug der neuen Notverordnung [vom 5. Juni 1931, RGBl. 1931, Nr. 22 v. 6.6.1931] werden die Ausgaben des Reiches einschließlich der Abstriche vom Vorjahre die Riesensumme von mehr als 1,5 Milliarden weniger betragen. Soweit man unter den heutigen Verhältnissen überhaupt etwas voraussagen kann, wird damit der Reichsetat für das laufende Jahr ins Gleichgewicht gebracht. [...]
Es ist besser, in geordneten Formen Leistungen, auch wenn es schmerzlich ist, zu kürzen und Beiträge von denjenigen zu fordern, die noch ein Einkommen haben, als die Gefahr heraufzubeschwören, dass Zahlungen, auf denen die Lebenshaltung weiter Volkskreise beruht, eines Tages nicht mehr bewirkt werden können. [...]
Die Einsetzung der letzten Kräfte und Reserven aller Bevölkerungskreise gibt der deutschen Regierung das Recht und macht es ihr dem eigenen Volk gegenüber zur Pflicht, vor der Welt auszusprechen: Die Grenze dessen, was wir unserem Volke an Entbehrungen aufzuerlegen vermögen, ist erreicht!

Deutsche Allgemeine Zeitung Nr. 252 v. 6.6.1931, zitiert nach: Ursachen und Folgen. Band 8: Die Weimarer Republik. Das Ende des parlamentarischen Systems. Brüning – Papen – Schleicher, hg. v. Herbert Michaelis u. Ernst Schraepler, Berlin 1963, S. 160f.

c) Aus einem Brief führender Industrieller an Reichskanzler Brüning v. 30.7.1931:

Hochverehrter Herr Reichskanzler!
[...] Jahrelang ist der ganze Druck der Reparationslast, verstärkt durch die verschwenderische Geschäftsgebarung der öffentlichen Hand, auf die Unternehmer gelegt worden, und erst nach völliger Erschöpfung ihrer Kräfte hat er sich den anderen Volkskreisen bemerkbar gemacht. Alle hat der Versorgungsstaat, wie er sich in der Nachkriegszeit entwickelt hat, mit Errungenschaften und wohlerworbenen Rechten bedacht; den Unternehmern, großen und kleinen, hat er als wohlerworbene Rechte nur das Recht, Steuern und für andere sozi-

ale Abgaben zu zahlen, sowie das Recht, sich zu verschulden und die Substanz zu verlieren, zugestanden. Der Satz, dass jede Leistung ihres Lohnes wert ist, scheint für sie nicht gelten zu sollen. [...]
Die fortgesetzten Lohnsteigerungen, die unter staatlicher Mitwirkung ohne Rücksicht auf die Wettbewerbslage erfolgten, haben die Produktionskosten dauernd in die Höhe getrieben, den Preis für die menschliche Arbeitskraft überteuert und so immer neue Rationalisierungsmaßnahmen erzwungen. [...]
Keinen Aufschub duldet die Reform unseres Sozialsystems. Sein Um- und Ausbau nach dem Kriege hat keine Rücksicht auf die Leistungsfähigkeit der Wirtschaft genommen. [...] Vor allem sind wir überzeugt, dass sich der Umbau der Erwerbslosenversicherung mit ihrem chronischen Defizit in eine auf den Bedürftigkeitsfall beschränkte Fürsorge nicht vermeiden lässt. [...] Es würde damit annähernd der Zustand wiederhergestellt, der bis 1927 bestanden hat. [...]
Die Geschichte des deutschen Volkes gibt uns die Kraft des Glaubens an eine Zukunft. Und auch ein beschwerlicher Weg wird leichter, wenn ihn die Sonne der Hoffnung bestrahlt.
Mit vorzüglicher Hochachtung
Krupp von Bohlen und Halbach, Peter Klöckner, Silverberg, Vögler, Springorum, C. F. v. Siemens, Bücher, E. v. Borsig, Reusch

Politik und Wirtschaft in der Krise 1930–1932. Quellen zur Ära Brüning, bearb. v. Ilse Maurer u. a., Erster Teil, Düsseldorf 1980, S. 800–807.

d) Aus einem Brief des Generaldirektors der Gutehoffnungshütte, Paul Reusch, an das geschäftsführende Präsidialmitglied des Reichsverbands der Deutschen Industrie Ludwig Kastl vom 6.9.1931:

Lieber Herr Kastl!
[...] Ich bin der unmaßgeblichen Meinung, dass Herr Brüning, nachdem die Erwartungen, die wir auf ihn gesetzt haben, sich nicht erfüllt haben und nachdem er nicht den Mut hat, sich von der Sozialdemokratie zu trennen, von der Wirtschaft und vom Reichsverband [der Deutschen Industrie] auf das Allerschärfste bekämpft werden muss und dass ihm die Industrie ganz offen ihr Misstrauen aussprechen soll. [...]
Im Weiteren bin ich der Ansicht, dass wir endlich unsere Taktik den Gewerkschaften gegenüber ändern müssen. Die Industrie war bisher zu feige, den Kampf mit den Gewerkschaften mit aller Schärfe aufzunehmen. Das ganze Unheil, das über uns gekommen ist, ist nicht zum geringsten Teil auf die Gewerkschaften zurückzuführen, von denen sich seit den Revolutionstagen alle Regierungen mehr oder weniger beeinflussen ließen und die im Hintergrunde tatsächlich regiert haben. [...]
Mit herzlichem Gruß
Ihr [Paul Reusch]

Politik und Wirtschaft in der Krise 1930–1932. Quellen zur Ära Brüning, bearb. v. Ilse Maurer u. a., Zweiter Teil, Düsseldorf 1980, S. 944 f.

Aufgaben

1. Charakterisieren Sie in einem kurzen Essay die Auswirkungen der Weltwirtschaftskrise des Jahres 1929.
   → Text, M18, M19, M40, M41
2. Vergleichen Sie die soziale Lage im Deutschen Reich und in den Vereinigten Staaten. Versuchen Sie mit Blick auf den Autorentext zu erklären, warum die politische Entwicklung im Deutschen Reich einen anderen Verlauf als in den Vereinigten Staaten nahm.
   → Text, M41, M43
3. Erarbeiten Sie mithilfe des Autorentextes und der Quellen die politischen Ziele von NSDAP und der KPD.
   → Text, M42, M46
4. Erklären Sie mithilfe der Tabellen die Wahlerfolge der NSDAP.
   → M44, M45
5. a) Recherchieren Sie im Internet die Biografien der in den Quellen genannten Industriellen und präsentieren Sie Ihre Ergebnisse.
   b) Arbeiten Sie anhand der Quellen die unterschiedlichen sozialpolitischen Ziele der Industrie und der Gewerkschaften heraus.
   → M47, M49c–d, M49, Internet
6. Erläutern Sie mithilfe der Karikatur die politische Sitution im Reichstag.
   → M48

4. Der Weg in die Diktatur

M 50 „Gesunde Entwicklung nach rechts"

Aus einer persönlichen Darlegung des Reichspräsidenten v. Hindenburg vom 25.2.1932:

Es ist nur tief zu bedauern, dass die Rechte – zerrissen wie sie ist – von einseitig parteiehrgeizigen Führern den Weg der Einflusslosigkeit und Selbstzerstörung geführt wird. Ob und wann dieser Zustand sich ändert, lässt sich nicht voraussagen. Trotz aller Nackenschläge werde ich dennoch meine Bemühungen um eine gesunde Entwicklung nach rechts nicht einstellen, in der Hoffnung, dass es möglich sein wird, nach den Preußenwahlen [...] neue Verhandlungen zur Bildung einer Konzentrationsregierung aufzunehmen. [...]
Ich weiß, dass ich durch den Erlass zahlreicher Notverordnungen dem deutschen Volke schwere Lasten zugemutet und mich der persönlichen Kritik sehr ausgesetzt habe. Da aber der Reichstag, der eigentliche Gesetzgeber, völlig versagte und selbst unfähig war, Maßnahmen zur Beseitigung unmittelbarer Gefahren für Wirtschaft, Staatsfinanzen und Währung zu treffen, musste ich einspringen und die Verantwortung übernehmen. Ich habe hierbei nach dem alten Grundsatz der preußischen Felddienstordnung gehandelt, der besagt, dass ein Fehlgriff in der Wahl der Mittel nicht so schlimm ist als das Unterlassen jeglichen Handelns.

Politik und Wirtschaft in der Krise 1930–1932. Quellen zur Ära Brüning, bearb. v. Ilse Maurer u. a., Zweiter Teil, Düsseldorf 1980, S. 1307, 1309.

M 51 „Schlagt Hitler"

Aufruf der SPD zur Reichspräsidentenwahl vom 27.2.1932:

Das deutsche Volk steht am 13. März vor der Frage, ob Hindenburg bleiben oder ob er durch Hitler ersetzt werden soll. [...] Hitler statt Hindenburg, das bedeutet Chaos und Panik in Deutschland und ganz Europa, äußerste Verschärfung der Wirtschaftskrise und Arbeitslosennot, höchste Gefahr blutiger Auseinandersetzungen im eigenen Volk und mit dem Ausland. Hitler statt Hindenburg, das bedeutet: Sieg des reaktionären Teils der Bourgeoisie über die fortgeschrittenen Teile des Bürgertums und über die Arbeiterklasse, Vernichtung aller staatsbürgerlichen Freiheiten, der Presse, der politischen, gewerkschaftlichen und Kulturorganisationen, verschärfte Ausbeutung und Lohnsklaverei. Gegen Hitler! Das ist die Losung des 13. März. [...]
Befreit mit diesem einen Schlag das deutsche Volk vor der faschistischen Bedrohung! Schlagt Hitler! Darum wählt Hindenburg!

„Vorwärts" vom 27.2.1932, zit. nach: Wolfgang Michalka/Gottfried Niedhart (Hg.), Deutsche Geschichte 1918–1933. Dokumente zur Innen- und Außenpolitik, Frankfurt 1992, S. 211 f.

M 52 Verordnung des Reichspräsidenten über die Auflösung des Reichstages vom 12.9.1932

Verordnung des Reichspräsidenten über die Auflösung des Reichstages vom 12. September 1932. [Eingangsstempel des Reichstages: 12. Sep. 1932]:

Auf Grund des Art. 25 der Reichsverfassung löse ich den Reichstag auf, weil die Gefahr besteht, daß der Reichstag die Aufhebung meiner Notverordnung vom 4. Sept. d. J. verlangt.
Neudeck [gestrichen]
Berlin d. 12. Sept. 1932
Der Reichspräsident
von Hindenburg
Reichskanzler
Papen
Der Reichsminister des Innern
Frhr. V. Gayl

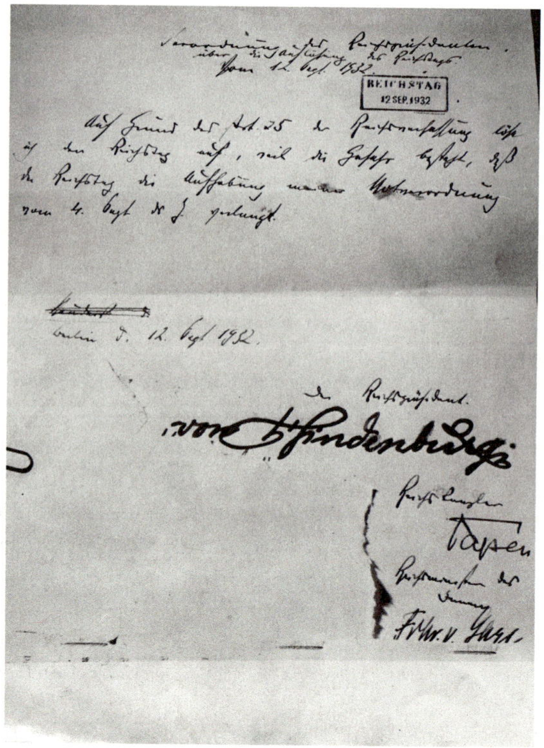

M 53 Wahlen zur Nationalversammlung und zum Reichstag 1919–1932

Wahl	Wahlbeteiligung (in %)	NSDAP		DNVP		DVP		Zentrum		BVP	
		Stimmenanteil (in %)	Anzahl der Sitze	Stimmenanteil (in %)	Anzahl der Sitze	Stimmenanteil (in %)	Anzahl der Sitze	Stimmenanteil (in %)	Anzahl der Sitze	Stimmenanteil (in %)	Anzahl der Sitze
19.01.1919	83,0	–	–	10,3	44	4,4	19	19,7	91	–	–
06.06.1920	79,2	–	–	15,0	71	13,9	65	13,6	64	4,1	21
04.05.1924	77,4	6,5	32	19,5	95	9,2	45	13,3	65	3,2	16
07.12.1924	78,7	3,0	14	20,4	103	10,6	51	13,5	69	3,7	19
20.05.1928	75,6	2,6	12	14,2	73	8,7	35	11,9	62	3,9	16
14.09.1930	82,0	18,3	107	7,0	41	4,5	30	11,8	68	3,0	19
31.07.1932	84,1	37,3	230	5,9	37	1,2	7	12,5	75	3,2	22
06.11.1932	80,6	33,1	196	8,3	52	1,9	11	11,9	70	3,1	20

Quelle: Statistisches Jahrbuch für das Deutsche Reich, 1933

Wahl	Wahlbeteiligung (in %)	DDP		SPD		USPD		KPD	
		Stimmenanteil (in %)	Anzahl der Sitze	Stimmenanteil (in %)	Anzahl der Sitze	Stimmenanteil (in %)	Anzahl der Sitze	Stimmenanteil (in %)	Anzahl der Sitze
19.01.1919	83,0	18,5	75	37,9	163	7,6	22	–	–
06.06.1920	79,2	8,2	39	21,7	102	17,8	84	2,0	4
04.05.1924	77,4	5,3	28	23,9	100	0,7	–	12,5	62
07.12.1924	78,7	6,3	32	26,0	131	0,3	–	8,9	45
20.05.1928	75,6	4,9	25	28,7	153	–	–	10,6	54
14.09.1930	82,0	3,8	20	24,5	143	–	–	13,1	77
31.07.1932	84,1	1,0	4	21,6	133	–	–	14,3	89
06.11.1932	80,6	1,0	2	20,4	121	–	–	16,9	100

Quelle: Statistisches Jahrbuch für das Deutsche Reich, 1933

Aufgaben

1. Legen Sie dar, welche politischen Ziele Hindenburg verfolgte.
   → M50, M52
2. a) Beschreiben Sie die einzelnen Elemente der Verordnung des Reichspräsidenten.
   b) Inwieweit stimmt Hindenburgs Verordnung mit den Bestimmungen der Weimarer Verfassung überein? Liegt ein Missbrauch der Verfassung vor?
   → M50, M52
3. Analysieren Sie, indem Sie den Autorentext berücksichtigen, die Wahlplakate von Zentrum und SPD.
   → M28, M29
4. Beschreiben Sie anhand der Wahlergebnisse die Entwicklungen der einzelnen Parteien.
   → M53
5. Erklären Sie, ausgehend von den Wahlergebnissen des Jahres 1932, warum Hitler Reichskanzler werden konnte.
   → Text, M53

5. Der 30. Januar 1933: Ein Betriebsunfall?

M 54 Eine zeitgenössische Stimme

Aus einer Rede des SPD-Politikers Rudolf Breitscheid auf der Sitzung des Parteiausschusses der SPD am 31. Januar 1933:

Genossinnen und Genossen! Was viele von uns aufgrund der Wahlergebnisse des letzten Jahres und aufgrund der ablehnenden Haltung, die der Reichspräsident im August und im November 1932 eingenommen hatte, für unmöglich gehalten hatten, ist Wirklichkeit geworden: Seit gestern ist Adolf Hitler Reichskanzler! Und zwar ist er Reichskanzler auf legalem Wege geworden, nicht durch einen Putsch, nicht durch einen Marsch auf Berlin. [...]
Wenn wir, Genossinnen und Genossen, die Dinge rückschauend betrachten, so glaube ich, dass die Entwicklung, die zu diesem Ergebnis geführt hat, eigentlich zwangsläufig gewesen ist. Von dem Augenblick an, als das Spiel mit den autoritären Kabinetten begann, war es fast unabwendbar, dass die Regierung zuletzt in die Hand des Mannes fallen musste, der sich selbst für den autoritärsten in Deutschland hielt und hält und der von einer großen Masse des Volkes ebenfalls für den autoritärsten gehalten wird. [...]
Die Entwicklung ist zwangsläufig gewesen, und doch muss eine Einschränkung gemacht werden. Bei aller Anerkennung der Notwendigkeit der Entwicklung dürfen wir nicht an der Schuld derjenigen vorübergehen, die an der Beschleunigung der Entwicklung mitgeholfen haben. Das haben einmal die Nationalsozialisten getan dadurch, dass sie die Demokratie bekämpft und die Diktatur proklamiert haben. Für sie hatte das, von ihrem Standpunkt aus gesehen, einen Sinn, es war die Politik, die zur Vorbereitung ihrer Sache nötig war. Verbrecherisch war aber, dass die Kommunisten dasselbe taten. Sie hatten ebenso wie die Nationalsozialisten gegen uns Front gemacht und den Willen zur Demokratie gelähmt mit dem Erfolg, dass die Gegner der Arbeiterschaft den Weg zur Macht für sich gebahnt fanden. [...]
Es ist begreiflich, dass man in Diskussionen jetzt in erster Linie spricht von den außerparlamentarischen Aktionen und die Frage ventiliert: Massenstreiks, Einzelstreiks, Demonstrationen mit dem Ziel, dass etwas anderes und mehr daraus wird als eine Manifestation in der Öffentlichkeit.
Wir stellen die Gegenfrage: Ist der Augenblick zu einer großen außerparlamentarischen Aktion gekommen? Welches Ziel soll eine solche außerparlamentarische Aktion haben, und wir bereit sind, sie zu unternehmen, verspricht diese Aktion Erfolg?
Ich will meine Meinung dazu sagen. Wenn Hitler sich zunächst auf dem Boden der Verfassung hält, und mag das hundertmal Heuchelei sein, wäre es falsch, wenn wir ihm den Anlass geben, die Verfassung zu brechen, ihn vom Boden des Rechtes entfernen, abgesehen von dem Grund, dass wir in demselben Augenblick die widerstrebenden Kräfte innerhalb des Kabinetts zusammenschweißen. [...]

Klaus Schönhoven, Reformismus und Radikalismus. Gespaltene Arbeiterbewegung im Weimarer Sozialstaat, München 1989, S. 227–229.

M 55 Das Urteil von Historikern

a) Detlef J. K. Peukert (1987):

Hitler gelang es dagegen, die durch die Krise der Moderne verstörten und aufgestöberten Massen in einer totalitären Sammlungsbewegung zu mobilisieren. Für die am Ende der Zwanzigerjahre so dramatisch aufgebrochenen Widersprüche der Massengesellschaft gab es nur die alternativen Lösungen der demokratischen und der totalitären Integration. Die historische Schuld der alten Eliten im Deutschland der Jahre von 1930 bis 1933 liegt darin, sich angesichts dieser Alternative zunächst gegen die Demokratie und dann, als die autoritäre Wende keinen Ausweg bot, für Hitler entschieden zu haben. [...]
Jedes einzelne Krisensymptom in Deutschland findet sich auch in den anderen Ländern der modernen Industriegesellschaft. [...] Aber in Deutschland hatte sich der Modernisierungsprozess in den Zwanzigerjahren brutaler, unverblümter durchgesetzt als in anderen Ländern. Zugleich hatten sich nicht nur seine Lichtseiten besonders faszinierend ausgeprägt, sondern auch seine Schattenseiten besonders bedrückend auf die ohnehin deprimierende Alltagserfahrung von Krieg, Niederlage, Legitimationsverlust der alten Werte, Inflation und Weltwirtschaftskrise gelegt. Die Verknüpfung dieser einzelnen Krisenfaktoren zu einer allumfassenden Krise der politischen Legitimation und der sozialen Wertsysteme ist in dieser Zeit und in diesem Land einzigartig gewesen.

Detlef J. K. Peukert, Die Weimarer Republik. Krisenjahre der klassischen Moderne, Frankfurt am Main 1987, S. 265, 270f.

b) Eberhard Kolb (2002):

In ihrer 1919 konstituierten konkreten Gestalt wurde die parlamentarische Demokratie nur von einer Minderheit der Bevölkerung wirklich akzeptiert und mit kämpferischem Elan verteidigt, breite Bevölkerungsschichten verharrten in Distanz, Skepsis und offener Ablehnung […]. Unter diesen Umständen muss es als ein kleines Wunder – und als beachtliche Leistung – gelten, dass es den republikanischen Politikern gelang, die Weimarer Republik durch die von komplexen innen- und außenpolitischen Gefährdungen erfüllten Anfangsjahre hindurchzuretten und schließlich einen bemerkenswerten Grad von politischer und wirtschaftlicher „Normalisierung" zu erreichen. Aber schon in diesen Jahren einer relativen Stabilisierung setzte auch jene Entwicklung ein, die dann seit 1929 in eine rasch voranschreitende Desintegration des politischen Systems überging: die Abkehr großer Teile des Bürgertums und insbesondere der alten Führungseliten vom pluralistischen Sozialstaat Weimarer Prägung und damit von „Gründungskompromiss" der Jahre 1918/19, durch den der Staat von Weimar auf einem politischen Zusammengehen von sozialdemokratischer Arbeiterschaft und demokratischem Bürgertum aufgebaut wurde. […] Aber trotz aller Erfolge bei der Massenmobilisierung und an den Wahlurnen war die NSDAP nur deshalb schließlich siegreich, weil die alten Eliten in Großlandwirtschaft und Industrie, Militäraristokratie und Großbürgertum zur autoritären Abkehr von Weimar entschlossen waren und glaubten, die nationalsozialistische Massenbewegung für sich benutzen zu können.

Eberhard Kolb, Die Weimarer Republik, 6. Auflage, München 2002, S. 151.

c) Heinrich August Winkler (2007):

Brünings Entlassung war der entscheidende Wendepunkt in der deutschen Staatskrise. Wäre Brüning im Amt geblieben und der Reichstag erst am Ende der Legislaturperiode, im September 1934, neu gewählt worden, hätte die Wahl unter ganz anderen wirtschaftlichen und politischen Rahmenbedingungen stattgefunden: Vermutlich wäre im Zuge einer konjunkturellen Erholung die Zahl der Arbeitslosen gesunken und die Anziehungskraft der extremen Parteien zurückgegangen. Die Ablösung Brünings durch Papen bedeutete den Übergang vom gemäßigten, parlamentarisch tolerierten zum autoritären, offen antiparlamentarischen Präsidialsystem. [...] Zu den gesicherten Zusammenhängen der Machtübertragung an Hitler gehört jener deutsche Legalitätsglaube, den der sozialdemokratische Jurist Ernst Fraenkel […] polemisch als „Verfassungsfetischismus" bezeichnet hat. Er wollte damit die Neigung vieler Parteifreunde treffen, die Gefahr einer Abschaffung der gesamten Verfassung weniger ernst zu nehmen als die Verletzung eines ihrer Artikel – jenes Artikels 25, der die Fristen für die Neuwahl des Reichstags festlegte. [...]
Hitler verdankte seine Wahlerfolge nicht zuletzt seinem Geschick, an beides zu appellieren: an das verbreitete Ressentiment gegenüber der parlamentarischen Demokratie, die ja tatsächlich gescheitert war, und an den Teilhabeanspruch des Volkes, der von den Präsidialkabinetten um seine politische Wirkung gebracht wurde. Ein Zufall oder „Betriebsunfall" war Hitlers Ernennung zum Reichskanzler also nicht. Es gab historische Gründe, die diese Krisenlösung über andere obsiegen ließen.

Heinrich August Winkler, Auf ewig in Hitlers Schatten? Über die Deutschen und ihre Geschichte, München 2007, S. 95, 101 f.

Aufgaben

1. a) Charakterisieren Sie die Haltung Rudolf Breitscheids hinsichtlich der Ernennung Hitlers zum Reichskanzler und hinsichtlich des weiteren politischen Vorgehens der SPD.
   b) Nehmen Sie mithilfe des Autorentextes Stellung, ob bzw. welche Alternativen sich zum Konzept Breitscheids ergeben hätten.
   → Text, M54
2. Analysieren Sie die Gründe, die die Historiker für die „Machtübernahme" Hitlers liefern.
   → M55
3. Nehmen Sie in einem kurzen Essay Stellung, worin für Sie die entscheidende Ursachen für den „30. Januar 1933" liegen.

M 1 Politisches Testament

Der Reichspräsident Paul von Hindenburg verfasste im Mai 1934 folgendes Testament (Ausschnitt):

Nur meine feste Zuversicht zu Deutschlands unversiegbaren Quellen gab mir den Mut, die erste und zweite Wahl zum Reichspräsidenten anzunehmen. Dieser felsenfeste Glaube verlieh mir auch die innere Kraft, mein schweres Amt unbeirrt durchzuführen.
Der letzte Abschnitt meines Lebens ist zugleich der schwerste für mich gewesen. Viele haben mich in diesen wirren Zeiten nicht verstanden und nicht begriffen, daß meine einzige Sorge die war, das zerrissene und entmutigte deutsche Volk zur selbstbewußten Einigkeit zurückzuführen.
Ich begann und führte mein Amt in dem Bewußtsein, daß in der innern und äußern Politik eine entsagungsvolle Vorbereitungszeit notwendig war.
Von der Osterbotschaft des Jahres 1925 an, in der ich die Nation zu Gottesfurcht und sozialer Gerechtigkeit, zu innerem Frieden und zu politischer Sauberkeit aufrief, bin ich nicht müde geworden, die innere Einheit des Volkes und die Selbstbesinnung auf seine besten Eigenschaften zu fördern. Dabei war mir bewußt, daß das Staatsgrundgesetz und die Regierungsform, welche die Nation sich in der Stunde großer Not und innerer Schwäche gegeben, nicht den wahren Bedürfnissen und Eigenschaften unsers Volkes entsprachen. Die Stunde mußte reifen, wo diese Erkenntnis Allgemeingut wurde. Daher erschien es mir Pflicht, das Land durch das Tal äußerer Bedrückung und Entwürdigung, innerer Not und Selbstzerfleischung ohne Gefährdung seiner Existenz hindurchzuführen, bis diese Stunde anbrach.

Symbol und fester Halt für diesen Aufbau mußte die Hüterin des Staates, die Reichswehr, sein. In ihr mußten die altpreußischen Tugenden der selbstverständlichen Pflichttreue, der Einfachheit und Kameradschaft als festes Fundament des Staates ruhen.
Die deutsche Reichswehr hat nach dem Zusammenbruch die Fortsetzung der hohen Tradition der alten Armee in mustergültiger Art gepflegt.
Immer und zu allen Zeiten muß die Wehrmacht ein Instrument der obersten Staatsführung bleiben, das, unberührt von allen innerpolitischen Entwicklungen, seiner hohen Aufgabe der Verteidigung des Landes gerecht zu werden trachtet!

Wenn ich zu meinen Kameraden dort oben, mit denen ich auf so vielen Schlachtfeldern für die Größe und Ehre der Nation gefochten habe, zurückgekehrt sein werde, dann rufe ich der jungen Generation zu:
Zeigt euch eurer Vorfahren würdig und vergeßt nie, daß, wenn ihr den Frieden und die Wohlfahrt eurer Heimat sicherstellen wollt, ihr bereit sein müßt, für diesen Frieden und die Ehre des Landes auch das Letzte herzugeben. Vergeßt nie, daß auch euer Tun einmal Tradition wird!

All den Männern, die den Auf- und Ausbau der Reichswehr vollzogen haben, gilt der Dank des Feldmarschalls des Weltkriegs und ihres spätern Oberbefehlshabers.
Außenpolitisch hatte das deutsche Volk einen Passionsweg zu durchwandern. Ein furchtbarer Vertrag lastete auf ihm und drohte in seiner steigernden Auswirkung unsre Nation zum Zusammenbrechen zu bringen. Lange verstand die uns umgebende Welt nicht, daß Deutschland nicht nur um seiner selbst willen, sondern als der Fahnenträger abendländischer Kultur auch um Europa willen leben mußte.

Nur schrittweise, ohne einen übermächtigen Widerstand zu erwecken, waren daher die Fesseln, die uns umgaben, zu lockern. Wenn manche meiner alten Kameraden die Zwangsläufigkeit dieses Weges damals nicht begriffen, so wird doch die Geschichte gerechter beurteilen, wie bitter, aber auch wie notwendig im Interesse der Aufrechterhaltung deutschen Lebens mancher von mir gezeichnete Staatsakt gewesen ist.
Im Gleichklang mit der wachsenden innern Wiedergesundung und Erstarkung des deutschen Volkes konnte auf der Basis eigner nationaler Ehre und Würde eine fortschreitende — und so Gott will — segensreiche Mitarbeit in den ganz Europa bewegenden Fragen erstrebt bzw. erzielt werden.

Ich danke der Vorsehung, daß sie mich an meinem Lebensabend die Stunde der Wiedererstarkung hat erleben lassen. Ich danke all denen, die in selbstloser Vaterlandsliebe an dem Werk des Wiederaufstiegs Deutschlands mitgearbeitet haben. Mein Kanzler Adolf Hitler und seine Bewegung haben zu dem großen Ziele, das deutsche Volk über alle Standes- und Klassenunterschiede zu innerer Einheit zusammenzuführen, einen entscheidenden Schritt von historischer Tragweite getan. Ich weiß, daß vieles noch zu tun bleibt, und ich wünsche von Herzen, daß hinter dem Akt der nationalen Erhebung und des völkischen Zusammenschlusses der Akt der Versöhnung stehe, der das ganze deutsche Vaterland umfaßt.

Ich scheide von meinem deutschen Volk in der festen Hoffnung, daß das, was ich im Jahre 1919 ersehnte und was in langsamer Reife zu dem 30. Januar 1933 führte, zu voller Erfüllung und Vollendung der geschichtlichen Sendung unsers Volkes reifen wird.
In diesem festen Glauben an die Zukunft des Vaterlandes kann ich beruhigt meine Augen schließen.

Berlin, den 11. Mai 1934.

Umgang mit schriftlichen Quellen

In seinen letzten Lebensmonaten verfasste Reichspräsident Paul von Hindenburg ein politisches Testament, das 1934 nach seinem Tod veröffentlicht wurde. Der Historiker Wolfram Pyta ist der Überzeugung, dass sich in diesem Text „seine politische Vorstellungswelt so verdichtete, dass man es ohne Abstriche als Schlüsseldokument einstufen kann". Daher lohnt es sich, dieses Dokument näher zu betrachten.

Politische Testamente haben eine lange Tradition. In ihnen formulierten Herrscher ihre Grundsätze, berichteten über ihre Erfahrungen und gaben ihren Nachfolgern Ratschläge. Insofern sind diese Dokumente bedeutsam, um ihre Herrschaftsauffassung und ihr Selbstverständnis zu erschließen

Hindenburg hegte schon länger den Plan, ein politisches Testament zu verfassen und insbesondere einen Nachfolger im Amt des Reichspräsidenten zu präsentieren, doch erst nach der Ernennung Adolf Hitlers zum Reichskanzler sah er die Zeit dafür gekommen. Zwar waren bei der Abfassung enge Mitarbeiter beteiligt und insbesondere Franz v. Papen, der ehemalige Reichskanzler, lieferte einige Beiträge, doch achtete Hindenburg sehr genau darauf, was in diesem Dokument stand, da er der Nachwelt ein bestimmtes Bild von sich hinterlassen wollte. So verwahrte er den fertigen Text zu seinen Lebzeiten bei sich zu Hause; erst nach seinem Tod veröffentlichte Hitler sein Testament.

Fragen an schriftliche Quellen

1. Entstehung der Quellen

a) In welchem Zusammenhang entstand das Testament Hindenburgs?
b) An wen richtete sich das Testament?

2. Art der Quellen

a) Um welche Art von Text handelt es sich? Worin unterscheidet sich ein politisches von einem persönlichen Testament?
b) Überlegen Sie, warum der Text zur Veröffentlichung bestimmt war und warum er veröffentlicht wurde.

3. Inhalt der Quellen

a) Welche Absicht verfolgte Hindenburg mit seinem Testament?
b) Wie charakterisiert Hindenburg seine eigene Amtszeit als Reichspräsident?
c) Welche politische Grundüberzeugungen leiteten Hindenburg?
d) Welche Rolle sprach er der Reichswehr zu?
e) Wie schätzte er die Ordnung der Weimarer Republik ein?
f) Wie sah er Hitler und seine Ernennung zum Reichskanzler?
g) Überprüfen Sie Ihre Ergebnisse mit Hilfe der wissenschaftlichen Interpretation auf der nächsten Seite.

4. Aussagekraft der Quellen

a) Überlegen Sie grundsätzlich, ob das Testament ein objektive Einschätzung der Reichspräsidentschaft Hindenburgs enthält.
b) Überprüfen Sie anhand einzelner Beispiele, ob Hindenburg seine Rolle zutreffend darstellt.

5. Bedeutung der Quellen

Worin liegt die besondere Bedeutung der Quelle
a) im Hinblick auf die politische Rolle Hindenburgs
b) im Hinblick auf andere Ihnen bekannte Quellen aus dieser Zeit
c) im Hinblick auf die historischen Ereignisse der Jahre 1932–34?

M 1 Eine wissenschaftliche Darstellung

Der Historiker Wolfram Pyta schreibt in seiner Hindenburg-Biographie (2007):

Der zweite Teil des politischen Testaments trägt [...] den Charakter eines Rechenschaftsberichts über die Reichspräsidentschaft, der darauf abzielt, das Handeln des Reichspräsidenten Hindenburg nicht in Verbindung zu bringen mit der gescheiterten Weimarer Republik. Er gipfelt in der Aussage, dass Hindenburg als Reichspräsident eine Entwicklung forciert habe, die am 30. Januar 1933 zum Durchbruch gekommen sei. Hindenburg stilisierte sich hierin als politischer Akteur, der sich auch als Reichspräsident von seinem politischen Grundsatz der Stiftung nationaler Einheit habe leiten lassen. Diese Maxime habe er durch die Fehlkonstruktion der Weimarer Demokratie hindurch gerettet und im Jahre 1933 endlich die nationale Erneuerung eingeleitet. [...]
In sehr persönlichen Worten gestand Hindenburg ein, dass viele seiner alten Weggefährten die Stetigkeit seines Kurses nicht erkannt hätten und an ihm irre geworden seien: [...]
Hindenburg bekundete in seinem politischen Testament, dass er sich trotz solcher vermeintlicher Abweichungen, die aber nur den besonderen politischen Umständen geschuldet gewesen seien, immer treu geblieben sei und unbeirrt an seinem Ziel festgehalten habe. Damit glättete er zwar den einen oder anderen Bruch in seiner Reichspräsidentschaft, brachte aber den Kern seiner politischen Vorstellungswelt und seine eigentliche politische Antriebskraft zutreffend zum Ausdruck. [...]
Besonders aufschlussreich sind in dem späteren Mittelteil des politischen Testaments jene Passagen, in denen Hindenburg in die Rolle des Oberbefehlshabers der Reichswehr schlüpft und zugleich die Aufgaben der bewaffneten Macht festlegt. Er plädiert darin vehement für eine Entpolitisierung der Reichswehr: Sie habe sich nicht in die Innenpolitik einzumischen, sondern sich ganz auf die Aufgabe der Landesverteidigung zu konzentrieren, wo ihr allerdings das alleinige Vertretungsrecht zustehe.
[...] Indem Hindenburg in seinem politischen Testament die Reichswehr auf eine rein soldatische Funktion im Dienst der politischen Führung reduzierte („Immer und zu allen Zeiten muss die Wehrmacht ein Instrument der obersten Staatsführung bleiben, das, unberührt von allen innenpolitischen Entwicklungen, seiner hohen Aufgabe der Verteidigung des Landes gerecht zu werden trachtet")[1], trug er die Hoffnungen all jener zu Grabe, die insgeheim darauf vertraut hatten, dass die Armee als einziger von Hitler noch nicht kontrollierter Machtfaktor den diktatorischen Anspruch des „Führers" in die Schranken weisen würde.[2] [...]
Als Reichspräsident beanspruchte Hindenburg für sich und vor der Geschichte, „das Land durch das Tal äußerer Bedrückung und Entwürdigung, innerer Not und Selbstzerfleischung ohne Gefährdung seiner Existenz"[3] hindurchgeführt zu haben. Doch er hatte im Laufe seiner Reichspräsidentschaft einsehen müssen, dass sein politisches Lebensziel – die Zusammenschweißung des deutschen Volkes zu einer homogenen politischen Willenseinheit – mit den Mitteln legaler Herrschaft nicht zu erreichen war. Infolge dieses Erkenntnis- und Lernprozesses hatte er nach langem Zögern am 30. Januar 1933 Hitler die Regierungsgewalt übergeben mit der Maßgabe, dass nur der „Führer" der stärksten „nationalen Bewegung" auf diesem Wege weiter voranschreiten könne. Hitler hatte ihn hierin nicht enttäuscht, sich nicht als engstirniger Parteiführer aufgeführt, sondern aus Hindenburgs Sicht vielmehr eine große nationale Kraftanstrengung vollführt und damit Hindenburgs Projekt entscheidend vorangetrieben.
In seinem politischen Testament brachte Hindenburg unmissverständlich sein Wohlgefallen über die seit dem 30. Januar 1933 eingeleitete Entwicklung zum Ausdruck und bestätigte damit zugleich die Richtigkeit der nach langem inneren Ringen getroffenen Entscheidung: „Mein Kanzler Adolf Hitler und seine Bewegung haben zu dem großen Ziele, das deutsche Volk über alle Standes- und Klassenunterschiede zu innerer Einheit zusammenzuführen, einen entscheidenden Schritt von historischer Tragweite getan."[4] Hindenburg verabschiedete sich vom deutschen Volk als seinem eigentlichen politischen Ansprechpartner mit der fast zur Gewissheit gewordenen Aussicht, dass sich die 1919 in seinen Erinnerungen niedergeschriebene Hoffnung auf eine nationale Wiedergeburt erfüllt hatte. Hindenburg war bei der Niederlegung seines politischen Vermächtnisses mit sich vollkommen im reinen, weil sich der Kreis zu schließen und sein politisches Lebenswerk der Krönung entgegenzugehen schien: „Ich scheide von meinem deutschen Volk in der festen Hoffnung, dass das, was ich im Jahre 1919 ersehnte und was in langsamer Reife zu dem 30. Januar 1933 führte, zu voller Erfüllung und Vollendung der geschichtlichen Sendung unseres Volkes reifen wird."[5]
[Anmerkungen siehe rechts]

Wolfram Pyta, Hindenburg. Herrschaft zwischen Hohenzollern und Hitler, München 2007, S. 860–863, 866 f.

Umgang mit wissenschaftlichen Darstellungen

Anmerkungen zum Text

1 Hindenburgs Testament, S. 5.
2 Auf ein solches Eingreifen der Armee hoffte nicht zuletzt Brüning, der damit die Schleicher-Tradition fortsetzte, vgl. ein für die Reichswehrführung gedachtes Memorandum Brünings vom 31. August 1935, in: Claire Nix (Hg.), Heinrich Brüning. Briefe und Gespräche 1934–1935, Stattgart 1974, S. 466–482.
3 Hindenburgs Testament, S. 5.
4 Ebenda, S. 6.
5 Ebenda, S. 6 f.

In seiner Biografie „Hindenburg. Herrschaft zwischen Hohenzollern und Hitler" untersucht der Historiker Wolfram Pyta (*1960) das Herrschaftsverständnis und politische Wirken des Reichspräsidenten der Weimarer Republik. Seine grundlegende These ist, dass Hindenburg aufgrund seiner militärischen Erfolge im 1. Weltkrieg von der Bevölkerung besonders geschätzt wurde und in die Rolle eines nationalen Helden hineingewachsen sei. Diese besondere Anziehungskraft, die als Charisma bezeichnet wird, war die Grundlage seines politischen Einflusses. Als Staatsoberhaupt musste er sich jedoch auf Recht und Gesetz stützen, also nur gesetzmäßig – legal – herrschen. Der Konflikt zwischen charismatischer und legaler Herrschaft spitzte sich am Ende der Weimarer Republik so zu, dass die Ernennung Hitlers zum Reichskanzler Hindenburg schließlich die Möglichkeit bot, sein Ansehen in der Öffentlichkeit zu retten. Das politische Testament Hindenburgs interpretiert Pyta im letzten Kapitel seines Buchcs.

Fragen an schriftliche Quellen

1. Verständnisprobleme
a) Was verstehen Sie nicht? – Notieren Sie alle Begriffe, die unklar sind. Ziehen Sie zur Erklärung das Minilexikon oder ein anderes Nachschlagwerk heran.
b) Klären Sie Andeutungen und Anspielungen. Erläutern Sie die folgende Aussage anhand von Beispielen: „In sehr persönlichen Worten gestand Hindenburg ein, dass viele seiner alten Weggefährten die Stetigkeit seines Kurses nicht erkannt hätten und an ihm irregeworden seien:"

2. Thema der Darstellung
a) Worum geht es in dem Text?
b) Suchen Sie eine passende Überschrift.

3. Gliederung der Darstellung
a) Fügen Sie Absätze in den Text ein.
b) Suchen Sie für jeden Absatz eine passende Zwischenüberschrift.

4. Inhalt und Aussage der Darstellung
Beantworten Sie anhand des Textes die folgenden Fragen und notieren Sie die entsprechende Zeilenzahl.
a) Welche Absicht verfolgte Hindenburg mit seinem Testament?
b) Wie charakterisierte Hindenburg seine eigene Amtszeit als Reichspräsident?
c) Welche politische Grundüberzeugungen leiteten Hindenburg?
d) Welche Rolle sprach er der Reichswehr zu?
e) Wie schätzte er die Ordnung der Weimarer Republik ein?
f) Wie sah er Hitler und seine Ernennung zum Reichskanzler?
g) überprüfen Sie Ihre Ergebnisse am Testament Hindenburgs.

5. Sprache der Darstellung
a) Der Autor verwendet einen sachlichen Stil. Begründen Sie dies anhand von Beispielen.
b) Untersuchen Sie, wann der Autor das Testament direkt interpretiert und wann er darüber hinausgehende Aussagen trifft.
c) Suchen Sie die Stellen, an denen der Autor seine persönliche Meinung erkennen lässt. Weicht er hier von seinem sachlichen Stil ab?
d) Suchen Sie im Text Aussagen, die von Hindenburg selbst stammen. Weshalb verwendet der Autor solche Zitate?
e) Erläutern Sie den Sinn der Fußnoten!
f) Zeigen Sie anhand von Beispielen, wie der Autor Zitate in seine Darstellung einbaut.

M 1 Gaffer vor der brennenden Synagoge in Bielefeld während des Novemberpogroms 1938
Nach dem Attentat eines Juden, dessen Eltern deportiert worden waren, auf einen deutschen Diplomaten in Paris löste die NS-Spitze im ganzen Reich schwere Ausschreitungen aus, die schließlich zum Tod von weit über 1000 Juden führten. Die systematische Zerstörung fast aller Synagogen vollzog sich vor den Augen der deutschen Öffentlichkeit.

II. Hitlers willige Volksgenossen? Die Deutschen und der Holocaust

Die Erinnerung an die nationalsozialistische Zeit wird immer mit der Erinnerung an das beispiellose Verbrechen der Ermordung der europäischen Juden verbunden sein. Seit 1933 wurden die Juden in Deutschland verfolgt, im Krieg dann in nicht weniger als 16 europäischen Ländern, die entweder vom Deutschen Reich besetzt oder mit diesem verbündet waren. An die sechs Millionen Männer, Frauen und Kinder wurden bis 1945 allein deshalb ermordet, weil sie jüdischer Herkunft waren.

Schon angesichts dieser Dimensionen verwundert es nicht, dass dieses Geschehen nicht völlig isoliert von der deutschen Gesellschaft ablaufen konnte. Deutsche (und Österreicher) waren Täter bei diesen Verbrechen, sahen die Verfolgungen vielfach mit eigenen Augen oder hörten davon. Dieses Ausmaß an Beteiligung und dieses Wissen wurden nach der Kriegsniederlage Deutschlands 1945 aus dem öffentlichen Bewusstsein weitgehend verdrängt. Die Angst vor Bestrafung war groß, zum Selbstbild der Deutschen passte es nicht, in ein derartig monströses Verbrechen verwickelt gewesen zu sein. Lange Zeit herrschte deshalb die Ansicht vor, nur ganz wenige Deutsche hätten sich an den Verbrechen beteiligt, welche zudem so geheim gehalten worden seien, dass auch nur ein kleiner Teil der Bevölkerung etwas davon mitbekommen hätte. Man behauptete, die Verbrechen seien ausschließlich von oben initiiert worden und auf Befehl Hitlers wie automatisch abgelaufen.

Doch dies wird der Vielfältigkeit der deutschen Gesellschaft, wie sie auch in der Zeit der Diktatur herrschte, nicht gerecht. Erst in den letzten Jahrzehnten ist von Historikern das ganze Ausmaß der Beteiligung am Holocaust, der Verstrickung in dieses Verbrechen und der Kenntnisnahme rekonstruiert worden. Dabei ergibt sich ein komplexes Bild. Über die etwa 70 Millionen Einwohner, die in den 1930er-Jahren in Deutschland lebten, lassen sich nur schwer eindeutige und pauschale Aussagen machen. Dennoch ist es dem Historiker möglich, dank einer Vielzahl von Quellen genauere Erkenntnisse über das Verhalten der deutschen Gesellschaft gegenüber den Juden in dieser Zeit zu gewinnen.

Holocaust

griech. Brandopfer; Bezeichnung für die systematische Ermordung der europäischen Juden

Dabei geht es weniger darum, moralische Urteile zu fällen, als vielmehr eine Erklärung dafür zu suchen, wie eine Gesellschaft sich immer mehr an die Vorgaben und Werte einer extremen Diktatur anpasste. Diese Anpassung resultierte teilweise aus eigener Überzeugung, teilweise aus Opportunismus, aber natürlich auch aus den Zwängen und Drohungen des Regimes. Dabei ist aber auch zu betonen, dass sich viele Deutsche zwar an die allgemeinen Normen der Diktatur anpassten, sich aber dennoch nicht mit den Verbrechen einverstanden erklärten.

1. Antisemitismus in der deutschen Gesellschaft

Gleichberechtigung in der Weimarer Republik

Die Juden waren zur Zeit der Weimarer Republik weitgehend in die deutsche Gesellschaft integriert. Erstmals hatten sie die volle rechtliche und soziale Gleichberechtigung erreicht. Nicht zuletzt im Ersten Weltkrieg identifizierten sich die Juden mit ihrer, der deutschen Nation. So orientierten sich nicht wenige im jüdischen Bürgertum an national ausgerichteten Parteien und Verbänden. Zugleich gestalteten Juden seit dem Kaiserreich maßgeblich das kulturelle, wissenschaftliche und wirtschaftliche Leben Deutschlands mit, zu denken ist an Maler wie Max Liebermann, Filmschaffende wie Fritz Lang oder Wissenschaftler wie Albert Einstein. Damit trugen sie zu einem erheblichen Teil zum Ansehen Deutschlands nach dem verlorenen Ersten Weltkrieg bei. Dennoch nahm während der Weimarer Republik der Antisemitismus einen ungeahnten Aufschwung.

Tradition des Antisemitismus

Die Feindschaft gegen Juden ist keine Erfindung des Nationalsozialismus. Vielmehr war die ganze Geschichte des Christentums über weite Strecken von Vorurteilen gegenüber Juden begleitet, seit dem Mittelalter zunehmend auch von Wellen antijüdischer Gewalt. Im 19. Jahrhundert wandelte sich jedoch die Stellung der Menschen mit jüdischer Religionszugehörigkeit innerhalb der deutschen Gesellschaft. Immer öfter wurde ihnen die Gleichberechtigung zuteil, immer mehr gelang der Aufstieg aus der Armut in die Reihen der bürgerlichen Gesellschaft. Doch nicht nur die gesellschaftliche Position der Juden veränderte sich, auch die Rolle der Judenfeindschaft. Diese war nun zusehends gegen die Emanzipation der Juden gerichtet, von denen man behauptete, sie seien einflussreich und mächtig geworden. Konkret richtete sich dieser neue Antisemitismus gegen die Aktivität von Juden etwa als Unternehmer, in der Presse oder in der Politik.

Rassismus

Zugleich etablierte sich der Rassismus, also die Überzeugung, bestimmte Äußerlichkeiten und Persönlichkeitsmerkmale seien vererbbar und damit unveränderlich. Diese Vorstellungen gab es schon seit längerer Zeit. Durch den Aufstieg der naturwissenschaftlichen Forschung im 19. Jahrhundert erhielten sie jedoch erheblichen Auftrieb. In extrem nationalistischen Kreisen wurde spekuliert, die Völker würden auf einer „Blutsgemeinschaft“ beruhen und die nichtjüdischen Deutschen seien grundsätzlich verschieden von den jüdischen Staatsbürgern.

M 2 „Die fünf Frankfurter"
Antisemitische Postkarte, um 1900

Kaiserreich

Während des Kaiserreichs entwickelte sich seit den 1880er-Jahren eine antisemitische politische Bewegung, zeitweise saßen sogar regelrechte Antisemitenparteien in den Parlamenten. In ihr politisches Programm gehörte die Diskriminierung der Juden, ihre Verdrängung aus den oberen Schichten. Manche der rechtsextremen Politiker forderten schon damals die Ausweisung von Juden aus Deutschland. Diese Parteien blieben zwar weitgehend ohne politische Wirkung, sie konnten die Öffentlichkeit aber durchaus beeinflussen.

Bereits bald nach der Reichsgründung setzte 1879 eine vergleichsweise begrenzte Wirtschaftskrise, der „Gründerkrach", ein. Während angesehene konservative Publizisten „die Juden" allgemein für die Rezession verantwortlich machten, etablierte sich nun eine Reihe von Parteien und Verbänden, die sich die „Zurückdrängung" der Juden auf die Fahnen schrieben.

Erster Weltkrieg

Mit dem Ersten Weltkrieg drohte dann eine neue Welle des Antisemitismus. Als sich abzeichnete, dass der Krieg nicht – wie erwartet – binnen Kurzem zu einem Sieg Deutschlands führte, regten sich wieder die Antisemiten, die nach einem Sündenbock für die stagnierende Kriegsführung und die miserable Lage der Versorgung im Reich suchten. Zwar unterdrückte die Militärzensur offen antisemitische Publikationen. Das preußische Kriegsministerium ordnete jedoch 1916 die Zählung der jüdischen Soldaten an, einem antisemitischen Gerücht folgend, dass Juden sich um die Kriegsdienst drücken würden. Obwohl die Zählung dies nicht belegen konnte, blieben ihre Ergebnisse unter Verschluss und die Gerüchte damit unwidersprochen.

M 3 „12 000 Juden fielen im Kampf"
Plakat des Reichsbundes jüdischer Frontsoldaten

Krisenjahre Weimars

Den radikalsten Aufschwung nahm der Antisemitismus dann mit der tiefsten Krise, die das Deutsche Reich bis dahin erlebt hatte, mit dem Zusammenbruch der deutschen Kriegsführung und der Abdankung der Monarchie im November 1918. Die Jahre bis 1923 waren nun von einer dauerhaften nationalen Ohnmacht, von einer wirtschaftlichen und gesellschaftlichen Krise und von einer Radikalisierung der politischen Positionen gekennzeichnet. Nie zuvor hatte der Antisemitismus eine derartige Brisanz entwickelt. Rechtsextreme Gruppen wie die kleine NSDAP, aber auch Teile der konservativen Parteien und Verbände machten die Juden verantwortlich für Kriegsniederlage und Revolution. Der Zusammenbruch sei angeblich nicht an der Front erfolgt, sondern in der Heimat hätten Juden und Sozialisten das Militär geschwächt: Die Legende des „Dolchstoßes" in den Rücken der Front war geboren. Zugleich machte der Stereotyp vom vermeintlich „jüdischen Bolschewismus" die Runde, der in Russland 1917 die Macht ergriffen habe.

M 4 Rosa Luxemburg (1870–1919)

Die Rechtsextremen beließen es nicht bei zahlreichen Schändungen jüdischer Friedhöfe oder Pöbeleien gegen Juden auf offener Straße. Der rechtsextreme Terror richtete sich offen gegen Politiker jüdischer Herkunft. Dies zeigen die Morde an der Führerin der neuen Kommunistischen Partei, Rosa Luxemburg, oder an Außenminister Walther Rathenau. Die Mehrheit der deutschen Bevölkerung wandte sich erschreckt von dieser Gewalt ab. Freilich urteilten deutsche Gerichte recht milde über Gewalt von rechtsextremistischen Tätern.

M 5 Walther Rathenau (1867–1922), Foto um 1920

Immer in Krisenzeiten erlebte der Antisemitismus seine Konjunktur. Als sich die Weimarer Republik seit 1924 wirtschaftlich und politisch ein wenig stabilisierte, nahm auch die Zahl antisemitischer Vorfälle ab. In dieser Phase waren mehr politische Kräfte bereit, den Antisemitismus scharf zu verurteilen. Doch die Zeit der Stabilisierung währte nur kurz. 1929/30 brach die Weltwirtschaftskrise auch über Deutschland herein. Nun radikalisierte sich die politische Szene wieder.

Bei den Reichstagswahlen 1930 betrat eine politische Kraft die Bühne, die bis dahin nur regionale Bedeutung gehabt hatte: die NSDAP. Diese Partei hatte sich schon 1920 ein radikal antisemitisches Programm gegeben, das die Entrechtung und Ausweisung der Juden aus Deutschland vorsah.

Adolf Hitler und die NSDAP

Vor allem der „Führer" der Partei, Adolf Hitler, propagierte immer wieder einen extremen Antisemitismus. So veröffentlichte er in seinem Propagandawerk „Mein Kampf" bereits unverhohlen Mordphantasien gegen Juden. Zwar nutzte Hitler den Antisemitismus in den Wahlkämpfen seit 1930 nur selten offen; seine Zuhörer und seine Wähler wussten jedoch, dass die NSDAP eine durch und durch antisemitische Partei war. Und immer mehr Menschen gaben ihr die Stimme an der Wahlurne. In dieser Phase nahmen auch wieder antisemitische Vorfälle gegen Deutschlands Juden zu. Dennoch blieben die deutschen Juden während der Weimarer Republik von einem Rechtsstaat geschützt, der zeitweise die NSDAP, später auch deren Kampforganisationen „Schutzabteilung" und „Schutzstaffel", kurz SA und SS, verbot, weil diese äußerst gewalttätig gegen politische Opponenten und Juden vorgingen. Die meisten demokratischen Parteien, aber auch die Organisationen der Juden selbst, wehrten sich gegen die Ausbrüche des Hasses.

2. Verfolgung und deutsche Gesellschaft 1933–1937

Errichtung der NS-Diktatur

Am 30. Januar 1933 kam die NSDAP an die Macht, zusammen mit ihren konservativen Koalitionspartnern von der DNVP, von denen nicht wenige ebenfalls antijüdisch eingestellt waren. Binnen weniger Monate richtete die NSDAP in Deutschland ein neues Herrschaftsystem, eine radikale Diktatur ein. Alle anderen Parteien wurden gezwungen sich selbst aufzulösen, besonders sozialdemokratische und kommunistische Politiker wurden von Anfang an verfolgt. Der Reichstag gab seine Macht völlig an die Regierung Hitlers ab, Ähnliches geschah auch in den Ländern wie in den Städten und Gemeinden, wo überall Nationalsozialisten die Macht übernahmen. Die Gewerkschaften und andere demokratische Organisationen wurden aufgelöst, die gesamte Presse entweder einer Zensur unterworfen oder ganz verboten. Die in der Verfassung festgelegten Grundrechte der Bürger wurden aufgehoben, neue Sondergesetze erlassen und Sondergerichte etabliert. Der Rechtsstaat, der den einzelnen Bürger schützte, wurde zuerst ausgehöhlt und dann zerstört.

M 6 Adolf Hitler auf dem Reichsparteitag, Propagandafoto, 1938

Von oben dekretierten Regierung und Behörden immer neue Verbote und Handlungsanweisungen, von unten terrorisierten NS-Organisationen wie die SA die Anhänger der Demokratie. Nicht wenige in der Bevölkerung waren von der nationalistischen Welle in Deutschland mitgerissen und sorgten von sich aus für die „Gleischaltung" von Behörden und Organisationen, also die Entlassung missliebiger Personen und die Ausrichtung auf den Nationalsozialismus. Von entscheidender Bedeutung war, dass die NS-Führung frühzeitig die Polizei in ihre Hände brachte und zu einem Instrument der Unterdrückung umbaute. Mitte 1934, nach dem Tod von Reichspräsident Hindenburg, machte sich Hitler schließlich zum unumschränkten „Führer" des Staates. Jeglicher Widerstand war zerschlagen.

Phasen der nationalsozialistischen Herrschaft

Die Herrschaft des Nationalsozialismus entwickelte sich in mehreren Phasen. Zunächst spricht man von Januar 1933 bis 1934 von der Zeit der „Machtergreifung", in der sich die NSDAP in allen Bereichen von Politik und Gesellschaft etablierte und ihren Gegnern jegliche Einflussmöglichkeit nahm.

Danach konsolidierte sich die nationalsozialistische Diktatur bis 1936/37 und verschaffte sich immer mehr Zustimmung in der deutschen Bevölkerung, auch unter jenen, die vor 1933 nicht NSDAP gewählt hatten. In dieser Phase breitete sich besonders der Kult um Adolf Hitler aus.

In eine neue Phase trat das Regime dann 1937/38. Diese Zeit war gekennzeichnet durch die unmittelbare Vorbereitung auf einen Eroberungskrieg und durch außenpolitische Expansion ohne militärische Mittel. Zugleich verschärfte sich der Terror und die Verfolgung in Deutschland in erheblichem Maße.

Entrechtung der Juden

Mit dem ersten Tag der Herrschaft Hitlers begann auch die Diskriminierung und Verfolgung der Juden in Deutschland. Die neue Regierung machte sich daran, Gesetze und Verordnungen herauszugeben, die die Entrechtung der etwa 500 000 jüdischen Bürger im Reich einleiten sollten.

Zuerst wurden die meisten Juden aus dem öffentlichen Dienst entlassen. Doch nicht nur die Regierung, auch Länder und Stadtverwaltungen bemühten sich alsbald, den Juden das Leben schwer zu machen. Überall gewannen die Antisemiten die Oberhand in Verwaltungen, in Vereinen und in Organisationen. Das waren zum größten Teil bekennende Nationalsozialisten, aber auch andere, die ihre Loyalität zum neuen Regime unter Beweis stellen wollten. Viele Organisationen wie Sportvereine, Hobbyclubs usw. verkündeten schnell einen „Arierparagraphen", d. h. den Ausschluss aller jüdischen Mitglieder.

Boykott

Den größten Eindruck in der Öffentlichkeit hinterließ der Boykott jüdischer Geschäfte, den die neue Regierung ab dem 1. April 1933 organisierte und den vor allem die SA, die Sturmabteilung der NSDAP, durchführte. Die Unternehmen wurden beschmiert und ihre Inhaber angepöbelt. Vor vielen Läden wurden SA-Leute postiert, die Kunden am Zutritt hindern wollten. Dennoch war diese Aktion für das

M 7 „Deutsche! Wehrt Euch! Kauft nicht bei Juden"
Boykott jüdischer Geschäfte, 1. April 1933

neue Regime nur begrenzt erfolgreich. Viele Stammkunden ließen sich nicht am Einkauf hindern oder zeigten gar ihre offene Solidarität mit den diskriminierten Geschäftsleuten. Offiziell wurde der Boykott im ganzen Land zwar beendet, viele lokale NS-Funktionäre wiederholten ihn jedoch an ihren Orten. In einigen Fällen organisierte die lokale SA sogar regelrechte Treibjagden auf Juden, so 1935 bei den berüchtigten „Ku'damm-Krawallen" in Berlin, gewalttätigen Pöbeleien von SA-Mitgliedern gegen jüdische Passanten auf dem Kurfürstendamm.

Im Allgemeinen lehnte die Mehrheit der Deutschen offene Gewalt oder öffentliche Herabwürdigungen ab, doch orientierten sich die meisten an der neuen Politik, auch im Alltag. Man mied die Geschäfte von Juden, ja oft sogar den Kontakt mit jüdischen Bekannten. Jüdische Kinder waren in den Schulen nicht selten Demütigungen durch Lehrer oder Klassenkameraden ausgesetzt. 1933/34 emigrierten Zehntausende Juden ins Ausland, um den Verfolgungen zu entkommen.

Nürnberger Gesetze

Das Regime überließ es längere Zeit seinen unteren Funktionären, die Juden zu drangsalieren. Im Herbst 1935 überraschte es jedoch mit einer neuen fundamentalen Entscheidung: den Nürnberger Gesetzen. Diese machten Juden zu Staatsbürgern zweiter Klasse und verboten die

Heirat von Nichtjuden und Juden. In nie gekanntem Ausmaß griff der Nationalsozialismus damit ins Privatleben der Menschen ein.

Zugleich wurde festgelegt, wer denn überhaupt Jude sei: Es waren nicht vermeintlich wissenschaftlich „rassische" Kriterien, die die NS-Führung immer wieder proklamierte, sondern die Religionszugehörigkeit der Großeltern. Wer drei jüdische Großelternteile hatte, galt von nun an als Jude.

Das Ziel der Nürnberger Gesetze war die strenge Trennung zwischen Juden und anderen Deutschen. Diese Regelung wurde offensichtlich von der Mehrheit der Deutschen nicht abgelehnt, bevorzugte man doch eine „gesetzliche Regelung" des angeblichen „Judenproblems". Die „arischen" Deutschen sollten nun allein die Volksgemeinschaft bilden. Dazu zählten

M 8 „Ich bin am Ort das größte Schwein und laß mich nur mit Juden ein!"
Wegen „Rassenschande" am Pranger, Aufnahme aus Hamburg, 1935

jene, die keine Juden oder „Zigeuner", also meist Sinti und Roma, unter ihren Vorfahren hatten. Damit wurde das bis dahin geltende Prinzip der Staatsbürgerschaft allmählich aufgelöst zugunsten einer angeblichen „Blutsgemeinschaft". Diese umfasste nicht nur die „Arier" im Reich, sondern auch die deutschsprachigen Minderheiten im Ausland, vor allem in Osteuropa. Die Volksgemeinschaft bestimmte sich vor allem dadurch, wer nicht zu ihr gehörte und Bürger zweiter Klasse war.

Propaganda für die „Volksgemeinschaft"

Zwar verhieß die Propaganda eine neue Gleichheit unter den „Ariern", angeblich unbegrenzte Aufstiegsschancen und einen neuen Wohlstand. Tatsächlich blieb es aber auch in der Volksgemeinschaft bei den sozialen und kulturellen Unterschieden, die es in der deutschen Gesellschaft bis dahin gegeben hatte. Ihren realen Niederschlag fand die Volksgemeinschaft vielmehr in der massenhaften Organisierung und Mobilisierung der Bevölkerung. Jeder Deutsche sollte einer oder mehreren NS-Organisationen angehören, sei es Hitler-Jugend, Bund deutscher Mädel, der Deutschen Arbeitsfront, einer Pseudo-Gewerkschaft, oder den vielen Parteiorganisationen für Beruf und Freizeit. Die ideologische Propaganda begleitete die Menschen vom Kindergarten bis zum Altenheim; ständig war man zu nationalsozialistischen Feiern und Aufmärschen aufgerufen oder verfolgte die Propaganda im neuen Rundfunk oder in der Wochenschau im Kino.

Viele „Volksgenossen" fühlten sich in dieser Rolle recht wohl. Insbesondere nachdem die Arbeitslosigkeit durch die massive Rüstungspolitik überwunden war und Hitler einen außenpolitischen Coup nach dem anderen landete, stieg die Zustimmung zum Nationalsozialismus ab 1936 noch einmal beträchtlich. Durch die Aufstellung der Wehrmacht 1935 und die Besetzung des entmilitarisierten Rheinlandes 1936 waren zwar die Bestimmungen des Versailler Vertrages verletzt, die „nationale Ehre" der Deutschen schien aber wiederhergestellt. Hitler bereitete unterdessen jedoch schon weitere Schritte zu einem Expansionskrieg in Europa vor.

3. Verschärfung der Verfolgung 1938–1939

Situation in Österreich

Das Jahr 1938 bildete einen Wendepunkt in der Verfolgung der Juden. Zunächst gerieten auch die Juden Österreichs unter die Herrschaft Hitlers. Die österreichischen Nationalsozialisten waren bis dahin von der autoritären Regierung, die seit 1934 in Österreich herrschte, unterdrückt worden und hatten im Untergrund agieren müssen. Sie nutzten die neue Situation sofort. Nach dem deutschen Einmarsch in Österreich im März 1938 terrorisierten sie die Juden, etwa bei öffentlichen Demütigungen. Aber auch in Deutschland selbst setzte das Regime zum nächsten Schlag gegen die Juden an, zur totalen Enteignung. Die Juden mussten ihr ganzes Vermögen registrieren lassen. Jüdische Betriebe, sofern sie nicht schon zuvor durch die Diskriminierungen ruiniert worden waren, wurden immer mehr unter Wert verkauft; damals nannte man das „Arisierung".

Novemberpogrom 1938

In dieser Situation bot sich der NS-Führung ein willkommener Vorwand, die Judenverfolgung deutlich weiter zu verschärfen. Ein polnischer Jude verübte, nachdem seine Eltern aus Deutschland deportiert worden waren, ein Attentat auf einen deutschen Diplomaten in Paris.

M 9 **Nach dem Pogrom wird das Inventar der Synagoge von Mosbach verbrannt,** Foto, November 1938

Aufruf!

Reichsminister Dr. Goebbels gibt bekannt:
„Die berechtigte und verständliche Empörung des Deutschen Volkes über den feigen jüdischen Meuchelmord an einem deutschen Diplomaten in Paris hat sich in der vergangenen Nacht in umfangreichem Maße Luft verschafft. In zahlreichen Städten und Orten des Reiches wurden Vergeltungsaktionen gegen jüdische Gebäude und Geschäfte vorgenommen.
Es ergeht nunmehr an die gesamte Bevölkerung die strenge Aufforderung, von allen weiteren Demonstrationen und Aktionen gegen das Judentum, gleichgültig welcher Art, sofort abzusehen. Die endgültige Antwort auf das jüdische Attentat in Paris wird auf dem Wege der Gesetzgebung bezw. der Verordnung dem Judentum erteilt werden.“

Volksgenossen! Volksgenossinnen!
Auch bei uns in München hat das Weltjudentum die ihm gebührende Antwort erhalten!

Die Synagoge ist abgebrannt!

Die jüdischen Geschäfte sind geschlossen!

Die frechgewordenen Juden sind verhaftet!

M 10 Aufruf aus München
10. November 1938

Sofort organisierten lokale NS-Führer Ausschreitungen gegen Juden, noch bevor Hitler und Propagandaminister Goebbels einen Pogrom im ganzen Reich initiierten. In dem Pogrom am 9./10. November 1938, der damals wegen der zerbrochenen Scheiben verharmlosend „Reichskristallnacht“ genannt wurde, zündeten Angehörige von SA, SS und Hitlerjugend überall Synagogen an, plünderten die Wohnungen, misshandelten und ermordeten Juden. Hunderte Verfolgter verübten in panischer Angst Selbstmord. Etwa 27 000 jüdische Männer wurden sofort in Konzentrationslager verschleppt. Etwa 1000 von diesen starben an Misshandlungen, die anderen wurden später mit der Erklärung, dass sie auswandern würden, wieder freigelassen.

Die deutsche Bevölkerung reagierte gespalten auf dieses Pogrom. Während man die offenen Zerstörungen und Gewaltakte ablehnte, erschien doch eine kollektive Racheaktion für das Attentat in Paris vielen angemessen. Vor allem aber fanden zwei Maßnahmen weitgehende Zustimmung, dic durch den Pogrom beschleunigt werden sollten: die totale Verdrängung der Juden aus dem Wirtschaftsleben und die Forcierung der Auswanderung.

Situation vor dem Krieg

Unmittelbar vor dem Krieg waren die meisten deutschen Juden in ihrer Umwelt weitgehend isoliert. Da vor allem den Jüngeren und den Familien die Auswanderung oftmals noch rechtzeitig geglückt war, blieben vor allem ältere und verarmte Juden zurück. Durch Berufsverbote und Enteignungen war ein erheblicher Teil der verblieben Juden von der Fürsorge abhängig geworden; selbst diese durfte nur noch von jüdischen Stellen ausgegeben werden. Ab 1939 begannen die Verwaltungen zudem damit, die Juden aus ihren Wohnungen zu verdrängen und in spezifischen „Judenhäusern“ zu konzentrieren, was die Isolierung noch weiter vorantrieb.

Moralischer Wandel

Die Mehrheit der Deutschen hatte sich inzwischen im Nationalsozialismus eingerichtet und akzeptierte auch dessen Regeln. Auf der einen Seite präsentierte man sich als guter „Volksgenosse“, wenn man sich von Juden fernhielt oder an den antijüdischen Maßnahmen beteiligte. Wer sich in der Verwaltung oder in der Partei besonders antisemitisch gebärdete, förderte damit seine Karriere. Darüber hinaus konnten die Deutschen durchaus von der Judenverfolgung materiell profitieren, etwa wenn sie die Stelle entlassener Juden übernahmen oder deren Geschäfte billig kauften. Selbst die Schließung jüdischer Betriebe wurde von vielen Unternehmern begrüßt, da sich damit die wirtschaftliche Konkurrenz verringerte.

Kriegsbeginn 1939

Dieser Wandel in der Moral beschleunigte sich mit Beginn des Krieges. Alle Angriffe auf andere Länder wurden von der Propaganda so dargestellt, als habe es sich um Reaktionen auf ausländische Provokationen gehandelt. Die Gewalt gegen Ausländer, besonders aber gegen die Juden, wurde nun immer mehr akzeptiert. Zudem verschärften sich mit Beginn des Krieges die Kontrolle der Bevölkerung und die Repression gegen solche Personen, die Zweifel oder Kritik am Regime übten. Die neu geschaffene nationale Volksgemeinschaft rückte immer mehr zusammen und zeigte immer weniger Interesse an den Menschen, die aus ihr ausgeschlossen waren.

4. Der Massenmord und die Täter

Die Rolle der nichtjüdischen Deutschen beim Holocaust gestaltete sich recht unterschiedlich: Ein kleiner Teil der Deutschen, vor allem solche, die in staatlichen Funktionen oder in den Besatzungsgebieten tätig waren, wurde zu Tätern bei Verfolgung und Massenmord. Weit größer war die Zahl derer, die von den Verbrechen profitierten, etwa beim Raub des Eigentums. Noch größer war der Kreis derer, die Kenntnis erlangten vom Mord an den Juden. Im Folgenden sollen zunächst die Täter näher betrachtet werden, dann der Kenntnisstand der Mehrheit der Bevölkerung und schließlich die Verhaltensweisen, mit denen auf diese Kenntnisse reagiert wurde.

Der Massenmord

Polen

Der Beginn des Krieges im September 1939 war von ersten Massenmorden an Juden begleitet. Schon während des deutschen Angriffs auf Polen erschossen deutsche Einheiten, vor allem SS und Polizei, Tausende von Juden in Polen. Als Vorwände für die Tötungen, die zumeist als Repressalien deklariert wurden, dienten oft angebliche Anschläge auf die Wehrmacht. Im besetzten Polen gehörte die Gewalt gegen Juden nun zum Alltag. Der Westteil des Landes wurde dem Deutschen Reich angeschlossen, von dort sollten alle Juden nach Osten deportiert werden. Zehntausende polnischer Juden wurden so, meist zusammen mit nichtjüdischen Polen, in Güterzügen in das neue „Generalgouvernement Polen" verfrachtet. Die Juden in Polen wurden denselben Verfolgungsmaßnahmen unterworfen, wie sie bereits im Reich herrschten, jedoch war ihr Leben von Anfang an bedroht, weil die deutsche Besatzungsherrschaft sich als äußerst gewalttätig erwies. Außerdem wurden die polnischen Juden allmählich in Ghettos gepfercht, das heißt schlecht strukturierte Stadtteile, in denen sie auf engstem Raum leben mussten und kaum versorgt wurden. Die Ghettos wurden entweder streng bewacht oder den Insassen wurden schwerste Strafen angedroht, falls sie diese Gebiete verließen. So starben im Warschauer Ghetto schon im Frühjahr 1941 Zehntausende. Der Völkermord war also bereits im Gange, bevor die Wehrmacht am 22. Juni 1941 in der Sowjetunion einmarschierte.

M 11 **Im Warschauer Ghetto**
Foto, Anfang 1941

Sowjetunion

Unmittelbar nach dem deutschen Angriff auf die Sowjetunion begannen auch die systematischen Massenmorde an den Juden. Zunächst wurden wieder unter dem Vorwand von Repressalien für Anschläge auf die Wehrmacht vor allem jüdische Männer erschossen, ab Spätsommer und Herbst 1941 auch Frauen und Kinder. Diese Massenerschießungen verübten vor allem Einheiten der SS und der Polizei. Es wurde ihnen von der Wehrmacht zumeist leicht gemacht, ihre Verbrechen zu verüben, die Kritik der Wehrmachtsstellen hielt sich in engen Grenzen. Oftmals unterstützten die Generäle oder die rückwärtigen Dienste der Wehrmacht die Mordeinheiten bei ihrer Arbeit, da Letztere über zu wenig Personal verfügten.

Planung des Massenmords

Während die Massenmorde in den besetzten sowjetischen Gebieten verübt wurden, verdichteten sich die Überlegungen der NS-Führung in Berlin, alle europäischen Juden während des Krieges zu ermorden. Hitler hatte schon 1939 entsprechende öffentliche Drohungen ausgestoßen. Bis Mitte 1941 wurden zwar immer noch Pläne entwickelt, die Juden Europas in ein abgelegenes Gebiet zu transportieren und dort zugrundegehen zu lassen. Vermutlich im September/Oktober 1941 fiel dann der Entschluss, alle Juden, die sich unter deutschem Zugriff befanden, zu töten. Die organisatorischen Vorbereitungen, die Koordination aller beteiligten Behörden und die Errichtung von Tötungsanlagen, waren im Frühjahr 1942 weitgehend abgeschlossen. Binnen eines Jahres, bis Sommer 1943, sollten alle Juden Europas sterben, bis auf diejenigen, deren Arbeitskraft man noch für die deutsche Kriegswirtschaft ausbeuten konnte.

Vernichtungslager

In Polen wurden seit Ende 1941 regelrechte Vernichtungslager eingerichtet, deren hauptsächlicher Zweck die Ermordung von Juden durch Giftgas war. Nun trieben SS und Polizei, oft mit der Unterstützung der Besatzungsverwaltung und anderer Dienststellen, die Juden in den Ghettos zusammen, pferchten sie in Güterzüge und deportierten sie in die Vernichtungslager. Ghetto um Ghetto wurde „geräumt“, oft mithilfe einheimischer Hilfspolizei. Während die Mehrheit der Ghettoinsassen in den Tod geschickt wurde, behielt man jüdische Zwangsarbeiter zurück. Schon Ende 1942 lebte nur noch ein kleiner Teil der Juden in Polen.

Deportationen

Doch auch im Reich und in den anderen besetzten Gebieten begann Ende 1941 der systematische Massenmord an den Juden mit deren Deportation. Zunächst kamen viele Juden in die Ghettos auf polnischem Boden, wo die vorherigen Insassen oft kurz zuvor ermordet worden waren. Ab Mitte 1942 transportierte man Juden aus ganz Europa in das Konzentrationslager Auschwitz, wo 80 bis 90 Prozent von ihnen unmittelbar nach der Ankunft in Gaskammern ermordet wurden und die übrigen als Zwangsarbeiter noch etwas länger leben konnten.

Bereits im Herbst 1943, also fast zwei Jahre vor Kriegsende, waren die meisten Juden tot, die sich im Zugriff der deutschen Herrschaft befunden hatten. Nach der Besetzung Ungarns durch die Wehrmacht im März 1944 wurden auch die ungarischen Juden in das Vernichtungsprogramm einbezogen.

Andere Opfergruppen

Den nationalsozialistischen Verbrechen fielen nicht nur Juden zum Opfer. Seit Beginn der Herrschaft Hitlers wurden politische Gegner in Konzentrationslagern gefangen oder von Gerichten zu drakonischen Strafen verurteilt. Viele starben oder wurden hingerichtet.

Im besetzten Polen und in der Sowjetunion erschoss man systematisch Angehörige der jeweiligen Führungsschichten des Landes; in allen besetzten Gebieten reagierte die deutsche Besatzungsmacht mit Massakern auf jegliche Regungen von Widerstand. Millionen Menschen wurden zur Zwangsarbeit ins Reich deportiert, vermutlich über 200 000 von ihnen starben dabei.

M 12 **Jüdische Frauen und Kinder** unmittelbar vor ihrer Ermordung in Auschwitz, 1944

Die Täter

Der millionenfache Mord an den europäischen Juden war ein umfassendes Verbrechen an Tausenden von Orten. Es ist deshalb kaum verwunderlich, dass daran eine große Zahl von Tätern beteiligt war. Man schätzt heute, dass weit über 100 000 Deutsche und Österreicher an den Massenmorden direkt oder indirekt mitwirkten.

Dabei handelte es sich in den Kernbereichen der Organisation des Mordens, also bei SS und Gestapo, in den Spitzen der deutschen Führung und in der Verwaltung der besetzten Länder um hochmotivierte Nationalsozialisten und Antisemiten. Diese wollten seit Langem gegen die jüdische Minderheit vorgehen und warteten im Krieg oftmals mit eigenen Vorschlägen zu Mordaktionen auf.

Erklärung:

Der Massenmord an den europäischen Juden ist nicht ohne Befehle von Adolf Hitler denkbar. Himmler organisierte das Verbrechen mit seinem vereinigten SS- und Polizeiapparat. Zunächst erschossen Einheiten von SS und Polizei mithilfe der zivilen und militärischen Besatzungsverwaltungen die Juden in Osteuropa, später organisierte die Polzei mit diesen die Deportationen aus allen Ländern in die Vernichtungs- und Konzentrationslager. Viele andere Behörden arbeiteten bei den Verbrechen mit.

M 13

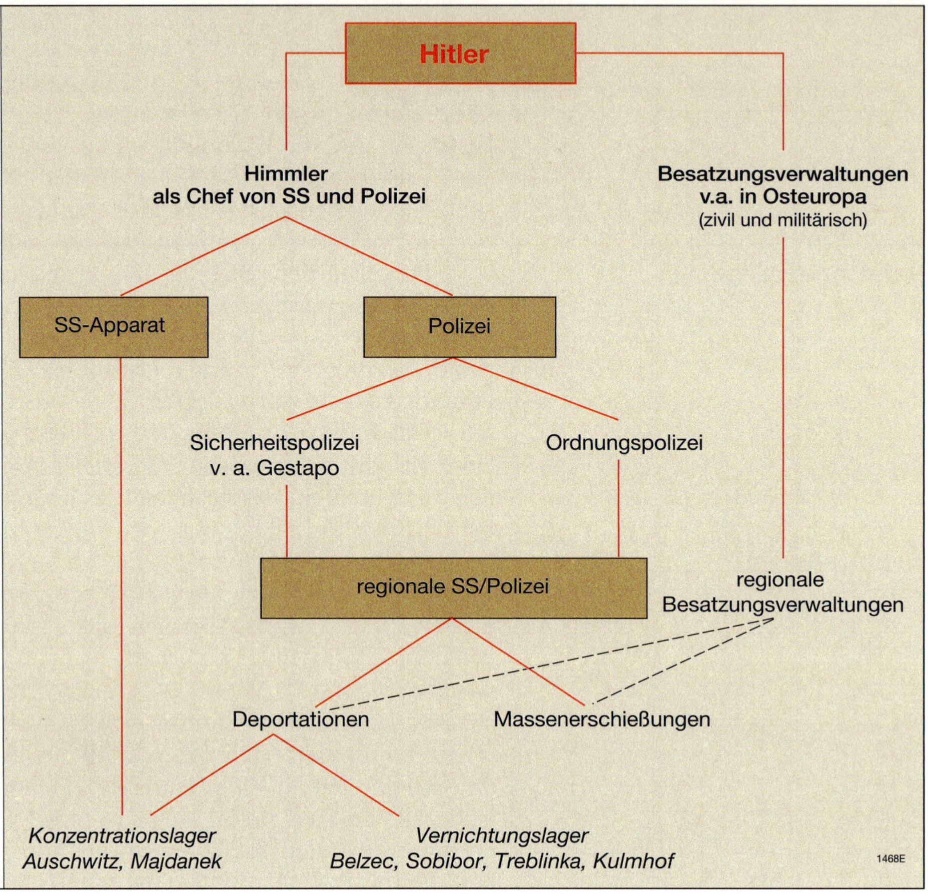

Tätergruppen

Die überwiegende Zahl der Täter ist jedoch nicht diesem Schlüsselpersonal zuzurechnen, sondern den Organisationen, die eigentlich andere Aufgaben hatten, aber das Morden personell und organisatorisch unterstützten – also der Verwaltung im Reich, der „normalen" Ordnungspolizei, in vielen Fällen auch der Wehrmacht. Hier fanden sich sowohl fanatische Nazis als auch eher durchschnittliches Personal, das nur teilweise mit den Leitlinien des Regimes übereinstimmte. Diese Personen waren zwar oftmals in Befehlshierarchien eingebaut, also an die Weisungen ihrer Vorgesetzten gebunden. Der Gehorsam galt jedoch nicht für verbrecherische Befehle, also z. B. Weisungen, unschuldige Menschen zu ermorden. Diese Befehle konnten verweigert werden. Es hat jedoch trotzdem nur wenige Fälle von Befehlsverweigerung gegeben, und diese führten nicht zu drakonischer Bestrafung, sondern allenfalls zu milden Sanktionen wie Beförderungsstopp oder Versetzung. Man muss also davon ausgehen, dass die Mehrzahl der Täter ihr Handeln als gerechtfertigt ansah, dass sie also verstanden, was sie taten.

Neuere Forschungen zeigen zudem, dass es sich nicht um Personal aus den Randzonen der deutschen Gesellschaft handelte, also Menschen, die sich nach dem Ersten Weltkrieg nicht mehr zurechtfanden und lange Zeit arbeitslos waren. Die meisten Täter waren tatsächlich durchschnittliche deutsche Männer, nicht selten mit Hochschulabschluss. Nicht zuletzt deshalb gelang vielen von ihnen nach dem Krieg problemlos wieder die Rückkehr zur Normalität. Nur wenige wurden von Gerichten zur Rechenschaft gezogen.

5. Wer hatte Kenntnis vom Massenmord?

Morde in Polen

Die Mehrheit der deutschen Bevölkerung war nicht an diesen Verbrechen beteiligt, doch blieben die Verfolgung im Reich und die Massenmorde im Osten auf Dauer nicht verborgen. Über die brutale Wirklichkeit in den Konzentrationslagern, in die seit 1937 immer mehr Verfolgte, vor allem Nichtjuden, eingeliefert wurden, kursierten Gerüchte in weiten Teilen der Bevölkerung. Auch die ersten Massenmorde während des Krieges, begangen im besetzten Polen seit September 1939, blieben innerhalb Deutschlands nicht unbekannt. Schon in den ersten Tagen nach dem Angriff auf Polen verübten deutsche Polizeieinheiten Massaker an Juden. Bald begannen SS und Milizen auch mit der Jagd auf Angehörige der polnischen Oberschicht und ermordeten diese zu Tausenden. Soldaten der Wehrmacht beteiligten sich an Kriegsverbrechen, etwa der Erschießung von Kriegsgefangenen. All diese Verbrechen trafen bei den Deutschen im besetzten Polen und im Reich nicht selten auf Ablehnung. Einige Generale des Heeres übten vehemente Kritik an diesen Morden. Doch Hitler erließ eine Amnestie für alle Verbrechen, die im Krieg gegen Polen begangen worden waren, und die Debatte darüber verstummte bis zum Frühjahr 1940.

Innerhalb Deutschlands richtete sich die erste systematische Mordaktion nicht gegen Juden, sondern gegen die – zumeist nichtjüdischen – Patienten psychiatrischer Anstalten. Seit Anfang 1940 wurden diese abtransportiert und in sechs andere Anstalten gebracht, die man zu Tötungszentren umfunktioniert hatte. Regional wurde die Mordaktion schon Mitte 1940 bekannt, insbesondere einige Vertreter der Kirchen protestierten frühzeitig. Die Predigten des Bischofs von Münster, von Galen, gegen diese Verbrechen im Sommer 1941 schlugen derartige Wellen, dass die Staatsführung es als sinnvoll erachtete, die Mordaktion einstweilen zu unterbrechen.

Massenerschießungen

Währenddessen erschossen SS- und Polizeieinheiten in der Sowjetunion systematisch erwachsene jüdische Männer, dann zunehmend auch Frauen, Kinder und Alte. In Städten, die erst ab September 1941 erobert wurden, rotteten deutsche Einheiten die gesamte noch verbliebene jüdische Bevölkerung aus. Diese beispiellosen Verbrechen blieben innerhalb des besetzten Gebietes nicht verborgen. Viele der frühen Massenerschießungen spielten sich in aller Öffentlichkeit ab, sodass sowohl Soldaten als auch Einheimische bei den Verbrechen zusehen konnten. Zwar erließ die Polizeiführung Befehle, die Öffentlichkeit von den Gewaltakten fernzuhalten und insbesondere das Fotografieren zu unterbinden. Da diese Verbote aber immer wieder ausgegeben werden mussten, scheint eine richtige Geheimhaltung nicht durchgesetzt worden zu sein. Deshalb muss man davon ausgehen, dass ein erheblicher Teil des deutschen Heeres im Osten, das ja zunächst aus drei Millionen Soldaten bestand, direkt oder indirekt von den Verbrechen Kenntnis genommen hat. Darüber hinaus haben viele Oberkommandos von der SS offizielle Berichte über deren Tätigkeit erhalten, oft aber auch die Kommandanturen.

M 14 Massenexekution 1942
Ein SS-Mann erschießt vor Zuschauern einen Zivilisten am Rand eines Massengrabs, vermutlich 1942.

Über Feldpostbriefe, vor allem aber durch die Erzählungen deutscher Soldaten und Besatzungsfunktionäre beim Heimaturlaub wurden Einzelheiten über die Mordkampagne im Osten bekannt. Diese betraf nicht nur die Juden in der Sowjetunion. Die Wehrmacht ließ die „verdächtigen" Kriegsgefangenen aus der Roten Armee, darunter fast alle Juden, erschießen. Ein großer Teil der sowjetischen Kriegsgefangenen verhungerte im Winter 1941/42, insgesamt starben so bis Frühjahr 1942 etwa zwei Millionen Menschen. Die schlechte Behandlung der gefangenen Rotarmisten konnte der Aufmerksamkeit deutscher Soldaten natürlich noch weniger entgehen. Ein weiterer paralleler Massenmord geriet jedoch kaum in den Gesichtskreis der durchschnittlichen Deutschen, die Ermordung von Sinti und Roma, die als „Zigeuner" verfolgt wurden.

Informationskanäle

Zwar wusste man in Deutschland von den Deportationen der Juden ab Ende 1941, jedoch nur wenige Personen kannten die Realität der Vernichtungslager. Informationen und Gerüchte erreichten die Deutschen über verschiedene Kanäle. Neben den Erzählungen deutscher Soldaten und Besatzungsfunktionäre war es vor allem der ausländische Rundfunk, der regelmäßig über die nationalsozialistischen Verbrechen informierte. Insbesondere die britische BBC sendete Programme in deutscher Sprache, darunter auch Berichte über die Massenmorde. Zwar war es den Deutschen bei Strafe verboten „schwarz zu hören", doch tat dies trotzdem ein erheblicher Teil der Bevölkerung. Freilich bekam nicht jeder „Schwarzhörer" die Sendungen über die Verbrechen mit, und nicht jeder Hörer konnte diese angesichts ihrer Ungeheuerlichkeit glauben.

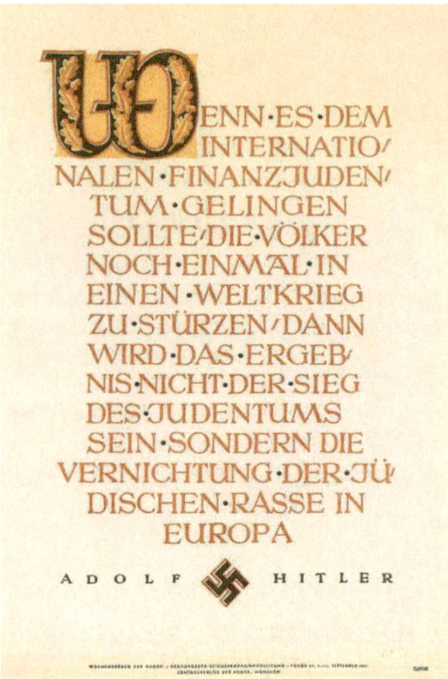

M 15 **Wochenspruch der NSDAP**
September 1941

Als nach dem Krieg Meinungsumfragen unter der westdeutschen Bevölkerung unternommen wurden, kam auch das Wissen bzw. Nichtwissen über die Verbrechen noch während des Krieges in den Fragebögen zur Sprache. Dabei antworteten konstant 25 bis 35 Prozent der älteren Befragten, dass sie bereits vor Kriegsende von den nationalsozialistischen Verbrechen gehört hätten. Diese Aussagen geben bereits einen allgemeinen Einblick in den Kenntnisstand der Deutschen.

Die weite Verbreitung der Nachrichten über die Massenmorde war nur möglich, weil die vom NS-Regime angestrebte Geheimhaltung der Verbrechen sich als äußerst löchrig erwies. Der Massenmord war insbesondere in den besetzten Gebieten Polens und der Sowjetunion ein flächendeckendes, fast alltägliches Phänomen, das von jedermann beobachtet werden konnte. Außerhalb der Vernichtungslager wurde nur wenig auf Geheimhaltung geachtet. Zudem machte die NS-Führung in den Medien immer wieder Andeutungen darüber, was mit den Juden geschehen würden. Hitler wiederholte in aller Öffentlichkeit seine Vernichtungsdrohungen gegen die „jüdische Rasse in Europa", die er zuerst 1939 im Reichstag geäußert hatte. Andere NS-Führer sprachen in ihren Reden sogar bisweilen noch konkreter über das Verschwinden der Juden oder gar den Massenmord. Selbst in der staatlich gesteuerten Presse war nachzulesen, wie der generelle Verlauf der Judenverfolgung sich in Europa entwickelte.

Informationspolitik

Aus der Vielzahl der der Informationsmöglichkeiten, die trotz Einschränkungen und Zensur noch vorhanden waren, konnte sich ein interessierter Bürger durchaus ein Bild von der Ermordung der Juden machen. Dies registrierte auch die Staatsführung. So versuchte sie ab September 1942, als die Getrüchte über die Ermordung der Juden verstärkt zu kursieren begannen, leicht gegenzusteuern. Freilich blieb es bis Kriegsende bei der Mischung aus offizieller Geheimhaltung, Vernichtungsdrohungen in den Medien und den Informationsmöglichkeiten über indirekte Kanäle. Letztendlich hatte die NS-Führung aber ein Interesse daran, die deutsche Bevölkerung mit in die Verantwortung für die Verbrechen hineinzuziehen, damit Führung und Volk unentrinnbar in einem Boot saßen und um jeden Preis verhinderten, dass der Krieg verloren ging.

6. Verhalten angesichts der Verfolgung im Krieg

Während es relativ schwierig zu ermitteln ist, wieviele Deutsche welche Informationen von den Massenmorden im Laufe der Zeit erlangen konnten, lässt sich das konkrete Verhalten nichtjüdischer Deutscher genauer rekonstruieren. Bei der überwiegenden Mehrheit der Deutschen sind überhaupt keine Reaktionen auf die Verbrechen nachweisbar. Dies liegt natürlich auch daran, dass relativ wenige sich dazu schriftlich geäußert haben und nur ein Bruchteil dieser Dokumente für die Nachwelt zugänglich ist.

Reaktionen der Wehrmacht

Für einzelne Bereiche lassen sich jedoch genauere Aussagen treffen: Als SS und Polizei Ende Juni 1941 mit ihren Massenmorden in der besetzten Sowjetunion begannen, war vonseiten der Wehrmacht nur wenig Kritik zu registrieren. Insbesondere die Generäle, aber auch die militärischen Besatzungsorgane waren relativ gut über die Massaker informiert und billigten diese oftmals. Das Verhalten der Militärs begann sich im Herbst 1941 allmählich zu ändern, als die Mörder zusehends auch jüdische Frauen und Kinder erschossen. Während viele Soldaten sich in ihren Feldpostbriefen massiv antisemitisch äußerten, ließen Einzelne trotz der Briefzensur Kritik verlauten. Manche Soldaten intervenierten auch konkret für die Opfer. Dies lässt sich vor allem am Beispiel der jüdischen Zwangsarbeiter, die für die Wehrmacht tätig sein mussten, nachzeichnen. Freilich hielt sich die aufkeimende Kritik an den Verbrechen in engen Grenzen. Die militärischen Vorgesetzten duldeten Kritik zumeist nicht, persönliche Schritte für die Verfolgten wurden von der SS bekämpft. So blieben kritische Stimmen deutlich in der Minderheit.

Reaktionen auf Deportationen

Ähnlich ambivalent war die Reaktion der Deutschen auf die Deportation der Juden, die sich ja oft in aller Öffentlichkeit vollzog, insbesondere die Märsche zu den Bahnhöfen in deutschen Städten. Dabei waren sowohl antisemitische Beifallskundgebungen zu vernehmen als

M 16 Juden in Würzburg auf dem Weg zur Deportation
Die Deportation der deutschen Juden in die Vernichtungsstätten im besetzten Osteuropa fand oft am Tage statt, sodass die Bevölkerung dabei zusehen konnte, Foto vom 25. April 1942.

M 17 Versteigerung und Verkauf jüdischen Vermögens
undatierte Fotografie, vermutlich aus Hanau

auch kritische Stimmen. Dies lässt sich aber nicht von vornherein als Stellungnahme zum Massenmord sehen, da es bis Mitte 1942 noch wenig bekannt war, was mit den deportierten Juden in Osteuropa geschehen würde.

Bereicherung

Natürlich gab es auch andere Reaktionen, die mit den Verschleppungen der Juden in Zusammenhang stehen. Nach der Räumung der Wohnungen der Juden wurden diese von den Behörden regelrecht geplündert. Wertsachen beschlagnahmte die Reichsbank, Mobiliar und Gegenstände gingen entweder direkt oder auf indirektem Wege an die Bevölkerung. So statteten deutsche Behörden und Fürsorgeorganisationen solche Deutsche, deren Wohnungen durch alliierte Luftangriffe zerstört wurden, in neuen Unterkünften oftmals mit den Möbeln deportierter Juden aus Deutschland oder Westeuropa aus.

Die „Volksgenossen“ konnten an den Deportationen profitieren, wenn die Hinterlassenschaft der Verfolgten versteigert wurde. Ein erheblicher Teil der nichtjüdischen Bevölkerung in den Städten, aus denen die Juden deportiert worden waren, nahm an solchen Auktionen teil. Und diesen Erwerbern war natürlich bewusst, woher die Auktionsgegenstände stammten. Hier scheint es wenig Hemmungen gegeben zu haben. Viele Deutsche, vor allem Amtsträger, raubten jüdisches Eigentum auch direkt, das Beschlagnahmte wanderte in die eigene Tasche. Dies lässt sich insbesondere für die besetzten Gebiete nachweisen, die ja grundsätzlich ausgeplündert wurden.

Denunziation

Zu Komplizen machten sich diejenigen Nichtjuden, die Juden bei der NSDAP oder bei der Gestapo denunzierten. Inzwischen weiß man, dass gerade die für die Verfolgung und Deportation der Juden besonders verantwortliche Gestapo in erheblichem Maße auf Denunziationen angewiesen war. Diese politische Polizei hatte selbst zu wenig Personal, um die Bevölkerung flächendeckend zu überwachen. Deshalb warb sie so genannte V-Leute für regelmäßige Spitzeldienste an, um nach Juden zu fahnden. Viele Denunziationen kamen aber von niederrangigen NS-Funktionären, beispielsweise den Ortsgruppenleitern oder Blockwarten der NSDAP, die jeweils einen Stadtteil oder einen Häuserblock zu überwachen hatten. Aber auch aus der durch-

M 18 **Belegschaft der Blindenwerkstatt Otto Weidt in Berlin**
Im Seitenflügel der Rosenthaler Straße 39 in Berlin Mitte beschäftigte der Kleinfabrikant Otto Weidt während des Krieges hauptsächlich blinde und gehörlose Juden. 1943 stellte Otto Weidt der jüdischen Familie Horn einen Raum seiner Werkstatt als Versteck zur Verfügung,
1. Reihe 2. v. l. Inge Deutschkron; 2. Reihe: 6. v. l. Otto Weidt, letzte Reihe: 1. v. r. Max Horn, 2. v. r. Chaim Horn, Foto von 1941.

schnittlichen Bevölkerung gingen laufend Denunziationen ein, so über versteckte Juden, über Juden, die sich als „Arier" tarnten oder über Personen, die Juden halfen. Man schätzt, dass etwa 1 bis 2 Prozent der Deutschen an solchen Denunziationen beteiligt waren. Und letztere konnten oft zum Tod des Angezeigten führen.

Hilfe für Juden

Doch es fanden sich auch Personen, die Juden halfen. Dem nationalsozialistischen Regime gelang die Isolierung der Juden bis 1942 nur unvollkommen. Im Oktober 1941 erfolgte der entscheidende Schritt zu ihrer Trennung von den nichtjüdischen Deutschen: Juden ab dem Alter von sechs Jahren mussten von nun an einen Davidstern auf die Kleidung aufnähen und in der Öffentlichkeit tragen, sodass überall erkennbar war, wer als Jude galt und wer nicht. Auch hier waren die Reaktionen der Bevölkerung eher gemischt: Sie reichten von antijüdischen Pöbeleien in der Öffentlichkeit bis hin zu offenen Solidarisierungen. Trotz der Isolierung in den „Judenhäusern" blieben auch weiterhin Kontakte möglich, so beim alltäglichen Einkauf oder an der Arbeitsstelle, wenn jüdische Zwangsarbeiter dort eingesetzt waren. Dabei war es durchaus möglich, im Privaten seine Solidarität zu zeigen, oder die Verfolgten mit kleinen Gesten und Taten zu unterstützen.

Ein deutlich größeres Risiko gingen diejenigen Deutschen ein, die verfolgten Juden bei der Flucht oder beim Verstecken halfen. Solche Fälle hat es beispielsweise in den besetzten Gebieten immer wieder gegeben. Aber auch in Deutschland selbst waren die Juden ab 1942 darauf angewiesen, dass sie Unterstützung in ihrer Umwelt fanden, um nicht deportiert und ermordet zu werden. Besonders in der Anonymität der Großstädte gab es unter Umständen Möglichkeiten unterzutauchen. Nicht selten baten die Flüchtenden dann Bekannte oder frühere Nachbarn um Hilfe, da Verstecke und eine laufende Versorgung mit Lebensmitteln überlebenswichtig waren. Nur wenige Deutsche waren jedoch bereit, das Risiko auf sich zu nehmen, Juden zu verstecken. Zu groß war die Gefahr der Denunziation. Zudem war es bis Anfang 1943 nicht absehbar, dass das „Dritte Reich" den Krieg verlieren würde.

7. Massenmord und Kriegsniederlage

Im Sommer 1943 waren die meisten Juden aus dem Deutschen Reich in den Tod deportiert wurden. Zurück blieben allein diejenigen, die in so genannten Mischehen mit christlichen Ehegatten lebten. Daneben harrten Tausende in Verstecken aus. Aus dem Gesichtsfeld der deutschen Gesellschaft waren die Juden damit verschwunden, nicht jedoch aus dem Bewusstsein. Seit der militärischen Niederlage von Stalingrad setzte Propagandaminister Josef Goebbels wieder verstärkt auf die antisemitische Agitation in den Medien. Ziel war nicht mehr, die Bevölkerung auf das letzte Stadium der Verfolgung einzustimmen: Einerseits wollte die Propaganda die antisemitischen Anhänger des Nationalsozialismus mobilisieren, andererseits den Zweiflern Angst einzuflößen, dass ihnen im Fall eines Sieges der Alliierten ein schreckliches Schicksal drohen würde.

Späte Kritik

In weiten Kreisen der deutschen Bevölkerung wurde vermutet, dass die meisten Juden unter deutscher Herrschaft nicht wiederkehren würden oder gar nicht mehr am Leben seien. Von den Massakern im Osten gingen Gerüchte um und von den deportierten Nachbarn hörte man nie wieder etwas. Erst in dieser Phase rührte sich Kritik der Kirchen an der Judenverfolgung, wie sie zuvor zum Mord an den Kranken relativ offen geäußert worden war. Die Kirchen stellten auch im Zweiten Weltkrieg die Institutionen in Deutschland dar, die eine begrenzte, aber doch vorhandene Autonomie gegenüber dem Regime besaßen. Einzelne Priester hatten schon frühzeitig Bedenken gegen die Verfolgung jüdischer Bürger geäußert. Doch gerade aus den protestantischen Landeskirchen kamen, selbst noch nach dem Beginn der Massaker, immer wieder antisemitische Töne. Die katholischen Bischöfe konnten sich auf ihrer Konferenz nicht zu einem Protest durchringen. Dennoch wandten sich einzelne Bischöfe ab dem Frühjahr 1943 immer wieder an die Regierung mit der Bitte, die Verfolgung zu lindern.

Sorgen der „Volksgenossen" während des Krieges

Mit der zunehmenden Dauer des Krieges machte sich ab 1943 eine besorgte Stimmung unter den „Volksgenossen" breit. Der Rückzug an den Fronten und das ungewisse Schicksal oder der Tod der eigenen Soldaten sorgte für Resignation. Gleichzeitig wurde die Bevölkerung im Reich immer mehr in den Krieg hineingezogen. Besonders in den Städten in Nord- und Westdeutschland, aber auch in anderen Regionen war sie immer mehr den alliierten Luftbombardements ausgesetzt. Nicht selten vermerkten die Berichte der Behörden, dass die Bevölkerung die Luftangriffe als Rache für die Verbrechen an den Juden interpretieren würde. Man schenkte der Propaganda durchaus Glauben, dass hinter der alliierten Kriegführung in London und Washington ein „Weltjudentum" stecken würde.

Die Juden waren zwar aus der deutschen Öffentlichkeit verschwunden, ihr Schicksal aber weiterhin Gesprächsthema. Mancher Besucher eines Wirthauses ließ sich kritisch über die Verbrechen an den Juden aus und wurde daraufhin denunziert. Es sind einige Strafverfahren wegen „Heimtücke" bekannt, ein von den Nationalsozialisten konstruiertes Delikt, für das Personen wegen ihrer offenen Kritik am Judenmord zu mehrjährigen Haftstrafen verurteilt wurden. Überhaupt wurde die Gefahr, wegen unbotmäßiger Äußerungen oder wegen des „Abhörens von Feindsendern" denunziert und hart bestraft zu werden, in den letzten Kriegsjahren immer größer.

Endphase des Krieges

M 19 Todesmarsch von KZ-Häftlingen aus Dachau durch Starnberg
Kurz vor dem Anrücken der alliierten Truppen begann die SS mit der Zwangsevakuierung der KZ-Häftlinge. Diese mussten in den letzten Kriegstagen unter unmenschlichen Bedingungen oft Hunderte von Kilometern laufen, Foto, 28. April 1945.

M 20 Denkmal für die ermordeten Juden Europas in Berlin
Foto, 2007

Ab Mitte 1944 wurde weithin offensichtlich, dass Deutschland den Krieg verlieren würde. In Frankreich landeten die Westalliierten, in Italien rückten sie auf Rom vor und an der Ostfront brach der ganze Mittelabschnitt der deutschen Verteidigung zusammen. Gleichzeitig kamen mehr und mehr Zwangsarbeiter aus den besetzten Gebieten nach Deutschland, vor allem Menschen aus der Sowjetunion, aus Polen und aus Frankreich. Diese Zwangsarbeiter waren zum Teil in der Industrie eingesetzt, vor allem im Ruhrgebiet und in den Großstädten. Viele von ihnen arbeiteten auch in der Landwirtschaft. Wegen der Arbeitskräfteknappheit ordnete Hitler sogar an, jüdische Zwangsarbeiter nach Deutschland zu bringen. Im März 1944 hatte die Wehrmacht auch Ungarn besetzt. Während die Gestapo einen großen Teil der jüdischen Ungarn nach Auschwitz deportierte, kamen Zehntausende als Arbeiter für die Rüstung ins Reich.

Die letzte Stufe der Konfrontation der deutschen Bevölkerung mit den Verfolgten bahnte sich ab Januar 1945 an, als die alliierten Truppen bereits in West und Ost auf deutschem Boden standen. Nun evakuierte die SS die meisten der KZ-Häftlinge ins Innere des Reiches. Insbesondere ab März 1945 mussten Tausende, insgesamt Hunderttausende von Häftlingen über deutsche Landstraßen in andere Lager laufen. Unter ihnen befanden sich viele Juden, die aus den Zwangsarbeitslagern in Polen und der Sowjetunion nach Westen gebracht worden waren. Wer erschöpft zusammenbrach, wurde in der Regel von den Bewachern erbarmungslos erschossen. Dies alles konnte die Anwohnerschaft oft mit ansehen. Manchmal wurde versucht, den Menschen Wasser oder etwas Nahrung zu reichen, was von den Bewachern jedoch meist zurückgewiesen wurde. Fanatisierte örtliche Nazis hingegen wollten die KZ-Häftlinge möglichst schnell loswerden. Man wollte deren Befreiung auf jeden Fall verhindern, fürchtete man doch die Rache der vermeintlich bolschewistischen Häftlinge. In vielen Fällen griffen die Parteifunktionäre selbst zur Waffe und ermordeten – oft zusammen mit Männern vom Volkssturm oder Jugendlichen aus der Hitler-Jugend – die ausgemergelten Häftlinge. So endete die Herrschaft Hitlers in einem weiteren Blutbad. Da Wehrmacht und Volkssturm bis zur letzten Minute kämpften oder dazu gezwungen wurden, kam die Befreiung für die Verfolgten erst mit dem Einmarsch alliierter Truppen. Auf diese wirkten die Konzentrationslager wie ein Schock.

In den ersten Nachkriegsjahren war ein Teil der Deutschen offensichtlich bereit, sich den Verbrechen zu stellen und die Verantwortlichen zur Rechenschaft zu ziehen. Doch dies sollte sich rasch ändern. Binnen Kurzem wurde die alliierte Bestrafungspolitik als Siegerjustiz diffamiert und angesichts der neuen Frontstellung gegen Osteuropa im „Kalten Krieg" war kaum mehr jemand bereit, die dort begangenen Verbrechen zu thematisieren. So wurde zwar in den Fünzigerjahren permanent über den Zweiten Weltkrieg diskutiert, kaum jedoch über die damals begangenen Massenmorde. Die Angst vor Bestrafung, aber auch die Scham über die schwachen Widerstände mögen dafür verantwortlich gewesen sein. Seit Ende der 1950er-Jahre brach dieses Thema jedoch immer wieder hervor. Erst eine Generation später, nämlich seit den Achtzigerjahren wurden die Verbrechen in ganzer Breite erforscht und die Haltung der Gesellschaft unter Hitler zentraler Gegenstand der deutschen Öffentlichkeit. Die Erinnerung an den Massenmord gehört nun zum Selbstverständnis der Deutschen.

Zusammenfassung

Die nationalsozialistische Bewegung verfolgte zwar extreme Ziele, kam aber aus der Mitte der deutschen Gesellschaft. Sie machte die antijüdische Verfolgung zu einem zentralen Ziel der Politik und sie konnte antijüdische Einstellungen in der Bevölkerung, die es schon vor 1933 in verschiedenen Formen gab, radikalisieren. Schon vor dem Beginn des Zweiten Weltkrieges gehörten Diskriminierungen und Verfolgungen deshalb zum Alltag in Deutschland und wurden weithin hingenommen oder gar befürwortet. Dafür bot das Regime den Deutschen eine Überwindung der Arbeitslosigkeit und ein neues nationales Selbstbewusstsein an.

Im Krieg steigerten die Staatsführung und ihre Funktionäre ihre Radikalität rapide, nun gehörte der Massenmord zur Politik. Diese Verbrechen wurden innerhalb der deutschen Gesellschaft mit zeitlicher Verzögerung und in fragmentarischer Form bekannt. So wussten nur wenige Deutsche von den Vernichtungslagern, ein Teil der Bevölkerung aber von den Massenerschießungen. Zwar regten sich erste Proteste, etwa gegen die Ermordung der Geisteskranken oder die Erschießungen von jüdischen Frauen und Kindern. Diese bleiben aber insgesamt gesehen marginal.

Erst als sich seit 1943 die Kriegsniederlage abzeichnete, machte sich ein schlechtes Gewissen und die Furcht vor Bestrafung breit. Das Verhalten der Deutschen im Angesicht des Mordes war nicht einheitlich. Weit über 100 000 Deutsche und Österreicher nahmen an den Verbrechen teil, eine höhere Zahl profitierte vom Raub des jüdischen Eigentums. Nur wenige wagten es, trotz der Gefahr von Denunziation und Bestrafung, den Verfolgten zu helfen. Die überwiegende Mehrheit der Deutschen nahm die Verfolgungen zwar zur Kenntnis, schaute aber lieber weg. Sie war weder willens noch sah sich in der Lage, dagegen etwas zu tun.

Literatur

Frank Bajohr/Dieter Pohl, Der Holocaust als offenes Geheimnis. Die Deutschen, die NS-Führung und die Alliierten, München 2007 (bes. Teil I: Vom antijüdischen Konsens zum schlechten Gewissen. Die deutsche Gesellschaft und die Judenverfolgung).

Klaus Hesse/Philipp Springer, Vor aller Augen: Fotodokumente des nationalsozialistischen Terrors in der Provinz, Essen 2002

Dieter Pohl, Verfolgung und Massenmord in der NS-Zeit, 2. Aufl., Darmstadt 2008

Internetressource

http://www.bundesarchiv.de/gedenkbuch/

Gedenkbuch – Opfer der Verfolgung der Juden unter der nationalsozialistischen Gewaltherrschaft in Deutschland 1933–1945: Online-Version

Hier ist es möglich, die Opfer der Judenverfolgung in jeder deutschen Stadt zu ermitteln.

Zeittafel

1933	
28. Februar 1933	„Reichstagsbrandverordnung": Aufhebung der Grundrechte
20./21. März 1933	Errichtung der Konzentrationslager Dachau und Oranienburg
ab 1. April 1933	erster Boykott jüdischer Geschäfte im Reich
1935	
15. September 1935	Nürnberger Gesetze
1938	
Mitte März 1938	Welle von Verfolgungen in Österreich
26.–28. Oktober 1938	Ausweisung von 17000 polnischen Juden aus Deutschland
9./10. November 1938	Pogrom der „Reichskristallnacht"
1939	
3. September 1939	Beginn von Massenmorden an polnischen Juden
1941	
23. Juni 1941	Beginn der systematischen Massenmorde an Juden, zunächst in Litauen
16. Oktober 1941	Beginn systematischer Deportationen aus dem Reich
25. November 1941	Beginn der Deportationen aus dem Reich ins Baltikum, erste Massenmorde an deutschen Juden
8. Dezember 1941	erste Morde im Vernichtungslager Kulmhof (Westpolen)
1942	
16. März 1942	Beginn der Deportationen ins Vernichtungslager Belzec
Ende Juni 1942	erste Selektion in Auschwitz
17. Juli 1942	Beginn der Massendeportationen aus Westeuropa
22. Juli 1942	Beginn der Deportationen aus Warschau nach Treblinka
1943	
19. April 1943	Beginn des Aufstandes im Warschauer Ghetto
1944	
15. Mai 1944	Beginn der Deportationen aus Groß-Ungarn nach Auschwitz
23. Juni 1944	Räumung des letzten Ghettos Lodz
22. Juli 1944	Befreiung des KZ Majdanek
1945	
27. Januar 1945	Befreiung des KZ Auschwitz
6. April 1945	Beginn Evakuierung des KZ Buchenwald
15. April 1945	Befreiung des KZ Bergen-Belsen
5. Mai 1945	Befreiung des KZ Mauthausen

1. Antisemitismus in der deutschen Gesellschaft

M 21 **„Wir wählen Hitler"**
Antisemitisches Wahlplakat der NSDAP für die Wahl zum Reichspräsidenten 1932, bei der Hitler gegen Amtsinhaber Paul von Hindenburg antrat und verlor.

M 22 „Mein Kampf"

In seinem Propagandabuch „Mein Kampf", das vor allem seit 1930 eine immer breitere Leserschaft fand, formulierte Adolf Hitler bereits 1927:

Hätte man zu Kriegsbeginn und während des Krieges einmal zwölf- oder fünfzehntausend dieser hebräischen Volksverderber so unter Giftgas gehalten, wie Hunderttausende unserer allerbesten deutschen Arbeiter aus allen Schichten und Berufen es im Felde erdulden mussten, dann wäre das Millionenopfer der Front nicht vergeblich gewesen. Im Gegenteil: Zwölftausend Schurken zur rechten Zeit beseitigt, hätte vielleicht einer Million ordentlicher, für die Zukunft wertvoller Deutschen das Leben gerettet. [...]
Wenn wir all die Ursachen des deutschen Zusammenbruches vor unserem Auge vorbeiziehen lassen, dann bleibt als die letzte und ausschlaggebende das Nichterkennen des Rassenproblems und besonders der jüdischen Gefahr übrig.
Die Niederlagen auf dem Schlachtfelde im August 1918 wären spielend leicht zu ertragen gewesen. Sie standen in keinem Verhältnis zu den Siegen unseres Volkes. Nicht sie haben uns gestürzt, sondern gestürzt wurden wir von jener Macht, die diese Niederlagen vorbereitete, indem sie seit vielen Jahrzehnten planmäßig unserem Volke die politischen und moralischen Instinkte und Kräfte raubte, die allein Völker zum Dasein befähigen und damit auch berechtigen.

Adolf Hitler, Mein Kampf, 424. Auflage, München 1939, S. 772.

M 23 „Verwilderung der Sitten"

Solidaritätsadresse des Kölner Erzbischofs Kardinal Schulte gegen die Schändung jüdischer Friedhöfe an den Gemeinderabbiner Dr. Rosenthal in Köln vom 10. März 1932:

Euer Hochwürden!
Von den überaus rohen und jeder Gesittung hohnsprechenden Beschimpfungen Ihrer Glaubensgemeinschaft, namentlich von den Grabschändungen auf jüdischen Friedhöfen, worüber Sie meinen Herrn Generalvikar – da ich verhindert war – persönlich und nachher mich durch Überreichung von gedrucktem Material unterrichteten, habe ich mit tiefstem Bedauern Kenntnis genommen. Ich kann Ihre innere Empörung und Entrüstung nur teilen und sehe in diesen Vorkommnissen eine neue ernste Mahnung an alle Gutgesinnten, der zunehmenden Verwilderung der Sitten in unserem Volke ohne Säumen und mit aller Energie entgegenzuwirken.

CV-Zeitung. Blätter für Deutschtum und Judentum. Organ des Central-Vereins deutscher Staatsbürger jüdischen Glaubens e.V., Allgemeine Zeitung des Judentums, 1. April 1932.

Aufgaben

1. a) Stellen Sie im Überblick dar, wie sich der Antisemitismus bis zur Entstehung der nationalsozialistischen Herrschaft entwickelte.
   b) Wie war die Stellung der Juden in der Weimarer Republik?
   → Text
2. a) Beschreiben Sie den Aufbau des Wahlplakats.
   b) Erstellen Sie biografische Skizzen zu den auf dem Plakat abgebildeten Personen.
   c) Bestimmen Sie die propagandistische Wirkung des Plakats.
   → M21
3. Zeigen Sie, wie Hitler gegen die Juden agitierte.
   → M22
4. a) Fassen Sie mit eigenen Worten die Aussagen des Kölner Bischofs zusammen.
   b) Beurteilen Sie diese Äußerung im Hinblick auf die politische Situation in der Weimarer Republik.
   → M23

2. Verfolgung und deutsche Gesellschaft 1933–1937

M 24 Ein jüdischer Student wird von der SA durch Marburg getrieben, Foto vom 24. August 1933.

M 25 „Nürnberger Gesetze"

„Gesetz zum Schutze des deutschen Blutes und der deutschen Ehre" (15.9.1935):

Durchdrungen von der Erkenntnis, dass die Reinheit des deutschen Blutes Voraussetzung für den Fortbestand des deutschen Volkes ist, und beseelt von dem unbeugsamen Willen, die deutsche Nation für alle Zukunft zu sichern, hat der Reichstag einstimmig das folgende Gesetz beschlossen, das hiermit verkündet wird.

§ 1,1. Eheschließung zwischen Juden und Staatsangehörigen deutschen oder artverwandten Blutes sind verboten. Trotzdem geschlossene Ehen sind nichtig, auch wenn sie zur Umgehung dieses Gesetzes im Auslande geschlossen sind […].

§ 2 Außerehelicher Verkehr zwischen Juden und Staatsangehörigen deutschen oder artverwandten Blutes ist verboten.

§ 3 Juden dürfen weibliche Staatsangehörige deutschen oder artverwandten Blutes unter 45 Jahren nicht in ihrem Haushalt beschäftigen.

§ 4, 1. Juden ist das Hissen der Reichs- und Nationalflagge und das Zeigen der Reichsfarben verboten. 2. Dagegen ist ihnen das Zeigen der jüdischen Farben gestattet […].

Aus: Wolfgang Lautemann/Manfred Schlenke (Hg.), Geschichte in Quellen, Band V, München 1975, S. 332 f.

M 26 „Nachbarlosigkeit"

Joachim Prinz schreibt im April 1935 in der „Jüdischen Rundschau" über die soziale Isolierung der jüdischen Bevölkerung. Joachim Prinz war Rabbiner in Berlin und emigrierte 1937 in die USA:

Des Juden Los ist: nachbarlos zu sein. Vielleicht gibt es das nur einmal auf der Welt, und wer weiß, wie lange man es ertragen kann: das Leben ohne Nachbarn. Überall kennt das Leben den nachbarlichen Menschen. Das ist nicht der Freund, aber einer, der gewillt ist, mit dem anderen das Leben zu tragen, es ihm nicht zu erschweren, sein Mühen und sein Hasten mit freundlichen Augen zu betrachten. Das fehlt. Die Juden der großen Stadt spüren das nicht so, aber die Juden der kleinen Städte, die am Marktplatz wohnen ohne Nachbarn, deren Kinder in die Schule gehen ohne Nachbarkinder, spüren die Isolierung, welche die Nachbarlosigkeit bedeutet, die grausamer ist als alles andere, und es ist vielleicht für das Zusammenleben von Menschen das härteste Los, das einen treffen kann. Wir würden das alles nicht so schmerzlich empfinden, hätten wir nicht das Gefühl, dass wir einmal Nachbarn besessen haben.

Jüdische Rundschau, Nr. 31/32 vom 17. April 1935, S. 3.

M 27 „Judengegner und Judenfreunde"

Bericht des Bezirksamtes Bad Kissingen über Reaktionen auf die Nürnberger Gesetze (27.9.1935):

Die in Nürnberg erlassenen Gesetze gegen die Juden werden im Allgemeinen von der Bevölkerung begrüßt; doch fehlt es auch weiterhin nicht an Personen, die glauben, die Juden in Schutz nehmen zu müssen. Besonders in der Gemeinde Steinach scheint sich die Bevölkerung in zwei Lager gespalten zu haben: Judengegner und Judenfreunde.

Zit. nach: Otto Dov Kulka, Eberhard Jäckel, Die Juden in den geheimen NS-Stimmungsberichten 1933–1945, Düsseldorf 2004.

M 28 **Hetze gegen Juden in Greifenberg (Pommern)**
Foto von 1935

M 29 **Fastnachtsumzug in Marburg**
Als „Juden" verkleidete Teilnehmer amüsieren sich über die Auswanderung nach Palästina, Foto vom Februar 1936.

M 30 **Türklopfer am Alten Rathaus in Lauf a. d. Pegnitz (Franken)**
angebracht 1937, entfernt 1954, undatiertes Foto.

Aufgaben

1. a) Stellen Sie die Stufen der Judenverfolgung zwischen 1933 und 1937 zusammen.
   b) Erläutern Sie, wie die Bevölkerung jeweils darauf reagierte.
   c) Welche Rolle spielte dabei die Propaganda für die „Volksgemeinschaft"?
   → Text
2. a) Erläutern Sie die einzelnen Bestimmungen der Nürnberger Gesetze.
   b) Wie beurteilt Joachim Prinz die Lage der Juden?
   c) Erschließen Sie aus dem Bericht des Bezirkamtes Bad Kissingen, wie die Bevölkerung reagierte. Achten Sie dabei auf die Art der Quelle.
   → M25–27
3. a) Beschreiben und erläutern Sie die Abbildungen möglichst genau.
   b) Überlegen Sie, welche Rückschlüsse daraus auf die Einstellung der Bevölkerung gezogen werden können.
   → M24, M28–M30

3. Verschärfung der Verfolgung 1938–1939

M 31 Novemberpogrom

Aufzeichnungen von Luise Solmitz über den Novemberpogrom 1938 in Hamburg:

10.11.38

Ein böser, böser Tag. Fredy erfuhr es zuerst beim Grünmann, dass jüdische Geschäfte zerstört und geschlossen seien. Wir gingen zur Stadt, besorgten etwas. [...] Die Leute unheimlich geschäftig, beschäftigt, Gruppen, Zusammenballungen, Sperrungen, all die großen jüdischen Geschäfte geschlossen, (bei) Robinsohn, Hirschfeld sämtliche Scheiben zertrümmert, ein fortwährendes Scheppern und Klirren von prasselnden Scheiben, an denen die Glaser arbeiteten; nie hörte ich so etwas an Klirren. Schweigende, erstaunte und zustimmende Leute. Eine hässliche Atmosphäre. – „Wenn sie drüben unsere Leute totschießen, dann muss man so handeln," entschied eine ältere Frau.

Um 18 [Uhr] im Rundfunk: Demonstrationen und Aktionen gegen Juden seien sofort einzustellen. – Die Antwort auf den Mord an Herrn vom Rath werde der Führer auf dem Verordnungswege geben. – Goebbels lässt das sagen.

D.h. [Das bedeutet] unser Schicksal läuft unaufhaltsam dem Untergang zu.

An der Synagoge waren fast alle Scheiben zertrümmert, auch das Innere war wohl zerstört. Die Leute sahen durch die Türöffnungen hinein. Polizei stand im Vorgarten. Unablässig zogen die Menschen vorüber. [...]

11.11.38

Der Tag begann mit der Tröstung von Frau Hartmann [der Reinmachefrau]: „Nu is der Bart ganz ab; nu is es aus mit die Juden."

Ich fürchtete, sie wüsste schon etwas früh morgens Durchgesagtes, fragte aber nichts, und es war auch nichts. Trübe, bittere, angstvolle Stimmung. Da hilft kein Mut. Ich ging mit Gisela zur Stadt; statt der Fenster Holzverschläge, Riesenschäden; stumm wogte die Menge auf und ab. Kein Jude dazwischen.

Staatsarchiv Hamburg, 622-1/140, Familie Solmitz, 1, Bd. 31. Auszugsweiser Abdruck in: Hans-Jürgen Döscher, „Reichskristallnacht". Die Novemberpogrome 1938, München 2000, S. 112.

M 32 Angestellte entfernen den Namen eines ehemals jüdischen Schuhgeschäfts in Hof

Seit 1933 versuchte die NS-Regierung, die Juden aus der Wirtschaft zu verdrängen. Im Jahre 1938 schließlich wurde die totale Verdrängung verfügt. Wenn die Geschäfte aus jüdischem Besitz nicht geschlossen wurden, so konnten nichtjüdische Konkurrenten sie zu Spottpreisen übernehmen, Foto von 1938.

Aufgaben

1. a) Skizzieren Sie die Verschärfung der Verfolgung von 1938 bis 1941.
   b) Untersuchen Sie, wie sich die Einstellung der Bevölkerung änderte.
   → Text

2. a) Zeigen Sie, welche Einstellung Luise Solmitz gegenüber dem Novemberpogrom einnimmt.
   b) Erläutern Sie anhand der Materialien den Begriff „Arisierung".
   → M31, M32

4. Der Massenmord und die Täter

M 33 Gaffer beim Judenmord

Die Originalbeschriftung des Fotos lautete: „ Juden beim Grabschaufeln.“ Die Massenmorde an Juden in der besetzten Sowjetunion fanden oft in aller Öffentlichkeit statt. Viele Soldaten fotografierten die Verbrechen sogar, Foto von 1941, vermutlich in der Ukraine.

M 34 Massenerschießungen

Viele deutsche Soldaten konnten die Massenmorde der SS- und Polizeieinheiten an Juden in der besetzten Sowjetunion mit ansehen. Die Geheimhaltung war hier nur begrenzt. Hier ein Beispiel von Franz Josef Strauß, der als Offizier der Wehrmacht im Juli 1941 Augenzeuge bei einer Massenerschießung war. Aus seinen Memoiren von 1988:

Wenige Tage später – wir liegen noch in der gleichen Stellung, neben uns ein größeres Waldstück – krachen ununterbrochen Feuerstöße aus einer Maschinenpistole. Wir machen uns auf, wollen sehen, was los ist im Wald. Hinter den Bäumen eine Szene des Schreckens: Zusammengetriebene Juden, kommunistische Funktionäre, unschuldige Menschen mussten mit dem Spaten eine Grube ausheben, vielleicht 50 Meter in der Länge und zwei in der Breite. Die Gefangenen standen da zu vielen Hunderten, vielleicht auch Tausenden – die Erschießungen erstreckten sich über mehrere Tage. Sie mussten sich hinknien vor der Grube, dann ging ein junger SS-Mann, vielleicht 18 Jahre und sternhagelblau, mit der Maschinenpistole von Kopf zu Kopf, drückte ab, die Toten fielen in die Grube. War eine Lage voll, wurde Erde darauf geworfen, das Morden ging weiter.

Franz Josef Strauß, Die Erinnerungen, Berlin 1988, S. 48.

M 35

M 36 **Rechtfertigung**

Als die Massenmorde an Juden in der besetzten Sowjetunion im Sommer 1941 auf Frauen und Kinder ausgeweitet wurden, regte sich unter den deutschen Soldaten vereinzelt Kritik. Deshalb erließen mehrere Oberbefehlshaber Anweisungen, die die Verbrechen rechtfertigen sollten, wie der Befehl des Oberkommandierenden der 6. Armee, Walter von Reichenau, vom 10. Oktober 1941. Reichenau stand dem NS-Regime besonders nahe; er starb 1942:

Hinsichtlich des Verhaltens der Truppe gegenüber dem bolschewistischen System bestehen vielfach noch unklare Vorstellungen.

Das wesentlichste Ziel des Feldzuges gegen das jüdisch-bolschewistische System ist die völlige Zerschlagung der Machtmittel und die Ausrottung des asiatischen Einflusses im europäischen Kulturkreis. Hierdurch entstehen auch für die Truppe Aufgaben, die über das hergebrachte einseitige Soldatentum hinausgehen. Der Soldat ist im Ostraum nicht nur ein Kämpfer nach den Regeln der Kriegs-

kunst, sondern auch Träger einer unerbittlichen völkischen Idee und der Rächer für alle Bestialitäten, die deutschem und artverwandtem Volkstum zugefügt wurden.
Deshalb muss der Soldat für die Notwendigkeit der harten, aber gerechten Sühne am jüdischen Untermenschentum volles Verständnis haben. Sie hat den weiteren Zweck, Erhebungen im Rücken der Wehrmacht, die erfahrungsgemäß stets von Juden angezettelt wurden, im Keime zu ersticken.

Gerd R. Ueberschär/Wolfram Wette (Hg.), Unternehmen Barbarossa. Der deutsche Überfall auf die Sowjetunion 1941. Berichte, Analysen, Dokumente, Paderborn u.a. 1984, S. 339 f.

M 37 Die führenden Täter des Vernichtungslagers Auschwitz, 1944
In Auschwitz im annektierten Teil des polnischen Schlesiens richtete die SS 1940 ein Konzentrationslager ein, das ab 1942 zum Massenmord an Juden diente. Dort wurden insgesamt etwa eine Millionen Menschen ermordet. Auf dieser Privataufnahme sieht man die drei Kommandanten der Lagerteile Baer (l.), Kramer (3.v.l.) und Höß (4.v.l.) sowie den Lagerarzt Mengele (2.v.l.), der für die Selektion der Opfer und brutale Menschenversuche verantwortlich war, Foto von 1944.

Aufgaben

1. Skizzieren Sie, wie es zum Massenmord kam.
   → Text
2. Für den Massenmord werden verschiedene Begriffe gebraucht: „Endlösung“, Holocaust, Shoah. Informieren Sie sich über Herkunft und Bedeutung der Begriffe. Diskutieren Sie, welche Bezeichnung Ihrer Meinung nach angemessen ist.
   → Internet oder Lexikon
3. Charakterisieren Sie die Täter, die für den Massenmord verantwortlich bzw. daran beteiligt waren.
   → Text
4. Welche Rückschlüsse erlauben die Quellen auf die Täterschaft bzw. auf die Mitwisserschaft von Deutschen?
   → M33–34
5. Erörtern Sie anhand des Befehls von Reichenaus die Rolle der Wehrmacht beim Massenmord.
   → M36
6. a) Analysieren Sie die Karte: Wo lagen die Konzentrations-, wo die Vernichtungslager? Was lässt sich aus der geografischen Lage schließen?
   b) Sammeln Sie Informationen zu einzelnen Lagern, z. B. Auschwitz, Majdanek.
   → M35
7. Charakterisieren Sie die auf dem Foto abgebildeten Täter und bestimmen Sie ihren Anteil am Massenmord.
   → M37

5. Wer hatte Kenntnis vom Massenmord?

M 38 Rundfunkansprache von Thomas Mann

Der deutsche Schriftsteller Thomas Mann ging 1933 ins amerikanische Exil. Der britische Rundfunk BBC brachte regelmäßig deutschsprachige Sendungen für die Bevölkerung im Reich, darunter auch Ansprachen von Mann. Seit Herbst 1941 behandelte Thomas Mann dabei auch die Massenverbrechen des Nationalsozialismus. Dabei waren zwar die grundsätzlichen Informationen richtig, man kannte aber noch nicht alle Details der Massenmorde (Sendung vom 27. September 1942):

In Paris wurden binnen weniger Tage 16 000 Juden zusammengetrieben, in Viehwagen verladen und abtransportiert. Wohin? Das weiß der deutsche Lokomotiv-Führer, von dem man sich in der Schweiz erzählt. Er ist dorthin entflohen, weil er mehrmals Züge voller Juden zu fahren hatte, die auf offener Strecke hielten, hermetisch verschlossen und dann durchgast wurden. Der Mann hatte es nicht mehr ausgestanden. Aber seine Erfahrungen sind keineswegs außerordentlich. Ein genauer und authentischer Bericht liegt vor über die Tötung von nicht weniger als 11 000 polnischen Juden mit Giftgas. Sie wurden auf ein besonderes Exekutionsfeld bei Konin im Distrikt Warschau gebracht, in luftdicht verschlossene Wagen gesteckt und binnen einer Viertelstunde in Leichen verwandelt. Man hat die eingehende Beschreibung des ganzen Vorganges, der Schreie und Gebete der Opfer und des gutmütigen Gelächters der SS-Hottentotten, die den Spaß zur Ausführung brachten. – Und da wundert ihr Deutschen euch, entrüstet euch sogar darüber, dass die zivilisierte Welt beratschlagt, mit welchen Erziehungsmethoden aus den deutschen Generationen, deren Gehirne vom Nationalsozialismus geformt sind, aus moralisch völlig begrifflosen und missgebildeten Killern also, Menschen zu machen sind?

Thomas Mann, Deutsche Hörer!, Stockholm 1945, S. 73.

M 39 Rede des Kölner Gauleiters Josef Grohé

Mit Beginn der Deportation der Juden machten viele NS-Führer in der Öffentlichkeit Andeutungen über deren Schicksal. Bei der Kundgebung in Köln am 28. September 1941 waren mehrere Tausend Einwohner anwesend:

In Köln allein sind ja rund 6000 Juden, die uns die Lebensmittel wegessen, die größtenteils nichts tun, sondern die Leute belästigen. Die haben ja jetzt den Judenstern. Sie haben ja jetzt den Judenstern gesehen und viele kommen nun entsetzt und sagen: „Um Gottes Willen, so viele Juden habe ich ja noch nie in Köln gesehen, wie jetzt auf einmal." […]
Also der Judenstern war schon höchst angebracht und jetzt sehen wir, wie massenhaft sie noch herumlaufen. Und die Entfernung aus den festen Häusern, die wir in Köln durchführen, hat den Grund darin, dass wir unsere deutschen Volksgenossen, deren Wohnungen durch Fliegerbomben zerstört wurden, zunächst einmal feste Wohnungen geben wollen. Beifall […]
Ah, ich glaube, der Jude hat nun lange genug gelacht, das Lachen wird ihm alsbald vergehen, wir werden ihn alsbald los sein und eher fühlen wir uns nicht sauber hier!
Wenn ich vom Juden spreche, habe ich das Gefühl, ich müsste mir die Hände waschen. Es ist tatsächlich so, es gibt nichts Verwerflicheres und Erbärmlicheres in der Welt wie dieses Judenvolk und es gibt nichts Gutmütigeres als den Deutschen, der auch da wieder frägt [sic !], ja, kann man das nicht etwas milder machen. Wir gehen mit dem Ungeziefer ja auch nicht so um und nichts anderes als Ungeziefer ist der Jude. Ungeziefer im deutschen Volk und Ungeziefer in den anderen Völkern.
Aber dieser Krieg, der den Sieg Deutschlands bringt, bringt den Sieg des Hakenkreuzes über Europa und damit den Untergang des Judentums.

Tonaufnahme, NS-Dokumentationszentrum der Stadt Köln

M 40 Vertrauliche Information der Parteikanzlei

Seit Spätsommer 1942 kursierten immer mehr Gerüchte über die Massenmorde, die im besetzten Osteuropa begangen wurden, auch innerhalb des Deutschen Reiches. Deshalb versuchte die Führung der NSDAP, mit einer Sprachregelung dem entgegenzutreten, 9.10.1942:

Im Zuge der Arbeiten an der Endlösung der Judenfrage werden neuerdings innerhalb der Bevölkerung in verschiedenen Teilen des Reichsgebiets Erörterungen über „sehr scharfe Maßnahmen" gegen die Juden besonders in den Ostgebieten angestellt.
Die Feststellungen ergaben, dass solche Ausführungen – meist in übertriebener und entstellter Form – von Urlaubern der verschiedenen im Osten

eingesetzten Verbände weitergegeben werden, die selbst Gelegenheit hatten, solche Maßnahmen zu beobachten. [...] Um jeder Gerüchtebildung in diesem Zusammenhang, die oftmals bewusst tendenziösen Charakter trägt, entgegentreten zu können, werden die nachstehenden Ausführungen zur Unterrichtung über den derzeitigen Sachstand wiedergegeben: [...] Beginnend mit dem Reichsgebiet und überleitend auf die übrigen in die Endlösung einbezogenen europäischen Länder werden die Juden laufend nach dem Osten in große, zum Teil vorhandene, zum Teil noch zu errichtende Lager transportiert, von wo aus sie entweder zur Arbeit eingesetzt oder noch weiter nach dem Osten verbracht werden. Die alten Juden sowie Juden mit hohen Kriegsauszeichnungen (E.K.I., Goldene Tapferkeitsmedaille usw.) werden laufend nach der im Protektorat Böhmen und Mähren gelegenen Stadt Theresienstadt umgesiedelt.

Es liegt in der Natur der Sache, dass diese teilweise sehr schwierigen Probleme im Interesse der endgültigen Sicherung unseres Volkes nur mit rücksichtsloser Härte gelöst werden können.

Vertrauliche Informationen der Partei Kanzlei, München, Folge 66/42, 5.10.1942.

M 41 Umfrage über den Zeitpunkt erster Informationen über den Massenmord an Juden *(nach Jahr der Befragung in %)*

	(1) 1961 30+ J.	(2) 1988 60+ J.	(3) 1991 60+ J.	(4) 1995 64+ J.	(5) 1996 65+ J.
Vor Ende des Krieges	32	34	40	35	32
Nach Ende des Krieges	58	51	48	57	65
Weiß nicht/Keine Angabe	10	15	12	8	3
(N=)	100 (1418)	100 (565)	100 (585)	100 (196)	100 (258)

Die untere Altersgrenze der Befragten ist jeweils unterhalb des Jahres der Befragung aufgeführt.

Frageformulierungen:

(1–3): „Können Sie sich erinnern: Wann haben Sie zum allerersten Mal etwas von der Massenvernichtung der Juden gehört? Ich meine nicht Einzelheiten, sondern ganz allgemein, dass es überhaupt vorkam". Als Antwortkategorien standen zur Verfügung: „zum ersten Mal zwischen 1933 und 1939" bzw. „bis 1939 vor dem Krieg", „zwischen 1940 bis vor 1945" bzw. „1940 bis 1944 während des Krieges", „1945" bzw. „1945, unmittelbare Kriegszeit", „nach 1945". Für die vorliegende Tabelle wurden alle Werte für „vor 1945" zu-sammengefasst.

(4) „Wann haben Sie von den Verbrechen der Nazis erfahren?" Antwortkategorien: „Erst nach dem Krieg", „Noch während der Nazi-Zeit".

(5) „Nun noch zu einem anderen Thema, dem Schicksal der Juden im Nationalsozialismus. Wie war das bei Ihnen persönlich? Haben Sie selbst damals etwas von der Verschleppung der Juden mitbekommen, haben Sie damals von anderen etwas darüber gehört oder haben Sie erst nach dem Krieg davon er-fahren? Und wie war das mit den Massenerschießungen von Juden beim Überfall auf die Sowjetunion? Und wie war das mit der Vernichtung der Juden in den Konzentrationslagern?" Antwortkategorien: selbst mitbekommen, damals davon gehört, später erst erfahren. (Hier: bei Massenerschießungen und/oder Vernichtung in KZ „selbst mitbekommen" und „davon gehört" zusammengefasst.)

Nach: Karl-Heinz Reuband, Gerüchte und Kenntnisse vom Holocaust in der deutschen Gesellschaft vor Ende des Krieges. Eine Bestandsaufnahme auf Basis von Bevölkerungsumfragen, in: Jahrbuch für Antisemitismusforschung 9 (2000), S. 196–233, hier 222.

Aufgaben

1. Wer hatte Kenntnis vom Massenmord? Beantworten Sie diese Frage mithilfe des Textes.
   → Text
2. Untersuchen Sie, wie die Informationen über den Massenmord sich verbreitet bzw. wie sie staatlich gelenkt wurden.
   → Text
3. a) Bestimmen Sie die Art der jeweiligen Quelle.
   b) Erschließen Sie die Texte im Hinblick auf die Leitfrage „Wer hatte Kenntnis vom Massenmord?"
   c) Beurteilen Sie den Aussagewert der jeweiligen Quelle.
   → M38–40
4. a) Erläutern Sie die Tabelle.
   b) Welche Schlussfolgerungen ergeben sich aus der Meinungsumfrage nach dem Krieg für das Wissen der Bevölkerung während des Krieges?
   → M41

6. Verhalten angesichts der Verfolgung im Krieg

M 42 Deportationen

Bericht des Sicherheitsdienstes der SS über Reaktion der Bevölkerung auf den Abtransport der Juden aus dem Raum Detmold vom 31. Juli 1942:

Aus Lemgo wird berichtet, dass der Abtransport der letzten Juden innerhalb der Bevölkerung größtes Aufsehen erregt habe. Die Juden wurden vor ihrem Abtransport auf dem Marktplatz in Lemgo gesammelt. Diese Tatsache gab der Bevölkerung Veranlassung, sich recht zahlreich hierzu auf dem Marktplatz einzufinden. Es konnte beobachtet werden, dass ein großer Teil der älteren Volksgenossen (darunter sollen sich auch Parteigenossen befunden haben) die Maßnahme des Abtransportes der Juden aus Deutschland allgemein negativ kritisiert wurde.
Gegen den Abtransport wurde mehr oder weniger offen mit allen möglichen Begründungen Stellung genommen. So wurde gesagt, dass die Juden in Deutschland ja sowieso zum Aussterben verurteilt seien und diese Maßnahme, die für die Juden eine besondere Härte bedeutete, sich daher erübrige. Selbst solche Volksgenossen, die bei jeder passenden und unpassenden Gelegenheit früher ihre nationalsozialistische Gesinnung herausgestellt hätten, hätten in dieser Hinsicht Partei für die Interessen der Juden bzw. kirchlich gebundenen Volksgenossen genommen. Innerhalb kirchlich gebundener Kreise wurde geäußert: „Wenn das deutsche Volk nur nicht eines Tages die Strafe Gottes zu gewärtigen hat. Sie täten ja keiner Fliege etwas zuleide".
Auch seien sehr viele Juden dabei, die viel Gutes getan hätten und die noch lange nicht so schlecht seien, als die „Weißen Juden". Diese müsse man dann auch abtransportieren und in ein Lager stecken. Ein bezeichnender Fall der Stellungnahme für die Juden ereignete sich bei dem Abtransport derselben in Sabbenhausen. Hier hatte die Frau des Lehrers H. versucht, den Juden Wurst und andere Lebensmittel zu bringen. Nach Mitteilung des Ortsgruppenleiters Sch. wurde Frau H. polizeilich festgenommen. Eine Überprüfung dieses Vorfalls ist eingeleitet und es erfolgt nach genauen Feststellungen weitere Berichterstattung.

Institut für Zeitgeschichte, München, MA 1534, 736 f.

M 43 Deportation der Juden aus Wiesbaden

Am 29. August 1942 müssen sich Wiesbadener Juden in der Synagoge in der Friedrichstraße versammeln und registrieren lassen (M43, M44). Am nächsten Tag werden sie vom Schlachthofgelände aus deportiert (M45, M46, M47). Der Fotograf war vermutlich Offizier der Sicherheits- oder Ordnungspolizei, Fotos vom 29. und 30. August 1942.

M 44

M 45

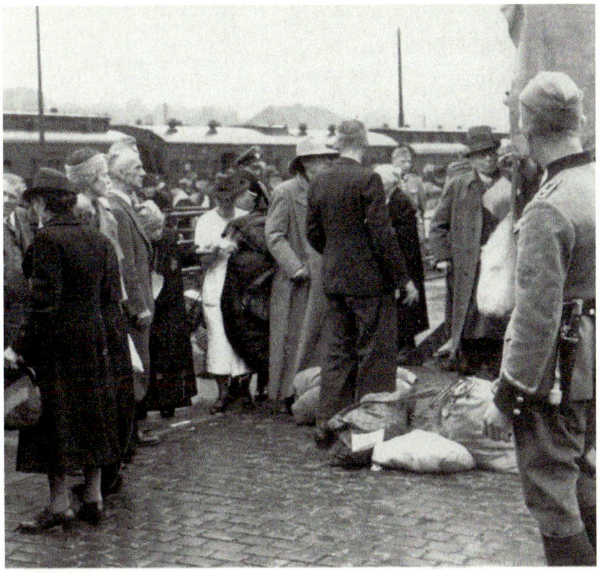

M 46

M 47

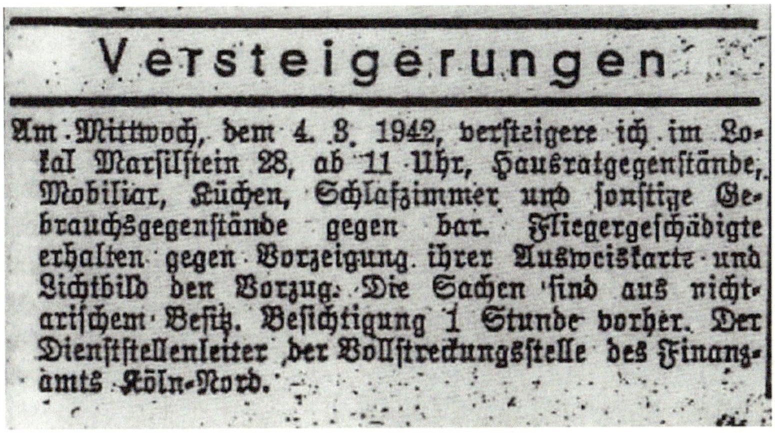

Versteigerungen

Am Mittwoch, dem 4. 3. 1942, versteigere ich im Lokal Marsilstein 28, ab 11 Uhr, Hausratgegenstände, Mobiliar, Küchen, Schlafzimmer und sonstige Gebrauchsgegenstände gegen bar. Fliegergeschädigte erhalten gegen Vorzeigung ihrer Ausweiskarte und Lichtbild den Vorzug. Die Sachen sind aus nichtarischem Besitz. Besichtigung 1 Stunde vorher. Der Dienststellenleiter der Vollstreckungsstelle des Finanzamts Köln-Nord.

M 48 Das Finanzamt Köln-Nord kündigt die Versteigerung des Eigentums deportierter Juden an, 1. März 1942

Nach den Deportationen beschlagnahmten die Finanzämter den Besitz, den die verschleppten Juden zurücklassen mussten. Anschließend wurden Teile daraus unter der Bevölkerung versteigert, Faksimile aus „Westdeutscher Beobachter", 1.3.1942.

Aufgaben

1. a) Wie verhielt sich die Bevölkerung gegenüber der Verfolgung der Juden? Erstellen Sie aus dem Schulbuchtext eine Übersicht.
   b) Wie wird im Schulbuchtext das Verhalten der Bevölkerung beurteilt?
   c) Beurteilen Sie das Verhalten der Bevölkerung.
   → Text
2. Analysieren Sie den Bericht des Sicherheitsdienstes:
   a) Welchem Zweck diente ein solcher Bericht?
   b) Welche unmittelbaren Informationen sind dem Text zu entnehmen?
   c) Wie wertet der Bericht das Verhalten der Bevölkerung?
   d) Welche Erkenntnisse vermittelt der Text über das Verhalten der Bevölkerung?
   → M42
3. Zeigen Sie, welche Informationen aus den Quellen über die Deportationen deutscher Juden und über die Versteigerungen „jüdischen Eigentums" entnommen werden können.
   → M43–48
4. Ist das Verhalten derjenigen ethisch zu rechtfertigen, die sich „jüdisches Eigentum" ersteigerten? Nehmen Sie Stellung.

7. Massenmord und Kriegsniederlage

M 49 „Blutschuld"

Die nationalsozialistische Propaganda versuchte Verbrechen der stalinistischen Sowjetunion hervozuheben, um von den eigenen Verbrechen abzulenken. Innerhalb der deutschen Bevölkerung gelang dies aber nur teilweise. Auszüge aus Berichten der Gauleitungen an die Parteikanzlei vom 12. Juni 1943:

Über die politische Instinktlosigkeit gewisser konfessionell gebundener Kreise berichtet die SD-Außenstelle Lübbecke [Westfalen-Nord]:

Auf die Meldungen von dem grauenerregenden Mord im Walde von Katyn wurde von klerikalen Gruppen wie folgt Stellung genommen:

Die Nationalsozialisten hätten gar nicht das Recht, sich über die viehische Abschlachtung aufzuregen. Bei der Bekämpfung der Juden im Osten habe die SS ähnliche Abschlachtungsmethoden angewandt. Die scheußliche und unmenschliche Behandlung, wie sie den Juden durch die SS zuteil geworden wäre, fordert geradezu eine Bestrafung unseres Volkes durch den Herrgott heraus. Wenn diese Ermordungen sich nicht bitter an uns rächen würden, dann gäbe es keine göttliche Gerechtigkeit mehr! Das deutsche Volk habe eine solche Blutschuld auf sich geladen, dass es auf eine Barmherzigkeit und Verzeihung nicht rechnen könne. Alles räche sich bitter auf Erden. Aufgrund dieser barbarischen Methoden sei auch eine humane Kriegsführung unserer Gegner nicht mehr möglich.

Zit. nach: Otto Dov Kulka, Eberhard Jäckel, Die Juden in den geheimen NS-Stimmungsberichten 1933–1945, Düsseldorf 2004, S. 525.

M 50 „Juda vor dem Fall"

Im Jahre 1944 behandelte die offizielle Presse die Verfolgung der Juden immer offener. Aus dem Zeitungsartikel „Juda vor dem Fall" in der NSDAP-Zeitung „Danziger Vorposten" vom 13. Mai 1944:

Das Judentum hat weitere schwere Einbußen in anderen Räumen Europas zu verzeichnen. Die Kerngebiete jüdischer Zusammenballung, die wir in Polen, wie in Warschau oder Lublin fanden, sind heute ebenso neutralisiert, wie das zurzeit mit den Siedlungen der 1 ½ Millionen Juden in Ungarn geschieht. Damit sind allein in diesen Ländern fünf Millionen Juden ausgeschaltet.

In anderen europäischen Ländern verschärfen sich die seit langem getroffenen gesetzlichen Maßnahmen gegen das Judentum ebenfalls in steigendem Maße. Mit der Tätigkeit dieser Juden waren wesentliche Planungen und Hoffnungen des Weltjudentums verknüpft. „Sie sind das trojanische Pferd in der Festung des Feindes. Tausende in Europa lebende Juden sind der Hauptfaktor bei der Vernichtung unseres Feindes. Dort ist unsere wertvollste Hilfe für den Sieg", so äußerte sich Cajim Weizmann, Präsident der zionistischen Weltorganisation, in einer Rede am 28.12.1942 anlässlich des Weltkongresses in Neuyork. Diese Worte sind, um so bemerkenswerter, als damals bereits Ungarn mit uns verbündet und Weizmann der dortigen Judenfreunde trotzdem ganz sicher war.

Danziger Vorposten, 13. Mai 1944, Artikel von Wilhelm Löbsack (NSDAP-Gau Danzig), in: Materialien zum Denkmal für die ermordeten Juden Europas, Berlin 2005, S. 77.

M 51 Der Holocaust als offenes Geheimnis

Der Hamburger Historiker Frank Bajohr analysiert das Verhalten der Deutschen gegenüber Judenverfolgung und Holocaust (2007):

Für gesellschaftliches Verhalten im Prozess der Judenverfolgung nach 1933 kristallisierten sich vor allem vier Determinanten als handlungsleitend heraus: Erstens wurde gesellschaftliches Verhalten grundlegend durch das Ausmaß an Judenfeindschaft und Antisemitismus bestimmt, das bereits vor 1933 in der deutschen Gesellschaft ausgeprägt war und sich unter dem Einfluss der NS-Propaganda nach 1933 weiter verstärkte;

zweitens passten sich die Deutschen bei der Wahrnehmung ihrer Interessen zunehmend den vom Regime propagierten Normen und Verhaltenserwartungen an;

drittens aktivierte das NS-Regime durch die Verfolgung der Juden gesellschaftliche Interessen und gab einem wachsenden Personenkreis die günstige Gelegenheit, eigene Interessen in diesem Verfolgungsprozess zum persönlichen Vorteil zu verwirklichen;

viertens hing gesellschaftliches Verhalten gegenüber den Juden von der generellen Einstellung zum NS-Regime ab: dessen schnelle Erfolge und vor allem die wachsende Popularität Hitlers beeinflussten auch das Verhalten der Bevölkerung gegenüber Juden, während Misserfolge und Niederlagen – vor allem ab 1943 – ebenfalls ihre Wirkungen zeitigten.

[...] Um 1938/39 mündete das Zusammenspiel der vier Determinanten in einen antijüdischen Konsens, dessen Reichweite und Grenzen anhand der Reaktionen und Einstellungsmuster nach dem Novemberpogrom 1938 und dem Beginn der massenhaften Deportationen aus dem „Altreich" näher ausgelotet werden sollen.

Ein wesentliches Augenmerk gilt freilich dem Zeitraum von 1942–1945, der Kenntnis und den Reaktionen der nichtjüdischen Deutschen auf den Holocaust sowie der schleichenden Erosion des antijüdischen Konsenses nach der Kriegswende 1943. Diese löste Bestrafungserwartungen und Vergeltungsängste aus und aktivierte ein latent schlechtes Gewissen, das sich freilich nicht in offener Scham, sondern in Aufrechnungsstrategien äußerte, die auch den gesellschaftlichen Umgang mit der Judenverfolgung nach 1945 anfänglich bestimmten.

Frank Bajohr/Dieter Pohl, Der Holocaust als offenes Geheimnis. Die Deutschen, die NS-Führung und die Alliierten, München 2007, S. 18 f.

M 52 Gedenken an den Todesmarsch der Dachauer KZ-Häftlinge

Gedenkfeier in Dachau an der Skulptur von Hubertus von Pilgrim, Dachau am 29. April 2004

Aufgaben

1. Skizzieren Sie die Entwicklung des Massenmords in der letzten Kriegsphase.
   → Text
2. a) Wie wird im Schulbuchtext der Umgang mit dem Massenmord nach 1945 beurteilt?
   b) Formulieren Sie Ihre eigene Einstellung.
   → Text
3. a) Untersuchen Sie, wie die NS-Propaganda auf die drohende Kriegsniederlage reagierte.
   b) Welche Konsequenzen hatte dies für die Einstellung der Bevölkerung?
   → M49, M50
4. Fassen Sie mit eigenen Worten die Aussagen von Frank Bajohr zusammen und erläutern Sie seine Argumentation.
   → M51
5. Erörtern Sie, inwieweit die Auseinandersetzung mit dem Verhalten der Deutschen gegenüber dem Massenmord heute noch aktuell ist.
   → Text, M52

Umgang mit Spielfilmen

Spielfilme sind seit dem 20. Jahrhundert ein zentrales Unterhaltungsmedium, das jedoch, etwa im Nationalsozialismus, auch politisch eingesetzt wurde. Einer der wichtigsten Propagandafilme war „Jud Süß“, der auf einem historischen Fall beruhte.

M 1 „Jud Süss“
Originalplakat des Films, 1940

"Jud Süß“

Der Geschäftsmann Josef Oppenheimer, diskriminierend auch „Jud Süß“ genannt, wurde 1698 in Heidelberg geboren und 1738 in Stuttgart hingerichtet. Seit 1733 war er als Finanzier des Herzogs Karl Alexander von Württemberg tätig und eröffnete dem absolutistischen Landesherrn neue Finanzquellen wie Monopole, Ämterhandel oder Münzverschlechterung. Dies führte nach dem Tod des Herzogs dazu, dass gegen den unbeliebten „Hofjuden“ von Beamtenschaft und Landständen ein rechtlich zweifelhaftes Verfahren angestrengt wurde, das zu seiner Verurteilung zum Tode führte.

Der historische Fall bot Anlass für literarische bzw. filmische Bearbeitungen. 1827 erschien die antisemitische Novelle „Jud Süß“ von Wilhelm Hauff. 1925 veröffentlichte Lion Feuchtwanger seinen historischen Roman Jud Süß, in dem er einen Massenausbruch des Antisemitismus analysierte. Nach der „Machtübernahme“ Hitlers in Deutschland wurde der Roman verboten und verbrannt. Er diente als Vorlage für zwei Verfilmungen:

1934 führte der deutsche Emigrant Lothar Mendes in England die Regie für „Jew Suess“. Am 5.9.1940 hatte der deutsche antisemitische Spielfilm „Jud Süß“ seine Uraufführung bei den Filmfestspielen in Venedig. Die deutsche Erstaufführung fand am 24.9.1940 in Anwesenheit von Joseph Goebbels und anderen hohen Partei- und Kulturgrößen in Berlin statt und wurde vom Premierenpublikum bejubelt. Veit Harlan führte Regie und neben Ferdinand Marian, der den Josef Oppenheimer spielte, wirkten die bekanntesten Schauspieler des deutschen Kinofims mit (u.a. Heinrich George, Werner Krauss und Kristina Söderbaum). Den Film sahen in der Folgezeit etwa 20 Millionen Deutsche.

Der Inhalt

Der Film gibt zwar im Titel vor, sich an die historischen Tatsachen zu halten. Er entspricht jedoch weder der historischen Wahrheit noch der literarischen Vorlage Feuchtwangers. Im Film erschleicht sich Oppenheimer die Gunst des württembergischen Herzogs. Er ist schuld, dass der Herzog sein Volk vernachlässigt, um sich dem Luxusleben zu widmen. Um die dabei entstandenen Schulden abtragen zu können, erhält Oppenheimer das Recht, Straßenzoll zu erheben, den er gegen den Willen der Stände durchsetzt. Dies, sein Streben nach persönlicher Bereicherung und die durch ihn verursachte Öffnung Stuttgarts für die Ansiedlung von Juden treiben die Stände zum Widerstand gegen den Herzog. Eine bevorstehende Erhebung rät Oppenheimer mit Waffengewalt niederzuschlagen.

Oppenheimer nutzt seine herausgehobene Stellung am Hof, um Dorothea, die Frau eines der Gegner des Herzogs, sexuell nachzustellen. Dorothea, von Oppenheimer genötigt, willigt in eine sexuelle Beziehung mit Oppenheimer ein, der behauptet, ihren Mann vor weiteren Folterungen bewahren zu können. Dorothea ertränkt sich schließlich aus Scham, mit einem Juden geschlafen zu haben, im Neckar. Als der Ehemann die Leiche aus dem Fluss birgt, kommt es zum Aufstand. Nach dem Tod des Herzogs wird Oppenheimer festgesetzt und wegen seiner intimen Beziehung zu einer Christin zum Tode verurteilt.

M 2 **Filmszene**
Der bekannte Schauspieler Werner Krauß spielte gleich mehrere Juden im Film (jedoch nicht die Hauptrolle), 1940

Die Funktion des Films
Filme waren neben Rundfunk das wichtigste Massenmedium und wurden wie „Jud Süß" für die Interessen des nationalsozialistischen Regimes instrumentalisiert. Reichspropagandaminister Joseph Goebbels hatte drei Filme in Auftrag gegeben, um Juden zu denunzieren. Der erfolgreichste davon war „Jud Süß", weil er im Gegensatz zum Dokumentarfilm „Der ewige Jude", für den der Regisseur Fritz Hippler Verantwortung trägt, auf offensichtliche und plumpe propagandistische Mittel verzichtet. Veit Harlans Film dagegen entsprach dem Genre des Mantel- und Degenfilms. Die Vermischung von Erotik und Judenfeindlichkeit war das zentrale Mittel, um Neugier, Sensationslust und Abscheu hervorzurufen.

Die Nachwirkungen des Films
Nach dem Ende des Zweiten Weltkriegs wurde der Film von den Alliierten verboten. Während er heute in Österreich und der Schweiz frei zugänglich ist, kann er in Deutschland nur unter Auflagen gezeigt werden. Das Landgericht Hamburg sprach am 23.4.1949 den Regisseur Veit Harlan vom Vorwurf frei, mit seinem Film ein Wegbereiter des Holocausts gewesen zu sein.

Fragen an Spielfilme

1. Entstehung des Films

a) Informieren Sie sich über Lion Feuchtwanger und sein Werk.
b) Welche Ziele verfolgte Feuchtwanger mit seinem Roman?
c) Inwiefern veränderte der Film Veit Harlans die Absichten Feuchtwangers?

2. Filmsprache

a) Informieren Sie sich in Lexika und im Internet über die unterschiedlichen Verfilmungen von „Jud Süß".
b) Begründen Sie, warum man von Veit Harlans Film als Propagandafilm sprechen kann.
c) Beschreiben Sie das Filmplakat. Worin besteht seine propagandistische Wirkung?
d) Charakterisieren Sie anhand des Szenenbilds die Darstellung von Juden im Film.

3. Wirkung und Nachwirkung des Films

a) Beschreiben Sie, worin die besondere Wirkungsweise des Films besteht.
b) Diskutieren Sie, inwiefern ihrer Meinung der Freispruch Veit Harlans gerechtfertigt war oder nicht.
c) Sollte Ihrer Meinung der Film auch in Deutschland frei zugänglich sein und ohne Einschränkungen aufgeführt werden dürfen?

M 1 In Wolfsburg wird am 5. August 1955 der 1 Millionste Käfer präsentiert.
Er lief und lief und lief ... 21,5 Mio. Käfer sind insgesamt gebaut worden, er war der deutsche Exportschlager und stand stellvertretend für den guten Ruf des „Made in Germany", Foto, 5.8.1955

III. Die Bundesrepublik Deutschland 1949 bis 1965 – Erfolg der Demokratie durch „Wohlstand für alle"?

Fast niemand glaubte im Jahr 1949 daran, dass die Bundesrepublik Deutschland zum stabilsten und erfolgreichsten deutschen Staat werden würde, den es jemals gegeben hat. Nach all den Katastrophen der jüngeren deutschen Geschichte ist die Bundesrepublik ein Glücksfall, der uns ins Staunen versetzen sollte. Doch wie ist sie das geworden, was sie heute ist? Was war das Erfolgsrezept?

Verständlich wird alles nur, wenn wir sowohl die handelnden Personen als auch die bedeutenden Ereignisse und die Entwicklung der bundesdeutschen Gesellschaft betrachten, wenn wir uns also den politischen und ökonomischen Konflikten, den Regierungswechseln, den außenpolitischen Entscheidungen, der inneren Demokratisierung und dem Umgang mit der NS-Vergangenheit sowie dem Wertewandel der Deutschen zuwenden. Die bundesdeutsche Geschichte nach 1949 war wie ein großes, spannendes Experiment – das unerwartet gut ausgegangen ist.

Nach der Währungsreform vom Juni 1948 wurde die „harte" Deutsche Mark das stärkste Symbol der Bundesbürger, und dass es mit der westdeutschen Wirtschaft in den 50er-Jahren steil bergauf ging, schrieben die meisten ihrem Fleiß in der Ära des Wiederaufbaus zu. Dies war nicht ganz falsch, aber es mussten andere Dinge hinzukommen, damit sich das „Wirtschaftswunder" voll entfalten konnte. Auch die Westbindung der Bundesrepublik – ihre militärische Eingliederung in die NATO und ihre Einbindung in die westeuropäische Integration – war keineswegs selbstverständlich, sondern heftig umstritten. Zwar erforderte der Kalte Krieg eindeutige Optionen und die Westbindungen zahlte sich für die Bundesdeutschen rasch aus, doch die bange Frage lautete, ob damit nicht die Chancen für eine gesamtdeutsche Wiedervereinigung der geteilten Nation aufs Spiel gesetzt würden. Hatten die Westdeutschen nicht die Pflicht, sich für ihre in Unfreiheit lebenden Landsleute im Osten einzusetzen? Widersprüche lassen sich überall sehen, auch auf kulturellem Gebiet. Hier mischte sich in den 50er-Jahren Altes mit Neuem, Langweiliges mit Aufregendem, Biederes mit Flottem. Am Ende des Jahrzehnts entstand eine neue Dynamik, die viele Lebensbereiche und die Mentalitäten der Menschen veränderte. Niemals war die westdeutsche Gesellschaft so jung wie in den 60er-Jahren – der „Babyboom" hatte eingesetzt. Überall sehen wir Aufbrüche und Umbrüche: gesellschaftlicher Wandel, Bildungsreform, Durchbruch zum Fernsehzeitalter, Verwestlichung der Jugendkultur, neue Debatten um die NS-Vergangenheit. Es waren unruhige Zeiten mit neuen Ideen, die Republik veränderte sich schnell, auch infolge der Rebellion von 1968. Nur eine Richtung gab es im Bereich der Ökonomie: steil nach oben. Niemals davor und nie wieder danach war die Wohlstandsexplosion größer, was die deutsche Gesellschaft rasant veränderte; es entstand die Konsumgesellschaft. Von den Grenzen des Wachstums sprach noch niemand. Bald jedoch sollte der Traum vom immerwährenden Wohlstand ausgeträumt sein und härtere Zeiten sollten beginnen.

1. Geglückte Demokratiegründung

Die Entstehung der Bundesrepublik Deutschland

Erst vor vier Jahren waren der Nationalsozialismus und mit ihm das Deutsche Reich untergegangen. Bis zum Schluss hatten die meisten Deutschen fest zu ihrem „Führer“ gehalten, trotz nationalsozialistischer Verbrechenspolitik, trotz alliiertem Bombenkrieg; Widerstand gab es nur ganz vereinzelt; die menschenverachtende Diktatur musste durch eine militärische Niederlage hinweggefegt werden. Am 8. Mai 1945 war Deutschland besiegt und wurde von den vier alliierten Siegermächten – der USA, der Sowjetunion, Großbritannien und Frankreich – als „Feindstaat“ besetzt. Die Erkenntnis, dass Niederlage und Befreiung unlösbar miteinander verknüpft waren, sollte sich bei den Deutschen erst viel später einstellen. Zunächst lauteten die bangen Fragen: Können aus diesen Menschen, die zwölf Jahre Diktatur hinter sich haben, gute Demokraten werden? Lauerten nicht überall noch Gefahren, die sich aus den diktatorischen Erblasten ergaben? Und wie würde die deutsche Teilung ein Gedeihen der Demokratie beeinflussen?

Doppelte Staatsgründung

1949 fand eine „doppelte Staatsgründung“ statt: Am 23. Mai entstand die Bundesrepublik Deutschland und am 7. Oktober die Deutsche Demokratische Republik. Beide „Kinder des Kalten Krieges“ richteten sich auf die jeweilige Führungsmacht aus – im Westen auf die Vereinigten Staaten von Amerika, im Osten auf die Sowjetunion.

Freie Wahlen und Demokratie gab es nur im Westen. Bei allen internationalen Beobachtern herrschte tiefe Skepsis darüber, wie sich die Bevölkerung in diesem neuen territorialen und staatlichen Gebilde verhalten würde. Zwei große Parteien traten an, die neu gegründete überkonfessionelle CDU/CSU und die traditionsreiche wieder gegründete SPD, außerdem die Liberalen und weit über ein Dutzend kleine, teils auf Regionen beschränkte Parteien. Der kurze Wahlkampf vergrößerte die Skepsis noch: Viele fühlten sich an „Weimarer Verhältnisse“ erinnert, emotional und aggressiv ging es zu, verbale Ausfälle konnte

M 2

Konrad Adenauer (1876–1967)
Der Jurist war ein führender Politiker der katholischen Zentrumspartei. In der Weimarer Republik war er als Reichskanzler im Gespräch, blieb aber bis zu seiner Absetzung durch die Nationalsozialisten Oberbürgermeister von Köln. Im „Dritten Reich" wurde er verfolgt und lebte zurückgezogen in Rhöndorf bei Köln. Nach Kriegsende stieg er zur Führungsfigur der CDU auf, Foto von 1947.

Kurt Schumacher (1895–1952)
Als Kriegsfreiwilliger im Ersten Weltkrieg schwer verwundet, engagierte sich der Jurist und Journalist in der SPD und wurde 1930 einer der jüngsten Reichstagsabgeordneten. In der Zeit des Nationalsozialismus musste er KZ-Haft erdulden und erlebte schwer gezeichnet das Kriegsende. Eine Zusammenarbeit mit den Kommunisten lehnte er ab, Foto um 1950.

Theodor Heuss (1884–1963)
Der liberale Journalist war in der Weimarer Republik Reichstagsabgeordneter der DDP (Deutsche Demokratische Partei). Zur Zeit des Nationalsozialismus verlor er seine Ämter und lebte ab 1943 zurückgezogen in Heidelberg, wo er der Verfolgung entging. Nach Kriegsende einer der führenden Politiker der neu gegründeten FDP, wurde er 1949 zum Bundespräsidenten gewählt, Foto von 1952.

man täglich notieren, die in düsteren Tönen vor Untergang und Ruin warnten, falls die anderen gewinnen würden, und diese wiederum malten ihrerseits Katastrophenbilder an die Wand.

Zwei Politiker, die vom Lebensweg und Temperament nicht unterschiedlicher hätten sein können, hatten sich während der vier Besatzungsjahre in den Vordergrund geschoben: Konrad Adenauer aufseiten der CDU/CSU und Kurt Schumacher aufseiten der SPD. Die Wahlen zum ersten Deutschen Bundestag im August 1949 wurden eine Art Zweikampf zwischen ihnen.

Wahlen und Regierungsbildung

Eine recht geringe Wahlbeteiligung von 78,5 Prozent, beide großen Parteien fast gleichauf, jedoch mit einem knappen, allerdings entscheidenden Vorsprung für die Union, und schließlich etwa ein Drittel an Stimmen, die sich auf acht kleinere Parteien verteilten: So präsentierte sich die Bundesrepublik am Tag nach der Wahl. Für Adenauer kam nur ein klares Entweder-Oder in Betracht. Er wollte eine kleine Koalition mit der FDP und der ziemlich weit rechts stehenden Deutschen Partei. Schumacher seinerseits dachte nicht anders. Für ihn blieb ein Zusammengehen mit der CDU/CSU ganz ausgeschlossen – der Wahlkampf hatte Wunden geschlagen –, und mit den von ihnen so genannten „Manchester-Liberalen", die den Einfluss des Staates gering halten wollten, konnten die Sozialdemokraten ohnehin nichts anfangen. Die SPD müsse eine klare Opposition betreiben, die bürgerliche Regierung werde ohnehin bald auseinanderbrechen, so dachten viele. Dass der damals bereits 73-jährige Adenauer bis 1963 Bundeskanzler bleiben würde, lag 1949 völlig außerhalb jeglicher Vorstellung.

Nach dem entschiedenen Auftakt, mit dem die Bundesrepublik Deutschland ins Leben trat, mussten sich zunächst die wichtigsten Verfassungsorgane konstituieren: Bundestag, Bundesrat, das Amt des Bundespräsidenten – dies sollte, Adenauers Zugeständnis an die FDP, Theodor Heuss bekleiden –, schließlich das Bundesverfassungsgericht. Souverän war der neue Staat nicht. Auf dem Petersberg oberhalb von Bonn saßen bis 1955 die drei westalliierten Hohen Kommissare, eine Art Oberregierung, die vielfältige Vorbehalts- und Kontrollrechte für sich beanspruchte. Allein Adenauer hatte exklusiven Zugang zu ihnen, was seine Position gegenüber allen anderen Ministern und Politikern stark heraushob. Dies ist *eine* Erklärung für seinen Erfolg.

„Kanzlerdemokratie"

Die „Kanzlerdemokratie" war aber auch verfassungsrechtlich abgesichert. Seit Adenauer ist in der Bundesrepublik von beiden großen Parteien immer wieder mit dem Slogan „Auf den Kanzler kommt es an" geworben worden. Überdies scheint Adenauers ganze Persönlichkeit den Nachkriegs-Westdeutschen entgegengekommen zu sein. Zu diesem alten, jedoch höchst vitalen Mann, der in einfachen Worten sprach und seine Politik im Kalten Krieg, der machtpolitischen Auseinandersetzung zwischen der USA und der Sowjetunion, klar nach Gut und Böse ordnete, hatte die Mehrzahl der westdeutschen Bevölkerung Vertrauen gefasst. Im Bundestagswahlkampf des Jahres 1957 trat die Union mit dem erfolgreichsten Motto an, das bei einem bundesdeutschen Urnengang jemals verwendet wurde: „Keine Experimente! Konrad Adenauer".

M 3 **„Keine Experimente"**
Wahlplakat der CDU, 1957

Die lange Regierungszeit Adenauers darf jedoch nicht vergessen lassen, dass in den Ländern und Kommunen der föderalen Republik die Uhren oftmals anders gingen. Wir haben es trotz absoluter Mehrheit der Union auf Bundesebene nach den dritten Bundestagswahlen 1957 nicht mit einem „CDU-Staat" zu tun. In wichtigen Bundesländern und großen Kommunen regierte die SPD. Allerdings war diese Partei mit unerwarteten Problemen konfrontiert. Denn was zuerst wie ein Vorteil aussah, sollte sich für die Sozialdemokraten als Nachteil erweisen: Die Tradition dieser ältesten deutschen Partei entpuppte sich als Hemmschuh, und es dauerte bis zum Ausgang des Jahrzehnts, als auf dem Parteitag von Bad Godesberg 1959 endlich eine Neuorientierung von der klassenbewussten Arbeiterpartei zur offeneren „linken Volkspartei" breite Zustimmung fand. Nicht zuletzt war die SPD durch die deutsche Teilung weit stärker als die Union geschwächt, denn viele ihrer Hochburgen lagen im Osten Deutschlands. Dort jedoch existierte die sozialdemokratische Partei nicht mehr: Sie war im April 1946 mit der KPD zur SED zwangsvereinigt worden.

Eine „wehrhafte Demokratie"

Die Vielfalt an unterschiedlichsten Parteien, die 1949 zur Wahl angetreten waren, erwies sich als kurze Blüte. Bis zum Ende des Jahrzehnts bildete sich das lange Zeit charakteristische Drei-Parteien-System – CDU/CSU, SPD, FDP – heraus. Dieser einmalige Konzentrationsprozess erklärt sich in wesentlichen Bereichen aus der großen Integrationsleistung der Union. Die CDU (die bayerische CSU spielte eine gewisse Sonderrolle) war zunächst vor allem im Katholizismus verwurzelt, sie wurde mit antisozialistischer Ausrichtung zur großen Sammlungsbewegung der Bundesrepublik, die zahlreiche kleinere Parteien regelrecht aufsog. Fast gelang ihr dies auch mit der FDP, die

M 4

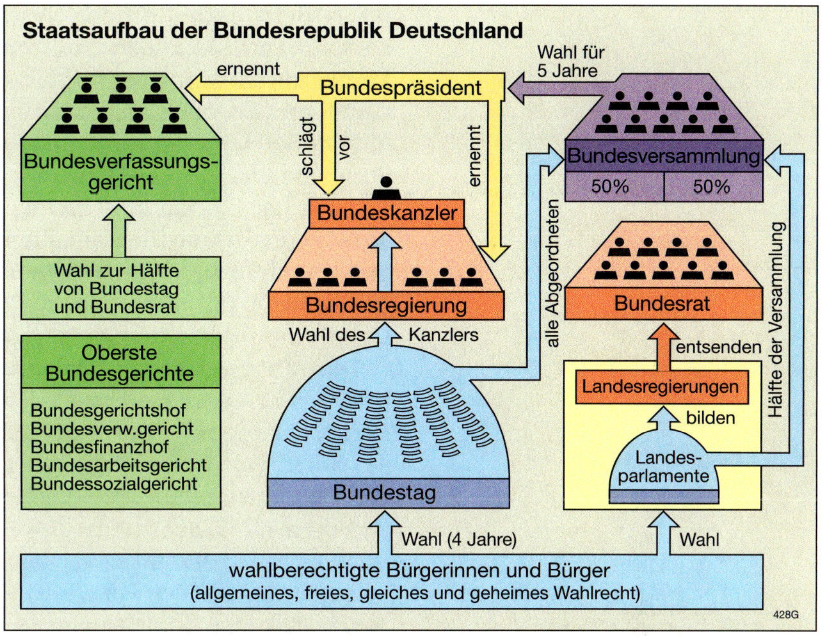

in den 50er-Jahren von innerparteilichem Streit zerrüttet wurde, sich jedoch dank energischer Persönlichkeiten wie Thomas Dehler oder Reinhold Maier behaupten konnte. Zur Integrationsleistung der Union kam ein Weiteres: Ab 1953 wurde die Fünf-Prozent-Hürde bei Wahlen eingeführt, welche die Parteienvielfalt eindampfte.

Parteiverbote

Überdies griff die Bundesregierung gegenüber verfassungsfeindlichen Parteien zu Verboten – ein wichtiges Prinzip der „wehrhaften Demokratie“. Die rechtsradikale Sozialistische Reichspartei wurde 1952 als Nachfolgeorganisation der NSDAP vom Bundesverfassungsgericht für verfassungswidrig erklärt und aufgelöst. Nach einem fünfjährigen Prozess wurde 1956 auch die Kommunistische Partei Deutschlands, die als Filiale der SED im Westen galt und es tatsächlich war, verboten.

2. Deutschland als Sozialstaat

Umfassende Reformen

Entgegen den unversöhnlichen Worten arbeiteten die Demokraten aller Parteien in den Ausschüssen des Deutschen Bundestags und im Bundesrat konstruktiv zusammen – nie wieder in der bundesdeutschen Geschichte hat es ein so arbeitsames Parlament gegeben. Nicht alles, doch vieles musste ganz neu gemacht werden. Die Rechts- und Sozialstaatlichkeit bedurfte einer gesetzlichen Verankerung. Im Artikel 20 des Grundgesetzes findet sich das Sozialstaatspostulat, das für die Bundesrepublik so charakteristisch wurde. Seit den Anfängen unter Bismarck ist die Sozialpolitik in Deutschland immer weiter entwickelt worden.

Lastenausgleich

In der Bundesrepublik begannen die sozialpolitischen Maßnahmen als Notbehelf – sie sollte Härten und Massennot, die aus Krieg und Flucht entstanden waren – lindern. Das Lastenausgleichsgesetz vom August 1952 bedeutete die größte Wirtschafts- und Finanztransaktion der deutschen Geschichte vor 1989/90. Lastenausgleich hieß: Zwischen den nicht geschädigten Bevölkerungsteilen und den durch Weltkrieg, Flucht, Vertreibung oder Evakuierung usw. Geschädigten sollte ein Ausgleich in Form von Eingliederungshilfen oder sonstiger materieller Unterstützung stattfinden. Vor allem der Wohnungsbau wurde dadurch gewaltig angekurbelt.

Rentenreform

1954 kam es zur Einführung des Kindergeldes und 1957 zur alle anderen Reformen überragenden Rentenreform. Unterstützt wurde sie quer durch fast alle Parteien und gesellschaftlichen Gruppen, nur die FDP und die DP lehnten sie im Parlament ab. Die Entscheidung für die bruttolohnbezogene Rente, d. h. die Rentenhöhe orientiert sich an der Entwicklung der Löhne der Arbeitnehmer, trug in großem Maße zum gesellschaftlichen Frieden bei. Überhaupt führten die weitreichenden Verteilungsspielräume infolge des hohen wirtschaftlichen Wachstums zu einer raschen Aussöhnung der Deutschen mit der Demokratie: Wohlstand und Sozialstaatlichkeit stützten die junge Republik entscheidend ab. Die Sozialpolitik wurde so zur Integrationsklammer für breite Teile der bundesdeutschen Bevölkerung in den 50er-Jahren. Sie liefert damit *eine* wichtige Antwort auf die Frage: Warum hat sich die Bundesrepublik Deutschland so unerwartet schnell stabilisiert?

Integration der Flüchtlinge und Vertriebenen

Der neue Staat umfasste etwa 20 Prozent Neubürger, in manchen Ländern waren es mehr, so waren es z. B. in Schleswig-Holstein 33 Prozent und sogar 38 Prozent, wenn man die DDR-Flüchtlinge dazu rechnete – ein gewaltiges Potenzial. Neubürger, die im Osten alles verloren hatten und im Westen neu anfangen mussten; Neubürger, die sich in Sprache, Brauchtum, Ein- und Vorstellungen von den Alteingesessenen unterschieden. Nichts hat die Sozialstruktur Westdeutschlands so stark und so rasch verändert wie die Flüchtlinge und Vertriebenen – auch jene, die bis zum Bau der Berliner Mauer 1961 aus der DDR flohen und im Berufsleben hoch motiviert waren. Konflikte mit den Einheimischen blieben nicht aus, und was vorderhand nach rascher Integration etwa am Arbeitsplatz aussah, konnte in Wirklichkeit ein weiter bestehender Ausschluss aus dem kleinstädtischen Gemeinschaftsleben sein. Auch erschien vielen eine Eingliederung nur als vorläufige Option, denn man wollte ja möglichst schnell wieder in die Heimat zurückkehren. Die offizielle Politik pochte für diese Deutschen auf das „Heimatrecht", was jedoch angesichts der internationalen Lage aussichtslos war. Von heute aus gesehen ist es unzweifelhaft: Der rasche Wiederaufbau im Westen wäre ohne diese Menschen nicht möglich gewesen, und die Bundesrepublik Deutschland ist selbst erst das Ergebnis einer alles in allem erfolgreichen Integration von zwölf Millionen neuen Bürgerinnen und Bürgern.

Konfessionen

Stabilisiert hat die zweite deutsche Demokratie zudem die konfessionelle Parität, eine in der deutschen Geschichte ganz ungewöhnliche Ausgeglichenheit: Protestanten und Katholiken waren in der Bundesrepublik etwa gleich stark vertreten. Beide Kirchen waren vielfältig in das politische und soziale Leben der Republik verflochten – vom Bildungsbereich bis zu den Rundfunkräten. Im Land der Reformation verloren die Protestanten erstmals ihre bis dahin dominierende kulturelle und gesellschaftliche Stellung. Die Bundesrepublik prägten nun vielmehr besonders west- und süddeutsche katholische Traditionen. Die katholische Kirche unterstütze den Gründungskanzler, wo es nur ging, nicht zuletzt auf dem Feld der Westintegration, während sich die protestantische Kirche damit schwerer tat. Neun Zehntel der Deutschen, die in der DDR in Unfreiheit leben mussten, waren Protestanten und nahezu alle Stätten der lutherischen Reformation lagen im Herrschaftsbereich Walter Ulbrichts und seines militanten Atheismus. Nicht zuletzt wegen der vielen Millionen „Glaubensbrüder und -schwestern“ blieb der (west-)deutsche Protestantismus in den 50er-Jahren gesamtdeutsch ausgerichtet und begriff die Bundesrepublik als staatliches „Notgebilde“ bis zur Wiedervereinigung.

Am Ende des Jahrzehnts war diese in noch weiterer Ferne als an seinem Beginn. Aber: Die westdeutsche Demokratie war am Ende ihres Gründungsjahrzehnts stabil, manche Beobachter meinten, sie sei schon „hyperstabil“.

3. Die Schatten der NS-Vergangenheit

Zögerliche Auseinandersetzung in den 1950er-Jahren

Hatte diese Stabilität auch damit zu tun, dass die NS-Vergangenheit nur mäßig aufgearbeitet, meist jedoch verdrängt wurde? Das Millionenheer der Mitläufer, doch auch Zehntausende kleinerer und größerer NS-Täter sind in die neue Gesellschaft integriert worden. Nicht wenige machten erstaunliche Nachkriegskarrieren in Wirtschaft und Verwaltung, wo bis in die 70er-Jahre hinein Funktionseliten, d. h. „führende Köpfe“, die während des „Dritten Reiches“ aufgestiegen waren, oftmals den Ton angaben. Durfte die Demokratie auf deren Wandlungs- und Lernfähigkeit setzen? Skandalös blieben die „Kosten“ dieser Integration und des Verschweigens der Vergangenheit, denn es handelte sich um eine Politik für die ehemaligen Täter, nicht für die Opfer, welche häufig missachtet und mit ihrem Schmerz und Verlust alleingelassen wurden sowie materiell leer ausgingen. Großzügigen Amnestien stand – wenn überhaupt – kleinmütige Wiedergutmachung gegenüber. Auch in der Öffentlichkeit überwog eine Schuld abwehrende, rücksichtslose „Schlussstrichmentalität“. Der Widerstand gegen das NS-Regime wurde weithin diffamiert und vom Holocaust sprach man nicht. In keinem Jahrzehnt der Bundesrepublik Deutschland sind weniger Mahnmale und Gedenkstätten für die Opfer des Nationalsozialismus errichtet worden als im ersten. Bundespräsident Theodor Heuss fand sich bisweilen in der Rolle des einsamen Rufers, wenn es darum ging, den Widerstand zu rehabilitieren. Ein Skandal war die Flaute bei der Strafverfolgung von NS-Verbrechen, die mit der Gründung der Bundesrepublik einsetzte. Vieles wurde vertuscht oder blieb dem Zufall überlassen, erst am Ende der 50er-Jahre trat ein Wendepunkt ein: Die Gründung der Ludwigsburger „Zentralen Stelle zur Aufklärung nationalsozialistischer Verbrechen“, die staatsanwaltliche Vorermittlungen aufnehmen konnte, war ein Markstein. Und die antisemitischen Skandalwellen 1959 riefen endlich die Politik auf den Plan. So wurden 1960 beispielsweise die Richtlinien für den Geschichtsunterricht an den Schulen verändert, und der Gesetzgeber führte den Straftatbestand der „Volksverhetzung“ ein.

In der deutschen Bevölkerung sehr umstritten waren die Wiedergutmachungszahlungen der Bundesrepublik an Israel. Aber dem Ausland

M 5 Antisemitische Schmierereien
Die erst am 20. September 1959 von Bundeskanzler Adenauer eingeweihte neue Synagoge in Köln wurde in der Nacht zum 25. Dezember 1959 geschändet, Foto, 25.12.1959

signalisierten sie, dass die junge Demokratie gewillt war, Unrecht wiedergutzumachen, selbst wenn dies nur mit Geld geschehen konnte. Am 10. September 1952 hatten Adenauer und der israelische Außenminister Moshe Scharett das „Luxemburger Abkommen" unterzeichnet, wonach sich Westdeutschland verpflichtete, drei Milliarden Mark an Israel zu zahlen.

„Vergangenheitsbewältigung"

Wir erkennen: Vergangenheitsbewältigung hat generell zwei Seiten. Die eine Seite lässt sich als Vergangenheitspolitik bezeichnen. Wie sorgte die Politik dafür, dass NS-Täter strafrechtlich verfolgt wurden? In welchem Umfang sind durch politische Maßnahmen ehemalige Täter in die neue Gesellschaft integriert worden? Gab es ausreichend Gesetze zur Entschädigung der Opfer des Nationalsozialismus? In diesen Bereichen kann das Urteil – es wurde im ersten Kapitel beschrieben – oft nur „mangelhaft" lauten. Die andere Seite ist das Geschichtsbewusstsein der Bürger. Welche Einstellungen hegten die Westdeutschen gegenüber der NS-Vergangenheit? Setzten sie sich in der Öffentlichkeit und in der Schule mit dem Nationalsozialismus auseinander? Wie sah das deutsche Geschichtsbild zu dieser Zeit aus? Auch bei diesem Aspekt lag in der frühen Bundesrepublik das meiste im Argen. Ein Beschweigen der Vergangenheit herrschte vor, eine Mentalität des Schlussstrichs hatte rasch Oberwasser gewonnen.

Erst gegen Ende der 50er-Jahre, nachdem die Bundesrepublik schon zehn Jahre Bestand hatte und sich als stabil erwies, lockerte sich manches auf. Kritische Intellektuelle fanden ein zunehmend aufnahmebereites Publikum, eine kulturelle Verwestlichung trug Früchte und es wurden allmählich Tendenzen sichtbar, die auf die dynamischen Zeiten der 60er-Jahre hindeuteten.

Neue Ansätze in den 1960er-Jahren

Die 60er-Jahre bedeuteten eine Wendezeit im Umgang der Deutschen mit der NS-Vergangenheit, ja die Deutschen waren infolge verschiedener „runder Jahrestage" sowie zahlreicher Anstöße von innen und außen regelrecht von ihrer Vergangenheit eingeholt. Den Auftakt des Jahrzehnts bildete in dieser Hinsicht der Prozess gegen Adolf Eichmann in Jerusalem 1961, der mit dem Todesurteil endete. Mit Eichmann stand der administrative Organisator der Judenvernichtung vor Gericht, ein so genannter „Schreibtischtäter". Weltweit erregte der Prozess große Aufmerksamkeit, und auch in der Bundesrepublik konnte sich kaum jemand den Nachrichten über das Gerichtsverfahren in Israel entziehen, so gegenwärtig war es in sämtlichen Medien; erstmals berichtete auch das Fernsehen darüber. Bisher hatten es sich die meisten Bundesbürger viel zu bequem gemacht; sie hatten es sich behaglich in Schuldabweisungen und verantwortungslosen Legenden eingerichtet: Die alleinige Schuld an den Verbrechen des „Dritten Reiches" wurde dem „Dämon" Hitler und einigen seiner treuen Paladine zugeschrieben; viele Deutschen entlasteten somit sich und die deutsche Gesellschaft und empfanden sich selbst als Opfer. Eichmann jedoch war kein Dämon, sondern, das zeigten die Bilder und Berichte, ein ganz normaler Mann von bestürzender Alltäglichkeit, ein Jedermann.

M 6 **„Millionen Tote"**
Plakat an einer Litfaßsäule in Frankfurt am Main, Februar 1967

Auschwitz-Prozess

Nach einem ganz mühsamen Beginn konnten zwei Jahre später 22 Verantwortliche des Vernichtungslager-Personals von Auschwitz vor Gericht gestellt werden. Der hessische Generalstaatsanwalt Fritz Bauer, selbst Verfolgter des NS-Regimes, holte diesen Prozess nach Frankfurt am Main, er wollte damit aufklären und die Demokratie stärken: Nur wenn sich die Deutschen vom „Dritten Reich" absetzen, aber ihre Verstrickungen nicht leugneten, konnte sich der bundesdeutsche Rechtstaat langfristig bewähren. Im Frankfurter Auschwitz-Prozess, der bis 1965 dauerte, wurde das ganze Ausmaß an brutaler Gewalt und erbarmungsloser Perversion in den Vernichtungslagern deutlich. Aber wie schwierig war es doch, den Verantwortlichen nach zwanzig Jahren ihre individuellen Mordtaten nachzuweisen. Als Zeugen geladene Auschwitz-Überlebende brachen im Gerichtssaal zusammen, so unerträglich war das Leugnen der NS-Schergen, die jede Schuld von sich wiesen. Andererseits wurden im Laufe des Auschwitz-Prozesses zahlreiche wissenschaftliche Gutachten über die NS-Verbrechen und den Holocaust erstellt. Jeder konnte nun wissen, was während der Diktatur wirklich geschehen war und dass der Völkermord an den Juden den Kern des NS-Regimes darstellte.

Verjährungsdebatte

Schließlich musste auch der Gesetzgeber agieren: Mord und Beihilfe zum Mord verjährten bis dahin nach 20 Jahren – so wäre in absehbarer Zeit eine Strafverfolgung von NS-Tötungsverbrechen nicht mehr möglich gewesen. Der Deutsche Bundestag verschob zunächst die Verjährungsfrist, um dann nach weiteren intensiven Debatten im Jahr 1979 die Verjährung von Völkermord sowie des Mordes ganz aufzuheben. So konnten in den 60er- und 70er-Jahren noch zahlreiche Prozesse gegen NS-Täter geführt werden.

Am Ende des Jahrzehnts hatte sich eine neue, wahrheitsgetreuere Sichtweise auf den Nationalsozialismus herausgebildet: Die Deutschen sahen sich nicht mehr in erster Linie als Opfer, sondern sie erkannten an, dass unter ihnen viele Täter waren. Die bewusste Absetzung vom „Dritten Reich" und die Annahme der historischen Verantwortung für den Holocaust avancierten zum Ausweis dafür, dass man ein guter Bürger und eine gute Bürgerin der Bundesrepublik war.

4. Das „goldene Zeitalter" der Wirtschaft

Das Wirtschaftswunder

Nachdem anfängliche Schwierigkeiten überwunden waren, ging es mit der Wirtschaft in der Bundesrepublik stetig bergauf. Die neue Wirtschaftsverfassung, die soziale Marktwirtschaft, erwies sich als Glücksfall. Wenn es in den 50er-Jahren je eine starke Identifizierung mit der westdeutschen Demokratie gab, dann erstreckte sie sich vornehmlich auf den ökonomischen Bereich. Spöttisch ist einmal gesagt worden, die Bundesrepublik habe keine Wirtschaft, vielmehr sei sie eine Wirtschaft. Natürlich geht dieses Bonmot viel zu weit, dennoch ist der ökonomische Beitrag zur politischen Stabilisierung der Demokratie nicht hoch genug einzuschätzen.

Grundlagen

Die Grundlagen des „Wirtschaftswunders" können heute erklärt werden. Denn um ein „Wunder" handelt es sich nicht, sondern um eine Kombination von günstigen Voraussetzungen und einer in dieser Situation richtigen Politik. Entgegen dem Augenschein war der Grad der Zerstörung der westdeutschen Wirtschaft 1945 nicht eklatant hoch. Die Einstellung der alliierten Demontagen, die finanzielle Hilfe durch den amerikanischen Marshallplan, das Ende des Bewirtschaftungssystems und die Währungsreform in Westdeutschland von 1948 brachten die Ökonomie in Schwung. Darüber hinaus profitierte die junge Bundesrepublik Deutschland seit 1950 stark vom Krieg im Fernen Osten. Es kam zum sprichwörtlich gewordenen „Korea-Boom". Dies bedeutet Folgendes: Die USA waren in den Korea-Krieg verwickelt und konnten wegen des eigenen Bedarfs ihrer Rüstungswirtschaft die Märkte der Welt nicht mehr ausreichend mit Gütern versorgen. In diese Lücke stieß nun die Bundesrepublik – und übrigens auch Japan. Dank ihrer Exportkapazität wurde die westdeutsche Wirtschaft schnell in den Weltmarkt integriert. Das Gütesiegel „Made in Germany" bekam bald wieder einen guten Klang.

Das Bruttosozialprodukt, also der Wert aller Güter und Dienstleistungen, kletterte von Jahr zu Jahr steil nach oben, von 79 Milliarden DM 1949 auf 303 Milliarden im Jahr 1960. Es waren die 50er- und frühen 60er-Jahre, in denen die Bundesrepublik Deutschland wirtschaftlich zu einer Weltmacht wurde, die 1960 mit ihren Kapazitäten bereits hinter den USA an zweiter Stelle rangierte. Hieran zeigt sich im Übrigen auch, dass vor allem das Exportland Bundesrepublik am stärksten von der Europäischen Wirtschaftsgemeinschaft profitierte.

M 7 **„Wohlstand für alle"**
Bundeswirtschaftsminister Ludwig Erhard mit dem von ihm herausgegebenen Buch, Foto, 1957.

„Wohlstand für alle"?

Die Arbeitnehmer spürten die Folgen des Wirtschaftswunders vor allem seit der zweiten Hälfte der 50er-Jahre merklich. Die Gewerkschaften konnten in manchen Jahren Lohnsteigerungen von über 8 Prozent durchsetzen, womit die Kaufkraft und damit die Binnennachfrage stiegen. Die Urlaubszeit erhöhte sich auf 15 Tage; seit 1957 gab es die Lohnfortzahlung im Krankheitsfall. Vor allem aber wurde nach und nach die Fünf-Tage-Woche eingeführt, für die der Deutsche Gewerkschaftsbund seit 1954 kämpfte. Die Zahl der Arbeitslosen sank rapide – von elf Prozent 1950 auf unter ein Prozent im Jahr 1960. Bald herrschte sogar Arbeitskräftemangel. Wirtschaftsminister Ludwig Erhard hatte 1957 eine populäre Parole gefunden „Wohlstand für alle" – so der Titel eines Buches aus seiner Feder.

Stellung der Frauen

Aber auch in der Wirtschaftswundergesellschaft blieben gravierende ökonomische Benachteiligungen bestehen. Die stetig ansteigende Quote erwerbstätiger Frauen und Mütter galt Familienpolitikern und Kirchenvertretern in den 50er-Jahren als eine der am meisten beunruhigenden Begleiterscheinungen der beginnenden wirtschaftlichen Prosperität. Man sprach bereits von einer „Krise der Ehe". Frauenarbeit war nur als Ergänzung zum männlichen Einkommen geduldet, sonst war sie gesellschaftlich weitgehend stigmatisiert. Allerdings bewirkten die Hochkonjunktur und der Arbeitskräftemangel einen notgedrungenen Wandel: Der Anteil von Ehefrauen an allen erwerbstätigen Frauen stieg zwischen 1950 und 1961 von 19 auf 35 Prozent; 1970 war fast jede zweite verheiratete Frau erwerbstätig. Männer fanden es indessen häufig unerträglich, ihren Status als Haupternährer aufzugeben. Und das Finanzministerium führte für das Jahr 1960 eine Lohnsteuerkarte „F" für Frauen ein, deren Verdienst nun wie ein zweites Einkommen des Mannes behandelt wurde. Das war eine skurrile und unwürdige Angelegenheit, die bald wieder fallengelassen wurde. Der Erfindungsreichtum, Frauen zu benachteiligen, war groß: Nachdem das Bundesverfassungsgericht es verboten hatte, gesonderte Frauenlöhne einzuführen, gab es seit 1955 die „Leichtlohngruppen", die sich als eklatante Benachteiligung für Frauen entpuppten – über viele Jahrzehnte hin-

M 8 „Gut ausbalanciert"
Karikatur von Josef Partykiewicz, 1964

weg. Ein Beispiel macht dies deutlich: Während 1980 53,6 Prozent der Arbeiter nach der höchsten Lohnkategorie eines Facharbeiters bezahlt wurden, waren es zur gleichen Zeit nur 5,4 Prozent der Frauen.

„Gastarbeiter"

Wichtig für das Wachstum der westdeutschen Wirtschaft waren auch die Flüchtlinge aus der DDR, die aufgrund ihrer guten beruflichen Ausbildung den Arbeitsmarkt bereicherten. Dennoch herrschte bald Knappheit auf dem Arbeitsmarkt. Damit die Wirtschaft weiter wachsen konnte, war sie auf ausländische Arbeitskräfte, auf die „Gastarbeiter", angewiesen. Mit Italien als erstem Land schloss die Bundesregierung 1955 so genannte „Anwerbeverträge" ab, weitere solcher Verträge folgten mit Spanien und Griechenland 1960. Nach dem Bau der Berliner Mauer 1961 versiegte der Zustrom von Flüchtlingen aus der DDR, weshalb jetzt noch stärker auf Arbeitsmigration aus dem Süden gesetzt wurde. Im Jahr 1961 kam es mit der Türkei zu einem Anwerbevertrag, mit Portugal 1964, mit Tunesien und Marokko 1965 sowie mit Jugoslawien 1968. Bis 1966 waren 1,25 Millionen Gastarbeiter in die Bundesrepublik gekommen, die ein hartes Leben führten, sich fremd fühlten und zu denen die Deutschen lange Zeit kaum Kontakt suchten. Nur durch ihre Arbeitskraft konnte der Wirtschaftsboom am Laufen gehalten werden. Sie arbeiteten dort, wo es für Deutsche zunehmend unattraktiv geworden war, beispielsweise in der chemischen Industrie oder im Baugewerbe, also schmutzige, gesundheitsschädliche und körperlich sehr anstrengende Beschäftigungen. So gab es eine Art von „Unterschichtung": Unter der untersten Schicht deutscher Arbeitskräfte befanden sich die Gastarbeiter. Außerdem waren die Gastarbeiter so etwas wie eine „Reservearmee" auf dem Arbeitsmarkt: Sie konnten schnell angeheuert werden, wenn Not am Mann war und die Industrie sie benötigte – sie konnten aber genauso schnell wieder entlassen werden.

M 9 „Der Millionste Gastarbeiter"
Der Portugiese Armando Rodrigues de Sà bekommt ein Moped als Begrüßungsgeschenk, Foto 1964

Gewerkschaften und Unternehmer

Ganz Europa war von einem ökonomischen Nachkriegsboom erfasst. Aber wenn es in der Bundesrepublik Deutschland noch höhere Zuwachsraten als anderswo gab, so hing dies mit dem Verhältnis zwischen Arbeitgebern und Arbeitnehmern zusammen. Dass eine einheitliche Gewerkschaftsbewegung geschaffen werden konnte, war ein großer Vorteil. Richtungsgewerkschaften bekämpfen und blockieren sich immer nur

M 10 **„Am Samstag gehört Vati mir"**, Plakat des DGB, 1955

M 11 **„Sonnabends gehört Vati mir"**, Karikatur, um 1955

gegenseitig. Der Deutsche Gewerkschaftsbund (DGB) verschrieb sich einer kooperativen, nicht einer konfrontativen Politik. Beim Gesetz über die paritätische, d.h. gleichberechtigte Mitbestimmung der Arbeitnehmer in der Montanindustrie vom Mai 1951 hatte er damit noch Erfolg. Ein Jahr später, als die Frage des Betriebsverfassungsgesetzes auf der Tagesordnung stand, musste er erste Niederlagen einstecken. Manche kritisierten die Gewerkschaften wegen ihrer zu „zahmen" Politik. Doch hätten die Gewerkschaften die junge Demokratie mit Streiks destabilisieren sollen? War es nicht staatspolitisch richtig, den Aufbau der Demokratie nicht zu gefährden? Die erkämpften Lohnzuwächse für die Arbeitnehmer waren erheblich und sie versöhnten die Arbeiterschaft mit der „bürgerlichen" Republik. Von 1950 bis 1960 stiegen die Nettolöhne und -gehälter in Westdeutschland real um 70 Prozent, um sich dann bis 1970 noch einmal zu verdoppeln. So stützte der Boom die Demokratie ganz nachhaltig ab und stabilisierte sie. Nicht Massenarbeitslosigkeit wie am Ende von Weimar, sondern Vollbeschäftigung, ja Arbeitskräftemangel waren die Kennzeichen der Zeit.

„Abschied von der Proletarität"

Es hat in den 50er-Jahren eine große Diskussion darüber stattgefunden, ob durch all diese Entwicklungen – Sozialpolitik, soziale Marktwirtschaft, Auflösung alter Strukturen seit dem Krieg – eine „nivellierte Mittelstandsgesellschaft" in Westdeutschland entstanden sei, wie es der bekannte zeitgenössische Soziologe Helmut Schelsky behauptete. Dieses Etikett war griffig und Politiker führten es gerne im Munde. Doch es entsprach nicht der sozialen Realität. Die Gesellschaft war nicht nivelliert; es herrschten nach wie vor große Einkommens- und Lebensunterschiede zwischen einzelnen Schichten und Gruppen. Viel glücklicher gewählt und näher an der Wirklichkeit ist ein Begriff, den ein Historiker unserer Tage, Josef Mooser, geprägt hat. Danach hat es seit dem Ende der 50er-Jahre durch den Wohlfahrtsstaat einen „Abschied von der Proletarität" gegeben. Die Sozialstruktur der Bundesrepublik veränderte sich somit weniger über eine Umverteilung als vielmehr durch eine Anhebung des

Gesamtniveaus. Andererseits sehen wir jedoch auch eine neue Unterschicht in Gestalt der „Gastarbeiter“, die in Bereichen arbeiteten, für die deutsche Arbeitskräfte nicht mehr zur Verfügung standen.

Auch die neuen Konsummöglichkeiten veränderten seit Mitte der 50er-Jahre die Gesellschaft. Für viele reichten die Erfahrungen des Mangels und der Kargheit bis weit in die 50er-Jahre hinein – das darf man nicht ausblenden. Jeder Pfennig musste zweimal umgedreht werden. Aber schrittweise setzte sich ein Trend vom genügsamen Leben zum „kleinen Wohlstand“ durch. Die revolutionären Selbstbedienungsläden entstanden erst allmählich, dann rasant. Man konnte auf Vorrat kaufen, weil Kühlschränke langsam erschwinglich wurden. Überhaupt kam es zu einer Technisierung und Rationalisierung des Haushalts, die vollautomatische Waschmaschine, der Staubsauger und Kochplatten kamen auf, Kaffeemaschinen, Handrührgeräte und weitere elektrische Kleingeräte hielten Einzug. Diese wiederum veränderten Konsum- und Essgewohnheiten. Der Kartoffelverbrauch reduzierte sich, stattdessen stieg der Verkauf von Trockenprodukten aus Kartoffelmasse an. Fertiggerichte eroberten den Speisezettel. Markenartikel, Verpackungen und Werbung spielten eine immer größere Rolle. Nicht mehr auf Entbehrtes richtete sich der Blick der Konsumenten, sondern auf Begehrtes.

Umweltprobleme

Wo viel Licht ist, da ist auch Schatten. Die Schattenseiten des Wirtschaftswunders waren bald nicht mehr zu übersehen. Die Umweltzerstörung schritt schnell voran. Die beschleunigte Massenmotorisierung erhöhte die Abgaswerte beträchtlich, Chemikalien brachten die Flüsse zum Schäumen, die Natur fiel dem forcierten Straßen- und Städtebau zum Opfer. In den 50er-Jahren wurden 5,6 Millionen Neubauwohnungen gebaut, und in den 60er-Jahren weitere 4,3 Millionen, womit sich der gesamte Wohnungsbestand verdoppelte. Damit ist die Wohnungsnot allmählich behoben worden, aber es entstanden jetzt Großsiedlungen und Trabantenstädte auf der grünen Wiese. Naturschutz wurde in jenen Jahren klein geschrieben. Die Modernisierung erstreckte sich schließlich auch auf den Energiebereich. Das billige Öl stieg zum bevorzugten Energieträger auf. Im Ruhrgebiet türmten sich seit dem Ende der 50er-Jahre riesige Kohlehalden, Anzeichen einer beginnenden Bergbaukrise. Infolge der Absatzschwierigkeiten begann das Zechensterben. Neigte sich der größte Boom in der Weltwirtschaftsgeschichte seinem Ende zu?

Die Konsumgesellschaft

Die wirtschaftlichen Steigerungsraten, die Westdeutschland in den 60er-Jahren vorzuweisen hatte, waren enorm; der große Boom ging auch auf die steigende Binnennachfrage nach Konsumgütern oder technischen Neuerungen zurück, er lebte jedoch nicht zuletzt vom stark anschwellenden Außenhandel: Der Wert der westdeutschen Exporte belief sich im Jahr 1960 auf 42,7 Milliarden D-Mark; im Jahr 1970 waren es bereits 109,6 Milliarden D-Mark. Angetrieben wurde das Wachstum von boomenden Industriebranchen, insbesondere vom Automobilbau und von der prosperierenden Chemieindustrie. Hier zogen beispielgebende neue Produktionsweisen ein. Als erstes Chemieunternehmen in Europa ging die BASF in Ludwigshafen 1961 zur automatischen Steuerung der großtechnischen Syntheseprozesse durch einen Digitalrechner über. Den EDV-Anlagen gehörte die Zukunft. Allein in den sieben Jahren zwischen 1965 und 1972 vervierfachte sich ihre Zahl in der deutschen Industrie.

Strukturwandel

Einher ging diese Entwicklung mit einem rasanten Strukturwandel. Während 1950 noch ein Viertel aller Beschäftigten in der Landwirtschaft gearbeitet hatten, waren es 1960 nur noch 14 Prozent; bis zum Jahr 1970 fiel dieser Wert auf unter 9 Prozent. Auch wandelten sich Wohn- und Lebensgewohnheiten der Deutschen. Die zunehmende Verbreitung des Pkw als individuelles Verkehrsmittel, ließ es für junge Familien attraktiv erscheinen, von den Städten heraus „ins Grüne" zu ziehen. Unterstützt wurde diese Tendenz durch zwei gleichzeitig ablaufende Prozesse: Zum einen stieg das Einkommen kollektiv an, so dass mehr Geld zur Verfügung stand, und zum anderen nahm zugleich das Arbeitsvolumen ab, sodass es zu einer Verlängerung der häuslichen Freizeit kam. Bis Ende der 60er-Jahre war die 40-Stunden-Woche und die 5-Arbeitstage-Woche in rund 80 Prozent der Unternehmen durchgesetzt. Das „lange Wochenende", von dem man in den 50er-Jahren nur hatte träumen können, war zur Regel geworden. Welche Veränderungen dadurch freigesetzt wurden, überraschte viele. Denn darunter litten nun auch die Kirchen. Hatten sie zunächst gehofft, durch den Zuwachs an freier Zeit würden die Gotteshäuser sonntags wieder voller, so lief der Trend gerade in die andere Richtung. Der Sonntag mit seinen neuen Angeboten der Freizeitkultur entglitt den Kirchen immer mehr. Eine fortschreitende Entkirchlichung war die Folge.

So fand in den Sechzigerjahren der endgültige und kraftvolle Durchbruch zu Massenkonsum und Massenwohlstand statt. Freude an Luxus und an gehobenem Konsum gehörte dazu: Der Kaffeeverbrauch zum Beispiel stieg zwischen 1950 und 1960 um das Vierfache. Man fuhr auch nicht mehr nur Volkswagen, sondern auch ausländische Modelle erfreuten sich großer Beliebtheit. An der Spitze bei den Kleinwagen befanden sich Fiat, Renault und Simca. Die Konsumgesellschaft kennzeichnete insgesamt ein neues Verhältnis zum Geld. 1967 wurde die Scheckkarte eingeführt und der bargeldlose Zahlungsverkehr nahm beständig zu. Außerdem erwiesen sich die von Banken nun eingeräumten individuellen Dispositionskredite als sehr bedeutsam.

Welches sind die Merkmale einer modernen Konsumgesellschaft? Man kann diese so beschreiben: Über eine informationelle Infrastruktur – die Werbung – werden zunehmend Markenprodukte angeboten, deren Erscheinungsbild nichts mehr mit der Herstellung zu tun hat. Die Aufmerksamkeit liegt immer mehr aufseiten des Konsumenten und immer weniger auf der des Produzenten. So fungierten Produkte immer häufiger als Sinnvermittler für den selbstbewussten, mit Geld, Zeit und Informationen ausgestatteten „Konsumenten".

M 12 „Mach mal Pause – trink Coca-Cola"
1949 kehrt Coca-Cola in die junge Bundesrepublik zurück und begleitet mit diesem Werbespruch den Wiederaufbau, undatiertes Werbeplakat.

Angst vor dem Ende der Hochkonjunktur

Während der Kanzlerschaft Ludwig Erhards 1963 bis 1966 machten sich jedoch auf einem Male in gewissen Branchen Wachstumsschwächen und wirtschaftliche Einbrüche bemerkbar. Sorgenkind war insbesondere der Kohlebergbau im Ruhrgebiet. Das auf dem Weltmarkt billige Heizöl verdrängte die heimische Kohle, die nicht mehr konkurrenzfähig war, und führte dazu, dass immer mehr Kohlezechen wegen Unrentabilität geschlossen werden mussten. Man sprach beunruhigt vom „Zechensterben" an Rhein und Ruhr. Tausende von Bergbauarbeitern demonstrierten mit schwarzen Fahnen und mit Särgen, die einen Trauerzug symbolisieren sollten, gegen die Unternehmer und die Regierung. Ein wirtschaftlicher Abschwung, eine Krise, vielleicht sogar eine ernsthafte Rezession mitten im Herzen der deutschen Industrienation: Sollte sich das viel gerühmte Wirtschaftswunder als brüchig erweisen? Würde die aufkommende Krise womöglich die noch nicht gefestigte bundesdeutsche Demokratie in einen Strudel hineinziehen? Würden sich die Arbeitnehmer radikalisieren? War der Bestand der deutschen Demokratie schon wieder gefährdet? Im Rückblick zeigt sich, dass diese Befürchtungen weitgehend unbegründet waren; die Rezession entpuppte sich nur als „Wachstumsdelle". Doch einige Zeitgenossen reagierten fast panisch, und die rechtsradikale NPD erhielt bei Landtagswahlen Zulauf, was viele politische Beobachter in Schrecken versetzte. Bundeskanzler Erhard schätzte die Krise falsch ein, er lehnte eine aktive Finanz- und Wirtschaftspolitik des Staates ab und vertraute auf das freie Spiel der Kräfte. Damit hatte der „Vater des Wirtschaftswunders" nun allerdings keinen Erfolg mehr, dieses Rezept schien nicht mehr zeitgemäß. Erhard verfügte über keine Autorität mehr – nicht einmal in Wirtschaftsfragen, seinem ureigensten Terrain. Auch seine Parteifreunde rebellierten gegen Erhard und zwangen ihn schließlich zum Rücktritt.

5. Eingliederung in den Westen

Die politische Integration

M 13 Unterzeichnung der Römischen Verträge am 25. März 1957
Rechts neben Bundeskanzler Konrad Adenauer der spätere erste Präsident der EWG-Kommission Walter Hallstein

Wir müssen noch einmal den Blick zurückrichten, auf den Bereich der Außenpolitik: Die Politik der Westintegration befand sich zwischen 1949 und 1957 in ihrer dynamischen Phase. Auch die Westmächte befürworteten eine Integration der Westdeutschen in supranationale Organisationen und Institutionen, nicht zuletzt deshalb, weil man sie so besser kontrollieren konnte. Kontrolle durch Integration lautete ihre Formel zur Lösung des deutschen Problems. Außerdem benötigte man die westdeutschen Ressourcen im Kalten Krieg.

Neben diesen pragmatischen Aspekten gab es durchaus auch idealistische. In Teilen der Bevölkerung existierte eine aufrichtige Europabegeisterung und auch viele Politiker waren überzeugt, dass sich nur durch eine europäische Zusammenarbeit die alten Krisenherde, durch die so oft Kriege entstanden waren, endlich beseitigen ließen. Der Schuman-Plan vom Frühjahr 1950 war eine Art Gründungsurkunde des gemeinschaftlichen Europa. Die Initiative des französischen Außenministers Schuman und des Geschäftsmannes Jean Monnet mündete zwei Jahre später in die „Europäische Gemeinschaft für Kohle und Stahl" (EGKS) und führte schließlich in den Römischen Verträgen von 1957 zur Gründung der Europäischen Wirtschaftsgemeinschaft (EWG), womit sich – neben der ökonomischen Harmonisierung – auch das hochgesteckte Ziel einer künftigen politischen Einigung Europas verband. Jedenfalls war für die „Gemeinschaft der Sechs" (Frankreich, die Bundesrepublik Deutschland, Italien und die drei Benelux-Staaten) Europa mit den Römischen Verträgen nicht am Ende, sondern es befand sich erst am Anfang.

NATO-Beitritt

Ende Juni 1950 begann der Korea-Krieg, in den beide Supermächte verwickelt waren. Die weltpolitische Lage war äußerst gespannt, nicht wenige Menschen fürchteten einen dritten Weltkrieg. In dieser Situation forderten die Amerikaner einen deutschen Wehrbeitrag ein.

M 14 **„Des Michels neue Kleider"**
Karikatur von Mirko Szewczuk, 1954

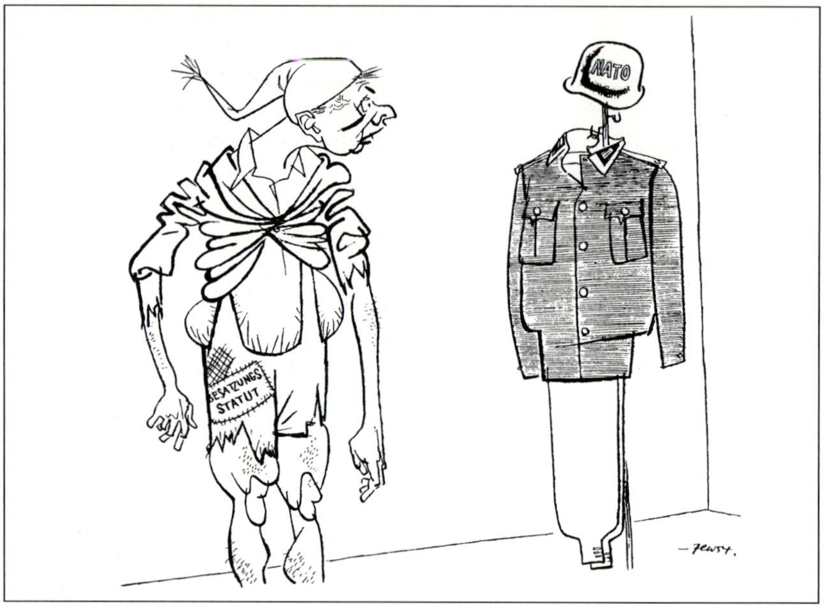

Die Bundesregierung wusste, wie schwer es sein würde, dafür bei der Bevölkerung Unterstützung zu finden, und verlangte von den Alliierten einen hohen Preis: die deutsche Souveränität. Deutsche Armeen nur fünf Jahre nach dem Ende des verheerenden Krieges der Wehrmacht, der den gesamten Kontinent in eine Trümmerwüste verwandelt hatte – für die Europäer, besonders für die Franzosen, bedeutete diese Vorstellung das Wiederaufleben eines Traumas. Der französische Verteidigungsminister René Pleven wartete daher mit dem Plan einer Europäischen Verteidigungsgemeinschaft (EVG) auf: deutsche Soldaten ja, aber nur innerhalb europäischer Kontingente. Das schien ein Kompromiss, vielleicht sogar der Königsweg zu sein, doch im August 1954 lehnte die französische Nationalversammlung äußerst knapp die EVG-Verträge ab. Der verzweifelte deutsche Bundeskanzler glaubte, alles, wofür er sich jahrelang eingesetzt hatte, sei nun Makulatur. Nach fieberhaften diplomatischen Bemühungen kam es am Ende jedoch zu einer für die Bundesrepublik noch viel günstigeren Lösung: Im Mai 1955 traten die Pariser Verträge in Kraft, die Bundesrepublik wurde eingeladen, dem Nordatlantischen Verteidigungspakt (NATO) beizutreten, das Besatzungsstatut fiel, Westdeutschland war souverän und in Zehnjahresfrist von einem Besiegten zum Bündnispartner geworden.

Westintegration

Freiheit, Frieden, Einheit – so lautete Konrad Adenauers politische Rangfolge seit 1949. Sein Hauptziel war die Westintegration. Als Partner des Westens glaubte er, die volle Souveränität für die Bundesrepublik erlangen zu können und nur mithilfe eines starken Westens sowie einer langfristig geschwächten Sowjetunion schien ihm die deutsche Wiedervereinigung möglich. Den alten Kanzler trieb eine Art „Albtraum von Potsdam" um. Er fürchtete, dass sich die Siegermächte des Zweiten Weltkrieges über den Kopf der Deutschen hinweg einigen könnten. Der Anschluss an die westliche Welt sollte der Bundesrepublik Gleichberechtigung bringen, sie stark machen und sie vor einer Schaukelpolitik zwischen Ost und West bewahren, die Deutschland in der Vergangenheit niemals gut bekommen war. Aber es trat noch ein weiteres Motiv hinzu: Adenauer hatte kein großes Zutrauen in die demokratische Standfestigkeit seiner Landsleute, die zwölf Jahre Diktatur hinter sich hatten. Deshalb schien ihm eine schnelle Eingliederung der Westdeutschen in die geistig-kulturelle Wertegemeinschaft der großen Demokratien dringend geboten.

Die deutsche Teilung

Doch dieser starke Westkurs kostete auch einen Preis, den die 18 Millionen Ostdeutschen bezahlen mussten, die vierzig Jahre lang nicht in der Freiheit leben durften. Den Vorwurf, eine zu rasche Westintegration würde die Landsleute im Osten vergessen, machten dem Kanzler seine Gegner. Die Sozialdemokraten etwa warfen der Regierung vor, sie würde das „Nahziel Wiedervereinigung" aus den Augen verlieren. Es sei die Pflicht eines jeden deutschen Politikers, bei jedem Schritt zu überlegen, ob er der Wiederherstellung von Deutschlands Einheit diene. Alle Politik hatte für sie unter einem gesamtdeutschen Vorbehalt zu stehen, und sie fürchteten, dass sich die Spaltung vertiefen würde, je mehr die Bundesrepublik in den Westen integriert war. Grundsätzlich betrachtet war dieser Einwand nicht unberechtigt.

Deutschlandpolitische Vorstellungen

Zahlreiche deutschlandpolitische Konzepte machten damals die Runde. Jakob Kaiser, der schärfste innerparteiliche Kritiker Adenauers und Minister für gesamtdeutsche Fragen, hatte für das „Brücke-Konzept" geworben. Deutschland insgesamt müsse aus dem Ost-West-Konflikt herausgehalten werden und eine Brücke zwischen den Blöcken sein. Gustav Heinemann hatte ähnliche Vorstellungen. Er, der zunächst der CDU angehörte und Bundesinnenminister war, dann aber aus Protest gegen Adenauers Deutschlandpolitik zurücktrat, der CDU den Rücken kehrte und mit Helene Wessel die Gesamtdeutsche Volkspartei (GVP) gründete, wollte ebenfalls Gesamtdeutschland aus dem Ost-West-Konflikt ausklammern. Schweden galt vielen, die in der Öffentlichkeit als „Neutralisten" verunglimpft wurden, als Modell – das Land war neutral und dennoch am Westen orientiert. Warum sollte dies nicht auch für Deutschland möglich sein?

Das Kernproblem solcher Ideen lag darin, dass sie von falschen Voraussetzungen ausgingen. Sie taten alle so, als würde es in der Außenpolitik einzig und allein auf die Bundesrepublik oder auf den Willen der Deutschen ankommen. Doch davon konnte keine Rede sein. Außerdem unterschätzten sie alle die Eigendynamik und die Vehemenz der Ost-West-Konfrontation. Schließlich hatten auch die westdeutschen Wähler ein entscheidendes Wort mitzureden: Bei den Wahlen im September 1953 triumphierte Adenauer, während die Sozialdemokraten stagnierten und die Gesamtdeutsche Volkspartei mit 1,2 Prozent ein wahres Desaster erlebte.

M 15 „Alle Wege des Marxismus führen nach Moskau!"
Wahlplakat der CDU zur Bundestagswahl 1953

Die eineinhalb Jahre vor den Wahlen waren an Dramatik kaum noch zu überbieten, ja diese 18 Monate können sogar als die wichtigsten des ganzen Jahrzehnts bezeichnet werden. Am 10. März 1952 legte der sowjetische Diktator die „Stalin-Noten" auf den Tisch. Die UdSSR schlug darin ein aus den Machtblöcken ausgeklammertes, neutralisiertes Deutschland in den Grenzen von 1945 vor, also ohne die ehemaligen Ostgebiete. War dies eine sensationelle, ernst gemeinte Offerte? Heute wissen wir, dass Stalin unter keinen Umständen bereit war, die DDR aufzugeben. Es war ein Bluff, ein gezieltes Störmanöver, um den bevorstehenden Abschluss der Westverträge zu torpedieren.

17. Juni 1953

Bereits im Jahr darauf, 1953, starb der sowjetische Diktator. Im Kreml brachen Diadochenkämpfe aus. Der gesamte Ostblock gärte und in der DDR ereignete sich der Volksaufstand des 17. Juni. Er hatte auch für die Bundesrepublik weitreichende Folgen.
Es herrschten Erregung und Betroffenheit, Leidenschaften und gesamtnationale Emotionen kochten hoch. Fast jeder zweite Westdeutsche hatte Verwandte oder enge Freunde in der DDR. Der 17. Juni war das letzte große gesamtdeutsche Ereignis vor dem Bau der Berliner Mauer 1961. Die Westdeutschen waren verblüfft, denn mit einem Aufstand solchen Ausmaßes hatte niemand gerechnet. Die meisten glaubten bis dahin, dass die Ostdeutschen unter der ideologischen Beeinflussung zu Kommunisten umerzogen worden seien. Die „Zone“ nahmen die Bundesbürger als einen bolschewisierten Landstrich wahr. Einige sprachen sogar von einer „asiatischen Bedrohung“ und meinten damit die eigenen Landsleute. Im Angesicht der Volkserhebung war jetzt aber sichtbar: Die Deutschen gehörten noch zusammen, waren ein Volk. Andererseits erschrak man im Westen, als die Sowjets über die DDR das Kriegsrecht verhängten und Truppen der Roten Armee aufmarschierten.

Wenige Tage nach der dramatischen Erhebung in der DDR verständigte sich der Deutsche Bundestag darauf, einen Nationalfeiertag zu schaffen, den „Tag der deutschen Einheit“. Jedes Jahr am 17. Juni sollte an den Volksaufstand für Freiheit und Einheit gedacht werden.

Alleinvertretungsanspruch der BRD

Nach Niederschlagung des 17. Juni war für alle Beobachter deutlich geworden, dass die Sowjetunion das SED-Regime in brenzligen Situationen stützte und nicht bereit war, die DDR aufzugeben. Es kam zu einer jeweiligen Blockintegration der beiden Teile Deutschlands und mit ihr verfestigte sich bis 1955 die deutsche Teilung. Die Bundesrepublik erhob in der „Hallstein-Doktrin“ – benannt nach dem Staatssekretär im Auswärtigen Amt, Walter Hallstein – den Alleinvertretungsanspruch für alle Deutschen und ließ die Welt wissen, dass sie die Aufnahme diplomatischer Beziehungen zur DDR als „unfreundlichen Akt“ gegen das deutsche Volk werte. Die Bundesrepublik wollte zu jedem Land, das die DDR anerkannte, die diplomatischen Beziehungen abbrechen. So hoffte man, die DDR weltweit zu ächten

M 16 Besuch in Moskau
Konrad Adenauer (Mitte) mit Nikita Chruschtschow (rechts) und Nikolai Bulganin (links), Foto, 11.9.1955

und diplomatisch zu isolieren. Bis Ende der Sechzigerjahre war diese Doktrin gültig, aber sie erwies sich immer mehr als eine Fessel für die bundesdeutsche Außenpolitik.

Gegenüber der Sowjetunion ist sie ohnehin niemals angewendet worden. Nachdem die DDR 1955 offiziell ihre Souveränität erhielt, wünschte der Kreml auch diplomatische Beziehungen zur Bundesrepublik herzustellen, um somit die deutsche Zweistaatlichkeit zu dokumentieren. Dafür waren die Sowjets bereit, deutsche Kriegsgefangene und Zivilinternierte, die sich noch in sowjetischen Lagern befanden, freizulassen. Welche Bundesregierung hätte dies ablehnen können? Auf Einladung der UdSSR reiste Adenauer im September 1955 mit einer großen, überparteilichen Delegation nach Moskau, um die Modalitäten auszuhandeln. Die zähen Verhandlungen drohten zu scheitern, erst in letzter Minute und nach den obligatorischen Trinkgelagen im Kreml platzte der Knoten. Einen Monat später traf im Durchgangslager Friedland der erste Zug mit Heimkehrern ein. Am Bahnsteig spielten sich erschütternde Szenen des Wiedersehens ab. Bis 1956 kehrten 9628 Kriegsgefangene aus sowjetischen Lagern zurück, gefolgt von mehr als 20 000 Zivilinternierten.

Bundeswehr

Fast gleichzeitig mit dieser Rückkehr rückten die ersten hundert Freiwilligen der neu geschaffenen Bundeswehr in die Kasernen ein. Der Wehrbeitrag polarisierte die öffentliche Meinung. Es breitete sich eine pazifistische „Ohne-mich"-Bewegung aus, ein außerparlamentarischer Protest, der besonders von der jungen Generation, die zum Teil selbst noch in den Krieg geschickt worden war, getragen wurde. Im Falle einer deutschen Wiederbewaffnung mussten sie mit einer erneuten Einberufung rechnen. Der Protest auf der Straße war die eine Seite der Medaille, die andere war die enge parlamentarische Zusammenarbeit von CDU und SPD in der Wehrgesetzgebung, namentlich von Richard Jaeger und Fritz Erler. Aber so neu die Institution Bundeswehr auch daherkam, ihre Generäle stammten aus der Vergangenheit, selbst der oberste Repräsentant der neuen deutschen Streitkräfte, Hans Speidel, war ein ehemaliger General aus Hitlers Wehrmacht.

Aussöhnung mit Frankreich

Insbesondere der deutsch-französische Freundschaftsvertrag vom 22. Januar 1963 (Elysée-Vertrag) war ein bedeutsamer Meilenstein. Mit ihm endete die „Erbfeindschaft" zwischen den Nachbarn am Rhein, die so viel Unglück über Europa gebracht hatte, ja er bildet das Fundament für einen vereinigten (west-)europäischen Kontinent. Denn es sollte sich erweisen, dass Europa immer dann vorankam, wenn Deutschland und Frankreich zusammenarbeiteten. Der deutsch-französische Motor trieb Europa nach vorn, nicht immer zum Wohlgefallen der kleineren europäischen Länder, die auch mit Misstrauen auf das beherzte Handeln der Großen schauten.

M 17 **Elysée-Vertrag**
Konrad Adenauer und Charles de Gaulle, 22. Januar 1963

Seit dem Epoche machenden Freundschaftsvertrag zeichnen sich die Beziehungen zwischen Frankreich und der Bundesrepublik durch eine im internationalen Vergleich ganz beispiellose Intensität aus. Der Vertrag schrieb zweimal jährlich stattfindende Konsultationen der Staats- und Regierungschefs beider Länder fest, daneben regelmäßige Konsultationen auf Ministerebene, und er regelte die Kooperation in der Bildungs-, Kultur- und Jugendpolitik; später kamen die Bereiche Wirtschaft, Verteidigung und Sicherheit dazu.

6. Die kulturelle Entwicklung

M 18 **James Dean (1931–1955)**
Szenenfoto aus dem Film „Rebel Without a Cause", 1955

Der „American Way of Life" in der Kultur

Die Wunden, die der Krieg und die NS-Diktatur geschlagen hatten, waren überall sichtbar; doch oft noch schlimmer waren die äußerlich unsichtbaren, psychischen Verwundungen. Ablenkung, Verdrängung, ein Sich-Ins-Leben-Stürzen waren deshalb ganz natürliche menschliche Reaktionen. Der „American Way of Life" faszinierte viele, weil man im bisher Fremden auch das Eigene vergessen konnte. Amerikanischer Stil in Kleidung und Verhalten konnte zum Ausdruck einer neuen Lebenshaltung werden. In den Kinos konnte man Amerika sehen. Die Fünfzigerjahre waren die hohe Zeit des Kinos in Deutschland. Insbesondere aus Amerika, aus Hollywood, kamen die ausländischen Erzeugnisse. Charlie Chaplins „Goldrausch" und andere seiner Filme waren bereits in den Kinos während der Besatzungszeit gelaufen, jetzt gelangten neue Stars auf die Leinwände: John Wayne und Gregory Peck in Western, James Dean und Marlon Brando in Filmen, die von Rebellen innerhalb der Gesellschaft handelten.

Die heimischen Produkte der Kultur- und Unterhaltungsindustrie, die bei Weitem dominierten, waren jedoch alles andere als sonderlich aufregend, jedenfalls scheint das uns Nachgeborenen so. Erich Kästners Wort vom „nachtotalitären Biedermeier" ist durchaus treffend, wenn es auch nicht die ganze Wirklichkeit einfängt. Die westdeutschen Kinofilme präsentierten eine schöne, reine und heile Welt, einen Rückzug ins grüne Tal und in die Welt von anständigen Förstern und ehrlichen Bauern. Es war die große Zeit der Heimatfilme – Kassenschlager waren „Schwarzwaldmädel", „Grün ist die Heide" und „Der Förster vom Silberwald". Hier kam die Sehnsucht des Publikums nach Idylle, privatem Glück und häuslichem Frieden zum Ausdruck, was nach den Schrecknissen und den Entbehrungen während des Krieges mehr als verständlich war. Die Leinwandprodukte lieferten Tagträume der hektischen Gesellschaft. Alles, was nach dem damaligen Verständnis nicht „sauber und rein" war, konnte schnell mit dem Verdikt „Schund" und gar „Pornographie" belegt werden. Die Freiheit der Kunst und Kultur hatte hier ihre Grenzen. Als anstößig und lasterhaft galt Hildegard Knef, die im Film „Die Sünderin" nur sekundenlang hüllenlos zu sehen war. Selbsternannte Moralapostel stürmten Lichtspielhäuser, in denen der Film aufgeführt werden sollte und einige Vertreter der katholischen Kirche sahen angesichts solchen Sittenverfalls bereits den Untergang des Abendlandes drohen.

M 19 **„Sissi, Schicksalsjahre einer Kaiserin"**, Filmplakat, 1957

Was die Popularität anbelangt, so wurden alle Filmerzeugnisse jedoch von einer Folge von Filmen weit in den Schatten gestellt: den „Sissi"-Filmen mit der jungen Romy Schneider in der Hauptrolle. Die Herz-Schmerz-Episoden um die bayerische Prinzessin, die in der alten k. u. k-Monarchie zur Kaiserin von Österreich und zur Königin von Ungarn aufstieg, rührten das westdeutsche Publikum zu Tränen und begründeten den Ruhm der Schauspielerin, die in späteren Jahren mit ganz bedeutenden darstellerischen Leistungen brillierte, jedoch von dem ihr anhaftenden Klischee kaum mehr loskam.

Der Kalte Krieg durchzog auch die Kultur. Filme aus dem Osten standen im Westen unter Ideologieverdacht und wurden von der Zensur verboten, Filme aus dem „imperialistischen" Westen hatten im Osten ohnehin nie eine Chance aufgeführt zu werden. So entwickelten sich in Deutschland zwei Filmkulturen, die miteinander nicht mehr kommunizierten. Im Westen sehen wir Kontinuitäten: Sowohl Regisseure als auch Schauspieler, die bereits während des „Dritten Reiches" bekannt waren, setzten ihre Erfolge fort, es sei denn, ihre Belastung und Verstrickung war zu groß, wie etwa im Falle Veit Harlans, des Regisseurs von „Jud Süß".

Es ist ebenfalls ganz auffällig, dass es in der bundesdeutschen Gesellschaft der 50er-Jahre so etwas wie eine Spätblüte des Monarchismus gab, eine Sehnsucht nach der (vermeintlich) „guten alten Zeit". Dies wurde in den „Sissi-Filmen" deutlich, noch mehr jedoch in der Welt der bunten illustrierten Blätter, die in den 50er-Jahren ihre Blüte erlebten. Eine ganze Illustrierten-Gattung wurde als „Soraya-Presse" bezeichnet, nach dem Namen der jungen und schönen persischen Kaiserin. Persien unter der Herrschaft des Schahs galt als eine besonders prunkvolle Monarchie; dass dieses System in Wahrheit eine grausame Diktatur mit tagtäglichen Folterungen und Todesurteilen war, wurde nicht thematisiert. Die farbenprächtigen Blätter nahmen sich aber nicht nur des persischen Kaiserhauses an, sondern bezogen die gesamte verfügbare Welt des Hochadels und seinen vordemokratischen Glanz mit ein.

M 20 **Bill Haley (1925–1981)**
Konzert in London, 1957

Rock 'n' Roll und moderne Zeiten

Gegen die spießige Rührseligkeit und die Verlogenheit der Erwachsenen regte sich jugendlicher Protest. Die Zeitschrift „Bravo" schrieb am 16. September 1956: „Halbstarke, Halbstarke, Halbstarke, die Zeitungen sind voll davon, Bücher werden darüber geschrieben und Filme gemacht. Der Begriff ist zu einem Schlagwort geworden. (...) Jeder junge Mann, der Röhrenhosen trägt, mit ein paar anderen jungen Leuten auf Moped oder Motorrad durch die Gegend knattert oder sich etwa herausfordernder benimmt, als das früher üblich war, ist auf einmal ein Halbstarker." Halbstarke, die zumeist aus dem Arbeitermilieu kamen, provozierten die großstädtische Öffentlichkeit mit Krawallen und Massenschlägereien. Zwischen 1956 und 1958 wurden 96 große Krawalle in der Bundesrepublik gezählt. Rock 'n' Roll drückte das neue Lebensgefühl eines offenen Aufruhrs gegen Althergebrachtes aus: Er war laut, hämmernd, trotzig, sinnlich. Rock 'n' Roll war viel mehr als nur Musik, er war eine Weltanschauung. Bei Konzerten des Bürgerschrecks Bill Haley – dessen Programm „Rock Around the Clock" lautete – zertrümmerten enthemmte Fans regelmäßig das Mobilar – und das in einer Zeit, in der man noch gewohnt war, bei Konzerten brav auf Stühlen zu sitzen. Dieser Jugendprotest eroberte auch die Leinwand, ein Film mit Horst Buchholz und Karin Baal in den Hauptrollen hieß „Die Halbstarken".

„Halbstarke"

Das Idol vieler rebellischer junger Menschen aber war ohne Zweifel der Amerikaner James Dean mit dem traurig-schönen Blick, der in seinen berühmten Filmen einen melancholischen Quertreiber spielte, sich gegen Muckertum aufbäumte und dabei oft scheiterte, aber niemals aufgab. Hinter dem eher ziellosen Jugendprotest der Halbstarken in der Bundesrepublik Deutschland stand im Übrigen keine politische Oppositionshaltung, sondern eher das traditionelle Aufbegehren großstädtischer Cliquen gegen die Erwachsenenwelt und ihre „spießigen" Ordnungsregeln. Diese eher apolitische Ausrichtung, nicht jedoch die zahlenmäßige Stärke, unterschied diese Jugendrenitenz von späteren Revolten aus der jungen Generation, etwa der 68er-Bewegung.

Rückkehr der Emigranten

Die Nationalsozialisten hatten Intellektuelle und Künstler ins Exil getrieben, nur ein knappes Drittel kehrte nach dem Krieg wieder nach Deutschland zurück. Carl Zuckmayer schrieb in seinem Erinnerungsbuch „Als wär's ein Stück von mir" eher deprimiert: „Die Fahrt ins Exil ist ‚the journey of no return'. Wer sie antritt und von der Heimkehr träumt, ist verloren. Er mag wiederkehren, zu Menschen, die er entbehren musste, zu Stätten, die er liebte und nicht vergaß, in den Bereich der Sprache, die seine eigene ist. Aber er kehrt niemals heim." Das galt für viele, denen das Land fremd geworden war, vermutlich auch für Thomas Mann, dessen Werke jedoch eine neue Renaissance erfuhren.

Die staatliche Macht, repräsentiert durch Adenauer, die CDU, Wirtschaft und Kirche, und der Geist, vertreten durch jüngere linke und linksliberale Intellektuelle, fanden nicht zueinander. Beide Seiten mieden sich, wo es nur ging. Nicht wenige der bundesdeutschen Intellektuellen, besonders die jüngeren Literaten, empfanden die Republik der Adenauerzeit als muffig und abendländisch-hinterwäldlerisch, was aber in dieser Eindeutigkeit und Ausschließlichkeit nicht zutraf.

Bildende Kunst

Die Bildende Kunst, um mit ihr zu beginnen, schlug in den 50er-Jahren den Weg zum Ungegenständlichen und zur Abstraktion ein, eine Richtung, die im „Dritten Reich" verfemt gewesen war. So gelang ihr wieder der Anschluss an die Moderne. Man kann von einer nachholenden Internationalisierung sprechen. Orientierungspunkt war die Avantgardekunst in den westlichen Kunstzentren, vor allem Paris und New York. Die Gründung der Kasseler „documenta" erfolgte im Jahr 1955 mit dem Ziel, die abstrakte Kunst als Modellfall einer westlichen, freien Weltkultur verständlich zu machen. Gegenstand und Figur gerieten im Westen in den Verdacht, entweder kommunistisch oder unkünstlerisch oder nationalsozialistisch zu sein. Der „Sozialistische Realismus" in der DDR und den osteuropäischen Ländern schien die Verwandtschaft der braunen und der roten Diktatur zu beweisen.

M 21 **„Montaru G VI"**
Von Willi Baumeister, Öl auf Hartfaserplatte, 1954

In der klassischen Musik entstanden kühne atonale Stücke etwa von Karlheinz Stockhausen. Nach Auschwitz, so das Credo einiger, durfte es keine lieblichen, anmutigen Stücke mehr geben. Die Theaterkultur mit so großen Namen wie Fritz Kortner zeigte sich lebendig, künstlerisch anspruchsvoll, offen für Neues, und sie war oft kritisch. Bert Brecht blieb der große Eigenständige, dessen Theaterstücke im Osten wie im Westen aufgeführt wurden; in seinem Theater in Ost-Berlin hielt er avantgardistische Traditionen der Vorkriegszeit wach – und war auch im SED-Staat unantastbar.

Wer nur die muffige und biedere Seite der (bundes-)deutschen Kultur dieser Epoche betont, wird ihr auf keinen Fall gerecht. In der Architektur bildeten gläserne Pavillons, schwebende Vordächer und schwingende Treppenhäuser eine sinnliche Gegenwelt zur offiziellen Baukultur des Dritten Reiches. Gegen die unendliche Schwere des „Blut-und-Boden"-Stils stand jetzt eine spielerische Leichtigkeit als Ausdruck einer optimistischen Stimmung.

Literatur

Bedeutende Schriftsteller fanden sich in der „Gruppe 47" zusammen, benannt nach ihrem erstmaligen Treffen in dem Örtchen Bannwaldsee bei Füssen im August 1947. Hans Werner Richter war der Kopf der Gruppe, in der nach neuen literarischen Formen und Maßstäben gesucht wurde. Aus der Gruppe 47 heraus entstand Weltliteratur, so Ingeborg Bachmanns Gedichtband „Die gestundete Zeit" aus dem Jahr

M 22 „Die Blechtrommel"
Schutzumschlag der Erstausgabe des Romans von Günter Grass, 1959

1953 oder Günter Grass' epochales Werk „Die Blechtrommel" von 1959, ein Panorama deutscher Vergangenheiten, oder Martin Walsers Romane, in denen die Wirtschaftswunder-Welt aufs Korn genommen wurde. Insgesamt muss man aber sagen, dass die Intelligenz bis Mitte der 60er-Jahre eher abseits stand, viele von ihnen sahen die Bundesrepublik auf einem Irrweg, der in eine schlechte Vergangenheit zurückführt, und mit einem Schuss an Arroganz kritisierten sie das Streben der Massen nach Wohlstand und Sicherheit.

Wertewandel und Bildungsexpansion

Die Bundesrepublik erlebte am Ende der 50er- und zu Beginn der 60er-Jahre eine Steigerung der Geburten wie niemals zuvor und niemals mehr danach in ihrer Geschichte. In der noch von Alltagsnöten geprägten unmittelbaren Nachkriegszeit waren Eheschließungen und Familiengründungen „verschoben" worden; nun holten die Westdeutschen mit Vehemenz nach. Mit Genugtuung stellten die Kirchen eine „überwältigende Ehefreudigkeit" fest, und die Geburtenzahl nahm gegenüber den 50er-Jahren um jährlich etwa 150 000 zu. Innerhalb eines Jahrzehnts, von 1960 bis 1970 stieg die Einwohnerzahl der Bundesrepublik um über fünf Millionen auf dann insgesamt 61 Millionen Menschen an. Am Ende der 60er-Jahre war bereits ein Drittel der westdeutschen Gesamtbevölkerung nach 1950 sozialisiert worden, eine Entwicklung, die sich angesichts des „Babybooms" der 60er-Jahre künftig noch beschleunigen sollte. Dies war äußerst wichtig: Denn damit gewann die Bundesrepublik eine Eigenständigkeit gegenüber dem untergegangenen Deutschen Reich, die nicht allein aus ihrer neuen politischen Ordnung entsprang, sondern auch daraus, dass für einen wachsenden Bevölkerungsteil sie selbst der soziale und politische Erfahrungsraum wurde, der Orientierungen und Wertvorstellungen bestimmte.

Einen Wandel von Werten, von Einstellungen und Vorstellungen der Menschen hat es immer gegeben. Aber es scheint, dass der Wertewandel in den 60er-Jahren besonders tiefe Spuren hinterlassen hat. Außerdem kennzeichnete ihn eine bisher nie da gewesene Geschwindigkeit; so spricht man von beschleunigtem Wertewandel. Grundsätzlich sind Werte und ihre Veränderungen für die Entwicklung von Gesellschaften sehr bedeutsam. Wertewandel kann bei Individuen und Institutionen erhebliche Anpassungskrisen hervorrufen, er kann eine Gesellschaft aber auch auf ein neues, stabileres Fundament stellen. Ein solcher Wandel fällt nicht vom Himmel, sondern fließt aus politischen, kulturellen oder generationellen Erfahrungen hervor.

Anhand von demoskopischem Quellenmaterial lassen sich in den 60er-Jahren vielfältige Veränderungen feststellen. Eine Richtung ist dabei ganz auffallend: Pflicht- und Akzeptanzwerte wie Disziplin, Gehorsam und Unterordnung wurden in den Hintergrund gedrängt und wichen mehr und mehr neuen Selbstentfaltungswerten wie Emanzipation, Teilhabe und Individualismus. Dass damit überkommene Autoritätsverhältnisse der alten bürgerlichen Leistungsgesellschaft infrage gestellt wurden, versteht sich. Jugendstudien verdeutlichen zudem einen erheblichen Umbruch in den Erziehungswerten und -stilen seit Mitte der 60er-Jahre.

Keine andere Entwicklung hat die bundesdeutsche Sozialstruktur auf längere Sicht so stark verändert wie die Bildungsexpansion in

M 23 **Ruhruniversität Bochum**
Gegründet 1962, war diese Universität die erste Neugründung im Zuge der Bildungsexpansion, Foto mit den Gebäuden der Geisteswissenschaften, 1971

den 60er- und frühen 70er-Jahren. Wie ein Paukenschlag wirkte eine Artikelserie des Heidelberger Hochschullehrers Georg Picht im Februar 1964 „Die deutsche Bildungskatastrophe“. Im internationalen Bildungs-Vergleich war die Bundesrepublik weit abgeschlagen, ihr drohte, falls nicht schnell gegengesteuert würde, ein ökonomischer Niedergang. Eine Verdoppelung der Abiturientenzahl und eine Vermehrung der Studierenden schien unerlässlich, ebenso der Ausbau des Bildungswesens auf allen Ebenen.

7. Das Ende der Ära Adenauer

Der Beginn der 60er-Jahre brachte viele innenpolitische Turbulenzen. Bereits 1959 stritt man sich, wer nach Theodor Heuss neuer Bundespräsident werden sollte; nach langem Hin und Her einigte sich die Union, die in der Bundesversammlung über die Mehrheit verfügte, auf Heinrich Lübke, den bisherigen Landwirtschaftsminister, der aber mit nicht ganz weißer Weste aus dem „Dritten Reich“ herausgekommen war und von der SED-Propaganda als „KZ-Baumeister“ diffamiert wurde. Nach der „Spiegel-Affäre“ vom Oktober 1962 war allen bewusst, dass die Ära Adenauer schnell zu Ende gehen würde. Anlässlich des NATO-Herbstmanövers hatte das Nachrichtenmagazin „Der Spiegel“ eine Titelgeschichte „Bedingt abwehrbereit“ veröffentlicht und die mangelhafte Verteidigungsbereitschaft der Bundeswehr angeprangert. Verteidigungsminister Franz Josef Strauß ließ daraufhin den Stellvertretenden Chefredakteur des „Spiegel“, Conrad Ahlers, im Spanien-Urlaub verhaften – durch die Polizei des autoritären Franco-Regimes. Der FDP-Justizminister war vollkommen ahnungslos und perplex. Strauß hatte seine Kompetenzen maßlos überschritten und belog anschließend auch noch den Deutschen Bundestag, wollte aber nicht zurücktreten. Daraufhin demissionierten alle FDP-Minister, Strauß erhielt einen „Abschied in Ehren“ und in einer Kabinettsumbildung Mitte 1962 nannte Adenauer den Termin für seinen eigenen Rücktritt: Herbst 1963. Die Liberalen spielten so lange mit.

M 24 **„Bei Nacht und Nebel … der Freiheit eine Gasse“**
Karikatur von Ernst Maria Lang, 3.11.1962

Die Zeit bis dahin war innenpolitisch eine Qual. Der Verdruss am „Adenauerstaat“ nahm ständig zu. Bereits 1961, in der Bundestagswahl nach dem Mauerbau, hatte die Union ihre absolute Mehrheit verloren; von Wahl zu Wahl waren die Sozialdemokraten stärker geworden. Nach 14 Regierungsjahren nahm der „Alte“ schließlich seinen Hut, und am 16. Oktober, einen Tag später, wählte der Deutsche Bundestag Ludwig Erhard zum neuen Bundeskanzler. Er lebte einzig vom Ruf, die Verkörperung des „Wirtschaftswunders“ zu sein und wollte über den Parteien regieren, was weltfremd war, denn ohne Rückhalt in der eigenen Partei kann kein Bundeskanzler politisch überleben. Dauernde Querschüsse Adenauers taten ein Übriges – Erhards kurze, nur dreijährige Kanzlerschaft war nur mehr eine Übergangszeit. Im Volk beliebt – 1965 schlug er sich glänzend im Wahlkampf – seiner Partei, die einen neuen Aufbruch wollte, zunehmend lästig, zwangen ihn seine eigenen Parteifreunde 1966 zum Rücktritt, nachdem die FDP wieder einmal aus der Regierung ausgetreten war. Wie kam man aus dieser Sackgasse heraus?

„Große Koalition“

Die Union wollte weiterregieren, aber nicht mit der FPD, und die SPD wollte mitregieren. Seit Jahren hatte besonders Herbert Wehner, SPD-Fraktionsvorsitzender, auf eine große Koalition hingearbeitet, er war ihr maßgeblicher Architekt. Die Umarmungsstrategie gegenüber der Union sollte die SPD aus der seit 1949 bestehenden Daueropposition herausführen. Die Kanzlerwahl am 1. Dezember 1966 fiel nicht gerade eindrucksvoll aus: Kurt Georg Kiesinger, der neue Mann der Union, erhielt 340 Stimmen, die Koalition verfügte indes über 447 Mandate. Kiesinger hatte sich in den vergangenen Jahren aus den leidigen Bonner Unionsquerelen herausgehalten und galt seinen Parteifreunden als frischer Retter aus der Provinz. In Bonn kam der elegante, gebildete, aber auch redselige Schwabe nun manchen wie ein Paradiesvogel vor. Auf seiner Weste befand sich jedoch ein dunkler Fleck: Kiesinger war Mitglied der NSDAP gewesen, ein „Märzgefallener“ des Jahres 1933. Auch Karl Schiller und Lauritz Lauritzen, beide SPD-Minister, hatten der NSDAP angehört, Gerhard Schröder (CDU) war SA-Mann gewesen. Dagegen: Willy Brandt, Vizekanzler und Außenminister, hatte als Aktivist der Sozialistischen Arbeiterpartei das NS-Regime bekämpft, Herbert Wehner war KPD-Funktionär gewesen. Die Große Koalition – das war auch eine Allianz deutscher Aussöhnungen und zeigte, wie kompliziert die deutsche Geschichte war.

M 25 „Große Koalition“
Bundeskanzler Kurt Georg Kiesinger (rechts) mit Vizekanzler Willy Brandt (links) und dem SPD-Fraktionsvorsitzenden Helmut Schmidt

Zusammenfassung

Bonn ist nicht Weimar geworden. Viele Beobachter hatten 1949 befürchtet, dass auch die zweite deutsche, die „Bonner" Demokratie auf die schiefe Bahn geraten und wie die Weimarer Republik untergehen würde. Es ist nicht so gekommen. Und es ist wirklich erstaunlich, wie ein ursprünglich zutiefst hysterisches und vom Nationalsozialismus verführtes Volk – das deutsche – nach 1949 zur zivilisierten Ruhe gelangt ist.

Dies hatte gleichermaßen mit der Gunst der Stunde und mit kluger Politik zu tun. Zweifellos zog die Bundesrepublik Nutzen aus der Teilung der Welt, Europas und der deutschen Nation. Ihren Erfolg verdankte sie auch den Sonderbedingungen des Kalten Krieges, und sie profitierte von einer in der deutscher Geschichte nie da gewesenen sozialen Homogenität, politischen Verständigung und kultureller Balance. Dies galt für die Struktur des Parteiensystems, in dem eine radikale Linke fehlte. Dies galt für den Aufbau der Marktwirtschaft, der ohne das Gegenmodell DDR kaum denkbar gewesen wäre. Dies trifft allgemein für die Regierungspolitik zu – die Westdeutschen hatten Glück mit ihren Kanzlern – und auch für ökonomische Bedingungen. Ohne die Teilung Deutschlands wären Unternehmen wie Siemens oder Auto-Union und viele andere nie aus Berlin oder Zwickau nach Süddeutschland ausgewandert, und der Süden hätte mehr Mühe gehabt, sich vom Agrarland zum Hochtechnologieland zu entwickeln. Die Situation des Kalten Krieges erzwang eindeutige Lösungen an der Seite der USA, was Konrad Adenauers Stärke war, der die Bundesrepublik politisch fest im Westen verankerte.

Ab 1949 lebte die Bundesrepublik unter historisch einmaligen Bedingungen, was den Erfolg der „sozialen Marktwirtschaft" erst ermöglichte: Die D-Mark war unterbewertet, was den Exportboom begünstigte, die Industrie deckte immer noch den kriegsbedingten Nachholbedarf in den Jahren des Wiederaufbaus, die Risken der Unternehmen waren begrenzt, die Einkommenssteigerungen für die Arbeitnehmer erheblich. Man kann es so sagen: Durch die florierende Wirtschaft und die Konsummöglichkeiten versöhnten sich die Westdeutschen mit der Demokratie. Und nachdem diese stabil geworden war, setzten in den 60er-Jahren Lernprozesse ein, die Demokratie verwurzelte sich in den Köpfen und Herzen der meisten Menschen, besonders der jungen Generation.

Nun wurde auch die zum Teil mangelhafte Auseinandersetzung mit der nationalsozialistischen Vergangenheit als Skandal betrachtet: Wer guter Bundesbürger und stolz auf das Geleistete war, verurteilte das „Dritte Reich" als Verbrechensregime.

Nie zuvor ging es den Westdeutschen besser als in den 1960er-Jahren – es war ein kleines „goldenes Zeitalter", das zur Modernisierung sämtlicher Lebensbereiche führte. Gesellschaft und Politik befanden sich im Aufbruch, und die Institutionen funktionierten gut. Aber ein großes Fragezeichen stand im Raum: Würde die deutsche Frage, die Spaltung der Nation in West- und Ostdeutschland je gelöst werden?

Literatur

Werner Abelshauser, Deutsche Wirtschaftsgeschichte seit 1945, München 2004

Hermann Glaser, Kleine deutsche Kulturgeschichte von 1945 bis heute, Frankfurt 2007

Christian Hacke, Die Außenpolitik der Bundesrepublik Deutschland. Von Konrad Adenauer bis Gerhard Schröder, aktualisierte Neuausgabe München 2003

Peter Reichel, Vergangenheitsbewältigung in Deutschland. Die Auseinandersetzung mit der NS-Diktatur in Politik und Justiz, München 2007

Edgar Wolfrum, Die geglückte Demokratie. Geschichte der Bundesrepublik Deutschland von ihren Anfängen bis zur Gegenwart, Stuttgart 2006

Internetressource

http://www.dhm.de/lemo/home.html

Zeittafel

1949	
23.5.	Das Grundgesetz der Bundesrepublik Deutschland tritt in Kraft.
14.8.	Wahlen zum ersten Deutschen Bundestag
1952	
23.10.	Das Bundesverfassungsgericht verbietet die Sozialistische Reichspartei (SRP).
1953	
17.06.	Volksaufstand in Ost-Berlin und der gesamten DDR.
1955	
05.05.	Die Pariser Verträge treten in Kraft.
09.05.	Die Bundesrepublik wird in die NATO aufgenommen.
08.–14.09.	Bundeskanzler Konrad Adenauer besucht die Sowjetunion: Aufnahme diplomatischer Beziehungen; Vereinbarung über die Rückkehr der letzten deutschen Kriegsgefangenen
08./09.12.	Hallstein Doktrin: Zu Ländern, welche diplomatische Beziehungen mit der DDR aufnehmen, bricht die Bundesrepublik ihre diplomatischen Beziehungen ab.
22.12.	Die Bundesregierung und die italienische Regierung unterzeichnen in Rom das erste Anwerbeabkommen für Gastarbeiter.
1956	
07.07.	Der Deutsche Bundestag billigt die Einführung der allgemeinen Wehrpflicht einschließlich des Rechts, aus Gewissensgründen den Wehrdienst zu verweigern.
17.08.	Das Bundesverfassungsgericht verbietet die Kommunistische Partei Deutschlands (KPD).
1957	
25.03.	Römische Verträge: Die Montanunion schließt sich zur Europäischen Wirtschaftsgemeinschaft (EWG) und zur Europäischen Atomgemeinschaft (Euratom) zusammen.
1958	
01.12.	Einrichtung der „Zentralen Stelle zur Aufklärung nationalsozialistischer Verbrechen" in Ludwigsburg.
1959	
13.–15.11.	„Godesberger Programm" der SPD
1960	
30.06.	Kurswechsel der SPD, Anerkennung der Westbindung
1961	
11.03.	Beginn des Eichmann-Prozesses in Jerusalem
13.08.	Beginn des Mauerbaus
1962	
26.10.	„Spiegel Affäre"
1963	
22.01.	Elysee-Vertrag
15.10.	Rücktritt Adenauers, Wahl Ludwig Erhards zum Bundeskanzler
20.12.	Beginn der Auschwitz-Prozesse in Frankfurt/M.
1964	
19.09.	Die Zahl der Gastarbeiter in der BRD übersteigt die Grenze von einer Million.
1965	
25.03.	Bundestag verlängert die Verjährungsfrist von nationalsozialistischen Verbrechen.
08.04.	Vertrag über die Fusion von Montanunion, EURATOM und EWG zur EG
1966	
30.11.	Erhard tritt als Bundeskanzler zurück.
01.12.	Bildung der Großen Koalition unter Kurt Georg Kiesinger
1967	
19.04.	Konrad Adenauer stirbt.

1. Geglückte Demokratiegründung

M 26 Opposition als Staatsnotwendigkeit

Regierungserklärung des Bundeskanzlers Konrad Adenauer vor dem Deutschen Bundestag am 21.10.49:

Der Fortschritt gegenüber den Verhältnissen, die seit 1945 bei uns bestanden, auch gegenüber den Zuständen des nationalsozialistischen Reichs, ist groß. Zwar müssen wir uns immer bewusst sein, dass Deutschland und das deutsche Volk noch nicht frei sind, dass es noch nicht gleichberechtigt neben den anderen Völkern steht, dass es – und das ist besonders schmerzlich – in zwei Teile zerrissen ist. Aber wir erfreuen uns doch einer wenigstens relativen staatlichen Freiheit.

Unsere Wirtschaft ist im Aufstieg. Wir haben vor allem aber wieder den Schutz der Persönlichkeitsrechte. Niemand kann bei uns, wie das im nationalsozialistischen Reich der Fall war und wie es jetzt noch in weiten Teilen Deutschlands, in der Ostzone, zu unserem Bedauern der Fall ist, durch Geheime Staatspolizei oder ähnliche Einrichtungen der Freiheit und des Lebens beraubt werden. Diese Güter: Rechtsschutz, Schutz der persönlichen Freiheit, die wir lange Jahre nicht besaßen, sind so kostbar, dass wir trotz allem, was uns noch fehlt, uns darüber freuen müssen, dass wir diese Persönlichkeitsrechte wieder besitzen. [...]

Ich bin nicht der Auffassung, dass es den Interessen der Gesamtbevölkerung, den Interessen Deutschlands besser gedient hätte, wenn man etwa eine Koalition zwischen CDU/CSU und der Sozialdemokratischen Partei eingegangen wäre. Ich bin der Auffassung, dass die Opposition eine Staatsnotwendigkeit ist, dass sie eine staatspolitische Aufgabe zu erfüllen hat, dass nur dadurch, dass Regierungsmehrheit und Opposition einander gegenüberstehen, ein wirklicher Fortschritt und eine Gewöhnung an demokratisches Denken zu erzielen ist. Ich bin weiter der Auffassung: Bei den labilen Verhältnissen, wie sie in Deutschland herrschen, ist es viel richtiger, wenn die immer vorhandene Opposition sich klar im Parlament selbst zeigt, als wenn sie, da infolge einer großen Koalition im Parlament keine wesentliche Opposition hätte ausgeübt werden können, außerhalb des Parlaments in nicht kontrollierbarer Weise um sich greift.

Aus: Jürgen Weber, Die Gründung des neuen Staates 1949, München 1981, S. 217 ff.

M 27 „Das Wesen der Opposition"

Antwort des SPD-Vorsitzenden Kurt Schumacher im Deutschen Bundestag am 21.10.49:

Nun, wir sind die Opposition, und was Opposition ist, darüber hat sich eine unglaublich naive Diskussion in der deutschen Öffentlichkeit erhoben. Die Wertung der Opposition und der Regierung, die vorbehaltlose Überbewertung der Regierungsfunktion und die ebenso vorbehaltlose Unterbewertung der Oppositionsfunktion stammt aus dem Obrigkeitsstaat [...].

Eine Opposition ist in ihren Qualitäten nicht dann staatserhaltend, wenn sie eine wohlwollende Beurteilung durch die Bundesregierung oder durch ihre Parteien findet. Wir haben eine in Sachen der Besitzverteidigung sehr unsentimentale Regierung, und es wird die Aufgabe der Opposition sein, bei der Interessenvertretung der arbeitenden Bevölkerung ebenso unsentimental zu sein. Der Egoismus liebt es, an das Gemeinschaftsgefühl zu appellieren. Die Regierung und die Opposition werden ihre Qualität durch ihre Leistungen bestimmen. Aber, werte Abgeordnete, der Grundsatz gilt für die Opposition, dass die Bundesregierung sich die Mehrheiten für ihre Gesetze aus den Reihen der Regierungsparteien zu schaffen hat. [...]

Man kann also als Opposition nicht die Ersatzpartei für die Regierung sein und die Verantwortung für etwas übernehmen, wofür die Verantwortung zu übernehmen sich manche Regierungsparteien gegebenenfalls scheuen werden. Die Opposition ist ein Bestandteil des Staatslebens und nicht eine zweitrangige Hilfestellung für die Regierung. Die Opposition ist die Begrenzung der Regierungsmacht und die Verhütung ihrer Totalherrschaft. Ihre Eindeutigkeit zwingt alle Parteien, die der Opposition wie die der Regierung, ihr innerstes Wesen an ihren Taten zu offenbaren. Es wäre nämlich ein Fehler, weiter den Zustand der Wesensunechtheit in der Propaganda der politischen Parteien zu belassen. Tatsachen müssen sprechen. Aber ebenso richtig ist, dass die Opposition sich nicht in der bloßen Verneinung der Regierungsvorschläge erschöpfen kann. Das Wesen der Opposition ist der permanente Versuch, an konkreten Tatbeständen mit konkreten Vorschlägen der Regierung und ihren Parteien den positiven Gestaltungswillen der Opposition aufzuzwingen.

Kurt Schumacher, Reden und Schriften, Berlin 1962, S. 166 ff.

M 28 Ergebnisse der Bundestagswahlen von 1949 bis 1965 (in %)

Jahr der Wahl	1949		1953		1957		1961		1965	
	Anzahl der Stimmen (in %)	Mandate	Anzahl der Stimmen (in %)	Mandate	Anzahl der Stimmen (in %)	Mandate	Anzahl der Stimmen (in %)	Mandate	Anzahl der Stimmen (in %)	Mandate
Wahlbeteiligung (in %)	78,5	402	86,0	487	87,7	497	87,7	499	86,8	496
CDU/CSU	31,0	115/24	45,2	191/52	50,2	215/55	45,4	192/50	47,6	196/49
SPD	29,2	131	28,8	151	31,8	169	36,2	190	39,3	202
FDP	11,9	52	9,5	48	7,7	41	12,8	67	9,5	49
Die Grünen	–	–	–	–	–	–	–	–	–	–
Deutsche Partei (DP)	4,0	52	3,3	15	3,4	17	–	–	–	–
Gesamtdeutscher Block (BHE)	–	–	5,9	27	4,6	–	–	–	–	–
Gesamtdeutsche Partei (GdP)	–	–	–	–	–	–	2,8	–	–	–
Zentrum	3,1	10	0,8	3	0,3	–	–	–	–	–
Bayernpartei	4,2	17	1,7	–	0,5	–	–	–	–	–
KPD	5,7	15	2,2	–	–	–	–	–	–	–
Deutsche Reichspartei (DRP)	–	–	1,1	–	1,0	–	0,8	–	–	–
Wirtschaftl. Aufbauvereinigung (WAV)	2,9	12	–	–	–	–	–	–	–	–
Deutsche Friedensunion (DFU)	–	–	–	–	–	–	1,9	–	1,3	–
NPD	–	–	–	–	–	–	–	–	2,0	–
DKP	–	5	–	–	–	–	–	–	–	–
Sonstige Parteien	8,2	–	1,5	–	0,5	–	0,1	–	0,3	–

Aus: Informationen zur politischen Bildung Nr. 229, S. 20 (ergänzt).

Aufgaben

1. Erschließen Sie, welche verfassungspolitischen Lehren die „Väter und Mütter des Grundgesetzes" aus dem Untergang der Weimarer Republik gezogen haben.
   → Text, M4
2. a) Skizzieren Sie die historische Situation im Jahr 1949.
   b) Fassen Sie die zentralen Aussagen von Adenauer und Schumacher zusammen.
   c) Vergleichen Sie, wie die beiden Politiker die Rolle der Opposition beschreiben.
   → M26, M27
3. a) Fertigen Sie zu der Tabelle eine Grafik an, in der die Wahlergebnisse als Kurven sichtbar sind.
   b) Verfolgen Sie die Ergebnisse der einzelnen Parteien und erklären Sie den Verlauf.
   c) Stellen Sie die wichtigsten übergreifenden Entwicklungen zusammen, die in den Wahlergebnissen erkennbar sind.
   e) Diskutieren Sie, inwieweit die Entwicklung der Wahlergebnisse zur Stabilisierung der BRD beitrug.
   → M28
4. Stellen Sie dar, inwiefern die „Kanzlerdemokratie" zur Stabilisierung der BRD beitrug.
   → Text
5. Erläutern Sie den Titel „Geglückte Demokratiegründung".
   → Text
6. Informieren Sie sich näher über Parteienverbote in der BRD. Diskutieren Sie anhand eines Beispiels die Vor- und Nachteile.
   → Text, Internetrecherche

2. Deutschland als Sozialstaat

M 29 „Die Enthüllung"
Karikatur von Mirko Szewczuk, 1952

M 30 Leistungen des Lastenausgleichs bis zum 31.12.1963
Ausgezahlte Beiträge in Mill. DM

Ausgleichsleistung	Nach dem Lastenausgleichsgesetz (1.9.1952–31.12.1963)	Nach dem Soforthilfegesetz (1.9.1949–31.8.1952)	Insgesamt
Hauptentschädigung	5456,2	–	5456,2
Kriegsschadenrente	12128,4	2152,6	14281,0
Wohnraumhilfe	3477,2	2101,2	5578,4
Härtefonds	1322,1	–	1322,1
Währungsausgleich	1048,1	–	1048,1
Altsparerentschädigung	1778,8	–	1778,8
Landw. Darlehen nach § 46 Abs. 3 BVFG	497,0	–	497,0
Hausratenentschädigung	7902,6	556,2	8458,8
Darlehen:			
Gewerbliche Wirtschaft und freie Berufe	1299,9	410,3	1710,2
Landwirtschaft	1104,1	210,0	1314,1
Wohnungsbau	4937,1	151,8	5088,9
Arbeitsplatzdarlehen	216,7	65,7	282,4
Sonst. Förderungsmaßnahmen:			
Ausbildungshilfe	830,8	102,8	933,6
Heimförderung	110,3	70,6	180,9
Sonderaktionen	77,7	194,2	271,9
Förderung des Wohnungsbaues:			
für Umsiedler	225,0	–	225,0
Insgesamt	**42412,0**	**6015,4**	**48427,4**

Nach: Statistisches Jahrbuch 1964, S. 425.

M 31 Die Einführung der dynamischen Rente

Die Sozialwissenschaftler Ralf Rytlewski und Manfred Opp de Hipt bilanzieren (1987):

Trotz der wirtschaftlichen Aufwärtsbewegung, die bereits in den Fünfzigerjahren spürbar wurde, gab es in der Bundesrepublik viele Menschen, die an diesem beginnenden Wohlstand nicht teilhaben konnten. Die Sozialenquete der Bundesregierung von 1955 erfasste noch etwa 1 Million Haushalte, die unter der offiziellen Armutsgrenze von 130 DM monatlich lagen. Insgesamt waren 20 % der bundesdeutschen Bevölkerung von irgendeiner Form von Sozialhilfe abhängig. Die größte Gruppe unter ihnen stellten Sozialrentner, die durch Krieg und Inflation sowie die Stagnation der Beiträge zum Teil völlig verarmt waren. Die Rentenreform ist neben dem Lastenausgleich für Vertriebene und Flüchtlinge die in der Auswirkung wohl durchschlagendste Reform innerhalb des Sozialleistungssystems gewesen. Rechtzeitig zur Bundestagswahl von 1957, die dann auch den größten Erfolg in der Geschichte der CDU/CSU brachte, gelang es dem Bundeskanzler, durch die Rentenreform die soziale Lage der Rentner entscheidend zu verbessern: Die durchschnittlichen Renten der Arbeiter stiegen direkt um 65,3 %, die der Angestellten um 71,9 %. Damit war erstmals in der Geschichte der Teufelskreis von Armut und Alter durchbrochen. Die Renten bemaßen sich zwar wie vormals auch prozentual am jeweiligen früheren Einkommen des Versicherten, differierten also stark in ihrer Höhe, richteten sich aber nunmehr am aktuellen Niveau von Löhnen und Gehältern aus und nahmen durch die Dynamisierung am wirtschaftlichen Wachstum teil.

Ralf Rytlewski/Manfred Opp de Hipt (Hg.), Die Bundesrepublik Deutschland in Zahlen. 1945/49–1980. München 1987, S. 203.

Jahr	Arbeiter-Rentenversicherung						Angestellten-Rentenversicherung			
	Rentenbestand in 1000	Einnahmen in Mio. DM	Ausgaben in Mio. DM	durchschnittliche Monatsrente in DM	Vermögen in Mio. DM	Rentenbestand in 1000	Einnahmen in Mio. DM	Ausgaben in Mio. DM	durchschnittliche Monatsrente in DM	Vermögen in Mio. DM
1949	–	1856	1695	–	118	–	–	–	–	67
1950	3036	2701	2399	61	–	870	–	915	93	–
1955	4512	6318	4866	90	–	1477	2878	2192	137	–
1960	5347	13032	12164	160	9526	1860	6225	5719	258	4745
1965	5876	20497	20006	215	16264	2117	11248	9761	354	9858
1970	6921	32936	31939	313	10107	2537	19135	16409	520	15901
1975	7958	62940	61725	532	10476	3150	42535	43178	843	35850
1980	8509	80876	80145	679	9582	3871	59302	57131	1029	13129

Nach: Ralf Rytlewski und Manfred Opp de Hipt (Hg.), Die Bundesrepublik Deutschland in Zahlen. 1945/49–1980, München 1987, S. 203.

M 32

Aufgaben

1. a) Erklären Sie, was der „Lastenausgleich" war.
   b) Errechnen Sie, wieviel Prozent der Gesamtleistung auf die einzelnen Bereiche entfielen.
   → Text, M30
2. a) Zeigen Sie, wie der Karikaturist den Lastenausgleich beurteilt, indem Sie seine Zeichnung im Einzelnen interpretieren.
   b) Ist seine Sichtweise berechtigt?
   → M29
3. Erklären Sie den Begriff „dynamische Rente".
   → Text, M31
4. a) Beschreiben Sie die Entwicklung der durchschnittlichen Monatsrente.
   b) Beurteilen Sie die Entwicklung der Finanzsituation der Rentenversicherung, indem Sie die Entwicklung der Einnahmen und der Ausgaben miteinander vergleichen. Ziehen Sie dazu auch aktuelle Zahlen heran.
   → M32
5. Erörtern Sie, inwiefern die sozialpolitischen Maßnahmen zur Stabilisierung der Bundesrepublik beitrugen. Berücksichtigen Sie dabei auch die Faktoren, die sozialpolitisch nicht beeinflusst wurden.
   → Text

3. Die Schatten der NS-Vergangenheit

M 33 „Diese Scham nimmt uns niemand ab!"

a) Aus der Rede des Bundespräsidenten Theodor Heuss im ehemaligen Konzentrationslager Bergen-Belsen, 30. November 1952:

Wer hier als Deutscher spricht, muss sich die innere Freiheit zutrauen, die volle Grausamkeit der Verbrechen, die hier von Deutschen begangen wurden, zu erkennen. Wer sie beschönigen oder bagatellisieren wollte oder gar mit der Berufung auf den irregegangenen Gebrauch der so genannten „Staatsraison" begründen wollte, der würde nur frech sein.

Aber nun will ich etwas sagen, das manchen von Ihnen hier erstaunen wird, das Sie mir aber, wie ich denke, glauben werden, und das mancher, der es am Rundfunk hört, nicht glauben wird: Ich habe das Wort Belsen zum erstenmal im Frühjahr 1945 aus der BBC gehört, und ich weiß, dass es vielen in diesem Lande ähnlich gegangen ist.

Wir wussten – oder doch ich wusste – Dachau, Buchenwald bei Weimar, Oranienburg, Ortsnamen bisher heiterer Erinnerungen, über die jetzt eine schmutzig-braune Farbe geschmiert war. Dort waren Freunde, dort waren Verwandte gewesen, hatten davon erzählt. Dann lernte man frühe das Wort Theresienstadt, das am Anfang sozusagen zur Besichtigung durch Neutrale präpariert war, und Ravensbrück. An einem bösen Tag hörte ich den Namen Mauthausen, wo sie meinen alten Freund Otto Hirsch „liquidiert" hatten, den edlen und bedeutenden Leiter der Reichsvertretung deutscher Juden [...]. Belsen fehlte in diesem meinem Katalog des Schreckens und der Scham, auch Auschwitz.

Diese Bemerkung soll keine Krücke sein für diejenigen, die gern erzählen: Wir haben von alledem nichts gewusst. Wir haben von den Dingen gewusst. Wir wussten auch aus den Schreiben evangelischer und katholischer Bischöfe, die ihren geheimnisreichen Weg zu den Menschen fanden, von der systematischen Ermordung der Insassen deutscher Heilanstalten. Dieser Staat, dem menschliches Gefühl eine lächerliche und kostenverursachende Sentimentalität hieß, wollte auch hier tabula rasa – „reinen Tisch" – machen, und der reine Tisch trug Blutflecken, Aschenreste – was kümmerte das? Unsere Phantasie, die aus der bürgerlichen und christlichen Tradition sich nährte, umfasste nicht die Quantität dieser kalten und leidvollen Vernichtung.

Der Monat, Heft 52, Januar 1953, S. 355–358.

b) Aus einem Brief an Theodor Heuss, ohne Datum, Eingang 6.12.1952:

In der Frankfurter Allgemeinen vom 1. d. Monats lese ich einen Bericht über Ihre Rede in Bergen-Belsen. In diesem Bericht steht, Sie hätten in Ihrer Rede gesagt: „Wir haben von diesen Dingen gewusst." Wenn das richtig sein sollte, so muss ich Sie fragen: Glauben Sie, Herr Bundespräsident, dass alle Bauern in Tigerfeld auf der Rauhen Alb, in Blaubeuren, in Großholzleute oder sonst wo im Vaterland von diesen Dingen gewusst haben? Oder sind Sie nicht auch der Ansicht:, dass [der] weitaus größte Teil unsere[r] Bevölkerung beim Bekanntwerden der begangenen Scheußlichkeit nicht genau so entsetzt war wie das Ausland, und dass sie diese Grausamkeiten gar nicht für möglich gehalten haben?

Stiftung Bundespräsident-Theodor-Heuss-Haus, Bundespräsidialamt, Amtszeit Heuss, B122/2083 (Bundesarchiv Koblenz)

c) Antwort von Bundespräsident Theodor Heuss vom 9.12.1952:

Mit der Offenheit, mit der Sie mir geschrieben haben, darf ich Ihnen erwidern und Ihnen mitteilen, dass ich Ihre Frage, ob alle Bauern in Tigerfeld auf der Rauhen Alb, in Blaubeuren, Großholzleute usf. von den bösen Dingen gewusst haben, etwas albern finde. Es würde sich empfohlen haben, dass Sie, wenn Sie Ihre Belehrungen am mich richteten, dem Wortlaut meiner Rede durchgelesen hätten, denn dort steht selber drin, dass ich den Namen Belsen und den Namen Auschwitz erst nach Kriegsende erfahren habe, und dass unsere Phantasie nicht ausgereicht hätte, vorher uns ein Bild von dem zu machen, was sich nachher ergeben hat.

Mit einigem Nachdruck weise ich Ihren Vorwurf, die so genannte Kollektivschuld im Ausland wieder lebendig gemacht zu haben, zurück. Ich habe selber, als ich kurz nach meinem Amtsantritt von den Dingen zum ersten Mal zu sprechen hatte, mit allem Nachdruck die so genannte Kollektivschuld abgelehnt, und das weiß man, wie ich glaube spüren zu dürfen, draußen besser als bei den Leuten, die jetzt zum Teil sich in Deutschland hinter ihr Nichtwissen etwas pharisäerhaft verstecken. Entschuldigen Sie die Deutlichkeit dieser Worte, aber Sie werden sie zu würdigen wissen.

Stiftung Bundespräsident-Theodor-Heuss-Haus, Nachlass Theodor Heuss, N 1221/307 (Bundesarchiv Koblenz)

M 34 „Unser Auschwitz"

Der Schriftsteller Martin Walser äußert sich 1965 zum Auschwitzprozess:

Der Prozess gegen die Chargen von Auschwitz hat eine Bedeutung erhalten, die mit dem Rechtsgeschäft nichts mehr zu tun hat. Geschichtsforschung läuft mit, Enthüllung, moralische und politische Aufklärung einer Bevölkerung, die offenbar auf keinem anderen Wege zur Anerkennung des Geschehenen zu bringen war. Über ein Jahr lang haben wir in der Zeitung gelesen, wie es zuging in Auschwitz. Wir waren vielleicht sogar im Gerichtssaal in Frankfurt. Wir kennen die Gesichter der Angeschuldigten, wir erinnern uns an einzelne Zeugen, und am meisten erinnern wir uns an fürchterliche Einzelheiten. Das Unglaubliche hat sich am tiefsten eingeprägt. Das Unvorstellbare hat den nachhaltigsten Eindruck gemacht. Jeder kennt momentan die schrecklichen Instrumente, kann einzelne Wörter zitieren aus dem Jargon der Täter, aus der Sprache der Opfer, weiß gewisse Gebäude und Plätze in Auschwitz und die dort geübten Mordpraktiken; man macht sich eine Vorstellung von der Beseitigung der Leichen, von den so und so und so misshandelten und gemarterten Körpern. [...].

Auschwitz ist aber seiner „Häftlinge" wegen wichtig geworden, das an den „Häftlingen" Begangene ist der Prozessstoff und unsere nationale Schwierigkeit. Und eben von dieser Realität des Lagers wissen wir noch weniger als von der der SS-Leute. Die Situation dieser absoluten Rechtlosigkeit ist uns einfach nicht vorstellbar. Weil wir uns also nicht hineindenken können in die Lage der „Häftlinge", weil das Maß ihres Leidens über jeden bisherigen Begriff geht und weil wir uns deshalb auch von den unmittelbaren Tätern kein menschliches Bild machen können, deshalb heißt Auschwitz eine Hölle und die Täter sind Teufel. So könnte man sich erklären, warum immer, wenn von Auschwitz die Rede ist, solche aus unserer Welt hinausweisenden Wörter gebraucht werden. Nun war aber Auschwitz nicht die Hölle, sondern ein deutsches Konzentrationslager. Und die „Häftlinge" waren keine Verdammten oder Halbverdammten eines christlichen Kosmos, sondern unschuldige Juden, Kommunisten und so weiter. Und die Folterer waren keine phantastischen Teufel, sondern Menschen wie du und ich. Deutsche, oder solche, die es werden wollten. [...] Oder geht mich Auschwitz überhaupt nichts an? Wenn in Auschwitz etwas Deutsches zum Ausbruch kam, was ist dann in mir das Deutsche, das dort zum Ausbruch kam? Ich verspüre meinen Anteil an Auschwitz nicht, das ist ganz sicher. Also dort, wo das Schamgefühl sich regen, wo Gewissen sich melden müsste, bin ich nicht betroffen. Nun fällt es mir allerdings immer schwer, das Deutsche in meinem Wesen aufzufinden. (Ich kann nur hoffen, dass andere Landsleute, wenn sie's genau genug nehmen, damit auch ihre Schwierigkeiten haben.) Und trotzdem soll ich mich jetzt, Auschwitz gegenüber, hineinverwickelt sehen in das großdeutsche Verbrechen. [...] Wer, anstatt sein sauberes Gewissen zu erforschen und sein Schamgefühl zu befragen, nachdächte über den willkürlichen und mehr noch unwillkürlichen Anteil, den man hat an den Wirkungen des Kollektivs, der könnte nicht mehr so leicht sagen: Die Taten sind bloß die Sache der Täter. Wählten wir die Bezeichnungen für unsere menschliche Art ein bisschen genauer, uns angemessener, also realistischer, dann wären die Ursachen so wichtig wie die Sachen. Dann wäre einer, der aus einem kleinen Kerl einen großen Mörder macht, so verantwortlich wie der, der den Mord besorgt.

Kursbuch Nr. 1, hrsg. von Hans Magnus Enzensberger, Juni 1965, S. 189–200.

Aufgaben

1. Erläutern und reflektieren Sie den Begriff „Vergangenheitsbewältigung". → Text
2. a) Fassen Sie die zentralen Aussagen der Rede von Theodor Heuss zusammen.
   b) Charakterisieren Sie die briefliche Reaktion, die Heuss erhielt.
   c) Schreiben Sie aus der Perspektive von Heuss einen Antwortbrief. → M33
3. Erläutern Sie die historische Bedeutung des Eichmann-Prozesses. → Text
4. a) Informieren Sie sich genauer über Ablauf und Strafmaß im Auschwitz-Prozess.
   b) Fassen Sie die Beurteilung Martin Walsers thesenartig zusammen.
   c) Stimmen Sie seiner Einschätzung zu? Begründen Sie Ihre Meinung. → Text, M34
5. Erörtern Sie die Bedeutung von KZ-Gedenkstätten im Vergleich zu anderen Erinnerungsorten. → Text

4. Das „goldene Zeitalter" der Wirtschaft

M 35 Ausgewählte Wirtschaftsdaten für die Bundesrepublik Deutschland 1950–1960

	Einheit	1950	1951	1952	1953	1954	1955	1956	1957	1958	1959	1960
Bruttosozialprodukt												
in Preisen von 1954	Mio. DM	113.100	125.000	135.400	145.600	156.400	174.400	186.400	196.500	202.900	216.500	235.500
Veränd. gegen Vorjahr	v. H.	–	+10,5	+8,3	+7,5	+7,4	+11,5	+6,9	+5,4	+3,3	+6,7	+8,8
in jeweiligen Preisen	Mio. DM	97.200	118.600	135.600	145.500	156.400	178.300	196.400	213.600	228.500	247.900	277.700
Veränd. gegen Vorjahr	v. H.	–	+22,0	+14,3	+7,3	+7,5	+14,0	+10,2	+8,8	+7,0	+8,5	+12,0
Privater Verbrauch	Mio. DM	62.450	72.510	79.940	87.640	92.800	103.420	115.120	125.610	134.900	144.160	157.220
Veränd. gegen Vorjahr	v. H.	–	+16,1	+10,2	+9,6	+5,9	+11,4	+11,3	+9,1	+7,4	+6,9	+9,1
Staatsverbrauch	Mio. DM	14.000	17.440	20.760	21.050	22.000	23.750	23.350	27.300	30.630	33.630	37.750
Veränd. gegen Vorjahr	v. H.	–	+24,6	+19,0	+1,4	+4,5	+8,0	+6,7	+7,7	+12,2	+9,8	+12,3
Investitionen	Mio. DM	21.920	26.380	31.480	31.350	36.310	46.950	49.320	51.960	54.130	61.650	74.300
Veränd. gegen Vorjahr	v. H.	–	+20,3	+19,3	–0,4	+15,8	+29,3	+5,0	+5,4	+4,2	+13,9	+20,5
Bruttolöhne u. -gehälter												
je abhängig Beschäftigten	1950 = 100	100	116	125	133	140	151	163	171	182	192	209
Veränd. gegen Vorjahr	v. H.	–	+16,3	+7,9	+5,9	+5,2	+7,9	+7,9	+5,0	+6,5	+5,1	+8,9
Brutto-Inlandsprodukt												
In Preisen von 1954 je Erwerbstätigen	1950 = 100	100	108	114	120	126	136	141	145	149	157	167
Veränd. gegen Vorjahr (gesamtwirtschaftliche Produktivität)	v. H.	–	+7,7	+6,2	+5,0	+5,0	+7,5	+4,0	+3,0	+2,2	+5,5	+6,6
Zahl der abhängig Beschäftigten	1.000	13.827	14.556	14.995	15.583	16.286	17.175	18.056	18.611	18.840	19.399	19.843
Veränd. gegen Vorjahr	v. H.	+2,1	+5,3	+3,0	+3,9	+4,5	+5,5	+5,1	+3,1	+1,2	+3,0	+2,2
Arbeitslose	1.000	1.580	1.432	1.379	1.259	1.221	928	761	662	683	476	235
Arbeitslosenquote	v. H.	10,3	9,0	8,4	7,5	7,0	5,1	4,0	3,4	3,5	2,5	1,2
Industrielle Produktion	1950 = 100	100	118	126	139	155	178	192	203	209	225	249
Veränd. gegen Vorjahr	v. H.	+25,0	+18,1	+6,4	+10,2	+11,6	+15,0	+7,8	+5,7	+3,2	+7,4	+10,5
Preisindex für die Lebenshaltung	1950 = 100	100	108	110	108	108	110	113	115	118	119	–
Veränd. gegen Vorjahr	v. H.	-6,5	+7,8	+2,1	–1,8	+0,2	+1,6	+2,6	+2,0	+2,2	+1,0	–
Einfuhr (Werte)	Mrd. DM	11,4	14,7	16,2	16,0	19,3	24,5	28,0	31,7	31,1	35,8	–
Veränd. gegen Vorjahr	v. H.	+45,0	+29,5	+10,0	–1,2	+20,8	+26,6	+14,3	+13,3	–1,8	+15,1	–
Ausfuhr (Werte)	Mrd. DM	8,4	14,6	16,9	18,5	22,0	25,7	30,9	36,0	37,0	41,2	–
Veränd. gegen Vorjahr	v. H.	+102,2	+74,3	+16,0	+9,6	+18,9	+16,7	+20,0	+16,5	+2,9	+11,3	–

Ludwig Erhard, Deutsche Wirtschaftspolitik. Der Weg der Sozialen Marktwirtschaft. Neuauflage Düsseldorf 1992, S. 622 f.

M 36 „Marktwirtschaft sozial, Planwirtschaft unsozial!"

Der Wirtschaftsminister Ludwig Erhard schreibt 1953 in seinem Aufsatz „Das System eines freien Leistungswettbewerbs kommt dem Verbraucher zugute":

Es ist ein tragisches Verhängnis, dass dem einfachen Gemüt die Vorstellung einer gelenkten Planwirtschaft sehr viel leichter eingeht und plausibler erscheint als das Erkennen der marktwirtschaftlichen Funktion. So kommt es, dass selbst Menschen, die die Segnungen der Marktwirtschaft am eigenen Leibe erfahren haben – und dazu zähle ich vor allem auch den deutschen Arbeiter –, der politischen Verhetzung willig Gehör leihen und dieses freiheitliche System als ein solches der Ausbeutung der Massen zugunsten des Unternehmerprofits betrachten, während sie die staatliche Planwirtschaft als sozial zu bezeichnen geneigt sind. Die Menschen haben vergessen, dass die in ihrem Grundgefüge und in ihrer inneren Ordnung zerstörte Planwirtschaft sie ins Verhängnis trieb, dass diese Wirtschaftsform sich in keinem Lande praktisch bewährte, dass selbst die deutschen Sozialdemokraten ihr auf ihrem Parteitag abgeschworen haben. Aber dennoch bleibt bestehen jener Vorwurf, dass die Marktwirtschaft es an sozialer Gesinnung und Auswirkung fehlen lasse. Warum, so fragen wir deshalb, darf sich die Marktwirtschaft sozial nennen, wann darf sie das tun, und warum ist die Planwirtschaft in Wahrheit ein unsoziales System? In den meisten Köpfen spukt noch die Vorstellung, dass die Marktwirtschaft gleichbedeutend sei mit der Macht der Unternehmer, deren ganzes Bestreben es sei, ihren Anteil am Sozialprodukt über die eigene Leistung hinaus zu vergrößern und vor allem den Anteil der Arbeiter entsprechend zu vermindern. Die Politik eines entarteten Liberalismus gibt dieser Vorstellung Raum und kann dabei verweisen auf die Institution der Kartelle, die durch ihre Preissetzungen den Lebensstandard der Bevölkerung bestimmten. Die richtig verstandene liberale Ordnung hingegen beruht auf dem System eines freien Leistungswettbewerbs, der es bewirkt, dass der ökonomische und technische Fortschritt dem Verbraucher zugute kommt, und der damit über die Mengenkonjunktur wirtschaftliche Spannungen auflöst. Gegenüber solcher Dynamik bedeutet die Planwirtschaft ein statisches System, das auf der Illusion beruht, dass eine Massenbürokratie in der Lage sei, die Bedarfswünsche von 50 Millionen Menschen exakt zu ermitteln und demgemäß die Produktion lenken zu können. Wenn dann gar noch hinzukommt, dass das Heil nicht mehr in der Leistungssteigerung und der zunehmenden Produktivität der Volkswirtschaft gesucht wird, und die Kräfte unterbunden werden, die diesen Erfolg gewährleisten – das heißt also, wenn durch eine Verteilungsequilibristik die Wohlfahrt aller gewährleistet sein soll, obwohl damit nach aller Erfahrung und Erkenntnis nur ein Leistungsverfall eingeleitet wird –, dann kann das Verhängnis seinen Lauf nehmen. Sozial verdient nur jene Wirtschaftspolitik genannt zu werden, die ein Volk und eine Volkswirtschaft zu höchster Leistung entfacht und zugleich gewährleistet, dass sich innerhalb dieser Ordnung keine arbeitslosen Renten und Pfründe niederschlagen können. Gerade das aber ist in der Planwirtschaft der Fall und wird in der Marktwirtschaft zur Unmöglichkeit.

Bulletin des Presse- und Informationsamtes der Bundesregierung, Nr. 6, 10. Januar 1953, S. 41.

Aufgaben

1. Erläutern und erörtern Sie die Begriffe „Wirtschaftswunder" und „Konsumgesellschaft".
   → Text
2. Untersuchen Sie die wirtschaftliche Entwicklung in der Bundesrepublik. Beschreiben und interpretieren Sie dazu die Entwicklung folgender Bereiche: Wirtschaftswachstum, Beschäftigung, Löhne und Gehälter, Außenhandel.
   → M35
3. Zeigen Sie anhand der Statistiken, wann der Übergang zur Konsumgesellschaft erfolgte.
   → M35
4. Erläutern Sie, wie Ludwig Erhard „soziale Marktwirtschaft" definiert.
   → M36
5. a) Informieren Sie sich in einem Nachschlagewerk über den Begriff „Kapitalismus".
   b) Ist es berechtigt, die soziale Marktwirtschaft als Ausprägung einer kapitalistischen Wirtschaftsordnung zu bezeichnen?
   → Internetrecherche

5. Eingliederung in den Westen

M 37 „Brüder"
Karikatur von Hanns Erich Köhler 1949

M 38 „Wiedervereinigung"

Aus einem Interview mit dem Philosophen Karl Jaspers vom 10. August 1960:

Jaspers: Ich bin seit Jahren der Auffassung, dass die Forderung der Wiedervereinigung nicht nur irreal ist, sondern politisch und philosophisch in der Selbstbesinnung irreal. Denn, die Wiedervereinigung beruht – der Gedanke der Wiedervereinigung beruht darauf, dass man den Bismarckstaat für den Maßstab nimmt. Der Bismarckstaat soll wiederhergestellt werden. Der Bismarckstaat ist durch die Ereignisse unwiderruflich Vergangenheit, und ich habe das Bewusstsein, dass die Forderung der Wiedervereinigung daher kommt, dass, wie ein Gespenst der Vergangenheit, etwas Unwirkliches an uns herantritt. Die Wiedervereinigung ist sozusagen die Folge dessen, dass ich das, was geschehen ist, nicht anerkennen will. Sondern, dass man etwas wie eine Rechtsforderung auf etwas gründet, das durch Handlungen entstanden ist, die dieses ungeheure Weltschicksal heraufbeschworen haben, und die Schuld des deutschen Staates sind. Diese Handlungen aber will man nicht anerkennen, sondern gründen ein Recht auf das, was nicht mehr existiert.

Frage: Herr Professor! Ich möchte Sie nicht missverstehen. Meinen Sie damit, dass wir auf die Forderung nach nationaler Einheit verzichten müssen, weil wir anerkennen sollen, dass der Krieg Deutschland in der damals bestehenden Form vernichtet hat und dass das nicht wiederherstellbar wäre?

Jaspers: Ich bin in der Tat der Meinung, und ich finde gar nicht, dass ein Sinn heute darin besteht, was im 19. Jahrhundert Sinn hatte und einmal eine große Chance bedeutete, die verspielt worden ist durch das Hitlerreich. Nachdem das vorbei ist, hat es keinen Sinn mehr, deutsche Einheit zu propagieren, sondern es hat nur einen Sinn, dass man für unsere Landsleute wünscht, sie sollen frei sein!

Frage: Das wollte ich eben sagen, denn das würde, was Sie bisher gesagt haben, ohne das, was nun folgen muss, bedeuten, dass wir diese 17 Millionen ihrem Schicksal überlassen.

Jaspers: Unmöglich! Wir müssen sie mehr noch als die Ungarn und all die anderen, die uns auch wesentlich sind, unsere Landsleute natürlich, so ansehen: Das sind wir selber! Es ist ein schuldloses Geschick, dass sie im Osten sind und vergewaltigt werden und wir im Westen durch Gnade der Sieger die Freiheit haben – nicht etwa durch uns. Dass sie im Osten unterdrückt werden, bedeutet für uns, dass wir unablässig in der Öffentlichkeit die freien Wahlen fordern müssten, nur in diesem Bereich eines selbstständigen Staates, unter neutraler Kontrolle, bei denen dann festgestellt wird, was man im Osten will, wobei entmilitarisierter Staat nach dem Beispiel Österreichs etwa durchaus möglich wäre. Wie das im Einzelnen wird, ist gleichgültig. Nur die Freiheit – allein darauf kommt es an. Wiedervereinigung ist demgegenüber gleichgültig.

Frankfurter Allgemeine Zeitung vom 17.8.1960; zitiert nach Klaus-Jörg Ruhl, „Mein Gott, was soll aus Deutschland werden?" Die Adenauer-Ära 1949–1963, München. 1985, S. 457 f. (Auszüge).

M 39 **Römische Verträge**

Vertrag zur Gründung der Europäischen Wirtschaftsgemeinschaft vom 5. März 1957 (Auszug):

Präambel

Seine Majestät der König der Belgier, der Präsident der Bundesrepublik Deutschland, der Präsident der Französischen Republik, der Präsident der Italienischen Republik, Ihre Königliche Hoheit die Großherzogin von Luxemburg, Ihre Majestät die Königin der Niederlande […] – haben beschlossen, eine europäische Wirtschaftsgemeinschaft zu gründen. […]

Artikel I

Durch diesen Vertrag gründen die Hohen Vertragsparteien untereinander eine Europäische Wirtschaftsgemeinschaft.

Artikel 2

Aufgabe der Gemeinschaft ist es, durch die Errichtung eines Gemeinsamen Marktes und die schrittweise Annäherung der Wirtschaftspolitik der Mitgliedstaaten eine harmonische Entwicklung des Wirtschaftslebens innerhalb der Gemeinschaft, eine beständige und ausgewogene Wirtschaftsausweitung, eine größere Stabilität, eine beschleunigte Hebung der Lebenshaltung und engere Beziehungen zwischen den Staaten zu fördern, die in dieser Gemeinschaft zusammengeschlossen sind.

Artikel 3

Die Tätigkeit der Gemeinschaft im Sinne des Artikels 2 umfasst nach Maßgabe dieses Vertrags und der darin vorgesehenen Zeitfolge

a) die Abschaffung der Zölle und mengenmäßigen Beschränkungen bei der Ein- und Ausfuhr von Waren sowie aller sonstigen Maßnahmen gleicher Wirkung zwischen den Mitgliedstaaten;

b) die Einführung eines Gemeinsamen Zolltarifs und einer gemeinsamen Handelspolitik gegenüber dritten Ländern;

c) die Beseitigung der Hindernisse für den freien Personen-, Dienstleistungs- und Kapitalverkehr zwischen den Mitgliedstaaten;

d) die Einführung einer gemeinsamen Politik auf dem Gebiet der Landwirtschaft; […]

i) die Schaffung eines Europäischen Sozialfonds, um die Beschäftigungsmöglichkeiten der Arbeitnehmer zu verbessern und zur Hebung ihrer Lebenshaltung beizutragen.

M 40 **„Auf großer Fahrt: ‚Beide Maschinen volle Kraft voraus!'"**
Karikatur von Herbert Kolfhaus, 1958

Aufgaben

1. Erstellen Sie eine Zeittafel, in der Sie die wichtigsten Stufen der Eingliederung der BRD in den Westen verzeichnen.
   → Text
2. Stellen Sie dar, wie sich das Verhältnis der beiden deutschen Staaten zwischen 1949 und 1961 entwickelte. → Text
3. a) Zeigen Sie, wie Karl Jaspers die Forderung nach Wiedervereinigung beurteilt.
   b) Stellen Sie dar, wie er seine Position begründet.
   c) Erklären Sie, warum die Position Jaspers damals heftige Kritik provozierte.
   → M38
4. a) Bestimmen Sie die zentrale Aussage der Karikatur. Achten Sie dabei auf die Entstehungszeit.
   b) Vergleichen Sie die Einschätzung der Karikatur mit den Aussagen von Karl Jaspers im Interview.
   → M37, M38
5. Bestimmen Sie den Zweck der Römischen Verträge. → M39
6. Zeigen Sie, wie in der Karikatur die Rolle der europäischen Institutionen gesehen wird. Ist diese Sichtweise Ihrer Meinung nach berechtigt? Begründen Sie. → M40
7. Vergleichen Sie die EWG des Jahre 1957 mit der EU heute im Hinblick auf Mitgliedschaft, politische Zielsetzung und politische Organisation.

6. Die kulturelle Entwicklung

M 41 **„Rebel Without a Cause“,** Filmplakat, 1955

M 42 „Nachruf auf Elvis“

Udo Lindenberg schreibt 2008 über Elvis Presley:

Damals, 1957, ich war elf, schoss aus dem Radio Elvis Presley mit „Tutti Frutti“, und die ersten Takte verbannten meine bisherigen Lieblingslieder „Ave Maria“, „Was hat der Hans mit der Grete getan“, „Der lachende Vagabund“ und sogar „Marina“ schlagartig aus meinem Frischlingsherzen. Worum es ging, verstand ich nicht, aber dieser Schluckaufgesang und die elektrisierende Musik rockten mich durch, und ich rannte in die Küche, schnappte Töpfe und Kochlöffel, trommelte die letzte Minute von „Tutti Frutti“ mit, und damit war die für mich damals gerade aktuelle Berufsentscheidung zwischen Seefahrer und Trommler gefallen. Elvis Presley hatte mich angezündet, und ich dachte: Jetzt ist Erdbeben. […]

Nachdem ich dann auch noch diesen Film gesehen habe, in dem Elvis als ziemlich schmales Kerlchen in einem Klub auf die Bühne springt und den bulligen Klubbesitzer ansingt: „If you're looking for trouble, look straight into my face“, verband ich mit dem deutschen Lied- und Schlagergut mehr und mehr Alpträume. Das hat sich bis heute nicht geändert.

Was mit Elvis' Hüften los war, verstand ich damals auch noch nicht so gut, aber die Mädchen, die mit verdrehten Augen von ihm sprachen, stiegen sehr in meiner Achtung, weil sie einen genauso guten Musikgeschmack hatten wie ich. Erst eine Weile später kriegte ich mit, was an Rock 'n' Rollern außer Musik noch wichtig ist. Elvis hatte es drauf: Mit eingebauten Kugellagern in den Gelenken und dem verträumt-trotzig-verletzbaren Erosblick hat er sogar den aufrechten Westfälinnen in meiner kleinen Heimatstadt Gronau in die Unterkleider geguckt.

Er hat uns gegen unsere Eltern, denen ja sonst alles gehörte, etwas Eigenes gegeben. Bis jetzt hatten wir immer nur zu hören bekommen: „Dafür bist du noch zu jung.“ Mit Elvis in den Ohren konnten wir zurückbrüllen: „Dafür seid ihr schon zu alt.“

Wo kam dieses Dynamit her? Wo gab's noch mehr davon? So kriegte ich durch Elvis auch Bill Haley mit, den es schon vorher gab, und bald hatte ich eine Sammlung von Platten mit „Amigeheul“ […]. Gospel-Country-Blues-Elvis. An ihm habe ich mich hochgezogen. Seine schnellen Nummern waren wie schwarzer Pfeffer, und ich konnte nicht genug davon kriegen. Die langsamen Nummern ergriffen mich oft genauso, jedoch nicht alle, manche fand ich zu schnulzig.

Was bei den Schwarzen der Gospel-Song war, eindringlich, herzattackierend, aber irgendwie bescheiden, geriet bei Elvis manchmal etwas zu bombastiko und so unecht wie ein Neger im Dirndl, übertrieben wie ein violettbrokates Bischofsgewand.

Ein paar Sachen an ihm sind mir fremd geblieben, vielleicht weil Amerika so weit weg war. Nachdem Elvis dann auch als „guter Amerikaner“ sehr brav und sauber in die Herzen der Erwachsenen in seinem Land eingekehrt war, nachdem er in Deutschland vorbildlich seinen Militärdienst abgeleistet hatte und seine Filme bonbonfarben und schlechter wurden als die von James Dean, hörte er auf, die absolute Sensation für mich zu sein. Nicht ganz: Er kriegte seinen guten Platz in der Reihe der Musiker, die ich toll fand, und Rock-Musik an sich wurde für mich zur Sensation.

Udo Lindenberg, in: Götz Eisenberg/Hans-Jürgen Linke (Hg.), Fuffziger Jahre, Gießen 2008, S. 235 f.

M 43 Richtiges Benehmen

In einem damals weit verbreiteten Anstandsbuch heißt es über das Verhalten im Lokal:

Das Platznehmen:

Die besten Plätze an einem Tisch, also die bequemsten, den besten Ausblick bietenden usw., kommen immer den Damen zu. Selbstverständlich wird man aber dabei persönliche Wünsche der Damen berücksichtigen. Der Herr rückt seiner Dame den Stuhl zurecht und setzt sich erst dann, wenn alle Damen am Tisch Platz genommen haben. Gerade gegen diese Regel wird oft verstoßen. Es spricht immer gegen den Herrn und seine gute Erziehung, wenn er sitzt, während Damen am Tisch stehen. Der höfliche Herr wird auch dann, wenn seine Begleiterin nach kurzer Abwesenheit wieder an den Tisch zurückkommt, aufstehen und stehen bleiben, bis sie sich gesetzt hat. Er setzt sich, wenn die Platzverhältnisse es gestatten, im Allgemeinen an die linke Seite der Dame. Sitzen an dem ausgewählten Tisch schon Gäste, fragt der Herr mit einer leichten Verbeugung, ob dieser oder jener Platz noch frei sei, oder bittet mit einem „Gestatten Sie", Platz nehmen zu dürfen. Sind die schon anwesenden Gäste wohlerzogen, so werden sie mit einem freundlichen Lächeln „Bitte sehr" sagen, auch wenn die Dazukommenden ihnen nicht gerade willkommen sind. Sie werden, ohne dass man sie dazu erst auffordert, alle mit Garderobe, Taschen oder Paketen belegten Stühle räumen, nach Möglichkeit zusammenrücken und den Gruß der neuen Gäste freundlich erwidern.

Die Speisen- und Weinkarte:

In einem gut geführten Lokal wird der Kellner zuerst der Dame, dann dem Herrn eine Speisenkarte vorlegen oder beiden gleichzeitig. In einem Weinlokal wird die Weinkarte dem Herrn gereicht. Denn die Auswahl der Getränke ist Sache des Herrn, wenn er sich dabei auch nach den Wünschen der Dame richten muss. Liegt eine Speisenkarte auf dem Tisch, so reicht der Herr sie zuerst der Dame, wenn die Dame für sich selbst bezahlt. Sich als Herr mit einem „Na, was nehmen wir denn?" zuerst auf die nahrhafte Karte zu stürzen und für Dame und Umwelt für die nächsten zehn Minuten hinter Schnitzel und Apfelkompott zu versinken, ist nicht gerade wohlerzogen und wird höchstens von alten Ehemännern geübt. Ist die Dame eingeladen, so wählt sie nicht selbst aus der Speisenkarte aus, sondern wartet auf die Vorschläge des Herrn.

„Man darf ruhig fragen, was sich hinter unbekannten Namen verbirgt."

Speisenkarte:

Ist die Dame zum Essen eingeladen, so wird sie bei der Auswahl der Speisen ungefähr den goldenen Mittelweg einschlagen. Es muss ja nicht das Teuerste sein, was sie sich wählt. Es ist aber auch falsche Bescheidenheit – vorausgesetzt, dass die finanziellen Möglichkeiten nicht gerade sehr beschränkt sind –, grundsätzlich nur den „Bierhappen" oder das „Stück Wurst" zu nehmen. Der gewandte Tischherr wird seiner Dame auch dieses oder jenes vorschlagen. Voraussetzung für eine wirklich „gesegnete Mahlzeit" ist jedoch, dass auch hier im Großen und Ganzen Harmonie herrscht. Denn es zerstört die netteste Stimmung, wenn der Einladende seinem Gast zwar etwas Anspruchsvolles vorsetzt, sich selbst aber Kartoffelsalat mit Hering bestellt, um die Unkosten zu senken!

Gertrud Oheim, Einmaleins des guten Tons, 37. Auflage, Gütersloh 1962 (1. Auflage 1955), S. 288–290.

Aufgaben

1. Bestimmen Sie die wesentlichen Merkmale der Kulturentwicklung in den 50er-Jahren. → Text
2. a) Überlegen Sie, welche Elemente des Filmplakats für Jugendliche interessant wirkten.
   b) Informieren Sie sich über den Films „Rebel without a cause". Erklären Sie die Faszination dieses Films auf die Jugendlichen.
   → M41
3. Zeigen Sie, welche Bedeutung Elvis für Udo Lindenberg hatte. → M42
4. a) Erarbeiten Sie aus den Materialien, welches Verhältnis zwischen Mann und Frau dem vorliegenden Anstandsbuch zugrunde liegt.
   b) Untersuchen Sie, inwieweit die im Buch vorgestellten Verhaltensregeln heute noch gelten.
   c) Überlegen Sie, in welcher Hinsicht, Anstandsbücher als Quellen dienen können.
   → M43

7. Das Ende der Ära Adenauer

M 44 Der Abschied Adenauers

a) Aus Adenauers Abschiedsrede vor dem Bundestag (1963):

Es ist wahr, meine Damen und Herren: Jedes Volk bedarf einer Staatsform und bedarf auch innerhalb dieser Staatsform einer gewissen Lenkung. Aber wir sind uns doch gerade in diesen Zeiten der Not, die hinter uns liegen, darüber klar geworden, dass ohne das Mitgehen des Volkes, ohne dass das Volk mit handelt, ohne dass das Volk mit die Last auf sich nimmt, ohne dass das Volk sich müht weiterzukommen, der Erfolg für jedes Parlament und jede Regierung versagt bleibt. Und darum bin ich stolz auf das deutsche Volk – ich darf das wohl auch mit dem Blick über unsere Grenzen hinaus heute sagen –: Ich bin stolz auf das, was das deutsche Volk in dieser verhältnismäßig kurzen Spanne Zeit geleistet hat. Wir Deutschen dürfen unser Haupt wieder aufrecht tragen, denn wir sind eingetreten in den Bund der freien Nationen und sind im Bund der freien Nationen ein willkommenes Mitglied geworden. [...]

Eine Lösung der deutschen Frage ist nicht möglich allein zwischen uns und dem Gegner, der uns bedrückt; eine Lösung dieser Frage ist nur möglich mithilfe unserer Freunde. Und wir danken Gott, dass wir wieder Freunde in der Welt gefunden haben. Wenn Sie sich vorstellen, meine Damen und Herren, wir hätten diese Freunde nicht wieder gefunden; was wäre in der Zwischenzeit aus Deutschland geworden oder was würde jetzt aus Deutschland! Gerade diese Freundschaft in Europa, außerhalb Europas, mit den Vereinigten Staaten, mit allen freien Völkern der Welt gibt uns erst ein Recht, mit Sicherheit zu erwarten, dass eines Tages auch die Wiedervereinigung in Freiheit erfolgen wird.

Konrad Adenauer, Reden 1917–1967, Stuttgart 1975, S. 453 ff.

b) Der Sozialdemokrat Günter Markscheffel zum Rücktritt Adenauers, 14.10.1963

Staatsmänner – und Adenauer ist ein Staatsmann – werden im Rückblick auf ihre Tätigkeit nicht nach ihrem mehr oder weniger liebenswürdigen menschlichen Verhalten gemessen. Ihr Wert misst sich nach ihren Taten, [...]. Der aus dem Amt scheidende Politiker wird auch nach dem gemessen, was er hinterlässt. Aber nicht die Anzahl der im Amt verbrachten Jahre, sondern die Summe der Leistungen und der Zustand des ihm während der Amtszeit anvertrauten Gutes sind wertbar. Und da gibt es trotz hervorragender Arbeitsleistungen unseres ganzen Volkes, die fälschlicherweise allzu oft als Leistung einer Regierung oder eines Mannes dargestellt werden, einige doch recht erhebliche Minuspunkte.

Die großen Gemeinschaftsaufgaben unseres Volkes sind vernachlässigt worden. Was nützt es, wenn wir stolz auf den privaten Wohlstand verweisen, aber nicht genug Schulen und Universitäten haben.

Was ist es für ein Zustand, wenn unsere Regierung zu jedem Ferienbeginn die Bürger auffordert, nach Möglichkeit die von den Steuergeldern der Bürger gebauten Straßen wegen Überfüllung zu meiden? Oder können wir uns „auf der Höhe befindlich" nennen, wenn wir uns eingestehen müssen, dass die Versorgung unserer alten Menschen und der Opfer des Krieges in keinem rechten Verhältnis zu den Leistungen unserer Gesamtwirtschaft stehen? Auch ist es nicht gerade erhebend, jeden Tag hören zu müssen, dass wir es nicht fertiggebracht haben, eine den Erfordernissen der modernen Zeit angemessene Gesundheitspolitik zu entwickeln.

Es ist auch fraglich, ob in der Ära Adenauer das Selbstbewusstsein unseres Volkes so aufgebaut wurde, wie es eigentlich die Pflicht der Regierung eines demokratischen Staates wäre.

Gewiss, mancher wird sagen, es hätte noch schlimmer kommen können, und die Tatsache, dass wir wenigstens in der Bundesrepublik in Freiheit leben, sei auch schon etwas wert. Das ist richtig, aber wie oft musste die Freiheit gegen eine sich als Staat fühlende Mehrheitspartei und Bürokratie gesichert werden. Das alles hinterlässt Konrad Adenauer seinem Nachfolger Ludwig Erhard; ganz zu schweigen davon, dass die Problematik der Wiedervereinigung Deutschlands in Frieden und Freiheit immer noch offen ist.

Wir nehmen Abschied von dem Bundeskanzler Adenauer, der seine Zeit überdauert hat. Das Neue ist im Werden. Es zeichnet sich ab in den gewaltigen gesellschaftlichen und wissenschaftlichen Umwälzungen der modernen Welt. Es findet seinen Ausdruck in der Entdogmatisierung der Politik und ist im Begriff, die Grenzen des Handelns eines Konrad Adenauer zu überschreiten.

Die Adenauer-Ära, Die Bundesrepublik Deutschland 1949–1963, hrsg. von Werner Bührer, München, Zürich.

M 45 **„Zufrieden: ‚Nicht war, mein Michelchen – keine Experimente …'"**, Karikatur von Hanns Erich Köhler, 1957

M 46 **„Ein Andenken, Herr Bundeskanzler – so sah ich aus, als wir und kennenlernten." „Danke schön – aber wollen das nicht lieber Sie zur Erinnerung behalten?"**, Karikatur von Hanns Erich Köhler, 1963

M 47 **Geschichtsbild**

Frage: „Wann in diesem Jahrhundert ist es nach Ihrem Gefühl Deutschland am besten ergangen?"

	Okt. 1951 %	Juni 1959 %	Dez. 1963 %
In der Gegenwart, heute	2	42	62
Im Zweiten Weltkrieg	–	–	1
Zwischen 1933 und 1939	42	18	10
Zwischen 1920 und 1933	7	4	5
Vor 1914	45	28	16
Weiß nicht	4	8	6
	100	100	100

Dezember 1963

	In der Gegenwart, heute %	Im Zweiten Weltkrieg %	Zwischen 1933 und 1939 %	Zwischen 1920 und 1933 %	Vor 1914 %	Weiß nicht %	
Gesamtergebnis	62	1	10	5	16	6	= 100
Männer	61	1	12	5	17	4	= 100
Frauen	62	1	10	4	16	7	= 100
Altersgruppen:							
16–29 Jahre	80	–	3	3	5	9	= 100
30–44 Jahre	75	1	7	2	10	5	= 100
45–59 Jahre	51	1	21	7	16	4	= 100
60 Jahre und älter	32	1	10	10	42	5	= 100
Schulabschluss:							
Volksschule	62	1	11	5	15	6	= 100
Höhere Schule	58	1	9	3	23	6	= 100
Politische Orientierung:							
CDU/CSU-Anhänger	67	–	6	6	18	3	= 100
SPD-Anhänger	64	1	13	6	13	3	= 100
FDP/DVP-Anhänger	44	–	22	2	30	2	= 100

Elisabeth Noelle/Erich Peter Neumann (Hg.), Jahrbuch der öffentlichen Meinung 1958–1964, Allensbach 1965, S. 230.

Aufgaben

1. Erläutern Sie, inwiefern die Bildung der Großen Koalition einen Einschnitt in der Geschichte der Bundesrepublik markierte. → Text
2. a) Zeigen Sie, wie Adenauer in seiner Abschiedsrede die Situation der BRD einschätzt.
   b) Fassen Sie zusammen, wie in der Pressemitteilung die Situation eingeschätzt wird.
   c) Vergleichen Sie beide Sichtweisen.
   → M44
3. a) Interpretieren Sie die beiden Karikaturen im Hinblick auf die Rolle Adenauers und im Hinblick auf die Einstellung der deutschen Bevölkerung.
   b) Stimmen Sie mit der jeweiligen Sichtweise überein? Begründen Sie Ihre Meinung.
   → M45, M46
4. Untersuchen Sie, wie sich die subjektive Einschätzung der jeweiligen Gegenwart gewandelt hat. Achten Sie dabei besonders auf die einzelnen Bevölkerungsgruppen. → M47

M 1 „4711 – Mein liebstes Geschenk"
Werbeanzeige von 1950

M 2 „Alles Feine braucht FEWA!"
Werbeanzeige von 1961

Umgang mit Werbung

Werbung stellt ein Phänomen zwischen Kunst und Wirtschaft dar. Ihr offensichtliches Ziel ist das Wecken von Interesse für ein Produkt durch Übersetzung von vorherrschenden Anschauungen oder möglichen Bedürfnissen in Botschaften, die zum Konsum anreizen sollen.

Werbung spiegelt die Zustände der Gesellschaft zu einem bestimmten historischen Zeitpunkt wider. So können die von der Werbung produzierten Bilder und Texte als Quelle besonders für die historische Beschäftigung mit dem Alltag dienen. Die so genannte „Adenauer-Ära" stellt unter diesen Gesichtspunkten einen spannenden Zeitraum dar. Erfreute man sich in der unmittelbaren Nachkriegszeit noch an verhältnismäßig bescheidenen „Luxusgütern" wie etwa Nylonstrümpfen im Sinne einer „Bedarfsdeckung", vollzog sich in den 60er-Jahren der Übergang zur „Bedarfsweckung". Die bald erreichte Sättigung der Absatzmärkte zwang die Werbung zur Schaffung immer markanterer Kaufanreize. Die Steigerung des „Lebensgefühls" nach US-amerikanischem Vorbild stand immer mehr im Mittelpunkt.

Fragen an Werbeanzeigen

1. Entstehung der Werbeanzeige

a) Zeigen Sie, welche Einflüsse maßgeblich sind, bis eine Werbeanzeige erscheint.
b) Bestimmen Sie anhand der vorliegenden Beispiele die Merkmale einer Werbeanzeige.

2. Inhalt der Werbeanzeige

a) Beschreiben Sie den Inhalt des Bildes möglichst genau.
b) Analysieren Sie den Text der Anzeige.
c) Untersuchen Sie die Beziehung zwischen Bild und Text.
d) Überlegen Sie, welche Zielgruppen angesprochen wurden.

3. Verwendung der Quellen

a) Untersuchen Sie, welchen Stellenwert das beworbene Produkt zu diesem Zeitpunkt hatte.
b) Recherchieren Sie, ob das beworbene Produkt noch heute existiert. Vergleichen Sie den damaligen Stellenwert mit dem heutigen.

4. Beurteilung der Quellen

a) Zeigen Sie, welches Frauen- bzw. Männerbild durch die Quelle vermittelt wird.
b) Untersuchen Sie, inwieweit eine Orientierung an US-amerikanischen Vorbildern erfolgt.
c) Analysieren Sie, welche Stimmungen auf welche Weise erzeugt bzw. welche Sehnsüchte geweckt werden.
d) Erschließen Sie, warum die Werbeanzeige damals Erfolg haben konnte.
e) Diskutieren Sie die Erfolgsaussichten dieser Werbeanzeigen heute.

M 1 **„Leben in der DDR"**
Während einer Übung der vormilitärischen Gesellschaft für Sport und Technik, Foto von Thomas Höpker

IV. Die DDR – Eine deutsche Alternative?

Wie sollte es 1945 weitergehen in Deutschland? Die sowjetische Besatzungsmacht und die deutschen Kommunisten hatten eine einfache Antwort: Schuld an Faschismus und Krieg waren die Konzernherren und Junker, die 1933 Hitler in den Sattel gehoben hatten. Deren Macht galt es nun zu beseitigen. Niemals mehr soll von deutschem Boden ein Krieg ausgehen, hieß es. Die Friedenstaube war das am häufigsten verwendete Symbol jener frühen Jahre. Das gemeinschaftliche Eigentum an Produktionsmitteln sollte für immer die wirtschaftlichen Gründe für Kriege beseitigen. War doch aus marxistischer Sicht die Profitsucht der Rüstungskonzerne die geschichtliche Ursache der deutschen Misere. „Was des Volkes Hände schaffen, soll des Volkes eigen sein", war als Parole auf den Mauern der Ruinen zu lesen. Viele von denen, die aus dem Krieg und der Gefangenschaft zurückkehrten, wollten mithilfe der Sowjetunion eine friedliche und gerechte Welt errichten. Dies war in ihren Augen die historische Alternative zu der restaurativen Gesellschaft Westdeutschlands, in der, wie es hieß, die alten Machthaber mit neuen Methoden einen Revanchekrieg vorbereiteten.

Wie lange durfte und wie lange konnte man den Glauben an die DDR als den besseren deutschen Staat bewahren? Bis zum 17. Juni 1953, als sich die Arbeiter gegen die angebliche Arbeiter- und Bauernmacht erhoben? Bis zum 13. August 1961, als die Führung der SED um West-Berlin eine Mauer errichtete, um das eigene Volk am Weglaufen zu hindern? Bis zum 21. August 1968, als die Panzer des Ostblocks in die Tschechoslowakei einrollten, um den Versuch zu beenden, Freiheit und Sozialismus miteinander zu verbinden? Bis zum 16. November 1976, als die DDR den populären Liedermacher Wolf Biermann nach bestem Nazimuster ausbürgerte, weil er und seine Freunde einen demokratischen Sozialismus forderten? Bis zum bitteren Ende, als der Staat bereits wirtschaftlich bankrott und politisch in der Sackgasse war, und trotzdem sein vierzigstes Jubiläum mit allem Pomp zu feiern suchte? Oder lässt sich der Glaube an einen Staat über dessen Katastrophe hinaus bewahren?

Wo liegen die Ursachen dafür, dass die DDR in der Erinnerung mit jedem Jahr schöner wird? Warum sehnen sich viele Ostdeutsche in das machtgeschützte Idyll hinter Stacheldraht zurück?

Die Antworten sind nicht einfach. Sie liegen aber in der Geschichte selbst. Die Geschichte der DDR handelt von der Verführungskraft der schönen Bilder und der schönen Worte. Sie handelt aber auch vom Verlust der Illusionen und vom Verfall der Utopie, von der Kraft des freien Wortes und von der Freiheitssehnsucht, die in der friedlichen Volksrevolution vom Herbst 1989 ein scheinbar übermächtiges System zum Einsturz brachte.

1. Die Entstehung der DDR

M 2 **„Begegnung in Torgau"**
Am 25. April 1945 treffen amerikanische und sowjetische Soldaten in Torgau an der Elbe aufeinander, Foto von 1945.

Als in den frühen Morgenstunden des 9. Mai 1945 in Berlin-Karlshorst die bedingungslose Kapitulation Deutschlands unterzeichnet wurde, standen sich die sowjetischen und die anglo-amerikanischen Truppen an einer Linie gegenüber, die von Wismar in südlicher Richtung bis Wittenberge reichte, dann dem Flusslauf der Elbe folgte, bei Dessau in südlicher Richtung abbog und sich bis zur tschechischen Grenze hinzog. Nahezu die Hälfte der späteren sowjetischen Zone befanden sich also in der Hand der Westalliierten. Auf Weisung des Oberbefehlshabers der alliierten Armeen, Dwight D. Eisenhower, zogen sich die britischen und amerikanischen Einheiten in der ersten Juliwoche des Jahres 1945 auf die bereits vorher festgelegten Grenzen der künftigen Besatzungszonen zurück. Parallel dazu trafen im Juli 1945 britische und amerikanische Truppen in der ehemaligen Reichshauptstadt Berlin ein. Am 12. August 1945 folgten die Franzosen, die in den Kreis der Siegermächte aufgenommen worden waren. So entstand Anfang Juli 1945 die territoriale Struktur der beiden späteren deutschen Staaten einschließlich des geteilten und von der Bundesrepublik räumlich getrennten West-Berlin.

Die Rolle der Besatzungsmächte

Die Verantwortung für das Schicksal der Deutschen lag bei den Besatzungsmächten. Mit der Erklärung der militärischen Oberbefehlshaber der in Deutschland stehenden Streitkräfte der vier Mächte vom 5. Juni 1945 übernahmen diese „die oberste Regierungsgewalt in Deutschland einschließlich der [...] Verwaltung oder Behörden der Länder, Städte und Gemeinden" mit dem Ziel, den Frieden und die Sicherheit zu gewährleisten sowie Deutschland „zusätzliche politische, verwaltungsmäßige, wirtschaftliche, finanzielle, militärische und sonstige Forderungen aufzuerlegen".

Einfluss des Kalten Krieges

Deutschland sollte als Gesamtheit von den Besatzungsmächten verwaltet werden. Doch bald schon zeigten sich Risse in der Eintracht der Siegermächte. Der Kalte Krieg als globaler Konflikt zwischen dem Sowjetsystem und dem liberalen und demokratischen System der Westmächte begann seine Schatten zu werfen. Der Riss dieses Weltkonfliktes verlief spätestens seit 1948 quer durch Deutschland. Die Ostzone unter sowjetischer Herrschaft und die drei Westzonen gingen in ihrer gesellschaftlichen Entwicklung Wege, die kaum unterschiedlicher sein konnten.

Zulassung von Parteien

Kommunistische Partei Deutschlands

Als erste Partei in Deutschland trat am 11. Juni 1945 die Kommunistische Partei Deutschlands (KPD) mit einem Aufruf an die Öffentlichkeit. Am 3. und 4. Juni 1945 war die KPD-Führung nach Moskau geflogen worden und hatte von Stalin Weisungen für ihre politische Strategie bekommen. Die Ergebnisse waren erstaunlich. Die revolutionäre Partei aus der Zeit vor 1933 war kaum noch wiederzuerkennen. Die KPD erklärte nicht den Sozialismus zum Ziel ihrer Bestrebungen, sondern die „bürgerlich-parlamentarische Republik mit allen demokratischen Rechten und Freiheiten für das Volk". Durch eine demokratische Bodenreform und die Enteignung der Schlüsselindustrien sollte die bürgerlich-demokratische Revolution vollendet werden. Ausdrücklich wurde gesagt, „dass der Weg, Deutschland das

Sowjetsystem aufzuzwingen falsch wäre, denn dieser Weg entspricht nicht den gegenwärtigen Entwicklungsbedingungen Deutschlands". Das Privateigentum sollte, so versprachen die Kommunisten, nicht angetastet werden.

Ob die Menschen den Kommunisten die rasante Wendung hin zur bürgerlichen Demokratie und zum Privateigentum glaubten, ist eine andere Frage. In der öffentlichen Wahrnehmung galt die KPD als die „Russenpartei" und wurden für die Übergriffe der Sowjetarmee mitverantwortlich gemacht. Das war insofern berechtigt, als die KPD überall von den sowjetischen Militärbehörden bevorzugt wurde. Der Organisationsaufbau machte rasche Fortschritte. Ende des Jahres 1945 verfügte die KPD bereits über 372 714 Mitglieder.

Sozialdemokratische Partei Deutschlands

Die SPD der sowjetischen Zone trat am 15. Juni 1945 ebenfalls mit einem Aufruf an die Öffentlichkeit. Sie forderte „Demokratie in Staat und Gesellschaft, Sozialismus in Wirtschaft und Gesellschaft" und befand sich gewissermaßen links von der KPD. Den Kommunisten bot der Zentralausschuss der SPD die „organisatorische Einheit" an. Man hoffte wohl, durch einen schnellen Zusammenschluss den Einfluss der Kommunisten eindämmen zu können.

Die SPD erreichte im Laufe des Jahres 1945 wieder die Mitgliederstärke der Zeit vor 1933 und überflügelte die KPD bei Weitem. Sie verfügte Ende 1945 über 407 623 Mitglieder und Anfang 1946 setzte ein neuer Mitgliederzustrom ein. SPD-Funktionäre traten mit zunehmendem Selbstbewusstsein auf und forderten sogar eine Art Führungsrolle beim Aufbau des demokratischen Deutschland. Erst jetzt begann die KPD-Zentrale umzuschwenken und stellte die Weichen in Richtung Einheitspartei.

Der Weg zur Einheitspartei

SED als Zwangsfusion

M 3 **„Wählt SED"**
Plakat der SED, nach 1946

Der Gründungsmythos der Sozialistischen Einheitspartei Deutschlands (SED), die bis zum Herbst 1989 in der DDR eine totalitäre Herrschaft ausübte, reicht zurück bis in die Jahre der Weimarer Republik. Die Uneinigkeit der Arbeiterbewegung hatte 1933 die Machtergreifung Hitlers möglich gemacht. Aus diesem Fehler wollte man lernen und die Einheit der Arbeiterklasse, die 1918 zerbrochen war, wiederherstellen. Der Kommunist Wilhelm Pieck und der Sozialdemokrat Otto Grotewohl reichten sich am 21. April 1946 im Admiralspalast am Bahnhof Berlin-Friedrichstraße die Hände. Die verschlungenen Hände vor der roten Fahne waren von nun an das Symbol der SED. Doch hinter der Einheitssymbolik verbarg sich von Anfang an eine nur notdürftig kaschierte kommunistische Dominanz. SPD-Mitgliedern, die vor April 1946 gegen die Vereinigung auftgetreten waren, drohte die Verhaftung durch die sowjetische Geheimpolizei. Und jeder wusste, dass es aus den sowjetischen Lagern oft keine Wiederkehr gab. Es mag Sozialdemokraten gegeben haben, die ehrlichen Herzens an die Einheitsparolen glaubten, es hat auch die Illusion gegeben, die neue Einheitspartei von innen beeinflussen zu können, waren doch die Sozialdemokraten zum Zeitpunkt des Zusammenschlusses deutlich in der Mehrheit. Doch insgesamt trug die Vereinigung alle Züge einer Zwangsfusion. Nach der Vereinigung wurden die Vereinbarungen formal noch eingehalten: Die Parteiämter wurden zwischen Kommunisten und Sozialdemokraten streng paritätisch verteilt. Doch schon 1948 wurde die SED als „Partei neuen Typus“ proklamiert und streng nach stalinistischem Muster ausgerichtet. Sozialdemokratischer Geist oder sozialdemokratische Traditionen hatten in der SED keinen Platz. Der Vorwurf des „Sozialdemokratismus“ war in den folgenden Jahren ein politisches Todesurteil. Ehemalige Mitglieder und Sympathisanten der SPD befanden sich in großer Zahl in den Zuchthäusern der DDR.

Die Gründung der DDR

Bereits 1948 wurden auf beiden Seiten die Weichen in Richtung einer doppelten Staatsgründung gestellt. Im Westen standen die Zeichen auf Marktwirtschaft, im Osten hatte sich eine zentrale staatliche Planung auf der Basis des Staatseigentums etabliert. Die Einführung der neuen Währung in den Westsektoren von Berlin bildete den Anlass für die Sowjetunion, am 16. Juni 1948 die alliierte Kommandantur in Berlin zu verlassen. Zwei Tage später senkten sich die Schlagbäume rund um West-Berlin. Die Stadt sollte ausgehungert werden, um dann in den östlichen Machtbereich eingegliedert zu werden. Die Antwort der Amerikaner war die Luftbrücke, über die West-Berlin bis zum 12. Mai 1949 mit allen lebensnotwendigen Gütern versorgt wurde.

7. Oktober 1949: Gründung der DDR

Unterdessen machte die Weststaatsgründung Fortschritte. Erst nachdem die Regierungsbildung unter Führung der CDU in Bonn am 20. September 1949 vollendet war, erklärte sich am 7. Oktober 1949 der Deutsche Volksrat zur Provisorischen Volkskammer der Deutschen Demokratischen Republik. Dieser Tag wurde bis 1989 als Republikgeburtstag gefeiert.

Der Deutsche Volksrat war willkürlich zusammengestellt und ohne demokratische Legitimation. Insofern litt die DDR seit dem ersten Tag ihrer Existenz an einem Legitimationsdefizit, das sie bis 1989 nicht auszugleichen vermochte. Von Anfang an waren alle Abstimmungen

Walter Ulbricht (1893–1973)
1950 zum Generalsekretär der SED gewählt, bestimmte er über 20 Jahre die Geschicke der DDR im Sinne eines konservativen Stalinismus, Foto um 1955.

Otto Grotewohl (1894–1964)
Als Ministerpräsident der DDR von 1949 bis 1964 konnte er den sozialdemokratischen Anteil an der SED nicht zur Geltung bringen, Foto um 1952.

Wilhelm Pieck (1876–1960)
Von 1935 bis 1946 Vorsitzender der KPD, er übernahm 1946 den Vorsitz der SED und war von 1949 bis 1960 Präsident der DDR mit nur geringem politischen Einfluss, Foto um 1950.

der Volkskammer einstimmig, so auch die Wahl von Wilhelm Pieck zum ersten Präsidenten der DDR am 11. Oktober 1949.

Am folgenden Tag wählte die Volkskammer Otto Grotewohl einstimmig zum ersten Ministerpräsidenten des neuen Staates. Am 14. Oktober 1949 erhielt die Regierung ihren förmlichen Segen von Stalin, der die Staatsgründung in einem Telegramm einen „Wendepunkt in der Geschichte Europas" nannte. Es war jedermann klar, dass die Regierungsbildung auf Weisung Moskaus erfolgt war. Möglicherweise wäre die Sowjetunion aber etwas später bereit gewesen, die DDR zu opfern. Am 10. März 1952 bot sie dem Westen formal die Wiedervereinigung Deutschlands zum Preis der Neutralität an. Die Westmächte und demzufolge auch die Bonner Regierung erklärten dieses Angebot zum Propagandatrick Moskaus und waren nicht bereit, mit der Sowjetunion ernsthaft zu verhandeln.

2. Der Aufbau des Sozialismus

M 4 **„Von den Sowjetmenschen lernen heißt siegen lernen",** Propagandaplakat, um 1952

Vom 9.–12. Juli 1952 versammelte sich in der Ost-Berliner Werner-Seelenbinder-Halle die II. Parteikonferenz der SED. Das Grundsatzreferat hielt Walter Ulbricht, der als Generalsekretär unangefochten die Nummer eins der Parteihierarchie war. Die Delegierten ließen die wortwörtlich vorgetragene zweihundert Seiten lange Rede geduldig über sich ergehen. Doch nach sechs Stunden verkündete der Generalsekretär feierlich erregt: „In Übereinstimmung mit den Vorschlägen aus der Arbeiterklasse, aus der werktätigen Bauernschaft und aus anderen Kreisen der Werktätigen hat das Zentralkomitee der Sozialistischen Einheitspartei beschlossen, der zweiten Parteikonferenz vorzuschlagen, dass in der Deutschen Demokratischen Republik der Sozialismus planmäßig aufgebaut wird." Das Protokoll verzeichnet: „Die Delegierten und Gäste erheben sich von den Plätzen, spenden lang anhaltenden Beifall und bringen Hochrufe auf das ZK der SED aus."

Nach minutenlangen Jubel setzte Ulbricht seine Rede fort: „Das Hauptinstrument bei der Schaffung der Grundlagen des Sozialismus ist die Staatsmacht. ... Es ist zu beachten, dass die Verschärfung des Klassenkampfes unvermeidlich ist und die Werktätigen den Widerstand der feindlichen Kräfte brechen müssen." Mit diesem Bekenntnis ließ der Generalsekretär gewissermaßen die Katze aus dem Sack. Es war eine Art Kriegserklärung an das eigene Volk.

Die Kollektivierung der Landwirtschaft

Die Weichen waren also gestellt für die sozialistische Umgestaltung auf dem Lande. Doch in der Praxis häuften sich die Schwierigkeiten. Am 31. Dezember 1952 bestanden nach offiziellen Angaben 1906 „Landwirtschaftliche Produktionsgenossenschaften" mit 37 000 Mitgliedern. Allein im Januar 1953 bildeten sich 400 weitere.

Probleme der Kollektivierung

Doch trotz dieser eindrucksvollen Zahlen hatten sich erst 3,2 Prozent der Einzelbauern entschlossen, einer Genossenschaft beizutreten. Hinzu kam, dass davon nur zehn Prozent Altbauern waren. Es herrschte also die Tendenz vor, dass sich wirtschaftlich kaum lebensfähige Kleinbetriebe zusammenschlossen, um die Vorteile bei der Bereitstellung von Saatgut und Technik zu nutzen. Die Inhaber erfolgreicher

Wiederholung: Die Bodenreform

Unter der Losung „Junkerland in Bauernhand!" wurde bereits 1945 eine Bodenreform durchgeführt und jeglicher Besitz an Grund und Boden über hundert Hektar (ungefähr 35 Prozent der landwirtschaftlichen Nutzfläche) „mit allem darauf befindlichen landwirtschaftlichen Vermögen" enteignet und an etwa 560000 Personen verteilt. Es wurden etwa 209000 Neubauernhöfe gegründet. Außerdem erhielt die öffentliche Hand ein Drittel der enteigneten Flächen, die teilweise als Volkseigene Güter (VEG) betrieben wurden. Die enteigneten Gutsbesitzer und ihre Familien wurden in der Regel von Haus und Hof vertrieben. Viele wurden verhaftet und in sowjetische Internierungslager verbracht, anderen gelang die Flucht in den Westen.

Wirtschaftlich war die Bodenreform ein Fehlschlag. Die kleinbäuerlichen Betriebe von zehn Hektar entsprachen nicht den Bedingungen der modernen Landwirtschaft. Bis Ende 1949 wurden rund 30000 Neubauernstellen aufgegeben.

„Bodenreform"
Feier aus Anlass der Neuaufteilung des Gutes Frauenmark (bei Parchim), 1945

Bauernhöfe beriefen sich auf das verkündete Prinzip der Freiwilligkeit des Eintritts in die LPG. Also wurde der administrative Druck verschärft. Wo der Erfolg freiwilliger Überzeugungsarbeit ausblieb, halfen Einschüchterung und Klassenkampfparolen. Vom 1. August 1952 bis zum 31. Januar 1953 wurden ungefähr 1200 Gerichtsverfahren gegen Bauern durchgeführt. Zwar handelte sich bei weniger als der Hälfte dieser Fälle um Großbauern, doch die SED hatte wieder ein Feindbild, das für alle Schwierigkeiten verantwortlich war. „Der sich mit Bildung der Produktionsgenossenschaften vollziehende Klassenkampf auf dem Lande", sagte Ulbricht im April 1953 während einer internen Sitzung von Landwirtschaftsfunktionären, „macht es erforderlich, die werktätigen Bauern in ihrem Kampf gegen die sabotierenden großbäuerlichen Elemente, gegen die Agenten und Kriegstreiber im Dorf zu unterstützen, die volksdemokratischen Grundlagen der Staatsmacht auf dem Lande ständig zu festigen." Unter diesen Umständen ließen viele Bauern ihren Hof im Stich und flohen in den Westen. Das verschärfte die akuten Versorgungsprobleme weiter und verbitterte viele Menschen.

Der Aufbau „Nationaler Streitkräfte"

Angesichts der Millionen Toten, der zerbombten Städte und des Flüchtlingselends hatten sich viele Deutsche nach der Katastrophe im Mai 1945 geschworen, nie wieder eine Waffe in die Hand zu nehmen. Auch

M 5 Wehrerziehung
Im Rahmen der paramilitärischen Organisation „Gesellschaft für Sport und Technik" (GST) sollten Jungen und Mädchen ab 14 Jahre in ihrer Freizeit Segel- und Motorflugsport, Fallschirmspringen, Funken, Flugmodellbau, Schießen und Geländesport betreiben, Foto von 1969.

die Siegermächte hatten verkündet, in Deutschland den Militarismus für alle Zeiten mit der Wurzel auszurotten. Nachdem Generationen von Lehrern den Kindern eingetrichtert hatten, dass es schön und ehrenvoll sei, fürs Vaterland zu sterben, war es nun strengstens verpönt, eine Trommel unter den Weihnachtsbaum zu legen oder gar mit Zinnsoldaten zu spielen. Selbst der Sportunterricht war von den Siegermächten abgeschafft und das Spielen von Marschmusik verboten worden.

Kasernierte Volkspolizei

Sieben Jahre später wurde auf den Schulhöfen der DDR wieder im Gleichschritt marschiert. Uniformierte FDJler hielten mit umgehängten Sportgewehren Ehrenwache vor Stalinbildern. Nun wurde im Namen des Friedens zackig kommandiert, mit Kleinkalibergewehren auf Pappkameraden geschossen und im Geländespiel mit Karte und Kompass der Ernstfall geprobt.

Vor allem aber wurde unter den Jugendlichen für die Einheiten der Kasernierten Volkspolizei geworben. Es handelte sich dabei um eine nur schlecht als Polizei getarnte neue Armee, die künftig an der Seite der Sowjetunion die Friedenspolitik durchsetzen sollte. Um die Jugendlichen für den Waffendienst vorzubereiten, wurde am 7. August 1952 die Bildung einer Gesellschaft für Sport und Technik (GST) verkündet.

Kirchenkampf

Auch in der frühen DDR war die Freiheit der Religionsausübung verfassungsmäßig garantiert. Dennoch waren die Kirchen für die Partei ein ständiges Ärgernis. An den Kirchentüren endete ihre absolute Macht und vor allem ihr Einfluss auf das Denken der Menschen. Durch die Verkündigung der christlichen Botschaft war das ideologische Wahrheitsmonopol der SED grundsätzlich in Frage gestellt. Die Kirchen waren das offene Fenster in der geschlossenen Gesellschaft der DDR. Sie waren zudem die einzigen „Großorganisationen", die sowohl gesamtdeutsch als auch weltweit tätig waren und die über die staatlichen wie ideologischen Grenzen hinweg eine große Zahl von Menschen erreichten.

Politische Dimension des Kirchenkampfes

Dieser latente Konflikt gewann unter den Verhältnissen der Unfreiheit schnell eine politische Dimension. Scharenweise strömten junge Leute, die sich von den geistigen Enge in den Schulen und den Veranstaltungen der Einheitsjugendorganisation FDJ abgestoßen fühlten, in die Jungen Gemeinden. Dort wurde über die Fragen gesprochen, die in

den Schulen und bei der FDJ tabuisiert waren. Dies sollte im Zeichen der neuen Politik seit 1952 nicht mehr geduldet werden.
Bereits in seiner Rede auf der II. Parteikonferenz kündigte Walter Ulbricht einen schärferen Kurs gegenüber der Kirche an: „Unter den Bedingungen der Vertiefung der Spaltung Deutschlands kann auch die Kirche nicht weiter ihre Stellungnahme unter der Maske der ‚Neutralität' verdecken. Die Kirche in der Deutschen Demokratischen Republik muss sich entschieden lossagen von allen amerikanischen und englischen Agenturen ...". Dies war das Signal für eine breite antikirchliche Kampagne. Zu Jahresbeginn 1953 begann die Verhaftung von etwa 50 Pfarrern und Kirchenangestellten, die sich nach Auffassung des Staates unliebsam hervorgetan hatten.

Christliche Jugendliche als Zielgruppe des Kirchenkampfes

Der Hauptangriff des Staates aber zielte auf christliche Jugendliche. Am 27. Januar 1953 verabschiedete das Politbüro der SED eine Beschlussvorlage, in welcher die Einzelheiten des neuen Kirchenkampfes festgelegt waren. Die Koordination lag bei einer Kommission unter Leitung des FDJ-Chefs Erich Honecker. Die Zeitungen „Junge Welt" und „Junge Generation" sollten regelmäßig „entlarvende" Berichte veröffentlichen. Die FDJ selbst sollte von Anhängern der Jungen Gemeinden „gesäubert" werden. Die Junge Gemeinde sollte als „illegale konfessionelle Jugendorganisation" verboten werden. Am 1. April 1953 erschien eine Sondernummer der „Jungen Welt", deren Hauptartikel überschrieben war: „Junge Gemeinde – Tarnorganisation für Kriegshetze, Sabotage und Spionage im USA-Auftrag".

Bis Pfingsten 1953 mussten etwa 3000 Schüler die Oberschulen verlassen, weil sie sich weigerten, eine schriftliche Austrittserklärung aus der Jungen Gemeinde vorzulegen. In ähnlicher Weise wurde an den Universitäten und Hochschulen verfahren.

Der Neue Kurs

Der Tod Stalins am 5. März 1953 löste in Moskau innerparteiliche Nachfolgekämpfe aus. Auch die Deutschlandpolitik schien in Bewegung zu geraten. Die Führungsspitze der SED wurde nach Moskau beordert und dort mit einer heftigen Kritik am bisherigen Kurs konfrontiert. Die Einschätzung der neuen Herren im Kreml muss für die SED von niederschmetternder Wirkung gewesen sein: Aufgrund der Fehler der Parteiführung sei in der DDR eine „äußerst unbefriedigende politische und wirtschaftliche Lage entstanden". Zwischen Januar 1951 und April 1953 seien 447 000 Personen nach Westdeutschland geflohen, davon über 120 000 seit Beginn des Jahres 1953. Die mangelhafte Versorgung der Bevölkerung wurde kritisiert und als Ursache die übereilte Gründung der „Landwirtschaftlichen Produktionsgenossenschaften" genannt. Dies habe Bauern zur Flucht genötigt. Auch der beschleunigte Aufbau der Schwerindustrie, die Vernachlässigung der Konsumgüterproduktion sowie die Kirchenpolitik wurden deutlich kritisiert. Nüchtern wurde festgestellt, dass diese falsche Politik die Existenz der DDR gefährde.

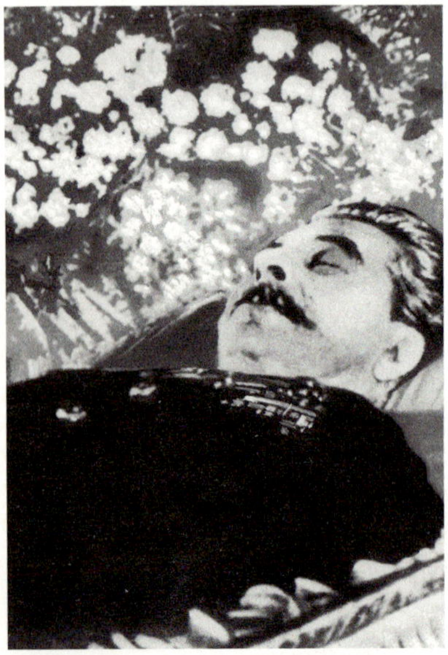

M 6 **Der im Kreml aufgebahrte Leichnam von Josef Stalin 1953**

Zur Gesundung der Situation schlug man ein Bündel von Maßnahmen vor. Sie liefen auf einen Abbruch der Politik des Aufbaus des Sozialismus hinaus. Die Zwangskollektivierung sollte – ebenso wie die Verfolgung der Jungen Gemeinde – eingestellt werden. Die Privatwirtschaft sollte gefördert, der Fünfjahresplan zugunsten der Konsumgüterindustrie geändert werden.

Ein schärferer Kurswechsel als jener, der im Juni 1953 der SED zugemutet wurde, war kaum denkbar. Die Aufgabe war fast unlösbar. Die Partei sollte öffentlich schwere Fehler zugeben, Maßnahmen revidieren, dennoch aber Gründe finden, weiter im Amt zu bleiben.

17. Juni 1953

Die Normenfrage sollte schließlich zum Funken am Pulverfass werden: Am 17. Juni 1953 kam es zu einem Volksaufstand gegen das SED-Regime, der gewaltsam niedergeschlagen wurde.

Es ist unbestreitbar, dass die SED-Führung aus den Ereignissen gelernt hatte. Es war klar geworden, dass die Geduld der Menschen ihre Grenzen hatte. Die Zeit nach dem 17. Juni 1953 brachte für die Bevölkerung einige Entspannung. Die Parteiführung hütete sich nun, die ökonomischen Interessen der Arbeiterschaft in dem Maße zu vernachlässigen, wie dies im Vorfeld des Aufstandes geschehen war.

Wiederholung: Der Volksaufstand vom 17. Juni 1953

Normenerhöhung als Auslöser

Die Partei- und Staatsführung hatte bereits seit Jahresbeginn 1953 eine umfassende Normenerhöhung, d.h. eine Ausweitung der geforderten Arbeitsleistung, propagiert. Während in allen anderen Punkten die Führung nachgab, sollte es bei der Normenerhöhung bleiben. Am 15. Juni 1953 eskalierte die Situation auf den Baustellen im Zentrum von Ost-Berlin. Eine Delegation der Bauarbeiter fuhr mit dem Lieferwagen zum Regierungssitz, um dort den Ministerpräsidenten Otto Grotewohl zu sprechen. Sie wurden tatsächlich von zwei Mitarbeitern der Regierung empfangen, welche die Forderungen nach Rücknahme der Normerhöhung und die Streikdrohung der Arbeiter entgegennahmen. Vielleicht hätte der Streik noch verhindert werden können, doch im Apparat der SED herrschte bereits Konfusion.

Am nächsten Morgen zogen die Arbeiter der Baustellen „Krankenhaus Friedrichshain" und vom Block 40 der Stalinallee durch Berlin und sammelten sich vor dem Haus der Ministerien in der Leipziger Straße. Einige SED-Funktionäre versuchten, zu den Arbeitern zu sprechen, doch die Arbeitermassen waren nicht mehr zu beschwichtigen. Es ging auch gar nicht mehr um die Normen. Es ging um Freiheit und Demokratie und letztendlich auch um die Einheit Deutschlands. Auf dem Rückweg enterten die Arbeiter einen Lautsprecherwagen und verkündeten den Generalstreik. Auch der Westberliner Sender RIAS verbreitete die Meldung von den Vorgängen in Ost-Berlin. Das war überall in der DDR das Zeichen zum offenen Aufruhr. Die Ereignisse folgten fast überall dem gleichen Szenario: Die Frühschicht weigerte sich, die Arbeit aufzunehmen, und versammelte sich auf dem Betriebshof oder in Versammlungsräumen.

Forderungen der Aufständischen

Die Belegschaften wählten Sprecher und Streikkomitees, welche die Forderungen der Werktätigen zu Papier brachten. Dies waren in der Regel sowohl konkrete ökonomische Anliegen wie die Herabsetzung der Lebensmittelpreise und Rücknahme der Normerhöhung, als auch eindeutige politische Forderungen. Die Menschen forderten freie Wahlen, das Ende der Alleinherrschaft der SED, die Freilassung politischer Gefangener und die Wiedervereinigung Deutschlands. In den Vormittagsstunden zogen vielerorts die Arbeiter in die Zentren der Städte, sammelten sich auf den Marktplätzen, stürmten teilweise die Zentralen der SED und der Staatssicherheit sowie der Gefängnisse. Innerhalb weniger Stunden war aus der Arbeiterrebellion ein allgemeiner Volksaufstand geworden. In einigen Städten übernahmen spontan gewählte Komitees die Macht.

M 7 Aufstand der Arbeiter in Berlin (Ost) am 17. Juni 1953
Im Unterschied zu 1989 blieben die sowjetischen Panzer nicht in den Kasernen.

Niederschlagung des Volksaufstandes

Ulbricht und einige andere SED-Funktionäre begaben sich in das sowjetische Hauptquartier nach Berlin-Karlshorst. Die Macht der SED war faktisch zusammengebrochen. In dieser Situation trat die sowjetische Besatzungsmacht auf den Plan. Sie proklamierte in vielen Städten den Ausnahmezustand. In den Mittagsstunden oder im Laufe des Nachmittags erschienen die russischen Panzer auf der Bildfläche. In der Regel versuchten die russischen Kommandanten, die Massen einfach durch ihre Präsenz einzuschüchtern. Es wurden Warnschüsse abgegeben, schließlich wurde in einigen Städten, so auch in Berlin, scharf geschossen. Es gab vielerorts Tote und Verwundete, deren Zahl niemals endgültig festgestellt wurde. Die Besatzungsmacht führte standrechtliche Erschießungen durch und verkündete die Urteile und die Namen der Erschossenen auf großen Plakaten.

Bereits in der Nacht zum 18. Juni 1953 rollte eine Verhaftungswelle an. Mitglieder von Streikkomitees, Sprecher der Bevölkerung und andere „Rädelsführer" wurden festgenommen. Viele Menschen bezahlten in den folgenden Monaten ihren Mut, den sie während des Aufstandes gezeigt hatten, mit der Verschleppung in sowjetische Lager oder langjährigen Zuchthausstrafen in den Haftanstalten der DDR.

3. Die DDR und die Bundesrepublik

Vor dem Mauerbau am 13. August 1961

Versorgungskrise

Im Januar 1961 informierte Ulbricht die Moskauer Führung über die reale Lage der DDR: „[...] der Abstand zwischen uns und Westdeutschland hat sich im Jahr 1960 nicht vermindert. Innere Schwierigkeiten, bedingt durch nicht termingemäße und mangelhafte materiell-technische Versorgung, vergrößerten sich sogar. Die starke Unzufriedenheit unter den Arbeitern und der Intelligenz wurde von dem Zustand hervorgerufen, dass in vielen Betrieben die Kontinuität der Produktionsprozesse nicht mehr gesichert ist. Die Ursache besteht darin, dass viele Aufgaben des Volkswirtschaftsplans in materieller Hinsicht nicht gesichert sind."

Die SED-Propaganda schob die Versorgungskrise auf die Grenzgänger und Schieber. Insgesamt arbeiteten 53 000 Bürger aus Ost-Berlin

M 8 **Flüchtlinge aus der DDR im Notaufnahmelager Marienfelde in West-Berlin,** Juli 1961

und der DDR in Westberlin. Das war immerhin rund ein Zehntel der Einwohnerschaft Ostberlins und der umliegenden Kreise. In Westberlin herrschte Vollbeschäftigung und demzufolge ein großer Bedarf an billigen Arbeitskräften. Der größte Teil der Grenzgänger waren Facharbeiter. Im Sommer 1961 verschärften die Volkspolizisten an der Stadtgrenze ihre Kontrollen und verweigerten teilweise den Grenzgängern die Durchfahrt. Solche Maßnahmen schürten die Torschlusspanik in der DDR und trieben die Flüchtlingszahlen weiter in die Höhe.

Seit 1949 verließ jedes Jahr die geschlossene Einwohnerschaft einer mittleren Stadt die DDR. Tendenziell waren es junge und gut qualifizierte Menschen, die ihrem Staat den Rücken kehrten. Es war bis zum 13. August 1961 relativ leicht, die DDR zu verlassen. In der Regel fielen die Entscheidungen überstürzt. Sie bedeuteten den Verzicht auf Wohnungseinrichtungen, Bücher, Erinnerungsstücke und Wertgegenstände. Schwerer noch wog der Verlust der Heimat, des Freundeskreises und der Familien. In der Regel war es ein Abschied ohne Wiederkehr. Zudem stürzte jede Republikflucht die Zurückbleibenden in Schwierigkeiten. Oft wurden Angehörige der Mitwisserschaft und Beihilfe verdächtigt, vom Staatssicherheitsdienst verhört und in Haft genommen. Die DDR drohte regelrecht auszubluten. Ganze Absolventenjahrgänge der medizinischen Fakultäten verließen geschlossen die DDR. Sie hatten die ideologische Bevormundung ebenso satt wie die kärglichen Lebensverhältnisse in der DDR. Gerade die massenhafte Flucht von Medizinern, Wissenschaftlern und Ingenieuren war für die Volkswirtschaft ein herber Verlust.

13. August 1961

Womit alle gerechnet hatten und was doch keiner wirklich glauben wollte, vollzog sich schließlich in der Nacht zum Sonntag, dem 13. August 1961: Die Berliner Mauer wurde errichtet.

Wiederholung: Der 13. August 1961

Die DDR riegelte zunächst die Sektorengrenze rund um Westberlin ab. Die Maßnahmen der Grenzsperrung waren generalstabsmäßig geplant und liefen innerhalb weniger Stunden exakt wie ein Uhrwerk ab. Am Samstag, dem 12. August, gegen 16 Uhr unterzeichnete Walter Ulbricht alle nötigen Befehle. Am Abend traf er noch einmal mit Sowjetbotschafter Michail Sergejewitsch Perwuchin zusammen. Es war nicht leicht gewesen, die Sowjetführung von der Notwendigkeit der Grenzschließung zu überzeugen. Im Grunde hätte Ulbricht ohnehin lieber ganz Berlin abgesperrt und die Kontrolle Westberlins über die Zufahrtswege und die Luftkorridore ausgeübt. Doch Chruschtschow konnte dies mit Rücksicht auf die Amerikaner nicht gestatten. So hatte man sich für die Teilung der Stadt entschieden, die in der Nacht zum 13. August vollzogen wurde.

Kurz nach ein Uhr morgens gingen am Brandenburger Tor die Lichter aus. Einheiten der Kampfgruppen und der Grenzpolizei zogen auf und bildeten Sperrketten. Am Brandenburger Tor nahmen Panzerspähwagen mit aufmontierten Maschinengewehren Aufstellung. Bautrupps rollten Stacheldraht aus und rissen an verschiedenen Stellen der Stadt das Straßenpflaster auf, um mit dem Bau von Sperranlagen zu beginnen. Gleichzeitig wurde der S-Bahn-Verkehr zwischen den beiden Teilen Berlins unterbrochen. Vor den Bahnhöfen und auf den Bahnsteigen standen Militärposten und hinderten späte Heimkehrer am Betreten der Bahnhöfe. Die Fernzüge zwischen Westberlin und dem Bundesgebiet wurden jedoch nicht behindert.

M 9 **Bau der Berliner Mauer**
Baukolonnen errichten unter Bewachung der Volkspolizei die quer durch Berlin verlaufende Mauer.

Die Menschen waren wie gelähmt. Die Empörung über den Gewaltakt war sehr groß, allerdings auch die Angst und die Resignation. Viele Berliner glaubten zunächst nicht an die Dauer der Sperrmaßnahmen. Die Nahverkehrssysteme, Schifffahrtswege und Abwasserkanäle waren trotz der Teilung in vier Sektoren immer noch sehr eng miteinander verflochten. Täglich überquerten Zehntausende die Sektorengrenze, um auf der anderen Seite zu arbeiten, zur Schule zu gehen, einzukaufen oder Verwandte zu besuchen. Die Stadt wie eine Riesentorte einfach zu zerschneiden, schien vielen Berlinern als schwer durchführbar, und sei es auch nur aus praktischen Gründen. Hinzu kam die Erinnerung an die Zeit nach dem 17. Juni 1953. Damals war die Sektorengrenze für einige Zeit gesperrt, dann hob die DDR diese Maßnahmen stillschweigend wieder auf.

Stillhalten der Westmächte

Viele hofften auf eine Intervention der Westmächte. Sie mussten allerdings bald schon einsehen, dass sich die westlichen Besatzungsmächte in ihren Rechten nicht eingeschränkt fühlten und die Grenzsperrung faktisch akzeptierten.

Die Mauer schuf neue Verhältnisse in Deutschland. Sie war das Eingeständnis der moralischen, politischen und ökonomischen Katastrophe des SED-Systems, wie es deutlicher kaum sein konnte. Nur durch Stacheldraht und Betonmauern konnte die Regierung ihr eigenes Volk am Fortlaufen hindern. Doch hatte der Mauerbau noch eine zweite Dimension. Er war ein Akt der Defensive, eine deutschlandpolitische Kapitulation, denn die Gefahr, dass Ulbricht nach Westberlin greifen könnte, schien mit dem Mauerbau gebannt zu sein.

Auch die Bonner Regierung stand vor einem deutschlandpolitischen Scherbenhaufen. Sie hatte das Ulbricht-Regime nicht hindern können, die Mauer zu bauen. Auf längere Sicht schien die Teilung Deutschlands besiegelt.

Vom Kalten Krieg zur Entspannung

Die Bundesrepublik hielt während der Fünfzigerjahre eisern an dem Grundsatz fest, dass die DDR kein Staat sei. In allen politischen Verlautbarungen wurde der andere Teil Deutschlands „Sowjetische Besatzungszone“ oder „Sowjetzone“ genannte. Im Volksmund wurde daraus einfach „Zone“. Politische Verhandlungen mit den Machthabern im Osten schienen unvorstellbar. Die SED-Führer waren in den

M 10 **Die 77-jährige Ost-Berlinerin Frieda Schulze flüchtet aus dem Fenster ihrer Wohnung an der Bernauer Straße in den Westen,** 24.09.61

Augen des Westens Erfüllungsgehilfen der sowjetischen Besatzungsmacht. Sie besaßen keinerlei demokratische oder völkerrechtliche Legitimation.

Der Mauerbau am 13. August 1961, die brutale Teilung der Stadt Berlin und die Todesschüsse auf wehrlose Flüchtlinge schienen diese Sichtweise zu bestätigen. Es war für jedermann offensichtlich, dass in Ost-Berlin Verbrecher herrschten, die mit Gewalt das eigene Volk unterdrückten. Dennoch herrschte auch im Westen ein Gefühl der Ohnmacht. Die pathetischen Worte und bitteren Anklagen verhallten angesichts der Betonmauern, Stacheldrahtverhaue und Panzersperren. Gerade in West-Berlin, wo man unmittelbar mit der Unmenschlichkeit der Grenze konfrontiert war, setzte sich die Erkenntnis durch, dass sich die Regierung deutschlandpolitisch in einer Sackgasse befindet. Es ist kein Zufall, dass der damalige Regierende Bürgermeister von West-Berlin Willy Brandt und sein Pressesprecher Egon Bahr zu den Architekten einer neuen Ostpolitik wurden. Der Grundgedanke war einfach, damals aber sehr umstritten: Die Mauer ist nicht durch Worte zu beseitigen, sondern nur durch langfristige Maßnahmen der Verständigung zwischen Ost und West. Eine „Politik der kleinen Schritte“ wurde proklamiert, die mit dem Passierscheinabkommen zu Weihnachten 1963 einen ersten Erfolg verbuchen konnte. Zum ersten Mal seit dem Mauerbau konnten sich getrennte Familien wiedersehen. Dafür musste der Berliner Senat allerdings – wenn auch nicht formell – mit der DDR verhandeln und Abmachungen treffen. Für das SED-Regime war das ohne Zweifel ein Erfolg. Aber auch für Ulbricht und seine Genossen war der Preis hoch. Die Berliner hatten 1963 unterm Tannenbaum erstmals wieder die Möglichkeit, miteinander zu reden. Und natürlich wurde auch über Politik geredet. Dass die Menschen dabei viele freundliche Worte für die Mauer und das Ulbricht-Regime fanden, ist zu bezweifeln.

Hallstein-Doktrin

Die Regierung in Bonn hielt starr an den deutschlandpolitischen Prinzipien fest. Die sogenannte Hallstein-Doktrin verkündete: Jede diplomatische Anerkennung der DDR durch einen Drittstaat würde von der Bundesrepublik mit dem Abbruch der Beziehungen beantwortet werden.

Während in Deutschland Stillstand herrschte, fanden in der ganzen Welt Veränderungen statt. Die Entspannungspolitik zwischen der Sowjetunion und den USA machte Fortschritte, eine junge Generation wagte den Aufbruch zu neuen Horizonten jenseits des Blockdenkens und trotz aller inneren Schwierigkeiten konsolidierte sich die DDR wirtschaftlich und innenpolitisch. Insbesondere die sportlichen Erfolge der DDR waren kaum zu übersehen. Auf diesem Gebiet erzielte die DDR auch den ersten großen diplomatischen Durchbruch. 1968 beschloss das Internationale Olympische Komitee (IOC), dass bei künftigen Olympischen Spielen die DDR als gleichberechtigter Staat mit Flagge und Hymne antreten könne.

Neue Ostpolitik

Der Wahlausgang im September 1969 bot die Chance zu einem gründlichen Umdenken. Die SPD und die FDP bildeten mit knapper Mehrheit eine Koalition, die deutschland- und außenpolitisch neue Wege gehen wollte. In seiner Regierungserklärung am 28. Oktober 1969 sprach Willy Brandt erstmals von zwei deutschen Staaten, die allerdings kein Ausland füreinander sein könnten.

M 11 Aussöhnung mit Polen
Willy Brandt kniet bei seinem Besuch in Warschau 1970 vor dem Mahnmal des Warschauer Ghetto-Aufstandes.

Eine vertragliche Regelung der Beziehungen zur DDR sollte eingebettet werden in eine Politik der Aussöhnung mit den Völkern Osteuropas. Es folgten langwierige Verhandlungen in Moskau, Prag und Warschau. Deutschland erkannte die Oder-Neiße-Linie als endgültige Grenze an, bestätigte die Unrechtmäßigkeit des Münchener Abkommens von Anfang an, bekannte sich zum Gewaltverzicht und nahm diplomatische Beziehungen mit den Staaten des Ostblocks auf. Allerdings verzichtete man nicht auf das Ziel der Wiedervereinigung Deutschlands. Eine symbolträchtige Geste für die Aussöhnung war der Kniefall des deutschen Kanzlers Willy Brandt vor dem Denkmal für ermordeten Juden in Warschau am 7. März 1970.

Parallel verhandelten die vier Mächte über Berlin. Auch hier stand am Ende ein Kompromiss, der den ungesicherten Status quo in einen abgesicherten Rechtszustand verwandelte. Die Bindung West-Berlins an die Bundesrepublik, die Zugänge zu West-Berlin, die Besuchsmöglichkeiten für die Westberliner im Ostteil der Stadt, die Post- und Fernmeldeverbindungen waren nun gesichert. Den Schlussstein der Anerkennung der Ostpolitik bildete der Grundlagenvertrag mit der DDR. Damit war die Teilung faktisch akzeptiert. Die DDR wurde von den Staaten des Westens völkerrechtlich anerkannt. Beide deutsche Staaten traten der UNO bei. Verkehrs- und Postabkommen wurden geschlossen. In Ost-Berlin wurden ausländische und bundesdeutsche Journalisten akkreditiert.

Die SED hätte jubeln können, wären die neuen Verhältnisse nicht auch eine Gefahr für ihre Herrschaft gewesen. Durch die Vielzahl der Kontakte verloren die Feindbilder des Kalten Krieges ihren Schrecken. Westjournalisten konnten nun direkt berichten und boten damit der entstehenden Opposition einen gewissen Schutz. Auch Besuche waren nun leichter. In besonderen Familienangelegenheit konnten sogar DDR-Bürger in den Westen reisen. Um sie von der Flucht abzuhalten, durfte allerdings immer nur ein Familienmitglied fahren. Der Eiserne Vorhang öffnete sich einen Spalt breit.

Die SED-Führung versuchte diese Entwicklung durch noch mehr Stasi-Kontrolle zu beherrschen. So wurden verschärfte Strafgesetze verkündet, welche die Weitergabe nicht geheimer Informationen an westliche Institutionen unter Strafe stellten. Gegen kritische Künstler ging die SED seit 1976 mit Härte vor. Doch langfristig funktionierte die Politik der bereits 1963 konzipierten Destabilisierung durch Stabilisierung: Die Mauer wurde technisch zwar immer perfekter, aber politisch immer wirkungsloser.

Seit Mitte der Siebzigerjahre stellten immer mehr Menschen Ausreiseanträge. Jeder, der nach mehr oder weniger langen Schikanen die DDR verlassen durfte, hinterließ ein unsichtbares Loch in der Mauer. Unter dem Schutz der Kirche formierte sich seit Ende der Siebzigerjahre eine Opposition. Stasi und Justiz konnten immer weniger – anders als in den Jahrzehnten zuvor – gewaltsam jede freiheitliche Regung unterdrücken. Hinzu kamen seit 1985 die Versuche in der Sowjetunion, das Land zu modernisieren. Eingeklemmt zwischen einer Erneuerungspolitik im Osten und einer wachsenden wirtschaftlichen Abhängigkeit vom Westen begann der SED die Macht unter den Händen zu zerfallen.

M 12 Erich Honecker (1912–1994)
Generalsekretär des ZK der SED und Staatsratsvorsitzender der DDR, Foto von 1975

4. Idylle hinter Stacheldraht

Soziale Sicherheit und Bevormundung

M 13 **„Rückzug ins Private"**
Wochenende auf der „Datsche", undatiertes Foto

Insgesamt herrschte in der DDR-Bevölkerung in den Siebziger- und Achtzigerjahren eher der Trend zum Rückzug ins Private. Das Symbol dieser Fluchtbewegung war die Datsche, wie die Wochenendgrundstücke genannt wurden. Die SED-Führung duldete diesen Trend: Wer das gesamte Wochenende auf seiner Datsche verbrachte und den Rest der Woche mit der Jagd auf Ersatzteile und Baustoffe beschäftig war, fand kaum noch Zeit, sich politisch oppositionell zu betätigen.

Die Existenz in der Nische, wie es oft genannt wurde, war allerdings völlig illusorisch. Die Nischen waren streng kontrolliert und gut ausgeleuchtet. Seit 1971 wurde das Ministerium für Staatssicherheit personell und technisch aufgerüstet. Zwar waren die Methoden der Unterdrückung im Vergleich zu den Fünfziger- und Sechzigerjahren weniger brutal, dafür aber differenzierter und effizienter. Der allgegenwärtige Schnüffel- und Spitzelapparat der Stasi begann gerade in den Zeiten scheinbarer Entspannung seine schmutzigen Tentakel in das Privatleben der Bürger zu stecken.

Neben dem massiven Ausbau des Ministeriums für Staatssicherheit und der strikten Abgrenzung von der Bundesrepublik sollte die künftige Stabilität der DDR vor allem auf einer Befriedigung der Konsumwünsche und der sozialen Sicherheit ruhen. Der Überwachungsstaat war zugleich ein System sozialer Bevormundung. Geborgenheit und Sicherheit waren die häufigsten Schlagworte der SED-Propaganda. Damit meinte die SED die soziale Sicherheit durch staatlich garantierte Vollbeschäftigung, aber auch die Geborgenheit hinter der Mauer, die den DDR-Bürger vor dem rauen Wind der Marktwirtschaft schützen sollte. Wer diese Geborgenheit hinter Mauern nicht schätzte, wurde zuerst mit sanftem Druck auf den rechten Weg geführt, war im Extremfall aber mit dem Verlust aller Bildungs- und Berufschancen oder mit juristischen Sanktionen bedroht. An der Grenze wurde bis kurz vor dem Mauerfall im Jahre 1989 auf Flüchtlinge scharf geschossen. Viele bezahlten ihre Freiheitssehnsucht mit dem Leben. Die Hauptaufgabe der SED lautete: Ständige Verbesserung der materiellen und ideellen Lebensbedingungen.

Kurze Zeit nach dem IX. Parteitag von 1976 warfen die kommenden wirtschaftlichen Schwierigkeiten erste Schatten auf die allgemeine Jubelstimmung. Die Berichte von Diskussionen in den Betrieben im ganzen Land signalisierten der Führung eine Erwartungshaltung, die sie nicht enttäuschen zu dürfen meinte. Es zeigte sich, dass die proklamierte Hinwendung zu einem „Konsumsozialismus" nicht ohne Pferdefuß war. Nach den vielen schönen Worten wollten die DDR-Bürger konkrete Verbesserungen ihres persönlichen Lebensstandards. Am 27. Mai 1976 veröffentlichte die DDR-Presse einen gemeinsamen Beschluss des ZK der SED, des Bundesvorstandes des FDGB und des Ministerrates der DDR. In Auswertung der „vor dem Parteitag geführten Volksaussprache und der erfolgten Vorschläge zur weiteren Ausgestaltung der Sozialpolitik" wurde ein Komplex von Entscheidungen vorgelegt, der eine Erhöhung der Mindestlöhne und Renten, Förderungsmaßnahmen für berufstätige Mütter, Arbeitszeitverkürzungen und Urlaubsverlängerungen beinhaltete. Insgesamt konnte sich das sozialpolitische Maßnahmepaket durchaus sehen lassen.

Soziale Verbesserungen

Eine Million Arbeiter, die bisher nur 350 bis 500 Mark brutto im Monat verdient hatten, erhielten ab 1. Oktober 1976 Lohnerhöhungen; der Mindestbruttolohn stieg vom gleichen Zeitpunkt an von 350 auf 400 Mark. Für ungefähr 1,8 Millionen Produktionsarbeiter wurden leistungsorientierte Grundlöhne eingeführt, die im Verlauf des Fünfjahrplanes wirksam werden sollten. Die Arbeitsbedingungen sollten verbessert, die Arbeitsnormen neu berechnet werden. Für 450 000 Meister, Hoch- und Fachschulkader wurden ebenfalls leistungsorientierte Gehälter eingeführt. Allein die neuen Mindestlöhne und die leistungsorientierte Lohnpolitik führten zwischen 1976 und 1981 zu einer Mehrbelastung von rund 6,7 Milliarden Mark. In der Volksbildung Beschäftigte erhielten seit 1977 eine jährliche zusätzliche Vergütung, die in Abhängigkeit von der Zahl der Arbeitsjahre maximal 750 Mark betrug. Das gesamte Lohnsystem wurde schrittweise umgestellt, und die Bruttolöhne erhöhten sich nicht unbeträchtlich.

Mit Wirkung vom 1. Dezember 1976 trat eine Rentenerhöhung in Kraft. Dies bedeutete für 3,4 Millionen Rentner eine Erhöhung um 30 bis 60 Mark und wirkte sich vor allem für langjährig Tätige aus. Analoge Regelungen betrafen Hinterbliebene, Unfallrentner und Kriegsbeschädigte. Die Mindestrente wurde von 200 auf 230 Mark angehoben.

Diese Zahlen zeigen sowohl das Bemühen der SED-Führung, etwas für die Bevölkerung zu tun, als auch den absolut gesehen bescheidenen Umfang der sozialpolitischen Verbesserung. Trotz niedriger Mieten und stabiler Preise für Grundnahrungsmittel waren 230 oder 300 Mark auch in der DDR sehr wenig Geld. Man muss sich bei einem Vergleich stets vor Augen halten, dass viele Industrieprodukte, Kleidung, Schuhe, Möbel, gar Fernsehapparate oder Autos unverhältnismäßig teuer waren.

Berufstätige Mütter

Großzügig fielen die Maßnahmen für berufstätige Mütter aus: Verlängerung des Schwangerschaftsurlaubs bei voller Zahlung des Nettodurchschnittsverdienstes von 18 auf 26 Wochen; Einführung des so genannten Babyjahrs, was bedeutete, dass ein „Elternteil“ – in der Regel die Mutter – beim ersten Kind eine unbezahlte Freistellung bei Garantie des Arbeitsplatzes und beim zweiten und jedem weiteren Kind bei Zahlung eines Nettoverdienstes in Höhe des Krankengeldes (in der Regel 80 Prozent des durchschnittlichen Nettoeinkommens, mindestens jedoch 300 Mark) Urlaub beantragen konnte.

Hinzu kamen warengebundene aber zinslose Kredite für junge Ehen, deren Rückzahlungsvolumen mit jedem Kind reduziert wurde und beim dritten Kind gänzlich erlassen wurde. Die 5000 Mark reichten in der Regel für die Erstausstattung einer kleinen Wohnung. Die Schwierigkeit bestand freilich darin, die entsprechenden Waren wie Küchenmöbel, Kinderzimmereinrichtungen usw. im Handel auch zu bekommen. Das Grundproblem bei der Politik der Geldausschüttungen bestand darin, die entsprechende Warendecke zu garantieren. Die einfachen Regulative von Angebot und Nachfrage funktionierten in einem System der staatlich garantierten Festpreise nicht. Einfach ausgedrückt: Es gab immer mehr Geld und immer weniger dafür zu kaufen.

M 14 **„Junge Frau von 1975 – nicht mehr kleinzukriegen“**
Titelblatt der Satirezeitschrift „Eulenspiegel“, Berlin (Ost), 1975

Das Wohnungsbauprogramm

Kernstück der Sozialpolitik war die Errichtung gigantischer Plattenbausiedlungen, die bis heute das Bild der ostdeutschen Städte prägen. Tatsächlich war die Wohnungsfrage im DDR-Alltag das Thema

M 15 Plattenbausiedlung
Platz einer Wohnsiedlung in Schwedt (Brandenburg), Foto von 1974

Nummer eins. Statistisch wurde noch im Jahr 1970 jede Einzimmerwohnung von durchschnittlich 1,4 Personen bewohnt; mehrere Jahre mussten junge Paare auf die Zuweisung einer Wohnung warten. Nur 40 Prozent aller Wohnungen hatten eine Innentoilette, knapp 40 Prozent verfügten über ein Bad bzw. eine Dusche. Fast 20 Prozent der Wohnungen hatten keinen eigenen Wasseranschluss. Die DDR zehrte vom Wohnungsbestand der Vorkriegszeit. Im Durchschnitt waren die Wohnungen 60 Jahre alt.
Tatsächlich waren die Leistungen im Wohnungsbau bis 1989 beachtlich. Die Anzahl der Wohneinheiten pro 1000 Einwohner stieg zwischen 1970 und 1989 von 355 auf 426. Die Wohnfläche pro Einwohner erhöhte sich von 20,6 auf 27,6 Quadratmeter. Statt 40 Prozent wie im Jahr 1971 verfügten 1989 zwischen 70 und 80 Prozent aller Wohnungen über Innen-WC und Bad oder Dusche und knapp 50 Prozent über eine Zentralheizung; 1971 waren es nur 10,8 Prozent. Rund 50 Prozent der Wohnungen wurden mit Kohleöfen geheizt. Dieser Wohnstandard entsprach jenem der Bundesrepublik der frühen Sechzigerjahre.

Mietbindung

Die staatlich festgelegten Mieten waren unverändert. Je nach Ausstattung betrugen sie zwischen 0,80 und 1,25 Mark pro Quadratmeter; Fernwärme oder Zentralheizung erforderten einen Aufpreis von 0,40 Mark. Kleine Altbauwohnungen kosteten daher nur selten mehr als 40 Mark Miete, das Entgelt für eine neue 3-Raum-Wohnung lag bei 100 Mark. Die niedrigen Mieten galten der SED als eine ihrer großen sozialpolitischen Errungenschaften. Doch die eklatante Wohnungsnot hatte gerade hier eine ihrer Ursachen. Angesichts von Mieten in Höhe eines besseren Taschengeldes lohnte es sich für Familien kaum, nach Auszug der Kinder eine kleinere Wohnung zu beziehen. Zudem waren Umzüge und Renovierungen durch den Mangel an den einfachsten Baustoffen sehr aufwändig.

Verfall der Altbausubstanz

Im gleichen Zeitraum beschleunigte die Bündelung aller Mittel für Wohnungsneubauten den Verfall der Altbausubstanz. Da auch in den Achtzigerjahren über die Hälfte des Wohnungsbestands noch aus der Vorkriegszeit stammte, hatte ein großer Teil der Bevölkerung eine zunehmende Verschlechterung der Wohnqualität zu beklagen. Private Eigentümer, in deren Besitz noch immer 40 Prozent der Wohnungen

M 16 **„Verfall der Altbausubstanz"**
Leipzig, Foto von 1977

waren, sahen sich angesichts der Mieten, die nur den geringsten Teil der Kosten deckten, zur Instandhaltung oder gar zur Modernisierung der Häuser nicht in der Lage. Aber selbst wenn sie die notwendigen Mittel hätten aufbringen können, hätte es dennoch an Handwerkern und Baumaterialien gemangelt. Baustoffe inklusive Dachziegel und Dachrinnen waren ebenso Mangelware wie Türen und Fenster, Dielen und Parkett. Rohre und Armaturen, Wasch- und WC-Becken, Gas- und Kohleherde sowie Boiler waren selten erhältlich, desgleichen Tapeten. Eigeninitiative und Selbsthilfe waren unter diesen Umständen alle nur erdenklichen Hindernisse in den Weg gelegt.

Der Weg in die wirtschaftliche Katastrophe

Seit den Sechzigerjahren hatte sich die DDR auf steigende Lieferungen sowjetischen Rohöls verlassen können. Bis zu diesem Zeitpunkt wurden sowohl die Energie als auch die Rohstoffe für die chemische Industrie fast ausschließlich aus der heimischen Braunkohle und deren Veredelungsprodukten gewonnen. Jede Hoffnung auf Erdölvorkommen auf dem Staatsgebiet der DDR hatte sich nach aufwändigen und erfolglos gebliebenen Untersuchungen zerschlagen. Den sowjetischen Öllieferungen war es zu verdanken, dass die chemische Industrie nach und nach umgestellt werden konnte. Vor allem in Leuna, Schwedt und Zeitz wurden moderne petrochemische Anlagen errichtet.

Ölpreisschock

Als die Rohölpreise Anfang der Siebzigerjahre auf dem internationalen Markt dramatisch stiegen, schien die DDR davon zunächst unbeeinflusst, denn die Preise waren stets für ein Planjahrfünft vertraglich festgelegt. Im Gegenteil: Da die DDR seit 1972 Erdölprodukte gegen Devisen in den Westen exportierte, konnte sie sogar hohe Gewinne erwirtschaften. Doch 1975 wurde auf Druck der Sowjetunion ein neues Preisbildungssystem eingeführt. Von nun an errechnete sich der Ölpreis aus dem Durchschnitt der Weltmarktpreise der vergangenen fünf Jahre und wurde jährlich angepasst. Zeitverzögert war nun auch die DDR vom Ölpreisschock betroffen. Die Exporte in den Westen waren weiterhin einträglich, zumindest solange die Preise auf dem Weltmarkt stiegen. Der inländische Verbrauch von Öl jedoch verteuerte sich enorm.

Charakteristisch für die ganze Ära Honecker war, dass mehr verbraucht als produziert wurde. In den Siebzigerjahren wurde diese Überkonsumtion vor allem mithilfe von Krediten finanziert, die eine steigende Verschuldung im Westen zur Folge hatten. In den Achtzigerjahren ging der Konsumsozialismus vornehmlich zu Lasten der Investitionstätigkeit.

Westliche Kredite für die DDR

Mit der Wiederherstellung der Kreditwürdigkeit der DDR auf den internationalen Finanzmärkten gelang es Honecker, Mittag und Schalck in Kooperation mit Strauß und Kohl, eine politische Krisensituation in der DDR abzuwenden, deren Auswirkungen damals wohl kaum anders gelöst worden wären als in Polen – mit der Verhängung des Kriegsrechts. Der hohe politische Preis, den die SED-Führung für die ökonomische Stabilisierung zu zahlen bereit war, zeigt, wie hart sie die Verweigerung von Krediten getroffen hätte. Sogar zu politischen Kompromissen musste sich die SED durchringen. Die Selbstschussanlagen und Minen an der innerdeutschen Grenze wurden entfernt, wozu sich die DDR-Regierung durch die Unterzeichnung einer UN-Konvention

M 17 **Treffen Honecker/Strauß**
Bei einer privaten Besuchsreise des bayerischen Ministerpräsidenten in die DDR wurde über einen Milliarden-Kredit verhandelt, Foto von 1983

ohnehin verpflichtet hatte. Nachdem die Einreise für Westbesucher in den Siebzigerjahren erleichtert worden war, wurden den DDR-Bürgern nun auch Westreisen eher bewilligt und die Besuchsmöglichkeiten in „dringenden Familienangelegenheiten" lockerer gehandhabt.

Im Frühjahr 1984 genehmigten die DDR-Behörden fast alle bis dahin gestellten Ausreiseanträge; knapp 35 000 Menschen gingen in die Bundesrepublik. Die Hoffnung der SED-Führung, sich damit des Problems entledigt zu haben, wurde allerdings enttäuscht. Die Massengenehmigung hatte vielmehr eine Sogwirkung und löste eine Flut von Ausreiseanträgen aus, die bis 1987 die 100 000 überschritten hatten. Die Ausreisewilligen bildeten ein Druckpotenzial, das immer stärker werden sollte.

5. Revolution, Wende und Wiedervereinigung

Kirche und Opposition

In der DDR-Gesellschaft boten allein die Kirchen die praktische Möglichkeit selbstbestimmten politischen Handelns. Natürlich gab es auch in anderen Bereichen der Gesellschaft Spielräume und eigenständiges Denken, doch im Augenblick einer politischen Willensbildung stand der gefährliche Vorwurf der staatsfeindlichen Gruppenbildung im Raum. Die Netze der Stasi waren engmaschig und wer sich darin verfing, musste mit schwerwiegenden Konsequenzen rechnen.

Die Kirche als offenes Fenster für die Gesellschaft

Die Kirche war der einzige Raum der Gesellschaft, der nicht der totalen Kontrolle des Staates unterlag. Er war ein offenes Fenster der geschlossenen Gesellschaft. Hier fanden Diskussionen über Themen statt, über welche man in der Schule oder der Jugendorganisation nicht frei reden konnte. In den Gemeinderäumen fanden Schriftstellerlesungen, Liederabende und Kunstausstellungen unerwünschter Künstler statt und hier wurden bereits in den Siebzigerjahren Musikveranstaltungen mit mehreren Tausend Teilnehmern aus der ganzen DDR organisiert. Seit den späten Siebzigerjahren bildeten sich im Schutzraum der Kirche kleine, meist themenbezogene Gruppen. Sie widmeten sich dem Umweltschutz, der Sozialarbeit oder der Friedensthematik. Die Kirchenleitungen sahen diese Tendenz mit gespaltenen Gefühlen. Auf der einen Seite bescherte ihnen diese Art von Aktivitäten eine interessante Gemeindearbeit und zu gewissen Anlässen volle Kirchen; auf der anderen Seite wollte und konnte die Kirche nicht die politische Opposition sein.

Die Haltung der Kirchen war durch die vieldeutige Formel „Kirche im Sozialismus" bestimmt. Diese Formel konnte eine reine Ortsbestimmung sein, die nichts über die Inhalte aussagte, sie konnte als Loyalitätserklärung gegenüber dem sozialistischen Staat verstanden werden und sie konnte als ein Band zwischen Christen und kritischen Marxisten begriffen werden. Die letzte Variante bereitete der SED die meisten Sorgen.

Friedensbewegung

Im Zusammenhang mit der Nachrüstungsdebatte gewann die unabhängige Friedensbewegung der DDR an Resonanz und inhaltlicher Tiefe. Anlässlich der Friedensdekade 1980 wurde das biblische Motto „Schwerter zu Pflugscharen" gewählt. Das Enblem zeigte eine stilisierte Abbildung des Denkmals eines sowjetischen Bildhauers, das die UdSSR den Vereinten Nationen geschenkt und in New York vor

M 18 „Schwerter zu Pflugscharen"

dem UN-Hauptquartier aufgestellt hatte. Von dem Textildruck wurden 100 000 Stück gefertigt und vor allem von Jugendlichen getragen. Dies löste eine heftige Reaktion der Staatsorgane aus. Schuldirektoren, Lehrmeister und Volkspolizisten machten Jagd auf den Textilaufnäher, trennten ihn mit der Schere aus den Jacken und Mänteln. Daraufhin schnitten sich viele Jugendliche Löcher in die Ärmel und trugen diese demonstrativ zur Schau. Je rigider die Staatsmacht gegen das Zeichen vorging, desto populärer wurde es. Der Mann mit dem schwingenden Schmiedehammer wurde für die SED zum „unbesiegbaren Symbol".

Im Februar 1982 veröffentlichten Robert Havemann und der Pfarrer Rainer Eppelmann ein als „Berliner Appell" bezeichnetes Papier mit dem Titel „Frieden schaffen ohne Waffen". Darin wurden Abrüstung in ganz Deutschland, ein Friedensvertrag und der Abzug der Besatzungstruppen verlangt. Während eines Treffens in Dresden wurde das Dokument in einer überfüllten Kirche vorgestellt und diskutiert. Die SED versuchte zur bewährten Methode von Verhaftungen zu greifen, musste aber die negative Reaktion der internationalen Öffentlichkeit auf solche Maßnahmen fürchten. Sie konnte auf die Dauer schwerlich die Friedenskämpfer in der BRD unterstützen und die Pazifisten im eigenen Land als Staatsverbrecher behandeln. Im Beton des totalitären Systems zeigten sich erste Risse und Spalten, die von nun an immer tiefer werden sollten.

Das Jahr 1989

Am 19. Januar 1989 eröffnete Generalsekretär Erich Honecker auf einer Festsitzung das geplante Thomas-Müntzer-Jahr. Die Feierlichkeiten zum 500. Geburtstag des radikalen Bauernführers versprachen im Januar noch einer der denkwürdigen Höhepunkte des Jahres 1989 zu werden. Erich Honecker nutzte die Gelegenheit zu einer Abschweifung in die aktuelle Politik. Er verkündete, die Mauer würde noch in fünfzig oder hundert Jahren stehen, „wenn die dazu vorhandenen Gründe noch nicht beseitigt sind". Die Mauer sei notwendig, um die DDR vor Räubern zu schützen. Damit meinte er die „Kriegstreiber" in Westdeutschland. Diese Äußerung erregte viel Unwillen. Es wurde doch allgemein für möglich gehalten, dass Erich Honecker recht behalten könnte.

Demokratisierung in Osteuropa

In der ersten Jahreshälfte war die internationale Nachrichtenlage spannend: Michail Sergejewitsch Gorbatschow reiste vom 12. bis 15. Juni 1989 in die Bundesrepublik und wurde dort gefeiert. In Ungarn und Polen war der Demokratisierungskurs ganz offenbar nicht mehr aufzuhalten und die Sowjetunion tat nichts, um ihn mit Gewalt zu bremsen. In der DDR herrschte immer noch angespannte Ruhe. Zum Jahrestag des Mauerbaus am 13. August 1989 wiederholte das „Neue Deutschland" sinngemäß die Worte Honeckers über die noch lange währende Notwendigkeit der Grenzsperren. In der DDR gebe es keinen Reformbedarf, meinte das Zentralorgan.

Massenflucht über Ungarn in die ČSSR

Doch gleichzeitig gewann die latente innenpolitische Krise an Dynamik. Immer mehr DDR-Bürger versuchten über die bundesdeutschen Vertretungen in Prag und Budapest ihre Ausreise zu erzwingen. Gerade diejenigen, die nicht mehr an eine Veränderung der Lage in der DDR glaubten und für immer ihrer Heimat den Rücken kehren wollten, gaben den Anstoß für den längst überfälligen demokratischen Aufbruch. In der Leipziger Nikolaikirche fand seit langer Zeit jeden

Montag ein Friedensgebet statt. Diese Veranstaltung nutzen Ausreiseantragsteller, um nach dem Gottesdienst gemeinsam durch die engen Straßen der Innenstadt bis zum Hauptbahnhof zu marschieren und dort lautstark ihrem Wunsch nach Ausreise Ausdruck zu verleihen. Dem Ruf „Wir wollen raus!“ schallte am 4. September 1989 erstmals im Sprechchor der Ruf entgegen: „Wir bleiben hier!“ Der Resignation wurde die Hoffnung entgegengestellt. Das war die offene Kampfansage an das SED-System.

M 19 **„7. Oktober 1989“**
Ehrentribühne auf der Karl-Marx-Allee in Ost-Berlin mit Erich Honecker und Michail Gorbatschow, Foto

Die Formierung der Opposition

Am 10. September trat eine Gruppe mit den Namen „Neues Forum“ an die Öffentlichkeit. Sie forderte in ihrem Gründungsaufruf nicht mehr und nicht weniger als ein offenes Gespräch in der Gesellschaft. Alles andere ließ das Gründungspapier offen. Die Neugründung entwickelte sich schnell zur Lawine. Tag für Tag überwanden mehr Menschen die Lethargie und Angst, fanden sich in Kirchen und anderswo zusammen und begannen, sich in die eigenen Angelegenheiten einzumischen. Nun brach das Gründungsfieber aus. Immer mehr Gruppen traten an die Öffentlichkeit.

Währenddessen liefen die Vorbereitungen zum 40. Jahrestag der DDR weiter, als würde im Lande nichts geschehen. Die Situation nahm groteske Züge an. Die vergreiste Führung zelebrierte ungerührt von der offenkundigen Krise ganz im alten Stil die Feierlichkeiten zum Republikgeburtstag am 7. Oktober. Am Nachmittag kam es in Berlin, Leipzig, Potsdam und anderen Städten zu Demonstrationen, die auseinandergeknüppelt wurden. Am folgenden Tag wiederholte sich das Szenario des Vorabends. Viele Menschen wurden auf „Zuführungspunkten“ misshandelt oder vor Schnellgerichte gestellt.

Die Montagsdemonstration am 9. Oktober in Leipzig brachte den Umschwung: Angesichts der etwa 70 000 Demonstranten kapitulierte die Staatsmacht und wagte nicht, die Befehle für eine gewaltsame Auflösung des Demonstrationszuges zu geben. Damit hatte die SED auf die totalitäre Machtausübung verzichtet. Sie setzte nun auf Dialog und Konsens – wie die wichtigsten Schlagworte dieser Tage hießen. Doch es war für die SED zu spät. Auch der Wechsel an der Spitze

M 20 **„Massendemonstration“**
Berlin am 4. November 1989, Foto

der Parteiführung am 18. Oktober erzielte nicht die erhoffte Wirkung. Egon Krenz war zu tief in das System verstrickt, um glaubwürdig zu sein. Die Macht zerfiel der SED unter den Händen.

Täglich gab es nun Rücktritte auf allen Ebenen. Die Oppositionsgruppen gewannen an Boden und radikalisierten ihre Forderungen. Am 4. November kam es auf dem Alexanderplatz in Berlin zur bisher größten Massendemonstration in der Geschichte der DDR. Dieser Tag kennzeichnet den Kulminationspunkt der demokratischen Massenbewegung und gleichzeitig den Punkt der zunehmenden Differenzierung. Die Reden, aber auch viele Sprechchöre und Losungen, zielten immer noch auf eine demokratische Erneuerung des Sozialismus und auf Veränderungen innerhalb der DDR. Gleichzeitig aber wollten viele Menschen nun weiter gehen und stellten die Existenz des Systems infrage.

M 21 Öffnung der Mauer,
Grenzübergang Bornholmer Straße am 9. November 1989

Die Vereinigung

Am Abend des 9. November führte eine verunglückte Presseerklärung zu Menschenansammlungen an den Grenzübergängen in Berlin. Schließlich beugten sich die Diensthabenden ohne Befehl von oben dem friedlichen Druck der Massen und die Menschen strömten jubelnd nach Westberlin. Die eiserne Klammer, die bisher die DDR zusammengehalten hatte, war zerbrochen. Das war das faktische Ende der DDR und der Teilung Deutschlands. Eine Rückkehr der alten Zustände war unmöglich geworden. Innerhalb von nur wenigen Tagen vollzog sich ein grundsätzlicher Stimmungsumschwung. Es war nur noch eine Frage der Zeit und der Modalitäten im Detail, dass sich die beiden deutschen Staaten vereinigen würden.

Modalitäten der Vereinigung

Die Menschen in der DDR wollten keine neuen sozialen Experimente, keine unerfüllbaren Wechsel auf die Zukunft, nicht noch ein Utopia, das in Terror und Armut endet – sondern genau jenes solide kleine Glück, das ihnen bei ihren ersten Westbesuchen begegnete.

Der wirkliche Aufbruch vollzog sich in Richtung Marktwirtschaft, freie Konkurrenz, Leistungsgesellschaft. „Du musst ein Schwein sein in dieser Welt“ sangen die „Prinzen“, eine Gruppe ehemaliger Sängerknaben des Leipziger Thomanerchors, und sie trafen damit den Nerv der Zeit. Schon schnell grassierte die Redensart: „Dafür bin ich nicht auf die Straße gegangen.“ Viele Menschen haben die Wende der Jahre 1989/1990 nicht als Befreiung erfahren, sondern als Demütigung, als Infragestellung ihrer Lebensleistung, als Entwertung ihrer Biografie. Und doch gab es keine reale Alternative in jenem Jahr des freien Falls.

Der schnelle Anschluss an die Bundesrepublik war von einer großen Mehrheit der Menschen gewollt. Sie entschieden sich bei den ersten demokratischen Wahlen am 18. März 1990 für eine flink zusammengezimmerte Koalition aus der frisch gewendeten CDU, die sich wenige Monate zuvor noch in treuer Gefolgschaft der SED befunden hatte, der DSU und des Demokratischen Aufbruchs (DA). Die SPD, auf der zu Beginn des Jahres 1990 noch viele Hoffnungen geruht hatten, blieb weit unter den Erwartungen. Die frisch umbenannte SED erzielte als Partei des demokratischen Sozialismus (PDS) einen Achtungserfolg, der zum Beginn ihrer langfristigen Stabilisierung werden sollte. Die eigentlichen Revolutionshelden der Bürgerbewegung, die als „Bündnis 90“ antraten, wurden vom Wähler kaum noch beachtet. Dieses unerwartete Wahlergebnis hatte einen schlichten Grund: Die Wähler entschieden sich für jene Partei, die den schnellsten Anschluss an die BRD versprach. Das zeugte von bemerkenswerter Klarsicht. Die Modelle einer separaten Entwicklung der DDR-Wirtschaft – etwa mit einer eigenen Währung – waren illusionär. Sie hätten nur funktioniert, wenn die Mauer von westlicher Seite wieder errichtet worden wäre. Das war verfassungsrechtlich ausgeschlossen und politisch nicht denkbar.

Am 1. Juli 1990 begann mit der D-Mark die neue Zeit. Faktisch wurde damals bereits die DDR an die Bundesrepublik angeschlossen. Es ging seit dem Sommer 1990 allein um die Modalitäten, den Zeitplan und die internationalen Rahmenbedingungen. Die Zustimmung der Sowjetunion zum Verbleib Deutschlands in der NATO machte den Weg schließlich frei, denn diese Einbindung hatten die USA zur Bedingung gemacht. Feierlich wurde in Moskau der Zwei-plus-Vier-Vertrag geschlossen. Der Rest war ein Streit um den Terminkalender. Am 23. August fielen in einer langen Nachtsitzung der Volkskammer die Würfel.

Beitritt nach Art. 23 GG

Der 3. Oktober 1990 wurde zum Tag der Wiederherstellung der deutschen Einheit bestimmt. Von einem Anschluss oder gar einer Okkupation kann also keine Rede sein. Es war die demokratisch gewählte Volkskammer der DDR, die mit 294 zu 62 Stimmen und in Übereinstimmung mit dem Willen eines großen Teils der Bevölkerung gemäß Artikel 23 des Grundgesetzes den Beitritt zur Bundesrepublik beschloss. Eine neue Verfassung, eine neue Staatsbezeichnung oder Symbolik – über all dies wurde öffentlich heiß diskutiert – wären psychologisch sicher nicht schlecht gewesen. Sie hätten den Menschen in der DDR das Gefühl einer echten Vereinigung geben können. So dominierte gelegentlich das Gefühl einer Übernahme, das auch durch den berechtigten Hinweis auf den freien Willen der DDR-Bevölkerung nicht immer gänzlich aus der Welt geschafft werden konnte.

M 22 Einheitsfeier vor dem Reichstag am 3. Oktober 1990, Foto

Ein Jahr nach den turbulenten Oktoberereignissen des Jahres 1989 stiegen wieder Feuerwerksraketen über Berlin auf. Es war eine Feier ohne patriotischen Überschwang, ohne übertriebene Euphorie und hochgespannte Erwartung – eher die Erfüllung einer Normalität. Längst hatte der Alltag des gemeinsamen Deutschland mit all den künftigen Problemen begonnen. Dennoch war dieser 3. Oktober 1990 die wohl glücklichste Stunde in der Geschichte der Deutschen. Zum ersten Mal befand sich das Volk in der Mitte Europas mit allen seinen Nachbarn in einem dauerhaftem Friedenszustand. Seine innere politische Ordnung und sein Sozial- und Wirtschaftssystem wurden von einer sehr großen Mehrheit der Bürger akzeptiert.

Geteilte Erinnerungen

Sicherung der Stasi-Akten

Als zur Jahreswende 1989/90 in mehreren Städten der DDR Demonstranten die Befehlszentralen des Ministeriums für Staatssicherheit besetzten, bestand ihr wichtigstes Ziel darin, die Tätigkeit des MfS zu beenden. Doch von Anfang an spielte die Sicherung der Archive eine wichtige Rolle. Es hatte sich das Gerücht verbreitet, dass in den MfS-Dienststellen im großen Umfang Akten vernichtet würden. Das wollte die Demokratiebewegung verhindern und hat es zum Teil auch getan. Die Bürgerkomitees sicherten die Archive und begannen mit einer Aufarbeitung wichtiger Materialien über die Geschichte, die Struktur und die Methoden des Unterdrückungsapparates. Selten zuvor ging

M 23 „Herr Mielke, wo ist meine Akte?"
Vor der Zentrale des MfS in der Normannenstraße in Ost-Berlin, nachdem diese besetzt worden war, 19. Februar 1990

eine Revolution derart zielstrebig und bewusst einher mit einer Art Wiedergewinnung der eigenen Geschichte.

Geschichtsfälschungen

Die SED-Ideologie hatte versucht, die fehlende demokratische Legitimation durch eine historische Legitimation zu ersetzen. Die DDR wurde zur Vollendung aller fortschrittlichen Bestrebungen des deutschen Volkes verklärt. Die Historie wurde so lange verstümmelt, bis sie kaum noch wieder zu erkennen war. Besonders die Zeitgeschichte war politische Agitation. Viele Ereignisse wurden gänzlich verschwiegen oder auf einfache Formeln reduziert. So wurde der Aufstand vom 17. Juni 1953 zu einem „faschistischen Putsch" umgelogen, der Mauerbau vom 13. August 1961 wurde zur erfolgreichen Verhinderung eines Krieges verfälscht.

Zu Recht fühlten sich die Menschen belogen und betrogen und wollten endlich aus den Akten die Wahrheit erfahren. Sie erwarteten von der Öffnung der Archive der Staatssicherheit und der SED Aufklärung über die eigene Geschichte, aber auch konkreten Aufschluss über ihre Biografie.

Bewältigung der Diktatur

In der Tat gab es bald schon eine Welle wichtiger Veröffentlichungen zur DDR-Geschichte. Die wissenschaftlichen Debatten gingen einher mit der Aufarbeitung der Stasi-Vergangenheit. Nicht zufällig stammt der Begriff „Aufarbeitung" aus der Psychoanalyse. Es ging nicht allein um Fakten, sondern um einen Prozess der mentalen Bewältigung der Diktaturfolgen. Eine große Zahl von Menschen hatte im Unterdrückungsapparat gearbeitet oder war als Spitzel tätig gewesen. Darunter befanden sich prominente Politiker, Journalisten, Künstler, Sportler usw. Immer wieder gab es die gleichen Debatten um moralische Schuld, Verstrickung und Sühne. Während die juristischen Folgen aufgrund der Verjährungsfristen zum Abschluss gekommen sind, nehmen die Stasi-Enthüllungen kein Ende. Es wäre zu einfach, hierfür die Sensationslust der Medien verantwortlich zu machen. Der Abscheu vor dem Stasi-Apparat ist immer noch sehr groß.

Dennoch mutmaßen viele Menschen in den sogenannten neuen Bundesländern, die Stasi-Keule würde immer dann geschwenkt, wenn es gälte, die Ostdeutschen zu demütigen oder als Konkurrenten auf dem Arbeitsmarkt beiseitezudrängen. Überhaupt spielte sich die gesamte Diskussion schon ab Mitte der Neunzigerjahre vor dem Hintergrund berechtigter und unberechtigter Enttäuschungen ab. Viele Menschen haben den Zusammenbruch der DDR nicht als Befreiung erlebt, sondern als Entwertung ihrer Lebensleistung. Für viele Bürger der DDR – nicht allein für Mitarbeiter staatsnaher Einrichtungen – war es schwer, nach dem Umbruch beruflich wieder den Anschluss zu finden. Diese Frustrationen sind ohne Zweifel Wasser auf die Mühlen der SED-Nachfolgepartei PDS bzw. Die Linke.

„Ostalgie"

Unabhängig davon entwickelte sich das Phänomen der „Ostalgie", ein von Nostalgie abgeleitetes Kunstwort, das ein Kabarettist erfunden hat. Ost-Produkte, die man 1990 aus den Regalen der Kaufhallen geworfen hatte, aber auch die politischen Symbole des DDR-Systems stoßen auf große Nachfrage. Immer mehr Menschen erinnern sich angesichts der gegenwärtigen Schwierigkeiten an einen Staat ohne Arbeitslosigkeit, an vom Staat garantierte Kinderbetreuung und an soziale Harmonie. Die DDR verwandelt sich in der Erinnerung in ein Sozialparadies. Die Erinnerungen an die politische Unrechtsjustiz, die Stasi und die Mauer, verblassen dagegen immer mehr.

DDR-Forschung

In den letzten Jahren hat sich innerhalb der DDR-Forschung eine Polarisierung zwischen einer politikgeschichtlich-orientierten Herrschafts- und Repressionsgeschichte und einer sozialhistorisch-orientierten Alltagsforschung entwickelt. Die Kontroverse um die von Klaus Schroeder veröffentlichten Umfragen unter Schülern verschiedener Bundesländer ist nur der bisherige Höhepunkt eines langen Konfliktes. Die Vertreter der beiden Richtungen werfen einander Verharmlosung bzw. Dämonisierung vor und oft genug spürt man dahinter parteipolitische Präferenzen und die Konkurrenz wissenschaftlicher Institutionen. Immer wieder wird das scheinbar idyllische Alltagsleben der DDR gegen den Stasi-Terror, die Maueropfer und die Unterdrückung in Stellung gebracht. Umgekehrt wird auf die politischen Unrechtsurteile oder die Verfolgung Andersdenkender verwiesen, wenn einzelne Personen auf ihr glückliches Leben verweisen, das sie unter der Käseglocke des Überwachungs- und Repressionssystems geführt hätten. Diese Polarisierung zwischen Idylle und Diktatur ist grundfalsch. Die Idylle hinter dem Stacheldraht war ein notwendiger und immanenter Teil der Diktatur. Das Repressionssystem funktionierte so effizient, weil die verordnete Harmonie von vielen Untertanen widerstandslos verinnerlicht wurde.

Zwanzig Jahre nach der friedlichen Revolution haben sich diese Debatten keineswegs entschärft, sondern sind im Gegenteil in den Medien und in den politischen Auseinandersetzungen sehr präsent. Die lange Dauer dieser Debatten ist ohne Zweifel ein Symptom der Schwierigkeiten beim Zusammenwachsen von Ost und West. Doch nur auf dem Wege des öffentlichen Diskurses wird es möglich sein, die Mauern in den Köpfen abzutragen.

Zusammenfassung

Literatur

Ulrich Mählert, Kleine Geschichte der DDR, München 2006

Stefan Wolle, Die heile Welt der Diktatur, Bonn 1999

Klaus Schroeder, Der SED-Staat, München 1998

Am Anfang stand die Katastrophe vom 8. Mai 1945. Der opferreichste Krieg der Weltgeschichte endete mit der totalen Niederlage des nationalsozialistischen Deutschland. Für die deutsche Bevölkerung bedeutete das: Zerstörung, Hunger, Heimatlosigkeit von Millionen und eine auf lange Zeit untilgbare moralische Schuld. Das Land wurde zwischen den vier Siegermächten (USA, Großbritannien, Frankreich, Sowjetunion) aufgeteilt. Wie sollte es weitergehen mit Deutschland?

Die sowjetische Besatzungsmacht und die deutschen Kommunisten hatten eine einfache Antwort: Schuld an Faschismus und Krieg waren die Konzernherrn und Junker gewesen, deren Macht es nun zu beseitigen galt. Die Bodenreform und die Enteignung von vermeintlichen Kriegsverbrechern und Nazis fanden bei der Bevölkerung durchaus noch Zustimmung. Der Zusammenschluss von Kommunisten und Sozialdemokraten zur SED wurde von der Mehrheit der Sozialdemokratie jedoch abgelehnt. Die Befürchtungen, von den Kommunisten und der sowjetischen Besatzungsmacht beiseitegedrängt zu werden, sollte sich als nur allzu begründet erweisen.

Mit den wachsenden Spannungen zwischen Ost und West verwandelte sich die sowjetische Besatzungszone immer mehr in eine kommunistische Parteidiktatur von Moskaus Gnaden. Für manche war dies die gebotene Antwort auf die von den Westmächten und Konrad Adenauer betriebene Restauration des Kapitalismus. Die Mehrheit der Bevölkerung jedoch lehnte den ostdeutschen Teilstaat ab, der am 7. Oktober 1949 aus der Taufe gehoben wurde. In den frühen Fünfzigerjahren wurde die Bevölkerung durch immer neue Einschränkungen des Lebensniveaus verbittert.

Die Geduld des Volkes war am 17. Juni 1953 endgültig zu Ende. Der aus Moskau verordnete „Neue Kurs“ wurde von der Bevölkerung als Bankrotterklärung des Regimes empfunden. Die Erhöhung der Arbeitsnormen wurde zum Funken am Pulverfass. Nach einer Demonstration der Berliner Bauarbeiter am 16. Juni 1953 kam es am folgenden Tag zu einer Welle von Streiks und Massendemonstrationen. Aus einer Arbeiterdemonstration gegen überzogene Normen war innerhalb weniger Stunden ein allgemeiner Volksaufstand geworden. Nur das Eingreifen sowjetischer Panzer rettete die verhasste SED-Diktatur vor dem eigenen Volk.

Immer mehr Menschen sahen ihr Heil nur noch in der Flucht in den Westen. Der Staat drohte auszubluten. Mit sowjetischem Einverständnis zog Walter Ulbricht am 13. August 1961 um West-Berlin einen Sperrgürtel, der in den folgenden Monaten zur Mauer ausgebaut wurde. Damit war die Falle für 17 Millionen DDR-Bürger zugeschnappt.

Man begann sich für längere Zeit in der DDR einzurichten. Auch die Führung bemühte sich um eine vorsichtige Modernisierung der Gesellschaft. Eine umfassende Wirtschaftsreform sollte für mehr Wohlstand sorgen, eine Justizreform sollte die größten Härten der politischen Repression mildern, in Kunst und Literatur sollte es mehr Freizügigkeit geben. Nachdem jedoch bereits 1965 diese Politik abgebremst wurde, war spätestens nach der Militärintervention in der Tschechoslowakei am 21. August 1968 endgültig Schluss mit solchen Frühlingshoffnungen.

1971 wurde Walter Ulbricht durch Erich Honecker abgelöst. Anfang der Siebzigerjahre wurde die DDR zum völkerrechtlich anerkannten

Staat. Notgedrungen vollzog sich dadurch auch ein Art Öffnung. Deswegen wurde das Überwachungssystem der Stasi massiv ausgebaut. Um das System zu stabilisieren, begann die Führung ein umfassendes Sozialprogramm zu verwirklichen. Doch auf lange Sicht waren die sozialen Leistungen nicht finanzierbar. Die DDR segelte unaufhaltsam der Pleite entgegen.

Als ab 1985 die Sowjetführung unter Michail Gorbatschow eine Politik der Öffnung und des Umbaus begann, verwandelte sich die latente Dauerkrise in eine akute Existenzkrise der DDR. Im Schutzraum der Kirchen sammelten sich immer mehr Menschen, die ein Mitspracherecht in den öffentlichen Angelegenheiten einforderten. Während der Feierlichkeiten zum 40. Jahrestag der DDR im Oktober 1989 brachen endgültig alle Dämme. In Leipzig, Berlin und vielen anderen Städten fanden friedliche Demonstrationen statt. Die Staatsmacht hatte – anderes als am 17. Juni 1953 – keine Rückendeckung mehr durch die Sowjetunion.

Am 9. November 1989 öffneten die DDR-Grenzsoldaten angesichts der Menschenmassen freiwillig die Schlagbäume an der Berliner Mauer. Eine friedliche Volksrevolution erzwang Freiheit und Demokratie. Bei den ersten freien Wahlen zur Volkskammer am 18. März 1990 brachte eine große Mehrheit der Bürger ihren Willen zu einer schnellen Wiedervereinigung zum Ausdruck. Am 3. Oktober 1990 trat die DDR dem Geltungsbereich des Grundgesetztes bei. Der DDR war es in den vierzig Jahren ihrer Existenz nicht gelungen, die Zustimmung ihrer Bürger zu erlangen. Sie verfügte somit über keine echte Legitimation. Eine wirkliche Alternative zur Bundesrepublik ist sie niemals gewesen. Erst die Wiedervereinigung öffnete den Weg zu einem deutschen Staat, der ein integrierter Teil Europas ist, mit allen seinen Nachbarn in Frieden lebt und von der übergroßen Mehrheit seiner Bürger akzeptiert wird.

Zeittafel

21./22. April 1946	Vereinigung von KPD und SPD der SBZ zur SED
7. Okt. 1949	Gründung der DDR
10. März 1952	Angebot Stalins zur Wiedervereinigung Deutschlands
5. März 1953	Tod Stalins
17. Juni 1953	Volksaufstand in der DDR
18. Jan. 1956	Gründung der Nationalen Volksarmee
27. Jan. 1956	Beitritt der DDR zum Warschauer Pakt
12. Sept. 1960	Walter Ulbricht wird Vorsitzender des neu geschaffenen Staatsrats
13. Aug. 1961	Bau der Berliner Mauer
21. Aug. 1968	Einmarsch von Truppen des Warschauer Pakts in die ČSSR
3. Mai 1971	Rücktritt Ulbrichts als 1. Sekretär der SED; Nachfolger Erich Honecker
18. Sept. 1973	Aufnahme beider deutscher Staaten in die UN
18. Dez. 1975	Ständige Vertreter in Bonn und Berlin (Ost)
7. Okt. 1989	40. Jahrestag der DDR
18. Okt. 1989	Ende der Ära Honecker
9. Nov. 1989	Mauerfall
18. März 1990	Erste demokratische Wahlen in der DDR
1. Juli 1990	Wirtschafts- und Währungsunion
3. Okt. 1990	Deutsche Einheit

1. Die Entstehung der DDR

M 24 „Keine Wiederholung der Fehler von 1918!"

Aus dem Aufruf des ZK der Kommunistischen Partei Deutschlands, 11. Juni 1945:

Nach all dem Leid und Unglück, der Schmach und Schande, nach der dunkelsten Ära deutscher Geschichte, heute, am Ende des „Dritten Reiches", wird uns auch der sozialdemokratische Arbeiter recht geben, dass sich die faschistische Pest in Deutschland nur ausbreiten konnte, weil 1918 die Kriegsschuldigen und Kriegsverbrecher ungestraft blieben, weil nicht der Kampf um eine wirkliche Demokratie geführt wurde, weil die Antisowjethetze einiger demokratischer Führer Hitler den Weg ebnete und die Ablehnung der antifaschistischen Einheitsfront die Kraft des Volkes lähmte.
Daher fordern wir:
Keine Wiederholung der Fehler von 1918!
Schluss mit der Spaltung des schaffenden Volkes!
Keinerlei Nachsicht gegenüber dem Nazismus und der Reaktion! [...]
Mit der Vernichtung des Hitlerismus gilt es gleichzeitig, die Sache der Demokratisierung Deutschlands, die Sache der bürgerlich-demokratischen Umbildung, die 1848 begonnen wurde, zu Ende zu führen, die feudalen Überreste völlig zu beseitigen und den reaktionären altpreußischen Militarismus mit allen seinen ökonomischen und politischen Ablegern zu vernichten.
Wir sind der Auffassung, dass der Weg, Deutschland das Sowjetsystem aufzuzwingen, falsch wäre, denn dieser Weg entspricht nicht den gegenwärtigen Entwicklungsbedingungen in Deutschland.
Wir sind vielmehr der Auffassung, dass die entscheidenden Interessen des deutschen Volkes in der gegenwärtigen Lage für Deutschland einen anderen Weg vorschreiben, und zwar den Weg der Aufrichtung eines antifaschistischen, demokratischen Regimes, einer parlamentarisch-demokratischen Republik mit allen demokratischen Rechten und Freiheiten für das Volk.
An der gegenwärtigen historischen Wende rufen wir Kommunisten alle Werktätigen, alle demokratischen und fortschrittlichen Kräfte des Volkes zu diesem großen Kampf für die demokratische Erneuerung Deutschlands, für die Wiedergeburt unseres Landes auf!
Die unmittelbarsten und dringendsten Aufgaben auf diesem Wege sind gegenwärtig vor allem:

1. Vollständige Liquidierung der Überreste des Hitlerregimes und der Hitlerpartei. [...]
2. Kampf gegen Hunger, Arbeitslosigkeit und Obdachlosigkeit. [...]
3. Herstellung der demokratischen Rechte und Freiheiten des Volkes. Wiederherstellung der Legalität freier Gewerkschaften der Arbeiter, Angestellten und Beamten sowie der antifaschistischen demokratischen Parteien. Umbau des Gerichtswesens gemäß den neuen demokratischen Lebensformen des Volkes. Gleichheit aller Bürger ohne Unterschied der Rasse vor dem Gesetz und strengste Bestrafung aller Äußerungen des Rassenhasses. [...]
4. Wiederaufrichtung der auf demokratischer Grundlage beruhenden Selbstverwaltungsorgane in den Gemeinden, Kreisen und Bezirken sowie der Provinzial- bzw. Landesverwaltungen und der entsprechenden Landtage.

Hermann Weber, DDR. Dokumente zur Geschichte der Deutschen Demokratischen Republik 1945–1985, München, S. 32 ff.

M 25 „Es muss demokratisch aussehen."

Im Mai 1945 schickt die Sowjetführung deutsche Kommunisten in die von der Roten Armee besetzten Gebiete. In Berlin soll die „Gruppe Ulbricht" eine antifaschistisch-demokratische Verwaltung aufbauen. Wolfgang Leonhard, der 1949 die DDR verließ, berichtet über eine Besprechung mit Walter Ulbricht:

„Für den stellvertretenden Bürgermeister für Ernährung, für Wirtschaft und Soziales sowie für Verkehr nehmen wir Sozialdemokraten, die verstehen was von Kommunalpolitik. Für Gesundheitswesen antifaschistisch eingestellte Ärzte, für Post- und Verbindungswesen parteilose Spezialisten, die etwas davon verstehen. Jedenfalls müssen zahlenmäßig mindestens die Hälfte aller Funktionen mit Bürgerlichen oder Sozialdemokraten besetzt werden."
Wir machten lange Gesichter, denn bisher hatten wir fast ausschließlich Kommunisten kennengelernt. [...] Über Ulbrichts Direktiven wurde noch hin und her diskutiert; vor allem über die Frage, wie man plötzlich soviel Bürgerliche und nun auch noch Geistliche finden sollte. Aber etwa nach einer halben Stunde brach Ulbricht die Diskussion ab. Im klassischen Sächsisch gab er uns die letzte abschließende Direktive. „Es ist doch ganz klar: Es muss demokratisch aussehen, aber wir müssen alles in der Hand haben."

Wolfgang Leonhard, Die Revolution entlässt ihre Kinder, Köln 1990, S. 439 f.

M 26 „Aus der Todeszelle in die Hölle von Bautzen"

Heinz Schwollius, 1929 in Potsdam geboren, weigerte sich 1945 der KPD beizutreten. Dies führte im Januar 1946 zu seiner Verhaftung. Am 1. März 1946 verurteile ihn ein sowjetisches Militärtribunal zum Tode. Das Urteil wurde im Mai 1946 in zehn Jahre Zwangsarbeit umgewandelt. Anschließend kam er ins sowjetische Speziallager Torgau und später ins Zuchthaus Bautzen. 1954 schwer Tbc-krank entlassen, ging er in die Bundesrepublik, wo er in Stuttgart seinen festen Wohnsitz fand:

Am 17. Mai 1946 öffnete sich plötzlich die Zellentür und in den Raum traten drei Offiziere und ein Dolmetscher. Schlimme Ahnungen kamen in uns hoch, aber auch Hoffnung, denn es war uns sofort klar, dass jetzt ein entscheidender Moment gekommen war. Alles kam so überraschend, dass wir kaum einen klaren Gedanken fassen konnten, als der Dolmetscher, ein Blatt Papier in seinen Händen haltend, sagte, das Gnadengesuch von Dietrich Marxs und Heinz Schwollius sei vom Ministerpräsidenten Kalinin angenommen worden und beide Verurteilten würden zu je zehn Jahren Zwangsarbeit begnadigt sein. Bei den übrigen sechs Verurteilten sei das Gnadengesuch abgelehnt worden, so dass das Urteil vollstreckt würde. Er forderte uns auf, von unseren Kameraden Abschied zu nehmen und mitzukommen. [...]

Dann befahl der Offizier, ihm zu folgen. Wir spürten unsere Beine nicht, der ganze Körper war wie gelähmt, als wir zum ersten Mal nach Monaten, die wir nur unter der Erde in Kellern gelebt hatten, das Tageslicht erblickten. Völlig unwirklich erschienen uns der blaue Himmel und das saftige Grün der Blätter an den Bäumen. Es war ein Anblick, den wir uns überhaupt nicht mehr hatten vorstellen können. Man führte uns in eine überirdisch gelegene Zelle mit vergitterten Fenstern, die mit etwa zehn Personen belegt war. Wir müssen furchtbar ausgesehen haben, denn alle sahen uns erschreckt an, als seien wir Gespenster. Da unser ganzer Körper total vereitert war, besonders der Rücken war mit einer dicken Eiterkruste überzogen, hinterließen wir eine deutlich sichtbare Spur von Eiter auf dem Boden. Sofort wurde nach einem Arzt gerufen, und ein anderer Häftling lief mit einem Scheuertuch hinter uns her, um aufzuwischen. [...] Am nächsten Tag wurden wir aufgefordert, unsere Sachen, die wir am Körper trugen, abzulegen und uns aus einem Berg Klamotten andere herauszusuchen. Zu unserem Entsetzen stellten wir dabei fest, dass sich einige Kleidungsstücke unserer alten Kameraden darunter befanden, teilweise mit Blut beschmiert. Damit schien bewiesen, dass unsere Freunde unmittelbar in der Nacht erschossen worden waren.

Heinz Schwollius, Aus der Todeszelle in die Hölle von Bautzen, Hg. v. Landesbeauftragten für die Unterlagen des Staatssicherheitsdienstes der ehemaligen DDR, Schriftenreihe Band 24.

Aufgaben

1. Fassen Sie zusammen, wie sich der Neubeginn in der sowjetischen Besatzungszone gestaltete.
   → Text
2. a) Fassen Sie mithilfe der Quelle zusammen, welche Fehler aus dem Jahr 1918 vermieden werden sollten und welche Aufgaben zu lösen waren.
   → M24
   b) Beschreiben Sie, wie die neue Staatsordnung aussehen sollte und überprüfen Sie, inwieweit sie von den Idealen eines kommunistischen Staates abwichen.
   → M24
3. a) Informieren Sie sich über die Biografie Wolfgang Leonhards.
   b) Zeigen Sie auf, welche Ziele Walter Ulbricht verfolgte.
   c) Bewerten Sie den Aussagewert der Quelle.
   → M25
4. Beschreiben Sie am Beispiel von Heinz Schwollius, welche Mittel die sowjetische Militäradministration anwendete, um ihre Ziele durchzusetzen.
   → M26

2. Der Aufbau des Sozialismus

M 27 Gespräch mit Alfred Berlin

Alfred Berlin, ein Brigadier von der Ost-Berliner Stalinallee, erzählt im Rückblick, wie die Weisungen der Führung durchgepeitscht wurden. Seine Baustelle wurde am 16. Juni 1953 zu einer der Keimzellen des Aufruhrs:

Wir wurden schon seit dem Frühjahr 1953 von Gewerkschaftsseite und von der SED mit allen möglichen Versprechungen massiv unter Druck gesetzt, um „freiwillig" auf die Normenverschlechterung einzugehen.
Da die wirtschaftlichen Verhältnisse sehr schlecht waren – auch versorgungsmäßig – sahen wir uns nicht in der Lage, auf die gewünschten Forderungen einzugehen. Zumal ich sagen muss, dass vieles aus Westberlin besorgt werden musste, z. B. Werkzeuge und Materialien, die wir zum damaligen Kurs von acht zu eins – für acht Ostmark erhielten wir eine Westmark – kaufen mussten. Das uns zur Verfügung gestellte Werkzeug war für die Akkordarbeit kaum brauchbar.
Wir waren nicht bereit, für weniger Geld zu arbeiten. Im Mai 1953 fand dann eine große Versammlung statt, auf der man auf angeblich demokratische Weise unser Einverständnis für diese Normenerhöhungen einholen wollte. Das spielte sich damals folgendermaßen ab: Die Firma VEB-Industriebau hatte über 300 Brigadeführer, die schriftlich eingeladen waren. Als wir in den Saal kamen, war jeder zweite Sitzplatz mit einem betriebsfremden, uns unbekannten Menschen besetzt. Es wurden mehrere Reden gehalten, die alle auf eine Normenerhöhung hinzielten. Für unser zukünftiges Leben wurde uns alles Mögliche versprochen: zum Beispiel besserer und höherer Lebensstandard, Altersversorgung und, und. Jedenfalls sollte am Lebensende das Himmelreich auf Erden stattfinden. Das glaubte natürlich niemand. Es kam dann zur Abstimmung. Alle Anwesenden, auch die Betriebsfremden, waren stimmberechtigt und haben mitgestimmt. Die Abstimmung ergab eine Mehrheit für die Normenerhöhung. Um die zwanzig Kollegen waren dagegen, und die Stimmenthaltungen wurden nicht gezählt. Ich selbst hatte mich auch der Stimme enthalten, weil man zu der damaligen Zeit nicht direkt oder indirekt als Brigadeführer gegen die Normerhöhung auftreten konnte […].

Zit. nach: Gerhard Beier, Wir wollen freie Menschen sein. Der 17. Juni 1953, Frankfurt am Main/Wien 1993, S. 55.

M 28 „Forderungen im Textilveredlungswerk"

Die Forderungen der Belegschaft des Textilveredelungswerkes in Gera sind typisch für die Mischung aus gewerkschaftlichen und politischen Forderungen, 18. Juni 1953:

In der am 18.6.1953 stattgefundenen Versammlung im TVW Gera wurden folgende Punkte von den Arbeitern gefordert:
1. Wegfall des Ausnahmezustandes
2. Senkung aller Preise
3. Erhöhung der Arbeitslöhne
4. Wegfall aller Prämien
5. Erhebung des minimal Lohnes aller Arbeiter
6. Freie gesamtdeutsche geheime Wahlen
7. Auszahlung der Löhne wöchentlich
8. Senkung der Gewerkschaftsbeiträge
9. Fortfall der kurzfristigen vertrauensärztlichen Untersuchungen
10. Brigadiere und Einpeitscher haben wegzufallen
11. Wegfall der Zonengrenzen
12. Kein Lohnausfall und keine Maßregelung für den gestrigen und heutigen Tag
13. Verringerung des unproduktiven Betriebsschutzes
14. Auflösung der Volkspolizei
15. Wegfall der Normen
16. Freilassung aller politischen Gefangenen
17. Verbesserung der Renten
18. Haushaltstag für alle Frauen
19. Senkung der vielen Zeitschriften, die in den Betrieb zum Verkauf kommen
20. Die Inhaftierten vom 17.6.1953 auf freien Fuß zu setzen
21. Herabsetzung der Gehälter der Nat. Streitkräfte
22. Rückkehr aller Kriegsteilnehmer
23. Wegfall der Zonengrenzen und freier Paketverkehr mit Westdeutschland.

Andrea Herz (Hg.), Der 17. Juni 1953 in Thüringen (Quellen zur Geschichte Thüringens), Erfurt 2003, S. 116 f.

M 29 Allgemeiner Volksaufstand

Die Bewegung der Arbeiter gegen Normenerhöhung wird in vielen Städten innerhalb weniger Stunden zum allgemeinen Volksaufstand, wie folgende Aktennotiz der Bezirkspolizei Gera vom 23. Juni 1953 belegt:

Als der Beschuldigte in der Nähe der Haftanstalt in der Greizer Str. einen Volkspolizisten bemerkte, brachte er folgende Parole „Volkspolizisten, reiht Euch ein, oder wollt ihr unsere Unterdrücker sein". Die Masse wiederholte auch hier die Losung in lauten Sprechchören, während auf dem gesamten Marsch eine Reihe von anderen Losungen von Sprechchören gerufen wurde. [...]

Nunmehr bewegten sich die Demonstranten zur Kreisleitung der SED Gera-Stadt, formierten sich zu einem Halbkreis um das Gebäude. Eine zurzeit noch unbekannte männliche Person bestieg den Fenstersims und hielt eine Ansprache, wobei folgende Forderungen erhoben wurden:

1. Sofortige Auflösung des Ministeriums für Staatssicherheit
2. Auflösung der Volkspolizei an den Grenzen.
3. Freilassung aller „politischen" Häftlingen.
4. Herabsetzung der Arbeitsnormen und Erhöhung des Lebensstandardes usw.

Man ruft Losungen, die in kräftigen Sprechchören wiederholt wurden. Hierdurch wurde der große Teil der Masse angefeuert und nun rief der unbekannte Redner: „Jetzt holen wir den Spitzbart herunter!" (Hier handelt es sich um das angebrachte Bildnis des Genossen Walter Ulbricht).

Während nun dieser unbekannte Redner versuchte, den Fenstersims hinaufzuklettern, was ihm misslang, rissen einige männliche Personen die dort stehende Fahnenstange heraus und holten damit das Transparent herunter.

Nunmehr erging die Aufforderung, zur Haftanstalt zu marschieren, um die dort befindlichen Häftlinge zu befreien. Durch den Einsatz der Volkspolizei wurde dieses Vorhaben verhindert.

Andrea Herz (Hg.), Der 17. Juni 1953 in Thüringen (Quellen zur Geschichte Thüringens), Erfurt 2003, S. 111 f.

M 30 **„Volksaufstand"**
Leipziger Straße in Ost-Berlin, 17. Juni 1953

Aufgaben

1. a) Erarbeiten Sie mithilfe des Textes, wie sich die Forderung nach Normerhöhung konkret für die Arbeiter auswirkte.
   b) Erschließen Sie, wie die SED versuchte, die Haltung der Arbeiter zu beeinflussen.
   → M27
2. Differenzieren Sie zwischen politischen Forderungen im engeren Sinne und Forderungen, die die Lebensumstände der Menschen betrafen.
   → M28
3. Beschreiben Sie mithilfe des Polizeiberichtes den Ablauf des Aufstands.
   → M29
4. Erschließen Sie mithilfe des Schulbuchtextes, was mit der Formulierung in der Quelle gemeint ist, dass durch den „Einsatz der Volkspolizei" das Vorhaben, zum Gefängnis zu marschieren verhindert worden sei.
   → Text, M29
5. Recherchieren Sie im Internet Informationen über das Foto vom 17. Juni 1953.
   → M30, Internet

3. Die DDR und die Bundesrepublik

M 31 Die DDR-Verfassung im Wandel der Zeit

a) Die erste Verfassung der DDR wurde am 7. Oktober 1949 von einer willkürlich zusammengesetzten Volkskammer beschlossen:

Die Verfassung der Deutschen Demokratischen Republik vom 7. Oktober 1949:
„Präambel: Von dem Willen erfüllt, die Freiheit und die Rechte des Menschen zu verbürgen, das Gemeinschafts- und Wirtschaftsleben in sozialer Gerechtigkeit zu gestalten, dem gesellschaftlichen Fortschritt zu dienen, die Freundschaft mit anderen Völkern zu fördern und den Frieden zu sichern, hat sich das deutsche Volk diese Verfassung gegeben.
Artikel 1: Deutschland ist eine unteilbare demokratische Republik; sie baut sich auf den deutschen Ländern auf. [...] Es gibt nur eine deutsche Staatsanghörigkeit."

b) Die sozialistische Verfassung wurde am 6. April 1968 in einer gelenkten Volksabstimmung von angeblich 94,49 % der Wahlberechtigten bestätigt und trat am 9. April 1968 in Kraft:

Verfassung der Deutschen Demokratischen Republik vom 9. April 1968:
„Präambel: Getragen von der Verantwortung, der ganzen deutschen Nation den Weg in eine Zukunft des Friedens und des Sozialismus zu weisen, in Ansehung der geschichtlichen Tatsache, dass der Imperialismus unter Führung der USA im Einvernehmen mit Kreisen des westdeutschen Monopolkapitalismus Deutschland gespalten hat, um Westdeutschland zu einer Basis des Imperialismus und des Kampfes gegen den Sozialismus aufzubauen, was den Lebensinteressen der Nation widerspricht, hat sich das Volk der Deutschen Demokratischen Republik [...] diese sozialistische Verfassung gegeben.
Artikel 1: Die Deutsche Demokratische Republik ist ein sozialistischer Staat deutscher Nation."

c) Die Neufassung wurde am 7. Oktober 1974 von der Volkskammer verabschiedet:

Verfassung der DDR in der Fassung vom 7. Oktober 1974:
„Präambel: In Fortsetzung der revolutionären Traditionen der deutschen Arbeiterklasse und gestützt auf die Befreiung vom Faschismus hat das Volk der Deutschen Demokratischen Republik in Übereinstimmung mit den Prozessen der geschichtlichen Entwicklung unserer Epoche sein Recht auf sozial-ökonomische, staatliche und nationale Selbstbestimmung verwirklicht und gestaltet die entwickelte sozialistische Gesellschaft [...].
Artikel 1: Die Deutsche Demokratische Republik ist ein sozialistischer Staat der Arbeiter und Bauern."

www.documentarchiv.de

M 32 Schritte des Wandels durch Annäherung

a) Am 15. Juli 1963 hielt Egon Bahr, damals Mitarbeiter des SPD-Vorsitzenden und Regierenden Bürgermeisters von Berlin (West) Willy Brandt, in der Evangelischen Akademie in Tutzing eine Rede, deren Formulierung „Wandel durch Annäherung" zum geflügelten Wort wurde:

Wenn es richtig ist, und ich glaube, es ist richtig, dass die Zone dem sowjetischen Einflussbereich nicht entrissen werden kann, dann ergibt sich daraus, dass jede Politik zum direkten Sturz des Regimes drüben aussichtslos ist. Diese Folgerung ist rasend unbequem und geht gegen unser Gefühl, aber sie ist logisch. Sie bedeutet, dass Änderungen und Veränderungen nur ausgehend von dem zur Zeit dort herrschenden verhassten Regime erreichbar sind. [...] Wir haben gesagt, dass die Mauer ein Zeichen der Schwäche ist. Man könnte auch sagen, sie war ein Zeichen der Angst und des Selbsterhaltungstriebes des kommunistischen Regimes. Die Frage ist, ob es nicht Möglichkeiten gibt, diese durchaus berechtigten Sorgen dem Regime graduell so weit zu nehmen, dass auch die Auflockerung der Grenzen und der Mauer praktikabel wird, weil das Risiko erträglich ist. Das ist eine Politik, die man auf die Formel bringen kann: Wandel durch Annäherung.

Zitiert nach: www.derhistoriker.de

b) In seiner Regierungserklärung vom 28. Oktober 1969 sprach der neu gewählte Bundeskanzler Willy Brandt (SPD) erstmals von zwei deutschen Staaten. Er betonte aber gleichzeitig, dass sie füreinander nicht Ausland sein können:

Aufgabe der praktischen Politik in den jetzt vor uns liegenden Jahren ist es, die Einheit der Nation dadurch zu wahren, dass das Verhältnis zwischen den Teilen Deutschlands aus der gegenwärtigen Verkrampfung gelöst wird. Die Deutschen sind nicht nur durch ihre Sprache und ihre Geschichte – mit ihrem Glanz und ihrem Elend – verbunden;

[...] Eine völkerrechtliche Anerkennung der DDR durch die Bundesregierung kann nicht in Betracht kommen. Auch wenn zwei Staaten in Deutschland existieren, sind sie doch füreinander nicht Ausland; ihre Beziehungen zueinander können nur von besonderer Art sein.

Zitiert nach: Archiv der Gegenwart. Deutschland 1949 bis 1999, Bd. 5 (1966-1970), St. Augustin 2000, S. 4881.

M 33 Grundlagenvertrag

a) Am 21. Dezember 1974 wurde in Ost-Berlin der Vertrag über die Grundlagen der Beziehungen zwischen der Bundesrepublik Deutschland und der Deutschen Demokratischen Republik (Grundlagenvertrag) unterzeichnet:

Artikel 1
Die Bundesrepublik Deutschland und die Deutsche Demokratische Republik entwickeln normale gutnachbarliche Beziehungen zueinander auf der Grundlage der Gleichberechtigung.
Artikel 2
Die Bundesrepublik Deutschland und die Deutsche Demokratische Republik werden sich von den Zielen und Prinzipien leiten lassen, die in der Charta der Vereinten Nationen niedergelegt sind, insbesondere der souveränen Gleichheit aller Staaten, der Achtung der Unabhängigkeit, Selbstständigkeit und territorialen Integrität, dem Selbstbestimmungsrecht, der Wahrung der Menschenrechte und der Nichtdiskriminierung.
Artikel 3
[1] Entsprechend der Charta der Vereinten Nationen werden die Bundesrepublik Deutschland und die Deutsche Demokratische Republik ihre Streitfragen ausschließlich mit friedlichen Mitteln lösen und sich der Drohung mit Gewalt oder der Anwendung von Gewalt enthalten.
[2] Sie bekräftigen die Unverletzlichkeit der zwischen ihnen bestehenden Grenze jetzt und in der Zukunft und verpflichten sich zur uneingeschränkten Achtung ihrer territorialen Integrität.
Artikel 4
Die Bundesrepublik Deutschland und die Deutsche Demokratische Republik gehen davon aus, dass keiner der beiden Staaten den anderen international vertreten oder in seinem Namen handeln kann.

www.documentarchiv.de

b) Brief der Regierung der Bundesrepublik Deutschland zur deutschen Einheit an die Regierung der Deutschen Demokratischen Republik (21.12.1972):

Bundesminister für besondere Aufgaben beim Bundeskanzler

Bonn, den 21. Dezember 1972

An den
Staatssekretär beim Ministerrat
der Deutschen Demokratischen Republik
Herrn Dr. Michael Kohl

Sehr geehrter Herr Kohl!
Im Zusammenhang mit der heutigen Unterzeichnung des Vertrages über die Grundlagen der Beziehungen zwischen der Bundesrepublik Deutschland und der Deutschen Demokratischen Republik beehrt sich die Regierung der Bundesrepublik festzustellen, dass dieser Vertrag nicht im Widerspruch zu dem politischen Ziel der Bundesrepublik Deutschland steht, auf einen Zustand des Friedens in Europa hinzuwirken, in dem das deutsche Volk in freier Selbstbestimmung seine Einheit wiedererlangt.
Mit vorzüglicher Hochachtung
Bahr

BGBl. 1973 II, S. 425.

Aufgaben

1. Erarbeiten Sie aus den Verfassungsbestimmungen das jeweilige Selbstverständnis der DDR.
   → M31
2. Erläutern Sie anhand des Textes die Formulierung „Wandel durch Annäherung".
   → M32a)
3. Bestimmen Sie die deutschlandpolitische Position von Willy Brandt.
   → M32b)
4. a) Erläutern Sie die einzelnen Bestimmungen des Grundlagenvertrags.
   b) Zeigen Sie, welche Probleme bei diesem Vertrag zu bewältigen waren und wie dies geschah. Berücksichtigen Sie dabei besonders den „Brief zur deutschen Einheit".
   → M33a) und b)

4. Idylle hinter Stacheldraht

M 34 Großer Dreesch, Schwerin, 1981

M 35 Wohnungsbau: Anspruch ...

Erich Honecker scheibt in seiner Autobiografie von 1980:

In den Städten und Dörfern sollen Wohngebiete geschaffen werden, die den Stolz der Werktätigen auf ihre Heimat festigen und die weitere Ausprägung der sozialistischen Lebensweise fördern. Dazu gehört auch, viele attraktive gesellschaftliche Einrichtungen zu bauen, welche dazu beitragen, das Leben der Menschen, besonders der werktätigen Frauen, zu erleichtern und die Freizeit interessant und sinnvoll zu gestalten. [...]
Mit dem Wohnungsbauprogramm ging es weder um eine Nivellierung der Wohnverhältnisse noch um die Errichtung von Luxuswohnungen. Nur ein den spezifischen Wohnbedürfnissen gerecht werdender Wohnungsbau und eine an sozialen Kriterien sich orientierende Wohnungsvergabepolitik bei niedrigen Mieten entspricht dem humanistischen Anliegen, „Wohngebiete zu schaffen, die frei sind von den versteinerten Gegensätzen zwischen Arm und Reich, in denen sich alle Bewohner wohl fühlen und wo ihre Kinder in menschlicher Wärme und sozialer Geborgenheit aufwachsen.

Erich Honecker, Aus meinem Leben, Berlin 1980, S. 310.

M 36 ... und Wirklichkeit

Die Historikerin Christine Hannemann schreibt über den Wohnungsbau 2005:

Im Unterschied zur insgesamt durchaus positiven Binnenwahrnehmung der DDR-Großsiedlungen durch ihre Bewohner stand die Außenwahrnehmung dieser Gebiete durch Nichtneubaugebietsbewohner: Großsiedlungen galten auch in der DDR als grau, langweilig und anonym, als Schlafstädte. Als Arbeitsstätten, insbesondere für Frauen, waren sie kaum im öffentlichen Bewusstsein verankert. Großsiedlungen hatten auch in der DDR einen schlechten Ruf, wobei zu beachten ist, dass die skizzierten Zugangsmöglichkeiten zu einer „Vollkomfortwohnung" zu bedeutenden Unterschieden in der Bewertung von Neubaugebieten durch Nichtbewohner und Bewohner führten: „Vollkomfort", günstige Spielmöglichkeiten für Kleinkinder und Verkehrsberuhigung wurden von den Bewohnern als positive Aspekte des Wohnens in Neubaugebieten hervorgehoben. Mit der mangelhaften architektonischen Gestaltung des Wohngebietes hatten sich die Bewohner abgefunden. Kritisiert wurden vor allem die Mängel der Infrastrukturausstattung des Wohngebietes.
Im Hinblick auf die Wohnungen wurden vor allem die geringe Größe der Zimmer und die Dysfunktionalität der Wohnungsgrundrisse als problematisch angesehen; darüber hinaus waren die Wohnungen für Familien mit Kindern einfach zu klein. Bereits in den Sechzigerjahren wurde kritisiert, dass Kinderzimmer und Bad (Badzelle) zu klein seien, die Küche zu eng sei und dass ein Abstellraum fehle. Diese Einsicht wurde in den meisten Untersuchungen in der Folgezeit formuliert, blieb allerdings für die Planungen folgenlos.
Defizite in der kulturell-sozialen Infrastruktur, vor allem bei den Möglichkeiten, Sport zu treiben, sind weitere, seit Jahren formulierte Hauptkritikpunkte. Gleiches galt für die Unzufriedenheit mit den Naherholungsmöglichkeiten.

Christine Hannemann, Die Platte. Industrialisierter Wohnungsbau in der DDR, Berlin 2005.

Wartburg 311/1000, Baujahr 1964, Garagenwagen, neu bereift, Kupplung und Federn überholt, braune Prägemarke, mit Radio, für 5500 M zu verkaufen.
Koch
7970 Doberlug-Kirchhain
W.-Rathenau-Straße 15

Skoda S 100, Bauj. 1970, Garagenwagen, mit Hängerk. u. Radio, diverse Teile wurden neu eingebaut, wegen Neuanschaffung für 9500 M zu verkaufen.
Zuschr. an H. Patschinsky,

Skoda S 100, Bauj. 1972, Blechteile neu, für 11 000 M zu verkaufen.
Klingenberg, 7980 Finsterw., Lindenstraße 8

Wolga M 21. Baujahr 1964, für 2500 M zu verkaufen.
Jehser, 7980 Finsterwalde, Gröbitzer Weg 73

MZ TS 250/1, Bj. 1979, 2500 M, Integralhelm, 240 M, Nierengurt, 60 M, zu verk. Richter, Wilhelm-Pieck-Stadt Guben, O.-Thiele-Str. 96 A

SAS 968 S, Bj. 1974, 17 000 km, Garagenwagen, für 8000 M zu verk. Wilhelm-Pieck-

M 37 „Automarkt"

Annoncen in der „Lausitzer Rundschau" vom 7. Juni 1982. Die gesetzlich festgelegten Preise führten zu der seltsamen Situation, dass gebrauchte Autos teurer waren als Neuwagen. Gegen den blühenden Schwarzmarkt halfen keine Gesetze und Strafandrohungen.

M 38 Automarkt

Information der Bezirksleitung der SED Berlin an das Politbüro der SED vom 16. April 1980 über Straftaten unter Ausnutzung von Zeitungsannoncen:

Bei den unter der Rubrik „Automarkt" […] annoncierten Angeboten ist überwiegend der rechtswidrige und spekulative Charakter von Preisforderungen erkennbar.
Die in den Annoncen geforderten Preise stehen im Widerspruch zu den für die Preisbildung bei gebrauchten Kraftfahrzeugen gültigen Rechtsvorschriften. Die Praxis bestätigt, dass darüber hinaus der dann zwischen Verkäufer und Käufer ausgehandelte Preis noch darüber liegt.
Überpreisforderungen sind besonders in Annoncen über den Verkauf von PKW des Typs „Trabant" enthalten, treten jedoch auch bei Importfahrzeugen in Erscheinung. Charakteristisch ist dabei, dass, differenziert für Fahrzeuge, die bis zu 15 Jahren alt sind und Laufleistungen von über 50.000 km aufweisen, überwiegend 80–110 % der Neupreise angegeben sind.
Der beschäftigungslose Gerd G. erzielte von Oktober 1975 bis November 1978 durch den spekulativen Handel mit PKW, wertintensiven Konsumgütern sowie mit anderen Gegenständen in einem Umfang von 1,9 Mio Mark einen persönlichen Gewinn von 379 TM. Allein bei 44 PKW wurden unter Verletzung von Preisbestimmungen in einer Höhe von 260 TM bis zu 20 TM über den EVP für den jeweiligen PKW gefordert und von den Interessenten gezahlt.
Einen bestimmten Teil der An- und Verkäufe von PKW und Industriewaren wickelte er über Zeitungsannoncen ab. Allein 1976 ließ er in der Zeitung „Neue Zeit" 70 Inserate veröffentlichen.
Der stellvertretende Verkaufsstellenleiter für Heimwerkererzeugnisse in der Berliner Markthalle Martin H. zweigte unter Missbrauch seiner Funktion und unter Mithilfe seiner Ehefrau von 1977 bis 1979 41 Bohrmaschinen und 87 Zusatzgeräte, 3 Betonmischer, 4 Rasenmäher, 5 Kompressoren und anderes im Gesamtwert von 40 TM ab und entwendete außerdem in 20 weiteren Fällen derartige Erzeugnisse im Werte von 6,8 TM.
Der spekulative Verkauf der Erzeugnisse erfolgte zum großen Teil zu erheblichen Überpreisen über Annoncen.

Bundesarchiv/SAPMO IV 2/2037/26

Aufgaben

1. a) Welche Ziele verfolgte der Staat mit dem Wohnungsbau?
   b) Erarbeiten Sie positive und negative Aspekte des staatlichen Wohnungsbaus in der DDR.
   c) Informieren Sie sich über den gegenwärtigen Zustand der Neubausiedlungen aus der Zeit der DDR. Nutzen Sie hierzu geografische Informationen über Migrationsbewegungen in Deutschland aus Ihrer Schulbibliothek bzw. aus dem Internet.
   → M34–M36, Bibliothek, Internet
2. a) Vergleichen Sie die Anzeigen von 1982 mit heutigen. Worin unterscheiden sie sich?
   b) Erklären Sie am Beispiel des Automarktes, warum in der DDR bestimmte Produkte über den Schwarzmarkt bezogen wurden.
   → M37, M38

5. Revolution, Wende und Wiedervereinigung

M 39 Gründungsaufrufe

a) Die Initiative für ein „Neues Forum" wurde am 9. September 1989 in Grünheide beschlossen und ein Gründungsaufruf verabschiedet. Am 19. September 1989 wurde die Zulassung des „Neuen Forum" beantragt und abgelehnt:

In unserem Lande ist die Kommunikation zwischen Staat und Gesellschaft offensichtlich gestört. Belege hierfür sind weitverbreitete Verdrossenheit bis hin zum Rückzug in die private Nische oder zur massenhaften Auswanderung. Fluchtbewegungen diesen Ausmaßes sind anderswo durch Not, Hunger und Gewalt verursacht. Davon kann bei uns keine Rede sein. Die gestörte Beziehung zwischen Staat und Gesellschaft lähmt die schöpferischen Potenzen unserer Gesellschaft und behindert die Lösung der anstehenden lokalen und globalen Aufgaben. Wir verzetteln uns in übelgelaunter Passivität und hätten doch Wichtigeres zu tun für unser Leben, unser Land und die Menschheit.

In Staat und Wirtschaft funktioniert der Interessenausgleich zwischen den Gruppen und Schichten nur mangelhaft. Auch die Kommunikation über die Situation und die Interessenlage ist gehemmt. Im privaten Kreis sagt jeder leichthin, wie seine Diagnose lautet, und nennt die ihm wichtigsten Maßnahmen. Aber die Wünsche und Bestrebungen sind sehr verschieden und werden nicht rational gegeneinander gewichtet und auf Durchführbarkeit untersucht. Auf der einen Seite wünschen wir uns eine Erweiterung des Warenangebots und bessere Versorgung, andererseits sehen wir deren soziale und ökologische Kosten und plädieren für die Abkehr von ungehemmtem Wachstum.

Wir wollen Spielraum für wirtschaftliche Initiative, aber keine Entartung in eine Ellenbogengesellschaft. Wir wollen das Bewährte erhalten und doch Platz für Erneuerung schaffen, um sparsamer und weniger naturfeindlich zu leben. Wir wollen geordnete Verhältnisse, aber keine Bevormundung. Wir wollen freie, selbstbewusste Menschen, die doch gemeinschaftsbewusst handeln. Wir wollen vor Gewalt geschützt sein und dabei nicht einen Staat von Bütteln und Spitzeln ertragen müssen. Faulpelze und Maulhelden sollen aus ihren Drückposten vertrieben werden, aber wir wollen dabei keine Nachteile für sozial Schwache und Wehrlose. Wir wollen ein wirksames Gesundheitswesen für jeden, aber niemand soll auf Kosten anderer krankfeiern. Wir wollen an Export und Welthandel teilhaben, aber weder zum Schuldner und Diener der führenden Industriestaaten noch zum Ausbeuter und Gläubiger der wirtschaftlich schwachen Länder werden.

Um all diese Widersprüche zu erkennen, Meinungen und Argumente dazu anzuhören und zu bewerten, allgemeine von Sonderinteressen zu unterscheiden, bedarf es eines demokratischen Dialogs über die Aufgaben des Rechtsstaates, der Wirtschaft und der Kultur. Über diese Fragen müssen wir in aller Öffentlichkeit, gemeinsam und im ganzen Land, nachdenken und miteinander sprechen. Von der Bereitschaft und dem Wollen dazu wird es abhängen, ob wir in absehbarer Zeit Wege aus der gegenwärtigen krisenhaften Situation finden. Es kommt in der jetzigen gesellschaftlichen Entwicklung darauf an, dass eine große Anzahl von Menschen am gesellschaftlichen Reformprozess mitwirkt, dass die vielfältigen Einzel- und Gruppenaktivitäten zu einem Gesamthandeln finden.

Wir bilden deshalb gemeinsam eine politische Plattform für die ganze DDR, die es Menschen aus allen Berufen, Lebenskreisen, Parteien und Gruppen möglich macht, sich an der Diskussion und Bearbeitung lebenswichtiger Gesellschaftsprobleme in diesem Land zu beteiligen. Für eine solche übergreifende Initiative wählen wir den Namen „Neues Forum".

b) Am 4. September 1989 traf sich in Böhlen die Initiative für eine „Vereinigte Linke in der DDR" (VL) und verabschiedete einen Appell. Als Reaktion darauf fand in Berlin eine Koordinationsgruppe am 2. Oktober 1989 zusammen und gründete die „Vereinigte Linke":

Angesichts der anhaltenden wirtschaftlichen Stagnation und der sich verschärfenden politischen Krise in unserem Land wenden wir uns mit diesem Aufruf an alle politischen Kräfte in der DDR, die für einen demokratischen und freiheitlichen Sozialismus eintreten. Ein linkes, alternatives Konzept für eine Wende wird immer dringlicher!

Wir sind uns der schwierigen Voraussetzungen durchaus bewusst: Die Diskreditierung einer sozialistischen Perspektive durch das, was die hier Herrschenden zum Zerrbild dieses alten Kampfziels der Arbeiterbewegung verkommen ließen, hat bei der Mehrheit der Bevölkerung mehr Desillusionierung und Passivität als mutiges und problembewusstes

Denken und Handeln bewirkt. Und doch gibt es nicht nur die Ausreisewellen, sondern auch immer mehr Menschen, die bleiben und die bestehenden Verhältnisse ändern wollen. Dabei ist die Herstellung eines breiten Konsenses unter den Linken in unserem Land und die Ausarbeitung eines realistischen, politisch tragfähigen und durchgreifenden gesellschaftlichen Programms einer sozialistischen Umgestaltung der DDR heute wichtiger als jemals zuvor. [...]

Wir sind der Auffassung, dass insbesondere die DDR vor einer historischen Chance radikaler Erneuerung des sozialistischen Gesellschaftskonzepts steht. [...] Niemand, der diesen Prozess der Erneuerung mitgestalten will, auch kein Mitglied der SED, darf aus diesem Prozess ausgegrenzt werden. Andererseits zeigen gerade wieder jüngste Erfahrungen, wohin prinzipienloser gesellschaftskonzeptioneller Relativismus führen kann. Wir wenden uns entschieden dagegen, dass politbürokratische Unterdrückung durch kapitalistische Ausbeutung „ersetzt" wird. Die Linken müssen sich treffen auf der Basis

– des gesellschaftlichen Eigentums an Produktionsmitteln als die vorherrschende und perspektivische Grundlage sozialistischer Vergesellschaftung;
– des Ausbaus der Selbstbestimmung der Produzenten in Verwirklichung realer Vergesellschaftung der gesamten ökonomischen Tätigkeit;
- der konsequenten Verwirklichung des Prinzips der sozialen Sicherheit und Gerechtigkeit für alle Gesellschaftsmitglieder;
– der politischen Demokratie, Rechtsstaatlichkeit, konsequenten Verwirklichung der ungeteilten Menschenrechte und freien Entfaltung der Individualität jedes Gesellschaftsmitglieds;
– des ökologischen Umbaus der Industriegesellschaft.

Helmut Müller-Enbergs (Hg.), Was will die Bürgerbewegung?, Augsburg 1992, S. 24 ff.

M 40 Rückblick auf die DDR

Seit der Wiedervereinigung wurden umfangreiche Befragungen durchgeführt. Die Tabelle gibt die Antworten Ostdeutscher auf folgendes Statement wieder: „Hier auf diesen Karten steht einiges, was uns Leute über die frühere DDR erzählt haben. Bei was davon würden Sie sagen, das stimmt genau, so war es?" (Zahlen in Prozent):

	Ostdeutschland		
	1992	**2001**	**2004**
Wie sehr die DDR wirklich heruntergewirtschaftet war, haben viele nicht gewusst	83	66	67
Viele, die anfangs für den Sozialismus waren, wollten etwas Gutes, wollten sich für Ideale einsetzen	74	60	65
Niemand hat es für möglich gehalten, zu welchen Taten Stasi und SED fähig waren	78	51	51
Man hatte anfangs auf den Sozialismus so große Hoffnungen gesetzt, dass dadurch alles wieder aufwärts gehen würde	62	50	51
In dieser Zeit hat man oft das Gefühl gehabt, einer großen Gemeinschaft anzugehören, das war schön	42	50	58
Die Bevölkerung fühlte eine richtige Befreiung, als das SED-Regime gestürzt war	60	40	43
Die SED hat uns alle betrogen	70	40	39
Viele haben der SED vertraut, dass sie das Beste für das Land wollte	57	30	44
Man fühlte sich in der DDR unfrei und gefangen	54	36	36
Viele wurden von den Idealen des Sozialismus angezogen	45	35	36
Man hat in dieser Zeit überhaupt nicht die Wahl gehabt, für oder gegen die SED zu sein	52	35	48
Nach dem Zusammenbruch der DDR war man völlig verunsichert, alle Ideale waren einem genommen	39	34	39
Mit dem Ende der DDR ist alles kaputt gegangen, woran man geglaubt hatte	44	32	35
Am Anfang hat die SED so viele schwierige Probleme bewältigt, dass man ihr danach zunächst vertraut hat	44	31	28
Man hat sich bespitzelt gefühlt, konnte kaum jemandem trauen	43	29	25
Es war quälend, so viel Unrecht mitansehen und geschehen lassen zu müssen, ohne etwas tun zu können	34	18	18

Monika Deutz Schroeder/Klaus Schroeder, Soziales Paradies oder Stasi-Staat? Das DDR-Bild von Schülern – ein Ost-West-Vergleich, Berlin 2008, S. 57.

Aufgaben

1. Klären Sie, welche Ziele das Neue Forum bzw. die Vereinigte Linke jeweils verfolgten.
→ M39
2. Erarbeiten Sie Ähnlichkeiten und Unterschiede in der Programmatik dieser beiden Gruppierungen.
→ M39
3. a) Diskutieren Sie, ob die deutsche Einheit den Zielen der beiden Gruppierungen entsprach.
   b) Erwägen Sie die Folgen aus den Ergebnissen Ihrer Diskussion.
→ M39
4. a) Erläutern Sie anhand der Befragungsergebnisse, wie sich das DDR-Bild verändert hat.
   b) Wird das DDR-System verharmlost? Nehmen Sie ausgehend von der Statistik zu dieser Frage Stellung.
→ M40

M 1 Das Lied der Partei (1950)

Text und Musik: Louis Fürnberg

Sie hat uns alles gegeben.
Sonne und Wind und sie geizte nie.
Wo sie war, war das Leben.
Was wir sind, sind wir durch sie.
Sie hat uns niemals verlassen.
Fror auch die Welt, uns war warm.
Uns schützt die Mutter der Massen.
Uns trägt ihr mächtiger Arm.

Die Partei, die Partei, die hat immer Recht!
Und, Genossen, es bleibe dabei;
Denn wer kämpft für das Recht,
Der hat immer recht.
Gegen Lüge und Ausbeuterei.
Wer das Leben beleidigt,
Ist dumm oder schlecht.
Wer die Menschheit verteidigt,
Hat immer recht.
So, aus Lenin'schem Geist,
Wächst, von Stalin geschweißt,
Die Partei – die Partei – die Partei.

Sie hat uns niemals geschmeichelt.
Sank uns im Kampfe auch mal der Mut,
Hat sie uns leis nur gestreichelt,
zagt nicht und gleich war uns gut.
Zählt denn noch Schmerz und Beschwerde,
wenn uns das Gute gelingt.
Wenn man den Ärmsten der Erde,
Freiheit und Frieden erzwingt.

Die Partei, die Partei, die hat immer Recht!
Und, Genossen, es bleibe dabei;
Denn wer kämpft für das Recht,
Der hat immer recht.
Gegen Lüge und Ausbeuterei.
Der das Leben beleidigt,
Ist dumm oder schlecht.
Wer die Menschheit verteidigt,
Hat immer recht.
So, aus Lenin'schem Geist,
Wächst, von Stalin geschweißt,
Die Partei – die Partei – die Partei.

Sie hat uns alles gegeben,
Ziegel zum Bau und den großen Plan.
Sie sprach: Meistert das Leben,
Vorwärts Genossen packt an.
Hetzen Hyänen zum Kriege,
Bricht euer Bau ihre Macht,
Zimmert das Haus und die Wiege,
Bauleute seid auf der Wacht.

Die Partei, die Partei, die hat immer Recht!
Und, Genossen, es bleibe dabei;
Denn wer kämpft für das Recht,
Der hat immer Recht.
Gegen Lüge und Ausbeuterei.
Der das Leben beleidigt,
ist dumm oder schlecht.
Wer die Menschheit verteidigt,
Hat immer recht.
So, aus Lenin'schem Geist,
Wächst, von Stalin geschweißt,
Die Partei – die Partei – die Partei.

M 2 Pankow: Langeweile (1988)

Text: André Herzberg
Komposition: Rainer Kirchmann

Den alten Krimi so oft gelesen
Rohe Spaghetti zu viel gekaut
Zu lange geschlafen
Zu oft gebadet
Und vor allem zu viel Fernsehen geschaut.
Ich bin rumgerannt
Zu viel rumgerannt
Zu viel rumgerannt
Ist doch nichts passiert.

Zu viele Frauen nur angeseh'n
Zu viel nur mit mir rumgespielt
Zu viel gesoffen
Zu viel geredet
Zu viele Nächte, wo nichts passiert.
Ich bin rumgerannt
Zu viel rumgerannt
Zu viel rumgerannt
Ist doch nichts passiert.

Dasselbe Land zu lange geseh'n
Dieselbe Sprache zu lange gehört
Zu lange gewartet
Zu lange gehofft
Zu lange die alten Männer verehrt.
Ich bin rumgerannt
Zu viel rumgerannt
Zu viel rumgerannt
Ist doch nichts passiert.

Ich bin rumgerannt …

M 3 **„Aufruhr in den Augen"**
Die 1981 in Berlin gegründete Rockband „Pankow" gehörte mit ihrem Sänger André Herzberg zu den populärsten Gruppen der DDR. Ihre LP „Aufruhr in den Augen" war 1988 eine kleine Sensation.

Umgang mit historischen Liedern

Liedtexte stellen eine oft vernachlässigte Quelle dar. Auch für die Geschichte der DDR sind sie kulturgeschichtlich aufschlussreich. Kunst und insbesondere die Musik galt im Verständnis der Partei als eine Bereicherung des Lebens bzw. als Waffe, wie es in einer Schrift aus dem Jahr 1988 zur Jugendweihe heißt: „Wir nutzen sie in den Kämpfen unserer Zeit. Sie gibt uns Kraft und Mut, diese Kämpfe zu bestehen ... und ist ein wirkungsvolles Sprachrohr unseres Protests gegen Rüstungsprofiteure und imperialistische Machenschaften."

Daneben gestand auch die SED ein, dass es neben dem politischen Lied andere Formen des Musikkonsums insbesondere bei Jugendlichen gab, die in der gleichen Schrift folgendermaßen angesprochen werden: „Jetzt sind wir stolz auf unsere Schallplatten oder auf den Recorder, mit dem wir alle Titel mitschneiden, die uns gefallen. Das mag der heiße Rhythmus einer Rockgruppe sein oder der gängige Disko-Sound".

Insbesondere die „Unterhaltungsmusik" in der DDR bzw. der „Schlager" oder der Rocksong ermöglichten Aussagen, die versteckt über die parteikonforme Weltanschauung hinausgingen bzw. sie offen kritisierten.

Fragen an Lieder

1. Entstehung des Liedes
- a) Wann entstand der Text bzw. wann wurde er veröffentlicht?
- b) Erschließen Sie mithilfe des Autorentextes seine historischen Rahmenbedingungen.
- c) Wer schrieb Text und Melodie?

2. Art des Textes
- a) Um welche Art von Text handelt es sich im Einzelnen? Suchen Sie entsprechende Begriffe dafür.
- b) Erschließen Sie mithilfe des Textes den Anspruch an seine Vertonung.

3. Inhalt der Quelle
- a) Fassen Sie den Inhalt der Quellen jeweils kurz zusammen.
- b) Untersuchen Sie hierbei die verwendeten Sprachebenen.

4. Deutung der Quellen
- a) Welche Sichtweisen auf die politische bzw. kulturelle Situation in der DDR kommt jeweils zum Ausdruck?
- b) Informieren Sie sich mithilfe des Internets über die Autoren bzw. Interpretationen der Texte.

Absolutismus (lat. absolutus = losgelöst). Regierungsform, in der ein Monarch die uneingeschränkte und ungeteilte Herrschaftsgewalt (Souveränität) besitzt. Er regiert von den Gesetzen losgelöst und muss sich keinem Menschen, sondern nur Gott gegenüber rechtfertigen. Er sieht seine Macht als gottgegeben (Gottesgnadentum) und fordert unbedingten Gehorsam von allen Untertanen. Der Begriff bezeichnet die Epoche vom 16.–18. Jh., als der A. in Europa vorherrschte. Als Vorbild galt der französische König Ludwig XIV. Um die Macht zu zentralisieren, unterwarf er den politisch selbstständigen Adel und brach das Steuerbewilligungsrecht der Stände. Zu Stützen seiner Macht entwickelte er das Stehende Heer, die Beamtenschaft und den Merkantilismus.

Adel. Privilegierter Stand, dessen Macht sich im Mittelalter auf Grundbesitz und kriegerischen Erfolg stützte. Im Frankenreich erhielten Adlige vom König Land (Lehnswesen), wofür sie als bewaffnete Reiter Heeresfolge leisten mussten. Von seinen Bauern verlangte der adlige Grundherr Abgaben und Frondienste, übernahm deren Schutz und sprach Recht. Der Adel entwickelte im Mittelalter besondere Lebensformen und war von Steuern befreit. Zum Adel zählte man durch Geburt (Geburtsadel) oder Dienst im Auftrag des Königs (Dienst- oder Amtsadel). Im 12. Jh. bildete sich der Hochadel heraus, an dessen Spitze die Kurfürsten standen. Zum niederen Adel zählten vor allem Ritter und Ministerialen.

Alleinvertretungsanspruch. Von der Bundesrepublik Deutschland seit 1955 erhobener Anspruch, dass nur sie Deutschland völkerrechtlich vertreten könne, da allein ihre Regierung durch freie Wahlen legitimiert sei. Dieser Grundsatz westdeutscher Außenpolitik ging auf den Staatssekretär Walter Hallstein zurück und beinhaltete zugleich den Abbruch diplomatischer Beziehungen zu allen Staaten, die die DDR anerkannten (Ausnahme: Sowjetunion). Die Hallstein-Doktrin wurde erst mit der neuen Ostpolitik der sozialliberalen Koalition nach 1969 endgültig aufgegeben.

Alliierter Kontrollrat. Im August 1945 gebildetes oberstes Regierungsorgan der Besatzungsmächte in Deutschland. Der Kontrollrat setzte sich aus den vier Oberbefehlshabern der alliierten Besatzungstruppen zusammen und vertrat die Interessen der USA, der Sowjetunion, Großbritanniens und Frankreichs. Neben seinen Kontrollfunktionen sollte er ein einheitliches Vorgehen bei allen Fragen gewährleisten, die Deutschland als Ganzes betrafen. Aufgrund zunehmender Meinungsverschiedenheiten (Kalter Krieg) wurde er bald handlungsunfähig und trat seit März 1948 nicht mehr zusammen.

Allmende (mittelhd. = was allen gemeinsam gehört). Der Ursprung der Allmende reicht in die Zeit der germanischen Siedlung zurück. Man versteht darunter Ländereien, die den Mitgliedern einer Gemeinde zur gemeinschaftlichen Nutzung zustehen. Dazu zählen Wälder, Weiden und Ödland, aber auch Wege und Brücken, sofern sie gemeinsam genutzt wurden. Das Recht der Nutzung hatten jedoch auch Könige und Fürsten, denen das Jagdrecht, der Holzeinschlag, die Wassernutzung und das Recht der Rodung zustanden.

Antisemitismus. Abneigung oder Feindseligkeit gegenüber Juden. Bezeichnung für völkisch-rassistische Anschauungen, die sich auf soziale, religiöse und ethnische Vorurteile stützen. Derartige Vorstellungen spielten eine zentrale Rolle in der Ideologie der Nationalsozialisten und wurden mit ihrem Machtantritt 1933 in Deutschland politisch wirksam. Sie führten zur Ausgrenzung der jüdischen Bevölkerung aus dem politischen, wirtschaftlichen und gesellschaftlichen Leben (Nürnberger Gesetze, 1935), steigerten sich mit dem Pogrom vom 9./10. November 1938 („Reichskristallnacht") und mündeten schließlich in eine systematische Massenvernichtung. Mit dem Angriff auf die Sowjetunion im Juni 1941 begann der systematische Massenmord, der ab 1942 auch in Vernichtungslagern verübt wurde. Fast sechs Millionen Menschen wurden ermordet.

Arbeiterbewegung. Die mit der Industriellen Revolution verbundenen sozialen Probleme schufen unter den Arbeitern das Gefühl der Zusammengehörigkeit. Sie entwickelten vielfach ein gesellschaftliches Klassenbewusstsein und organisierten sich Ende des 19. Jh. in Arbeiterparteien und Gewerkschaften zur Durchsetzung ihrer Interessen.

Arisierung. Die von den Nationalsozialisten geprägte Wortschöpfung bezeichnete die Enteignung der Juden und die Überführung ihres Eigentums in „arischen", d. h. nicht-jüdischen Besitz. Die Folge dieser Ausplünderung war eine Verarmung der jüdischen Bevölkerung sowie ihre totale finanzielle und wirtschaftliche Deklassierung.

Aufklärung. Eine Bewegung im 18. Jh. in West- und Mitteleuropa gegen den Absolutismus. Ihre zumeist bürgerlichen Vertreter – Schriftsteller, Philosophen und Staatstheoretiker – hielten alle Menschen „von Natur aus" für vernunftbegabt und befähigt, ihr Leben „vernünftig" zu gestalten. Die Zeit war erfüllt von Fortschrittsglauben und Optimismus. Mithilfe von Büchern, Zeitungen und Diskussionen gewannen die Aufklärer die öffentliche Meinung in ihrem Kampf gegen religiösen Fanatismus und überlieferte politische Machtverhältnisse.

Augsburger Religionsfriede. Reichsgesetz, zwischen König Ferdinand I. und den Reichsständen 1555 ausgehandelt. Er besiegelte die Glaubensspaltung des Reiches, indem er die Lutheraner rechtlich anerkannte. Die Landesfürsten erhielten Konfessionsfreiheit und schrieben nach dem Grundsatz „cuius regio, euis religio" (= wem das Land gehört, der bestimmt die Religion) ihren Untertanen das Bekenntnis vor. Wer damit nicht einverstanden war, musste auswandern.

Bekennende Kirche. Bewegung protestantischer Pfarrer und Laien, die seit 1934 den Eingriffen der Nationalsozialisten in kirchliche Angelegenheiten entgegentrat. Sie wandte sich insbesondere gegen die Verfälschung des Christentums durch die nationalsozialistischen „Deutschen Christen" und distanzierte sich vom Rassismus. Trotz Verfolgungen und Verhaftungen setzten kleine Gruppen ihren Widerstand gegen den Nationalsozialismus bis Kriegsende fort.

Berlin-Blockade. Von der sowjetischen Besatzungsmacht verhängte Blockade Westberlins durch Sperrung aller Zufahrtswege am 24.6.1948. Dieser Versuch der UdSSR, ganz Berlin unter ihre Kontrolle zu bringen, scheiterte am Widerstand der Westmächte. Sie versorgten Westberlin über eine Luftbrücke, sodass die sowjetische Regierung die Blockade am 12.5.1949 abbrach.

Besatzungsstatut. Parallel zur Gründung der Bundesrepublik Deutschland erließen die drei Westmächte 1949 ein Besatzungsstatut. Mit ihm traten sie wesentliche Hoheitsrechte an den neuen Staat ab, behielten sich jedoch Kontrollbefugnisse und die außenpolitische Vertretung vor. Die Interessen der Westalliierten nahm eine Hohe Kommission mit drei Hochkommissaren wahr. Die Pariser Verträge hoben das Statut nach mehrfacher Lockerung 1955 endgültig auf, doch blieben den Alliierten weiterhin Rechte in Berlin sowie Notstandsbefugnisse vorbehalten.

Besatzungszonen. Die Besatzungsgebiete der vier alliierten Siegermächte, in die Deutschland nach einem Abkommen vom 5.6.1945 aufgeteilt wurde. Berlin erhielt einen Viersektorenstatus.

Blockbildung. Nach dem Zweiten Weltkrieg zeigten sich schon bald zwischen den USA und der Sowjetunion unüberbrückbare machtpolitische und ideologische Gegensätze. Der aggressiven Ausbreitung des sowjetischen Machtbereichs begegnete die USA mit einer Eindämmungspolitik. Die Blockbildung fand schließlich ihren Niederschlag in der Bildung zweier gegensätzlicher militärischer Bündnisse, der 1949 gegründeten NATO (North Atlantic Treaty Organisation) und dem 1955 begründeten Warschauer Pakt.

Bolschewismus, Bolschewiki (russ. = Mehrheitler). Bezeichnung für die radikalen sozialdemokratischen Anhänger Lenins, die seiner revolutionären Taktik (Leninismus) auf einem Parteitag 1903 zustimmten. Die bei dieser Abstimmung Unterlegenen akzeptierten für sich den Namen Menschewiki (= Minderheitler). Nach Lenins Theorie muss die Proletarische Revolution von einer straff geführten Kaderpartei getragen werden. Sie ist die bestimmende Kraft auf dem Weg zum Sozialismus und muss durch Parteifunktionäre alle nachgeordneten gesellschaftlichen Gruppierungen beherrschen. In der Sowjetunion erzwang Stalin die Umgestaltung von Staat und Gesellschaft nach bolschewistischen Prinzipien, was nach 1945 von allen Staaten innerhalb des sowjetischen Machtbereichs übernommen wurde.

Bürgertum. Ein vielschichtiger Begriff, der sowohl den Dritten Stand in der Ständegesellschaft des Absolutismus als auch die mittleren Schichten im Zeitalter der Industrialisierung bezeichnet. Der Begriff

B. wurde eingegrenzt, indem man z. B. vom Groß- und Kleinbürgertum oder vom Bildungs- und Besitzbürgertum gesprochen hat. Im Marxismus wird das B. als Bourgeoisie bezeichnet, die das Proletariat ausbeutet. Heute spricht man eher von sozialen Schichten, da eine Klassengesellschaft nicht mehr existiert.

Demontage. Erzwungener Abbau von Industrieanlagen in einem besiegten Land. Die Reparationen, welche die Alliierten Deutschland nach dem 2. Weltkrieg auferlegten, sollten vor allem in Form der Demontage die deutsche Industrie betreffen. Ein Plan sah den Abbau von 1800 Betrieben und eine Begrenzung der Produktion auf 50 % des Vorkriegsniveaus vor. Der sich verschärfende Ost-West-Konflikt führte in den westlichen Besatzungszonen schon ab 1946 zu einer teilweisen, 1951 zur endgültigen Einstellung der Demontagen. In der sowjetischen Besatzungszone kam es hingegen zu umfassenden Demontagemaßnahmen, die den Wiederaufbau stark behinderten. Die Startbedingungen der DDR waren daher ungleich schlechter.

Deutscher Bund. 1815 auf dem Wiener Kongress gegründeter loser Staatenbund, dem 34 souveräne Fürsten, 4 Freie Städte sowie 3 ausländische Fürsten angehörten. Einziges Organ war der Bundestag (Bundesversammlung) in Frankfurt/M., wo die Gesandten unter Vorsitz Österreichs tagten. Der D.B. zerbrach 1866 am preußisch-österreichischen Dualismus.

Deutscher Zollverein. 1834 unter Preußens Führung gegründete Vereinigung 18 deutscher Staaten, der nach und nach alle Staaten Deutschlands (außer Österreich) beitraten. Ziel war die Schaffung eines einheitlichen deutschen Wirtschaftsraums ohne Binnenzölle.

Deutsches Kaiserreich. Das mittelalterliche Kaiserreich, das ab dem 16. Jahrhundert als Heiliges Römisches Reich Deutscher Nation bezeichnet wurde, erlosch im Jahr 1806 nach einer mehr als 800-jährigen Geschichte. Das D. K. wurde nach dem Krieg gegen Frankreich 1871 im Spiegelsaal des Schlosses von Versailles ausgerufen. Nur 47 Jahre bis zum Ende des Ersten Weltkrieges hatte dieses sog. Zweite Reich Bestand. Der Staat Adolf Hitlers wurde später als Drittes Reich bezeichnet.

Dolchstoßlegende. Nach dem 1. Weltkrieg von deutschen Nationalisten verbreitete Behauptung, dass nicht das Militär und die kaiserliche Führung für Deutschlands Niederlage verantwortlich seien, sondern Sozialisten und demokratische Politiker. Diese Propaganda diente nationalistischen und antidemokratischen Kräften zur Diffamierung der Weimarer Republik.

Dreifelderwirtschaft. Art der Bodenbewirtschaftung seit etwa 800 n. Chr. In jährlichem Wechsel wird 1/3 des Ackerlandes mit Wintergetreide bestellt, 1/3 mit Sommergetreide, 1/3 bleibt brach liegen, damit sich der Boden erholen kann.

Dreiklassenwahlrecht. Von 1849–1918 gültiges Wahlrecht in Preußen für die Wahl zum Abgeordnetenhaus. Nach der Höhe ihrer Steuerleistung wurden die Wähler in jedem Wahlbezirk in 3 Klassen eingeteilt, die jeweils 1/3 des Steueraufkommens erbrachten. Jede Klasse konnte über Wahlmänner die gleiche Zahl von Abgeordneten wählen. Die wenigen Höchstbesteuerten in Preußen stellten somit die gleiche Zahl von Abgeordneten, wie die große Masse der Bürger mit geringem Steuereinkommen.

Drittes Reich. Bezeichnung der Nationalsozialisten für das Deutsche Reich zwischen 1933 und 1945. Der Begriff ist ohne staatsrechtliche Bedeutung und wurde von der NS-Propaganda und Geschichtsschreibung verbreitet. Demnach bestand das Erste Reich, das Heilige Römische Reich Deutscher Nation, von 962 bis 1806. Das Zweite Reich, das Kaiserreich der Hohenzollern, währte von 1871 bis 1918. Das von Hitler 1933 begründete „Dritte Reich“ sollte ein „Tausendjähriges Reich“ sein.

Eindämmungspolitik. Nach dem 2. Weltkrieg gliederte die Sowjetunion Osteuropa ihrem Machtbereich ein und suchte Einfluss auf die angrenzenden Staaten zu gewinnen. Um eine weitere Expansion und die Ausbreitung des Kommunismus zu verhindern, propagierten die USA eine Politik der Eindämmung (containment). Sie fand 1947 in der Truman-Doktrin ihren Niederschlag, die den Beginn des Ost-West-Konflikts und den Ausbruch des Kalten Kriegs markiert.

Einparteienstaat. Ein Staat, in dem nur eine Partei das Machtmonopol besitzt, während andere Parteien und Verbände entweder verboten oder gleichgeschaltet sind. Das Prinzip der Gewaltenteilung ist aufgehoben und eine Opposition, die eine demokratische Willensbildung ermöglichen würde, nicht vorhanden. Einparteienstaaten lassen sich durch Scheinwahlen bestätigen (Einheitsliste).

„Endlösung der Judenfrage“. Seit 1940 Deckname für europaweite Programme zur Verfolgung der Juden, seit Ende 1941 Synonym für totalen Massenmord. Der systematische Massenmord an den europäischen Juden begann im Juni 1941 während des Krieges gegen die Sowjetunion, wurde Ende 1941 auf Polen und im Frühjahr/Sommer 1942 auf das ganze von Deutschland besetzte und kontrollierte Europa ausgedehnt. In den meisten Ländern wurde dieses Vernichtungsprogramm bereits im August 1943 abgeschlossen. An die sechs Millionen Juden wurden ermordet, fast die Hälfte davon in Vernichtungslagern.

Entnazifizierung. Das Potsdamer Abkommen sah eine Bestrafung der Nationalsozialisten bzw. ihre Entfernung aus allen staatlichen, politischen und wirtschaftlichen Schlüsselstellungen vor. Die Amerikaner etwa richteten dazu so genannte Spruchkammern ein, die über die Schuld der Einzelnen entschieden.

„Erfüllungspolitik“. Demagogisches Schlagwort von rechten Gegnern der Weimarer Republik. Es bezeichnete die 1921 eingeleitete Politik der deutschen Regierung, die Reparationsverpflichtungen nach Möglichkeit zu erfüllen trachtete, um damit zugleich die Grenzen der Leistungsfähigkeit offenkundig zu machen. Ziel war somit eine Revision der unhaltbaren Reparationsbestimmungen.

Ermächtigungsgesetz. Ein Gesetz, durch das ein Parlament die Regierung dazu ermächtigt, an seiner Stelle Gesetze oder Verordnungen zu erlassen. Die Gewaltenteilung ist damit aufgehoben und die demokratische Ordnung gefährdet. Katastrophale Folgen hatte das Ermächtigungsgesetz vom 24.3.1933 („Gesetz zur Behebung der Not von Volk und Reich“). Es übertrug die gesamte Staatsgewalt der nationalsozialistischen Regierung und schuf damit die Grundlage der NS-Diktatur.

Europäische Union (EU). 1957 schlossen sich die Bundesrepublik Deutschland, Frankreich, Italien sowie die Benelux-Staaten zur Europäischen Wirtschaftsgemeinschaft (EWG) zusammen. Nach ihrer Verschmelzung mit der Montanunion und der Europäischen Atomgemeinschaft (EURATOM) entstand 1967 die Europäische Gemeinschaft (EG), der weitere europäische Staaten beitraten. 1992 kam es mit dem Vertrag von Maastricht zu einer grundlegenden Ergänzung, später zum Beitritt zahlreicher osteuropäischer Staaten. Die Europäische Union (EU), wie die Gemeinschaft der 27 Staaten seither heißt, setzte sich neue Ziele: Neben dem zollfreien Binnenmarkt ist eine noch engere Wirtschaftsunion sowie eine europäische Verfassung geplant, weiterhin eine gemeinsame Außen-, Sicherheits- und Rechtspolitik. Fernziel ist die völlige Verschmelzung der Volkswirtschaften.

Faschismus (von lat. fasces = Rutenbündel römischer Beamter als Symbol der Richtgewalt). Der Begriff bezeichnet ursprünglich die nationalistische, autoritäre und nach dem Führerprinzip ausgerichtete Bewegung Mussolinis, die 1922 in Italien zur Macht kam. Die Bezeichnung wurde bald übertragen auf rechtsgerichtete Bewegungen in anderen Staaten, die gleiche Merkmale aufwiesen: eine antimarxistische, antiliberale und demokratiefeindliche Ideologie mit extrem nationalistischen Zügen und imperialistischen Tendenzen. Ziel des Faschismus ist der Einheitsstaat mit dem Machtmonopol der faschistischen Partei, die das gesamte öffentliche Leben beherrscht. Der Staat fordert vom Bürger bedingungslose Unterwerfung, verherrlicht die „Volksgemeinschaft“ und stilisiert den „Führer“ zum Mythos. Die Durchsetzung der Macht besorgt ein brutales Polizei- und Überwachungssystem, verbunden mit der Einschränkung von Menschenrechten und einer intensiven Propaganda. Das Ergebnis dieser Diktatur ist der „totale Staat“: Verlust aller demokratischen Freiheiten, Terror gegenüber Andersdenkenden, Ausgrenzung ethnischer und religiöser Minderheiten. Zu den Erscheinungsformen des Faschismus zählt auch der Nationalsozialismus.

Feudalismus (lat. feudum = Lehen). Das Herrschaftssystem des mittelalterlichen

Lehnswesens, das stellenweise bis zur frühen Neuzeit reichte. Der Marxismus dehnte den Begriff auf jedes Gesellschaftssystem aus, das durch adligen Grundbesitz und die damit verbundenen Herrschaftsrechte und Standesprivilegien gekennzeichnet ist. Er betrachtet den Feudalismus als Entwicklungsstufe zwischen der antiken Sklavenhaltergesellschaft und dem modernen Kapitalismus.

Flucht und Vertreibung. Nach 1945 sind etwa 12 Millionen Deutsche aus den deutschen Ostgebieten und den angrenzenden Staaten Polen, Tschechoslowakei und Ungarn vertrieben worden, von denen über zwei Millionen die chaotischen Zustände der Flucht und Vertreibung nicht überlebt haben. Der Flucht vor den Truppen der Roten Armee am Ende des Krieges folgte die umfangreiche Vertreibung der deutschen Bevölkerung auf der Grundlage des Potsdamer Abkommens, in dem eine „Überführung der deutschen Bevölkerung" in „geregelter und menschlicher Weise" vereinbart wurde. Die Flucht und Vertreibung der Deutschen nach 1945 muss immer im Zusammenhang mit dem Zweiten Weltkrieg gesehen werden, der von Deutschland begonnen wurde und insbesondere für die mittel- und osteu-ropäischen Staaten mit einer massenhaften Vertreibung der Bevölkerung und mit Millionen von Todesopfern verbunden war.

Frauenrechtsbewegung. Organisierter Kampf der Frauen für politische und soziale Gleichberechtigung. Während der Französischen Revolution setzten erste Reformbestrebungen ein, die sich seit der Industriellen Revolution im 19. Jh. verstärkten. Die Hauptforderungen zielten auf die Erlangung der vollen politischen und bürgerlichen Rechte sowie auf Zugang zu allen Berufen und Bildungsinstituten. 1865 wurde der „Allgemeine Deutsche Frauenverein" gegründet, 1897 entstand der „Internationale Frauenbund" als übernationale Organisation.

Freikorps. Ein aus Freiwilligen bestehender Kampfverband, der nicht zur regulären Armee zählt. In den Jahren 1919–23 setzte die Reichsregierung mehrfach Freikorps zur Abwehr kommunistischer Aufstände und zum Grenzschutz im Osten ein. Auch nach ihrer offiziellen Auflösung bestanden die oft antirepublikanisch eingestellten Freikorps vielfach fort, meist in Form rechtsextremer Untergrundorganisationen, die den inneren Frieden der Weimarer Republik bedrohten.

Frondienst (althochdt. frô = Herr). Der hörige oder leibeigene Bauer musste für seinen Grundherrn unbezahlte Arbeit leisten. Je nach seiner rechtlichen Stellung waren diese Arbeiten nach Anzahl der Tage, Zeit, Ort und Art festgelegt. Zu den Frondiensten zählten besonders Bodenbestellung, Fuhrdienste sowie Burg-, Haus- und Straßenbau.

Frühkapitalismus. Mit dem Aufkommen der Geldwirtschaft entstand auch eine neue Wirtschaftsgesinnung, die die Zunftordnung sprengte. Einzelne Unternehmerfamilien wie die Medici in Florenz oder die Fugger in Augsburg waren in verschiedenen Bereichen europaweit aktiv: in Handel, Geldverleih, Bergbau, Verlagswesen. Nur sie besaßen die erforderlichen Mittel, um Produktion und Handel im großen Stil durchzuführen. Und sie waren bereit, ihr Geld zur Erhöhung des Gewinns stets erneut im Unternehmen anzulegen.

Gewerbefreiheit. In vorindustrieller Zeit unterlag das Gewerbe einer Preis- und Produktionskontrolle durch die Zünfte. Dieser Zunftzwang wurde im 19. Jh. aufgehoben und die Gewerbefreiheit eingeführt. Jeder konnte nunmehr einen Gewerbebetrieb mit beliebigen Produkten eröffnen.

Gewerkschaften. Zusammenschlüsse von Arbeitnehmern zur Wahrung ihrer wirtschaftlichen Interessen. In England organisierten sich Arbeiter erstmals Ende des 18. Jh. (Trade Unions), in Deutschland entstanden seit 1848 zahlreiche lokale Arbeiterverbände. Nach 1890 (Aufhebung des Sozialistengesetzes) entwickelten sich die Gewerkschaften zu breiten Massenorganisationen.

Ghetto. Der Name stammt angeblich von einer Insel in Venedig, die 1516 von der Stadtverwaltung zum einzigen Wohnort der jüdischen Gemeinde bestimmt wurde. Seither bezeichnet man alle behördlich erzwungenen jüdischen Wohnviertel oder von Juden bewohnten Gassen als Ghetto. Die räumliche Absonderung der jüdischen Bevölkerung wurde bereits im 12. Jh. von der Kirche gefordert und setzte sich später vielfach durch. So gab es in Deutschland z. B. Ghettos in Köln, Worms oder Regensburg.

Gleichschaltung. Mit der Gleichschaltung bezweckte der Nationalsozialismus die Durchdringung des Staates und die Ausrichtung aller staatlichen Organe und Interessenverbände auf die nationalsozialistische Reichsregierung. Entsprechende Gleichschaltungsgesetze beseitigten ab 1933 die Länderparlamente, machten die NSDAP zur alleinigen Staatspartei, zentralisierten Gesetzgebung und Verwaltung und zwangen Presse und Kultur unter die Leitung des Propagandaministeriums. Interessenverbände wie z.B. die Gewerkschaften wurden entweder zerschlagen oder durch systemkonforme NS-Organisationen ersetzt.

Grundgesetz. Die vom Parlamentarischen Rat ausgearbeitete und 1949 in Kraft getretene Verfassung der Bundesrepublik Deutschland wurde Grundgesetz genannt. Damit sollte ihr provisorischer Charakter angesichts der deutschen Teilung deutlich werden, die zu beheben das Grundgesetz gebot.

Grundherrschaft. Herrschaft über das Land und die darauf lebenden Menschen. Adelige, auch Klöster, gaben an meist unfreie Bauern (Hörige, Leibeigenschaft) Land zur Bewirtschaftung und gewährten den Bauern Schutz. Dafür leisteten diese Abgaben und Frondienste. Der Grundherr verfügte über die niedere Gerichtsbarkeit und verurteilte leichtere Vergehen; damit war er ein Teil der Obrigkeit. Die Grundherrschaft formte die europäische Wirtschaft und Gesellschaft über Jahrhunderte, in Deutschland bis zum Beginn des 19. Jh.

Grundlagenvertrag. Vertrag von 1972 „über die Grundlagen der Beziehungen zwischen der Bundesrepublik und der DDR". Der Vertrag erkannte erstmals die Souveränität der DDR an und sollte im Rahmen der neuen Ostpolitik der sozialliberalen Koalition eine Normalisierung zwischen beiden deutschen Staaten einleiten.

Hallstein-Doktrin s. Alleinvertretungsanspruch.

Hitlerjugend (HJ). Bezeichnung für die nationalsozialistische Jugendorganisation mit ihren verschiedenen Untergliederun-gen. Bereits 1926 von der NSDAP gegründet, wurde die HJ nach der Machtüber-nahme 1933 zur umfassenden Staatsjugend ausgebaut. Das 1936 erlassene „Gesetz über die Hitlerjugend" bestimmte, dass diese Organisation die Jugend außerhalb von Schule und Elternhaus im Geist des Nationalsozialismus erziehen sollte. 1939 wurde der Dienst in der HJ Pflicht und zum „Ehrendienst am deutschen Volke" erklärt. Zur HJ zählten auch der „Bund Deutscher Mädel" (BDM), das Deutsche Jungvolk (DJ) für 10-14-jährige Jungen und der Jungmädelbund (JM) für gleichaltrige Mädchen.

Holocaust/Shoa. Für den systematischen Massenmord an den europäischen Juden im Dritten Reich wird häufig der Begriff Holocaust verwendet, der im Griechischen „Brandopfer" bedeutet. Im jüdischen Sprachgebrauch überwiegt für den Völkermord an den Juden die Bezeichnung Shoa, das hebräische Wort für „großes Unheil" oder „Katastrophe".

Höriger. Ein Bauer, dem ein Grundherr Land gegen Abgaben und Frondienste leiht. Hörigkeit war eine Form der dinglichen Abhängigkeit. Der Hörige bearbeitete den Boden selbstständig, war aber an ihn gebunden; das galt auch für seine Kinder und für den Fall, dass das Land verkauft wurde. Oft wurden Freie durch Schuldknechtschaft zu Hörigen oder sie unterstellten sich freiwillig dem Schutz eines Grundherrn, da sie den Kriegsdienst nicht mehr leisten konnten.

Humanismus (lat. humanus = menschlich). Künstler und Gelehrte, Fürsten und Päpste sammelten antike Handschriften und Kunstwerke und machten sie anderen zugänglich. Sie nannten sich Humanisten, denn sie waren überzeugt, dass sich die Menschen durch das Studium der klassischen Vorbilder vervollkommnen könnten.

Imperialismus. Das Streben eines Staates, seine Herrschaft auf andere Länder und Völker auszudehnen. Als Machtmittel dienen Eroberungen oder wirtschaftliche Beherrschung aufgrund ökonomischer Überlegenheit. Als Epoche des Imperialismus gilt besonders die Zeit von 1880–1914, in der die Großmächte ihre Kolonialreiche ausbauten und die Welt in Einflusssphären aufteilten.

Industrielle Revolution. Einschneidender wirtschaftlicher und gesellschaftlicher

Umwälzungsprozess, ausgelöst durch die um 1760 in England einsetzende Industrialisierung. Sie erreichte um 1840 Deutschland und breitete sich später weltweit aus. Zu ihren Voraussetzungen zählte vor allem der Einsatz von Maschinen, was neue industrielle Produktionsweisen nach sich zog (Massenfabrikation, Arbeitsteilung, Fabriken). Besonders in ihrer Anfangsphase war sie mit sozialer Verelendung verbunden, zugleich entstanden neue Klassengegensätze aufgrund sozialer Probleme der Arbeiterschaft (Soziale Frage).

Inflation. Geldentwertung, die eine Erhöhung der Preise zur Folge hat. Wegen des riesigen Geldbedarfs der kriegsführenden Staaten im Ersten Weltkrieg stieg die I. überall an, weil die Regierungen Papiergeld drucken ließen. Den stärksten Währungsverfall hatte Deutschland im Jahr 1923, als eine Billion Papiermark dem Wert einer Goldmark entsprach.

Judenemanzipation. Befreiung der jüdischen Bevölkerung aus ihrer rechtlichen Ungleichheit und gesellschaftlichen Diskriminierung. Sie setzte besonders in der Aufklärung ein, doch erst die Französische Revolution brachte den Juden in Frankreich das volle Bürgerrecht (1791). Obwohl auch andere Länder Reformen einleiteten (Preußen 1812), erfolgte die völlige Gleichberechtigung in den meisten Staaten erst nach 1850. Die gesellschaftliche Diskriminierung wirkte zumeist fort.

Kaiser. Die Herrscher des antiken Römischen Reiches führten den Beinamen „Ceasar", aus dem das Lehnwort „Kaiser" hervorging. Die Kaiserkrönung Karls des Großen im Jahre 800 setzte diese Tradition im Abendland fort. Mit ihr verband sich die Idee eines geeinten christlichen Weltreichs, dessen Herrscher als Beauftragte Gottes regierten. Als Otto I. 962 das Kaisertum erneuerte, ging der Kaisertitel auf die deutschen Könige über. Die Kaiserwürde war lange Zeit mit der Krönung durch den Papst in Rom verbunden. Diese Tradition endete 1508, als die deutschen Könige nach ihrer Wahl in Frankfurt und der Krönung in Aachen sogleich den Titel „Erwählter Römischer Kaiser" annahmen. Wahl und Krönungsort wurde seit 1562 allein Frankfurt.

Kalter Krieg. Bezeichnung für die machtpolitische und ideologische Auseinandersetzung zwischen den USA und der Sowjetunion nach dem 2. Weltkrieg. Sie war eingebettet in den globalen Ost-West-Konflikt, in dem sich die Militärblöcke der NATO und des Warschauer Pakts gegenüberstanden. Angesichts der Vernichtungskraft nuklearer Waffen vermieden die Supermächte eine direkte militärische Konfrontation. Stattdessen versuchten sie die Position des Gegners durch Militärbündnisse, Infiltration, Spionagetätigkeit und wirtschaftlichen Druck zu schwächen. An die Schwelle eines „heißen" Kriegs führten vor allem die Berlin-Blockade (1948/49), der Koreakrieg (1950–53) und die Kuba-Krise (1961/62). Nach 1963 ließen Entspannungsbemühungen den Kalten Krieg abklingen, doch führte erst der Zerfall des Ostblocks 1989/90 sein endgültiges Ende herbei.

Kapp-Putsch. Umsturzversuch rechtsradikaler Politiker um Wolfgang Kapp und unzufriedener Armeeteile um General v. Lüttwitz. Am 13. 3. 1920 besetzte eine Marinebrigade das Berliner Regierungsviertel und rief Kapp zum Reichskanzler aus. Mangelnde Unterstützung seitens der Reichswehr und Beamtenschaft ließen den Putsch nach wenigen Tagen scheitern.

Klassen. Gesellschaftliche Gruppen innerhalb einer Sozialordnung, deren Stellung durch Vermögen, Bildungsgrad und gesellschaftliches Bewusstsein gekennzeichnet ist. Die folgenreichste Klassentheorie entwickelte der Marxismus. Hiernach beutet die herrschende Klasse der Bourgeoisie die Klasse der Arbeiter – das Proletariat – aus, weil sie über die Produktionsmittel verfügt (Kapitalismus). Daraus resultiert ein Klassenkampf, der schließlich zur Revolution führt und mit dem „Sieg des Proletariats" endet („Diktatur des Proletariats"). Nach Überführung der Produktionsmittel in Gemeineigentum entsteht allmählich die klassenlose Gesellschaft des Kommunismus.

Kollektivierung. Überführung von Produktionsmitteln – vor allem landwirtschaftlicher Privatbesitz – in genossenschaftlich bewirtschaftetes Gemeineigentum. Die Kollektivierung der sowjetischen Landwirtschaft erfolgte vor allem nach 1929 unter Stalin, und zwar zumeist gewaltsam als Zwangskollektivierung. Die so entstandenen Betriebe nennt man Kolchosen. Nach 1945 kollektivierten auch die sozialistischen Ostblockstaaten ihre Landwirtschaft, so z. B. die DDR in Form der Landwirtschaftlichen Produktionsgenossenschaften (LPG).

Kommunismus. Von Marx und Engels begründete Theorie, welche die Vorstellung einer klassenlosen Gesellschaft enthält, in der das Privateigentum an Produktionsmitteln (Fabriken, Maschinen) in Gemeineigentum überführt worden ist. Eingeleitet wird der Kommunismus durch die Proletarische Revolution. Die Arbeiterklasse errichtet die „Diktatur des Proletariats" und nach der Übergangsphase des Sozialismus errichtet sie allmählich die kommunistische Gesellschaft. Im 20. Jh. bezeichnete der Kommunismus vor allem die Gesellschaftsform, die nach der Oktoberrevolution 1917 in der Sowjetunion errichtet wurde und durch die Diktatur der Kommunistischen Partei (KPdSU) gekennzeichnet war. Die Begriffe Kommunismus und Sozialismus werden häufig synonym gebraucht.

Konferenz von Potsdam. Vom 17.7.–2.8. 1945 traten die Regierungschefs der alliierten Siegermächte zur Konferenz von Potsdam zusammen, um die deutsche Nachkriegsordnung zu beraten. Truman (USA), Stalin (UdSSR) und Churchill (Großbritannien) fassten hier wichtige Beschlüsse, die im Potsdamer Abkommen vom 2.8.1945 verankert wurden: Neben den so genannten 5 „Ds" – Demokratisierung, Demilitarisierung, Denazifizierung, Demontage und Dezentralisierung – wurde die Einsetzung eines Alliierten Kontrollrats, die Übertragung der Verwaltung der deutschen Ostgebiete jenseits der Oder-Neiße-Linie an Polen und die UdSSR (nördliches Ostpreußen) und die Ausweisung der deutschen Bevölkerung aus den Ostgebieten beschlossen. Die Entscheidungen der Potsdamer Konferenz bestimmten die Deutschlandpolitik nach 1945 entscheidend, wurden jedoch infolge des ausbrechenden Kalten Kriegs und der Gründung beider deutscher Staaten in vielen Bereichen bedeutungslos.

Konservatismus. Geistige und politische Haltung, die auf Bewahrung überlieferter Werte abzielt. Reformen werden nicht abgelehnt, wohl aber Neuerungen, die auf unüberprüfbaren Theorien oder Ideologien beruhen. Der K. entstand in der Auseinandersetzung mit den Ideen der Französischen Revolution und wurde im 19. Jh. zum Verbündeten der Restauration gegen den Liberalismus.

Konzentrations- und Vernichtungslager. Nach ihrer Machtübernahme 1933 errichteten die Nationalsozialisten Konzentrationslager, in denen anfangs politische Gegner, später auch „rassisch" oder religiös Verfolgte in großer Zahl inhaftiert wurden (1945: 715000 Häftlinge). Die Lager dienten der Einschüchterung, Ausschaltung und Vernichtung und unterstanden der SS. Zwangsarbeit, Hunger, Seuchen und sadistische Quälerei brachten vielen Häftlingen den Tod. Im Rahmen der so genannten „Endlösung der Judenfrage" errichtete die SS seit 1941 Vernichtungslager in den eroberten Ostgebieten. Knapp die Hälfte der etwa 6 Millionen jüdischen Opfer aus allen Teilen des besetzten Europas wurden hier ermordet.

Kurfürst (althochdt. kuri = Wahl). Ein Fürst, der das Recht hat, den Herrscher zu wählen. Allmählich erlangte im Deutschen Reich eine Gruppe von sieben Fürsten dieses Privileg und bildete so die Spitze des Hochadels. Es waren die Erzbischöfe von Mainz, Köln und Trier, der Pfalzgraf bei Rhein, der Herzog von Sachsen, der Markgraf von Brandenburg und der König von Böhmen. Die Goldene Bulle von 1356 bestimmte endgültig allein diese Kurfürsten zur Königswahl und legte ein Mehrheitswahlrecht fest. Weiterhin bestimmte sie die Unteilbarkeit der Kurländer sowie das Erstgeburtsrecht bei der Erbfolge.

Landesherr. Inhaber der obersten Gewalt in einem fest umrissenen Gebiet (Territorium). Ursprünglich waren im Mittelalter die Besitzrechte des Adels zersplittert und seine Besitzungen weit zerstreut. Seit dem 12. Jh. versuchte der Adel jedoch, Besitzungen und Herrschaftsrechte zusammenzufassen, andere Herren zu verdrängen oder zu unterwerfen und ein geschlossenes Territorium aufzubauen. In diesem Territorium unterstanden nun alle Einwohner allein der Gewalt des Landesherrn (z. B. Herzog, Graf), der seine Regierung durch eine einheitliche Verwaltungs- und Gerichtsorganisation wirksam verstärkte. Die Bildung der Landesherrschaften führte allerdings zur Schwächung des Königtums.

Leninismus s. Bolschewismus

Liberalismus. In der Aufklärung wurzelnde politische Bewegung, die im 19. Jh. Bedeutung erlangte. Im Zentrum steht das Recht des Einzelnen auf freie Entfaltung gegenüber staatlicher Bevormundung. Zu seinen Forderungen zählen Glaubens- und Meinungsfreiheit, Sicherung der bürgerlichen Grundrechte sowie Beteiligung an politischen Entscheidungen. Der wirtschaftliche Liberalismus fordert einen freien Wettbewerb ohne staatliche Eingriffe und Zollschranken.

LPG. Nach dem Vorbild der Sowjetunion führte auch die DDR die Kollektivierung der Landwirtschaft durch. Bäuerliche Betriebe wurden meist zwangsweise zu Landwirtschaftlichen Produktionsgenossenschaften (LPG) zusammengeschlossen, der Boden einheitlich bestellt und gemeinsam bewirtschaftet.

Manufaktur (lat. manu facere = mit der Hand machen). Ein Betrieb, in dem vorwiegend Handarbeit geleistet wurde. Die Arbeit fand allerdings im Gegensatz zum traditionellen Handwerksbetrieb in großen Produktionsräumen mit vielen Arbeitern statt. Zur Steigerung der Produktion teilte man die Herstellung z. B. eines Gewehrs in Einzelschritte auf (Arbeitsteilung). Im Zeitalter des Absolutismus gründeten viele Landesherren Manufakturen, um den Bedarf an Waffen und Uniformen zu decken oder durch andere Produkte Handel und Wirtschaft zu beleben.

Marktwirtschaft. Wirtschaftsordnung, die keiner Lenkung durch den Staat unterliegt, sondern dem freien Spiel der Kräfte des Marktes gehorcht. Art und Umfang der erzeugten Güter werden von der Nachfrage bestimmt, die Preisregulierung erfolgt im Wettbewerb mit Konkurrenzprodukten. Voraussetzungen einer Marktwirtschaft sind Privateigentum, Gewerbe- und Vertragsfreiheit, freie Berufs- und Arbeitsplatzwahl sowie ein freier Wettbewerb. Das Gegenmodell zur Marktwirtschaft ist die Planwirtschaft. – Bei einer sozialen Marktwirtschaft trifft der Staat Vorkehrungen, um negative Auswirkungen des freien Wettbewerbs auf die Bevölkerung zu korrigieren. Das geschieht durch eine entsprechende Sozialpolitik, eine Wettbewerbsordnung sowie weitere flankierende Maßnahmen, so z. B. eine Strukturpolitik für wirtschaftlich unterentwickelte Regionen oder eine Konjunkturpolitik zur Dämpfung von Konjunkturschwankungen. Ziel dieser Maßnahmen ist eine gleichmäßigere Einkommensverteilung, der Schutz sozial schwacher Schichten sowie die Verhinderung von Wettbewerbsverzerrungen durch Monopole oder Kartelle (Bundeskartellamt).

Marshallplan. Auf Anregung des amerikanischen Außenministers George Marshall entwickeltes „Europäisches Wiederaufbauprogramm", das die USA 1947 als Wirtschaftshilfe für das kriegszerstörte Europa einleiteten. Die Westeuropa zufließenden Mittel umfassten Rohstoffe, Maschinen, Nahrungsmittel sowie Kredite und waren die Grundlage eines Neuanfangs. Die Ostblockstaaten lehnten den Marshallplan unter sowjetischem Druck ab und gründeten unter Führung der UdSSR 1949 den Rat für gegenseitige Wirtschaftshilfe (RGW).

Marxismus. Bezeichnung für die von Karl Marx und Friedrich Engels im 19. Jh. begründete Theorie des wissenschaftlichen Sozialismus. Zentrale Grundlage ist der „Historische Materialismus", der von der Notwendigkeit einer sozialistischen Gesellschaftsordnung ausgeht, die das Ergebnis der sozialen und wirtschaftlichen Entwicklung ist (Klassenkampf, Kommunismus). Weiterhin die „Kritik der politischen Ökonomie", in der Marx die kapitalistischen Produktionsweisen und ihre Auswirkungen auf die gesellschaftlichen Verhältnisse untersucht (Kapitalismus).

Merkantilismus (lat. mercator = Kaufmann). Die staatlich gelenkte Wirtschaftsform des Absolutismus. Um die Macht des Staates zu vergrößern und die Mittel für das Stehende Heer, die Beamten und den höfischen Prunk aufzubringen, musste durch intensiven Handel möglichst viel Geld ins Land kommen und möglichst wenig das Land verlassen. Die Regierung erhöhte daher die Ausfuhr von Fertigwaren und erschwerte durch hohe Zölle die Einfuhr ausländischer Produkte. Durch eigene Kolonien kam man an billige Rohstoffe. Die Regierung förderte Unternehmer und qualifizierte Arbeiter, die in den neuen Manufakturen Exportwaren produzierten. Im Inland beseitigte der Staat Handels- und Gewerbeschranken durch Ausbau der Verkehrswege (insbesondere Kanäle), durch einheitliche Währung, Maße und Gewichte sowie durch Beseitigung von Zöllen und Zunftordnungen.

Nationalsozialismus. Nach dem 1. Weltkrieg in Deutschland entstandene rechtsradikale Bewegung, die nationalistische, expansive und demokratiefeindliche Ziele vertrat. Der Nationalsozialismus ist eine deutsche Ausformung des Faschismus, von dem er sich freilich durch besonders radikale Positionen abhebt, vor allem durch Rassenwahn („Rassenlehre"), einen extremen Antisemitismus und die mythische Überhöhung des „arisch-nordischen Herrenmenschen". Nach ihrer Machtübernahme 1933 errichteten die Nationalsozialisten unter ihrem „Führer" Adolf Hitler eine Diktatur. Das System stützte sich auf einen Terror- und Überwachungsapparat, inhaftierte Gegner und Minderheiten in Konzentrationslagern und führte Deutschland mit dem 2. Weltkrieg in den Untergang.

NATO (North Atlantic Treaty Organization, Nordatlantikpakt). Angesichts der Ausweitung des kommunistischen Machtbereichs durch die Sowjetunion schlossen sich 1949 12 Staaten Europas und Nordamerikas zum Militärbündnis der NATO zusammen. Heute umfasst das Bündnis, dessen Führungsmacht die USA sind, 26 Staaten. Die Bundesrepublik trat 1955 bei, Frankreich schied 1966 aus der militärischen Integration aus, da es sie als unvereinbar mit seiner Souveränität betrachtete. Die NATO trug während des Ost-West-Konflikts entscheidend zur Stabilität Westeuropas bei und sucht nach Auflösung des Ostblocks 1989/90 ihre Ziele neu zu definieren. Seit dieser Zeit sind auch zahlreiche ehemalige Ostblockstaaten der NATO beigetreten.

Notverordnung. Durch Artikel 48 der Weimarer Verfassung war der Reichspräsident ermächtigt, bei Gefährdung der „öffentlichen Sicherheit und Ordnung" gesetzesvertretende Verordnungen zu erlassen, welche die Grundrechte völlig oder teilweise außer Kraft setzten. Diese Maßnahmen mussten zwar auf Verlangen des Reichstags rückgängig gemacht werden, doch da der Reichspräsident den Reichstag jederzeit auflösen konnte, verlieh ihm der Artikel 48 praktisch diktatorische Vollmachten. In der Endphase der Weimarer Republik (1930–33) wurden Notverordnungen zum eigentlichen Regierungsinstrument und ermöglichten den totalitären Staat der Nationalsozialisten.

Novemberrevolution. Im November 1918 in Deutschland ausgebrochene Aufstände, welche zum Ende der Monarchie führten und den Übergang zur parlamentarischen Republik einleiteten. Zu den Ursachen zählten Deutschlands militärischer Zusammenbruch im 1. Weltkrieg, die langjährige Verweigerung innerer Reformen sowie die wirtschaftliche Notlage. Meuternde Matrosen und aufständische Arbeiter in Kiel und Wilhelmshaven lösten die Revolution aus, die rasch auf die großen Binnenstädte übergriff. Träger der Erhebung waren spontan gebildete Arbeiter- und Soldatenräte, die am 10.11.1918 einen „Rat der Volksbeauftragten" als Reichsregierung bildeten. Der Streit, ob der revolutionäre Weg zu einer Räterepublik oder einer verfassunggebenden Nationalversammlung führen sollte, wurde auf einem Reichsrätekongress im Dezember 1918 zu Gunsten der parlamentarischen Lösung entschieden. Während die SPD diese Entscheidung befürwortete, verfochten Teile der USPD und die Spartakusgruppe eine Räterepublik. Die Wahlen zur Nationalversammlung am 19.1.1919 machten den Weg zur Weimarer Republik frei.

Nürnberger Gesetze. Die Ausgrenzung der jüdischen Bevölkerung durch eine diskriminierende Gesetzgebung leiteten die Nationalsozialisten gleich nach ihrer Machtübernahme ein. Das Berufsbeamtengesetz von 1933 verwehrte allen Deutschen jüdischer Herkunft den Zugang zum öffentlichen Dienst. Verschärfte Bestimmungen schlossen Juden bald aus der Wirtschaft und dem öffentlichen Leben aus und führten 1935 mit den Nürnberger Gesetzen zu einem Höhepunkt der NS-Rassegesetzgebung: Der Entzug zentraler Bürgerrechte deklassierte die jüdische Bevölkerung zu minderen Staatsangehörigen, Eheschließungen und sexuelle Beziehungen zwischen Deutschen und Juden waren als „Rassenschande" verboten und wurden mit Zuchthaus bestraft. Die rechtliche Diskriminierung zog die gesellschaftliche Isolierung nach sich und bereitete den Boden für den jüdischen Völkermord vor („Endlösung", Antisemitismus).

Oder-Neiße-Linie. Auf der Potsdamer Konferenz der Siegermächte des 2. Weltkriegs (USA, Sowjetunion, Großbritannien) 1945 festgelegte Demarkationslinie zwischen Deutschland und Polen. Alle deutschen Gebiete östlich dieser Linie, die entlang der Oder und Lausitzer Neiße verlief, wurden polnischer Verwaltung unterstellt. Die Oder-Neiße-Linie sollte bis zur endgültigen Regelung durch einen Friedensvertrag Bestand haben und wurde mit dem „Vertrag über die deutsche Souveränität" vom 12.9.1990 zur völkerrechtlich verbindlichen Grenze.

Ostverträge. Bezeichnung für mehrere Verträge, die die Bundesregierung unter Bundeskanzler Willy Brandt (SPD) schloss. Hierzu zählen der Moskauer Vertrag mit der Sowjetunion vom 12.8.1970, der Warschauer Vertrag mit Polen vom 7.12.1970 und der Grundlagenvertrag mit der DDR vom 21.12.1972. In diesen Verträgen erkannte die Bundesrepublik die Unverletzlichkeit der polnischen Westgrenze und die Souveränität der DDR an und verzichtete damit auf ihren Alleinvertretungsanspruch. Die Ostverträge waren zwischen der sozialliberalen Koalition und der CDU umstritten, führten aber zu einer Phase der Entspannung.

Parlamentarischer Rat. Am 1.9.1948 in Bonn zusammengetretene Versammlung, die auf Anordnung der Westmächte eine Verfassung für die Länder der westdeutschen Besatzungszonen ausarbeiten sollte. Der Rat umfasste 65 Mitglieder, welche die elf Landtage delegiert hatten. Zum Präsidenten des Rats wurde Konrad Adenauer (CDU) gewählt. Am 8.5.1949 verabschiedete der Rat das „Grundgesetz für die Bundesrepublik Deutschland", das am 23.5.1949 feierlich verkündet wurde.

Parteien. Organisierte Zusammenschlüsse politisch gleichgesinnter Bürger, die Einfluss auf die Gestaltung des Staats nehmen wollen. Die modernen Parteien entwickelten sich Anfang des 19. Jh. aus lockeren Vereinigungen angesehener Persönlichkeiten (Honoratioren-Parteien). Getragen von der Arbeiterbewegung bildeten die sozialistischen Parteien erstmals den Typ der Massenpartei, dem später häufig auch katholisch-konfessionelle Parteien (Zentrum) entsprachen. Mit der Durchsetzung des Parlamentarismus erhielten die Parteien im 20. Jh. staatstragende Bedeutung.

Planwirtschaft. Bezeichnung für ein Wirtschaftssystem, in dem der Staat die gesamte Volkswirtschaft lenkt und kontrolliert. Produktion, Verteilung von Waren und Preisfestsetzung erfolgen nach einem einheitlichen Plan, dessen Erfüllung eine zentrale Planbehörde überwacht. Ein Wettbewerb ist in diesem System nicht vorgesehen und das freie Spiel der Kräfte des Marktes zur Regulierung von Angebot, Nachfrage und Preisen außer Kraft gesetzt. Die Planwirtschaft – auch Zentralverwaltungswirtschaft genannt – ist vor allem in sozialistischen Staaten verbreitet. Das gegensätzliche Modell ist die Marktwirtschaft.

Potsdamer Konferenz. Vom 17.7.–2.8.1945 traten die Regierungschefs der alliierten Siegermächte zur Konferenz von Potsdam zusammen, um die deutsche Nachkriegsordnung zu beraten. Truman (USA), Stalin (UdSSR) und Churchill (Großbritannien) fassten hier wichtige Beschlüsse, die im Potsdamer Abkommen vom 2.8.1945 verankert wurden: Einsetzung eines Alliierten Kontrollrats, Entmilitarisierung, Entnazifizierung, Verfolgung von Kriegsverbrechern, Reparationszahlungen, Übertragung der Verwaltung der deutschen Ostgebiete jenseits der Oder-Neiße-Linie an Polen und die UdSSR (nördliches Ostpreußen), Ausweisung der deutschen Bevölkerung aus den Ostgebieten, Entflechtung der Wirtschaft, Aufbau einer deutschen Selbstverwaltung nach demokratischen Grundsätzen. Die Beschlüsse der Potsdamer Konferenz bestimmten die Deutschlandpolitik nach 1945 entscheidend, wurden jedoch infolge des beginnenden Kalten Kriegs und der Gründung beider deutscher Staaten in vielen Bereichen bedeutungslos.

Proletariat. Im antiken Rom die unterste Bevölkerungsschicht ohne Besitz. Im 19. Jh. ein durch den Marxismus geprägter Begriff für die im Kapitalismus entstandene Klasse der abhängigen Lohnarbeiter. Nach Marx hat der Proletarier allein seine Arbeitskraft zu verkaufen und ist daher von der Bourgeoisie abhängig, die die Produktionsmittel besitzt und ihn ausbeutet. Erst der Klassenkampf und die „Proletarische Revolution" können die Unterdrückung beenden.

Reformation. Der religiöse Umbruch Europas im 16. Jh., der zur Auflösung der kirchlichen Einheit des Abendlandes führte. Zu seinen Ursachen zählten kirchliche Missstände wie der Lebenswandel vieler Geistlicher, Simonie und Ablasshandel. Eingeleitet wurde die Reformation durch die Thesen Martin Luthers (1517), und sie erfasste gegen den Widerstand der römischen Kirche sehr rasch breite Bevölkerungsschichten. Da sich auch viele Reichsstände der Reformation anschlossen, wurde die Reformbewegung zu einem politischen Machtfaktor. Die Reformation setze sich vor allem in Mittel- und Nordeuropa durch. Der römischen Kirche gelang es, durch die Reformen des Konzils von Trient (1545–1563) sowie durch die Tätigkeit der Jesuiten erneut an Boden zu gewinnen (Gegenreformation).

„Reichskristallnacht". Ein von den Nationalsozialisten inszeniertes Pogrom gegen die jüdische Bevölkerung im Deutschen Reich, das eine neue Phase der Judenverfolgung einleitete. In der Nacht vom 9. zum 10. November 1938 zerstörten nationalsozialistische Kolonnen etwa 7000 jüdische Geschäfte, setzten Synagogen in Brand und demolierten Wohnungen, Schulen und Betriebe. Im Verlauf des Pogroms wurden zahlreiche Juden misshandelt, viele fanden den Tod, über 30000 wurden ohne Rechtsgrundlage in „Schutzhaft" genommen um ihre Auswanderung zu erpressen (Nürnberger Gesetze, „Endlösung der Judenfrage").

Reichsstadt. Städte, die auf Königs- oder Reichsgut lagen und dem König bzw. Kaiser unmittelbar unterstanden (reichsunmittelbare Städte). Sie waren nur ihm zu Abgaben und Diensten verpflichtet und hatten keinen anderen Landesherren über sich.

Reichsstände. Politische Mächte im Deutschen Reich, die Sitz und Stimme im Reichstag besaßen. Hierzu zählten die geistlichen Reichsstände (z. B. Bischöfe, Äbte), die weltlichen Reichsstände (Herzöge, Grafen) sowie die Reichsstädte. Im Reichstag, den der König einberief, gliederten sich diese Reichsstände seit 1489 in drei Gruppen (Kurien) auf: Kurfürstenrat, Fürstenrat und Reichsstädte. Das Stimmrecht dieser Kurien war unterschiedlich geregelt.

Reichstag. Bezeichnung für das Parlament des Kaiserreiches und der Weimarer Republik. Im Kaiserreich konnten Männer nach allgemeinem und geheimen Wahlrecht in den Berliner R. gewählt werden, sie hatten jedoch keinen Einfluss auf die Regierungsbildung. Nach dem Weltkrieg gab es auch das Frauenwahlrecht und der R. konnte durch Misstrauensvoten Regierungen stürzen. Zu Beginn der NS-Herrschaft wurde das Reichstagsgebäude in Berlin durch einen Brand zerstört, heute tagt in dem renovierten Gebäude der Deutsche Bundestag.

Renaissance (franz. Wiedergeburt). Im 15. Jh. wandten sich viele Menschen in den norditalienischen Städten der römisch-griechischen Vergangenheit zu. Dort suchten sie die Vorbilder für ihr Leben und trennten sich von der kirchlich-religiösen Bevormundung des Mittelalters, das ihnen als finster und barbarisch erschien. Der einzelne Mensch rückte in den Mittelpunkt des Interesses, er sollte seine Fähigkeiten entfalten und durch eigenständiges Denken und Beobachten die Natur erkennen. Maler, Bildhauer, Dichter, Philosophen, Wissenschaftler und Forscher verbreiteten diese neuen Gedanken in Europa. Unterstützung fanden sie bei Fürsten und auch bei Päpsten.

Reparationen (lat. reparare = wiederherstellen). Alle Leistungen, die einem besiegten Staat auferlegt werden, um die Kriegsschäden des Siegerstaates zu beheben. Hierzu zählen Geld-, Sach- oder Dienstleistungen.

Restauration. Bemühungen frühere Zustände wiederherzustellen. Der Begriff wird auf die Epoche zwischen 1815–1848 angewandt und umfasst die Bestrebungen der Politik, den vor der Französischen Revolution geltenden Ordnungsprinzipien erneut Geltung zu verschaffen.

Revolution. Gewaltsamer Umsturz der bestehenden Ordnung, der zu tief greifenden politischen und gesellschaftlichen Veränderungen führt. Sie wird von breiten Bevölkerungsschichten getragen – im Gegensatz zum Staatsstreich oder Putsch, wo nur eine neue Führungsgruppe die Macht an sich reißt. Typische Beispiele sind die Französische Revolution 1789 und die Russische Revolution 1917.

RGW. Rat für gegenseitige Wirtschaftshilfe, auch COMECON (Council for

Mutual Economic Assistance) genannt. 1949 von der Sowjetunion und 5 weiteren Ostblockstaaten gegründete Organisation, die als Reaktion auf den von der UdSSR abgelehnten Marshallplan entstand. Die DDR trat 1950 bei. Ziel des RGW war die wirtschaftliche Integration der Ostblockstaaten im Rahmen einer internationalen sozialistischen Arbeitsteilung, basierend auf der Koordination der einzelnen Volkswirtschaftspläne. Die Schwerfälligkeit der Planwirtschaften und die Isolierung des RGW von der wettbewerbsorientierten Weltwirtschaft verhinderten jedoch einen Erfolg. Der Zerfall des Ostblocks und die Ausrichtung der osteuropäischen Staaten auf die Marktwirtschaft führten 1991 zur Auflösung des RGW.

SA (Sturmabteilung). Militärisch organisierter Kampfverband der Nationalsozialisten. Sie war bei Saalschlachten und Straßenkämpfen als Schlägertruppe gefürchtet, verlor jedoch nach Ausschaltung ihrer Führungsspitze 1934 an Bedeutung.

Soziale Frage. Bezeichnung für die ungelösten sozialen Probleme der Arbeiter im 19. Jh., die aufgrund der Industrialisierung (Industrielle Revolution) entstanden waren. Hierzu zählten: Verelendung aufgrund niedriger Löhne und hoher Arbeitslosigkeit, extrem lange Arbeitszeiten und unzumutbare Arbeitsbedingungen, menschenunwürdige Wohnverhältnisse, schwere Frauen- und Kinderarbeit. Hinzu kam die fehlende Absicherung bei Krankheit, Arbeitsunfällen, Invalidität und im Alter. Versuche zur Lösung der Sozialen Frage kamen von einzelnen Unternehmern, der Kirche, vor allem jedoch durch die vom Staat seit 1883 eingeleitete Sozialgesetzgebung. Die Arbeiter selbst bemühten sich im Rahmen von Gewerkschaften und Arbeiterparteien um eine Durchsetzung ihrer Interessen und schufen verschiedene Selbsthilfeorganisationen.

Sozialismus. Im 19. Jh. entstandene politische Bewegung, die bestehende gesellschaftliche Verhältnisse mit dem Ziel sozialer Gleichheit und Gerechtigkeit verändern will. Als Mittel hierzu dient die Abschaffung des Privateigentums an Produktionsmittel und dessen Überführung in Gemeineigentum, die Einführung einer Planwirtschaft und die Beseitigung der Klassenunterschiede. Seit Ende des 19. Jh. bildeten sich gemäßigte und radikale sozialistische Richtungen, deren Ziele von einer Reform der kapitalistischen Wirtschaftsweise bis zum Umsturz der auf ihr beruhenden Gesellschaftsordnung reichten. Nach 1945 unterschied man den realen Sozialismus, wie ihn die Ostblockstaaten praktizierten, und den demokratischen Sozialismus, wie ihn die sozialdemokratischen und sozialistischen Parteien der westlichen Welt vertreten. In der marxistischen Theorie bildet der Sozialismus das Übergangsstadium vom Kapitalismus zum Kommunismus.

SS (Schutzstaffel). Elite- und Terrororganisation der Nationalsozialisten, die 1925 mit Sicherungsaufgaben der NSDAP und ihres „Führers" Adolf Hitler betraut wurde. Unter der Leitung von Heinrich Himmler stieg sie nach 1933 zu einem starken Machtfaktor im nationalsozialistischen Deutschland auf. Als Himmler 1936 zugleich Chef der Polizei wurde und die Geheime Staatspolizei (Gestapo) mit ihrem Spitzelsystem übernahm, verfügte die SS über die erhebliche Macht im Staat. Während des 2. Weltkriegs übernahmen besondere SS-Verbände zunehmend militärische Aufgaben (Waffen-SS). Als Herrschaftsinstrument der Nationalsozialisten verübte die SS zahlreiche Verbrechen. Vor allem ist sie verantwortlich für die brutale Verfolgung politischer Gegner (Konzentrationslager) und den millionenfachen jüdischen Völkermord in den Vernichtungslagern. Der Nürnberger Gerichtshof stufte sie als „verbrecherisch" ein.

Stadtrecht. Als die Städte des Mittelalters entstanden, entwickelte sich eine Vielzahl von Rechtsvorschriften, die das Leben der Bürger untereinander sowie ihre Beziehungen zum Stadtherrn regelten. Diese Summe von Rechten und Freiheiten bezeichnet man als Stadtrecht. Seine Grundlage bildete das vom Stadtherrn verliehene Marktrecht sowie die von ihm gewährten Privilegien.

Stalinismus. Von Stalin geprägtes Herrschaftssystem, das sich der Gewalt und des Terrors bediente und von etwa 1927 bis 1953 währte. Der von Stalin propagierte „Aufbau des Sozialismus in *einem* Land" sollte vor allem die Industrialisierung vorantreiben und Überreste des Kapitalismus durch einen verschärften Klassenkampf beseitigen. Die Folge war ein brutales Terrorregime, das seine Ziele mit Schauprozessen, Liquidierungen, Deportationen und „Säuberungen" durchsetzte, wobei Stalin einen ausgeprägten Personenkult inszenierte. Der XX. Parteitag der KPdSU verurteilte 1956 die terroristischen Elemente des Stalinismus (Entstalinisierung).

Stände. Gesellschaftliche Gruppen, die sich voneinander durch Herkunft, Beruf, Bildung und eigene Rechte abgrenzen. Im Mittelalter unterschied man drei Stände: Geistlichkeit, Adel, Bauern und Bürger. Seit der Französischen Revolution und den Reformen des 19. Jh. verschwand diese Ständeordnung als gesellschaftliches Grundprinzip. Für die Arbeiterschaft kam im 19. Jh. die Bezeichnung „Vierter Stand" auf. Von einem Ständestaat spricht man, wenn in einem Staat die Vertreter bestimmter Stände an der Herrschaft beteiligt sind.

Truman-Doktrin. Außenpolitische Leitlinie der USA im Kalten Krieg, die auf einer Kongressbotschaft des amerikanischen Präsidenten Harry S. Truman (1945–52) vom 12.3.1947 basierte. Unter dem Eindruck der sowjetischen Expansionspolitik versprachen die USA, „alle freien Völker zu unterstützen, die sich Unterjochungsversuchen durch bewaffnete Minderheiten oder auswärtigem Druck widersetzen". Diese Eindämmungspolitik der USA sollte von einer massiven Militär- und Wirtschaftshilfe begleitet werden und eine kommunistische Infiltration der westlichen Welt verhindern.

Unternehmer. Wer einen Gewerbebetrieb leitet und selbstständig nach außen vertritt, wird als Unternehmer bezeichnet. Dies trifft bereits auf die Verleger, Handwerksmeister oder Manufakturbesitzer der vorindustriellen Zeit zu. Während der Industriellen Revolution erlangten die Unternehmer als Leiter der entstehenden Industriebetriebe zunehmende Bedeutung, da sie die Wirtschaft entscheidend prägten und das Schicksal großer Bevölkerungsteile mitbestimmten. Ursprünglich war der Unternehmer zugleich Eigentümer des Kapitals („Kapitalist") und damit Träger des Unternehmerrisikos. Später fielen Kapitalbesitz und leitende Tätigkeit häufig auseinander. Es entstanden Kapitalgesellschaften (z.B. Aktiengesellschaften), deren Kapital bei den Aktionären liegt, während die Leitungsfunktion von angestellten „Managern" wahrgenommen wird.

Vereinte Nationen (United Nations Organization, UNO). Gestützt auf die Atlantik-Charta gründeten 51 Nationen am 26.6.1945 in San Francisco die UNO. Die Organisation soll den Weltfrieden sichern und die Achtung der Menschenrechte gewährleisten. Die UNO verfügt über fünf Hauptorgane: Zentrale Beratungsinstanz ist die Generalversammlung, die aus den Vertretern der Mitgliedstaaten besteht. Sie wählt die nichtständigen Mitglieder des Sicherheitsrats, den Wirtschafts- und Sozialrat sowie den Generalsekretär. Ihre Entschließungen haben den Charakter von Empfehlungen. Der Sicherheitsrat entscheidet über Maßnahmen zur Friedenssicherung. Er umfasst 5 ständige Mitglieder mit Vetorecht (USA, Russland, VR China, Großbritannien, Frankreich) sowie 10 nichtständige Mitglieder. Weitere Organe sind der Wirtschafts- und Sozialrat, der Internationale Gerichtshof in Den Haag sowie der Generalsekretär als ausführende Instanz. Zahlreiche Sonderorganisationen nehmen sich weiterer Aufgaben der UNO an, vor allem im Bereich der Entwicklungshilfe, der Bildung und Kultur sowie der Gesundheit.

Verfassung (Konstitution). Die politische Grundordnung eines Staates, die alle Regelungen über die Staatsform, die Herrschaftsausübung und die Bildung und Aufgaben der Staatsorgane enthält. Eine demokratische Verfassung wird durch eine verfassunggebende Versammlung (Nationalversammlung) entworfen und direkt dem Volk oder aber seinen gewählten Vertretern (Parlament) zur Abstimmung vorgelegt. Sie enthält das Prinzip der Gewaltenteilung und das Mitbestimmungsrecht des Volkes.

Vertrag von Versailles. Von der Entente dem Deutschen Reich aufgezwungener Diktatfriede nach dem Ersten Weltkrieg, der im Spiegelsaal des Schlosses von Versailles durch einen Vertrag besiegelt wurde. An gleicher Stelle hatten die im Krieg gegen Frankreich siegreichen Deutschen 1871 das Kaiserreich ausgerufen. Den V.V. von

1919 mussten zivile Politiker und nicht die am Krieg verantwortlichen Militärs unterzeichnen, was in der Folgezeit dazu führte, dass ihnen die Schuld an der deutschen Niederlage gegeben wurde („Dolchstoßlegende").

Volksdemokratie. Bezeichnung für kommunistische Herrschaftssysteme, die nach 1945 vor allem in den osteuropäischen Staaten des sowjetischen Machtbereichs errichtet wurden. Während die Einrichtungen einer parlamentarischen Demokratie äußerlich fortbestanden, herrschte in Wirklichkeit die kommunistische Partei, die das gesamte gesellschaftliche und wirtschaftliche Leben bestimmte. Zu den Merkmalen der Volksdemokratie zählen Vergesellschaftung der Produktionsmittel (Kollektivierung, Planwirtschaft) und das Herrschaftsmonopol der kommunistischen Partei, der sich vielfach weitere Parteien im Rahmen eines Blocks unterordnen (Einheitsliste). In der marxistisch-leninistischen Theorie sichert die Volksdemokratie den Übergang vom Kapitalismus zum Sozialismus.

Volksgemeinschaft. In der Ideologie des Nationalsozialismus wurde stets die „rassisch verbundene Volksgemeinschaft" beschworen, die über Klassengegensätzen stehen und sich dem „Führer" unterordnen sollte. Da die Nationalsozialisten entschieden, wer zu ihr zählen sollte, war die Volksgemeinschaft ein Instrument zur Ausgrenzung von Minderheiten und zur Brandmarkung politischer Gegner.

Währungsreform. Im Zweiten Weltkrieg hatte sich die umlaufende Geldmenge durch Rüstungs- und Kriegsfinanzierung derart aufgebläht, dass nach dem Krieg eine Inflation drohte. Um die Geldstabilität wieder herzustellen, wurde in den westlichen Besatzungszonen im Juni 1948 eine Währungsreform durchgeführt. Die inzwischen wertlose Reichsmark wurde durch die Deutsche Mark (DM) ersetzt. Die Sowjetunion nahm den Währungsstreit zum Anlass für die Berlin-Blockade, die von Juni 1948 bis Mai 1945 währte.

Warschauer Pakt. 1955 in Warschau gegründetes Militärbündnis, dem 7 Ostblockstaaten unter Führung der Sowjetunion angehörten. Albanien trat 1968 aus. Der Pakt entstand als Reaktion der UdSSR auf den Beitritt der Bundesrepublik zur NATO und beide Militärblöcke prägten nachhaltig den globalen Ost-West-Konflikt. Das Bündnis erwies sich rasch als Herrschaftsinstrument der Sowjetunion, die 1956 den Volksaufstand in Ungarn niederschlug. 1968 marschierten Truppen des Warschauer Pakts in die Tschechoslowakei ein und beendeten die Reformbewegung des „Prager Frühlings". Mit der deutschen Vereinigung verließ 1990 die DDR den Warschauer Pakt, der sich nach Zerfall des Ostblocks 1991 auflöste.

Weimarer Republik. Bezeichnung einer von 1919–1933 währenden Epoche deutscher Geschichte, die nach dem ersten Tagungsort der verfassunggebenden Nationalversammlung 1919 benannt ist. Eingeleitet wurde die Weimarer Republik von der Novemberrevolution 1918, die zum Zusammenbruch des Kaiserreichs führte. Die Weimarer Verfassung, welche die Nationalversammlung 1919 verabschiedete, ersetzte die Monarchie durch eine parlamentarische Republik. Sie bestand bis 1933 und fiel dann der nationalsozialistischen Diktatur zum Opfer. Trotz wirtschaftlicher Not und politischer Gegensätze kam es in der Weimarer Republik zu bedeutenden kulturellen Leistungen, die sich frei von staatlicher Bevormundung entfalten konnten. Auch auf den Gebieten der Forschung und Wissenschaft wurde in vielen Bereichen Weltgeltung erreicht.

Weimarer Verfassung. Die nach der Revolution von 1918 in Weimar entwickelte Verfassung einer parlamentarischen Republik mit einer in Artikel 48 verankerten starken Stellung des Reichspräsidenten und einem Vielparteiensystem. Der Präsident konnte das Parlament auflösen (Art. 25), den Reichskanzler ernennen und entlassen. Mithilfe von Notverordnungen konnte der Kanzler, gestützt auf das Vertrauen des Präsidenten, ohne parlamentarische Mehrheit im Parlament regieren. Die W. V. war nicht – wie das Grundgesetz der Bundesrepublik– den Grundrechten verpflichtet, sie konnte der Reichspräsident außer Kraft setzen.

Weltwirtschaftskrise. Ende der 20er Jahre verschlechterten sich die Konjunkturdaten der USA. Die Gründe lagen in einer hohen Überproduktion, einem Absatzrückgang sowie einem aufgblähten Kreditvolumen. Hinzu kam die destabilisierende Wirkung von Reparationszahlungen und die Schuldenlast, welche die Alliierten der USA noch aus der Zeit des 1. Weltkriegs trugen. Dies führte am 24.10. 1929 („Schwarzer Freitag") zu einem Kurssturz an der New Yorker Börse, der eine weltweite Wirtschaftskrise auslöste. Die sozialen Folgen der Weltwirtschaftskrise trugen erheblich zur politischen Radikalisierung bei und bewirkten in Deutschland ein Anwachsen des Nationalsozialismus. Massenarbeitslosigkeit und Verelendung breiter Bevölkerungsschichten diskreditierten nicht nur das kapitalistische Wirtschaftssystem, sondern auch die liberale Demokratie.

Westfälischer Frieden. Bezeichnung für die 1648 in Münster und Osnabrück geschlossenen Friedensverträge, die den Dreißigjährigen Krieg beendeten. Die Friedensbestimmungen lockerten die Reichseinheit, da die Fürsten volle Landeshoheit erhielten und Bündnisse mit auswärtigen Mächten abschließen durften. Auch territorial erlitt das Reich schwere Einbußen. Schweden erhielt Vorpommern, das Erzbistum Bremen und das Bistum Verden als Reichslehen, Frankreich wurde im Besitz von Metz, Toul und Verdun bestätigt, die Niederlande und die Schweiz schieden endgültig aus dem Reichsverband aus. Auf konfessionellem Gebiet wurde der Augsburger Religionsfrieden von 1555 bestätigt und auf den Calvinismus als dritte Konfession ausgedehnt.

Westintegration. Bezeichnung für die Einbindung der neu gegründeten Bundesrepublik in wirtschaftliche und politische Organisationen und Bündnisse wie die Europäische Wirtschaftsgemeinschaft (EWG) und den Nordatlantik-Pakt (NATO). Darüber hinaus hatte dies eine gesellschaftliche und kulturelle Orientierung an den USA und Westeuropa zu Folge. Die von Bundeskanzler Konrad Adenauer (CDU) nachdrücklich betriebene Politik war innenpolitisch heftig umstritten, da die Befürchtung bestand, dass dadurch die Vereinigung der beiden deutschen Staat erschwert, ja unmöglich gemacht würde.

Widerstand. Sammelbegriff für alle Maßnahmen und Handlungen, die gegen die Regierung oder die Staatsgewalt gerichtet sind. Neuere Forschungen zum Widerstand im Dritten Reich unterscheiden verschiedene Formen, die vom unangepassten Verhalten über den Protest bis hin zum Attentat reichen konnten.

Wiener Kongress. Konferenz europäischer Fürsten und Staatsmänner, um die politische Neuordnung Europas nach Napoleons Sturz zu beraten (1814/15). Den Vorsitz führte der österreichische Außenminister Fürst Metternich, der den Kongress in weiten Teilen prägte. Die Teilnehmer des Wiener Kongresses verfolgten die Prinzipien der Restauration und Legitimität.

Zunft. In den mittelalterlichen Städten schlossen sich die Handwerker des gleichen Berufs zu einer Zunft zusammen, um sich gegenseitig im Alter oder bei Krankheit zu unterstützen. Später musste jeder Handwerksmeister einer Zunft beitreten, die – im Einverständnis mit der städtischen Obrigkeit – das Wirtschaftleben lenkte und kontrollierte, um ein angemessenes und gerechtes Auskommen aller zu sichern. Sie regelte Qualitätsmerkmale und Preise, Ausbildung und Arbeitszeiten, Höchstzahl von Lehrlingen und Gesellen, Herstellungsmengen und Produktionsmethoden. Jeder Verstoß wurde hart bestraft. Aus Angst vor Konkurrenz durften die Handwerker nicht auf Vorrat arbeiten. Diese strengen Regeln hemmten technische Neuerungen und die freie Entfaltung tüchtiger Handwerker. Seit dem 13. Jh. kämpften die Zünfte gegen de Stadtherrschaft der Patrizier.

akg-images, Berlin: Titel Vordergrund, 31 M18 (E. Lessing) + M19, 35 M21, 39 M23, 51 M38, 64 M65, 83 M13, 89 M20, 93 M23, 97 M27 + M28, 98 M29 + M30, 116/117 M61, 121 M67, 131 M3, 132 M4, 134 M6 + M7, 136 M9, 143 M17, 144 M18, 146 M20, 147 M21, 151 M25, 160 M33, 180 M1 (H. Asemissen/2), 184 M4 + M5, 189 M10, 190 M11, 191 M12, 193 M14, 195 M16, 199 M19 (B. Gantner), 217 M2, 235 M15, 241 M22, 260 M2, 264 M2, 266 li. + Mi., 266 re. (H. Maack), 267 M4, 272 M7, 276 M12, 279 M15, 280 M16 (Sewcz)
Archiv der sozialen Demokratie der Friedrich-Ebert Stiftung, Bonn: 230 M10
Archiv der Stabsstelle Presse und Öffentlichkeitsarbeit der Stadt Marburg: 204 M24, 205 M29

Bayerische Staatsbibliothek, München: 63 M62
Beißmann, S., Puchheim: 48 M35
Berliner Verlag: 268
Bildarchiv Preußischer Kulturbesitz, Berlin: 10 M4 (SMB/Kupferstichkabinett), 36 M22, 75 M7 + M8, 85 M15, 88 M19, 91 M21, 121 M68, 128 M1, 137 M10, 138 M11, 142 M15, 148 M22, 149 M23, 152 M26, 154 M29, 155 M30, 156 M31, 221 re. (Germin)
Bildstelle Hanau: 196 M17
Bridgeman Art Library, London: 6 M1 (Germanisches Nationalmuseum Nürnberg), 15 M6 (Musee Jeanne d'Aboville, La Fere/Lauros/Giraudon), 45 M29 (Germanisches Nationalmuseum, Nürnberg)
Brieske, R., Berlin: 94 M24
Bundesarchiv Koblenz: 140 M13, 186 M7, 265 M3

Corbis, Düsseldorf: Titel Hintergrund (Atlantide Phototravel)

Deutsches Auswandererhaus, Bremerhaven: 80 M11
Deutsches Historisches Museum, Berlin: 96 M26, 99 M31, 183 M3, 202 M21
Dokumentenkabinett, Vlotho: 254 M37

Europäische Gemeinschaften, Luxemburg: 233 M13

F1 online, Frankfurt/M.: 22 M11 (RelaXimages)
Fürstlich Fürstenbergisches Archiv, Donaueschingen: 47 M33

Gedenkstätte Haus der Wannsee-Konferenz, Berlin: 194 M15
Germanisches Nationalmuseum, Nürnberg: 19 M9, 26 M14, 42 M26, 50 M37, 60 M55

Haus der Geschichte der Bundesrepublik Deutschland, Bonn: 229 M8 (H. Partykiewicz, Rösrath), 230 M11 (W. Hicks), 232 M12
Heinemann Publishers, Oxford: 70 M3 (R. Stewart)
Herzog Anton Ulrich-Museum, Braunschweig: 39 M24 (B.P. Keiser)
Historisches Museum, Basel: 23 M12 (M. Babey)

Institut für Zeitungsforschung, Dortmund: 154 M28
Interfoto, München: 70 M4 (Sammlung Rauch)

Keystone Pressedienst, Hamburg: 187 M8, 285 M22
Köhler, H.E.: 259 M45 + M46
Kolfhaus, H.: 255 M40
Konrad-Adenauer-Stiftung e.V., Sankt Augustin: 222 M3

Landesarchiv Baden-Württemberg: 188 M9
Lang, E.M., München: 242 M24
Langner + Partner, Hemmingen: 101 M32

Mannesmann Demag, Duisburg: 77 M9
mauritius-images, Mittenwald: 32 M20
Münchner Stadtmuseum/Sammlung für Fotografie/P. Kester: 68 M1 + M2, 87 M17
Museen der Stadt Nürnberg: 57 M50
Museum der Blindenwerkstatt Otto Weidt, Berlin: 197 M18
Museum für Hamburgische Geschichte: 16 M7

Ostkreuz, Berlin: 277 M13 (H. Hauswald)

Picture Alliance, Frankfurt/M.: 199 M20 (dpa/S. Kugler), 218 M1 (dpa/Herold), 221 li. (akg-images), 221 Mi. (dpa/F. Stein), 225 M5 (dpa), 226 M6 (KANN), 228 M7 (akg-images), 229 M9 (dpa/Ossinger), 238 M18 (© MP/Leemage), 238 M19 (akg-images), 256 M41 (Photoshot), 269 M5 (ZB/M. Richter), 276 M11 (dpa), 281 M17 (ZB/H. Link), 283 M19 (ADN), 283 M20 (ZB), 293 M30 (akg-images), 296 M34 (ZB/R. Kaufhold)

Rijksmuseum-Stichting, Amsterdam: 30 M17

Schoelzel, A., Berlin: 284 M21
SLUB Dresden/Deutsche Fotothek: 9 M3
Staatlich Graphische Sammlung, München: 66 M1 (2)
Staatliche Kunstsammlung, Dresden: 27 M15 (Kupferstichkabinett)
Staatsarchiv Nürnberg: 13 M5
Stadt Lauf a. d. Pegnitz: 205 M30
Stadtarchiv München/Sammlung des Historischen Bildarchivs: 141 M14
Stadtbibliothek Nürnberg: 58 M53
STERN/Th. Höpker: 262 M1
Süddeutsche Zeitung Photo, München: 215 M52 (N.P. Jörgensen), 242 M23 (B. Hellgoth), 270 M6
Szewczuk, M.: 234 M14, 248 M29

ullstein bild, Berlin: 86 M16, 95 M25, 130 M2 (Archiv Gerstenberg), 135 M8, 142 M16 (histopics), 152 M27, 172 M52, 185 M6 (SV Bilderdienst), 216 M1 (Granger Collection), 236 M16, 237 M17 (BPA), 239 M20 (dpa), 243 M25 (dpa), 273 M8 (Czechatz), 275 M10 (A. Waidmann)

© VG Bild-Kunst, Bonn 2008: Titel Vordergrund, 97 M27, 128 M1, 149 M23, 152 M26 (O. Gulbransson), 160 M33, 167 M43, 169 M48, 240 M21

Westermann Archiv: 207 M33 (Sammlung Sterz/Süpple)

Yad Vashem – Fotoarchiv, Jerusalem: 212 M43–M45, 213 M46 + M47

Zöllner, R., Berlin: 286 M23

Alle übrigen Schaubilder und Karten: Westermann Kartographie/Technisch Graphische Abteilung, Braunschweig.